Veröffentlichungen des
Deutschen Historischen Instituts London

Publications of the
German Historical Institute London

VERÖFFENTLICHUNGEN
DES DEUTSCHEN HISTORISCHEN
INSTITUTS LONDON

HERAUSGEGEBEN VON PETER WENDE

BAND 49

PUBLICATIONS OF THE
GERMAN HISTORICAL INSTITUTE
LONDON

EDITED BY PETER WENDE

VOLUME 49

FERDINAND SCHÖNINGH

PADERBORN · MÜNCHEN · WIEN · ZÜRICH

JOSEF REINDL

WACHSTUM UND WETTBEWERB IN DEN WIRTSCHAFTSWUNDERJAHREN

Die elektrotechnische Industrie
in der Bundesrepublik Deutschland
und in Großbritannien
1945-1967

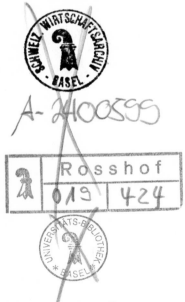

FERDINAND SCHÖNINGH

PADERBORN · MÜNCHEN · WIEN · ZÜRICH

Die Deutsche Bibliothek – CIP-Einheitsaufnahme

Reindl, Josef:
Wachstum und Wettbewerb in den Wirtschaftswunderjahren: die elektrotechnische Industrie in
der Bundesrepublik Deutschland und in Großbritannien 1945-1967 / Josef Reindl. – Paderborn;
München; Wien; Zürich: Schöningh, 2001
    (Veröffentlichungen des Deutschen Historischen Instituts London; Bd. 49)
    Zugl.: München, Univ., Diss., 1996
    ISBN 3-506-72047-3

Gedruckt auf umweltfreundlichem, chlorfrei gebleichtem
und alterungsbeständigem Papier ⊗ ISO 9706

© 2001 Ferdinand Schöningh, Paderborn
(Verlag Ferdinand Schöningh GmbH, Jühenplatz 1, D-33098 Paderborn)

Internet: www.schoeningh.de

Printed in Germany
Herstellung: Ferdinand Schöningh, Paderborn
ISBN 3-506-72047-3

INHALT

TEIL 3: ELEKTROTECHNISCHE KONSUMGÜTER ZWISCHEN 1945 UND DEN SPÄTEN 1960ER JAHREN

TEIL 4: AUSGEWÄHLTE ASPEKTE DER ENTWICKLUNG DER DEUTSCHEN UND BRITISCHEN ELEKTROTECHNISCHEN INDUSTRIE; ZUSAMMENFASSUNG UND SCHLUSSFOLGERUNGEN

VORWORT

Am Beginn gilt mein aufrichtiger Dank allen, die an der Entstehung dieses Bandes entscheidenden Anteil hatten und noch mehr jenen, ohne den er nie zustande gekommen wäre. Dies gilt zuallererst und in ganz besonderer Weise für meinen akademischen Lehrer, Professor Dr. Dr. h.c. Gerhard A. Ritter, auf dessen Hilfe und Rat ich immer vertrauen konnte und dessen Unterstützung mir stets Ansporn und Verpflichtung war. Entscheidende Impulse erhielt ich während der Zeit, die ich in Großbritannien verbringen durfte, zunächst an der London School of Economics and Political Science, dann am St Antony's College, University of Oxford. Mein ausdrücklicher Dank gilt deshalb Prof. Dr. Alan S. Milward, Dr. William P. Kennedy und Dr. James Foreman-Peck, die meine Arbeit mit großem persönlichen Engagement gefördert haben. Besonders profitiert habe ich von der herausragenden Betreuung durch Dr. Foreman-Peck. Für zahlreiche Hinweise danke ich auch Prof. Dr. Johannes Paulmann und Prof. Dr. Hans Günter Hockerts, Ludwig-Maximilians-Universität München.

In allen von mir besuchten Archiven genoß ich die freundliche und kompetente Betreuung durch die dortigen Archivare, denen hierfür herzlich gedankt sei. Besonders hervorheben möchte ich dabei Anthony J. Walkden, GEC. Für die freundliche Beantwortung meiner Anfrage an die Elektrizitätsversorgungsunternehmen zur Praxis der Auftragsvergabe sei an dieser Stelle gedankt: Badenwerk AG, Bayernwerk AG, Berliner Kraft- und Licht (BEWAG) AG, Hamburgische Electricitäts-Werke AG, Preussen-Elektra, Vereinigung Deutscher Elektrizitätswerke (VDEW), VEAG Vereinigte Energiewerke AG, VEBA Kraftwerke Ruhr AG, Technische Vereinigung der Grosskraftwerksbetreiber e. V. Mein ausdrücklicher Dank gilt Dr. Bodo Böttcher, vormals Geschäftsführer des ZVEI, Dr. Dirk Kallmeyer, Direktor der RWE Energie AG, und Herrn Schmitz, VDEW.

Ermöglicht wurde die Anfertigung dieser Arbeit durch ein Stipendium der Ludwig-Maximilians-Universität München aus Mitteln des Freistaats Bayern, wofür ich meinen aufrichtigen Dank zum Ausdruck bringen möchte. Daniel Rüdiger danke ich herzlich für die genaue Durchsicht des Manuskripts und die Korrektur der darin enthaltenen orthographischen Fehler, Charlie für gute Ideen. Mein besonderer Dank gilt meinen Eltern, Großeltern und meiner Schwester Monika, die mich seit jeher in jeder nur erdenklichen Weise unterstützten.

Unvollständig wäre dieses Vorwort ohne meinen Dank an den Direktor des Deutschen Historischen Instituts London, Prof. Dr. Peter Wende, in dessen Veröffentlichungsreihe der Band erscheinen kann. Meinen herzlichen Dank auch an Prof. Dr. Lothar Kettenacker und Jane Rafferty.

EINLEITUNG

A. THEMATIK UND FRAGESTELLUNG

Der Niedergang der britischen Wirtschaft ist seit dem späten neunzehnten Jahrhundert Gegenstand intensiver Diskussion zu Ursachen und möglichen Abhilfen. Daraus ging eine nahezu unübersehbare Zahl von Veröffentlichungen hervor, die zum Ausgangspunkt des vorliegenden Bandes wurde. Auf ein Defizit der bisherigen Forschungen zum *British Decline* verwies Nick Crafts:

> It follows that the microeconomics of the growth process matter much more than economists steeped in the growth models of the 1950s and 1960s were brought up to believe. Accordingly, future research will need to give more attention to questions of entry to and exit from markets and will need to take more seriously the historical evolution and strategic aspects of individual industries.[1]

Hiervon ausgehend verfolgt die vorliegende Studie zwei Ziele: Zum einen versucht sie, einen Beitrag zur Industriegeschichtsschreibung zu leisten, indem sie die Entwicklung einer Branche über einen längeren Zeitraum hin nachzeichnet. Zum anderen dient sie dazu, die Ursachen der divergierenden Wirtschaftsentwicklung beider Staaten anhand eines Industriesektors exemplarisch zu untersuchen, um so den Ursachen für den Niedergang der britischen Industrie nachzugehen. Die elektrotechnische Industrie wurde ausgewählt, da sie von herausragender Bedeutung für die Volkswirtschaften der 1950er und 1960er Jahre war, aber im Gegensatz zu anderen Industriesektoren – insbesondere Automobil- und Chemieindustrie – bisher nur geringe Berücksichtigung in der Forschung gefunden hat.

Angesichts des breiten Warenspektrums der Elektrotechnischen Industrie, die sowohl Investitions-, als auch Konsumgüter und Komponenten herstellt, wurden für die gegenwärtige Studie zwei völlig unterschiedliche Produktbereiche ausgewählt: Kraftwerksanlagen, stellvertretend für den Bereich Investitionsgüter, Haushalts- und Unterhaltungsgeräte für die Konsumgüterbranche. Dem lag die Überlegung zugrunde, daß Faktoren, die maßgeblich zur divergierenden Entwicklung dieser Branche beitrugen, in gleicher oder ähnlicher Weise in verschiedenen Fertigungssektoren zu erkennen sein müßten. Gleichzeitig dient der Blick auf diese zwei Bereiche dazu, die Gesamtentwicklung dieses Industriesektors, die sich an Produktionsdaten und ähnlichem nur sehr allgemein manifestiert, anhand ausgewählter Waren und Warengruppen zu konkretisieren und in einen breiteren Kontext zu stellen.

---

[1] CRAFTS, Economic Growth, S. 290.

Dies ist auch der Grund, weshalb die Perspektive über den eigentlichen Gegenstand der Studie, die deutsche und britische Elektrotechnische Industrie im „Golden Age of Capitalism" (Marglin und Schor) zwischen 1945 und den späten 1960er Jahren, in zweierlei Hinsicht erweitert wurde. Zum einen thematisch, indem die Entwicklung der Elektrizitätswirtschaft als wichtigster Abnehmer von Kraftwerksanlagen in die Darstellung einbezogen wurde. Zum anderen zeitlich, indem der Vorgeschichte ausführlich Raum gegeben wurde, um die historischen Wurzeln der sich im eigentlichen Untersuchungszeitraum vollziehenden Entwicklungen aufzuzeigen. Besonderes Augenmerk gilt dabei den langfristigen Kontinuitäten und Diskontinuitäten.

B. Forschungssituation und Quellen

Während die Frage nach den Ursachen des rapiden wirtschaftlichen Wachstums in der Bundesrepublik erst gestellt wurde, nachdem mit der Krise von 1966/67 seine Grenzen deutlich geworden waren, fand der Abstieg der britischen Wirtschaft seit langem breites Interesse. Die große Zahl von Studien, die die Ursachen für den *British Decline* untersuchten, brachte eine Reihe unterschiedlicher Erklärungen hervor, die sich entsprechend der Felder, in der die Hauptursachen für diesen Prozeß gesehen wurden, in vier Gruppen untergliedern lassen.[2]

Erstens, Industrie und Wirtschaft; zweitens staatliche Wirtschaftspolitik; drittens Welthandel und Außenwirtschaftspolitik, sowie viertens, Gesellschaft und politisches System. In ähnlicher Weise gilt diese Gliederung auch für Veröffentlichungen, die sich mit den Ursachen des bundesdeutschen Wirtschaftswunders beschäftigen. In stark verkürzter Form lassen sich die zentralen Erklärungsansätze für den Bedeutungsverlust der britischen und, oft in spiegelverkehrter Weise, für die prosperierende Entwicklung der bundesdeutschen Wirtschaft, folgendendermaßen zusammenfassen:

1. Industrie und Wirtschaft

Ausgehend von der Annahme, daß alle industriellen Volkswirtschaften einem spezifischen Expansionstrend unterliegen, wird argumentiert, daß die deutsche

---

[2]   Einen schnellen Einstieg in die Thematik beziehungsweise interessante Perspektiven bieten folgende Veröffentlichungen: 1) Zum Bedeutungsverlust der britischen Wirtschaft: ALLEN, British Disease; CLARK UND TREBILCOCK, Understanding Decline; DINTENFASS, Decline; DORMOIS UND DINTENFASS, British Industrial Decline; EDGERTON, Science; GAMBLE, Britain in Decline; HALL, Economic Decline; MIDDLETON, Government; KIRBY, Decline; POLLARD, Wasting; SKED, Britain's Decline; TOMLINSON, Inventing Decline; WIENER, English Culture; S.a. KRIEGER, Die britische Krise. 2) Zum Aufstieg der bundesdeutschen Wirtschaft: ARNDT, West Germany; REICH, Fruits of Fascism.

Wirtschaft zwischen 1919 und 1945 unterhalb ihres „natürlichen" Wachstums lag. Die Dynamik der Jahre nach dem Zweiten Weltkrieg erklärt sich in dieser Perspektive aus dem Nachholbedarf, der die deutsche Wirtschaft auf den seit dem Ersten Weltkrieg unterbrochenen langfristigen Wachstumstrend zurück- brachte, der signifikant über dem Großbritanniens lag.[3]

Angeführt wird auch, daß die niedrige Auslastung industrieller Kapazitäten eine Erklärung für den raschen Aufschwung der Bundesrepublik darstellte, da dies eine rasche Steigerung der Produktion erlaubte, ohne durch vorhergehen- de Investitionen die Kosten in die Höhe zu treiben. Dies, zusammen mit ver- gleichsweise niedrigen Lohnaufwendungen, verschaffte bundesdeutschen Un- ternehmen entscheidende Startvorteile auf Exportmärkten, während hohe Arbeitskosten britische Produkte verteuerten.[4] Die Bedeutung des *European Recovery Programme* für den deutschen Aufschwung wurde in der histori- schen Diskussion der letzten Jahre zunehmend geringer eingeschätzt, insbe- sondere wenn man bedenkt, daß Großbritannien mit 3,4 Milliarden Dollar ein Viertel der für Europa vorgesehenen Hilfsmittel erhalten hatte, während bis Ende 1952 lediglich 1,4 Milliarden Dollar in die Bundesrepublik geflossen wa- ren.[5]

Eine Reihe von Studien untersucht ausgewählte Faktoren wie den Grad der Unternehmenskonzentration,[6] die regionale Verteilung industrieller Kapazitä- ten,[7] die Produktivität der eingesetzten Produktionsfaktoren,[8] und betriebliche Kostenstrukturen.[9] Verschiedentlich wird dabei auch auf die Stärke von Ge- werkschaften und deren Politik hingewiesen.[10] Ansätze, die sich auf die Ebene

---

3 ABELSHAUSER, Wirtschaftsgeschichte, S. 91f; ABELSHAUSER UND PETZINA, Krise und Rekon- struktion, S. 112f; NEWTON UND PORTER, Modernization Frustrated, S. 4f.

4 KINDLEBERGER, Europe's Postwar Growth, S. 28-36, 82-5.

5 HERBST, Option für den Westen, S. 45f. Zur Diskussion über die Rolle des Marshallplans: MIL- WARD, Was the Marshall Plan necessary?, S. 231-53; KLEMM UND TRITTEL, Vor dem „Wirt- schaftswunder", S. 114-8; BORCHARDT UND BUCHHEIM, Wirkung der Marshallplan-Hilfe, S. 119- 49.

6 Zur Bundesrepublik: SMITH, West German Economy, S. 22ff, 284-8. Zu Großbritannien: POLLARD, Development, S. 253-60; WALSHE, Industrial Organization, S. 335-40.

7 Zur Bundesrepublik: HARDACH, Wirtschaftsgeschichte, S. 228; Zu Großbritannien: ARMSTRONG, Regional Problems, S. 322-6; HALL, State and Economic Decline, S. 274.

8 Zur Bundesrepublik: HARDACH, Wirtschaftsgeschichte, S. 234ff; KRAMER, West German Eco- nomy, S. 204-7. Zu Großbritannien: KNAPP UND LOMAX, Britain's Growth Performance, S. 104- 8; SKED, Britain's Decline, S. 37f; WILLIAMS, Britain, S. 165ff.

9 Zur Bundesrepublik: HENNINGS, West Germany, S. 480; KRAMER, West German Economy, S. 219; Zu Großbritannien: ALLEN, Structure, S. 180ff; POLLARD, Wasting, S. 53; WEE, Prosperity and Upheaval, S. 236-9.

10 Zur Bundesrepublik: HENNINGS, West Germany, S. 483; ABELSHAUSER, Wirtschaftsgeschichte, S. 70; KRAMER, West German Economy, S. 209-12; STREECK, Organizational Consequences, S. 34- 7. Zu Großbritannien: ALLEN, Structure, S. 188ff; KILPATRICK UND LAWSON, Nature of Industri- al Decline, S. 86-90.

einzelner Unternehmen konzentrieren, verweisen zusätzlich auf Höhe, Finanzierung und Verwendung betrieblicher Investitionen, dem Prozeß der Innovation neuer Produkte und Produktionstechnologien sowie dem unternehmerischen Vorgehen bei Rationalisierung und Modernisierung.[11]

2. Staatliche Wirtschaftspolitik

In Untersuchungen, die das Verhältnis von Staat und Wirtschaft in den Mittelpunkt stellen, lassen sich im wesentlichen drei Erklärungsmuster voneinander unterscheiden. Ein erster Ansatz verweist darauf, daß aus der Institutionalisierung des Wohlfahrtsstaates hohe Transferzahlungen resultierten, deren umverteilende Wirkung zu Lasten der Unternehmen ging. Da diese Entwicklung in der Bundesrepublik später als in Großbritannien einsetzte, so wird argumentiert, gewann die deutsche Wirtschaft einen wichtigen Startvorteil.[12]

Weiterhin wird auf die Gesamtanlage der Wirtschaftspolitik aufmerksam gemacht und auf die unterschiedliche Handhabung makro-ökonomischer Steuerungsmechanismen in der Beschäftigungs- und Finanzpolitik verwiesen.[13] Eine dritte Gruppe von Autoren richtet ihr Augenmerk auf staatliche Interventionsmaßnahmen wie die Industrie-, Regional- und Konzentrationspolitik, die Unterstützung industrieller Forschung und Entwicklung sowie die Politik gegenüber den Tarifparteien.[14]

3. Welthandel und Außenwirtschaftspolitik

Neben Erklärungen, die sich auf die Zollpolitik konzentrieren, haben hier währungspolitische Argumentationen besondere Bedeutung.[15] Sie betonen, daß

---

[11] Zur Bundesrepublik: ABELSHAUSER, Wirtschaftsgeschichte, S. 72-6; GLASTETTER, Bundesrepublik Deutschland, S. 172-80; HALL, Governing the Economy,, S. 235; HENNINGS, West Germany, S. 483f; KRAMER, West German Economy, S. 196, 200f; Zu Großbritannien: FREEMAN, British Trade Performance, S. 12-22; KENNEDY, Capital Markets, S. 116ff; POLLARD, Wasting, S. 23-8; WILLIAMS, Britain, S. 168ff.

[12] BACON UND ELTIS, Britain's Economic Problem, S. 92-116; HALL, State and Economic Decline, S. 267; KREILE, Dynamics of Expansion, S. 193.

[13] EATWELL, Whatever Happened to Britain?, S. 128-34.

[14] GROVE, Government and Industry, S. 268; ALLEN, Structure, S. 157-64; HALL, State and Economic Decline, S. 273f; ABELSHAUSER, Wirtschaftsgeschichte, S. 81-4; PEDEN, British Economic and Social Policy, S. 176-82; LANDES, Unbound Prometheus, S. 521f.

[15] Zur Bundesrepublik: BUCHHEIM, Bundesrepublik in der Weltwirtschaft, S. 188f; HARDACH, Wirtschaftsgeschichte, S. 226f, 231f; HENNINGS, West Germany, S. 487-90. Zu Großbritannien: COHEN, British Economic Planning, S. 41f; GAMBLE, Britain in Decline, S. 18; NEWTON UND PORTER, Modernization Frustrated, S. 108-19; PEDEN, British Economic and Social Policy, S. 143-6; POLLARD, Development, S. 282-5; SKED, Britain's Decline, S. 29ff; YOUNGSON, Britain's Economic Growth, S. 167-79.

der hohe Wechselkurs des Pfundes ein maßgebliches Hindernis für das britische Wirtschaftswachstum darstellte, während die angebliche Unterbewertung der Deutschen Mark bundesdeutschen Unternehmen Preisvorteile auf dem Weltmarkt verschaffte.[16]

Einer besonders weitgehenden Interpretation zufolge litt Großbritannien unter der „Hypothek des Empires": Mit dem Versuch, die einstige Großmachtposition auch in der Nachkriegszeit aufrechtzuerhalten, überstrapazierten britische Regierungen die vorhandenen wirtschaftlichen Kapazitäten und leiteten finanzielle Ressourcen in wirtschaftlich unproduktive Sektoren um. Die Bundesrepublik konnte dieser Argumentation zufolge ihre Kapazitäten zum industriellen Aufbau nutzen und war im Vergleich zu Großbritannien anfangs zu geringeren Rüstungsausgaben gezwungen.[17]

4. Gesellschaft und politisches System

Ein weiterer Erklärungsansatz sieht die entscheidende Ursache für den Aufstieg der bundesdeutschen, beziehungsweise den Bedeutungsverlust der britischen Wirtschaft, in unterschiedlichen nationalen Kulturen und langanhaltenden strukturellen Entwicklungen beider Gesellschaften begründet. So wird für Großbritannien ein Verlust des „Industrial Spirit" ausgemacht, während man das Gegenteil für die Bundesrepublik annimmt.[18]

Eine Reihe von Analysen glaubt in Struktur und Haltung der öffentlichen Verwaltung und des Regierungsapparats Großbritanniens wachstumshemmende Faktoren zu erkennen, während diese Wirkung in anderen Untersuchungen dem britischen Parteiensystem und dem Geflecht von Interessengruppen zugeordnet wird.[19] Das politische System der Bundesrepublik galt dagegen als flexibler und offener gegenüber Veränderungen und schien somit den Notwendigkeiten einer dynamischen Wirtschaftsentwicklung eher gerecht zu werden.[20]

Von Querverweisen abgesehen unternehmen die angeführten Studien allerdings keinen systematischen Versuch, die divergierende Entwicklung in der Bundesrepublik und in Großbritannien in vergleichender Darstellung zu kon-

---

[16] PAISH, Inflation, S. 137; SMITH, West German Economy, S. 56-61, 85; ALDCROFT, British Economy, S. 203-14; BRITTAN, External Economic Policy, S. 88ff; BUDD, Politics of Economic Planning, S. 69-72; POLLARD, Wasting, S. 31-47; SURREY, Demand Management, S. 528, 531-4; DOW, Management, S. 178-209, 270-5, 399-403.

[17] KENNEDY, Rise and Fall, S. 622ff; BLANK, Politics, S. 90; GAMBLE, Britain in Decline. Economic Policy, S. 109; HATTON UND CHRYSTAL, Budget and Fiscal Policy, S. 61; KRAMER, West German Economy, S. 162; PEDEN, British Economic and Social Policy, S. 182-9; SKED, Britain's Decline, S. 30-5.

[18] ALLEN, British Disease, S. 71f; WIENER, English Culture, S. 159-66.

[19] GAMBLE, Stabilization Policy, S. 40; HALL, State and Economic Decline, S. 284ff.

[20] ARNDT, West Germany, S. 63-77.

trastieren.[21] Genau dies ist die Absicht der vorliegenden Untersuchung, der die Prämisse zugrunde liegt, daß sich die bestimmenden Faktoren im Prozeß wirtschaftlichen Auf- und Abstiegs in vergleichender Perspektive besser herauskristallisieren lassen, als dies bei Betrachtung nur eines Landes möglich ist. Die für dieses Vorhaben herangezogene Literatur sowie die bearbeiteten Quellenbestände seien, von den vorstehend angeführten Veröffentlichungen abgesehen, nachfolgend skizziert.

An erster Stelle sind zunächst Darstellungen und Analysen zur wirtschaftlichen und politischen Entwicklung der Bundesrepublik Deutschland und Großbritannien vom Ende des Zweiten Weltkriegs bis in die späten 1960er Jahre zu nennen.[22] Detailliertere Angaben zur ökonomischen und industriellen Entwicklung, zu Fragen des Wirtschaftswachstums beziehungsweise zur Gesamtanlage und den Zielen staatlicher Wirtschaftspolitik in beiden Ländern wurden darüber hinaus zeitgenössischen wirtschaftswissenschaftlichen Studien entnommen.[23]

Auch wenn bisher kein deutsch-britischer Branchenvergleich für den angegebenen Zeitraum vorliegt, befaßt sich eine Reihe von Veröffentlichungen mit Teilaspekten des vorliegenden Themas. Dies sind etwa vergleichende Darstellungen zur staatlichen Intervention in Großbritannien und Frankreich, der Industriepolitik in der Bundesrepublik und Frankreich und Studien zur deutschen und britischen Exportpolitik.[24] Hinzuweisen ist dabei besonders auf fünf deutsch-britische Vergleiche, die sich allerdings mit Wirtschaftssektoren befassen, die keine Relevanz für die Elektrotechnische Industrie haben.[25]

---

[21] CHANDLER, Scale and Scope, geht im Rahmen seiner Zusammenfassung (S. 605-28) auf die Zeit nach dem Zweiten Weltkrieg ein. PORTER, Competitive Advantage, behandelt die Bundesrepublik und Großbritannien im Zusammenhang mit einer Reihe weiterer Staaten.

[22] Zur Bundesrepublik: GIERSCH et al., Fading Miracle; ABELSHAUSER, Wirtschaftsgeschichte; BUCHHEIM, Wiedereingliederung Westdeutschlands; GLASTETTER, Bundesrepublik Deutschland; HARDACH, Wirtschaftsgeschichte; SCHWANSE, Beschäftigungsstruktur; SMITH, West German Economy. Zu Großbritannien: ALDCROFT, British Economy; BUDD, Politics of Economic Planning; GAMBLE, Britain in Decline; HALL, State and Economic Decline; POLLARD, Development of the British Economy.

[23] Zur Bundesrepublik: BAUMGART, Finanzierung; DERS., Elektroindustrie; BUCHHEIM, Einige wirtschaftspolitische Maßnahmen; GRÜNIG et al., Expansion; HOPP, Schwankungen; ZAVLARIS, Subventionen; BREITENACHER et al., Elektrotechnische Industrie; BÖTTCHER, Internationale Zusammenhänge; Zu Großbritannien: COLEMAN, Failings and Achievements; DOW, Management; GOLDTHORPE, Problems of Political Economy; MATTHEWS et al., British Economic Growth; THOMAS, Finance of British Industry.

[24] HALL, Governing the Economy; NEUMANN UND UTERWEDDE, Industriepolitik; BUCKLEY, Government-Industry Relations; ULLMANN, Staatliche Exportförderung; WEE, Foreign Trade Policy.

[25] APPLEBY UND BESSANT, Adapting to Decline; GRANT et al., Government and the Chemical Industry; MAITLAND, Industrial Disorder; NEEBE, Technologietransfer; PARKINSON, New Product Development; WENGENROTH, Unternehmensstrategien und technischer Fortschritt.

Zu dieser Branche liegen in der Bundesrepublik und in Großbritannien mehrere historische Studien vor, die sich allerdings entweder nur mit ausgewählten Teilaspekten befassen, oder einen Zeitraum behandeln, der nicht im Zentrum des gegenwärtigen Vorhabens steht. Bisher gilt das Interesse der Forschung vordringlich den Jahren vor dem Ersten Weltkrieg und vor allem der Gründungsphase der Elektrotechnischen Industrie. In geringerem Maße trifft dies auch für die Zwischenkriegszeit zu, während der Zeit nach dem Zweiten Weltkrieg bisher nur geringe Aufmerksamkeit geschenkt wird. Besondere Berücksichtigung finden seit jeher Konzerne wie Siemens, AEG oder GEC, sowie herausragende Erfinder- und Unternehmerpersönlichkeiten wie Werner von Siemens oder Sebastian de Ferranti.[26]

Neben Untersuchungen zu Großfirmen existieren mehrere Veröffentlichungen zur Geschichte einzelner Unternehmen, bei denen es sich zumeist um Festschriften zu Firmenjubiläen handelt.[27] Einige Publikationen beschäftigen sich mit Haushalts- und Unterhaltungsgeräten, die für die vorliegende Arbeit soweit als möglich herangezogen wurden.[28] Im Vergleich zur Elektrotechnischen Industrie ist der Forschungsstand zur Elektrizitätswirtschaft, insbesondere was Großbritannien betrifft, sehr gut, während sich Veröffentlichungen zu Deutschland beziehungsweise zur Bundesrepublik als weniger ertragreich erweisen.[29]

Damit kann das Ziel der vorliegenden Studie nur durch Heranziehung anderer, leider weit verstreuter Materialien erreicht werden. Zu nennen sind

---

[26] Zu Deutschland: CABJOLSKY, Entwicklung der Siemens & Halske A.-G.; CZADA, Berliner Elektroindustrie; FELDENKIRCHEN, Siemens; FREYBERG UND SIEGEL, Industrielle Rationalisierung; GOETZELER UND SCHOEN, Wilhelm und Carl Friedrich von Siemens; HOMBURG, Rationalisierung und Industriearbeit; POHL, Emil Rathenau und die AEG; PLETTNER, Abenteuer Elektrotechnik; SACHSE, Siemens; WEIHER, Die englischen Siemens-Werke; WEIHER UND GOETZELER, Weg und Wirken; WESSEL, Entwicklung des elektrischen Nachrichtenwesens. Zu Großbritannien: DAVENPORT-HINES, Dudley Docker; MACLAREN, Rise of the Electrical Industry; PASSER, Electrical Manufacturers; JONES UND MARRIOTT, Anatomy of a Merger; SCOTT, Siemens Brothers; SIEMENS UK PLC., Sir William Siemens; STURMEY, Economic Development of Radio; WILSON, Ferranti.

[27] Exemplarisch: AEG HAUSGERÄTE, Alles elektrisch; CORDES, Cordes; HERDT, Bosch; RITTERWERK, 75 Jahre; PROSS, Geist der Unternehmer; CATRINA, BBC; BRUNNER-SCHWER UND ZUDEICK, SABA.

[28] HARDYMENT, From Mangle to Microwave; HELLMANN, Künstliche Kälte; ORLAND, Haushalts(t)räume; SCHWARTZ-COWAN, „Industrial Revolution" in the Home; BENKER, In alten Küchen; DIETZ, Haushaltstechnik; WICHT, Elektrische Hausgeräte; HOLTSCHMIDT, Fernsehen; DERS., Radios; KELLER, Hundert Jahre Fernsehen.

[29] Zu Großbritannien: DALE, Technical Change; EDEN UND NIGEL, Electricity Supply; HANNAH, Electricity before Nationalisation; DERS., Engineers, Managers and Politicians; HUGHES, Networks of Power; POULTER, History of Electricity Supply. Zur Bundesrepublik: FISCHER, Geschichte der Stromversorgung; KRUSE, Energiewirtschaft; RADKAU, Aufstieg und Krise der deutschen Atomwirtschaft; RÖTHLINGSHOFER, Kraftwerksindustrie; VERBAND BAYERISCHER ELEKTRIZITÄTSWERKE, Elektrizität in Bayern; VEREINIGUNG DEUTSCHER ELEKTRIZITÄTSWERKE, Zeitalter der Elektrizität; ZÄNGL, Deutschlands Strom.

zunächst Publikationen von Unternehmen, wie etwa Geschäftsberichte, Veröffentlichungen regierungsamtlicher Stellen und industrieller Vereinigungen, wie der British Electrical and Allied Manufacturers Association (BEAMA) und des Zentralverbands Elektrotechnik und Elektroindustrie (ZVEI), vormals Zentralverband der Elektrotechnischen Industrie. Hinzu kommen Untersuchungen internationaler Organisationen wie EWG, UN und OECD, die insbesondere Datenmaterial enthalten, das für die vorliegende Studie wichtig ist.[30]

Die Aussagekraft dieser Daten sollte aber nicht überschätzt werden. Schwierigkeiten ergaben sich nicht nur im Hinblick auf deren Vergleichbarkeit zwischen beiden Ländern, etwa wegen unterschiedlicher statistischer Klassifizierungen, sondern vor allem aufgrund der Lückenhaftigkeit des Materials. Deshalb mußte beispielsweise auf eine Analyse der Warenströme im britischen und deutschen Außenhandel mit Kraftwerksanlagen, ähnlich wie dies bei Konsumgütern vorgenommen wurde, verzichtet werden.[31]

Charakteristisch für die weithin unbefriedigende Datenlage ist, daß eine Reihe von Unternehmen, wie etwa BBC, Bosch und Alldephi, für den Großteil der hier untersuchten Zeitspanne keine absoluten Umsatzzahlen bekanntgaben, sondern lediglich die prozentuale Veränderung gegenüber dem Vorjahr veröffentlichten.[32] Hinzu kam, daß die von deutschen und britischen Firmen gemachten Angaben auf der Basis unterschiedlicher Rechtsvorschriften zustandekamen, was einen präzisen länderübergreifenden Vergleich kompliziert macht.[33] Die jährlichen Geschäftsberichte der Unternehmen, die eine wichtige Quelle für die vorliegende Arbeit darstellen, sind mit quellenkritischer Vorsicht zu behandeln, oder, um mit Sheila Marriner zu sprechen: „historians should never forget that they were designed only for shareholders *not* for historians."[34]

Als besonders nützlich erwiesen sich betriebswirtschaftliche Dissertationen, von denen manche von Beschäftigten der Elektrotechnischen Industrie verfaßt

---

[30] Exemplarisch hierfür: BEAMA, Electrical Industry of Great Britain; DIESS., Twenty One Years; ZVEI, 75 Jahre; DERS., Statistischer Bericht, Ausgaben 1948/1949 bis 1956; DERS., Die westdeutsche Elektroindustrie. Statistischer Bericht, Ausgaben 1957 bis 1970; EU, COMMISSION OF THE EUROPEAN COMMUNITIES, Study of the Evolution of Concentration.

[31] Zu den mit der Datenlage verbundenen Problemen: GEIST, Elektronik, S. 1909; Die Elektroindustrie Großbritanniens, in: ZVEIM 15 (1962), Nr. 2, S. 19. Gleichlautend: SPENCER, Statistics Are Vital, S. 582; DERS., Electrical Industry Statistics, S. 309; Electrical Manufacturing Statistics, in: ER 164 (1959), S. 921.

[32] Brown, Boveri, „übertrieben sozial"?, in: Volkswirt 7 (1953), Nr. 33, S. 25; Brown, Boveri & Cie AG. Stärkere Betätigung im Ausland, ebd., 19 (1965), S. 1074; Robert Bosch GmbH. Wechsel auf die Zukunft, ebd., S. 1609; Allgemeine Deutschen Philips Industrie GmbH. Expansion und Konsolidierung, ebd., 17 (1963), S. 1270.

[33] Vergleichbarkeit der Umsätze deutscher und amerikanischer Elektro-Konzerne, in: ZVEIM 18 (1965), Nr. 5, S. 8-11; Zur Vergleichbarkeit deutscher und internationaler Statistiken, ebd., 19 (1966), Nr. 4, S. 39ff.

[34] MARRINER, Company Financial Statements, S. 205. Hervorhebung im Original.

wurden, weshalb diese oft überaus materialreich waren und Angaben enthielten, die an keiner anderen Stelle zugänglich waren. Deshalb wurden alle an deutschen Universitäten eingereichten und noch auffindbaren Dissertationen herangezogen, wobei sich allerdings nur wenige dieser Arbeiten mit den Jahren nach dem Zweiten Weltkrieg beschäftigen.[35]

Die zweifellos wichtigste Quelle für die vorliegende Studie ist eine Vielzahl manchmal nur kurzer Meldungen und Berichte in zeitgenössischen elektrotechnischen und wirtschaftlichen Periodika wie *Elektrotechnik, Electrical Review, Volkswirt* oder *Economist*, die für den vorliegenden Zeitraum systematisch ausgewertet wurden. Obgleich sich das als mühsames Unterfangen erwies, mußte dieser Weg doch beschritten werden, da die so gewonnenen Informationen auf keine andere Weise aufzufinden waren.

Ergänzt wurde dieses Material durch Quellen aus staatlichen und privaten Archiven. Im britischen *Public Record Office* wurden dabei vor allem die Bestände des *Department of Trade and Industry*, der Elektrizitätswirtschaft, sowie parlamentarischer Untersuchungskommissionen eingesehen. Diese Archivalien waren zwar informativ, soweit es die Versorgungswirtschaft und die Tätigkeit parlamentarischer Kommissionen betraf. Allerdings fanden sich nur wenige Unterlagen, die für eine Darstellung der Elektrotechnischen Industrie mit Gewinn hätten ausgewertet werden können.

Noch unergiebiger war in dieser Hinsicht das Bundesarchiv, wo zur Elektrizitätswirtschaft wenig, zur Elektrotechnischen Industrie nahezu nichts auffindbar war. Der Informationsgehalt dieser Bestände, von denen der wichtigste der der betreffenden Referate des Bundeswirtschaftsministeriums war, ist zumindest für die vorliegende Studie von geringem Wert und reduziert sich auf illustrative Details von bereits aus zeitgenössischen Periodika bekannten Tatsachen und Entwicklungen.

Angesichts dieser allzu bescheidenen Ertragslage staatlicher Archive gewannen die Archivalien bundesdeutscher und britischer Unternehmen und Indu-

---

[35] EBACH, Moderne Fertigungsmethoden; EIßFELDT, Kartellierungsfähigkeit; FASOLT, Elektrizitätsgesellschaften; GAPINSKI, Stellung der deutschen Elektro-Industrie; GECK, Elektrotechnische Industrie; GLARDON, Die deutsche Elektroindustrie; GLOß, EWG-Zollpolitik; GRÜNSTEIN, Beiträge zur Entwicklungsgeschichte; GUTENBERG, Aktiengesellschaften der Elektrizitätsindustrie; KELCH, Studien; JACOB-WENDLER, Deutsche Elektroindustrie; KOCH, Konzentrationsbewegung; KRÄMER, Finanzpolitik westdeutscher Konzerne; KRELLER, Entwicklung der deutschen elektrotechnischen Industrie; LEVY, Studien; LOCHNER, Die weltwirtschaftliche Verflechtung; MIELMANN, Deutsch-Chinesische Handelsbeziehungen; NOETHER, Vertrustung und Monopolfrage; PESCHKE, Elektroindustrie und Staatsverwaltung; RENARDY, Standorte der Elektrotechnischen Industrie; SAWALL, Unternehmenskonzentration in der Elektroindustrie; SCHRÖDER, Exportwirtschaft der deutschen Elektroindustrie; SCHULZ-HANßEN, Stellung der Elektroindustrie im Industrialisierungsprozeß; VOLK, Bestimmungsfaktoren für das Wachstum der deutschen Elektroindustrie; WEINGART, Finanzierungsgesellschaften der deutschen Elektrotechnischen Industrie; WELZEL, Elektroindustrie in der Bundesrepublik Deutschland.

strieverbände umso größere Bedeutung, doch auch hier war die Ausbeute dürftig. Dies lag zum einen daran, daß in beiden Staaten nur sehr wenige Betriebe die im Geschäftsverlauf anfallenden Dokumente aufbewahren. Zumindest war dies das Ergebnis einer Anfrage bei 22 bundesdeutschen und zwölf britischen Firmen. Aber auch die in einzelnen Unternehmen und bei der BEAMA zugänglichen Materialien erlaubten keine weitergehende Schlüsse auf noch offenstehende Fragen, während der ZVEI eigenen Angaben zufolge keine Unterlagen aufbewahrt. Auch durch diese Quellen konnten damit nicht die Lücken geschlossen werden, die nach Auswertung aller anderen Materialien noch geblieben waren.

Dies betraf insbesondere Informationen, die genauere Rückschlüsse auf den Entscheidungsfindungsprozeß und die Strategie von Unternehmen zuließen, die über die in der Fachpresse auffindbaren Angaben hinausgingen. Gleiches gilt aber auch für die sehr unterschiedliche Präsenz von Groß- und Kleinunternehmen im vorliegenden Text. Aufgrund der herausragenden Bedeutung von Konzernen ist dies zwar sachlich berechtigt, allerdings hätten Archivalien, aus der die Entwicklung mittelständischer Firmen hätte nachgezeichnet werden können, der Darstellung sicherlich interessante und aufschlußreiche Aspekte hinzufügen können.

Ebenfalls aufgrund des Mangels an Quellen verblieben Personen, auch wenn es sich um die Leiter von Unternehmen handelt, in der vorliegenden Studie weitgehend im Dunkeln und tauchen nur vereinzelt und an wenigen Punkten auf. Daß es immer Individuen waren und sind, die konkrete Entscheidungen mit oft weitreichenden Konsequenzen fällen, wie dies etwa an der Person Arnold Weinstocks, des Vorstandsvorsitzenden von GEC exemplarisch deutlich wird, steht völlig außer Zweifel. Umso schmerzlicher ist es daher, wenn der Historiker keinen Zugang zu den betreffenden Unterlagen hat, oder, was noch weit schlimmer ist, wenn derartige Dokumente überhaupt nicht aufbewahrt werden.

Die Archivalien erlauben nur vereinzelt Aussagen zu Versuchen der Industrie, Einfluß auf Politik und Gesetzgebung zu nehmen. Eine Ausnahme stellen hier die im Archiv der BEAMA aufgefundenen Protokolle der Geschäftsführung dieses Industrieverbandes dar, die zeigen, wie die weitreichenden Absprachen zwischen den Unternehmen gegenüber staatlichen Untersuchungskommissionen verschleiert wurden. Ebenfalls aufgrund des Mangels an Quellen sind keine Feststellungen zu internen Entwicklungen, zu Interessengegensätzen und möglicherweise sogar zu Konflikten in den Industrieverbänden der Branche möglich. Wenngleich dies angesichts der Heterogenität dieser Verbände, in der wenige Großunternehmen und eine Vielzahl kleiner und mittelständischer Firmen organisiert waren, zu erwarten ist, fanden sich in zeitgenössischen Periodika hierzu keinerlei Hinweise. Archivalien waren hierzu nicht vorhanden, nicht zugänglich, oder enthielten diesbezüglich keine Aussage.

C. EINFÜHRENDE BEMERKUNGEN ZUR ELEKTROINDUSTRIE UND ZUR KONZEPTIONELLEN GLIEDERUNG DER VORLIEGENDEN STUDIE

Die Elektrotechnik als Wirtschaftssektor gliedert sich in zwei Sparten: Elektrizitätswirtschaft und Elektrotechnische Industrie – letztere wird nachfolgend auch als Elektroindustrie bezeichnet. Die Elektrizitätswirtschaft beschäftigt sich mit der Erzeugung, Umwandlung und Verteilung elektrischen Stroms, während die Elektrotechnische Industrie Komponenten, Geräte und Anlagen entwickelt und herstellt, die hierfür sowie zur Anwendung elektrischer Energie eingesetzt werden.[36]

Der Fertigungsschwerpunkt der Elektrotechnischen Industrie lag traditionell bei Investitionsgütern. Die Nachfrage nach ihren Produkten wurde neben der allgemeinen Konjunkturlage in starkem Maß von der Investitionsneigung der betreffenden Abnehmer bestimmt. Der wichtigste Kunde war dabei die Elektrizitätswirtschaft, daneben aber auch Bahn- und Postverwaltungen.

Die zweite große Kundengruppe waren Industrie und Gewerbe, die elektrotechnische und elektronische Geräte und Anlagen zum einen als Komponenten, wie etwa zur elektrischen Ausrüstung von Kraftfahrzeugen, zum anderen zur Modernisierung ihrer Fertigungseinrichtungen benötigten. Einen eigenständigen Bereich stellen elektrotechnische Güter für militärische Verwendungszwecke dar.[37] Hinzuweisen ist auf den enormen Investitionsumfang der genannten Sektoren. So entfielen in den frühen 1960er Jahren mehr als ein Drittel aller Sachanlageinvestitionen der britischen Volkswirtschaft auf elektrotechnische Anlagen und Geräte für Elektrizitätswirtschaft, Industrie, Post und Bahn sowie das Militär.[38]

---

[36] HUPPERT, Elektroindustrie, S. 189; DERS., Grundlagen und Entwicklungen, S. 71.

[37] TRUTE, Die deutsche Elektroindustrie – Stellung, Aussichten und Trend, S. 8; Kurz- und mittelfristige Entwicklungsaussichten, in: Volkswirt 13 (1959), Beilage zu Nr. 14 „Dynamische Elektroindustrie", S. 28; Konjunktur und Struktur, ebd., S. 9; KUMMER UND RUPPEL, Abnehmer und Lieferanten, S. 8; BAUMGART, Elektroindustrie der Bundesrepublik, S. 218; HUPPERT, Grundlagen und Entwicklungen, S. 82; ZVEI, Absatzentwicklung der elektrotechnischen Erzeugnisse, S. 33f; Electrical Industries in Europe Compared, in: ER 176 (1965), S. 742; KOEHN, Rationalisierung, S. 26.

[38] Electrical Manufacture in Britain. A Statistical Appraisal of its Size and Growth, in: ER 170 (1962), S. 135. Zur Bundesrepublik: VOGT, Investitionen der öffentlichen Elektrizitätsversorgung, S. 218.

In den Zwischenkriegsjahren begann mit elektrischen Konsumgütern die Expansion eines Fertigungszweiges, der in den Jahren nach dem Zweiten Weltkrieg eine enorme Dynamik entfaltete. Konsumgüter waren im Gegensatz zu Investitionsgütern, die in zeitlich längerfristiger Perspektive angeschafft wurden, in weit stärkerem Maße von kurzfristigen konjunkturellen Entwicklungen beeinflußt.

Besonders zwei Faktoren ermöglichten der Elektroindustrie eine starke Ausweitung ihres Absatzes: die Entwicklung neuer Produkte für neue Märkte, beziehungsweise die Umlenkung eines bestehenden Nachfragepotentials zu diesen hin. Hinzu kam die fortlaufende Verbesserung und Verbilligung elektrotechnischer Geräte und Anlagen durch die Modernisierung der Fertigung.[39] Seit Mitte des neunzehnten Jahrhunderts wurden so die traditionellen Energiequellen Mensch, Tier, Wasser, Wind, Holz und Kohle durch das Vordringen der Elektrizität in neue Anwendungsbereiche sukzessive ersetzt. Dieser Prozeß läßt sich unter dem Begriff Elektrifizierung fassen, der wie wenig anderes die wirtschaftliche und technische Entwicklung seit dem späten neunzehnten Jahrhundert prägte.[40]

Die fortschreitende Elektrifizierung, erkennbar am steigenden Pro-Kopf-Stromverbrauch, bescherte der Elektroindustrie Wachstumsraten, die seit dem Beginn des zwanzigsten Jahrhunderts über denen fast aller übrigen Wirtschaftssektoren lagen – Indiz für die damit verbundenen strukturellen Veränderungen industrieller Volkswirtschaften.[41] Der Aufstieg der Elektrizität ergab sich aus den Vorzügen des elektrischen Stromes: seine leichte Transportmöglichkeit über weite Entfernungen, seine hohe Sicherheit im Vergleich zu anderen Energiequellen, und besonders seine universelle Anwendungsmöglichkeiten zu Signalübertragung, Antrieb, Erwärmung, Kühlung, Messung und Regelung.[42] Diese Vorteile wogen den einzigen Nachteil der Elektrizität, ihre mangelnde Speicherfähigkeit, auf und verschafften ihr eine Schlüsselposition in der industriellen Entwicklung.[43]

Europa verzeichnete zwischen dem Ende des Zweiten Weltkriegs und den späten 1960er Jahren eine Periode bis dahin nicht gekannter wirtschaftlicher

---

[39] LOHSE, Vollbeschäftigte Elektroindustrie, S. 317; TRUTE, Entwicklungslinien der Elektroindustrie, S. 130; VOLK, Bestimmungsfaktoren, S. 374f.

[40] RÜHLE, Im Dienste der zweiten Industrie-Revolution, S. 7.

[41] Elektrofirmen mit guten Zukunftschancen, in: Industriekurier 08.03.1956, S. 7; MERTENS, Veränderungen, S. 444; WEISS, Strukturwandel, S. 178; THÖRNER, Die wirtschaftliche Entwicklung, S. 428; THOBEN, Auswahlkriterien, S. 134f; RIEMERSCHMID, Wirtschaftsfaktor Elektrizitätsversorgung, S. 188.

[42] ROST, Entwicklung der Elektroindustrie, S. 36; SCHOECK, Bedeutung der Elektrotechnik, S. 112ff; ZVEI, Zur Absatzentwicklung, S. 14.

[43] SONENBLUM, Electrification, S. 277, 345. S.a. WOOLF, Electricity, Productivity, and Labor Saving, S. 177; BROADBERRY UND CRAFTS, Explaining Anglo-American Productivity Differences, S. 386.

Prosperität mit einem Wachstum der industriellen Produktion um durchschnittlich sechs Prozent pro Jahr. Verbunden war dies mit einer tiefgreifenden Veränderung gesellschaftspolitischer Leitideen, wie sie am Konzept der bundesdeutschen Sozialen Marktwirtschaft und dem britischen *Welfare State* erkennbar wurden. Ihren vielleicht deutlichsten Ausdruck fanden Vollbeschäftigung, Wirtschaftswachstum und steigender Wohlstand in der Konsumrevolution der 1950er und 1960er Jahre, in der Erzeugnisse der Elektrotechnischen Industrie neben dem Automobil zu den Symbolen der Wirtschaftswunderjahre wurden: Haushaltsgeräte, wie Waschmaschinen oder Kühlschränke, und Erzeugnisse der Unterhaltungselektronik, wie Radio- und Fernsehgeräte.[44]

Die Elektrotechnische Industrie stand im Zentrum dieser Prosperität. Sie profitierte einerseits vom Massenkonsum elektrotechnischer Artikel und gab mit ihrem Wachstum der Gesamtwirtschaft wichtige Impulse. Von einer nachgeordneten Stellung in der unmittelbaren Nachkriegszeit stieg diese Branche bis in die späten 1960er Jahre in der Bundesrepublik und Großbritannien zu einem der bedeutendsten Wirtschaftssektoren auf. So war sie in der Bundesrepublik der zweitgrößte industrielle Arbeitgeber und gemessen am Gesamtumsatz der drittgrößte Industriesektor.[45]

Betrachtet man die Entwicklung der Elektrotechnischen Industrie in vergleichender deutsch-britischer Perspektive, ist festzustellen, daß Großbritannien die herausragende Stellung, die es nach dem Zweiten Weltkrieg auf dem Weltelektromarkt innegehabt hatte, schnell verlor. Das Schicksal dieser Branche erscheint damit als exemplarisch für den *British Decline*, der sich vor dem Hintergrund der Prosperität der 1950er und 1960er Jahre fortsetzte. Dabei ist zu betonen, daß Großbritannien trotz des Zurückfallens gegenüber anderen europäischen Volkswirtschaften enorme wirtschaftliche Wachstumsraten verzeichnete. Vielen zeitgenössischen Beobachtern verstellte dies anfangs den Blick auf den zunehmenden Rückstand der britischen Wirtschaft (siehe Graphik 1 und Anhang, Tabelle 1.7).[46]

---

[44] WEE, Prosperity and Upheaval, S. 49; ALBACH, Unternehmen und Staat, S. 33-44; STARBATTY, Die Soziale Marktwirtschaft, S. 9; RADKAU, Technik in Deutschland, S. 316.

[45] ABELSHAUSER, Die Langen Fünfziger Jahre, S. 74; BREITENACHER et al., Elektrotechnische Industrie, S. 18.

[46] * Welthandel definiert als die Summe der Exporte der zwölf führenden Herstellerstaaten. Berechnet nach: WIRTSCHAFTSGRUPPE ELEKTROINDUSTRIE, Statistischer Bericht für die Elektroindustrie. International Außenhandel, 1935 und 1937; Weltelektroausfuhr, in: Elektrotechnische Zeitschrift 56 (1935), S. 416; 58 (1937), S. 1380; ZVEI, Die elektrotechnische Industrie und die Elektrisierung Deutschlands, ebd., 51 (1930), S. 857; ZVEI, Statistischer Bericht 1960, S. 51; DERS., Statistischer Bericht 1966, S. 45; DERS., Statistischer Bericht 1970, S. 41; UN, Yearbook of International Trade Statistics.

Graphik 1: Marktanteile im Welthandel mit elektrotechnischen Produkten*,
_   1913-1970_

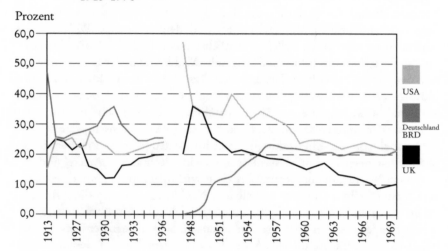

Im ersten Teil beschäftigt sich die vorliegende Studie mit der Elektrotechnischen Industrie von ihren Anfängen Mitte des neunzehnten Jahrhunderts bis zum Ende des Zweiten Weltkriegs. In drei Kapiteln wird versucht, die Entwicklung dieser Branche zunächst bis zum Ersten Weltkrieg, dann in den 1920er Jahren bis zur Weltwirtschaftskrise, und von dieser bis 1945 darzustellen. Besondere Aufmerksamkeit gilt hierbei den langfristigen Weichenstellungen, die sich in diesem Zeitraum herausbildeten. Dies betrifft insbesondere das Verhältnis zwischen Elektroindustrie und Elektrizitätswirtschaft, die Auswirkungen von zwei Weltkriegen und der Weltwirtschaftskrise, und das Vordringen der Elektrizität in immer neue Anwendungsbereiche.

Die zwei sich anschließenden Teile konzentrieren sich jeweils auf einen ausgewählten Fertigungssektor. Jeder dieser Abschnitte beginnt zunächst mit einem einleitenden Kapitel, in dem auf eine Reihe technischer Fragen eingegangen wird, die zum Verständnis des nachfolgenden Textes notwendig sind. Anlagen zur Erzeugung, Umwandlung und Verteilung von Elektrizität sind dabei Thema des zweiten, elektrotechnische Konsumgüter des dritten Teils.

Bei Kraftwerksanlagen ist die Entwicklung der Elektrizitätswirtschaft als wichtigster Abnehmer zu berücksichtigen. Besondere Aufmerksamkeit gilt hierbei den Faktoren, die das Bestellvolumen der Versorgungsunternehmen bestimmten, sowie den Folgen, die sich aus der Verstaatlichung der britischen Elektrizitätswirtschaft und der Beibehaltung der gemischtwirtschaftlichen Eigentumsstruktur in der Bundesrepublik ergaben. Notwendig ist hierzu auch ein Blick auf die in der Elektrizitätswirtschaft verwendeten Primärenergiequellen Kohle, Atomkraft und Mineralöl, da sich aus der maßgeblich politisch-bestimmten Entscheidung für oder gegen einen dieser Energieträger wichtige Konsequenzen für die Hersteller von Kraftwerksanlagen ergaben.

Gegenstand des dritten Teils sind vier ausgewählte Konsumgüter: Waschmaschinen und Kühlschränke als Haushaltsgeräte, Radio- und Fernsehgeräte als Erzeugnisse der Unterhaltungselektronik. Von besonderem Interesse ist hier wiederum nicht nur die Angebots-, sondern auch die Nachfrageseite. In diesem Fall der zumeist private Konsument, dessen Kaufverhalten nicht zuletzt durch staatliche Maßnahmen stark beeinflußt wird. Im deutsch-britischen Vergleich ist zu untersuchen, wie sich diese Politik in beiden Staaten unterschied und welche Konsequenzen dies für Konsumenten und Produzenten hatte. Wichtig ist außerdem der Handel und insbesondere der Einzelhandel, dessen Interessen und Verhalten einen nicht zu unterschätzenden Einfluß auf die Hersteller hatte.

Der vierte Teil beschäftigt sich zunächst mit Themen, die sich nicht in die vorangegangenen, am zeitlichen Ablauf orientierten Kapitel integrieren ließen. Trotzdem sollten diese in der vorliegenden Untersuchung berücksichtigt werden, da Fragen der industriellen Produktionsstruktur, der Unternehmensgröße und -finanzierung sowie des Außenhandels wichtig für eine vergleichende Betrachtung sind, zumal die dabei gewonnenen Ergebnisse die der vorherigen Abschnitte bestätigen.

Im zehnten Kapitel werden die Ergebnisse der Studie zusammengefaßt und die Schlußfolgerungen gezogen, die sich vor dem Hintergrund der eingangs skizzierten Erkenntnisziele ergaben. Dieses Abschlußkapitel unterscheidet sich insofern von den Zusammenfassungen am Ende der einzelnen Kapitel und Abschnitte, als es den Versuch darstellt, nicht nur den Inhalt zu resümieren, sondern die Entwicklung der Elektrotechnischen Industrie im Hinblick auf die zentralen Fragestellungen in Langzeitperspektive zu analysieren.

TEIL 1:

DIE ELEKTROTECHNISCHE INDUSTRIE VON IHREN ANFÄNGEN BIS 1945

KAPITEL 1
UNGLEICHE PIONIERE:
VON DEN ANFÄNGEN BIS ZUM ENDE
DES ERSTEN WELTKRIEGS

A. DEUTSCHLAND:
EXPANSION, KRISE UND RESTRUKTURIERUNG

Ihre erste praktische Anwendung fand die Elektrizität in den 1840er Jahren bei elektromagnetischen Telegrafenapparaten, wie sie zunächst von den Eisenbahnen, dann auch von Behörden und Militär benutzt wurden. In den frühen Fertigungssektoren der sich ausbildenden Elektrotechnischen Industrie, Telegrafie und Kabel, wurde die 1847 in Berlin vom Artillerieleutnant Werner von Siemens und dem Mechaniker Johann Georg Halske gegründete Firma Siemens & Halske in Deutschland und auf dem Weltmarkt zu einem der bedeutendsten Unternehmen. Bereits 1855 wurde eine Zweigniederlassung in St. Petersburg und 1858 eine weitere in London eröffnet, die ab 1867 unter dem Namen Siemens Bros. firmierte.[1]

In dieser Frühphase wurde Elektrizität ausschließlich mittels chemischer Reaktionen erzeugt. Der Menge und Stärke des so hergestellten Stromes waren dadurch noch enge Grenzen gesetzt. Einen entscheidenden Fortschritt stellte hier die Entwicklung der Dynamomaschine durch Werner von Siemens dar, die größere Strommengen in höheren Stärken erzeugte und den Übergang vom Schwach- zum Starkstrom ermöglichte. Ein erstes Anwendungsgebiet wurde die Beleuchtungstechnik, die bis in die 1890er Jahre hinein der wichtigste Fertigungssektor der Elektrotechnischen Industrie war. Mit den im Schwachstromgeschäft gewonnen Rücklagen und dank herausragender technischer Neuentwicklungen konnte Siemens & Halske zunächst auch den Starkstrommarkt dominieren. Von den 1.157 Beschäftigten, die 1875 in der Branche tätig waren, arbeiteten mehr als 600 bei dieser Firma.[2]

Die Elektrizität mußte gegen traditionelle Energieträger und insbesondere gegen Gas konkurrieren, das in Deutschland von 1850 an einen beachtlichen Aufschwung genommen hatte. Die Konjunkturabwächung des Jahres 1878

---

[1] KRELLER, Entwicklung, S. 5; GUTENBERG, Aktiengesellschaften, S. 42; HESSENBRUCH, History, S. 54-8; WEIHER, Werner von Siemens, S. 19.

[2] MAHR, Zeittafel, S. 50; DETTMAR, Entwicklung, S. 36-9, 182-92, 202; RENARDY, Standorte, S. 35; KOCH, Konzentrationsbewegung, S. 4; GUTENBERG, Aktiengesellschaften, S. 1; WEIHER, Werner von Siemens, S. 19.

führte dann allerdings zu einem starken Abfall der Nachfrage. Daraufhin beschloß die Deutsche Continental-Gas-Gesellschaft, das zu dieser Zeit bedeutendste deutsche Gasunternehmen, ihre Aktivitäten auf Einrichtung und Betrieb elektrischer Beleuchtungsanlagen auszudehnen. Zu diesem Schritt sahen sich in der Folgezeit auch andere Firmen veranlaßt. Gleichzeitig kam es zu zahlreichen Fusionen von Gas- und Elektrizitätsversorgern, so daß eine Konfrontation zwischen diesen ausblieb. Freilich dürfte hierfür auch der verglichen mit Großbritannien geringe Ausbau der deutschen Gasversorgung ein wesentlicher Faktor gewesen sein.[3]

Technische Neuentwicklungen wie Glühlampen und Anlagen zur Stromübertragung über größere Entfernungen brachten in den 1880er Jahren die Gründung einer großen Zahl neuer Unternehmen mit sich. So eröffnete Robert Bosch 1886 die Werkstätte für Feinmechanik und Elektrotechnik in Stuttgart, die im darauffolgenden Jahr den ersten Magnetzünder für einen Gasmotor baute. Er wurde Ausgangspunkt für die Expansion der Firma zum Marktführer bei elektrotechnischen Kraftfahrzeugausrüstungen. Noch bedeutender war die 1883 von Emil Rathenau gegründete Deutsche Edison-Gesellschaft für angewandte Elektricität, die mit Ausnahme von Glühlampen anfänglich keine Geräte selbst herstellte, sondern sie von ausländischen Edison-Gesellschaften und von Siemens & Halske bezog. Einer vertraglichen Festlegung entsprechend verzichtete Siemens & Halske im Gegenzug auf den Bau von Kraftwerken. Die Deutsche Edison-Gesellschaft bemühte sich bei Kommunen um Lizenzen zur Errichtung von Elektrizitätserzeugungs- und -verteilungsanlagen, baute dann die betreffenden Anlagen und betrieb sie danach als Tochterunternehmen.[4]

Im ersten Geschäftsbericht der Deutschen Edison-Gesellschaft hieß es hierzu: „Wir wollen mit unseren Mitteln Zentralstationen errichten, sie aber nach Inbetriebsetzung selbständigen Gesellschaften überlassen, um unser Kapital immer wieder neuen Unternehmungen frei zu machen."[5] Dem lag die Überlegung zugrunde, daß die Kommunen zwar prinzipiell an der Elektrifizierung interessiert waren, aber hierzu weder über die notwendigen technischen Kenntnisse noch die finanziellen Mittel verfügten. Rathenau bot den Stadtverwaltungen deshalb an, Planung und Errichtung der Anlagen auf eigene Kosten durchzuführen, falls ihm dafür ein zeitlich befristetes Monopol auf die Strom-

---

3   NIMSCH, Wettbewerb, S. 6; PIRRUNG, Erinnerungen, S. 2; WEIHER, Rise and Development, S. 36; HAUSMAN UND NEUFELD, Engineers and Economists, S. 83f; KÖRTING, Gasindustrie, S. 118f, 176-9, 338.

4   LINDNER, Strom, S. 144f, 152; MAHR, Zeittafel, S. 51; HUGHES, Networks, S. 40-5; POHL, MANFRED, Rathenau, S. 39-43; LANZKE, Siemens, S. 421; FASOLT, Elektrizitätsgesellschaften, S. 7; KOCH, Konzentrationsbewegung, S. 6; KRELLER, Entwicklung, S. 25.

5   Zit.n. KRELLER, Entwicklung, S. 12.

versorgung zugestanden wurde. Da er den Kommunen einen Teil der erzielten Einnahmen überließ, stieß Rathenau mit seinem Konzept weithin auf positive Resonanz. Dem Vorbild der 1884 in Berlin gegründeten Städtischen Elektricitäts-Werke folgend vergaben zahlreiche Städte Konzessionen an die Deutsche Edison-Gesellschaft.[6]

Intensive Forschungsarbeiten löste gegen Ende der 1880er Jahre eine bis weit in die nachfolgende Dekade andauernde Diskussion über die Vor- und Nachteile von Gleich- und Wechselstrom aus, an deren Ende sich letzterer durchsetzte. Einen wichtigen Einschnitt stellte die Internationale Elektrizitätsausstellung in Frankfurt am Main dar, bei der Oscar von Miller 1891 die Übertragung von Wechselstrom über eine Entfernung von 175 km demonstrierte. Den dabei verwendeten Generator hatte der Engländer Charles E. L. Brown konstruiert, der im gleichen Jahr mit Walter Boveri die Firma Brown, Boveri & Cie. im schweizerischen Baden gegründet hatte. Die 1900 in Mannheim eröffnete Niederlassung wurde in der Folgezeit neben Siemens und AEG zum drittgrößten Anbieter von Starkstromanlagen in Deutschland.[7]

Die prosperierende Geschäftsentwicklung der Deutschen Edison-Gesellschaft veranlaßte Emil Rathenau zur Kündigung des bis dahin bestehenden Vertrages mit der französischen Edison-Gesellschaft und zur Umbenennung seines Unternehmens in Allgemeine Elektricitäts-Gesellschaft (AEG). Dies ging einher mit einer Veränderung der vertraglichen Beziehungen zu Siemens & Halske. AEG bezog von dort künftig auch weiterhin Maschinen mit einer Leistung von über 100 PS, baute nun aber alle schwächeren Aggregate selbst. Siemens & Halske sicherte sich dafür das Recht zur Nutzung der Edison-Patente und zur Errichtung von Kraftwerken für die öffentliche Elektrizitätsversorgung, das nunmehr auch Werner von Siemens als lukratives Betätigungsfeld ansah.[8]

AEG, Siemens & Halske und Marktneulinge wie Schuckert, Helios oder Union Elektricitäts-Gesellschaft schufen Tochterunternehmen für das sogenannte Gründungsgeschäft. Diese übernahmen im Auftrag der Kommunen Bau und Betrieb der Elektrizitätserzeugungs- und -verteilungsanlagen; die benötigten Geräte und Anlagen wurden von den jeweiligen Mutterunternehmen geliefert. Anfangs erschloß man sich die notwendigen Finanzmittel durch eine direkte Zusammenarbeit mit Banken. Der in den 1890er Jahren rapide an-

---

6   FISCHER, Elektrizitätswirtschaft, S. 23; LINDNER, Strom, S. 155f; POHL, Rathenau, S. 226-9; TEGETHOFF, 100 Jahre, S. 415.
7   DAVID UND BUNN, Gateway Technologies, S. 128; MACLAREN, Rise, S. 107-31; LINDNER, Strom, S. 206-11; CATRINA, BBC, S. 15; Brown, Boveri & Cie. AG Mannheim. Zum fünfzigjährigen Bestehen, in: Volkswirt 4 (1950), Nr. 24, S. 42; Walter Boveri, eine deutsche Gründerpersönlichkeit, in: EP 8 (1955), S. 249f.
8   AEG, Unsere AEG, S. 6; GUTENBERG, Aktiengesellschaften, S. 43.

wachsende Kapitalbedarf veranlaßte die Produzenten zur Gründung von Finanzierungsgesellschaften wie der Gesellschaft für elektrische Unternehmungen. Diese übernahmen neben der Kapitalbeschaffung die Bauträgerschaft der Projekte und verkauften die Anlagen nach ihrer Fertigstellung an eine Betriebsgesellschaft, die ebenfalls im Besitz des Mutterunternehmens war. Hierdurch verdiente letzteres sowohl am Stromverkauf, als auch an den Kursgewinnen der zumeist als Aktiengesellschaften betriebenen Elektrizitätswerke.[9]

Im Unterschied zu Großbritannien griff man in Deutschland nicht mit gesetzgeberischen Mitteln in den Ausbau der Elektrizitätswirtschaft ein. Die erste Festlegung auf Landesebene wurde 1892 in Baden getroffen und sprach sich gegen eine Beteiligung des Staates an einer Nutzung der Wasserkräfte zur Stromgewinnung aus. Die frühesten reichsweiten Gesetze wurden erst am Ende der Dekade verabschiedet und befaßten sich nicht mit den Fragen, die in Großbritannien geregelt wurden. So legte 1898 ein Reichsgesetz lediglich die elektrischen Maßeinheiten fest, ein weiteres aus dem Jahr 1900 stellte den Diebstahl von Strom unter Strafe.[10]

So begann in den späten 1880er Jahren die Elektrifizierung deutscher Städte, die zwischen 1894 und der Jahrhundertwende rasch voranschritt. Die hierdurch ausgelöste Nachfrage bescherte der Elektroindustrie ein starkes Wachstum, das sich in der Zunahme der Beschäftigtenzahl widerspiegelte: zwischen 1890 und 1895 stieg sie von rund 15.000 auf 26.321. In den nachfolgenden drei Jahren verdoppelte sie sich auf 54.417, wovon alleine 32.000 bei den Branchenführern Siemens & Halske, AEG, Union und Schuckert arbeiteten. Begleitet war dies von der Ausbildung zweier Unternehmenstypen: Den sogenannten Universalfirmen, die das gesamte Spektrum elektrotechnischer Produkte herstellten, und den Spezialfirmen, die nur ein eingeschränktes Warenangebot führten. In die erste Kategorie fielen Siemens & Halske und AEG. Für die zweite Gruppe sind besonders der Kabelhersteller Felten & Guilleaume und der Telefonproduzent Mix & Genest zu nennen.[11]

Zwangsläufig mußte das auf der Elektrifizierung der Städte und des innerstädtischen Verkehrs beruhende Wachstum bei einer weitgehenden Sättigung des Marktes ein schnelles Ende finden. Als es schließlich um die Jahrhundertwende in den meisten größeren Kommunen Kraftwerke und elektrische

---

[9] FASOLT, Elektrizitätsgesellschaften, S. 16-9; ROST, Entwicklung, S. 34; NOETHER, Vertrustung, S. 31; KOCH, Konzentrationsbewegung, S. 80ff; GUTENBERG, Aktiengesellschaften, S. 9, 14; KRELLER, Entwicklung, S. 12f, 40.

[10] SIEGEL, Elektrizitätsgesetzgebung, Bd. 1, S. 52ff, 72-6. Zur britischen Gesetzgebung: Bd. 2, S. 187-214.

[11] Aus der Frühzeit der deutschen Elektroindustrie, in: ZVEIM 18 (1965), Nr. 7/8, S. S. 2f; KOCH, Konzentrationsbewegung, S. 11, 22; KRELLER, Entwicklung, S. 8f, 28f, 40; GUTENBERG, Aktiengesellschaften, S. 9, 54.

Straßenbahnen gab, trat genau dies ein und die Elektrotechnische Industrie geriet im Jahr 1901 in eine tiefe Krise. In dieser Situation hing das Schicksal der Unternehmen ganz maßgeblich von ihren finanziellen Reserven ab. Dies wurde besonders dem Nürnberger Unternehmer Schuckert zum Verhängnis, der im Gründungsgeschäft weitreichende finanzielle Verpflichtungen übernommen hatte, ohne über ausreichende Eigenmittel zu verfügen. Gleichzeitig fehlte ihm der Rückhalt starker Banken, wie ihn AEG und Siemens & Halske hatten. Im Gegenteil, durch seine Verbindungen mit schwachen Bankhäusern verschärften sich Schuckerts Finanzprobleme noch weiter. Nach dem Konkurs der Leipziger Bank sah er in Fusionsverhandlungen mit AEG den einzigen Ausweg, wenngleich sie zunächst ergebnislos abgebrochen wurden.[12]

In der Folgezeit führte AEG Gespräche mit der ebenfalls in finanzielle Schwierigkeiten geratenen Union Elektricitäts-Gesellschaft, und 1903 vereinbarten beide Firmen die Gründung einer Interessengemeinschaft. Noch im gleichen Jahr reiste der Generaldirektor der AEG in die USA, um die Beziehungen der Union zu ihrer Muttergesellschaft General Electric zu klären. Man vereinbarte eine geographische Abgrenzung der Geschäftsaktivitäten, wonach sich General Electric fortan auf den US-amerikanischen und kanadischen Markt, AEG auf Kontinentaleuropa und Rußland konzentrierte. Außerdem einigte man sich auf die wechselseitige Nutzung von Patenten. Im darauffolgenden Jahr wurde die Union aufgelöst und deren Beteiligungen und Fertigungsstätten AEG eingegliedert. Diese Annäherung zwischen AEG und General Electric veranlaßten Siemens & Halske und Westinghouse Electric zu ähnlichen Absprachen hinsichtlich der Aufteilung von Märkten und dem Austausch von Patenten.[13]

Der expansiven Geschäftspolitik von AEG begegnete Siemens & Halske zudem durch Aufnahme von Fusionsverhandlungen mit Schuckert. Um nicht die umfangreichen finanziellen Verpflichtungen des Schuckertschen Gründungsgeschäftes übernehmen zu müssen, einigte man sich auf das Fortbestehen der beiden Firmen und die Gründung einer dritten, der Siemens-Schuckertwerke GmbH (SSW), der die Starkstromaktivitäten von Schuckert eingegliedert wurden. In der Folgezeit wurden Organisation, Fertigungsstätten und Produktpalette reorganisiert und sämtliche Starkstromaktivitäten bei SSW, der gesamte Schwachstromsektor bei Siemens & Halske angesiedelt.[14]

---

[12] JAEKEL, 50 Jahre, S. 125; BRANDSTETTER, Finanzierungsmethoden, S. 152f; FELDENKIRCHEN, Siemens, S. 41; KOCH, Konzentrationsbewegung, S. 16, 28, 53, 60, 83; KRELLER, Entwicklung, S. 22, 25, 34.

[13] BRANDSTETTER, Finanzierungsmethoden, S. 32f; KOCH, Konzentrationsbewegung, S. 47, 72ff; NOETHER, Vertrustung, S. 47; JACOB-WENDLER, Elektroindustrie, S. 31; POHL, Rathenau, S. 167f.

[14] FELDENKIRCHEN, Siemens, S. 68ff; KOCH, Konzentrationsbewegung, S. 81ff; NOETHER, Vertrustung, S. 56, 88f.

Die Krise der Jahrhundertwende reduzierte die Zahl der Großunternehmen von sieben, Siemens & Halske, Schuckert, AEG, Helios, Lahmeyer, Union, Kummer, auf letztlich zwei Konzerngruppen: Siemens und AEG. Daß diese beiden die Absatzkrise gut überstanden hatten, lag an ihrer langfristig angelegten Finanzpolitik und der Bildung umfangreicher finanzieller Rücklagen. Außerdem konnten sie aufgrund ihrer breitgefächerten Exporte den Nachfragerückgang im Binnenmarkt durch erhöhte Ausfuhren zumindest teilweise ausgleichen. Bei Siemens kam hinzu, daß das Unternehmen ein starkes Standbein im Schwachstromsektor hatte, der nach wie vor Gewinne abwarf, da die Nachfrage dort weitgehend stabil geblieben war.[15]

Der durch die Krise beschleunigte Konzentrationsprozeß und die kartellartigen Zusammenschlüsse bei Zulieferern und Abnehmern begünstigten die Bildung von Kartellen in der Elektrotechnischen Industrie. Zu den wichtigsten Kartellen der Branche gehörte die 1901 entstandene Vereinigung Deutscher Starkstromkabel-Fabrikanten und die 1903 gegründete Verkaufsstelle Vereinigter Glühlampenfabriken. Erleichtert wurde deren Bildung durch das Urteil des Reichsgerichts vom 4. Februar 1897, wonach derartige Aktivitäten keinen Rechtsverstoß darstellten.[16]

In der ersten Dekade des zwanzigsten Jahrhunderts entstanden auch die ersten Interessenverbände der Elektroindustrie. Dabei trat die Spaltung dieses Wirtschaftszweiges in einige wenige Großunternehmen und eine Vielzahl von Klein- und Mittelbetrieben deutlich zutage. So gründeten AEG, Siemens, BBC, Bergmann, Schorch und Lahmeyer 1902 die Vereinigung Deutscher Elektrizitätsfirmen. Zwei Jahre später folgte der Verein zur Wahrung gemeinsamer Wirtschaftsinteressen der Deutschen Elektroindustrie als Zusammenschluß kleiner und mittlerer Unternehmen.[17]

Nach dem Ende der Krise verzeichnete die Elektroindustrie wieder ein kontinuierliches Wachstum, von dem besonders die beiden Universalfirmen profitierten. Hatte AEG zur Jahrhundertwende noch einen Umsatz von 100 Millionen Mark, so lag er 1907/08 bereits bei 237 Millionen Mark. Vor dem Hintergrund dieser Geschäftsausweitung setzte sich der Konzentrationsprozeß, wenngleich mit verminderter Geschwindigkeit fort, in dessen Ergebnis die beiden Konzerne ihre Stellung weiter ausbauen konnten. So errang AEG die Kontrolle über die Felten & Guilleaume-Lahmeyer-Werke, während sich Siemens eine umfangreiche Beteiligung an den Bergmann-Elektricitäts-Werken si-

---

15 HERTNER, Financial Strategies, S. 145; MIELMANN, Handelsbeziehungen, S. 41; KOCH, Konzentrationsbewegung, S. 30; FELDENKIRCHEN, Siemens, S. 42f, 68.
16 FELDENKIRCHEN, Siemens, S. 45; ROBERT, Konzentrationspolitik, S. 62f; HANNAH, Mergers, Cartels and Concentration, S. 312; KOCH, Konzentrationsbewegung, S. 97f.
17 KOCH, Konzentrationsbewegung, S. 104, 107f; NOETHER, Vertrustung, S. 70f; TRUTE, 50 Jahre, S. 44.

cherte. Bis 1913 führte dies dazu, daß von dem in der Branche vorhandenen Aktienkapital von 527 Millionen Mark, das sich auf 49 Unternehmen verteilte, rund 360 Millionen Mark auf AEG und Siemens entfielen, bei denen rund 150.000 der 250.000 in der Elektroindustrie Beschäftigten tätig waren.[18]

Ein wichtiger Faktor für das starke Wachstum der Elektrotechnischen Industrie in der ersten Dekade des zwanzigsten Jahrhunderts war die durch technische Neuentwicklungen möglich gewordene Errichtung von Großkraftwerken. Der Bau dieser sogenannten Überlandzentralen, von denen eine mehrere Landkreise und Städte mit Strom versorgen konnte, belebte die Nachfrage, die von der zunehmenden Verbindung der Versorgungsnetze einen weiteren Impuls erhielt. Dadurch war es möglich, Elektrizität in großen und damit effizienten Kraftwerken zu erzeugen, so daß die Strompreise gesenkt werden konnten.[19]

Dieses Wachstum erlaubte es den Herstellern, ihren Einfluß auf die Elektrizitätswirtschaft auszuweiten. So stieg zwischen 1901 und 1913 der Anteil der Elektrizitätswerke, die sich im Besitz elektrotechnischer Firmen befanden, von 16,3 auf 33,3 Prozent. Am wichtigsten war dabei AEG. 1901 besaß sie noch 4,4 Prozent, 1913 aber bereits 25,8 Prozent aller öffentlichen Elektrizitätswerke. Gleichzeitig hatten aber auch viele Städte die Stromversorgung als profitable Einnahmequelle entdeckt und begannen nun mit dem Aufbau eigener oder dem Ankauf bereits existierender Einrichtungen nach Ablauf der Konzessionen.[20]

Nicht nur im heimischen, sondern auch auf dem Weltmarkt konnten deutsche Hersteller spektakuläre Erfolge erzielen: 1913 entfiel auf sie fast die Hälfte des Weltelektrohandels. Eine Aufgliederung des Elektroexportes nach Absatzländern wurde erstmals für das Jahr 1900 erstellt und zeigt, daß die deutsche Ausfuhr vornehmlich in drei Staaten ging: Großbritannien, Italien und Rußland. Bis zum Beginn des Ersten Weltkriegs trat dann eine größere Zahl von Abnehmerländern, insbesondere in außereuropäischen Regionen hinzu. Von den Firmen wurden dabei unterschiedliche Strategien verfolgt. Während Siemens & Halske, Schuckert und Union Verkaufsniederlassungen sowie Fabrikationsstätten im Ausland eröffneten, verzichtete AEG hierauf fast vollständig,

---

[18] AEG, 50 Jahre AEG, S. 149-168; BRANDSTETTER, Finanzierungsmethoden, S. 33; HERTNER, Financial Strategies, S. 151f; FELDENKIRCHEN, Siemens, S. 70, 662; FASOLT, Elektrizitätsgesellschaften, S. 26; PHILIPP, Strukturwandel, S. 83; KOCH, Konzentrationsbewegung, S. 11; 75 Jahre AEG, in: ET 40 (1958), S. 87.

[19] AEG, Unsere AEG, S. 12; JUNG, Elektrizitäts-Großversorgung, S. 9; KONRAD, Elektrizitätsversorgung, S. 9; KIRCHHOFF, Unternehmungsform, S. 76; FISCHER, Elektrizitätswirtschaft, S. 26; BRANDSTETTER, Finanzierungsmethoden, S. 163; CALLIESS, Übergang, S. 16f; KELLER, Elektrizitätswirtschaft, S. 14; VOGT, Elektrizitätsversorgung, S. 29; MAHR, Zeittafel, S. 56.

[20] JUNG, Elektrizitäts-Großversorgung, S. 10; KIRCHHOFF, Unternehmungsform, S. 62, 73; GEBRÜDER VEIT & CO., Elektrizitäts-Industrie, S. 34f; TEGETHOFF, 100 Jahre, S. 415.

sondern stützte sich neben einer kleinen Zahl eigener Vertretungen zumeist auf ortsansässige Handelsvertreter.[21]

Mit dem Ersten Weltkrieg endete die Weltmarktdominanz der deutschen Elektroindustrie, in dessen Gefolge sie sämtliche ausländischen Besitzungen verlor, worunter besonders die Konzerne litten. Im Binnenmarkt konnten Siemens und AEG dagegen ihre Stellung gegenüber kleineren Firmen aufgrund umfangreicher Rüstungslieferungen, insbesondere an die Reichsmarine, weiter ausbauen.[22] Helmut Cabjolsky, Mitarbeiter in der Buchhaltung von Siemens & Halske, schrieb über die Entwicklung des Unternehmens im Ersten Weltkrieg:

> Die während des Krieges durchgeführte Zwangswirtschaft hat eine Einstellung eines großen Teils des Produktionsapparates auf den Heeresbedarf notwendig gemacht. Die Unternehmung scheint dabei aber nicht schlecht gefahren zu sein; denn die wichtigsten Bilanzzahlen zeigen eine ansehnliche Vermehrung, auf Grund derer wir in normalen Zeiten ohne weiteres auf eine Hochkonjunktur schließen würden.[23]

Kriegswirtschaftliche Notwendigkeiten und der staatliche Dirigismus zur Steuerung des Ressourceneinsatzes im Ersten Weltkrieg führten zur Stärkung von Kartellen und beförderten die Ausbildung industrieweiter Instanzen. Hierzu gehörte der 1916 gegründete Kriegsausschuß der Elektrotechnischen Industrie, der die Rohstoffversorgung sicherstellen sollte und der zur Festsetzung von Verkaufspreisen ermächtigt war. Zwischen 1914 und 1918 kam es zu einer zunehmenden vertikalen Konzentration, mit der vor allem die Konzerne versuchten, durch den Erwerb der Hersteller von Gummi, Kupfer und ähnlichem ihre Versorgung mit Rohstoffen und Vorprodukten zu sichern.[24]

Naturgemäß zog die Ausweitung der Rüstungsproduktion einen beträchtlichen Anstieg des Stromverbrauchs nach sich. Dies galt besonders für den zunehmenden Bedarf an Aluminium und Kalistickstoff. Letzterer wurde auf elektrochemischem Weg als Ersatz für den bis 1914 importierten Chilesalpeter hergestellt, und machte zusammen mit Aluminium eine starke Steigerung der Elektrizitätserzeugung notwendig, da die Herstellung beider Stoffe sehr energieintensiv war. Um die Versorgung mit Strom sicherzustellen, engagierte sich der Staat zunehmend in der Elektrizitätswirtschaft. Dabei favorisierte man den

---

[21] FASOLT, Elektrizitätsgesellschaften, S. 26; PHILIPP, Strukturwandel, S. 83; KOCH, Konzentrationsbewegung, S. 11; 75 Jahre AEG, in: ET 40 (1958), S. 87; HERTNER, Wandel, S. 140; MIELMANN, Handelsbeziehungen, S. 51; NEHRING, Siemens, S. 57.

[22] FELDENKIRCHEN, Siemens, S. 49f; PLETTNER, Abenteuer, S. 24; FREYBERG UND SIEGEL, Rationalisierung, S. 307.

[23] CABJOLSKY, Siemens & Halske, S. 41; BRANDSTETTER, Finanzierungsmethoden, S. 153.

[24] TRUTE, 50 Jahre, S. 45; ROBERT, Konzentrationspolitik, S. 64; FELDENKIRCHEN, Siemens, S. 49; NICHOLLS, Freedom, S. 21.

Bau von Großkraftwerken, wie etwa dem von AEG errichteten Braunkohlekraftwerk Golpa-Zschornewitz.[25]

B. GROSSBRITANNIEN: LEGISLATIVE UND STRUKTURELLE WACHSTUMSHINDERNISSE

Wie in Deutschland so war der Bau von Telegrafenlinien in den 1850er und 1860er auch in Großbritannien der wichtigste Absatzmarkt für die Elektrofirmen. Die Weiterentwicklung der Telegrafentechnik erlaubte von den 1860er Jahren an die Errichtung eines weltumspannenden, von London ausgehenden Netzes unterseeischer Telegrafenkabel. Bei dessen Ausbau wurden enorme Anstrengungen unternommen, die der britischen Elektroindustrie bei Telegrafenkabeln und -apparaten eine weltweit herausragende Stellung verschafften. Der heimische Markt wurde dabei von drei Unternehmen beherrscht: die India Rubber and Gutta Percha Company, die Telegraph Construction and Maintenance Company und Siemens Bros.[26]

Mit dem Übergang von der Schwachstrom- zur Starkstromtechnik und der Erschließung neuer Anwendungsfelder fiel die britische Elektroindustrie dann aber im Vergleich zu den USA und Deutschland zurück. Ursache hierfür war, daß die Starkstromtechnik bis in die 1880er Jahre hinein aus technischen Gründen nur zur Beleuchtung öffentlicher Straßen und Plätze genutzt werden konnte, einer derartigen Anwendung aber der gute Ausbau der britischen Gasversorgung und niedrige Gaspreise entgegenstanden. Zudem mußte der Bau jeder einzelnen Beleuchtungsanlage eigens beim Parlament beantragt werden. Dieses umständliche Verfahren wurde auch nach dem 1879 einberufenen *Select Committee on Lighting by Electricity* beibehalten. Die Nutzung der Elektrizität zu Beleuchtungszwecken, als auch deren späterer Einsatz als Antriebsquelle in Industrie und Gewerbe wurde dadurch verzögert.[27]

---

[25] HUPPERT, Elektroindustrie, S. 190; KIRCHHOFF, Unternehmungsform, S. 76; FISCHER, Elektrizitätswirtschaft, S. 26; 75 Jahre AEG, in: ET 40 (1958), S. 88; BRANDSTETTER, Finanzierungsmethoden, S. 163.

[26] GEC-Marconi Archive, Hugo Hirst Papers, G 27: „Siemens Bros. & Co. Ltd., Historical Sketch, Mr. Stirling", S. 1; HESSENBRUCH, Development, S. 24ff; HALL UND PRESTON, Carrier Wave, S. 46f; SCOTT, Siemens Brothers, S. 33-41; BYATT, Electrical Products, S. 245; AHVENAINEN, Telegraphs, S. 505.

[27] BOARD OF TRADE, Report of the Departmental Committee, S. 7; DASS., Committee on Trade and Industry, Further Factors in Industrial and Commercial Efficiency, S. 315; SELECT COMMITTEE ON LIGHTING BY ELECTRICITY, Report, S. iv; WILLIAMS, British Gas Industry, S. 68; KÖNIG, Stellung, S. 224f; FOREMAN-PECK UND MILLWARD, Ownership, S. 48-53; PASSER, Electrical Manufacturers, S. 195-203; SAKAMOTO, Technology, S. 54.

Wegen der geringen Binnennachfrage erweiterten die etablierten Telegrafen-
beziehungsweise Kabelproduzenten ihre Fertigungspalette nicht um Bogen-
lampen und die dazugehörenden Aggregate, sondern konzentrierten sich statt
dessen weiterhin auf die Schwachstromtechnik. Die einzige Ausnahme war die
Firma Siemens Bros., die in den 1880er Jahren neben der zu Beginn der Dekade gegründeten Brush Electric Light Corporation zum Marktführer bei elektrischer Beleuchtung wurde. Diese abwartende Haltung der etablierten
Hersteller erlaubte neugegründeten Unternehmen sowie Maschinenbaugesell-
schaften wie E. B. Crompton in diesem Sektor Fuß zu fassen. Die Folge war
eine Zersplitterung des Marktes, der die Wettbewerbsfähigkeit der britischen
Elektroindustrie insbesondere auf internationalen Märkten beeinträchtigte.[28]

Das allgemeine Interesse an der elektrischen Beleuchtung stieg rapide nach
der Pariser Internationalen Elektrizitätsausstellung des Jahres 1881. Die auf eine Reihe spektakulärer Seekabelverlegungen folgende Euphorie löste eine Welle von Unternehmensgründungen und einen explosionsartigen Anstieg der Ak-
tienkurse im Frühjahr 1882 aus. Gleichzeitig ging beim Parlament eine Vielzahl
von Anträgen zur Konzessionierung von Beleuchtungsanlagen ein, worauf dieses auf Empfehlung des *Select Committee on the Electric Lighting Bill* 1882 den
Electric Lighting Act verabschiedete. Fortan konnte das *Board of Trade* Kommunen oder Privatunternehmen, die um eine Konzession nachsuchten, diese in
Form einer *Provisional Order* gewähren. Hierdurch vereinfachte sich das Ge-
nehmigungsverfahren, da das Parlament nicht mehr für jedes Projekt bemüht
werden mußte. Allerdings gab der *Electric Lighting Act* Kommunen das Recht,
Versorgungsunternehmen nach 21 Jahren aufzukaufen, während das *Select
Committee* sogar nur eine Frist von 15 Jahren vorgesehen hatte.[29]

Diese Festlegung sollte verhindern, daß Elektrizitätswerke ihre Monopolstellung in ähnlicher Weise mißbrauchten, wie dies zuvor Wasser- und Gasgesellschaften getan hatten. Nicht bedacht wurde aber, daß derart restriktive Vorgaben das Interesse potentieller Investoren sogleich erlahmen ließ. Bereits Ende
des Jahres 1882 kam es zu einem rapiden Verfall des Kurswerts der Elektroaktien, während gleichzeitig die Nachfrage bei den Marktführern Crompton,
Brush und Siemens Bros. einbrach, nachdem zahlreiche laufende Projekte gestoppt worden waren. Erst sechs Jahre später, 1888, wurde der *Electric Lighting
Act* geändert und der Zeitraum, nach dem ein Versorgungsunternehmen von

---

28 NAEST, 46, 2: „Charles F. Brush, The Brush System of Electric Lighting, 1879", S. 21; BYATT,
    British Electrical Industry, S. 139.

29 MRC, MSS.287,4 BEAMA, Monopolies and restrictive trade practices: „On the History of Elec-
    trical and Allied Industries in the United Kingdom. Submitted to the Monopolies and Restrictive
    Practices Commission by the Group's Joint Administration Board", S. 18; SELECT COMMITTEE
    ON THE ELECTRIC LIGHTING BILL, Report, S. xi; HOUSE OF LORDS. Sessional Papers, 1882, Vol.
    III: Public Bills, S. 469ff; HUGHES, Networks, S. 54-61; SAKAMOTO, Technology, S. 54.

der Kommune aufgekauft werden konnte, auf 42 Jahre verdoppelt. Die Beseitigung dieses Investitionshemmnisses und die günstigere gesamtkonjunkturelle Entwicklung ließ in Verbindung mit technischen Weiterentwicklungen die Nachfrage vom heimischen Markt rasch ansteigen. Dieser wurde nunmehr von fünf Unternehmen beherrscht: English Electric Light Company, Brush Electric Light Corporation, Siemens Bros., Mather & Platt und E. B. Crompton. Aus dem Ausland wurden bis in die frühen 1890er Jahre praktisch keine Anlagen importiert.[30]

Behindert wurde die Entwicklung der Elektroindustrie durch das von den Kommunen praktizierte Verfahren, Entwurf und Planung von Projekten sogenannten *Consulting Engineers* zu übertragen. Diese entwarfen Anlagen, die auf die spezifischen Bedürfnisse der Auftraggeber zugeschnitten waren und zwangen die Hersteller dazu, sich an diese Vorgaben zu halten. In Deutschland trafen Abnehmer dagegen lediglich allgemeine Festlegungen, während Planung und Durchführung der Projekte in Händen der Elektrofirmen lag. Letztere konnten somit standardisierte und damit kostengünstige und erprobte Anlagen installieren, während britische Lieferanten nach einer großen Zahl unterschiedlicher Spezifikationen bauen mußten. Das Ergebnis war die für Großbritannien auf lange Zeit hin typische Vielfalt unterschiedlicher Stromarten, -spannungen und -stärken, die eine Standardisierung erschwerte und die Kosten enorm in die Höhe trieb. Dies galt nicht nur für Energieerzeugungs- und -verteilungsanlagen, sondern auch für Konsumgeräte, da zahlreiche Ausführungen ein- und desselben Apparats hergestellt werden mußten.[31]

Einen lebhaften Eindruck von dieser Situation geben die Aufzeichnungen des *Electrical Trades Committees* des *Board of Trade* von 1916, aus denen die Verbitterung führender Industrieller über das Verfahren der *Consulting Engineers* deutlich wird. So sagte der Vorstandsvorsitzende von GEC, Hugo Hirst:

> I am of the opinion that next to free trade the municipal control of electrical light and power stations of this country has had a reactionary effect on the development

---

[30] SELECT COMMITTEE OF THE HOUSE OF LORDS ON THE ELECTRIC LIGHTING ACT, Report, S. 47, 55, 99f; BOARD OF TRADE, Report of the Departmental Committee, S. 9; WILLIAMS, British Gas Industry, S. 68; POULTER, Early History, S. 89-101; HUGHES, Networks, S. 230f; BEAMA, Twenty One Years, S. 7; SCHAP, Ownership, S. 21-30; HANNAH, Public Policy, S. 578; HALL UND PRESTON, Carrier Wave, S. 46f; BYATT, Electrical Products, S. 250, 265. Identische Aussagen finden sich in GEC-Marconi Archive, Hugo Hirst Papers, A 17: „Hugo Hirst an Edward Hirst, British GEC Ltd. Australia, Sidney, 23.10.1915"; MRC, MSS.287,4 BEAMA, Monopolies and restrictive trade practices: „On the History of Electrical and Allied Industries in the United Kingdom", S. 17f. S.a. KÖNIG, Stellung, S. 222f.

[31] HUGHES, Evolution, S. 79; SAKAMOTO, Technology, S. 63; BYATT, Electrical Products, S. 269; KRELLER, Entwicklung, S. 47.

of the electrical industry. ... The success of a commercial and technical enterprise depends on a capable man at the head with full responsibility, a man who may be permitted even to make experiments to draw lessons from them even if those experiments demonstrated a mistake. The very essence of municipal engineering work seems to have been to relieve from responsibility everybody except perhaps some contractor. Every municipality was therefore compelled to call into its service a goodly number of professional men and the result is that either for the sake of local patriotism or to satisfy the fanciful flights of their advisors a conglomeration of systems and conditions have been created which were most harmful to the electrical industry.[32]

Dann verglich Hirst die britische Praxis mit der anderer Staaten:

Every scheme was subdivided into 20 or more watertight compartments. Each manufacturer was told what to do, he was not permitted any initiative. ... In other countries like Germany or America, manufacturers were given a free hand if they were willing to take responsibility to develop central stations on new principles and with a variety of means, sometimes under municipal control but not municipal management, they could make progress.[33]

Die Konsequenzen beschrieb das *Committee on Trade and Industry* folgendermaßen:

Until British standards became available, British manufacturers had to tender for machinery in accordance with either American or German standards, which forced them to provide for the manufacture of machines differing from established practice, with consequent increase in price, and in many cases, considerable loss of business.[34]

Die mit Ausnahme von Siemens Bros. noch weitgehende Abwesenheit ausländischer Konkurrenten darf nicht darüber hinwegtäuschen, daß die britischen Hersteller in der Phase des Übergangs vom Schwach- zum Starkstrom gegenüber den USA und Deutschland weit zurückgefallen waren. Vor allem aber waren sie aufgrund der vergleichsweise langsamer expandierenden Nachfrage erheblich kleiner. So belief sich der Jahresumsatz der US-Firma General Electric Mitte der 1890er Jahre auf drei Millionen und der von Siemens & Halske auf zwei Millionen Pfund, während britische Unternehmen lediglich Umsätze in Höhe von 100.000 bis 250.000 Pfund verbuchen konnten. Da die US-amerikanische und deutsche Elektroindustrie zu dieser Zeit allerdings noch vordring-

---

[32] GEC-Marconi Archive, Hugo Hirst Papers, E 12: „Board of Trade. Electrical Trades Committee. Evidence given by Hugo Hirst, 25.10.1916", S. 43ff.

[33] Ebd.

[34] BOARD OF TRADE, Committee on Trade and Industry, Factors in Industrial and Commercial Efficiency. Being Part I of a Survey of Industries, S. 298.

lich mit der Befriedigung der rasch expandierenden Nachfrage ihrer Binnenmärkte beschäftigt war, bestand in Großbritannien vorerst noch wenig Anlaß
zur Sorge.[35]

Nachdem die Betriebe in den USA und Deutschland ungefähr zeitgleich in
die Krise geraten waren, versuchten sie den erlittenen Umsatzeinbruch durch
eine Ausweitung ihrer Exporte zu kompensieren. Großbritannien bot sich in
dieser Situation als idealer Absatzmarkt an, da dort gerade um die Jahrhundertwende die Nachfrage angewachsen war und die dortigen Firmen den ausländischen Konkurrenten wenig entgegensetzen konnten. So stieg das Volumen
deutscher Elektromaschinenexporte nach Großbritannien allein zwischen 1900
und 1902 von 958 auf 4.667 Tonnen; Wertangaben sind hierzu leider nicht vorhanden.[36]

Zur Stärkung ihrer Präsenz auf dem britischen Markt gründeten US-Firmen
Tochterunternehmen mit eigenen Produktionsanlagen. So eröffnete British
Westinghouse, Ableger von Westinghouse Electric, 1902 eine Turbinenfabrik
bei Manchester. British Thomson-Houston, Tochter von General Electric, errichtete ein Werk bei Rugby, und zur gleichen Zeit weitete das Haus Siemens
seine Aktivitäten in Großbritannien mit der Eröffnung der Siemens Brothers
Dynamo Works bei Stafford aus.[37]

Aber auch britische Unternehmen konnten ihre Fertigung aufgrund der anwachsenden Nachfrage ausweiten. So eröffnete GEC 1903 eine Fabrik für
Starkstromanlagen in Birmingham, Brush vereinbarte mit der British Electric
Traction Co. den gemeinsamen Bau elektrischer Straßenbahnen, und der Tram-
bahnhersteller Dick, Kerr and Co. begann in seiner Fabrik in Preston mit der
Herstellung elektrischer Maschinen und Anlagen. Gleichzeitig ergänzten Maschinenbauunternehmen wie Bruce oder Peebles ihr Fertigungsspektrum durch
elektrotechnische Waren.[38]

Bereits 1903 fiel dann aber die Nachfrage nach Kraftwerksanlagen aufgrund
der weitgehenden Sättigung des Marktes plötzlich ab. Kurz darauf kam es hierzu auch bei elektrischen Straßenbahnen. Doch gerade zu dieser Zeit gingen die
neuen Fertigungsanlagen in Betrieb. Britische Elektrounternehmen erlebten
ebenso wie die Niederlassungen ausländischer Firmen eine Krise, wie sie sich
in ähnlicher Weise kurz vorher in den USA und Deutschland abgespielt hatte.
Bis 1910 waren die Fabriken von British Westinghouse und GEC nur gering
ausgelastet, während das neu errichtete Dynamo Works der Siemens Bros. so-

---

[35] PASSER, Development, S. 392ff; BYATT, Electrical Products, S. 266.

[36] BYATT, British Electrical Industry, S. 151.

[37] Ebenda; MRC, MSS 242, X/BT 42, BTH Reminiscences, S. 14; JEREMY, Business History, S. 253f;
PASSER, Electrical Manufacturers, S. x; FELDENKIRCHEN, Siemens, S. 57.

[38] BYATT, Electrical Products, S. 256.

gar bis zum Ersten Weltkrieg Verluste machte und nur durch die finanzielle Hilfe des deutschen Mutterunternehmens überlebte.[39]

Während die deutsche Elektroindustrie nach Überwindung der Krise wieder rasch expandierte, befand sich die britische noch für längere Zeit in einer schwierigen Situation, und nur langsam stieg die Nachfrage wieder an. Zu beachten ist dabei, daß in der Dekade vor dem Ersten Weltkrieg rund zwei Drittel der gesamten britischen Produktion auf die Niederlassungen von General Electric (British Thomson-Houston), Westinghouse Electric (British Westinghouse) und Siemens & Halske (Siemens Bros.) entfielen. Originär britische Firmen waren dagegen vor dem Ersten Weltkrieg mit Ausnahme der Kabelhersteller klein, wenig profitabel, und auf heimischen und internationalen Märkten nur von nachgeordneter Bedeutung.[40]

Nüchtern stellte ein 1918 publizierter Bericht des *Board of Trade* fest: „The manufacturing of electrical machinery and apparatus in Great Britain has been, with few exceptions, far from prosperous. Most of the companies have sustained serious losses."[41] Diese desolate Situation verstärkte bereits vorhandene Ansätze zur Bildung von Kartellen, an denen sich auch die Niederlassungen ausländischer Unternehmen beteiligten. So wurde 1909 die *Steam Turbine Manufacturers' Association* gegründet, deren Zuständigkeit in den nachfolgenden Jahren auf weitere Produktgruppen ausgeweitet wurde. 1913 trafen die fünf größten Transformatorenproduzenten eine ähnliche Vereinbarung.[42]

Telegrafen und Kabel waren die einzigen Sektoren, in denen britische Unternehmen vor dem Ersten Weltkrieg im heimischen und internationalen Märkten den Ton angaben. Dies zeigte sich an hohen Exportquoten: So wurden 1907 68 Prozent der produzierten Telegrafenkabel ausgeführt. Die Kapitalintensität der Produktion und ein bereits 1899 gegründetes Kartell, die *Cable Makers Association*, ermöglichte es der kleinen Zahl von Herstellern, den Binnenmarkt

---

[39] GEC-Marconi Archive, Hugo Hirst Papers, G 27: „Siemens Bros. & Co. Ltd., Historical Sketch, Mr. Stirling", S. 1; BYATT, Electrical Products, S. 262; General Electric Company, in: MIRABILE, International Directory, S. 24ff.

[40] BYATT, Electrical Products, S. 238-44, 251f; HUGHES, Networks, S. 60-6; SAKAMOTO, Technology, S. 53-6; CHANDLER, Scale and Scope, S. 276; BOARD OF TRADE, Report of the Departmental Committee, S. 6. S.a. JONES, Foreign Multinationals, S. 434.

[41] BOARD OF TRADE, Report of the Departmental Committee, S. 6. Gleichlautende Aussagen finden sich in: GEC-Marconi Archive, Hugo Hirst Papers, C 16: „Hugo Hirst, Speech at the 17th Annual GEC Staff Dinner"; MRC, MSS.287,4 BEAMA, Monopolies and restrictive trade practices: „On the History of Electrical and Allied Industries in the United Kingdom. Submitted to the Monopolies and Restrictive Practices Commission by the Group's Joint Administration Board", S. 23.

[42] MONOPOLIES AND RESTRICTIVE PRACTICES COMMISSION, Report on the Supply and Export of Electrical and Allied Machinery and Plant, S. 59, 150.

Tab. 1.1 Großbritannien: Elektroaußenhandel
(Tsd. Pfund zu nominalen. Preisen) 1903-13

Jahr	Elektrotechnik gesamt				Elektrische Maschinen			
	Export	Re- Export	Import	Handels- bilanz	Export	Re- Export	Import	Handels- bilanz
1903	2.924	70	1.431	1.563	437	35	555	-83
1904	2.130	132	1.405	857	523	74	559	38
1905	3.096	111	1.507	1.700	664	37	497	204
1906	2.711	154	1.759	1.106	842	32	571	303
1907	2.968	203	1.851	1.320	996	34	603	427
1908	3.298	165	1.843	1.620	1.354	32	579	807
1909	3.688	168	1.857	1.999	1.432	40	534	938
1910	5.777	254	2.268	3.763	1.603	49	581	1.070
1911	4.608	256	2.487	2.377	1.791	60	1.051	800
1912	6.013	295	2.609	3.699	1.969	69	1.151	587
1913	7.627	334	2.933	5.028	2.269	95	1.346	1.018

Jahr	Kabel				Lampen			
	Export	Re- Export	Import	Handels- bilanz	Export	Re- Export	Import	Handels- bilanz
1903								
1904								
1905								
1906	1.697	9	320	1.386				
1907	1.802	29	393	1.437				
1908	1.224	25	300	948	107	28	591	-455
1909	1.366	28	344	1.050	127	39	665	-499
1910	3.157	31	471	2.717	182	42	856	-581
1911	1.577	46	485	1.138	219	34	567	-238
1912	2.734	16	453	2.297	218	32	559	-308
1913	3.578	27	513	3.092	229	54	479	-195

In: BYATT, Electrical Products, S. 257.

wirksam gegen neue Unternehmen abzuschotten. Im Gegensatz zu allen anderen Fertigungssektoren begann keine ausländische Firma mit der Herstellung von Kabeln in Großbritannien. Der einzige ausländische Kabel- und Telegrafenproduzent, Siemens Bros., war bereits lange vor Beginn der Kartellierung des Kabelmarktes gegründet worden.[43]

Im Elektroaußenhandel hatte Großbritannien von der Mitte des neunzehnten Jahrhunderts bis 1914 durchweg eine positive Handelsbilanz, wenngleich sich die Verhältnisse bei den einzelnen Warengruppen stark unterschieden (Tabelle 2.1). Bei Kabeln und Telegrafen bestand ein dauerhaft hoher Exportüberschuß, bei Glühbirnen dagegen ein großes Defizit, da der Weltmarkt dort von US-amerikanischen und deutschen Unternehmen beherrscht wurde. Bei elektrischen Maschinen existierte bis in die frühen 1890er Jahre ein Ausfuhrplus, das mit den hohen Einfuhren der Boomjahre bis 1902 verschwand. Zwischen 1903 und dem Ersten Weltkrieg verzeichnete Großbritannien dann wieder einen positiven Saldo in dieser Warengruppe. Dieser läßt sich allerdings darauf zurückführen, daß die Niederlassungen US-amerikanischer Firmen versuchten, die rückläufige Nachfrage im britischen Markt durch Lieferungen ins Ausland und insbesondere in das Empire zu kompensieren.[44]

Angesichts der Dominanz ausländischer Konkurrenten konnte der Erste Weltkrieg für originär britische Elektrounternehmen eigentlich nur eine Besserung bringen. Ein erster Schritt hierzu war, daß die Niederlassungen deutscher Firmen und deren Kapitalbeteiligungen nach Kriegsbeginn zunächst staatlicher Kontrolle unterstellt und ab 1916 auf Basis des *Trading with the Enemy Act* sukzessive an britische Gesellschaften verkauft wurden. Dick, Kerr and Co. erwarb beispielsweise den Starkstromfertigungsbereich der Siemens Bros. und das Vertriebsnetz von AEG, während die Siemens-Glühbirnenfertigung an GEC ging.[45]

Gleichzeitig gelang es britischen Firmen, die Kontrolle über die Töchter von US-Unternehmen zu gewinnen. So kaufte die Metropolitan Carriage Wagon and Finance Co. unter ihrem Direktor Dudley Docker im Jahr 1916 British Westinghouse. Neben zunehmenden finanziellen Problemen trennte sich Westinghouse Electric von der britischen Tochter, nachdem der Aufnahmeantrag in die 1916 gegründete *Federation of British Industry (FBI)* gescheitert war. Eine wichtige Rolle hatte hierbei Docker gespielt, der an der Gründung der FBI maßgeblich beteiligt war. Dessen Ziel war es nämlich, mit der Schaffung der FBI sowie durch Fusionen die britische Industrie zu stärken, wobei sein besonderes Interesse dem Aufbau eines Elektrokonzerns galt.[46]

---

[43] BYATT, Electrical Products, S. 262ff; HALL UND PRESTON, Carrier Wave, S. 46f; CATTERALL, Electrical Engineering, S. 260.

[44] BYATT, Electrical Products, S. 256ff, 267.

[45] CHANDLER, Scale and Scope, S. 350; Siemens A.G., in: MIRABILE, International Directory, S. 97; JONES UND MARRIOTT, Anatomy, S. 31; FELDENKIRCHEN, Siemens, S. 86f.

[46] DAVENPORT-HINES, Dudley Docker S. 155-159; LATHAM, Take-Over S. 12; JONES UND MARRIOTT, Anatomy, S. 58f.

Während des Ersten Weltkriegs weiteten die britischen Unternehmen ihren Umsatz erheblich aus und stießen in neue Fertigungsbereiche vor.[47] Erleichtert wurde dies durch die von Regierungsseite gewährte Unterstützung, die darauf abzielte, die heimische Produktion zu steigern und die Importe zu senken. So kam es, daß während des Krieges die eigenständige Herstellung von Waren aufgenommen wurde, die bis dahin noch aus dem Ausland eingeführt worden waren.[48] In der Glühbirnenfertigung begann beispielsweise nach 1914 die Fabrikation aller Komponenten. Vor dem Ersten Weltkrieg waren dagegen lediglich importierte Vorprodukte montiert worden. Zum größten britischen Hersteller wurde dabei die 1885 von zwei bayerischen Emigranten, Hugo Hirst und Gustav Byng, gegründete General Electric Company (GEC), die während des Krieges den Glühlampensektor der Siemens Bros. erworben hatte.[49]

Eine ähnliche Entwicklung erlebte der Starkstrombereich, wo viele bis dahin kleine Unternehmen durch den kriegsbedingten Nachfrageanstieg beträchtlich wuchsen, während sie gleichzeitig ihr Fertigungsprogramm ausweiteten. Da die Regierung im Interesse der Rüstungsanstrengungen den Zusammenschluß kleiner Stromversorger und die Schließung unwirtschaftlicher Kraftwerke erzwang, erhöhte sich zudem die Effizienz der Elektrizitätswirtschaft.[50]

---

[47] GEC-Marconi Archive, Hugo Hirst Papers, A 9: „The War Works of the GEC, London (1919)“, S. 18; C 5: „Characteristics of a Great Industrial Organization. Address delivered by Hugo Hirst at the London School of Economics, 24th March, 1922“; C 10: „Empire Industrial Co-Operation. Sir Hugo Hirst. Speech delivered at the Annual Dinner of the B.E.A.M.A., 19th November 1930“, S. 4; NAEST 45, 75: „British-Thomson Houston, Our Part in the World War, 1914-1918, British-Thomson Houston Ltd. o.O. o.J.“, S. 48; LINDLEY, Development and Organisation, S. 335-40; General Electric Company, in: MIRABILE, International Directory, S. 24.

[48] NAEST 44, 17: „Reports written by C. C. Garrard at Witton Works, 1915-1954“, „Proposals for the Development of the Detail Electrical Apparatus Trade, 18.04.1916“; 45, 75: „British-Thomson Houston, Our Part in the World War, 1914-1918, British-Thomson Houston Ltd. o.O. o.J.“, S. 51; GEC-Marconi Archive, Hugo Hirst Papers, A 9: „The GEC Ltd., London (1920), Chairman's speech, 17th Annual General Meeting, 1917“, S. 1f; „Chairman's speech, 18th Annual General Meeting, 1918“, S. 1; E 8: Hugo Hirst, „Electricity Production on a Large Scale. Possibilities of Government Organization“, 23.06.1916; BOARD OF TRADE, Committee on Trade and Industry, Survey of Metal Industries. Being Part IV of a Survey of Industries, S. 282, 301; LEWCHUK, Role, S. 357.

[49] GEC-Marconi Archive, Hugo Hirst Papers, A 9: „The War Works of the GEC, London (1919)“, S. 41; E 15: „Report on the Lamp Industry, pre- and post-war“, S. 5; General Electric Company, in: MIRABILE, International Directory, S. 24; CHANDLER, Scale and Scope, S. 350; CATTERALL, Electrical Engineering, S. 250, 268.

[50] CHANDLER, Scale and Scope, S. 350; CATTERALL, Electrical Engineering, S. 251; HUGHES, Evolution, S. 79; EDEN UND NIGEL, Electricity Supply, S. 8.

C. ZUSAMMENFASSUNG

Von ihren Anfängen bis zum Ersten Weltkrieg verbuchte die Elektrotechnische Industrie beachtliche Wachstumsraten. Ermöglicht wurde dies durch den schnellen Ausbau der öffentlichen Stromversorgung und die fortwährende Entwicklung neuer Produkte, mit denen die Branche in ihr bis dahin verschlossene Anwendungsbereiche vorstieß. Die frühe Elektroindustrie bestand aus zwei Fertigungsbereichen der Schwachstromtechnik, Telegrafen und Kabel. Der für Großbritannien wichtige Bau eines weltumspannenden unterseeischen Telegrafennetzes verschaffte den dortigen Unternehmen bis weit über den Ersten Weltkrieg hinaus eine führende Stellung in diesen Feldern. Dies galt allerdings nicht für die Sektoren, die mit dem Aufkommen der Starkstromtechnik neu entstanden.

Einen wesentlichen Beitrag hierzu, sowie zur Schwachstromtechnik, leistete Siemens & Halske. Zwischen der Gründung des Unternehmens 1847 und den 1880er Jahren dominierte es nicht nur den deutschen Markt, sondern hatte auch weltweit eine herausragende Stellung. Eine wichtige Rolle spielte dabei die frühe Eröffnung von Auslandsniederlassungen, in denen für die betreffenden Märkte produziert wurde. Ein ernsthafter Konkurrent entstand Siemens 1883 mit der von Emil Rathenau gegründeten Deutschen Edisongesellschaft, der späteren AEG. Im Gegensatz zu Werner von Siemens hatte Emil Rathenau die neuen geschäftlichen Möglichkeiten, die in der Elektrifizierung der Kommunen lagen, klar erkannt und konnte im sogenannten Gründungsgeschäft beachtliche Erfolge erzielen. Gerade die schnelle Elektrifizierung deutscher Kommunen verschaffte den etablierten und einer großen Zahl neuer Unternehmen die Basis zu einer enormen Expansion. Deshalb gab dann auch Siemens & Halske die anfängliche Zurückhaltung gegenüber diesem Geschäftsfeld auf.

Während die deutschen Städte seit den späten 1880er Jahren rasch elektrifiziert wurden, verhinderten in Großbritannien zwei Faktoren eine ähnlich rasche Verbreitung des elektrischen Stromes. Zum einen verfügte viele britische Kommunen sowie Industrie und Gewerbe über eine gut ausgebaute Gasversorgung. Zum anderen wirkte die Gesetzgebung restriktiv, die angesichts des vorangegangenen Mißbrauchs der Monopolstellung durch Wasser- und Gasunternehmen eine ähnliche Entwicklung in der Elektrizitätsversorgung zu verhindern suchte. Potentielle Geldgeber, die durch den rapiden Kursverfall der Elektroaktien des Jahres 1882 verunsichert waren, wurden so von Investitionen in der Elektrizitätswirtschaft abgehalten.

Verglichen mit Großbritannien fällt das weitgehende Fehlen gesetzlicher Regelungen beim Ausbau der deutschen Elektrizitätswirtschaft in den Jahren vor dem Ersten Weltkrieg auf, womit Investitionen keinerlei institutionelle

Hindernisse entgegenstanden. Angesichts des geringeren Ausbaus der Gasversorgung konnten deutsche Gasgesellschaften der expandierenden Elektrizitätswirtschaft zudem nur geringen Widerstand entgegensetzen und begannen statt dessen selbst mit der Stromerzeugung. Etablierte britische Firmen schenkten im Gegensatz zu ihren deutschen Konkurrenten der sich herausbildenden Starkstromtechnik nur geringe Beachtung. Sie beschränkten sich dagegen weiterhin auf ihre traditionellen und profitablen Geschäftsfelder. Dies ermöglichte neuen Unternehmen den Zutritt zu diesem Markt und trug zu dessen Zersplitterung bei, worunter die Wettbewerbsfähigkeit der britischen Industrie litt. Als wachstumshemmend erwiesen sich außerdem deren unzureichenden finanziellen Ressourcen, die sich ihre deutschen Konkurrenten durch den Einstieg in das anfänglich profitable Gründungsgeschäft erschlossen hatten.

Die im Vergleich zu den USA und Deutschland zögerliche Inanspruchnahme der Elektrizität in Großbritannien ließ die Nachfrage nach elektrotechnischen Anlagen und Geräten nur langsam wachsen, während US-amerikanische und deutsche Unternehmen auf dieser Basis rasch expandiert waren. Dies ermöglichte ihnen hohe Forschungs- und Entwicklungsausgaben, die Verbesserung bestehender und die Entwicklung neuer Produkte, den Ausbau und die Modernisierung ihrer Fertigungsanlagen sowie den Aufbau von Vertriebsnetzen im Ausland.

Gerade das hohe Tempo der Elektrifizierung mußte aber zu einer schnellen Sättigung des Marktes führen, weshalb die deutsche Elektroindustrie nach der Jahrhundertwende in eine tiefe Krise geriet. In deren Verlauf mußten viele Firmen aufgrund ihres riskanten Geschäftsgebarens und insbesondere wegen ihrer hohen Verschuldung aufgeben. Während AEG versuchte, durch Unternehmensaufkäufe die eigene Marktstellung zu verbessern, sah sich Siemens & Halske in der bis dahin betriebenen Geschäftspolitik bestätigt, weshalb man sich auch weiterhin auf die technische Verbesserung und Verbreiterung der eigenen Produktpalette konzentrierte. Die Fusion mit Schuckert und die Bildung der Siemens-Schuckertwerke wurde lediglich unternommen, um den Expansionsbestrebungen von AEG zu begegnen.

Die Krise der Jahrhundertwende bewirkte eine tiefgreifende Restrukturierung der deutschen Elektroindustrie, die von 1903 an im wesentlichen aus zwei Konzerngruppen bestand, Siemens und AEG, in deren Schatten sich eine Reihe kleinerer und mittlerer Betriebe behaupten konnte. Beide Konzerne waren zu Universalunternehmen geworden, die nahezu die vollständige Produktpalette der Elektrotechnik herstellten, was ihnen Stabilität in Zeiten konjunktureller Schwankungen verlieh. Eine hohe Krisenfestigkeit ergab sich außerdem aus ihrer Größe und ihrer vorsichtigen Finanzpolitik.

Nach der anfänglich zögerlichen Ausweitung der Nachfrage schnellte sie in Großbritannien dann genau zu dem Zeitpunkt empor, als in den USA und Deutschland die Binnenmärkte gesättigt waren und die dortigen Unternehmen ihre rückläufigen Umsätze im Ausland zu kompensieren suchten. Großbritannien bot sich hier als geradezu idealer Absatzmarkt an, und neben der Forcierung der Exporte begannen besonders US-Firmen mit der Eröffnung von Fertigungsstätten, während Siemens & Halske die Kapazitäten der dortigen Niederlassung ausbaute.

Britische Unternehmen konnten den Ablegern von General Electric (British Thomson-Houston), Westinghouse Electric (British Westinghouse) und Siemens & Halske (Siemens Bros.), die mit billiger und ausgereifter Technologie den Markt schnell dominierten, wenig Widerstand entgegensetzen. Die Folge war, daß in der Dekade vor dem Ersten Weltkrieg rund zwei Drittel der Gesamtproduktion dieser Branche auf die Niederlassungen ausländischer Firmen entfielen. Allerdings gingen deren neu errichteten Fertigungsstätten genau zu der Zeit in Betrieb, als die Nachfrage im britischen Markt fiel. Dies führte zu einer niedrigen Auslastung der Anlagen und zu beträchtlichen finanzielle Verlusten, die von den Mutterunternehmen getragen werden mußten.

In Deutschland verzeichnete die Elektroindustrie nach Überwindung der Krise wieder ein starkes Wachstum, das bis zum Beginn des Ersten Weltkrigs andauerte. Hinzuweisen ist auf wichtige Veränderungen, die sich in dieser Dekade in der Elektrizitätswirtschaft vollzogen. Einerseits begannen Kommunen die Versorgungsunternehmen, die sich bis dahin zumeist im Besitz elektrotechnischer Firmen befanden, nach dem Auslaufen der Konzessionen in eigener Regie zu betreiben, da die Stromerzeugung zu einer lukrativen Einkommensquelle geworden war. Gleichzeitig entwickelte sich aus dem durch technische Fortschritte möglich gewordenen Bau größerer Kraftwerke und der Schaffung leistungsfähiger überregionaler Verbindungen das System der Überlandversorgung. Dies trug zu einer technischen Vereinheitlichung der Elektrizitätswirtschaft bei, deren kontinuierlicher Ausbau der Elektroindustrie ein großes Auftragsvolumen verschaffte.

Die britische Elektrizitätswirtschaft war dagegen aufgrund einer Vielzahl unterschiedlicher technischer Standards stark fragmentiert. Ausschlaggebend hierfür war das System der *Consulting Engineers*, die die Stromversorgung im Auftrag der Kommunen konzipierten und dabei für jede Anlage eigene Spezifikationen entwickelten. Daß die *Consulting Engineers* ihre Vorstellungen durchzusetzen konnten, lag an der im Vergleich zu Deutschland schwachen Stellung der Hersteller. Dies führte zu einer enormen Steigerung der Kosten, sowohl in der Stromerzeugung, als auch für elektrotechnische Waren, da ein und derselbe Apparat für eine Vielzahl unterschiedlicher Stromstandards gebaut werden mußte, um ihn überregional vertreiben zu können.

Bemerkenswert ist die herausragende Stellung der deutschen Elektroindustrie auf dem Weltmarkt, den sie vor dem Ersten Weltkrieg annähernd zur Hälfte kontrollierte. Die geographische Streuung der deutschen Exporte verbreiterte sich dabei zunehmend. Gingen sie vor der Krise der Jahrhundertwende in erster Linie in drei Länder, Großbritannien, Italien, Rußland, wurde ein maßgeblicher Teil der deutschen Ausfuhr in der Dekade vor dem Ersten Weltkrieg in außereuropäische Staaten geliefert. Dabei stützte sich Siemens & Halske auf eine Reihe ausländischer Niederlassungen und Fertigungsstätten, während AEG ausschließlich in Deutschland produzierte. Beide Unternehmen hatten Vereinbarungen mit US-Firmen, AEG mit General Electric, Siemens & Halske mit Westinghouse Electric, die der Aufteilung von Märkten und dem Austausch technischer Neuerungen dienten.

Daß die britische Elektroindustrie vor dem Ersten Weltkrieg trotz der Schwäche der heimischen Firmen einen Exportüberschuß hatte, lag daran, daß die Töchter ausländischer Konzerne dort für Empire-Märkte produzierten. So gesehen konnte der Erste Weltkrieg für britische Hersteller eigentlich nur eine Verbesserung bewirken; nicht zuletzt bedingt durch die Enteignung deutscher Unternehmen. Nachdem sich dann auch US-amerikanische Gesellschaften von ihren britischen Töchtern getrennt und diese verkauft hatten, war der Weg zum Aufbau einer größeren und eigenständigen britischen Elektroindustrie offen. Begünstigt wurde dies durch die direkte staatliche Unterstützung und eine protektionistische Außenhandelspolitik, die ausländische Konkurrenten fernhielt. In Verbindung mit der expandierenden Binnennachfrage gelang britischen Unternehmen eine beachtliche Ausweitung der Umsätze und eine Verbreiterung ihres Fertigungsspektrums. Begleitet war dies von einer verstärkten Zusammenarbeit zwischen den Firmen.

Während des Ersten Weltkriegs hatte die deutsche Elektroindustrie und insbesondere Siemens und AEG von der starken Nachfrage nach Rüstungsgütern profitieren können. Die Herstellung der betreffenden Warengruppen, wie etwa Geräten zur Nachrichtenübertragung, war erheblich ausgeweitet und gleichzeitig mit der Fertigung von Waffen und Komponenten begonnen worden. Auf die Verknappung der Rohstoffversorgung reagierten die Konzerne mit einer verstärkten vertikalen Integration durch Aufkauf von Lieferanten wichtiger Vorprodukte, womit Siemens und AEG ihre Position maßgeblich stärken konnten. Allerdings gingen im Gefolge des Ersten Weltkriegs alle Beteiligungen an ausländischen Unternehmen, das gesamte Vertriebsnetz und sämtliche Fertigungsstätten im Ausland verloren, worunter besonders die exportorientierten Konzerne litten. Die dominierende Stellung, die die deutsche Elektroindustrie vor dem Krieg auf dem Weltmarkt innegehabt hatte, konnte sie nicht zuletzt deshalb nie wieder erreichen.

KAPITEL 2
WACHSTUM ZWISCHEN STABILITÄT UND KRISE: VOM ENDE DES ERSTEN WELTKRIEGS BIS ZUR WELTWIRTSCHAFTSKRISE, 1919-1931

A. DEUTSCHLAND: INFLATION, KONSOLIDIERUNG UND WACHSTUM

Neben dem Verlust aller Auslandsniederlassungen und Beteiligungen litt die deutsche Elektroindustrie besonders unter dem Abfall ihres Weltmarktanteils. In erster Linie war dies Ergebnis der gewachsenen Wettbewerbskraft wichtiger Konkurrenten, insbesondere aus den USA. Diesen gelang es während und nach dem Krieg ihre Position in all den Märkten auszubauen, in denen vorher deutsche Unternehmen stark vertreten gewesen waren. Ganz besonders galt dies für Asien, Mittel- und Südamerika. Der deutschen Elektroindustrie erschwerte dies eine schnelle Rückkehr auf den Weltmarkt. Verbunden mit der aus der Inflation resultierenden geringen Binnennachfrage konnten die Firmen in den frühen 1920er Jahren deshalb nur ein verhältnismäßig geringes Auftragsvolumen verbuchen.[1]

Auf verbandspolitischer Ebene ergab sich im Gefolge des Ersten Weltkriegs, nicht zuletzt beeinflußt durch die Tätigkeit des Kriegsausschusses der Elektrotechnischen Industrie, eine Zusammenfassung der Verbände mit der 1918 erfolgten Gründung des Zentralverbands der Deutschen Elektrotechnischen Industrie (ZVEI). Erster Vorsitzender des ZVEI wurde Carl Friedrich von Siemens, jüngster Sohn von Werner von Siemens und Leiter des Konzerns, der diese Position bis 1933 innehatte.[2]

Die instabile politische Situation, die ungeordneten währungspolitischen Verhältnisse der Inflationsjahre und der akute Kapitalmangel verkomplizierten die Rückkehr zu einem geregelten Geschäftsbetrieb. Zumindest den Großunternehmen scheint es aber gelungen zu sein, ihre finanzielle Situation in den Turbulenzen der Inflationszeit zu konsolidieren. Bemerkenswert sind hier wiederum die Aussagen von Helmut Cabjolsky, Mitarbeiter der Buchhaltung von Siemens & Halske, der die Entwicklung folgendermaßen beschrieb:

---

[1] LEVY, Studien, S. 9; SCHRÖTER, Typical Factor, S. 160; WEINGART, Finanzierungsgesellschaften, S. 37; SCHRÖDER, Exportwirtschaft, S. 210; EIßFELDT, Kartellierungsfähigkeit, S. 14-7; KOCH, Konzentrationsbewegung, S. 51ff, 60ff, 80-3, 92-6; EBACH, Moderne Fertigungsmethoden, S. 47ff. S.a. FELDENKIRCHEN, Siemens, S. 86f; BOARD OF TRADE, Committee on Industry and Trade, The World Market for Electrical Goods, S. 11; GLARDON, Elektroindustrie, S. 39; GAPINSKI, Stellung, S. 4f.

[2] TRUTE, 50 Jahre, S. 45; SCHOEN, Carl Friedrich von Siemens, S. 83ff.

Bei Betrachtung der Bilanzen nach der Stabilisierung fällt auf, daß die Unternehmung – verglichen mit dem Jahre 1918/19 – nicht nur ihre gesamten eigenen Mittel über die Inflationszeit hinaus gerettet hat, sondern daß sie vielmehr noch in der Lage war, diese Konten in der Goldmarkbilanz mit einem wesentlich größeren Betrage auszuwerfen. Die Gründe für das außerordentlich günstige Überstehen dieser Zeit sind mannigfaltig. In erster Linie ist dieses Ergebnis wohl der Finanzierungspolitik der Geschäftsleitung zu danken, die sich durchaus den Zeitverhältnissen anzupassen wußte. Verfolgt man allein die Bestände auf dem Debitoren- und Kreditorenkonto, so kommt man zu dem interessanten Ergebnis, daß die Unternehmung, die während der ganzen Zeit bis zum Jahre 1919 stets mehr Kredite gegeben als genommen hat, mit einem Schlage diese Politik verändert und in größerem Umfange Kredite aufnimmt, als sie zur Finanzierung ihrer Debitoren braucht. Dieses Verfahren ist in normalen Zeiten wegen der damit verbundenen Gefahr der Überschuldung zu verwerfen; zu dieser Zeit war es jedoch vom Standpunkt der Unternehmung aus angebracht, weil die in Anspruch genommenen Kredite nach kurzer Zeit bereits wieder mit entwertetem Geld zurückgezahlt werden konnten. Es kommt noch hinzu, daß die Anleiheschulden, die im Jahr 1919 annähernd 62 Mill. betragen haben, durch die Inflation und die nachher erfolgte Aufwertung auf etwa 8 Mill. Mark zusammengeschrumpft sind.[3]

Ihre Finanzstärke ermöglichte Siemens und AEG in der ersten Hälfte der 1920er Jahre eine Reihe elektrotechnischer Unternehmen aufzukaufen, die in finanzielle Schwierigkeiten geraten waren. So erwarb Siemens & Halske 1924 die Aktienmehrheit an der Erlanger Firma Reiniger, Gebbert & Schall AG, einem wichtigen Hersteller elektromedizinischer Geräte. 1932 wurde sie als Siemens-Reiniger-Werke AG der Siemens & Halske AG als Tochter unterstellt und dort alle elektromedizinischen Aktivitäten konzentriert. Zu den während dieser Zeit erworbenen Betrieben gehörten aber auch Hersteller von Vorprodukten wie Kohlegruben, Gießereien, Papierfabriken und Gußstahlwerken. Der bereits vor dem Ersten Weltkrieg begonnene Prozeß der vertikalen Integration, der sich in den Kriegsjahren forciert hatte, setzte sich damit weiter fort.[4]

Hinzuweisen ist auf die Gründung der Siemens-Rhein-Elbe-Schuckert-Union als Interessengemeinschaft von Firmen der Montan- und Elektroindustrie im Jahr 1920. Die Initiative hierzu war von Hugo Stinnes ausgegangen, um die Absatzchancen von Kohle und Stahl zu verbessern. Carl Friedrich von Siemens stimmte diesem Projekt zunächst widerwillig zu, setzte aber bereits 1925 dessen

---

[3] CABJOLSKI, Siemens & Halske, S. 42. Eine ähnliche Einschätzung findet sich in GEC-Marconi Archive, Hugo Hirst Papers, E 8: „Germany. War and Economic Conditions, Brief von Hugo Hirst an Edward Holden, undatiert.

[4] SCHOEN, Carl Friedrich von Siemens, S. 93, 98; FELDENKIRCHEN, Siemens, S. 371-5; HOMBURG, Rationalisierung, S. 351f; JAEKEL, 50 Jahre, S. 126; 75 Jahre AEG, in: ET 40 (1958), S. 88; PHILIPP, Strukturwandel, S. 22; BEAMA, Combines and Trusts, S. 36.

Auflösung durch. Eine Nachfolgeorganisation fand sich 1927 mit der Schaffung der Interessengemeinschaft Stahl-Elektro-Union, wo Siemens mit den vorherigen Partnern wieder zusammenarbeitete, wenngleich sich diese Kooperation auf die Forschung beschränkte.[5]

Nach der währungspolitischen Stabilisierung begann die deutsche Elektrizitätswirtschaft von 1924 an ihre Anlagen stark auszubauen. Innerhalb von nur fünf Jahren, zwischen 1925 und 1930, erhöhte sich die installierte Kraftwerkskapazität um 57 Prozent. Möglich war dies nur aufgrund des Zuflusses ausländischen Kapitals, insbesondere aus den USA. Zumeist wurden die betreffenden Kredite dabei von den öffentlichen und damit kreditwürdigen Gebietskörperschaften aufgenommen, die sie dann den Versorgungsunternehmen zur Verfügung stellten.[6]

Begleitet war dies von wichtigen technischen Neuerungen, die die Konstruktion noch weit größerer Kraftwerkseinheiten erlaubten, in denen Strom billiger als mit kleinen Aggregaten erzeugt werden konnte. Zusätzliche Ersparnisse ergaben sich aus dem Übergang von der Stein- zur Braunkohle, der durch den Verlust der großen oberschlesischen Steinkohlereviere im Gefolge des Versailler Friedens beschleunigt wurde. So kostete 1927 die Erzeugung einer Kilowattstunde Strom aus Steinkohle 1,36 Pfennig, mit Thüringer Braunkohle 0,78 Pfennig, und mit Rheinischer Rohbraunkohle lediglich 0,76 Pfennig. Neue Kraftwerke wurden deshalb bevorzugt in Braunkohlerevieren errichtet, wodurch nur in geringem Maß Transportkosten anfielen. Voraussetzung hierfür waren die in der Hochspannungstechnik erzielten Fortschritte, die die Nutzung höherer Spannungen zur Stromübertragung ermöglichten.[7]

Daneben ergaben sich aus der verstärkten staatlichen Intervention wichtige Veränderungen in der Elektrizitätswirtschaft. Bereits vor dem Ersten Weltkrieg hatten, wie bereits erwähnt, zahlreiche Kommunen damit begonnen, die örtlichen Versorgungsunternehmen nach Auslaufen der Konzessionsverträge aufzukaufen. Während und nach dem Ersten Weltkrieg hatten Reich und Länder ihr Engagement in der Elektrizitätserzeugung aufgrund des allgemein gestiegenen Strombedarfs ausgeweitet. Durch Neugründungen und Beteiligungen an bestehenden Einrichtungen entstanden sogenannte gemischtwirtschaftliche

---

5   BRANDSTETTER, Finanzierungsmethoden, S. 20; SCHOEN, Carl Friedrich von Siemens, S. 78.
6   Die deutsche Elektrizitätswirtschaft 1925 bis 1930, in: EZ 52 (1931), S. 1101; Die Kapitalinvestitionen der Elektroindustrie und Elektrizitätserzeugung 1924/28, ebd., S. 1104; Die Investitionen der deutschen Elektrizitätsversorgung 1928-1931, ebd., 54 (1933), S. 1156; Die Investitionen der deutschen Elektrizitätsversorgung 1929-1931, ebd., S. 1204; Elektro-Investitionen in der deutschen Volkswirtschaft, ebd., 57 (1936), S. 479; GAPINSKI, Stellung, S. 103f; BEAMA, Electrical Industry in Germany, S. 151; BIOS, German Wartime Electricity Supply, S. 1.
7   GAPINSKI, Stellung, S. 10; CALLIES, Übergang, S. 16, 19; DETTMAR UND HUMBURG, Entwicklung der Starkstromtechnik, S. 88-91; KELLER, Elektrizitätswirtschaft, S. 20; BEAMA, Electrical Industry in Germany, S. 151.

Unternehmen, die sich im Besitz sowohl des Staates (Reich, Länder oder Kommunen), als auch privater Firmen befanden. So bildete sich zu dieser Zeit die Eigentumsstruktur heraus, die die deutsche Elektrizitätswirtschaft auf die nachfolgenden Jahrzehnte hin prägte, und die als Nebeneinander privater, staatlicher und gemischtwirtschaftlicher Gesellschaften zu charakterisieren ist.[8]

Die Möglichkeit zur überregionalen Stromübertragung und die Verwendung von Braunkohle machte es für Bergwerksgesellschaften profitabel, ihre Anlagen auszubauen und den erzeugten Strom an Versorgungsunternehmen zu verkaufen. Die Kraftwerke der Montanindustrie und der öffentlichen Elektrizitätswirtschaft wurden deshalb im Laufe der 1920er Jahre mittels Hochspannungsnetzen weiter verbunden. Bemerkenswert war dabei der Umfang der Stromerzeugung der Industrie, deren Erzeugungskapazitäten im Jahr 1925 denen der gesamten Elektrizitätswirtschaft entsprachen.[9]

Wesentliche Ursache für dieses Engagement war der gestiegene Strombedarf, den die zunehmende Verwendung der Elektrizität in Industrie und Gewerbe mit sich brachte. 1925 schätzte man den Elektrifizierungsgrad der deutschen Industrie auf 66 Prozent, während er in Großbritannien lediglich 51 Prozent betrug. Zur gleichen Zeit lag er in den USA bei 70 Prozent; ein Wert, wie er in Deutschland 1930 erreicht wurde.[10] Die BEAMA verwies 1929 in einer Studie auf die entscheidende Bedeutung der Eigenerzeugung von Strom durch die deutsche Industrie:

> 55 per cent of all generating plant in the country [Deutschland] is represented by private industrial installations, one can assume that the industrial executive itself was early convinced of the importance of electrification and acted accordingly without the necessity of special co-operation on the part of the supply undertaking. The great work of rationalization carried out in Germany since 1924 has not only created a large demand for electrical plant and equipment but it has, through the influence of such large contracts and quantity of production on the part of the electrical manufacturers, improved their competitive efficiency and allowed them to carry out a dumping policy on a Reparations delivery basis with comparative ease.[11]

---

[8] OBERLACK, Finanzierung, S. 330; BRUCHE, Elektrizitätsversorgung, S. 42, 62ff; KIRCHHOFF, Unternehmungsform, S. 70ff; HUGHES, Networks, S. 409-428.

[9] GRÖNER, Ordnung, S. 215-24; ZÄNGL, Deutschlands Strom, S. 50; BEAMA, Electrical Industry in Germany, S. 147, 151; HUGHES, Networks, S. 413ff, 418f; OBERLACK, Finanzierung, S. 331f; ZVEI, Die elektrotechnische Industrie und die Elektrisierung Deutschlands, S. 855; Die deutsche Elektrizitätswirtschaft 1925 bis 1930, in: EZ 52 (1931), S. 1101; Elektro-Investitionen in der deutschen Volkswirtschaft, ebd., 57 (1936), S. 479. Zu technischen Aspekten: HIRSH, Technology, S. 65.

[10] WIRTSCHAFTSGRUPPE ELEKTROINDUSTRIE, Statistischer Bericht, S. 83; BEAMA, Electrical Industry in Germany, S. 150; DIESS., Electrical Industry of Great Britain, S. 125. S.a. DEVINE, Shafts to Wires, S. 364-368 und die Ergänzungen hierzu in: OSHIMA, Growth, S. 163-7.

[11] BEAMA, Electrical Industry of Great Britain, S. 128.

Somit verschaffte der von Industrie und Elektrizitätswirtschaft unternommene Anlagenausbau der Elektroindustrie ein großes Auftragsvolumen, während gleichzeitig umfangreiche Bestellungen zur Eisenbahnelektrifizierung sowie zu Ausbau und Modernisierung des Fernmeldewesens eingingen. Der Produktionshöchststand der Vorkriegszeit konnte so bereits im Laufe des Jahres 1926 überschritten werden.[12]

In der Elektroindustrie wurden zwischen dem Ende der Inflation und der Weltwirtschaftskrise umfangreiche Anstrengungen zur organisatorischen und technischen Rationalisierung unternommen. Angesichts der großen Zahl unterschiedlicher Erzeugnisse lag bereits in der Reduzierung der Gerätetypen und deren Vereinheitlichung ein beträchtliches Einsparungspotential. Besonders aktiv war dabei der Siemens-Konzern. Dies zeigte sich auch am Anteil führender Vertreter des Hauses, insbesondere Carl Friedrich von Siemens und Carl Köttgen, bei der Gründung des Reichskuratoriums für Wirtschaftlichkeit.[13]

Am weitesten fortgeschritten war bei Siemens die Rationalisierung der Herstellung von Kleinmotoren und kleinen Haushaltsgeräten. So führte die 1920 gegründete Siemens-Elektrowärme GmbH bereits 1924 die Fließbandfertigung von Bügeleisen ein. In der zweiten Hälfte der 1920er Jahre wurden auch in anderen Bereichen wichtige produktionstechnische Verbesserungen vorgenommen, die zum Teil auf Erkenntnissen beruhten, die man bei Studienreisen in die USA gewonnen hatte.[14]

Die Rationalisierungsmaßnahmen wurden von einer Normierung der Komponenten begleitet. Eine wichtige Rolle spielte dabei der Verband deutscher Elektrotechniker, der seit seiner Gründung Einzelteile normierte. Kennzeichnend für den hohen Stellenwert, der diesem Feld zugemessen wurde, war, daß bereits die erste Mitgliederversammlung des ZVEI im Jahr 1919 Normierung und Typisierung als Bestandteil der Verbandstätigkeit festgelegt und hierzu die Gründung einer Normenstelle beschlossen hatte.[15]

Wie die Elektrizitätswirtschaft stützte sich auch die Elektroindustrie in der zweiten Hälfte der 1920er Jahre auf Kapital aus den USA. Erleichtert wurde die Gewinnung US-amerikanischer Kredite durch die Wiederaufnahme der engen Beziehungen zwischen den führenden deutschen und amerikanischen Unternehmen in den frühen 1920er Jahren. Westinghouse und General Electric un-

---

[12] WEINGART, Finanzierungsgesellschaften, S. 34, 38; GAPINSKI, Stellung, S. 36; BEAMA, Electrical Industry in Germany, S. 151.

[13] PLETTNER, Abenteuer, S. 22.

[14] EBACH, Moderne Fertigungsmethoden, S. 13, 25ff, 105; FREYBERG UND SIEGEL, Industrielle Rationalisierung, S. 304, 307f, 312, 326; SCHOEN, Carl Friedrich von Siemens, S. 93; Zum Start der neuen Saison 1957/58. Die Lage auf dem Rundfunk- und Fernsehgebiet, in: EA 10 (1957), S. 274.

[15] TRUTE, 50 Jahre, S. 47; EBACH, Moderne Fertigungsmethoden, S. 7.

terstützten Siemens und AEG bei der Kreditaufnahme und übernahmen dabei Vermittlerfunktionen, wofür sie von britischen Firmen kritisiert wurden. Die Wichtigkeit dieser ausländischen Kredite wird daran deutlich, daß der Siemens-Konzern 1931 inländische Anleihen im Wert von 35 Millionen RM hatte, während sich das aus den USA stammende Kreditvolumen auf 167,7 Millionen RM belief. Bei AEG entfielen 1929 von einem Gesamtanleihevolumen von 147 Millionen RM rund 140 auf US-Anleihen.[16]

Auf die Instabilitäten der frühen 1920er Jahre reagierte die Industrie mit einer vermehrten Bildung von Kartellen. Eine entscheidende Rolle spielte dabei die Inflation, vor deren Hintergrund die Unternehmen versuchten, ihre Gewinnspannen durch die gemeinsame Festsetzung ihrer Verkaufspreise zu sichern. Wichtige Veränderungen auf legislativer Ebene ergaben sich mit dem Erlaß der Kartellordnung am 2. November 1923, die derartige Aktivitäten staatlicher Kontrolle unterstellte. Entgegen der anfänglichen Skepsis der Industrie zeigte sich, daß der Einfluß der Kartelle hierdurch sogar gestärkt wurde, da ihnen in der Folgezeit die Unterstützung von Regierung und Gewerkschaften zukam.[17]

Ähnlich wie in Großbritannien waren in Deutschland einige Marktsegmente wie beispielsweise Kabel und Draht vollständig kartelliert. Die spezifische Ausprägung der Kartellierung in der deutschen Elektroindustrie bestand allerdings darin, daß die Marktführer AEG und Siemens über die Gründung gemeinsamer Töchter wie Osram, Telefunken, oder die Studien-Gesellschaft für elektrische Schnellbahnen zwar in einer Reihe von Geschäftsfeldern kooperierten. In allen übrigen Bereichen und insbesondere auf Exportmärkten konkurrierten die beiden Konzerne aber, da Siemens eine noch weitergehende Zusammenarbeit trotz wiederholter Avancen seitens AEG stets ablehnte. Auf den internationalen Märkten der 1920er Jahre kooperierten dagegen auch weiterhin General Electric und AEG einerseits, Siemens und Westinghouse andererseits.[18]

Eine neuartige Entwicklung ergab sich in den 1920er Jahren mit der Ausbreitung des Rundfunks, der auf technische Errungenschaften der Vorkriegs-

---

[16] BA-Berlin, 31.02, 2653: „Schreiben von Hans Memmelsdorf. Bankgeschäft, Mai 1929"; GAPINSKI, Stellung, S. 4, 30, 101ff, 116; HERTNER, Financial Strategies, S. 153; SCHRÖTER, Typical Factor, S. 163f; SCHOEN, Carl Friedrich von Siemens, S. 90; WEINGART, Finanzierungsgesellschaften, S. 37, 61; BRANDSTETTER, Finanzierungsmethoden, S. 166ff; EBACH, Moderne Fertigungsmethoden, S. 34; BEAMA, Electrical Industry in Germany, S. 147ff; LOCHNER Verflechtung, S. 33; FREYBERG UND SIEGEL, Industrielle Rationalisierung, S. 304. S.a. CHANDLER, Scale and Scope, S. 539f, 543f.
[17] KARTTE UND HOLTSCHNEIDER, Konzeptionelle Ansätze, S. 200; BEAMA, Combines and Trusts, S. 34-9; NICHOLLS, Freedom with Responsibility, S. 46; ROBERT, Konzentrationspolitik, S. 62, 66f; GAPINSKI, Stellung, S. 76.
[18] PHILIPP, Strukturwandel, S. 15; BRANDSTETTER, Finanzierungsmethoden, S. 42-8; FELDENKIRCHEN, Siemens, S. 70; LENEL, Industrie, S. 262; CHANDLER, Scale and Scope, S. 472; HUGHES, Networks, S. 421; BOARD OF TRADE, Committee on Trade and Industry, Factors in Industrial

und Kriegszeit zurückging. Mit der Ersten Großen Deutschen Funkausstellung in Berlin 1924 wurde das neue Medium der deutschen Öffentlichkeit bekanntgemacht. Die in den Rundfunk gesetzten Hoffnungen spiegelten sich in einer Vielzahl neugegründeter Unternehmen wider. Hierzu gehörte die 1926 in Berlin gegründete Deutsche Philips GmbH, die die vom niederländischen Mutterunternehmen hergestellten Einzelteile in Deutschland vertrieb, während letzteres im gleichen Jahr die Fertigung kompletter Radiogeräte aufnahm. Zu nennen ist auch der Erwerb der Ideal-Werke, später bekannt geworden unter dem Namen Blaupunkt Werke GmbH, durch Robert Bosch, womit die starken saisonalen Schwankungen im Kerngeschäft, dem elektrischen Kraftfahrzeugzubehör, ausgeglichen werden sollten.[19]

Parallel zum Ausbau des Rundfunks wurde in der zweiten Hälfte der 1920er Jahre an der Entwicklung des Fernsehens gearbeitet. Telefunken führte diese neue Technologie in Deutschland erstmals bei der Fünften Großen Deutschen Funkausstellung in Berlin im Sommer 1928 vor, und von September 1929 an strahlte der Sender Berlin-Witzleben regelmäßig Fernsehbilder aus.[20] In den 1920er Jahren gewannen in Deutschland elektrische Haushaltsgeräte an Bedeutung, waren aber weit weniger verbreitet als in den USA: 13 Prozent aller US-amerikanischen Haushalte besaßen 1930 einen Kühlschrank, 35 Prozent eine Waschmaschine und 44 Prozent einen Staubsauger. In Europa wurden vergleichbare Werte erst nach dem Zweiten Weltkrieg erreicht.[21]

Gestützt auf die Expansion des Binnenmarktes begannen deutsche Firmen mit dem Wiederaufbau ihrer ausländischen Verkaufs- und Kundendienstorganisation, da dies als Voraussetzung für eine Ausweitung der Exporte angesehen wurde. Deutschland konnte zwar während der 1920er Jahre nicht mehr den Anteil von 46,3 Prozent am Weltelektrohandel erreichen, den es noch 1913 innegehabt hatte, aber bereits 1925 wurde es mit Ausfuhren von 366,5 Millionen RM noch vor den USA weltgrößter Elektroexporteur. Dabei ist allerdings zu berücksichtigen, daß die Vereinigten Staaten aufgrund der hohen Binnennachfrage von einer elektrotechnischen Gesamtproduktion von 6,5 Milliarden RM

---

and Commercial Efficiency. Being Part I of a Survey of Industries, S. 97; PESCHKE, Elektroindustrie, S. 118, 123. S.a. BRAUN, German Economy, S. 50; NOETHER, Vertrustung, S. 57; SCHOEN, Carl Friedrich von Siemens, S. 92.

[19] 25 Jahre Deutsche Philips GmbH, in: Volkswirt 5 (1951), Nr. 47, S. 34; „Robert Bosch" im Wiederaufbau, ebd., Nr. 17, S. 26; DUEBALL, Möglichkeiten, S. 102; HERDT, Bosch, S. 81f; KELLER, Hundert Jahre, S. 48; LÜBECK, Entwicklung, S. 91; LOHSE, Rundfunk und Fernsehen, S. 1807; RUKOP, Bredow, S. 199; KETTELHACK, Geschichtsbuch, S. 145.

[20] Der Weg des Fernsehens in Deutschland, in: EM 4 (1951), S. 10; Langsam anlaufendes Fernsehgeschäft, in: Volkswirt 8 (1954), Nr. 22, S. 21.

[21] BURWELL UND SWEZEY, Home, S. 252; OLNEY, Buy Now. Pay Later S. 56; DIESS., Demand for Consumer Durable Goods, S. 322; VANEK, Household Technology, S. 363f.

(1925) lediglich Waren im Wert von 355 Millionen RM, also knapp sechs Prozent, ins Ausland lieferten.[22]

Fragt man nach den Ursachen für den raschen Anstieg der deutschen Exporte und insbesondere nach produktspezifischen Wettbewerbsvorteilen, zeigt sich, daß all die Fertigungssektoren überdurchschnittliche Wachstumsraten aufwiesen, die entweder die Anwendung von Massenproduktionsmethoden erlaubten oder große Aufwendungen für Forschung und Entwicklung erforderten. Erkennbar wird dies an dem im Vergleich zur Vorkriegszeit gewachsenen Anteil elektrischer Maschinen, Telefonen, Sicherungs- und Signalapparaten sowie elektromedizinischer Geräte, während der von Kabeln und Drähten abgenommen hatte.[23]

Die geographische Verteilung unterlag dagegen nur geringen Verschiebungen. 1913 und 1925 gingen gleichermaßen 71 Prozent der deutschen Elektroausfuhr in europäische Staaten, wobei Großbritannien und die Niederlande in beiden Jahren die Hauptabnehmer waren. Britischen Unternehmen gelang es dagegen auch in den 1920er Jahren nicht, in nennenswertem Umfang Zugang zum deutschen Markt zu erlangen. Wichtigster Konkurrent war dagegen die US-Elektroindustrie, auf fernöstlichen Märkten auch Japan.[24]

Die seit 1924 anhaltende Prosperitätsphase endete für die Elektroindustrie mit dem rapiden Rückgang der Bestellungen seitens Elektrizitätswirtschaft und Industrie und dem Abfluß ausländischen Kapitals im Jahr 1929. Die inländischen Bestellungen fielen von 1929 auf 1930 um 40 Prozent, das Investitionsvolumen der Elektrizitätswirtschaft ging zwischen 1929 und 1932 von 839 auf 161 Millionen RM zurück. Dadurch sank der Beschäftigungsstand in der Elektroindustrie weit stärker als in der gesamten deutschen Industrie: An seinem Tiefpunkt zwischen April 1932 und April 1933 lag die Zahl der Erwerbstätigen bei lediglich 50 Prozent des Vorkrisenniveaus.[25]

---

[22] BEAMA, Electrical Industry in Germany, S. 151; BOARD OF TRADE, Committee on Industry and Trade, The World Market for Electrical Goods, S. 10; GAPINSKI, Stellung, S. 64, 80, 89; BECKER, Elektroaußenhandel, S. 1303.

[23] GAPINSKI, Stellung, S. 86.

[24] BOARD OF TRADE, Committee on Industry and Trade, The World Market for Electrical Goods, S. 11; BEAMA, Electrical Industry in Germany, S. 151; SCHRÖDER, Exportwirtschaft, S. 94; GLARDON, Elektroindustrie, S. 58-62; GAPINSKI, Stellung, S. 83, 96. S.a. FOREMAN-PECK, History of the World Economy, S. 238-41.

[25] Die Investitionen der deutschen Elektrizitätsversorgung 1929-1931, in: EZ 54 (1933), S. 1204; Die Betriebsveränderungen in der elektrotechnischen Industrie 1925 bis 1933, ebd., 55 (1934), S. 1020; Die Entwicklung der Elektrotechnik in der letzten Zeit, ebd., S. 621; 58 (1937), S. 835; Elektro-Investitionen in der deutschen Volkswirtschaft, ebd., 57 (1936), S. 479; Weitere Weltvertrustung der deutschen Elektroindustrie, in: Licht und Lampe 18 (1929), S. 1059; Der Stand der Arbeits-

*Tab. 2.1 Deutschland: Investitionen von öffentlicher Elektrizitätswirtschaft,
Reichsbahn und Reichspost (Mio. RM), 1924-34*

Jahr	Elektrizitäts-wirtschaft	Reichsbahn	Reichspost
1924	333	13	207
1925	572	15	297
1926	660	18	339
1927	515	49	276
1928	771	8	230
1929	839	2	280
1930	537	2	224
1931	284	4	163
1932	161	15	64
1933	137	8	82
1934	150	15	103
Gesamt	4.959	149	2.264

Zusammengestellt nach: Elektro-Investitionen in der deutschen Volkswirtschaft, in: EZ 57 (1936),
S. 479f.

Die Weltwirtschaftskrise war für die Reichsregierung Anlaß, die seit Ende des
Ersten Weltkriegs bestehenden Importrestriktionen zu verschärfen, während
gleichzeitig vermehrt bilaterale Handelsabkommen vereinbart wurden. Exemplarisch war hierfür der am 26. Januar 1932 für eineinhalb Jahren geschlossene
Elektropakt zwischen Deutschland und Frankreich, einem Kontingentabkom-
men, das die Höhe des bilateralen Warenaustausches festlegte. Das Ausfuhrvolumen der einzelnen Unternehmen wurde dabei vom ZVEI festgelegt.[26]
    Die finanzielle Situation aller Firmen verschlechterte sich während der Welt-
wirtschaftskrise beträchtlich. Bei AEG fiel die Liquidität so stark, daß man sich
gezwungen sah, AEG-Aktien für 30 Millionen RM an General Electric zu verkaufen, die damit ihren Einfluß auf AEG ausweiten konnte. Prinzipiell aber kamen Großfirmen am besten durch die Krise. Neben ihrer großen Finanzkraft
war hierfür die Breite ihres Fertigungsspektrums ausschlaggebend, da Rückschläge in besonders stark von der Krise betroffenen Produktgruppen durch
andere zum Teil kompensiert werden konnten.[27]

---

schlacht in der Elektroindustrie, in: Technik und Wirtschaft 27 (1934), S. 282; CATRINA, BBC, S.
52; PHILIPP, Strukturwandel, S. 67; PLUM, Entwicklung, S. 1145.
[26] GLARDON, Elektroindustrie, S. 70; BÖTTCHER Internationale Zusammenhänge, S. 89f.
[27] Die Entwicklung der Elektrotechnik in der letzten Zeit. Bericht des Verbandes Deutscher Elektrotechniker anläßlich der 36. Mitgliederversammlung in Stuttgart, in: EZ 55 (1934), S. 621; Wei-

Wie die Krise der Jahrhundertwende löste auch die Weltwirtschaftskrise einen Konzentrationsschub in der Elektroindustrie aus. So gab es von den 259 Aktiengesellschaften der Branche Elektrische Maschinen und Apparate, die 1926 über ein Aktienkapital von 671 Millionen RM verfügten, im Jahr 1931 nur noch 174, deren Nominalkapital sich aber auf rund 900 Millionen RM erhöht hatte. Die Krise bewirkte außerdem eine Stärkung der Kartelle, die seitens der Reichsregierung und insbesondere von Reichskanzler Heinrich Brüning gefördert wurden, da man hoffte, durch die Bildung von Kartellen und die staatliche Einflußnahme auf deren Preispolitik die Depression schneller überwinden zu können.[28]

B. GROSSBRITANNIEN: EXPANSION, PROTEKTION UND REORGANISATION

Die vorübergehende Ausschaltung der deutschen Konkurrenten auf internationalen Märkten und die staatliche Unterstützung für heimische Hersteller während des Ersten Weltkriegs begünstigte die Entwicklung der britischen Elektroindustrie, die ihr Produktionsvolumen zwischen 1913 und 1924 von £ 30 auf £ 65 Millionen mehr als verdoppeln konnte.[29]

Die Dominanz ausländischer Unternehmen vor 1914 und der Aufschwung heimischer Firmen während der Kriegsjahre beförderte die Überzeugung, daß der Schutz des Binnenmarktes gegen auswärtige Wettbewerber von ausschlaggebender Bedeutung für die künftige Entwicklung war. Rückblickend bemerkte eine 1933 erschienene Festschrift der BEAMA hierzu: „The war emphasized the lesson already learned – that without cooperation throughout the industry, the strongest and the best organized manufacturing companies would find themselves in the gravest difficulties in dealing with outside bodies or with economic or political circumstances."[30]

---

tere Weltvertrustung der deutschen Elektroindustrie, in: Licht und Lampe 18 (1929), S. 1059; Die Betriebsveränderungen in der elektrotechnischen Industrie 1925 bis 1933, ebd., 55 (1934), S. 1020; GLARDON, Elektroindustrie, S. 63; PLUM, Entwicklung, S. 1145; SCHRÖTER, Siemens, S. 181; US-SBS, Effects of Strategic Bombing, S. 46.

28 Die Betriebsveränderungen in der elektrotechnischen Industrie 1925 bis 1933, in: EZ 55 (1934), S. 1020; BECKER, Elektroindustrie, S. 559; EBACH, Moderne Fertigungsmethoden, S. 73f; WEINGART, Finanzierungsgesellschaften, S. 17.

29 BEAMA Archive, Box BP 7, BEAMA, The Electrical Industry in 1913 and 1923. Manufacturing Conditions and Taxation [Confidential survey of the BEAMA to the Board of Trade Committee on Industry and Trade], 1925, S. 14; BOARD OF TRADE, Committee on Industry and Trade, The World Market for Electrical Goods, S. 7; DASS., Survey of Metal Industries, S. 281ff.

30 BEAMA, Twenty One Years, S. 21. Eine ähnliche Stellungnahme findet sich in: MRC, MSS 287,4 BEAMA, Monopolies and restrictive trade practices: „BEAMA Report ‚The history, develop-

Bereits 1916 hatte sich die BEAMA in einer an das *Board of Trade* gerichteten Stellungnahme nachdrücklich für eine protektionistische Außenhandelspolitik und die Bildung einer *Imperial Customs Union* in der Zeit nach dem Ersten Weltkrieg ausgesprochen. Gleichzeitig forderte die BEAMA, bei der
Vergabe von öffentlichen Aufträgen heimische Firmen grundsätzlich zu bevor-
zugen.[31]

Die während des Ersten Weltkriegs ausgelösten Veränderungen mündeten in
den frühen Nachkriegsjahren in eine weitreichende Umgestaltung der britischen Elektroindustrie, in deren Ergebnis heimische Eigentümer an Bedeutung
gewannen. Nach den Akquisitionen der Kriegszeit gründete Dick, Kerr and
Co. 1919 mit English Electric ein Unternehmen, das bis in die späten 1960er
Jahre eine Schlüsselrolle in der Branche einnehmen sollte. Die 1916 von der
Metropolitan Carriage Wagon and Finance Co. erworbene, ehemals US-amerikanische British Westinghouse Company wurde 1919 an Vickers verkauft.
Umbenannt in Metropolitan Vickers Electrical Co. gehörte auch sie bis in die
1960er Jahre zu den bedeutendsten Firmen dieses Industriesektors.[32]

Auch hinsichtlich der industriellen Forschung ergaben sich im Vergleich zur
Vorkriegszeit entscheidende qualitative Veränderungen. Die BEAMA hatte bereits 1916 ein Forschungskomitee gegründet, das 1920 von der *British Electrical
and Allied Industry Research Association* abgelöst wurde. Desweiteren waren
zwischen 1918 und 1923 auf staatliche Initiative hin mehrere *Research Associations* für unternehmensübergreifende Entwicklungsarbeiten gegründet worden.
GEC richtete in der Nachkriegszeit das erste zentrale industrielle Forschungs-
labor der britischen Elektroindustrie ein, womit man sich von ausländischen
Patenten und Neuerungen unabhängiger machte.[33]

---

ment and operation of price groups, written in response to a request by the Ministry of Supply',
August 1946", S. 5.

[31]   MRC, MSS 287,4 BEAMA, Memoranda Evidence to Official Enquiries, 1916-64: „BEAMA,
Memorandum of the Evidence Submitted to the Committee Appointed by the Board of Trade to
Consider the Position of the Electrical Trades after the War with Special Relation to International
Competition, October 1916", S. 8; BOARD OF TRADE, Report of the Departmental Committee
Appointed by the Board of Trade to Consider the Position of the Electrical Trades after the War,
S. 8; DASS., Committee on Trade and Industry, Factors in Industrial and Commercial Efficiency.
Being Part I of a Survey of Industries, S. 97; SWANN et al., Competition in British Industry, S. 27;
GRIBBIN, Post-War Revival, S. 1. S.a. BEAMA, Twenty One Years, S. 22; MONOPOLIES AND RE-
STRICTIVE PRACTICES COMMISSION, Report on the Supply and Export of Electrical and Allied
Machinery and Plant, S. 13; MINKES UND TUCKER, J. A. Crabtree, S. 198.

[32]   LATHAM, Take-Over S. 12; CHANDLER, Scale and Scope, S. 350; DAVENPORT-HINES, Dudley
Docker, S. 156ff, 199; JONES UND MARRIOTT, Anatomy of a Merger S. 59ff.

[33]   BOARD OF TRADE, Committee on Trade and Industry, Factors in Industrial and Commercial Efficiency. Being Part I of a Survey of Industries, S. 315; BEAMA, Twenty One Years, S. 25; MO-
NOPOLIES AND RESTRICTIVE PRACTICES COMMISSION, Report on the Supply and Export of Electrical and Allied Machinery and Plant, S. 9; LINDLEY, Development and Organisation, S. 340;

Auch in der Elektrizitätswirtschaft kam es in den Jahren nach dem Ersten Weltkrieg zu tiefgreifenden Wandlungen. 1919 wurde der *Electricity (Supply) Act* verabschiedet, der darauf abzielte, die große Zahl von Versorgungsunternehmen zu reduzieren. Dies gelang allerdings nicht, da die Kompetenzen der mit diesem Gesetz geschaffenen *Electricity Commissioners* unzureichend waren. So gab es 1925 noch 572 Elektrizitätsversorger mit einer nahezu unübersehbaren Zahl unterschiedlicher Stromarten, -spannungen und -frequenzen. Allein in London existierten 50 Unternehmen, die 70 Kraftwerke betrieben, wobei 17 Gleich- und 20 Wechselstromspannungen sowie zehn verschiedene Stromfrequenzen Verwendung fanden.[34] Die Folgen für die Elektrotechnische Industrie beschrieb Hugo Hirst, Vorstandsvorsitzender von GEC, folgendermaßen:

> Firstly, it raises enormously the price of electric apparatus to the consumer without giving the manufacturer a reasonable margin of profit. Secondly, it reduces production on a large scale to a gamble. Thirdly, it retards the electrical development of Britain not only through the high cost of apparatus but also through the inability to use apparatus indiscriminately in one area or another. Fourthly, it reduces the competitive power of the British manufacturer. ... If I may analyse now the four points I have made above it is clear that large-scale production can scarcely function effectively when the variety of standards required is so great.[35]

Der Betrieb zahlreicher ineffizienter Kraftwerke und die unzureichende Integration der Elektrizitätsversorgung führten zu hohen Erzeugungskosten und zu überhöhten Strompreisen: 1923 kostete in Großbritannien eine Kilowattstunde Strom 2,07 Shilling, in den USA aber 1,05 und in der Schweiz nur 0,6 Shilling. Die zwangsläufige Folge für Großbritannien war ein erheblich geringerer Pro-Kopf-Stromverbrauch.[36]

Auf Empfehlung des *Committee Appointed to Review the National Problem of the Supply of Electrical Energy*, des sogenannten *Weir Committee*, wurde 1926 ein weiterer *Electricity (Supply) Act* verabschiedet. Dieser führte noch im gleichen Jahr zur Schaffung des *Central Electricity Board (CEB)*, das das exklusive Recht zur Stromerzeugung erhielt. Außerdem sollte das CEB ein lan-

---

General Electric Company, in: MIRABILE, International Directory, S. 24; CHANDLER, Scale and Scope, S. 350, 353. S.a. FOX UND GUAGNINI, Life in the Slow Lane, S. 149.

[34] MONOPOLIES AND RESTRICTIVE PRACTICES COMMISSION, Report on the Supply and Export of Electrical and Allied Machinery and Plant, S. 11; CATTERALL, Electrical Engineering, S. 243; HANNAH, Electricity before Nationalisation, S. 322.

[35] GEC-Marconi Archive, Hugo Hirst Papers, D 1: „Large-scale Production in the Electrical Industry. The Need for Standardization", Hugo Hirst, 1925.

[36] MINISTRY OF TRANSPORT, Report of the Committee Appointed to Review the National Problem of the Supply of Electrical Energy, S. 7; ALDCROFT, Inter-War Economy, S. 192; BRANDT, Der energiewirtschaftliche Wettbewerb, S. 44. S.a. USA, DEPARTMENT OF COMMERCE, British Market, S. 1f.

desweites Elektrizitätsnetz aufbauen. 1927 begannen die Arbeiten an diesem *National Grid*, das aus einer Anzahl großer und damit effizienter Kraftwerke bestand, deren Strom über ein Hochspannungsnetz in die städtischen Verbrauchszentren übertragen wurde. Dies ermöglichte eine beträchtliche Senkung der Erzeugungskosten und stellte eine wichtige Ergänzung zu dem in den frühen 1920er Jahren begonnenen Ausbau der Elektrizitätsversorgung dar. Zwischen 1922 und 1929 verdreifachten sich deren Kapazitäten und wuchsen damit sogar noch stärker als in Deutschland.[37]

Nach Überwindung der Nachkriegskrise von 1920/21 nahm die elektrotechnische Produktion aufgrund der Erweiterung der Elektrizitätswirtschaft kontinuierlich zu, erlitt dann aber mit dem Generalstreik von 1926 einen vorübergehenden Rückschlag. Mit dem fortgesetzten Ausbau der Stromversorgung konnte die Elektroindustrie dann wieder Umsatz und Gewinne beträchtlich steigern. Entscheidend war dabei, daß nahezu alle Aufträge an heimische Hersteller vergeben wurden, die nicht gegeneinander konkurrierten, sondern ihre Preise absprachen.[38] Von 305 Kommunen, die zwischen 1919 und 1927 neue Kraftwerksanlagen errichteten, kauften lediglich neun im Ausland, und von 236 privaten Versorgungsunternehmen waren es nur fünf. Die BEAMA bemerkte hierzu: „ These figures are so small that there must be a very strong reason for the almost unanimous purchase of British plant, even at higher prices than those ruling for foreign plant."[39]

Daß die Preise britischer Produzenten nicht nur weitgehend identisch, sondern auch vergleichsweise hoch waren, stieß verschiedentlich auf Kritik. Exemplarisch war hierfür das Buch von A. H. Swain, Vorsitzender des *City of Leicester Electricity Committee*, in dem er die sich kaum unterscheidenden Angebote der britischen Hersteller auflistete, die doppelt so hoch waren, wie das des einzigen ausländischen Anbieters, Oerlikon aus der Schweiz.[40] Die BEAMA argumentierte dagegen:

---

[37] BEAMA, Electrical Industry of Great Britain, S. 157; DASS., Foreign Plant, S. 15; BOARD OF TRADE, Committee on Industry and Trade, The World Market for Electrical Goods, S. 11; HANNAH, Electricity before Nationalisation, S. 432f.

[38] GEC-Marconi Archive, Hugo Hirst Papers, D 4: Hugo Hirst, „The Flood of Electrical Imports", undatiert; MRC, MSS 287,4 BEAMA, Memoranda Evidence to Official Enquiries, 1916-64: „BEAMA, Board of Trade Committee on Industry and Trade. Problems of Organization and Foreign Trade. Summary and Proof of Evidence", 1925, S. 7; MSS 287,4 BEAMA, Monopolies and restrictive trade practices, „On the History of Electrical and Allied Industries in the United Kingdom. Submitted to the Monopolies and Restrictive Practices Commission by the Group's Joint Administration Board", S. 25; BEAMA, Electrical Industry of Great Britain, S. 24f; DIESS., Foreign Plant, S. 15; DIESS., Monograph, S. 15; BOARD OF TRADE, Committee on Trade and Industry, Final Report, S. 82; General Electric Company, in: MIRABILE, International Directory, S. 24.

[39] BEAMA, Foreign Plant, S. 15.

[40] SWAIN, Economic Effects, S. 56.

Experience has shown during the post-war decade that such co-operation, as far as the British electrical manufacturing industry is concerned, has prevented the industry from following in the footsteps of the depressed basic industries and has not prevented electricity supply, at the same time, from realizing a high standard of prosperity.[41]

Gestützt auf die hohe Binnennachfrage und mit Unterstützung der US-Marktführer General Electric und Westinghouse Electric modernisierten und rationalisierten britische Firmen ihre Fertigungsanlagen. Im Hintergrund standen dabei die Bemühungen des Vorstandsvorsitzenden und des Präsidenten von General Electric, Owen D. Young und Gerard Swope, die versuchten, die Leistungsfähigkeit dieses Industriesektors durch Fusionen zu erhöhen. Hierzu erwarb General Electric den elektrotechnischen Unternehmensbereich von Metropolitan-Vickers und verschmolz ihn 1928 mit der britischen Tochter von General Electric, British Thomson-Houston, zu Associated Electrical Industries (AEI).[42]

AEI, als dessen Vorstandsvorsitzender Felix Pole, bis dahin Manager bei der Great Western Railway, ernannt wurde, fungierte dabei als Holding, unter deren Dach Metropolitan-Vickers und British Thomson-Houston unverändert fortbestanden. Beide behielten ihre eigenen Produktlinien, hatten weiterhin eigenständige Vertriebsnetze und reichten bei der Vergabe von Aufträgen getrennte Angebote ein, womit die aus dem Zusammenschluß entstandenen Chancen zu Kostensenkungen ungenutzt blieben.[43]

Der zunehmende Einfluß von General Electric wurde von Westinghouse Electric mit Besorgnis gesehen und über Wege nachgedacht, dem zu begegnen. 1929 kaufte dann eine Gruppe US-amerikanischer Finanziers unter Beteiligung von Westinghouse Electric die 1919 gegründete English Electric, deren Leitung George Nelson, vormals bei British Westinghouse, übertragen wurde. Unter ihm wurde das Unternehmen reorganisiert und durch die Verbindung mit Westinghouse Electric erhielt es Zugang zu US-amerikanischen Patenten und Forschungsergebnissen.[44]

Wie in Deutschland breiteten sich Radiogeräte auch in Großbritannien während der 1920er Jahre rasch aus. War deren Anteil an der Elektroproduktion vor dem Ersten Weltkrieg noch völlig unbedeutend, so entfielen auf diese Produktgruppe 1930 zehn, 1935 bereits 15 Prozent. Die Marktzutrittsschwelle war niedrig, da die Herstellung der Geräte nicht mehr erforderte, als die Montage frei erhältlicher Komponenten. So entstand während der 1920er Jahre eine

---

[41] BEAMA, Electrical Industry of Great Britain, S. 10.
[42] Latham, Take-Over S. 12.
[43] Hall und Preston, Carrier Wave, S. 115f; Chandler, Scale and Scope, S. 351ff.
[44] Chandler, Scale and Scope, S. 353; Jones, Performance, S. 102.

beachtliche Zahl kleiner Unternehmen, von denen viele von ehemaligen Solda-
ten gegründet wurden, die während des Ersten Weltkriegs Erfahrungen in der
Funktechnik gesammelt hatten. Die Vielzahl von Herstellern und das geringe
Engagement der Großfirmen in diesem Sektor verhinderte allerdings, daß in
der britischen Radioproduktion der 1920er Jahre Massenfertigungsmethoden
in ähnlichem Maß wie in den USA oder Deutschland angewendet wurden.[45]

Zu einer ähnlichen Entwicklung kam es bei elektrotechnischen Konsumgütern, wo im Großbritannien der späten 1920er Jahre rund 500 Unternehmen
aktiv waren. Hatte dieser Bereich vor dem Ersten Weltkrieg noch keinerlei Bedeutung, so war für die Verbreitung der Geräte in der Zwischenkriegszeit aufgrund der schnell wachsenden Zahl von Haushalten, die an das Elektrizitätsnetz angeschlossen waren, eine breitere Basis vorhanden. Zu den steigenden
Verkaufszahlen trugen neben technischen Neuerungen und Preissenkungen
auch das zunehmende Angebot an Teilzahlungskrediten und das Vermietungsgeschäft bei. Mit letzterem reagierte man vor allem auf den von Gasgeräten ausgehenden Wettbewerbsdruck, deren Hersteller in den 1920er Jahren zahlreiche
Neuheiten auf den Markt brachten.[46]

Im Vergleich zur Vorkriegszeit verzeichnete die Elektroindustrie damit in
den 1920er Jahren eine erfreuliche Entwicklung. Deutlich wurde dies an den
Dividenden, die zwischen 1919 und 1932 durchweg höher als vor dem Ersten
Weltkrieg waren.[47] Einschränkend ist allerdings auf den im Vergleich zu den
USA und Deutschland nach wie vor niedrigen Stand der Elektrifizierung der
britischen Industrie hinzuweisen. Dadurch blieb das Nachfragevolumen in diesem Bereich niedrig, weshalb die großen Elektrofirmen der Entwicklung und
Fertigung von Anlagen für industrielle Zwecke nur geringe Aufmerksamkeit
schenkten.[48]

Nicht zuletzt aufgrund der vorläufigen Ausschaltung der deutschen Konkurrenten hatte sich die Position Großbritanniens auf dem Weltelektromarkt
in den 1920er Jahren verbessert. Die Ausfuhrquote lag zwar 1907 und 1924
gleichermaßen bei 24,8 Prozent, doch im Unterschied zur Zeit vor dem Ersten
Weltkrieg verzeichneten nun alle Produktgruppen einen signifikanten Export-

---

[45] CATTERALL, Electrical Engineering, S. 253, 261f; USA, DEPARTMENT OF COMMERCE, World Radio
Markets, S. 1.
[46] USA, DEPARTMENT OF COMMERCE, British Market, S. 2f; BUSCH, Cooking Competition, S. 244;
CORLEY, Domestic Electrical Appliances, S. 128. S.a. FOREMAN-PECK, Seedcorn or Chaff?, S. 419.
[47] MONOPOLIES AND RESTRICTIVE PRACTICES COMMISSION, Report on the Supply and Export of
Electrical and Allied Machinery and Plant, S. 13.
[48] MRC, MSS 287,4 BEAMA, Memoranda Evidence to Official Enquiries, 1916-64, „BEAMA Evidence to the Royal Commission on the Coal Industry", 1925, S. 11, 13; BEAMA, Electrical Industry of Great Britain, S. 125; DIESS., Monograph, S. 41; BRITISH ASSOCIATION, Electrical Industry, S. 254, 265f. S.a. DEVINE, From Shafts to Wires, S. 364-368 und die Ergänzungen hierzu in:
OSHIMA, Growth, S. 163-7.

überschuß. Hinzu kamen strukturelle Verschiebungen, die den Anteil der Gruppe *Electrical Machinery* von 23,1 auf 31,9 Prozent ansteigen ließ, während der von Kabeln von 34,2 auf 24,3 Prozent fiel.[49]

Als hemmend erwies sich allerdings der zunehmende Konkurrenzdruck, der für die britische ebenso wie die deutsche Elektroindustrie von Japan ausging. Dies betraf anfangs nur die britischen Exporte nach China, dann aber auch die nach Indien, wo japanische Unternehmen von ihren vergleichsweise niedrigeren Transportkosten profitieren konnten.[50] Als Ausweg propagierten britische Anbieter mit Ausnahme der Importeure eine protektionistische Außenhandelspolitik. Die *Radio Manufacturers Association* forderte beispielsweise 1926 eine Verschärfung der Einfuhrbestimmungen, während sich die *Electrical Importers & Traders Association* und die *National Association of Radio Wholesalers* gegen einen derartigen Schritt aussprachen.[51]

Wie bereits vor dem Ersten Weltkrieg blieben die Dominions auch in den 1920er Jahren wichtigster Auslandsmarkt der britischen Elektroindustrie, die durchschnittlich 65 Prozent ihrer Gesamtausfuhr aufnahmen. Der größte Anteil entfiel dabei auf Südafrika, Indien, Australien und Neuseeland. Gleichzeitig gingen die Lieferungen in europäische Staaten gegenüber der Vorkriegszeit zurück. Dies verursachte allerdings wenig Beunruhigung, da das gesamte europäische Marktvolumen im Jahr 1923 nur noch halb so groß wie 1913 war, während die Nachfrage im Empire überdurchschnittliche Wachstumsraten aufwies.[52]

Die BEAMA betonte, daß die britische Elektroindustrie beim Export von Kraftwerksanlagen ihre traditionelle Stärke, die dem Verband zufolge in handwerklich geprägten Arbeitsverfahren und der Fertigung von Einzelstücken lag, ausspielen konnte. Dem entsprach zur gleichen Zeit die zögerliche Einführung

---

[49] BOARD OF TRADE, Committee on Industry and Trade, The World Market for Electrical Goods, S. 9; DASS., Committee on Trade and Industry, Survey of Metal Industries, S. 297; CATTERALL, Electrical Engineering, S. 271. S.a. BUCHANAN, Diaspora, S. 521.

[50] GAPINSKI, Stellung, S. 94; BÖTTCHER, Internationale Zusammenhänge, S. 91.

[51] MRC, MSS 287,4 BEAMA, Overseas markets and marketing, 1939-46: „BEAMA, Some activities of BEAMA, 1911 to 1923", S. 9; GEC-Marconi Archive, Hugo Hirst Papers, D 12: Hugo Hirst, „Some Reflections in Reconstruction, 05.12.1918", S. 5; GL, MS 16,607: Electrical Importers' and Traders' Association, Minute Book, 1919-1947, „Minutes of a Meeting of the Electric Lamp Importers Sub-Committee, 23.05.1921"; „Minutes of a Meeting of Firms interested in the Wireless Trade, 18.04.1929"; BOARD OF TRADE, Merchandise Marks Act, 1926, Radio Goods, S. 4/241; WINDETT, World Electrical Trade, S. 167; The BEAMA in 1932, in: World Power 19 (1933), S. 203. Siehe zu einem ähnlichen Fall: BOARD OF TRADE, Merchandise Marks Act, 1926, Electrical Accessories, S. 5/855.

[52] BOARD OF TRADE, Committee on Industry and Trade, The World Market for Electrical Goods, S. 8, 11; DASS., Committee on Trade and Industry, Survey of Metal Industries, S. 297; DASS., Statistical Tables, S. 176; BEAMA, Electrical Industry of Great Britain, S. 78; CATTERALL, Electrical Engineering, S. 271.

von Massenproduktionsmethoden, woraus sich die schwache Stellung britischer Unternehmen bei Artikeln wie Stromzählern oder Radio- und Haushaltsgeräten erklärte.[53]

Verglichen mit dem ohnehin sanften Verlauf der Weltwirtschaftskrise in Großbritannien verzeichnete die Elektroindustrie eine noch günstigere Entwicklung. Ihre Produktion sank nur im Jahr 1931 und stieg im Verlauf der Krise sogar leicht an.[54] War das zögerliche Wachstum der Nachfrage vor dem Ersten Weltkrieg noch maßgeblich durch den langsamen Ausbau der Elektrizitätswirtschaft verursacht, so ermöglichte der Bau des *National Grid* zwischen 1927 und 1933 eine beachtliche Expansion der elektrotechnischen Produktion. Der Großteil der Aufträge wurde dabei zwischen 1930 und 1933 vergeben, wodurch der krisenbedingte Abfall des Bestellvolumens in anderen Sektoren weitgehend kompensiert werden konnte. Die Fertigstellung des *National Grid* im Jahr 1933 brachte zwar einen vorläufigen Rückgang der Nachfrage mit sich, doch bereits 1934 wurde der Ausbau der Stromversorgung fortgesetzt. Der Elektroindustrie kamen so wieder Aufträge in großem Umfang zu.[55]

Im Gegensatz zu Deutschland stieg der Elektrizitätsverbrauch in Großbritannien auch während der Krisenjahre an, so daß die Nachfrage nach Kraftwerksanlagen prinzipiell fortbestand. Ausschlaggebend war hierfür die Senkung der Strompreise, die mit der Inbetriebnahme des *National Grid* und der damit einhergehenden Effizienzsteigerung möglich geworden war. Die krisenbedingte Abnahme des Anlagenbedarfs industrieller Kunden, die sich so gravierend auf die US-amerikanische und deutsche Elektroindustrie ausgewirkt hatte, machte britischen Anbietern aufgrund des geringeren Elektrifizierungsgrades von Industrie und Gewerbe dagegen weniger zu schaffen.[56]

Am meisten litt die britische Volkswirtschaft, und noch mehr die Elektroindustrie, während der Krise unter dem Abfall der Exporte und der Verschlechterung der Zahlungsbilanz. In den USA und Deutschland war dagegen der Rückgang der heimischen Produktion weit gravierender. Das gesamte britische Ausfuhrvolumen fiel zwischen 1929 und 1932 um 37,5 Prozent, das der Elektroexporte sogar um 48 Prozent, von £ 19,4 auf £ 10,0 Millionen. Noch stärker gingen die Elektroimporte zurück, nämlich von £ 8,4 auf £ 2,6 Millionen (69

---

[53] BEAMA, Electrical Industry of Great Britain, S. 223; DIESS., Monograph, S. 25; BOARD OF TRADE, Committee on Industry and Trade, The World Market for Electrical Goods, S. 11f.

[54] MRC, MSS 287,4 BEAMA, Monopolies and restrictive trade practices: „On the History of Electrical and Allied Industries in the United Kingdom. Submitted to the Monopolies and Restrictive Practices Commission by the Group's Joint Administration Board", S. 27; CATTERALL, Electrical Engineering, S. 253.

[55] RICHARDSON, Economic Recovery, S. 87; BEAMA, Twenty One Years, S. 12, 38.

[56] BEAMA, Twenty One Years, S. 38; RICHARDSON, Economic Recovery, S. 17, 87; BRITISH ASSOCIATION, Electrical Industry, S. 253ff; Domestic Electrical Development, in: ER 163 (1958), S. 89.

Prozent). Ausschlaggebend war dabei der *Import Duties Act* von 1932 und die Etablierung des Handelsblocks der Empire-Staaten im Gefolge der Ottawa-Konferenz des gleichen Jahres.[57]

Ausländische Unternehmen, die bereits während der 1920er Jahre Vertriebsniederlassungen eröffnet hatten, beantworteten die Protektionsmaßnahmen mit der Errichtung von Fertigungsstätten in Großbritannien. So verlegte Hoover zunächst Teile der Endmontage nach Großbritannien, statt Staubsauger aus den USA und dem kanadischen Zweigwerk zu liefern. Ab 1933 wurden dann auch die Komponenten in einer Fabrik bei London erzeugt. Angesichts der dominierenden Stellung von Hoover hatte dies zur Folge, daß die britischen Staubsaugerimporte zwischen 1930 und 1935 von 140.000 auf 13.000 Geräte fielen.[58]

Die Elektrofirmen sahen sich angesichts der Weltwirtschaftskrise in ihrer langjährigen Forderung nach einem ausreichenden Schutz der heimischen Industrie gegen ausländische Konkurrenten bestätigt. So erklärte Hugo Hirst beim *Annual Dinner* der BEAMA am 19. November 1930: „I maintain, therefore, that the electrical industry requires protection in order to play its full part in the technical and manufacturing process and in providing employment to workers of all grades."[59]

Den Ausweg sah man in einer Steigerung der Exporte in Empire-Staaten, wo britische Unternehmen in einem geschützten Markt agierten. Für den Binnenmarkt erhoffte man sich eine schnelle Überwindung der Krise durch eine engere Zusammenarbeit zwischen den Firmen. Begünstigt wurde dies durch eine veränderte staatliche Haltung gegenüber Kartellen. Während die Regierung deren Bildung in den 1920er Jahren noch indifferent gegenübergestanden war, erhoffte man sich hiervon während und nach der Weltwirtschaftkrise eine Abhilfe gegen die hohe Arbeitslosigkeit.[60]

Die BEAMA weitete ihre Aktivitäten in den sogenannten Groups aus, in denen die elektrotechnischen Unternehmen eines Fertigungssektors zur Absprache von Preisen kooperierten. Von 1930 an stellte sie Mitarbeiter für die Groups zur Verfügung, und 1933 wurde zur besseren Koordinierung der Aktivitäten das *Groups Joint Administration Board* gegründet. Gleichzeitig betei-

[57] MACROSTY, Overseas Trade, S. 452, 467; GRIBBIN, Post-War Revival, S. 2; RICHARDSON, Economic Recovery, S. 17; ALDCROFT, Inter-War Economy, S. 41f; HALL UND PRESTON, Carrier Wave, S. 104; WORSWICK, Sources of Recovery, S. 86.

[58] CORLEY, Domestic Electrical Appliances, S. 128; BOWDEN, Colston, S. 755. S.a. ARNDT, Economic Lessons, S. 112, 114ff, 178ff; FRIEDMAN, Impact, S. 25ff; ALDCROFT, Inter-War Economy, S. 198.

[59] GEC-Marconi Archive, Hugo Hirst Papers, C 10: „Empire Industrial Co-Operation. Sir Hugo Hirst. Speech delivered at the Annual Dinner of the B.E.A.M.A., 19.11.1930", S. 8.

[60] Ebd.; D 1 „Hugo Hirst, The Electrical Industry and Foreign Competition" (undatiertes Manuskript); MACROSTY, Overseas Trade, S. 453; MERCER, Evolution, S. 82.

ligte sich die BEAMA an der Bildung internationaler Kartelle. So trafen die führenden Hersteller der USA, Großbritanniens, Deutschlands und der Schweiz im Jahr 1930 eine Vereinbarung über die einheitliche Festsetzung von Preisen und Vertragsbedingungen bei Kraftwerksanlagen, aus der 1934 das *International Notification and Compensation Agreement* hervorging.[61]

Verglichen mit ihren US-amerikanischen und deutschen Konkurrenten waren britische Unternehmen in den internationalen Elektrokartellen aufgrund ihrer Größe und Marktstellung allerdings nur Juniorpartner. Bei der Zuteilung von Märkten konnten sie sich deshalb lediglich den heimischen und Empire-Märkte sichern, aber nicht Zugang zu anderen Regionen gewinnen. In Verbindung mit der Politik der *Imperial Preference* bewirkte dies eine Zementierung der britischen Außenhandelsströme, in denen europäische Absatzmärkte nur geringe Bedeutung hatten.[62]

C. Zusammenfassung

Mit dem Ersten Weltkrieg endete die Weltmarktdominanz der deutschen Elektroindustrie, während es Großbritannien, den USA und einer Reihe kleinerer Staaten gelungen war, ihre Position auf internationalen Märkten auszubauen. Im Binnenmarkt konnten Siemens und AEG dagegen ihren Einfluß während und nach dem Ersten Weltkrieg ausweiten, da sie hinsichtlich Unternehmensgröße, Warenspektrum und Finanzkraft den Bedingungen von Kriegswirtschaft und Inflation am besten gewachsen waren.

Für die britische Elektroindustrie erwies sich der Erste Weltkrieg als förderlich und brachte eine enorme Ausweitung des Produktionsvolumens mit sich. Hinzu kamen qualitative Veränderungen in der Fertigungstiefe sowie bei Forschung und Entwicklung, die es den Unternehmen erlaubten, ihre Abhängigkeit vom Ausland zu reduzieren. Angesichts der Zusammenarbeit US-amerikanischer und deutscher Firmen vor dem Ersten Weltkrieg und aufgrund der zunehmenden Kooperation in der Kriegszeit sahen britische Hersteller die Bildung von Kartellen als entscheidende Voraussetzung für künftige Erfolge an.

Während und nach dem Ersten Weltkrieg veränderten sich auch die Besitzverhältnisse und mit Metropolitan Vickers Electrical Co. und English Electric entstanden zwei Großfirmen, die sich in britischem Besitz befanden. In den 1920er Jahren konnte das Produktionsvolumen beachtlich ausgeweitet werden, was maßgeblich auf die gestiegene Nachfrage der Elektrizitätswirtschaft

---

[61] MONOPOLIES AND RESTRICTIVE PRACTICES COMMISSION, Report on the Supply and Export of Electrical and Allied Machinery and Plant, S. 14, 24, 26f, 31.
[62] MERCER, Evolution, S. 64ff. S.a. CAPIE, Depression and Protectionism, S. 26.

zurückging. Letztere wurde in dieser Dekade enorm ausgebaut und die Aufträge hierfür nahezu ausschließlich an heimische Hersteller vergeben. Der britischen Elektroindustrie verschaffte dies den expandierenden und gegen ausländische Konkurrenten geschützten Binnenmarkt, der ihr vor dem Ersten Weltkrieg gefehlt hatte.

Trotz des starken Wachstums darf nicht übersehen werden, daß die größten britischen Elektrofirmen auch in den 1920er Jahren erheblich kleiner als ihre US-amerikanischen und deutschen Konkurrenten waren, und auch bei Forschung und Entwicklung sowie im internationalen Handel hinter diesen zurücklagen. Ebenso krankte die britische Elektrizitätsversorgung nach wie vor am Mangel einheitlicher technischer Standards, woraus eine unnötige Erhöhung der Kosten resultierte. Wenngleich nur graduell verbesserte sich diese Situation nach 1926 mit der Gründung des *Central Electricity Boards*.

In Deutschland wurde die Elektrizitätswirtschaft nach der Konsolidierung der währungspolitischen Verhältnisse, und zu einem wesentlichen Teil finanziert durch ausländische Kapitalgeber, von Mitte der 1920er Jahre an erheblich ausgebaut, allerdings langsamer als in Großbritannien. Die Veränderungen in der Elektrizitätswirtschaft, die bereits vor dem Ersten Weltkrieg begonnen hatten, setzten sich jetzt fort: die Errichtung von Großkraftwerken, der weitere Ausbau überregionaler Stromverbindungen und der Übergang von der Stein- zur Braunkohle. Die damit verbundene Effizienzsteigerung erlaubte eine Senkung der Strompreise. Gleichzeitig wandelte sich dieser Wirtschaftssektor durch das zunehmende Engagement von Kommunen, Ländern und Reich sowie dem Aufstieg gemischtwirtschaftlicher Versorgungsunternehmen.

Im Gegensatz zu Großbritannien behielt die Eigenstromerzeugung der deutschen Industrie in den 1920er Jahren ihre Bedeutung bei. Besonders die Montanindustrie nutzte die Verbesserungen in Erzeugungs- und Übertragungstechnik zum weiteren Ausbau ihrer Anlagen. Aus deren Verbindung mit öffentlichen Versorgungsunternehmen entstand das System der Verbundwirtschaft, das für die deutsche Elektrizitätswirtschaft auch heute noch charakteristisch ist.

Wie in Großbritannien erwuchs den deutschen Herstellern durch den Ausbau der Elektrizitätswirtschaft ein enormes Auftragsvolumen. Eine Ausweitung der Fertigungskapazitäten und umfangreiche Modernisierungs- und Rationalisierungsmaßnahmen waren die Folge. Die Elektroindustrie bediente sich zur Deckung des gewachsenen Finanzbedarfs dabei ebenso wie die Elektrizitätsversorger US-amerikanischer Kredite. Erleichtert wurde dies durch die bereits in den frühen 1920er Jahren erfolgte Wiederaufnahme der Beziehungen zwischen US-amerikanischen und deutschen Elektrokonzernen.

Siemens und AEG setzten in den 1920er Jahren ihre Politik der vertikalen Expansion fort, deren Richtigkeit sich in Anbetracht der schwierigen Rohstoffversorgung in der Kriegs- und Nachkriegszeit bestätigt zu haben schien. Gleichzeitig beteiligten sie sich an der Bildung von Kartellen und gründeten in ausgewählten Geschäftsbereichen gemeinsame Töchter. Die deutsche Elektroindustrie bestand damit in den 1920er Jahren aus einem Nebeneinander vollständig kartellierter Märkte und solchen, die von einem starken Wettbewerbsdruck gekennzeichnet waren, der besonders auf die Konkurrenz der beiden Großunternehmen zurückging. Ihre Entsprechung fanden diese Verhältnisse auf dem Weltmarkt, wo die beiden Konzerngruppen Siemens / Westinghouse und AEG / General Electric wie bereits vor dem Ersten Weltkrieg gegeneinander konkurrierten.

Als Antriebskraft in Industrie und Gewerbe hatte die Elektrizität in Deutschland eine erheblich größere Bedeutung als in Großbritannien. Deutsche Firmen unternahmen beachtliche Anstrengungen bei Entwicklung und Fertigung von Anlagen für industrielle und gewerbliche Zwecke, die auch in großem Umfang exportiert wurden. Im Gegensatz dazu hatte die britische Industrie in diesem Fertigungsbereich eine schwache Stellung auf heimischen und internationalen Märkten.

Hinzuweisen ist auf das starke Engagement deutscher Großfirmen bei elektrischen Hausgeräten, wo bereits in den 1920er Jahren Massenproduktionsmethoden eingeführt wurden. Britische Konzerne waren zwar ebenfalls in diesem Bereich aktiv, schenkten ihm aber nur geringe Beachtung, was einer Vielzahl kleiner Firmen das Überleben ermöglichte. Deren geringe Größe und unzureichenden Ressourcen, verbunden mit dem verhaltenen Engagement der Großunternehmen führte allerdings dazu, daß in Großbritannien moderne Fertigungsverfahren erheblich später als in den USA und Deutschland eingeführt wurden und die britische Industrie auch im Welthandel nur geringe Bedeutung hatte.

Der internationale Handel wurde in den 1920er Jahren durch hohe Zölle und zahlreiche Protektionsmaßnahmen behindert. Das Volumen des europäischen Elektroaußenhandels war deshalb 1923 nur halb so groß wie 1913. Britische Firmen behielten im Welthandel ihre starke Stellung in all den Fertigungssektoren bei, in denen sie diese bereits vor dem Ersten Weltkrieg innegehabt hatten, wie dies etwa für Kabel galt. Und wie vor dem Krieg blieben die Dominions auch während der 1920er Jahre wichtigster Auslandsmarkt britischer Hersteller, wohin durchschnittlich 65 Prozent der Exporte gingen. Der Anteil der Ausfuhren in europäische Staaten war dagegen im Vergleich zur Vorkriegszeit rückläufig.

Eine ähnliche Kontinuität wies auch der deutsche Elektroaußenhandel auf: Sowohl 1913 als auch 1925 gingen 71 Prozent der Auslandslieferungen in europäische Länder, wobei Großbritannien und die Niederlande die wichtigsten

Abnehmer waren. Beachtliche Exporterfolge erzielten deutsche Unternehmen bei Produktgruppen, die entweder hohe Aufwendungen für Forschung und Entwicklung erforderten oder die Anwendung von Massenproduktionsmethoden erlaubten. Nach dem Wiederaufbau der Auslandsniederlassungen war es der deutschen Elektroindustrie bereits 1925 gelungen, weltgrößter Exporteur zu werden. Möglich war dies aber nur, weil US-amerikanische Unternehmen dem Außenhandel wegen ihres rasch expandierenden Binnenmarktes nur geringe Beachtung schenkten.

Alle Faktoren, die das beachtliche Wachstum der deutschen Elektroindustrie in der zweiten Hälfte der 1920er Jahre ermöglicht hatten (der mit dem Anstieg des Stromverbrauchs verbundene starke Ausbau der Elektrizitätswirtschaft, die hohe Nachfrage der Industrie nach elektrotechnischen Anlagen und Geräten und die signifikante Ausweitung der Exporte), verschwanden mit der Weltwirtschaftskrise. Verbunden mit der Kontraktion des Welthandels machte dies eine Senkung des Fertigungsvolumens auf ein Niveau nötig, das noch beträchtlich unter dem Produktionsrückgang der gesamten Industrie lag. Die Elektroindustrie zählte damit in Deutschland zu den am stärksten von der Krise betroffenen Branchen.

Die Konzerne litten dabei weniger unter der Weltwirtschaftskrise als die meisten übrigen Firmen. Dies lag einerseits an ihrem breiten Warenspektrum, mit dem Verluste in besonders stark von der Krise betroffenen Fertigungssektoren zum Teil ausgeglichen werden konnten. Entscheidender aber war ihre große Finanzkraft und die Möglichkeit, einen Teil des Umsatzeinbruchs im Binnenmarkt durch Exporte ausgleichen zu können, da die heimische Nachfrage noch erheblich stärker als die auf internationalen Märkten zurückgegangen war.

Völlig anders verlief dagegen die Entwicklung in Großbritannien. Dort war der Stromverbrauch angesichts der vorangegangenen Strompreissenkungen auch während der Weltwirtschaftskrise angestiegen. Ausschlaggebend war hierfür die gesteigerte Effizienz der Elektrizitätserzeugung, die der Betrieb des *National Grid* mit seinen Großkraftwerken und dem überregionalen Stromaustausch mit sich gebracht hatte. Gleichzeitig war den Herstellern mit dem Bau des *National Grid* zwischen 1927 und 1933 ein so großes Auftragsvolumen entstanden, daß sie die Produktion während der Weltwirtschaftskrise sogar leicht steigern konnten. Hierdurch kam die Elektroindustrie noch besser durch diese Zeit als die ohnehin nur vergleichsweise schwach von der Krise getroffene britische Wirtschaft. Trotzdem nahmen die Firmen die Depression zum Anlaß, ihre Zusammenarbeit auszuweiten, wodurch Kartelle weiter an Bedeutung gewannen.

KAPITEL 3
VON DER FRIEDENS- ZUR KRIEGSWIRTSCHAFT: WIEDERAUFSCHWUNG UND ZWEITER WELTKRIEG, 1931-1945

A. DEUTSCHLAND: AUTARKIEPOLITIK ALS WACHSTUMSIMPULS

Gemessen an der Zahl der Beschäftigten begann sich die deutsche Elektroindustrie im Frühjahr 1933 von der Weltwirtschaftskrise zu erholen und am Ende des Jahres war die Beschäftigtenzahl bereits 37 Prozent höher als noch zu dessen Beginn. 1934 stieg das Arbeitsvolumen im Vergleich zum Vorjahr um 52 Prozent und 1935 um weitere 15 Prozent. Dieses Wachstum beruhte ausschließlich auf der heimischen Nachfrage nach elektrotechnischen Investitionsgütern, während sich bei Konsumgütern und im Export zunächst keine Besserung zeigte. Der Großteil der in der frühen Aufschwungphase georderten Anlagen diente naturgemäß dazu, den Investitionsrückstand der Krisenjahre auszugleichen. Die staatlichen Arbeitsbeschaffungsprogramme hatten dagegen auf die Elektroindustrie nur indirekten Einfluß, indem sie den Bedarf einiger Wirtschaftssektoren nach elektrischen Investitionsgütern steigerten.[1]

Nach dem Tiefpunkt, den der Stromverbrauch 1932 erreicht hatte, stieg er gegen Ende des Jahres wieder an. Angesichts der Überkapazitäten, die durch die hohen Investitionen in der Stromversorgung zwischen 1924 bis 1930 entstanden waren, benötigte die Elektrizitätswirtschaft aber nur wenige neue Anlagen. So verdoppelte sich die Stromerzeugung zwischen 1933 und 1938, während die Kapazitäten lediglich um 30 Prozent ausgebaut wurden. Besondere Aufmerksamkeit schenkten die nationalsozialistischen Machthaber dabei der verstärkten Nutzung von Wasserkraft und heimischer Kohle.[2]

Ähnlich wie die wirtschaftspolitischen Ideen der Nationalsozialisten bewegte sich auch die Energiepolitik zwischen dem Ideal einer rückwärtsgewandten, bäuerlichen Gesellschaft mit dem Ziel einer weitgehenden Abkehr von der In-

---

[1] Siemens-Archiv, 7019,7 S&H / SSW Pressemitteilungen, 09/1934 – 09/1935: „Ansprache von Dr. C. F. von Siemens zum Gründungstag des Hauses Siemens am 12.10.1934"; Die Entwicklung der Elektrotechnik in der letzten Zeit, in: EZ 55 (1934), S. 622; 56 (1935), S. 697; 57 (1936), S. 757; Das Wirtschaftsjahr 1934, ebd., 56 (1935), S. 144. S.a. OVERY, Nazi Economic Recovery 1932-38.

[2] MEYER, Elektrizitätswirtschaft, S. 36; Die Investitionen der deutschen Elektrizitätsversorgung 1929-1931, in: EZ 54 (1933), S. 1204; Elektro-Investitionen in der deutschen Volkswirtschaft, ebd., 57 (1936), S. 479; BIOS, German Wartime Electricity Supply, Summary, No. 4; USSBS, Effects of Strategic Bombing, S. 115.

dustrie und der vollständigen Nutzung der industriellen Resourcen unter dem Primat der Aufrüstungs- und Kriegspolitik.[3] Dieses Dilemma zeigte sich in der Frage des Großkraftwerkbaus, die seit den 1920er Jahren zu heftigen Auseinandersetzungen zwischen großen und kleinen Versorgungsunternehmen geführt hatte. Angesichts der NS-Propaganda gegen die Großindustrie hofften die kleinen Elektrizitätserzeuger, daß sich die neue Regierung auf ihre Seite stellte, doch genau das Gegenteil war dann der Fall. 1934 arbeiteten Vertreter der Elektrizitätswirtschaft im Auftrag des Reichswirtschaftsministeriums ein Gutachten aus, in dem sie vorschlugen, den Behörden die Möglichkeit einzuräumen, Bau und Betrieb kleiner Kraftwerksanlagen zu unterbinden. Diese Regelung wurde dann auch in das Gesetz zur Förderung der deutschen Energiewirtschaft vom 13. Dezember 1935 aufgenommen.[4]

Aufgrund des geringfügigen Ausbaus der Elektrizitätswirtschaft verbuchte die deutsche Elektroindustrie in den 1930er Jahren nur ein geringes Nachfragevolumen in den betreffenden Warengruppen. Umfangreiche Bestellungen kamen dagegen von all den Industriesektoren, die im Gefolge der nationalsozialistischen Autarkiepolitik ausgebaut wurden. Dies galt besonders für Bergbau, Chemie, Metall, aber auch für Textilindustrie und Werkzeugbau. Die verstärkte Nutzung heimischer Rohstoffe und Primärenergieträger und die Entwicklung von Ersatzstoffen, deren Herstellung sehr energieintensiv war, zog einen beträchtlichen Anstieg des Stromverbrauchs nach sich, dem diese Branchen durch Ausbau ihrer Kraftwerksanlagen Rechnung trugen. Verbunden mit umfangreichen Aufträgen für elektrische Industrieanlagen wurde dies zum entscheidenden Faktor für den Anstieg der elektrotechnischen Produktion in den 1930er Jahren und insbesondere nach dem Vierjahresplan von 1936.[5]

Nach Aussagen deutscher Manager bei Befragungen im Rahmen der *United States Strategic Bombing Survey* waren die Fertigungskapazitäten der Elektrotechnischen Industrie bereits 1935 voll ausgelastet. Der Vorkrisenhöhepunkt des Produktionswertes von 1929 wurde dagegen erst 1938 wieder erreicht. Nach den starken Verlusten, die die Unternehmen in der Krise erlitten hatten, konnten sie die Dividendenzahlungen im Lauf der 1930er Jahre wieder aufnehmen und nahezu auf das Vorkrisenniveau steigern. So lag die Durchschnittsdi-

---

3   S.a. ARNOLD, Elektrowirtschaft, S. 706; KRECKE, Elektrizitätswirtschaft, S. 283.
4   SARDEMANN, Elektrizitätswirtschaft, Teil 2, S. 107; HELLIGE, Entstehungsbedingungen, S. 132f; TREUE, Elektrizitätswirtschaft, S. 150.
5   Das Wirtschaftsjahr 1934, in: EZ 56 (1935), S. 144, Das Wirtschaftsjahr 1935, ebd., 57 (1936), S. 190; Die Entwicklung der Elektrotechnik in der letzten Zeit, ebd., 56 (1935), S. 698; 57 (1936), S. 758; 58 (1937), S. 835; 59 (1938), S. 515; Aluminium und Stahl als Werkstoff, in: ETA 59 (1942), S. 328; WIRTSCHAFTSGRUPPE ELEKTROINDUSTRIE, Statistischer Bericht, S. 83; BRAUN, WALDEMAR, Elektroindustrie, S. 11; BIOS, German Wartime Electricity Supply, S. 24; USSBS, Effects of Strategic Bombing, S. 114.

vidende aller Elektroaktiengesellschaften im Geschäftsjahr 1936/37 bei 5,2 Prozent, während sie 1927 5,9 Prozent betragen hatte.[6]

Mit dem Gesetz über die Errichtung von Zwangskartellen vom 15. Juli 1933 hatte der Reichswirtschaftsminister das Recht erhalten, Unternehmen zur Bildung von Kartellen zu zwingen. Außerdem konnte er die Erweiterung oder Eröffnung von Betrieben verbieten. Die Aufsicht über die Kartelle oblag der am 25. August 1934 gegründeten Wirtschaftsgruppe Elektroindustrie, in der alle Firmen der Branche zwangsweise Mitglied waren. Der ZVEI hatte dagegen entsprechend der nationalsozialistischen Vorstellungen vom „organischen Aufbau der deutschen Wirtschaft" seine Tätigkeit einstellen müssen.[7] Auf den Erlaß des Gesetzes folgte eine rasche Ausweitung der Kartellierung, wie sie etwa beim Treffen der führenden Transformatorenhersteller am 11. April 1934 in Frankfurt am Main vereinbart wurde. Die dabei vorgenommene Festsetzung gemeinsamer Verkaufspreise hatte nach Einschätzung der Wirtschaftsgruppe Elektroindustrie „bereits nach kurzer Zeit eine Beruhigung auf dem Markte" zur Folge.[8]

Gestört wurde die Ausweitung der Produktion durch den Anfang 1936 auftretenden Arbeitskräftemangel, den die Unternehmen durch Rationalisierung und eine verstärkte Inanspruchnahme ungelernter Beschäftigter und Frauen zu kompensieren suchten. Der in Berlin besonders akute Engpaß veranlaßte die Firmen, Teile ihrer Fertigung in andere Reichsgebiete zu verlagern. Vor Beginn des Zweiten Weltkriegs war die regionale Verteilung der deutschen Elektroindustrie dadurch gleichmäßiger als jemals zuvor. Dies erleichterte nach 1945 die Anpassung an die veränderten territorialen Verhältnisse und insbesondere an die in Berlin erlittenen Verluste.[9]

Durch die Verlegung von Produktionsstätten in ländliche Gegenden konnte man vom dortigen niedrigen Lohnniveau profitieren und gleichzeitig die neu errichteten Anlagen mit modernen Fertigungseinrichtungen ausstatten. Dies galt besonders für Glühbirnen, Installationsmaterial und Haushaltsgeräte, wo Siemens und AEG zu den wichtigsten Herstellern gehörten. So fertigte das Elmowerk II von Siemens in Bad Neustadt an der Saale Mitte der 1930er Jahre

---

[6] FREYBERG UND SIEGEL, Industrielle Rationalisierung, S. 296; Abschlüsse der Aktiengesellschaften der elektrotechnischen Industrie 1935/35 und 1936/37, in: EZ 60 (1939), S. 820.

[7] BREHMER, Grundzüge, S. 21-28; KARTTE UND HOLTSCHNEIDER, Konzeptionelle Ansätze, S. 200; ROBERT, Konzentrationspolitik, S. 71ff; PIRRUNG, Erinnerungen, S. 3; TRUTE, 50 Jahre, S. 52f.

[8] BA Koblenz, R 13 V,2 Bd. 2: „Jahresmitgliederversammlung der Fachabteilung 2 ‚Transformatoren', 20. August 1936".

[9] Die Entwicklung der Elektrotechnik in der letzten Zeit. Bericht des Verbandes Deutscher Elektrotechniker anläßlich der 39. Mitgliederversammlung in Königsberg, in: EZ 58 (1937), S. 835; PHILIPP, Strukturwandel, S. 47, 117; LÄNDERRAT DES AMERIKANISCHEN BESATZUNGSGEBIETS, Statistisches Handbuch, S. 273.

Staubsauger auf Fließbändern und anderen weitgehend automatisierten Anlagen. Bereits Anfang 1938 begann Siemens an diesem Standort mit Planungen für eine weitere Werkshalle zur Serienfertigung von Kompressorkühlschränken.[10] 1940 wurde sie im Elmowerk II aufgenommen. Nach Aussage der Chronik der Zentral-Werksverwaltung hatte diese Maßnahme das Ziel, „nach Beendigung des Krieges für den Export von Kühlschränken bereit zu sein."[11]

Der krisenbedingte Rückgang der Firmenzahl führte wiederum zu einer weiteren Stärkung von AEG und Siemens, deren Anteil am Binnenmarkt zwischen 1933 und 1937 von 46 auf 54 Prozent anstieg. Dabei konnten sie besonders von der strukturellen Verschiebung der Nachfrage hin zu elektrotechnischen Investitionsgütern profitieren. So erhöhte sich der Umsatz von AEG zwischen 1933 und 1939 von 180 auf 605 Millionen RM und der des Hauses Siemens von 330 auf 1.181 Millionen RM.[12]

Der Rundfunksektor verzeichnete in den 1930er Jahren ein starkes Wachstum, das besonders auf die 1933 erfolgte Einführung des Volksempfängers als Gemeinschaftsfabrikat der Branche zurückging. Sein Preis war durch eine starke Vereinfachung der Schaltungstechnik und die Anwendung von Massenfertigungsmethoden nur halb so hoch wie bis dahin im Handel befindliche Apparate vergleichbarer Leistung. Bemerkenswert war, daß der Verkaufserfolg des Volksempfängers nicht den Umsatz teurer Markengeräte störte, so daß ihm der Verdienst zukam, der Industrie neue Käuferschichten erschlossen zu haben. Während der 1930er Jahre war die deutsche Rundfunkgeräteproduktion die zweithöchste der Welt, und belief sich zwischen 1932 und 1939 auf 1,0 bis 1,5 Millionen Apparate jährlich.[13]

Auch das Fernsehen wurde in Deutschland in den 1930er Jahren weiterentwickelt. 1935 gab es die erste Direktübertragung vom Berliner Funkausstellungsgelände, und die Olympischen Spiele von 1936 verfolgten rund 150.000 Menschen im Großraum Berlin in eigens eingerichteten Fernsehstuben. 1939

---

10 Siemens-Archiv, 35.LT 255 „Chronik der Entwicklung elektrischer Haushaltsgeräte", 1976, „Die Geschichte des Haushaltsmaschinenbaues im Elektromotorenwerk der SSW, Berlin ab 1919, Bad Neustadt a. d. Saale, 31.10.1953", S. 23; Die Entwicklung der Elektrotechnik in der letzten Zeit, in: EZ 58 (1937), S. 835; 59 (1938), S. 514; TRUTE, Elektrowirtschaft, S. 10f; PHILIPP, Strukturwandel, S. 38f; FREYBERG UND SIEGEL, Industrielle Rationalisierung, S. 348, 357.

11 Chronik der Zentral-Werksverwaltung, Siemens-Schuckertwerke AG, 1938/39, Blatt 91, zit. n. FREYBERG UND SIEGEL, Industrielle Rationalisierung, S. 348.

12 BA Koblenz, R 13 V, 123, „Statistisches Reichsamt, Abteilung 7: Industrielle Produktionsstatistik, Textbericht", S. 4; BREHMER, Grundzüge, S. 99; GERMANN, Stellung der Spezialfabriken, S. 40; PHILIPP, Strukturwandel, S. 76; FELDENKIRCHEN, Siemens, S. 656, 663; WEINGART, Finanzierungsgesellschaften, S. 63; AEG im alten Fahrwasser in: Volkswirt 5 (1951), Nr. 47, S. 28. S.a. CATRINA, BBC, S. 52; KELCH, Studien, S. 77.

13 SUHR, Rundfunkwirtschaft, S. 2592ff; LÜBECK, Entwicklung, S. 91f; DERS., Die typen- und preismäßige Entwicklung, S. 343; HOFMEIER, Rundfunkwirtschaft, S. 16; BIOS, Design Investigation, S. 48.

wurde dann der sogenannte Einheits-Fernsehempfänger mit 441 Bildzeilen und einer 35-cm-Bildröhre entwickelt. Ähnlich dem Volksempfänger sollte er mit seinem niedrigen Verkaufspreis von 650 RM für breite Bevölkerungsschichten erschwinglich sein – ein vergleichbares Gerät hatte bis dahin zwischen 2.000 und 3.000 RM gekostet. Wegen des Krieges wurden dann aber nur 50 Apparate gebaut und 1941 stellte man die technische Weiterentwicklung des Fernsehens für zivile Zwecke ein. Forschungsarbeiten für sogenannte Sonderaufgaben wurden allerdings fortgeführt. Eine der technisch bedeutsamsten Errungenschaften war dabei eine 60-cm-Bildröhre mit 800 Zeilen von Telefunken.[14]

Auch in den 1930er Jahren konnte die deutsche Elektroindustrie ihre Stellung als weltgrößter Exporteur halten, wenngleich der Aufschwung der Branche vordringlich vom Binnenmarkt getragen war. Bis 1937 zeigte die Elektroausfuhr zunehmende Steigerungsraten, die sich zum Kriegsbeginn hin verlangsamten. Die Exportquote lag vor der Weltwirtschaftskrise noch bei 25 Prozent, in den 1930er Jahren aber nur noch bei 15 Prozent. Und auch der deutsche Weltmarktanteil bewegte sich in den 1930er Jahren unter dem der späten 1920er Jahre. Dies ist in Zusammenhang mit der starken Kontraktion des Welthandels und den geringen Anstrengungen von US-Unternehmen im Außenhandel zu sehen. Letzteres erklärt auch die Stellung Deutschlands als größter Exporteur elektrotechnischer Haushaltsgeräte mit einem Weltmarktanteil von einem Drittel.[15]

Unter den Abnehmerländern gewannen Skandinavien, sowie Ost- und Südosteuropa in den 1930er Jahren an Bedeutung, während Westeuropa mit Ausnahme der Niederlande weniger wichtig wurde. Das stärkste Wachstum verbuchte die Ausfuhr nach Südosteuropa mit einer Vervierfachung des Volumens zwischen 1934 und 1938. Deutschland deckte damit rund zwei Drittel des gesamten Bedarfs dieser Staaten. All dies vollzog sich vor dem Hintergrund der regionalen Verschiebungen im deutschen Außenhandel, die sich aus der angestrebten Schaffung einer von Deutschland dominierten Großraumwirtschaft ergaben. Wichtigstes Instrument war dabei der Abschluß bilateraler Warenaustauschverträge, über die bis 1938 die Hälfte des gesamten Außenhandels und praktisch der gesamte Verkehr mit Südosteuropa abgewickelt wurde.[16]

---

[14] KELLER, Hundert Jahre, S. 79; Entwicklung des Fernsehens im In- und Ausland [1951], in: EM 4 (1951), S. 8; Der Weg des Fernsehens in Deutschland, ebd., S. 11; HOLTSCHMIDT, Fernsehen, S. 26f; SCHRÖTER, Fernseh-Entwicklung, S. 193f; WAGENFÜHR, Entwicklungsmöglichkeiten, S. 184; DERS., S. 101; SCHWARTZ, Fernsehentwicklung, S. 117.

[15] Die Entwicklung der Elektrotechnik in der letzten Zeit. Bericht des Verbandes Deutscher Elektrotechniker, in: EZ 55 (1934), S. 622; 56 (1935), S. 697; 57 (1936), S. 757; 58 (1937), S. 835; MAIZELS, Industrial Growth, S. 324; SEUME, Rundfunk, S. 1792f; BECKER, Elektroaußenhandel, S. 1303; WASNER, Elektroaußenhandel S. 505.

[16] Die Entwicklung der Elektrotechnik in der letzten Zeit. Bericht des Verbandes Deutscher Elektrotechniker, in: EZ 60 (1939), S. 644; PHILIPP, Strukturwandel, S. 85; LOCHNER, Verflechtung, S.

Bei Beginn des Zweiten Weltkriegs wurde die Elektrizitätswirtschaft mit der Verordnung zur Sicherstellung der Elektrizitätsversorgung kriegswirtschaftlichen Bestimmungen unterworfen. Verbunden war damit die Schaffung des sogenannten Reichslastverteilers, mit dem der überregionale Stromaustausch gesteuert wurde.[17] Dieses Verfahren trug ganz wesentlich dazu bei, daß ernsthafte Engpässe in der Elektrizitätsversorgung erst gegen Ende des Krieges auftraten. So stellte das *British Intelligence Objectives Sub-Committee (BIOS)* fest, der Reichslastverteiler „is credited with having averted major breakdowns in the German electricity supply."[17]

Während des Zweiten Weltkriegs stiegen die Kapazitäten der Elektrizitätswirtschaft, nicht zuletzt aufgrund der Integration der in den eroberten Gebieten liegenden Kraftwerke, erheblich an. In beträchtlichem Umfang wurden auch neue Anlagen installiert, wenngleich zum tatsächlichen Ausmaß dieser Erweiterungen unterschiedliche Schätzungen vorliegen. BIOS kam zum Ergebnis, daß zwischen 1939 und 1944 jährlich 750 MW neuer Erzeugungskapazitäten in Werken der öffentlichen Elektrizitätswirtschaft und ein ähnlich großes Volumen in industriellen Anlagen installiert wurde. Die *United States Strategic Bombing Survey (USSBS)* errechnete, daß die Kapazitäten der öffentlichen Elektrizitätswirtschaft zwischen 1940 und 1944 um 40 Prozent und die industrieller Erzeuger um 20 Prozent wuchsen, was eine Gesamtzunahme um 30 Prozent bewirkte.[18]

Dieser Ausbau erlaubte eine enorme Steigerung der Stromerzeugung. Alleine im Altreich belief sie sich 1942 auf rund 180 Prozent des Wertes von 1933. Eine entscheidende Rolle spielten dabei die gut ausgebauten überregionalen Verbindungen, die eine Konzentration auf große und effiziente Anlagen erlaubten. So stammten 1941 42 Prozent des in Deutschland erzeugten Stroms aus 54 Kraftwerken. Dies waren zwar nur 0,6 Prozent aller Werke, auf die aber 34 Prozent der vorhandenen Kapazitäten entfielen. Mit Hilfe des Reichslastverteilers und eines Übertragungsnetzes, an das Ende 1942 lediglich industrielle Anlagen mit einer verschwindend geringen Kapazität von insgesamt 170 MW nicht angeschlossen waren, konnte Strom zwischen den Regionen verteilt werden. Weitgehend problemlos konnte so der durch den Krieg stark gestiegene Strombedarf gedeckt werden, weshalb erste Verbrauchseinschränkungen erst 1943 eingeführt werden mußten.[19]

67-73; RACHEL, Elektro-Ausfuhr, S. 182. S.a. VOLKMANN, NS-Wirtschaft, S. 401-11; ARNDT, Economic Lessons, S. 178ff; FRIEDMAN, Impact, S. 30; CONDLIFFE, Reconstruction, S. 252-6; KINDLEBERGER, World in Depression, S. 255-60; MILWARD, War, Economy and Society, S. 8-16; NEAL, Economics, S. 391.

[17] BIOS, German Wartime Electricity Supply, S. 25; SARDEMANN, Elektrizitätswirtschaft, Teil 2, S. 108.

[18] BIOS, German Wartime Electricity Supply, Summary, No. 40. S.a. NAEST, 44, 10: „Report of Visit to Germany, November/December 1945, February 1945", Sect. 3, S. 1.

[19] BIOS, German Wartime Electricity Supply, Summary, No. 40; USSBS, Effects of Strategic Bombing, S. 116; DIESS., German Electrical Utilities Industry Report, S. 50.

Die wirtschaftlich sinnvolle Konzentration der Elektrizitätserzeugung auf so wenige Standorte war allerdings in strategischer Hinsicht überaus riskant. Dies war den Verantwortlichen auch durchaus bewußt. So berichtete BIOS, daß Albert Speer bei seinem Verhör „jokingly" darauf verwies, „that it was not he but the Allies who prolonged the war by many months by their policy of not launching a co-ordinated attack on the electricity supply system."[20] Speer und andere gingen davon aus, daß die Zerstörung von 60 Prozent der Kraftwerkskapazitäten zum vollständigen industriellen Kollaps Deutschlands geführt hätte. BIOS vermerkte: „Several of their leading men admitted that this thought had been their nightmare throughout the war."[21]

Eine Erklärung, wieso die Alliierten die Energieerzeugungsanlagen nicht gezielt angriffen, findet sich in der USSBS, wo es unter Hinweis auf die weite geographische Streuung dieser Einrichtungen und deren geringe Größe hieß: „power generation and transmission facilities ... represented a somewhat difficult target ... Transmission towers and lines present still more difficult targets."[22] Kriegsschäden spielten nach Einschätzung von BIOS in der Elektrizitätswirtschaft keine Rolle: „Until the last weeks of the war, bomb damage caused to generating plant was from a national point of view negligible."[23] Zu einem ähnlichen Ergebnis kam die USSBS, deren Analysen zeigten, daß der Anteil der durch direkte Kriegseinwirkungen verursachten Kapazitätsverluste bis in die zweite Jahreshälfte 1944 unbedeutend war.[24]

Der zum Generalinspektor für Wasser und Energie ernannte Fritz Todt unterstützte einen von der Wirtschaftsgruppe Elektrizitätsversorgung ausgearbeiteten Plan, der auf der Grundlage einer Vorausschätzung des Stromverbrauchs bis 1955 einen enormen Ausbau der Erzeugungskapazitäten vorsah. Kernstück dieses Projekts war die Nutzung der Wasserkräfte der Alpen und Norwegens. Dort sollten Großkraftwerke gebaut und der Strom mittels 450 kV-Gleichstrom-Höchstspannungsleitungen in die industriellen Zentren des Reiches übertragen werden. 1942 begannen die Arbeiten in den Alpen und im Januar 1943 waren insgesamt 39 Wasserkraftwerke mit einer Kapazität von 1.700 MW im Bau. Wären sie fertiggestellt worden, hätten sie jährlich 5,6 Mil-

---

[20] BA Koblenz, R 4604, 496: „Niederschrift über eine Besprechung am 11. Dezember 1941, betr. Bergbau und Energiewirtschaft bei Herrn Reichsminister Todt, Berlin, 13.12.1941"; NAEST, 44, 10: „Report of Visit to Germany, November/December 1945, February 1945", Sect. 3, S. 1; BIOS, German Wartime Electricity Supply, Summary, No. 14, S. 20, 38; LINDNER, Strom, S. 242; MEYER, Elektrizitätswirtschaft, S. 35.

[21] BIOS, German Wartime Electricity Supply, S. 50.

[22] Ebd. S.a. USSBS, German Electrical Utilities Industry Report, S. 46.

[23] USSBS, Effects of Strategic Bombing, S. 126.

[24] BIOS, German Wartime Electricity Supply, Summary, No. 34.

liarden kWh Strom oder rund zehn Prozent des deutschen Vorkriegsbedarfs geliefert.[25]

Die veränderte Kriegssituation erzwang die Einstellung dieses Vorhabens, wenngleich die Forschungs- und Entwicklungsarbeiten an Gleichstrom-Höchstspannungsleitungen bis 1945 fortgesetzt wurden. Kurz vor Kriegsende wurde sogar noch eine Teststrecke mit einer Länge von 160 Kilometern in Betrieb genommen. Nach Einschätzung US-amerikanischer Experten zählten diese Projekte und die dabei erzielten Fortschritte zu den „outstanding differences and developments", die in diesem Technologiesektor während der Kriegsjahre gemacht wurden.[26]

Der Ausbau der Elektrizitätswirtschaft und die anhaltende Nachfrage nach elektrotechnischer Industrieausrüstung führte in den Kriegsjahren zu einem starken Anstieg des Produktionsvolumens, wenngleich die Schätzungen über das genaue Ausmaß wiederum schwanken. Die Wirtschaftsgruppe Elektroindustrie gab an, daß der Umsatz dieses Industriesektors zwischen 1939 und 1944 um über 60 Prozent wuchs, während Freyberg und Siegel für die Jahre 1938 bis 1943 von einer Zunahme um 85 Prozent ausgingen. Die USSBS veranschlagte das Wachstum der starkstromtechnischen Produktion zwischen 1938 und 1943 auf 98 Prozent, womit sie die größte Expansion aller Investitionsgüterindustrien aufwies. Die enorme Ausweitung der elektrotechnischen Fertigung zeigte sich daran, daß ihr Anteil an der gesamten Industrieproduktion zwischen 1932 und 1944 von 3,7 auf 6,4 Prozent zunahm.[27]

Besonders die Konzerne verbuchten ein beachtliches Wachstum. So erhöhte sich der Siemens-Umsatz zwischen 1939 und 1944 von 1,2 auf 1,8 Milliarden RM.[29] Von der steigenden Nachfrage nach elektrotechnischen Gütern profitierten auch ausländische Hersteller, wie etwa das Schweizer Mutterunternehmen von BBC, wozu es in einer Darstellung zur Firmengeschichte hieß: „Ende 1945 biegen sich die Wände der BBC-Tresore unter dem höchsten bisher je

---

25 USSBS, Effects of Strategic Bombing, S. 117.

26 BA Koblenz, R 4604, 512 Denkschrift, Januar 1940, S. 7; BIOS, German Wartime Electricity Supply, S. 28; SARDEMANN, Elektrizitätswirtschaft, Teil 2, S. 109.

27 FIAT, Power Industry, S. 352; BIOS, German Wartime Electricity Supply, S. 40ff.

28 BA Koblenz, R 13 V, 239: „Die Arbeit der Industrieverschleppungs-Abteilung der WEI, 18. Mai 1944"; FREYBERG UND SIEGEL, Industrielle Rationalisierung, S. 282, 286; USSBS, German Electrical Utilities Industry Report, S. 46; Aus den Kriegs- und Nachkriegsjahren der deutschen Elektroindustrie von 1939 bis 1949, in: ZVEIM 18 (1965), Nr. 11, S. 7f; HOFMEIER, Wiederaufbau, S. 8.

29 PRO, POWE 12, 875: „German Generating Plant. Report of the Central Electricity Board, 29.04.1947", S. 4; SCHOEN, Siemens, S. 97; JAEKEL, 50 Jahre, S. 125; FELDENKIRCHEN, Siemens, S. 663.

Tab. 3.1 Deutschland: Produktion der Elektroindustrie nach Warengruppen in
Mio. RM und Anteile in Prozent, 1939-43

	Mio. RM			Prozent		
	1939	1941	1943	1939	1941	1943
Elektrische Maschinen, Transformatoren	912	1.203	1.383	22,9	23,2	23,4
Drähte und Kabel	586	591	542	14,7	11,4	9,2
Telefonie und Telegrafie	643	1.300	1.707	16,1	25,1	28,9
Rundfunkempfänger	469	280	232	11,8	5,4	3,9
Installationsmaterial	175	220	207	4,4	4,2	3,5
Elektro-Wärme- und -haushaltsgeräte	178	140	112	4,5	2,7	1,9
Elektrische Lampen	165	158	131	4,1	3,1	2,2
Akkumulatoren und Batterien	112	180	212	2,8	3,5	3,6
Meßinstrumente	98	140	173	2,5	2,7	2,9
Isolierstoffe	82	103	135	2,1	2,0	2,3
Elektrische Leuchten	81	99	162	2,0	1,9	2,7
Kohlen und Bürsten	70	80	98	1,8	1,5	1,7
Elektromedizin	57	59	47	1,4	1,1	0,8
Zähler	42	28	19	1,1	0,5	0,3
Elektrische Fahrzeuge	15	19	21	0,4	0,4	0,4
Sonstiges	305	580	735	7,6	11,2	12,4
Gesamt	3.990	5.180	5.916	100,0	100,0	100,0

In: Aus den Kriegs- und Nachkriegsjahren der deutschen Elektroindustrie von 1939 bis 1949, in:
ZVEIM 18 (1965), Nr. 11, S. 7.

ausgewiesenen Geldbestand, nämlich fast 47 Millionen Franken! Der aufgehäufte Cash und die riesigen Materialvorräte gaben dem Unternehmen eine Pole-Position im Rennen um das Nachkriegsgeschäft."[30]

Die Entwicklung ausgewählter Elektrokonsumgüter wie etwa von Waschmaschinen durfte trotz des Krieges für einige Zeit fortgesetzt werden, „um nach dem Kriegsende nicht zu weit hinter der Entwicklungsarbeit der USA auf dem Gebiete der Haushaltswaschmaschinen zurückzustehen", wie es in einer

---

[30] CATRINA, BBC, S. 72f.

Chronik der Siemens-Schuckertwerke hieß.[31] Generell aber wurden die für Konsumgüter vor Kriegsbeginn verfügten Beschränkungen während des Krieges durch die reduzierte Zuteilung von Rohstoffen weiter verschärft. 1943 wurden dann auch Herstellung und Vertrieb von Rundfunkapparaten für den zivilen Gebrauch vollständig eingestellt.[32]

Mit der Etablierung des Systems Speer verlor die Wirtschaftsgruppe Elektroindustrie faktisch ihre Funktionen und stellte von 1943 an ihre Tätigkeit weitgehend ein. Nach der bereits starken Präsenz der Konzernvertreter in der Wirtschaftsgruppe konnten sie ihren Einfluß nach Etablierung der Speerschen Haupt- und Sonderausschüsse und -ringe weiter ausbauen. Dabei übernahmen sie noch mehr als vorher quasi-staatliche Funktionen. Die wichtigsten Positionen waren dabei mit Konzernvertretern wie etwa Friedrich Lüschen, Stellvertretender Vorstandsvorsitzender von Siemens & Halske, besetzt: Im Frühsommer 1943 wurde er Leiter des Hauptausschusses Nachrichtengerät und des Hauptringes Elektrotechnische Erzeugnisse, später auch Leiter des Hauptausschusses und des Hauptringes Elektrotechnik.[33]

Besonderes Augenmerk schenkten die Haupt- und Sonderausschüsse und -ringe der Normung, Typisierung und Standardisierung; ein Bereich, in dem der Siemens-Konzern schon immer sehr aktiv gewesen war. Unterstützt wurde er dabei von Albert Speer, der den bereits bestehenden Deutschen Normenausschuß reaktivierte und 1944 die Kommission Normung und Typung schuf. Deren Leitung übernahm Direktor Benkert von den Siemens-Schuckertwerken, der bereits Vorsitzender des Technischen Ausschusses der Wirtschaftsgruppe Elektroindustrie gewesen war. Als sich die wirtschaftliche Situation von 1943 an verschärfte, wurden umfangreiche Anstrengungen zur organisatorischen Rationalisierung unternommen. Neben der umfassenden Konzentration der Produktion auf wenige Firmen ging es dabei besonders um die Verringerung der Anzahl unterschiedlicher Gerätetypen.[34]

Erleichtert wurde die Standardisierung von Komponenten und Anlagen durch die im Vergleich zu Großbritannien kleinere Zahl von Unternehmen in

---

[31] Siemens-Archiv, 35.LT 255: „Die Geschichte des Haushaltsmaschinenbaues im Elektromotorenwerk der SSW, Berlin ab 1919, Bad Neustadt a. d. Saale, 31.10.1953", S. 13.

[32] BA Koblenz, R 13 V, 13: „Wirtschaftsgruppe Elektroindustrie. Geschäftsführung, Rundschreiben ,Verfügung eines Erzeugungsverbotes für elektrische Raumheizgeräte jeder Art mit Wirkung vom 16. Dezember 1941', 18. Dezember 1941"; HOFMEIER, Rundfunkwirtschaft, S. 16; IFO-INSTITUT, Elektrotechnik, S. K18. S.a. RUKOP, Bredow, S. 200; BREHMER, Grundzüge, S. 68-71.

[33] Elektroindustrie – eine Stütze unseres Rüstungspotentials, in: Vierjahresplan 8 (1944), S. 45; FREYBERG UND SIEGEL, Industrielle Rationalisierung, S. 289ff; FELDENKIRCHEN, Siemens, S. 151.

[34] LÜSCHEN, Technische Gemeinschaftsarbeit, S. 422ff; Elektrotechnik im Kriege, in: Anzeiger für Maschinenwesen 65 (1943), Nr. 50, S. 1; FREYBERG UND SIEGEL, Industrielle Rationalisierung, S. 292; BREHMER, Grundzüge, S. 123-34.

den wichtigsten Fertigungssektoren. So gab es in Deutschland nur drei Hersteller von Turbogeneratoren, AEG, Siemens-Schuckertwerke und Brown, Boverie & Cie., während sie in Großbritannien von sechs Firmen gefertigt wurden. Große Transformatoren wurden in Deutschland ebenfalls nur von den drei genannten Gesellschaften produziert, in Großbritannien dagegen von 13.[35]

Obwohl der Krieg zwangsläufig die technische Fortentwicklung nicht militärisch relevanter Güter verzögerte, stellte BIOS fest, daß die in Deutschland betriebenen Kraftwerksanlagen technisch ausgereifter als die britischen waren. Hingewiesen wurde dabei besonders auf die größeren Kapazitäten der Maschineneinheiten, sowie auf höhere Dampfdrucke und -temperaturen. Positiv beurteilten BIOS und die *Field Information Agency* des *Director of Intelligence* des *US Military Government for Germany (FIAT)* außerdem die Arbeiten zur Entwicklung von Ersatzstoffen.[36]

Der Anteil der Lieferungen an die Wehrmacht belief sich Ende 1939 noch auf rund ein Drittel und stieg bis Anfang 1944 auf über zwei Drittel der elektrotechnischen Produktion an. Dies hatte aber keine weitreichenden Veränderungen der Fertigungsstruktur zur Folge, da die Hersteller im Gegensatz zum Ersten Weltkrieg lediglich Zulieferer für die Rüstungsindustrie, nicht aber Rüstungsproduzent im engeren Sinne waren. Dies erklärt, wieso es den Großunternehmen eigenen Angaben zufolge gelang, trotz des ständig steigenden Anteils der Lieferungen an die Streitkräfte ihre Stammfabrikation auch in den Kriegsjahren weitgehend zu erhalten (siehe auch Tabelle 4.1). Daß dies mit Blick auf die Nachkriegszeit getan wurde, betonte Direktor Nolte von AEG während seiner Befragung im Rahmen der USSBS.[37] In dieser Studie wurde zusammenfassend festgestellt: „Electrical equipment production is the only important branch of the industry of which it is known that no conversion to munitions production took place."[38]

Daß die Konzerne bereits während des Krieges Weichenstellungen für die Zeit danach trafen, wird auch an deren Beteiligung am sogenannten Stahl-Kreis erkennbar. Benannt nach Rudolf Stahl, dem stellvertretenden Leiter der Reichsgruppe Industrie, beschäftigten sich führende Wirtschaftsvertreter von April

---

[35] NAEST, 44, 10: „Report of Visit to Germany, November/December 1945, February 1945", Sect. 3, S. 2; BIOS, Electric Power Engineering, S. 25; USSBS, German Electrical Utilities Industry Report, S. 46; DIESS., Effects of Strategic Bombing, S. 46.

[36] BIOS, Electric Power Engineering, S. 6, 81; FIAT, Power Industry, S. 230. Eine ähnliche Einschätzung findet sich in NAEST, 44, 10: „Report of Visit to Germany, November/December 1945, February 1945", Sect. 3, S. 1.

[37] FREYBERG UND SIEGEL, Industrielle Rationalisierung, S. 282, 286; USSBS, German Electrical Utilities Industry Report, S. 46; Aus den Kriegs- und Nachkriegsjahren der deutschen Elektroindustrie von 1939 bis 1949, in: ZVEIM 18 (1965), Nr. 11, S. 7f.

[38] USSBS, Effects of Strategic Bombing, S. 47.

1944 an in einem Diskussionskreis mit der Entwicklung der deutschen Industrie nach dem Zweiten Weltkrieg. Maßgeblich für diese Überlegungen war eine Denkschrift von Ludwig Erhard, der zwischen 1928 und 1942 Mitarbeiter am Nürnberger Institut für Wirtschaftsbeobachtung der deutschen Fertigwaren gewesen war. Nach Ausweitung dieses Kreises im August 1944 nahmen auch Fritz Jessen, Vorstandsmitglied bei Siemens & Halske, den Siemens-Schuckertwerken, und Aufsichtsratmitglied bei der Deutschen Bank, sowie Carl Goetz, Vorsitzender des Aufsichtsrats der Dresdner Bank und Aufsichtsratsmitglied unter anderem bei RWE und AEG an den Beratungen teil.[39]

Im Februar 1945 wurde Ernst von Siemens, Sohn von Carl Friedrich von Siemens, zum Chef des Hauses ernannt, „für den Fall, daß der Vorsitzende der Aufsichtsräte, Dr. Hermann von Siemens, an der Erfüllung seiner Aufgaben verhindert wäre", wie Bernhard Plettner schrieb. Dieser Schritt erwies sich als vorausschauend, denn Hermann von Siemens wurde nach Kriegsende von den Alliierten verhaftet. Bereits 1944 war Ernst von Siemens mit einer Gruppe von Mitarbeitern nach München geschickt worden, wohin die Konzernzentrale verlegt werden sollte. Man entschloß sich hierzu, nachdem ein in Schweden tätiger Mitarbeiter, Gerd Tacke, eine Karte mit den Beschlüssen der Konferenz von Jalta in die Siemens-Hauptverwaltung nach Berlin gebracht hatte.[40]

B. GROSSBRITANNIEN:
NATIONAL GRID UND *HOUSING BOOM*

Die Modernisierung der Elektrizitätsversorgung, der Ausbau der Erzeugungskapazitäten und die durch das *National Grid* möglich gewordene Konzentration der Stromerzeugung in großen Kraftwerken führte zu einer erheblichen Effizienzsteigerung. Dies erlaubte eine Senkung der Strompreise, die während der 1930er nur noch halb so hoch wie in den frühen 1920er Jahren waren. Besonders günstige Tarife konnten Versorgungsunternehmen industriellen Abnehmern anbieten, weshalb letztere in den 1930er Jahren viele ihrer Kraftwerke stilllegten. Da sie dadurch auch weniger Anlagen benötigten, stieg die Abhängigkeit der Elektroindustrie von den Bestellungen der Elektrizitätswirtschaft. Die *British Association* bezeichnete dies als eine der grundlegenden Wandlungen dieses Wirtschaftssektors während der Zwischenkriegsjahre.[41]

---

[39] HERBST, Der totale Krieg, S. 385ff.
[40] PLETTNER, Abenteuer, S. 28; DELIUS, Unsere Siemens-Welt, S. 30; FELDENKIRCHEN, Wiederaufbau, S. 179.
[41] BRITISH ASSOCIATION, Electrical Industry, S. 255ff, 266; HANNAH, Electricity before Nationalisation, S. 128, 158f, 173-82.

Nachdem der Bau des *National Grid* 1933 beendet worden war, verzeichnete die Elektroindustrie 1934 eine vorübergehende Flaute im Auftragseingang, die aber durch Anschlußaufträge und Erweiterungsmaßnahmen wieder verschwand. Der für das Wachstum der britischen Wirtschaft so entscheidende *Housing Boom* der 1930er Jahre war auch für die Elektroindustrie von großer Bedeutung; ließ er doch die Zahl der an die Stromversorgung angeschlossenen Haushalte in den 1930er Jahren noch stärker als in der vorangegangenen Dekade wachsen. Elektrofirmen verschaffte dies eine steigende Nachfrage nach Materialien für die Elektrifizierung von Häusern und Wohnungen, wie etwa Kabeln, Drähten und Installationsmaterial. Hinzu kamen hohe Umsätze bei elektrischen Haushaltsgeräten und Radioempfängern, wozu technische Neuerungen und die Ausweitung von Teilzahlungskrediten entscheidend beitrugen. So nahmen die jährlichen Ausgaben für Radiogeräte zwischen 1930 und 1938 von sechs auf 20 Millionen Pfund und die für elektrische Haushaltsgeräte von vier auf zwölf Millionen Pfund zu. Der *Housing Boom* sowie der steigende Bedarf von Industrie und Gewerbe ließen den Stromverbrauch zwischen 1931 und 1937 von 11,4 auf 22,9 Millionen kWh emporschnellen.[42]

Trotz der hohen Nachfrage nach Konsumgütern schenkten die Großunternehmen diesem Feld weiterhin nur geringe Aufmerksamkeit, da sie sich in erster Linie als Anbieter von Starkstromprodukten verstanden. So stellte die *British Association* zu deren Konsumgüteraktivitäten 1938 fest:

> It is true, of course, that a number of those firms have been able to enter into the market in its new phase, but they have seldom, if ever, taken the initiative and much of the original design and development work has been carried out by smaller firms most capable of immediate adaptation to the changes and requirements of the largest manufacturing concerns in the country.[43]

Die Folge war, daß während der 1930er Jahre fast alle technischen Neuerungen entweder von etablierten Spezialherstellern wie Hoover und Elektrolux, oder von kleinen, neugegründeten Firmen kamen. Von letzteren fertigten in den 1930er Jahren mehrere hundert Radioapparate und über tausend elektrische Haushaltsgeräte. Die Vielzahl von Kleinbetrieben und die geringen Aktivitäten der Konzerne hatten zur Folge, daß in der britischen Konsumgüterherstellung auch in den 1930er Jahren Massenproduktionsmethoden, wie sie sich in den

---

[42] British Association, Electrical Industry, S. 257ff, 273; Political and Economic Planning, Market, S. xvii; Electricity Council, Electricity Supply, S. 23; Catterall, Electrical Engineering, S. 257f; Worswick, Sources of Recovery, S. 90; Richardson, Economic Recovery, S. 17, 87; Aldcroft, Inter-War Economy, S. 42, 193; Bowden, Credit Facilities, S. 52f, 73ff.
[43] British Association, Electrical Industry, S. 270.

USA und Deutschland bereits in den 1920er Jahren ausgebreitet hatten, nach wie vor nur in geringen Maß angewendet wurden.[44]

1936 begann die regelmäßige Ausstrahlung von Fernsehsendungen mit einem von Marconi und EMI entwickelten System mit 405 Zeilen je Bild, das 1937 zum britischen Standard wurde. Die im gleichen Jahr stattfindenden Krönungsfeierlichkeiten von König George VI. wurden zum ersten Großereignis, das in Großbritannien im Fernsehen gesendet wurde. Mit Beginn des Zweiten Weltkriegs wurden regelmäßige Fernsehübertragungen dann allerdings eingestellt.[45]

Die Weltwirtschaftskrise hatte die Bereitschaft der Unternehmen zur Zusammenarbeit gesteigert. Der Schwenk zur protektionistischen Außenwirtschaftspolitik erleichterte dies, da Firmen nicht mehr befürchten mußten, von ausländischen Konkurrenten unterboten zu werden. Begünstigt wurde dies aber auch durch die veränderte Haltung britischer Regierungen, die im Gefolge der Krise die Schaffung von Kartellen als Weg zur Steigerung der wirtschaftlichen Leistungsfähigkeit ansahen.[46]

Die Elektrotechnische Industrie, die während der gesamten 1920er Jahre entschiedener Verfechter einer restriktiven Importpolitik gewesen war, profitierte hiervon dann auch mehr als jeder andere Industriezweig. Während die Einfuhren industrieller Güter in den Sektoren, die 1932 in die Protektion aufgenommen worden waren, zwischen 1931 und 1935 im Durchschnitt um 41 Prozent fielen, sanken sie in der Elektrobranche um 56 Prozent. Der Schutz gegen ausländische Wettbewerber und die große heimische Nachfrage nach Kraftwerksanlagen und Konsumgütern machten die 1930er Jahre zu eine Periode der Prosperität, in der die Wachstumsraten die der 1920er Jahre noch beträchtlich überstiegen. Zwischen 1929 und 1937 wuchs die Produktion der Elektroindustrie um 82 Prozent und damit schneller als jeder andere Sektor der britischen Industrie.[47]

Vom Tiefpunkt des Jahres 1933 ausgehend nahmen die Ausfuhren kontinuierlich zu. Allerdings wuchsen sie beträchtlich langsamer als der heimische

---

[44] Ebd., S. 270f; ALDCROFT, Inter-War Economy, S. 198; MRC, MSS 242/BT 12/6: „Reorganizing a Great Works (=Rugby Works, JR), A. J. P. Young".

[45] Broadcasting and Television in Great Britain, in: Nature 173 (1953), S. 249; KIRKE, Recent Progress, S. 326; HALL UND PRESTON, Carrier Wave, S. 97; General Electric Company, in: MIRABILE, International Directory, S. 25; CATTERALL, Electrical Engineering, S. 275. S.a. STERN, Television, S. 285; HOLTSCHMIDT, Fernsehen, S. 17.

[46] MONOPOLIES AND RESTRICTIVE PRACTICES COMMISSION, Report on the Supply and Export of Electrical and Allied Machinery and Plant, S. 22; GRIBBIN, Post-War Revival, S. 3f; MERCER, Evolution, S. 12. S.a. BROADBERRY UND CRAFTS, Impact of the Depression, S. 603.

[47] NAEST, 44, 17: „Reports written by C. C. Garrard at Witton Works, 1915-1954", „Future Witton Policy, 17.05.1945"; The BEAMA in 1932, in: World Power 19 (1933), S. 203; WINDETT, World Electrical Trade, S. 167; RICHARDSON, Economic Recovery, S. 25, 28-30, 73, 87, 247. S.a. WORSWICK, Sources of Recovery, S. 85, 90.

Markt, wie dies auch für die gesamte britische Industrie galt. In der ersten Hälfte der 1930er Jahre expandierten die Exporte des Starkstromsektors stärker als von Schwachstromgütern, da zu dieser Zeit viele Länder mit dem Bau von Kraftwerken begannen, der wegen der Krise zunächst aufgeschoben worden war. Die höchsten Wachstumsraten hatten wiederum all die Warengruppen, in denen britische Hersteller traditionell stark waren, wie etwa Kabel und Drähten. Und wie bereits vor der Weltwirtschaftskrise ging die Ausfuhr in erster Linie in das Empire. Dabei wurde Südafrika in den 1930er Jahren zum bedeutendsten Abnehmer, da der hohe Goldpreis dem Land einen starken Ausbau der Elektrizitätsversorgung möglich machte. Wichtig blieben daneben aber auch weiterhin Australien und Neuseeland.[48]

Wie viele Staaten schloß auch Großbritannien in den 1930er Jahren zahlreiche bilaterale Handelsabkommen, während sich britische Unternehmen gleichzeitig an der Bildung internationaler Kartelle beteiligten. Deren rasche Ausbreitung machte die 1930er Jahre zum „heyday of the international cartels": Zwischen 1929 und 1937 unterlagen rund 42 Prozent des gesamten Welthandels kartellartigen Absprachen. Für die Elektroindustrie ist dabei besonders auf das 1934 gegründete *International Notification and Compensation Agreement (INCA)* hinzuweisen, mittels dem die führenden Hersteller einheitliche Vertragskonditionen und Preise festlegten. Mit Ausbruch des Zweiten Weltkrieges wurde zunächst die Mitgliedschaft deutscher Unternehmen suspendiert, und 1942 verließen dann auch die britischen Firmen das INCA, da aufgrund der veränderten Außenhandelsbestimmungen keine finanziellen Kompensationen mehr an ausländische Betriebe gezahlt werden konnten.[49]

Die durch die Kriegsanstrengungen notwendig gewordene Steigerung der Industrieproduktion zog eine erhebliche Erhöhung des Stromverbrauchs nach sich. Gleichzeitig war aber der Ausbau der Elektrizitätswirtschaft wegen des Arbeitskräftemangels nahezu vollständig gestoppt worden und neue Kraftwerke wurden nur noch in ausgewählten militärischen und industriellen Einrichtungen errichtet. Dem vermehrten Strombedarf wurde statt dessen durch Installation neuer Turbogeneratoren in bereits existierenden Anlagen und durch eine höhere Auslastung der Aggregate Rechnung getragen. Die Gesamtkapazität aller britischen Kraftwerke erhöhte sich so zwischen 1939 und 1945 um 24 Prozent.[50]

---

[48] CATTERALL, Electrical Engineering, S. 257; MACROSTY, Overseas Trade, S. 456, 472; BRITISH ASSOCIATION, Electrical Industry, S. 273f.

[49] MONOPOLIES AND RESTRICTIVE PRACTICES COMMISSION, Report on the Supply and Export of Electrical and Allied Machinery and Plant, S. 14, 26f, 31; ARNDT, Economic Lessons, S. 112, 114ff, 178ff; FRIEDMAN, Impact, S. 25ff; MERCER, Evolution, S. 63.

[50] ELECTRICITY COUNCIL, Electricity Supply, S. 26; HACKING, Electricity Supply; HANNAH, Electricity before Nationalisation, S. 296-9, 310.

Wegen der geringen Investitionen der Elektrizitätswirtschaft lag die Nachfrage während des Krieges beträchtlich unter der der 1930er Jahre. Dies führte aber nicht zu einem Umsatzeinbruch, da die Elektrofirmen ihre Fertigung rechtzeitig in militärisch wichtige Bereiche diversifiziert hatten. Besonders für die Konzerne wurden die Kriegsjahre eine Zeit der Prosperität, in der die Dividenden höher als jemals zuvor waren. Begleitet war die Diversifizierung vom Aufkauf branchenfremder Unternehmen. So erwarb beispielsweise English Electric 1942 den Flugzeugmotorenhersteller D. Napier and Son, woraus sich in den 1950er Jahren erhebliche finanzielle Belastungen entwickeln sollten.[51] Die Fertigung von Haushalts- und Radiogeräten für den zivilen Bedarf wurde während des Krieges stark eingeschränkt und die meisten Firmen zur Fabrikation militärisch relevanter Güter umgerüstet oder vorübergehend stillgelegt. So produzierte beispielsweise Hoover elektrische Instrumente und Anlagen für Flugzeuge, Kleinmotoren, Starter und ähnliches.[52]

Eine der wichtigsten technischen Innovationen des zwanzigsten Jahrhunderts gelang der britischen Elektroindustrie mit der Entwicklung des Radars. Entscheidende Voraussetzungen waren hierfür bereits in den 1920er Jahren durch den am *British National Physical Laboratory* tätigen Robert A. Watson-Watt geschaffen worden. Bereits 1935 wurden Radargeräte an der Küste von Suffolk getestet und 1939 eine Kette von Radarstationen an der Süd- und Ostküste Englands errichtet. Dieser frühe Beginn und die intensiven Forschungsarbeiten erklären die führende Stellung Großbritanniens und der in diesem Bereich aktiven Unternehmen GEC, Marconi und EMI in den Kriegsjahren und darüber hinaus.[53]

Kartelle spielten während des Zweiten Weltkriegs eine wichtige Rolle in der staatlichen Steuerung der Wirtschaft. Dies betraf besonders die Verteilung von Rohstoffen und die Vergabe von Aufträgen. Stephen Broadberry und Nick Crafts schätzten, daß in Großbritannien 1943 rund 2.500 *Trade Associations* existierten, die Herstellung und Vertrieb von 60 Prozent aller gewerblichen Erzeugnisse kontrollierten. Kartelle schienen auch im Hinblick auf die Umstel-

---

[51] MRC, MSS 242/BT 25/2: „Manuskript ohne Titel, A. J. P. Young"; BRITISH-THOMSONS HOUSTON, War Achievements, S. 6; FUNK, Electrical Engineering, S. 162; FREEMAN, Research and Development, S. 55; General Electric Company, in: MIRABILE, International Directory, S. 25; JONES UND MARRIOTT, Anatomy of a Merger S. 144, 155; BAKER, History, S. 328.

[52] NAEST, 44, 17: „Reports written by C. C. Garrard at Witton Works, 1915-1954", „Future Witton Policy, 17.05.1945"; MRC, MSS 242/BT 27: „War Achievements of the BTH Company, 1939-45", S. 3; BYERS, Centenary, S. 68; ALLEN, Re-Conversion, S. 79; Commerce and Industry. Appliances Freed From Control, in: ER 152 (1953), S. 89; MURPHY, Wartime Concentration, S. 129; WRAY, Household Durables, S. 6; BRIGGS, War of Words, S. 67f.

[53] MRC, MSS 242/BT 27: „War Achievements of the BTH Company, 1939-45", S. 6; FREEMAN, Research and Development, S. 55; General Electric Company, in: MIRABILE, International Directory, S. 25; Thorn EMI, ebd., S. 531, SCANLAN, Chain Home Radar, S. 171f.

lung der Wirtschaft von Kriegs- auf Friedensbedingungen wichtig, da geplant war, die kriegswirtschaftlichen Kontrollen in dieser Phase beizubehalten. Aber auch für die nach dem Krieg angestrebte Vollbeschäftigung hatten sie eine hohe Priorität. So argumentierte das *White Paper „Employment Policy"* von 1944, daß Unternehmen zur Zusammenarbeit veranlaßt werden sollten, falls dies eine Steigerung der Produktivität erwarten ließ.[54]

Die in diesen Jahren vorherrschende Stimmung beschrieb G. C. Allen, später Mitglied der *Monopolies and Restrictive Trade Practices Commission*, folgendermaßen:

> As a temporary civil servant at the Board of Trade during the early 1940s, I recall the shocked surprise with which most of the older permanent officials greeted the initial proposals of the enthusiasts who held that Britain's future industrial efficiency depended on restraining monopolistic practices. ... I recall also the reaction of a group of Manchester industrialists when I suggested to them that an anti-monopoly policy was likely to find an important place in the postwar government's economic measures: ‚We will have none of it', they asserted, ‚businessmen must be allowed to protect themselves against the excesses of competition'. This was the general attitude at that time.[55]

Gerade für die Elektroindustrie war diese Haltung typisch. So verfaßte A. J. P. Young von British-Thomson Houston am 13. Februar 1943 ein Memorandum mit dem Titel „Postwar Future of Electric Supply and Electrical Industries". Darin verwies er zunächst auf die Kartelle der 1930er Jahre und folgerte mit Blick auf die Zeit nach dem Zweiten Weltkrieg: „On this foundation the electrical industry will, as I see the picture, have to co-operate even more courageously and earnestly in the post-war years ... Co-operation guided by a plan and directed to the common good is one of the most potent forces making for work, peace and security."[56]

C. ZUSAMMENFASSUNG

Nachdem die deutsche Wirtschaft den Krisentiefpunkt überwunden hatte, verzeichnete die Elektroindustrie von 1933 an einen bemerkenswerten Nachfrageanstieg, der eine schnelle Erhöhung des Fertigungsvolumens ermöglichte. Die

---

[54] BROADBERRY UND CRAFTS, Explaining Anglo-American Productivity Differences, S. 387; SWANN et al., Competition in British Industry, S. 46; GRIBBIN, Post-War Revival, S. 7, 11; SHARPE, British Competition Policy, S. 81; MERCER, Evolution, S. 47f.

[55] ALLEN, Policy, S. 155-156.

[56] MRC, MSS 242/BT 26/1: „Postwar Future of Electric Supply and Electrical Industries", Memorandum von A. J. P. Young, 13.02.1943.

in der Frühphase des Aufschwungs eingehenden Bestellungen von elektrotechnischen Investitionsgütern dienten zunächst noch dazu, den Rückstand der Krisenjahre aufzuholen, während das Wachstum bei Konsumgütern und im Export verhalten war. Der starke Ausbau der deutschen Elektrizitätswirtschaft in der zweiten Hälfte der 1920er Jahre ermöglichte es, den ab 1934 ansteigenden Stromverbrauch durch eine erhöhte Auslastung der Anlagen weitgehend zu decken. Ihr Bestellvolumen blieb deshalb weit unter dem der vorangegangenen Dekade.

Daß die Elektroindustrie in den 1930er Jahren trotzdem ein beachtliches Wachstum verzeichnete, war Ergebnis der nationalsozialistischen Autarkiepolitik. Die angestrebte verstärkte Nutzung heimischer Energiequellen und Rohstoffe in Verbindung mit der ansteigenden Rüstungsproduktion erforderte den Ausbau einer Reihe von Industriesektoren, für die Elektrofirmen wichtige Lieferanten waren. Hieraus ergaben sich zum einen Aufträge für Kraftwerksanlagen seitens der Branchen, die die energieintensiven Roh-, Vor- und Ersatzprodukte herstellten. Zum anderen gingen umfangreiche Bestellungen für industrielle Anlagen und Geräten ein, die für die Steigerung des Ausstosses wichtiger Wirtschaftssektoren wie etwa dem Bergbau notwendig waren.

Bereits 1935 waren die Fertigungskapazitäten der Elektroindustrie vollständig ausgelastet, und von 1936 an behinderte der zunehmende Arbeitskräftemangel eine weitere Erhöhung der Produktion. Der Aufschwung der 1930er Jahre zeigte sich an den Dividenden, die in den späten 1930er Jahren fast die Höhe der Vorkrisenjahre erreichten. Besonders Siemens und AEG konnten als Großanbieter industrieller Anlagen und Geräte von der strukturellen Verschiebung der Nachfrage hin zu Investitionsgütern profitieren.

Im Gegensatz zu Deutschland beruhte das Wachstum der britischen Elektroindustrie in den 1930er Jahren maßgeblich auf dem weiteren Ausbau der Elektrizitätswirtschaft, der nach dem Ende der ersten Bauphase des *National Grid* nach 1934 fortgesetzt wurde. Hierzu trug auch der steigende Absatz bei, der sich aus der kontinuierlichen Senkung der Strompreise ergab. Letzteres war wiederum Folge der höheren Effizienz der Elektrizitätserzeugung durch Inbetriebnahme des *National Grid*. Dies gestattete der Elektrizitätswirtschaft, industriellen und gewerblichen Abnehmern günstige Mengentarife anzubieten, weshalb viele Firmen die Eigenerzeugung von Strom einstellten. Hierdurch sank die Bedeutung von Industrie und Gewerbe als Abnehmer von Kraftwerksanlagen, während die der Versorgungsunternehmen stieg – eine der wichtigsten Veränderungen in der britischen Elektrobranche der Zwischenkriegsjahre.

Eine wesentliche Rolle für die Prosperität der britischen Wirtschaft der 1930er Jahre spielte der *Housing Boom*, der zusammen mit dem Anschluß einer großen Zahl bereits bestehender Haushalte an das Stromnetz eine erhebliche

Ausweitung des Strombedarfs mit sich brachte. Dies verschaffte der Elektroindustrie eine kontinuierlich steigende Nachfrage nicht nur nach Anlagen zur Erzeugung, Umwandlung und Verteilung von Elektrizität, sondern auch nach Produkten zur Elektrifizierung von Häusern. Mit der zunehmenden Verbreitung des Miet- und Ratenkaufs löste der *Housing Boom* zudem einen hohen Bedarf bei elektrischen Haushaltsgeräten und Rundfunkapparaten aus. Dies änderte aber nichts am geringen Engagement der Großunternehmen im Konsumgütersektor, in dem in den 1930er Jahren hunderte von Kleinfirmen aktiv waren. Die Folge war eine langsame Anwendung von Massenproduktionsmethoden und die unbedeutende Stellung britischer Hersteller auf internationalen Märkten.

Die ohnehin große und im Gefolge der Weltwirtschaftskrise gestiegene Bereitschaft der Unternehmen zur Kartellbildung verstärkte sich in Großbritannien in den 1930er Jahren aufgrund von drei Faktoren. Zum einen war dies der 1932 erfolgte Schwenk hin zu einer protektionistischen Außenwirtschaftspolitik, wodurch die Unternehmen nicht mehr befürchten mußten, im Binnenmarkt von ausländischen Konkurrenten unterboten zu werden. Zum anderen veränderte sich die staatliche Haltung gegenüber Kartellen: Vor dem Hintergrund der hohen Arbeitslosigkeit wurde nunmehr die Unterbindung von Konkurrenzkämpfen zwischen heimischen Firmen als Weg zur Stärkung der britischen Industrie angesehen. Notwendig waren diese aber auch, um sich an internationalen Kartellen beteiligen zu können, deren Zahl mit der Entliberalisierung des Welthandels schnell zunahm.

Die britische Elektroindustrie sah den Schwenk zu einer protektionistischen Außenhandelspolitik mit großer Genugtuung, hatte man dies doch bereits seit dem Ersten Weltkrieg gefordert. Nachdem die betreffenden Maßnahmen in Kraft getreten waren, kam es zu einem beträchtlichen Rückgang des Importvolumens, der weit stärker als der krisenbedingte Abfall der Exporte ausfiel. Von einem niedrigen Niveau ausgehend stieg die britische Elektroausfuhr vom Tiefpunkt des Jahres 1933 kontinuierlich an. Allerdings lag sie beträchtlich unter der Expansion des Binnenmarktes, wie dies auch für die gesamte Industrie galt. Wie bereits in den 1920er Jahren entwickelten sich die Exporte in all den Sektoren am besten, in denen britische Anbieter traditionell stark waren. Und wie in der vorangegangenen Dekade ging der Großteil der Auslandslieferungen in den 1930er Jahren in die Dominions, unter denen Südafrika zum wichtigsten Absatzmarkt avancierte.

Die deutsche Elektroausfuhr verzeichnete bis 1937 zunehmende Steigerungsraten, wenn auch die Exportquote in den 1930er Jahren nur noch bei rund 15 Prozent lag, während sie vor der Weltwirtschaftskrise noch 25 Prozent betragen hatte. Vor dem Hintergrund der regionalen Verschiebungen des deutschen Außenhandels, die aus den Anstrengungen zur Schaffung einer Großraumwirtschaft resultierten, nahm dann auch in der Elektroindustrie der Anteil der Lieferungen nach Südosteuropa besonders stark zu.

Nach Beginn des Zweiten Weltkrieges wurden die Erzeugungskapazitäten der deutschen Elektrizitätswirtschaft, die bei Kriegsbeginn voll ausgelastet waren, erheblich ausgebaut. Gleichzeitig wurden alle verfügbaren Anlagen in den besetzten Gebieten zur Stromerzeugung für die deutsche Kriegswirtschaft herangezogen. Der starke Ausbau der Kapazitäten in Verbindung mit ihrer nahezu vollständigen Integration in ein reichsweites, leistungsfähiges Übertragungsnetz trug entscheidend dazu bei, daß bis weit ins Jahr 1944 keine Engpässe in der Stromversorgung auftraten. Zusammen mit Lieferungen an die Wehrmacht und dem anhaltenden Bedarf an elektrotechnischer Industrieausrüstung erlaubte dies eine starke Ausweitung der elektrotechnischen Produktion.

Mit der Etablierung des Systems Speer gelang es den Konzernen ihren Einfluß auszuweiten, da sie in den wirtschaftssteuernden Organen besonders stark vertreten waren. Hinzu kam, daß die Großunternehmen bei Normierung und Standardisierung, die mit der sich zuspitzenden Situation der späten Kriegsjahre immer wichtiger wurden, stets eine herausragende Rolle gespielt hatten. Bemerkenswert war der langfristige Planungshorizont, zumindest von Siemens und AEG, die trotz des Krieges ihre traditionelle Fertigungsstruktur mit Blick auf die Nachkriegszeit zu erhalten suchten, und denen dies auch weitgehend gelang.

Auch in Großbritannien zog die Rüstungsproduktion eine beträchtliche Zunahme des Strombedarfs nach sich, wenngleich die Erzeugungskapazitäten während des Krieges weniger stark als in Deutschland ausgebaut wurden. Für die Elektroindustrie bedeutete dies, daß die Nachfrage nach Kraftwerksanlagen weit unter der der 1930er Jahre lag. Ein beträchtlicher Anstieg des Produktionsvolumens ergab sich allerdings aus der Diversifizierung der Fertigungspalette und der Herstellung militärischer Güter. Da Kartellen zentrale Funktionen in der britischen Kriegswirtschaft zukamen, erfuhren sie eine weitere Stärkung. Wichtig erschienen sie aber auch im Hinblick auf die Nachkriegszeit, da die kriegswirtschaftlichen Regelungen in der Demobilisierungsphase weitgehend beibehalten werden sollten. Die Kartellierung zentraler Fertigungssektoren der britischen Elektroindustrie in den 1950er und 1960er Jahren mit allen sich daraus ergebenden Konsequenzen sollte die Folge sein.

TEIL 2:

KRAFTWERKSANLAGEN UND ELEKTRIZITÄTSVERSORGUNG ZWISCHEN 1945 UND DEN SPÄTEN 1960ER JAHREN

EINFÜHRENDES KAPITEL:
ALLGEMEINES UND TECHNISCHE
ENTWICKLUNG

Gemessen am Produktionswert waren Anlagen zur Erzeugung, Umformung und Verteilung von Elektrizität traditionell der wichtigste Sektor der Elektrotechnischen Industrie. Angesichts der Notwendigkeit, den Stromausstoß in der Zeit von Wiederaufbau und wirtschaftlicher Expansion rasch zu steigern, kam dieser Warengruppe eine besondere Bedeutung zu. Die Anstrengungen zur technischen Weiterentwicklung zielten dabei seit jeher auf die Konstruktion größerer Maschineneinheiten, da mit steigenden Kapazitäten die Kosten je erzeugter Einheit fielen, gemeinhin bezeichnet als *Economies of Scale* oder Stückkostendegression. In diesem Zusammenhang sei kurz auf einige technische Sachverhalte eingegangen.

In Dampfkraftwerken wird Wasser in Rohrkesseln durch Verbrennung fossiler Brennstoffe wie Kohle oder Mineralöl erhitzt und der dabei entstehende Dampf in eine Turbine geleitet. Dort wird die thermische Energie durch Drehung der Turbinenräder in mechanische umgewandelt. Die Achse der Turbine ist mit einem Generator verbunden, in dem deren Drehung durch elektromagnetische Induktion Strom erzeugt, wie dies in ähnlicher Weise auch in einem Fahrraddynamo geschieht. Diese Kombination von Turbine und Generator als Kernstück eines Kraftwerks wird als Turbogenerator bezeichnet.

Der Bau immer größerer Turbogeneratoren erforderte die Steigerung von Dampfdruck und -temperatur (Tabelle 4.1). Damit erhöhte sich die thermodynamische Effizienz, Indikator für den Grad der Nutzung der zur Stromerzeugung verwendeten Primärenergieträger. Mit ihrem Anstieg wuchs der aus einer gegebenen Brennstoffmenge gewonnene Strom, so daß die steigende Größe von Turbogeneratoren beachtliche *Economies of Scale* mit sich brachte (Tabelle 4.2). So hatte ein britischer 60 MW-Turbogenerator der 1950er eine thermodynamische Effizienz von 29 Prozent, während die 550 MW-Einheiten der 1960er Jahre einen Wert von 36,5 Prozent erzielten. Dies spiegelte sich im Absinken des Brennstoffverbrauchs je erzeugter Stromeinheit wider. So wurden in Deutschland für die Erzeugung einer kWh Strom 1946 noch durchschnittlich 723 Gramm Steinkohle, 1964 aber nur mehr 368 Gramm benötigt.[1]

---

[1] Siemens-Archiv, 15019: „Artur Glaubig, Die Geschichte der Wechselstrom-Turbogeneratoren", S. 2; Electrical Entente, in: Economist 164 (1952), S. 246; So Big and No Bigger, ebd., 220 (1966), S. 750; Economic Efficiencies, in: ER 167 (1960), S. 290; HUPPERT, Grundlagen, S. 82; DEUTSCHE VERBUNDGESELLSCHAFT, Verbundbetrieb, S. 29; TRUTE, Der Weg der westdeutschen Elektroin-

Tab. 4.1 Deutschland / Bundesrepublik Deutschland: Turbineneinheiten mit jeweils größter Nennleistung, 1900-65

	Nennleistung Tsd. (kW)	Drehzahl (U/min)	Druck (at)	Dampf-temperatur (°C)	Werk/ Standort
1900	1	1.500	11,5	300	Elberfeld
1912	8,4	1.500	14	350	Hattingen
1914	20	1.000	15	325	Elverlingsen
1917	50	1.000	15	325	Goldenberg
1926	30	3.000	20	400	Hattingen
1927	80	1.500	35	400	Klingenberg
1929	85	1.500	14,5	360	Zschornewitz
1954	100	3.000	110	525	Goldenberg
1955	150	3.000	110	525	Weisweiler
1963	176	3.000	200	550	VEW-West-falen
1965	300	3.000	186	525	Fortuna

In: SPENNEMANN, Entwicklung der Dampfkraftwerke, S. 21.

Tab. 4.2 Großbritannien: Errichtungskosten von Kraftwerksanlagen

Turbogenerator (MW)	Anzahl der Kraftwerke	Anzahl von Turbogeneratoren	Indienst-stellung	Durch-schnittliche Kosten (£ pro kW)
120	10	36	1958-64	53,6
200-300	3	12	1959-64	45,4
275-375	3	12	1962-66	36,6
500-550	4	14	1963-68	34,4

In: SELECT COMMITTEE ON NATIONALISED INDUSTRIES, Report on the Electricity Supply Industry, S. 108.

---

dustrie, S. 16; SALZMANN, Industrie, S. 2783; STRAHRINGER, Tagesfragen [1965], S. 336; MON-TEITH, Trends, S. 221; HIRSH, Technology, S. 5; PRIEST, CEGB, S. 1005; LINDLEY, GEC, S. 1001; SPENNEMANN, Entwicklung, S. 24; WEDMORE, Co-Operative Research, S. 498.

Auch die Baukosten nahmen in Relation zur Kraftwerkskapazität tendenziell ab. Bei britischen 30 MW- und 60 MW-Turbogeneratoren lagen sie noch bei £67 pro kW, bei 120 MW-Sets beliefen sie sich auf £ 54, bei einer 550 MW-Einheit aber nur noch auf £39 je kW. Allerdings wurde der Effizienzgewinn mit zunehmender Größe der Turbogeneratoren immer kleiner. Zwischen einem 60 MW- und einem 120 MW-Aggregat lag er bei fünf Prozent, zwischen 120 MW und 275 MW bei zwei Prozent, und der Sprung von 275 MW auf 550 MW ließ ihn nur noch um 0,7 Prozent ansteigen. Einer Senkung der Stromerzeugungskosten durch Verwendung immer größerer Einheiten waren damit Grenzen gesetzt.[2]

Neben Konstruktionsproblemen stieß die Entwicklung immer größerer Turbogeneratoren zunehmend auf werkstofftechnische Schwierigkeiten, da nur eigens entwickelte Spezialstahle dem enormen Dampfdruck und den hohen Temperaturen dauerhaft standhalten konnten. Hatten Rotorblätter in kleinen Turbinen eine Länge von nur wenigen Zentimetern, so waren sie in 500-MW-Aggregaten bis zu einem Meter lang und liefen mit 3.000 Umdrehungen pro Minute. Am Rand der Turbinenschaufeln entsprach dies einer Geschwindigkeit von 1.400 Stundenkilometern, oder einer Erdumrundung in 30 Stunden.[3]

Die zunehmende Bedeutung von Werkstoffen veranlaßte Konzerne wie Siemens, Laboratorien für physikalische und chemische Grundlagenforschung einzurichten. Gleichzeitig kooperierten die Elektrofirmen in der Werkstoffforschung mit der Stahlindustrie und Universitäten. Das grundlegende Problem war dabei, daß die Kosten für die neuen Werkstoffe stark zunahmen, wodurch der damit erzielte Effizienzgewinn und die daraus resultierenden Einsparungen im Primärenergieträgerverbrauch verloren zu gehen drohten.[4]

Einer Erhöhung der Maschinengrößen setzte aber nicht zuletzt das Gewicht der Komponenten Grenzen, da diese schlicht nicht mehr transportiert werden konnten. Wichtig war hier die Einführung der in den USA und Deutschland

---

[2] Survival in a Changed World, in: ER 160 (1957), S. 1141; British Electrical Power Convention, Eastbourne, June 1957, Discussions at Technical Sessions, ebd., S. 1210; The Bournemouth Convention [Debate on Papers at the British Electrical Power Convention, Bournemouth, May 1960], ebd., 166 (1960), S. 1115; MULLENS, Electrical Industry, S. 981. S.a. RADKAU, Technik in Deutschland, S. 349.

[3] Siemens-Archiv, VVA Carl Brennecke / Herbert Weissheimer Dampfturbinen und Turbogeneratoren, S. 6; So Big and No Bigger, in: Economist 220 (1966), S. 751.

[4] Worauf beruht die Leistungsfähigkeit der deutschen Elektro-Industrie?, in: ET 37 (1955), S. 147; Siemens forciert wieder die Investitionen, in: Volkswirt 14 (1960), S. 329; JAEKEL, 50 Jahre, S. 126; BRANDT, Auf neuen Wegen, S. 39; Effects of New Materials on Engineering Progress, in: Nature 174 (1954), S. 441; British Electrical and Allied Industries Research Association: Annual Report for 1953, ebd., S. 592; ALLIBONE, New Materials, S. 517; HIRSH, Technology, S. 93; SMITH, Role of Science, S. 203; WHITEHEAD UND ONSLOW, Electrical Research Association, S. 174; NELSON, Joint Achievements, S. 1003.

bereits vor dem Zweiten Weltkrieg entwickelten Wasserstoffkühlung von Turbogeneratoren anstelle der bis dahin gebräuchlichen Luftkühlung. Da Wasserstoff erheblich leichter als Luft ist, aber gleichzeitig gute Wärmeleiteigenschaften hat, erlaubte dessen Verwendung eine erhebliche Reduzierung von Gewicht und Größe der Aggregate. Aufgrund des nicht vorhandenen Sauerstoffs waren sie außerdem auch weniger rostanfällig.[5] Zunehmende Verbreitung fand der sogenannte *Steam Re-heat Cycle*, in dem der Turbine Dampf entnommen, erhitzt, und wieder in sie eingespeist wurde. Dieses Verfahren war bereits in den 1920er Jahren in Großbritannien entwickelt und anfangs nur in den USA und Deutschland in geringem Maß angewandt worden. Im Laufe der 1950er Jahre fand es dann aber weite Verbreitung.[6]

Technische Neuerungen ermöglichten außerdem den Bau von Elektrizitätsnetzen mit immer höheren Betriebsspannungen. Dies war wichtig, da die Übertragungsverluste mit steigender Spannung kleiner werden. Gleiches galt für die Errichtungskosten in Relation zu Strommenge und Entfernung. Der Ausbau der Netze, deren Wert in der Regel rund doppelt so hoch wie der der Erzeugungsanlagen war, wurde dadurch verbilligt. Wichtige Impulse gingen in den späten 1950er Jahren von der Verwendung elektronischer Bausteine wie Transistoren aus. Dies galt insbesondere für Steuerungs- und Überwachungsanlagen der Elektrizitätsnetze, die einen schnellen Ausgleich regionaler oder zeitlicher Verbrauchsspitzen erlaubten.[7]

Die frühe Anwendung dieser und anderer Technologien stellte nach Ansicht einer Delegation des *British Productivity Council*, die 1961 mehrere bundesdeutsche Versorgungsunternehmen besuchte, einen wichtigen Unterschied in der Elektrizitätswirtschaft beider Staaten dar:

> German generating stations incorporate the latest designs and operating techniques. Transmission systems already make extensive use of 380 kV lines, and the load dispatch and control arrangements of the larger transmitting undertakings also incorporate features not yet adopted in Great Britain. The team was impressed by the automatic load regulation associated with pumped storage schemes and the use of

---

5   Siemens-Archiv, 15019: Artur Glaubig, Die Geschichte der Wechselstrom-Turbogeneratoren, S. 68f; VVA Carl Brennecke / Herbert Weissheimer Dampfturbinen und Turbogeneratoren, S. 20; So Big and No Bigger, in: Economist 220 (1966), S. 750; 500 MW Sets for West Burton, in: ER 168 (1961), S. 374; SPENNEMANN, Entwicklung, S. 21; ELECTRICITY COUNCIL, Electricity Supply, S. 25; MONTEITH, Trends, S. 222; HIRSH, Technology, S. 65.

6   Electricity Generation. Supply and Manufacturing Aspects, in: ER 168 (1961), S. 1149; PRIEST, CEGB, S. 1005; MONOPOLIES AND RESTRICTIVE PRACTICES COMMISSION, Report on the Supply and Export of Electrical and Allied Machinery and Plant, S. 48.

7   Siemens-Ergebnis abermals verbessert, in: Volkswirt 13 (1959), S. 330; Siemens forciert wieder die Investitionen, ebd., 14 (1960), S. 329; DEUTSCHE VERBUNDGESELLSCHAFT, Verbundbetrieb, S. 29; VIERFUSS, Strom, S. 46ff.

an electronic computer for rapid calculation of generation costs and transmission losses.[8]

Die Steigerung der Spannung erforderte eine höhere Leistungsfähigkeit der Transformatoren, die den Strom am Kraftwerk zunächst von 10,5 kV auf 110 kV bis 380 kV umwandelten und ihn am Zielort schrittweise wieder heruntertransformierten. Wie Turbogeneratoren wurden auch Transformatoren immer größer. Mitte der 1960er Jahre hatten sie ein Gewicht von bis zu 300 Tonnen erreicht, so daß auch hier einer weiteren Leistungssteigerung durch Konstruktion größerer Einheiten Grenzen gesetzt waren. Während allerdings Turbogeneratoren technisch komplexe Gebilde darstellen, eine britische Veröffentlichung charakterisierte sie als „feats of engineering",[9] bestehen Transformatoren im Prinzip lediglich aus Stahlblechen mit Kupferwicklungen, die mittels Öl gekühlt werden.[10]

Turbogeneratoren und große Transformatoren wurden fast ausschließlich auf Bestellung und oft nach individuellen Spezifikationen gebaut. Zusammen mit der Größe der Anlagen und der verhältnismäßig kleinen Zahl von Bestellungen verhinderte dies die Anwendung von Massenproduktionsmethoden. Dahingehende Bestrebungen gab es in den 1960er Jahren lediglich bei kleinen Transformatoren.[11]

Kernkraftwerke unterscheiden sich von konventionellen Anlagen im Prinzip nur durch die Art der Dampferzeugung. Wird bei letzteren die bei Verbrennung fossiler Brennstoffe entstehende Wärme genutzt, so dient diesem Zweck in Atomkraftwerken die bei der Kernspaltung freigesetzte Energie. Benannt nach Art und Design des Kühlmittelkreislaufs gibt es drei Arten von Reaktoren: Leichtwasser-, Schwerwasser- und Gasgekühlte Reaktoren.

Mit Leichtwasserreaktoren, die in den USA ursprünglich als Antrieb für Unterseeboote entwickelt wurden, waren weltweit rund 90 Prozent aller Atomkraftwerke ausgerüstet. Dabei sind zwei Bauprinzipien zu unterscheiden: Druckwasser- und Siedewasserreaktoren. Erstere verfügen über zwei Wasserkreisläufe, den Primär- und den Sekundärkreislauf. Durch Erhitzung des radioaktiv kontaminierten Wassers im Primärkreislauf wird das im Sekundärkreislauf befindliche Wasser verdampft und dann der Turbine zugeführt. In

---

[8] British and German Supply Industries Compared, in: ER 171 (1962), S. 636.

[9] MONOPOLIES AND RESTRICTIVE TRADE PRACTICES COMMISSION, Report on the Supply and Export of Electrical and Allied Machinery and Plant, S. 144.

[10] Transforming Transformers, in: Economist 223 (1967), S. 820; MATTICK, Probleme, S. 33; NOWAG, Gleichrichter S. 44; BREITENACHER et al., Elektrotechnische Industrie, S. 127.

[11] Transforming Transformers, in: Economist 223 (1967), S. 823; MONOPOLIES AND RESTRICTIVE TRADE PRACTICES COMMISSION, Report on the Supply and Export of Electrical and Allied Machinery and Plant, S. 6; MACKEY, Mass Production Methods, S. 333ff.

Siedewasserreaktoren gibt es dagegen nur einen Kreislauf, da der radioaktive Dampf unmittelbar zum Antrieb der Turbine benutzt wird.

Schwerwasserreaktoren verwenden Schweres Wasser (D_2O) als Kühlmittel und gewannen nur geringe kommerzielle Bedeutung. In Gasgekühlten Reaktoren wird ein Gas wie Kohlendioxid als Kühlmittel verwendet, ein Bauprinzip wie es in Großbritannien und Frankreich favorisiert wurde, da man so Plutonium für Kernwaffen erzeugen konnte. Eine britische Weiterentwicklung dieses Designs war der Fortgeschrittene Gas-Graphit-Reaktor, in dem anstelle von natürlichem angereichertes Uran als Brennstoff benutzt wurde. Dies ermöglichte hohe Betriebstemperaturen und brachte eine größere Energieausbeute mit sich.[12]

Diese technischen Entwicklungen bildeten nach Ende des Zweiten Weltkrieges die Grundlage für die enorme Ausweitung der Elektrizitätserzeugung. 1951 war sie weltweit rund 2,5 mal so groß wie 1937, und in den 1950er Jahren stieg sie um rund sieben Prozent jährlich. Dies entsprach einer Verdoppelung innerhalb von zehn Jahren, nämlich von 1.080 Milliarden kWh 1951 auf 2.000 im Jahr 1960.[13]

---

[12] VARCHIM UND RADKAU, Kraft, Energie und Arbeit, S. 195-205; SURREY UND WALKER Electrical Power Plant, S. 142.

[13] Gute Aussichten für Elektro-Investitionen, in: Volkswirt 8 (1954), Nr. 6, S. 17; ROST, Elektroexport, S. 325; DERS., Entwicklung, S. 35; TRUTE, Stand und Entwicklung [1955], S. 166; VIERFUß, Strom, S. 48; THÖRNER, Wirtschaftliche Entwicklung, S. 429.

KAPITEL 4
BUNDESREPUBLIK DEUTSCHLAND:
MARKT UND INTERVENTION

A. Die Nachkriegsjahre:
Rekonstruktion und strukturelle
Weichenstellungen

Die Energierzeugungs- und -verteilungsanlagen waren in Deutschland während des Zweiten Weltkriegs stark ausgebaut worden und hatten nur geringe Kriegsschäden erlitten; ihre Zerstörung hatte für die alliierte Luftkriegsführung nur geringe Priorität. So hieß es in der *United States Strategic Bombing Survey (USSBS)*:

> The German electric-power industry and its component generating plants, transformer and switching stations, transmission facilities, and distribution stations were never made a primary target for bombing. There was, however, some damage that resulted from area attacks, spill-over from bombing attacks of adjacent primary targets or tactical attacks.[1]

Aufgrund der geringen Zerstörungen und der vorangegangenen Erweiterungen überschritt der Produktionsindex der Elektrizitätserzeugung bereits im vierten Quartal 1947 den Wert von 1936. Eine noch raschere Steigerung scheiterte lediglich an der unzureichenden Kohleversorgung und am geringen Wasserstand, der eine volle Auslastung der Wasserkraftwerke verhinderte. Hinzu kamen Anlagenausfälle, die sich aus der hohen Beanspruchung und der unzureichenden Wartung während der Kriegszeit ergaben, so daß in den unmittelbaren Nachkriegsjahren wiederholt Stromabschaltungen notwendig waren.[2]

Schwieriger gestaltete sich dagegen die Lage bei der Elektroindustrie, wo Berlin als traditionelles Zentrum weitreichende Zerstörungen erlitten hatte. In weit stärkerem Maße als die meisten anderen Industriesektoren litt diese Branche unter dem Krieg und seinen Folgen: Lediglich 39 Prozent ihrer Fertigungskapazitäten lagen bei Kriegsende in den drei Westzonen, dafür 48 Pro-

---

[1] USSBS, 1. Over-All Report, 2. Summary Report, S. 83.

[2] BA Koblenz, B 102, 784: „Verwaltung für Wirtschaft des Vereinigten Wirtschaftsgebietes, Hauptabteilung 3: Elektrizität, Niederschrift über die Sitzung des Beirats des Zentrallastverteilers am 12. Mai 1948"; „Niederschrift über die Sitzung des Beirats des Zentrallastverteilers am 6. Oktober 1948"; Die Wirtschaft der vereinten Zone im Jahre 1947 und im Januar 1948, in: WV 1 (1948), H. 1, S. 5; Keller, Elektrizitätswirtschaft, S. 22; Sardemann, Elektrizitätswirtschaft, Teil 3, S. 213; Economic Cooperation Administration, Westdeutschland, S. 61.

zent in Berlin – hiervon drei Viertel im späteren West-Berlin – und weitere 13 Prozent in der Sowjetischen Besatzungszone. Der Geschäftsführer des Verbandes der Berliner Elektroindustrie veranschlagte die Verluste in der amerikanischen, britischen und sowjetischen Zone auf 20 Prozent der Produktionskapazität von 1936, während die Berliner Anlagen zu 85 Prozent zerstört waren.[3]

Bei AEG und Siemens waren die Verluste besonders hoch, da sie trotz der vorangegangenen regionalen Verschiebungen nach wie vor jeweils rund zwei Drittel ihrer Fertigungskapazitäten in Berlin hatten. Von den für die Branche veranschlagten Kriegs- und Kriegsfolgeschäden in Höhe von vier Milliarden RM entfielen rund drei Viertel auf diese beiden Firmen. Bei AEG beliefen sich die Verluste einschließlich alliierter Demontagen auf rund eine Milliarde DM, was in etwa der letzten veröffentlichten Bilanzsumme von 1943 entsprach. Das Haus Siemens schätzte die Einbußen auf 2,13 Milliarden DM, wovon 850 Millionen DM auf Siemens & Halske und 1,28 Milliarden DM auf die Siemens-Schuckertwerke entfielen.[4]

Hervorzuheben ist die unterschiedliche Demontagepolitik in der sowjetischen und französischen Besatzungszone einerseits, und der amerikanischen und britischen Zone andererseits. Während die Demontagequote in sowjetischen und französischer Zone um 90 Prozent lag, war sie in der Bizone verschwindend gering. In der gesamten westdeutschen Industrie lagen die hierdurch bedingten Anlagenverluste bei acht Prozent und waren damit lediglich halb so hoch wie die Schäden durch direkte Kriegseinwirkungen. Obwohl auch für die Bizone Demontagen angekündigt und Listen der zu demontierenden Betriebe veröffentlicht worden waren, führten Amerikaner und Briten diese in der Elektroindustrie nicht durch.[5]

In Berlin wurden die Anlagen der Elektrofirmen noch vor der Viermächtebesetzung von den sowjetischen Truppen nahezu vollständig demontiert und die noch auffindbaren Rohstoffe, Halbfertigfabrikate, Werkzeuge, Laborgeräte

---

3   PHILIPP, Strukturwandel, S. 43; HOFMEIER, Wiederaufbau, S. 9; SCHRÖDER, Exportwirtschaft, S. 211, 229; ROST, Entwicklung, S. 36; KREYKENBOHM, Berlin, S. 27; HESSE, Elektroindustrie, S. 95; ORLOVIUS, Materialien, S. 24; TRUTE, Entwicklung der deutschen Elektro-Industrie, S. 69.

4   Allgemeine Electricitäts-Gesellschaft [JB], in: Volkswirt 4 (1950), Nr. 14, S. 20f; Siemens & Halske AG [JB], ebd., Nr. 10, S. 19; Der Weg der Siemens-Gesellschaften, ebd., Nr. 28, S. 23; AEG im alten Fahrwasser, ebd., 5 (1951), Nr. 47, S. 28; Langsamere Produktionsausweitung der Elektroindustrie, ebd., 7 (1953), Nr. 29, S. 19; SCHALLER, Berlin, S. 35; HESSE, Elektroindustrie, S. 95; ROST, Deutschland am Welt-Elektromarkt, S. 187; HOFMEIER, Wiederaufbau, S. 9; SASSE, Entwicklung, S. 187; STRUNK, Demontage, S. 53ff; BÄHR, Substanzverluste, S. 62f. S. a. FELDENKIRCHEN, Finanzierung, S. 110.

5   Die Wirtschaft der vereinten Zone im Jahre 1947 und im Januar 1948, in: WV 1 (1948), H. 1, S. 32; ORLOVIUS, Materialien, S. 5; WALTHER, Wiederaufbau, S. 454; HARDACH, Wirtschaftsgeschichte, S. 120f; NICHOLLS, Freedom with Responsibility, S. 124; BÄHR, Substanzverluste, S. 64ff; FELDENKIRCHEN, Finanzierung, S. 108ff.

und Konstruktionszeichnungen abtransportiert. In der Folgezeit wurden alle in der Sowjetischen Besatzungszone und im Gebiet östlich der Oder-Neisse ansässigen Betriebe und Unternehmensteile enteignet und in sowjetische Aktiengesellschaften umgewandelt.[6]

Nebenbei sei an dieser Stelle erwähnt, daß das Bundeswirtschaftsministerium 1964 eine „Reparationskartei für die Sowjetische Besatzungszone, für Berlin-West und Berlin-Ost" für eine eventuelle Regelung der Reparationsschäden erarbeiten ließ. Die betreffende Liste enthielt insgesamt 18 Elektrofirmen und 26 Kabelhersteller.[7] Einschränkend verwies allerdings der hiermit befaßte Referent in einem Rundschreiben an andere Abteilungen des Ministeriums: „Es soll in jedem Fall vermieden werden, Industrie- und Verbandsvertreter oder gar die Geschädigten selbst zu befragen, um keine falschen Hoffnungen und Vorstellungen zu erwecken."[8]

Im März 1946 war der Industrieplan des Alliierten Kontrollrats veröffentlicht worden, der eine Beschränkung des Produktionswertes der Elektroindustrie auf 50 Prozent des Standes von 1938 vorsah. Einigen Fertigungssektoren waren sogar noch engere Grenzen gesetzt worden. So etwa für die Herstellung starkstromtechnischer Güter, die auf 30 Prozent des Wertes von 1938 reduziert werden sollte. Das Auslandsvermögen der Elektrofirmen einschließlich aller Kapitalbeteiligungen, Verkaufs- und Kundendienstniederlassungen, Patente und Warenzeichen wurde von den Alliierten beschlagnahmt und ihnen für die Zukunft jeglicher Erwerb von Vermögen im Ausland verboten. Angesichts ihrer traditionellen Exportorientierung wurde dies von der Elektroindustrie als besonders schmerzlich empfunden.[9]

Verunsichert waren viele Unternehmen wegen der von den Alliierten angekündigten Dekartellisierungsmaßnahmen. So wurden etwa die vier größten Stromversorger zunächst beschlagnahmt, wenngleich alliierte und deutsche Stellen in der Folgezeit übereinkamen, die Elektrizitätswirtschaft von der De-

6 Siemens & Halske AG [JB], in: Volkswirt 4 (1950), Nr. 10, S. 19; FIAT, Power Industry, S. 248; HERWALT, Westberliner Elektroindustrie, S. 369; ORLOVIUS, Materialien, S. 4; HOFMEIER, Wiederaufbau, S. 9; WALTHER, Wiederaufbau, S. 454; KOEHN, Rationalisierung, S. 25; KARLSCH, Reparationsleistungen, S. 33-6.

7 BA Koblenz, B 102, 43590: „Schreiben von Dr. Heinze, Abteilung ZA 2, 20.02.1964 an mehrere Referate im BWM. Betreff: Reparationskartei für die Sowjetische Besatzungszone, für Berlin-West und Berlin-Ost".

8 Ebd.

9 Siemens & Halske AG [JB], in: Volkswirt 4 (1950), Nr. 10, S. 19; Allgemeine Electricitäts-Gesellschaft [JB], ebd., Nr. 14, S. 21; AEG im alten Fahrwasser ebd., 5 (1951), Nr. 47, S. 28; Aus den Kriegs- und Nachkriegsjahren der deutschen Elektroindustrie von 1939 bis 1949, in: ZVEIM 18 (1965), Nr. 11, S. 9; HESSE, Elektroindustrie, S. 95; BÖTTCHER, Internationale Zusammenhänge, S. 90; ROST, Deutschland am Welt-Elektromarkt, S. 187; SEHMER, Export der Elektromedizin, S. 36. Zu den deutschen Auslandsbesitzungen BA Koblenz, R 3101, 4454: „Übersicht über die Beteiligungen der Siemens & Halske, Stand 30.09.1944"; HOFMEIER, Wiederaufbau, S. 9.

kartellisierung auszunehmen. Dies galt allerdings nicht für die Elektrotechnische Industrie, die auch weiterhin Eingriffe der Alliierten befürchten mußte, zu denen es dann aber doch nicht kam. Im Falle des Bosch-Konzerns lief das betreffende Verfahren bis 1952 und sah ursprünglich die Abtrennung der beiden wichtigsten Töchter Blaupunkt und Idealwerke vor. Tatsächlich wurde Bosch in seiner bestehenden Struktur belassen.[10]

Die in der Sowjetischen Besatzungszone enteigneten Betriebe siedelten sich in der Bizone fast durchweg in Regionen mit bereits vorhandenen elektrotechnischen Fertigungsstätten an, wie etwa Nordrhein-Westfalen, Bayern und Baden-Württemberg. Daraus ergaben sich weitreichende industriegeographische Verschiebungen in deren Verlauf Berlin seine Position als Zentrum der Elektroindustrie verlor.

Tab. 4.3 Deutsches Reich / Bundesrepublik Deutschland: Verteilung der Beschäftigten der Elektroindustrie nach Standort, 1925-60

	Standorte nach Beschäftigten in Prozent			Beschäftigte in Tsd.	Produktionswert in Mrd. RM/DM
	Westzonen	Berlin	SBZ		
1925	36	52	12	336	2,1
1929	-	-	-	333	3,2
1932	-	-	-	183	1,2
1934	-	-	-	254	1,7
1936	-	-	-	312	2,3
1939	38	43	19	458	3,7
1944	-	-	-	558	6
1945	39	48	13	-	-
1947	80	20	-	160	1,1
1950	81	19	-	252	3,6
1960	87	13	-	819	19,5

Zusammengestellt und errechnet nach den Angaben in:
Statistik des Deutschen Reiches, Bd. 415-417, 568; Rost, Entwicklungslinien der Elektrowirtschaft, S. 13; ZVEI, Statistischer Bericht 1961, S. 7; 1970, S. 13.

---

[10] BHStA, StK 114559 Bayerische Industrie, 1950-55, Schreiben des Oberbürgermeisters der Stadt Bamberg an Hans Ehard, Bayerischer Ministerpräsident, 28.06.1949. S.a. Memorandum of Conversation: Request from Wire Department, U.S. Rubber Company, in: Kesaris (Hrsg.), Confidental U.S. State Department Central Files, Germany, Internal Affairs, 1945-1949, Part 2, Reel 50, Frame 869, File 862.6463, Frederick, MD 1985; American General Consulate Frankfurt, Foreign Service Despatch: Electrical Engineers' Convention, in: Reynolds, (Bearb.), Confidental U.S. State Department Central Files, Federal Republic of Germany, Internal Affairs, 1955-1959, Part 2, Reel 40, Frame 985, File 962 A 863, Frederick, MD 1992; Zur Zerschlagung des Bosch--

Hinzuweisen ist aber auch auf eine Reihe neuer Produktionsstätten, wie etwa die SSW-Kleinbau- und Installationsgerätewerke in Traunreut und Regensburg, die das in der SBZ enteignete Werk Sonneberg ersetzten. Gleiches galt für die Neuhauser SSW-Elektro-Porzellanfabrik, die nach Rednitz verlegt wurde, sowie für das Niederspannungsschaltgerätewerk in Amberg. Die meisten Firmen setzten ihr Fertigungsprogramm der Vorkriegszeit nach 1945 weitgehend unverändert fort. Eine Ausnahme stellte AEG dar, wo die Herstellung von Kabeln und Installationsmaterial nach dem Verlust des Kabelwerks Oberspree und einiger im Erzgebirge betriebenen Fabriken nicht wieder aufgenommen wurde.[11]

Von Mai 1945 bis Ende 1946 dauerte die unmittelbare Rekonstruktionsperiode. Geprägt war sie von Aufräumarbeiten, der Wiederherstellung von Gebäuden und dem Bau von Werkzeugen und Maschinen. Die im Verkehrswesen sowie bei Wasser-, Gas- und Elektrizitätswerken notwendigen Instandsetzungsarbeiten verschafften Elektrofirmen einen ersten Absatzmarkt. In einzelnen Bereichen wurde die Fertigung bereits wenige Wochen nach Kriegsende wieder aufgenommen. So produzierte beispielsweise Osram im August 1945 die ersten Glühlampen. 1946 belief sich der Ausstoß der Elektroindustrie der Bizone auf rund 600 Millionen RM. Preisbereinigt entsprach dies einem Wert von 25 Prozent des Fertigungsvolumens von 1936.[12]

1947 stieg es auf 840 Millionen RM und damit auf 44 Prozent des Wertes von 1936. Das drängendste Problem des Jahres 1947 war der akute Rohstoffmangel, wegen dem die Fertigungsanlagen der Elektroindustrie im Durchschnitt nur zu einem Drittel ausgelastet waren. Erst mit den von den Alliierten genehmigten Importen ausgewählter Vorprodukte, wie etwa von Wolframdraht für Glühlampen, konnten akute Engpässe beseitigt und die Voraussetzungen für eine schnelle Ausweitung der Fertigung geschaffen werden.[13]

Konzerns, in: Volkswirt 3 (1949), Nr. 25, S. 22; Robert Bosch GmbH. Günstige Umsatz- und Ertragsentwicklung, Stuttgart, ebd., 4 (1950), Nr. 15, S. 20, 23; „Robert Bosch" im Wiederaufbau, ebd., 5 (1951), Nr. 17, S. 24; ZÄNGL, Deutschlands Strom, S. 219; BRUCHE, Elektrizitätsversorgung, S. 90; FELDENKIRCHEN, Wiederaufbau, S. 198. S.a. STOKES, German Energy, S. 628.

11 Der Weg der Siemens-Gesellschaften, in: Volkswirt 4 (1950), Nr. 28, S. 26; Allgemeine Electricitäts-Gesellschaft [JB], ebd., Nr. 14, S. 20; PHILIPP, Strukturwandel, S. 50f; BÄHR, Substanzverluste, S. 70-6.

12 HERWALT, Westberliner Elektroindustrie, S. 369; HOFMEIER, Wiederaufbau, S. 9; ORLOVIUS, Materialien, S. 6; WALTHER, Wiederaufbau, S. 454.

13 BHStA, MWi 14781: „Alfred Müller Treuhänder der F. X. Mittermair und Söhne, München, an das Bayerische Staatsministerium für Wirtschaft, 7. Februar 1946"; HOFMEIER, Wiederaufbau, S. 9; Die Wirtschaft der vereinten Zone im Jahre 1947 und im Januar 1948, in: WV 1 (1948), H. 1, S. 32; Aus den einzelnen Gebieten der Wirtschaft. Zehnter Bericht zur Lage nach der Währungsreform vom 10. November 1948, Zweiter Teil, ebd., H. 12, S. 24; Aus den einzelnen Gebieten der Wirtschaft. Elfter Bericht zur Lage nach der Währungsreform vom 9. Dezember 1948, Zweiter Teil, ebd., H.

Die verbesserte Rohstoffversorgung ließ den Ausstoß in der ersten Jahreshälfte 1948 kräftig anwachsen. Eine Ausnahme war Berlin, wo das Fertigungsvolumen aufgrund der Ende Juni 1948 begonnenen Blockade zurückging. Noch im April 1948 hatte die Westberliner Elektroindustrie mit einer Monatsproduktion von 37,5 Millionen RM den bis dahin höchsten Wert der Nachkriegszeit erreicht. Mit der Isolierung der Stadt war dieser stark gesunken und fiel im Mai 1949 mit 25,7 Millionen DM auf den Tiefpunkt der Blockademonate. Trotz des Endes der Berlin-Blockade erlangte die Elektroproduktion erst wieder im November 1949 den Vorblockadewert.[14]

Zwischen 1947 und 1949 kam es in all denjenigen Fertigungsbereichen zu Engpässen, die vor dem Zweiten Weltkrieg ihren Schwerpunkt in Berlin gehabt hatten. Dies traf besonders auf Kraftwerksanlagen, Fernmeldetechnik und Glühlampen zu. Trotz der Verlagerungen der späten 1930er Jahre und der Kriegszeit waren diese Teilgebiete der Elektrotechnik in der Bizone nur in geringem Maß vorhanden, so daß eine rasche Produktionssteigerung anfänglich noch nicht möglich war.[15]

Charakteristisch war hierfür die Entwicklung bei Anlagen zur Erzeugung, Umwandlung und Verteilung von Elektrizität. Ihr Fertigungsvolumen belief sich im Jahr 1936 auf einen Wert von rund 600 Millionen RM und stellte damit ein Viertel der gesamten elektrotechnischen Produktion dar. Mit dem Verlust der großen Berliner Fabriken von AEG und SSW, der Zerstörung der SSW-Werke in Mülheim/Ruhr und Nürnberg sowie von BBC in Mannheim waren die wichtigsten Fabriken für Kraftwerksanlagen zunächst nicht verfügbar. Das Produktionsniveau in diesem Sektor lag deshalb beträchtlich unter dem der gesamten Elektroindustrie.[16]

14, S. 23-30; Aus den einzelnen Gebieten der Wirtschaft. Elfter Bericht zur Lage nach der Währungsreform vom 9. Dezember 1948, Schluß [Dritter Teil], ebd., 2 (1949), H. 1, S. 17; Vor einer Senkung der Preise. Zwölfter Bericht zur Lage vom 18. Januar 1949, ebd., H. 2, S. 41; Wirtschaftlicher Lagebericht [Januar 1949], ebd., H. 6, S. 166; IFO-INSTITUT, Elektrotechnik, S. K16; HOFMEIER, Wiederaufbau, S. 13; ECONOMIC COOPERATION ADMINISTRATION, Westdeutschland, S. 61.

[14] BA Koblenz, B 102, 782: „Abteilung Elektrizitätsversorgung, Niederschrift der Sitzung vom 6. August 1948"; BHStA, MWi 13275: „Protokoll Sitzung des Länderausschusses Elektrotechnik am 25. Februar 1949 in Frankfurt/Main-Höchst, 8. März 1949, Anlage ‚Versorgungslage auf dem Gebiet der Roh- und Hilfsstoffe für die Elektroindustrie', 1. März 1949"; ORLOVIUS, Materialien, S. 7f, 20f; SPENNRATH, Westberliner Elektroindustrie, S. 14; WELZEL, Elektroindustrie, S. 73; SCHRÖDER, Exportwirtschaft, S. 216. Zu den Schäden der Blockade bei einzelnen Unternehmen: Der Weg der Siemens-Gesellschaften, in: Volkswirt 4 (1950), Nr. 28, S. 24; Allgemeine Electricitäts-Gesellschaft [JB], ebd., Nr. 14, S. 21; WALTHER, Wiederaufbau, S. 455.

[15] BHStA, MWi 13275: „Protokoll Sitzung des Länderausschusses Elektrotechnik, Feinmechanik, Optik und Uhren, Berlin, 10. Oktober 1951, ‚Entwicklung der Elektroindustrie in West-Berlin, Vortrag von Dipl. Ing. Rose'"; HOFMEIER, Wiederaufbau, S. 9, 12f.

[16] HOFMEIER, Wiederaufbau, S. 12.

Hinzu kam der Mangel an Rohstoffen und Vorprodukten. So verzögerte die Stahlknappheit die Herstellung von Generatoren und der Mangel an Elektroblechen die von Transformatoren. Vor dem Zweiten Weltkrieg waren 83 Prozent der Elektrobleche von der August-Thyssen-Hütte hergestellt worden, die bis Ende 1948 keine Betriebserlaubnis erhalten hatte, da sie zur Demontage vorgesehen war. Zum Zeitpunkt der Währungsreform lag der Produktionsindex bei Transformatoren lediglich bei 30 (1936=100). Der dann begonnene Import amerikanischer Bleche und die Wiederaufnahme der heimischen Erzeugung ließ diesen Wert bis November 1949 auf 160 ansteigen. Waren 1948 in der Bizone Transformatoren mit einer Gesamtleistung von einer Million kVA hergestellt worden, waren es 1949 knapp drei und 1950 vier Millionen kVA.[17]

Erst mit der verbesserten Versorgung mit Rohstoffen und Vorprodukten sowie der um 1948 erfolgten Inbetriebnahme neu errichteter Werke konnte der Anlagenbedarf der Elektrizitätswirtschaft befriedigt werden. Allerdings lag ihr Bestellvolumen aufgrund unzureichender Finanzmittel noch beträchtlich unter dem tatsächlichen Bedarf. Ausschlaggebend für die schwierige finanzielle Lage war, daß der seit 1936 bestehende allgemeine Preisstopp zwar mit dem Übergangsgesetz über die Preisbildung und Preisüberwachung von 1948 außer Kraft gesetzt worden war, die Strompreise aber hiervon ausgenommen waren. Die mehrfache Erhöhung der Kohlenpreise hatte so den finanziellen Spielraum der Elektrizitätswirtschaft empfindlich eingeengt.[18]

Die weitere Absatzentwicklung der Elektroindustrie hing entscheidend von der Konsolidierung der Elektrizitätswirtschaft ab. Ein wichtiger Schritt in diese Richtung war die Gründung der Arbeitsgemeinschaft der Landesverbände der Elektrizitätswerke (AdEW) am 20. September 1947, aus der am 11. August 1950 die Vereinigung Deutscher Elektrizitätswerke (VDEW) hervorging. Eine der ersten Maßnahmen der AdEW war die Errichtung des Zentrallastverteilers für Elektrizität (ZLV) bei Bad Homburg, der ähnlich wie vorher der Reichslastverteiler den überregionalen Stromaustausch regelte. Seine Inbetriebnahme 1947 stellte eine entscheidende technische Voraussetzung für den weiteren Ausbau der Elektrizitätswirtschaft dar.[19]

---

[17] Ebd.; DERS., Die deutsche elektrotechnische Produktion, S. 118; Aus den einzelnen Gebieten der Wirtschaft. Elfter Bericht zur Lage nach der Währungsreform vom 9. Dezember 1948, Schluß [Dritter Teil], in: WV 2 (1949), H. 1, S. 17.

[18] BA Koblenz, B 102, 783: „Die energiewirtschaftlichen Probleme der Gegenwart', Vortrag gehalten anläßlich der Mitgliederversammlung des Verbandes der Elektrizitätswerke Württemberg-Baden am 11. Juni 1948 in Bad Homburg, ohne Autor"; Aktuelle Fragen der Elektrizitätswirtschaft, in: EW, 50 (1951), S. 30; OBERLACK, Finanzierung, S. 332; BRUCHE, Elektrizitätsversorgung, S. 93; HERZIG, Wirtschaftsgeschichtliche Aspekte, S. 144; ROGGENDORF, Elektrizitätsversorgung, S. 13; VIERFUß, Strom, S. 46; TRUTE, Die Lage [1949], S. 306.

[19] MEYER, 75 Jahre, S. 264; HERZIG, Wirtschaftsgeschichtliche Aspekte, S. 142; DEUTSCHE VERBUNDGESELLSCHAFT, Verbundbetrieb, S. 34.

In der Folgezeit stieg die Nachfrage nach Energieerzeugungs-, -umwandlungs- und verteilungsanlagen stark an. Bedeutsam waren dabei Großprojekte, wie etwa die Errichtung eines bundesweiten 380-kV-Hochspannungsnetzes zur Verbindung der Versorgungsunternehmen. Dieses Vorhaben ging auf ein Rundschreiben von RWE-Direktor Schöller an die sieben größten Elektrizitätserzeuger vom Juni 1948 zurück. Der Brief wurde zudem Anstoß zur Gründung der Deutschen Verbundgesellschaft (DVG) im November 1948, der fortan die konzeptionelle und technische Planung von Fernverbundnetzen oblag. Die DVG begann sogleich mit den Planungen für ein überregionales Hochspannungsnetz, bei denen man sich auf die in den 1930er und 1940er Jahren ausgearbeiteten Entwürfe, wie etwa die von RWE konzipierte 400-kV-Verbindung zwischen dem Rheinland und Vorarlberg, stützte.[20]

Wichtige strukturelle Weichenstellungen wurden in den Nachkriegsjahren bei der industriellen Eigenerzeugung und deren Verhältnis zur Elektrizitätswirtschaft getroffen. Bereits 1947 war die Vereinigung Industrielle Kraftwirtschaft (VIK) als Gegenstück zur AdEW zur Vertretung der Interessen der Betreiber industrieeigener Kraftwerke gegründet worden. Die VIK beteiligte sich in Anknüpfung an die in den 1920er und 1930er Jahren etablierten Verbindungen an mehreren Abkommen zur Regelung des Verbundbetriebes zwischen den Vereinigten Stahlwerken und Unternehmen des Steinkohlenbergbaus einerseits sowie RWE und Vereinigten Elektrizitätswerken andererseits. Diese Vereinbarungen erlaubten der Industrie, die Netze der Elektrizititätsversorger zur Stromübertragung zwischen ihren Werken zu nutzen, womit sich der Aufbau eines separaten Leitungsnetzes für die industriellen Krafterzeuger erübrigte.[21]

Die Industrie produzierte in den 1950er Jahren rund 60 Prozent des von ihr benötigten Stromes selbst, während der Rest von den Versorgungsunternehmen bezogen wurde. Die größten Stromverbraucher waren dabei Chemie- und Mineralölindustrie. Der Umfang der industriellen Eigenerzeugung machte Branchen wie Bergbau und Chemie im Unterschied zu Großbritannien zu wichtigen Abnehmern von Kraftwerksanlagen. Deutsche Hersteller waren folglich mit einer größeren Zahl von Nachfragern konfrontiert, die zudem versuchten, ihre Anlagen möglichst günstig einzukaufen, wodurch sich der Wettbewerbsdruck erhöhte.[22]

---

[20] ZENTRALLASTVERTEILUNG FÜR ELEKTRIZITÄT, Elektrizitätsversorgung, S. 181; BOLL, Verbundwirtschaft, S. 82; SCHEIDERER, Netz, S. 114-27; LÖWER, Rechtshistorische Aspekte, S. 195; BOHN UND MARSCHALL, Stromversorgung, S. 116.

[21] HEUECK, Verbundbetrieb, S. 40; WAGNER, Elektrizitätsversorgung, S. 377f; GNEUSS, Eigenstromerzeugung, S. 340ff; SCHULTES, Fremdstrombezug, S. 1f; KÖRFER, Stromerzeugung, S. 1ff; SCHÄFF, Verbund, S. 96f; KRUSE, Energiewirtschaft, S. 215. S.a. BROCKE, Industrie, S. 169f; SALZMANN, Bilanz, S. 2687; DERS., Elektrizitätswirtschaft, S. 2617; DERS., Industrie, S. 2784.

[22] SALZMANN, Bilanz, S. 2688.

In großem Umfang speisten die industriellen Stromerzeuger Elektrizität in das öffentliche Netz ein. 1961 beispielsweise 16,2 TWh oder 34 Prozent der industriellen Stromerzeugung. 82,7 Prozent kamen dabei von Unternehmen des Bergbaus. In England und Wales lag dieser Wert 1960 dagegen bei lediglich 1,4 TWh. Die großen Erzeugungskapazitäten, die den Versorgungsunternehmen durch den Bezug von Strom aus industrieeigenen Kraftwerken indirekt zur Verfügung standen, erlaubten es der Elektrizitätswirtschaft, geringere Kapazitäten als eigentlich nötig zu betreiben. Dies wirkte sich günstig auf die Stromkosten aus, während die Industrie von einer höheren Flexibilität ihrer Versorgung profitierte.[23]

In den späten 1940er und frühen 1950er Jahren forderte die VIK wiederholt, den bei der Industrie erzeugten Strom über eigene Netze direkt an Endkunden verkaufen zu dürfen, womit sie direkter Konkurrent der Versorgungsunternehmen geworden wäre. Am 31. Dezember 1951 erging hierzu eine gemeinsame Eingabe von BDI, DIHT und VIK an Bundeswirtschaftsminister Ludwig Erhard, in der man einen „Schutz vor mißbräuchlicher Ausnutzung der Marktstellung" der Elektrizitätswirtschaft forderte. Verlangt wurde auch die „gesicherte Unterbringung der im Wärmeverbund und durch Wasserkraft erzeugten Überschußenergie" und die „Einordnung der Eigenanlagen in das allgemeine Netzsystem".[24]

Die Elektrizitätswirtschaft widersetzte sich erwartungsgemäß diesen Forderungen und konnte durchsetzen, daß die industriellen Kraftwerksbetreiber auch weiterhin lediglich das Recht hatten, überschüssigen Strom in das öffentliche Netz einzuspeisen. Diese Lieferungen wurden zwar bezahlt, doch die Erlöse waren weit geringer, als sie bei einer direkten Belieferung der Endabnehmer erzielt worden wären. Folglich gingen die Auseinandersetzungen zwischen industriellen Stromerzeugern und der Elektrizitätswirtschaft auch in den nachfolgenden Jahren weiter.[25]

Bekanntermaßen hemmten die ungeordneten Währungsverhältnisse die wirtschaftliche Entwicklung in den unmittelbaren Nachkriegsjahre. In weiten Bereichen hatte dies sogar eine Rückkehr zur Tauschwirtschaft notwendig gemacht. Eine grundsätzliche Änderung ergab sich mit der Währungsreform vom 21. Juni 1948 und der damit verbundenen sukzessiven Abschaffung von Preiskontrollen und Rationierungen. Die noch schmalen Ressourcen konnten so

---

[23] STRAHRINGER, Tagesprobleme [1962], S. 632; VOGT, Investitionen, S. 222.
[24] BA Koblenz, B 102, 17190: „Eingabe von BDI, DIHT und VIK vom 31.12.1951 als Anlage zum Schreiben der VIK-Geschäftsführung an den Bundeswirtschaftsminister, Kartellreferat, Essen, 31.01.1952".
[25] SCHÄFF, Verbund, S. 98; KÖRFER, Stromerzeugung, S. 15f; HERZIG, Wirtschaftsgeschichtliche Aspekte, S. 145.

über den Markt optimaler verteilt werden, so daß staatliche Lenkungsmaßnahmen zunehmend überflüssig wurden.[26]

Im Gefolge der Währungsreform stellten die Unternehmen ihre Bilanzen von RM auf DM um. Dabei zeigte sich, daß sich die Verteilung des Aktienkapitals während und nach dem Krieg nicht stark verändert hatte. Sowohl in der RM-Schlußbilanz als auch in der DM-Eröffnungsbilanz entfielen auf Siemens und AEG zwei Drittel des gesamten Elektroaktienkapitals. Zwischen 1939 und 1948 hatte dieses im Branchendurchschnitt um 95 Prozent zugenommen, bei den beiden Konzernen sogar um 120 Prozent.[27]

Bei der RM-DM-Bilanzumstellung wurde erkennbar, daß Siemens und AEG seit den 1930er Jahren erhebliche finanzielle Reserven angelegt hatten, die es ihnen erlaubten, ihr Nominalkapital zum großen Teil zu erhalten. Während des Krieges hatten die beiden Konzerne die Chance genutzt, „durch entsprechende Staatsaufträge die Möglichkeit, ihre Rentabilität zu verbessern, Selbstfinanzierung zu betreiben und dadurch indirekt ihr Kapital zu erhöhen". So das Ergebnis einer vergleichenden Studie zum Aktienkapital der Elektroindustrie der Jahre 1939 und 1948.[28]

Der Umfang der stillen Reserven erleichterte es, die enormen kriegsbedingten Verluste zu kompensieren. AEG-Vorstandsmitglied Boden bei der Hauptversammlung 1950: „Wenn es nicht möglich gewesen wäre, in früheren Zeiten erhebliche stille Reserven anzusammeln, wäre das Aktienkapital heute völlig verloren."[29] Dabei hatte man in den Jahren vor der letzten RM-Schlußbilanz, die von den meisten Firmen für 1944 angefertigt wurde, Maschinenpark, Werkzeuge, Betriebs- und Geschäftsausstattung, aber auch Konzessionen, Patente und Lizenzen so weit als möglich auf eine RM abgeschrieben.[30]

Aufsichtsratsvorsitzender Hermann von Siemens stellte bei der Siemens & Halske-Hauptversammlung 1949 zur Anlage umfangreicher stiller Reserven dem *Volkswirt* zufolge fest: „Neben der Berücksichtigung der Aktionärsinteressen sei die Verwaltung stets darauf bedacht gewesen, dem Unternehmen die erforderlichen Mittel für die weitere technische Entwicklung zu sichern und für

---

[26] Die Wirtschaft der vereinten Zone im Jahre 1947 und im Januar 1948, in: WV 1 (1948), H. 1, S. 5; Trute, Entwicklungslinien und Zukunftsaussichten, S. 110; Buchheim, Währungsreform, S. 220-4.

[27] Pohl, Kapitalveränderungen, S. 466. Vgl. Rost, Elektro-Bilanzen, S. 27f.

[28] Pohl, Kapitalveränderungen, S. 466.

[29] Allgemeine Electricitäts-Gesellschaft [JB], in: Volkswirt 4 (1950), Nr. 14, S. 20.

[30] Zur Zerschlagung des Bosch-Konzerns, in: Volkswirt 3 (1949), Nr. 25, S. 22; Siemens & Halske AG [JB], ebd., 4 (1950), Nr. 10, S. 19; Der Weg der Siemens-Gesellschaften, ebd., Nr. 28, S. 23; Brown, Boveri & Cie. AG Mannheim. Zum fünfzigjährigen Bestehen, ebd., Nr. 24, S. 42; AEG im alten Fahrwasser, ebd., 5 (1951), Nr. 47, S. 29; „Robert Bosch" im Wiederaufbau, ebd., Nr. 17, S. 24. Starke Finanzen bei Brown Boveri, ebd., 6 (1952), Nr. 19, S. 22. S.a. Pohl, Gesamtbilanz, S. 11.

die unvermeidlichen Rückschläge spezieller und allgemeiner Art Vorsorge zu treffen."[31]

In der gleichen Zeitschrift hieß es zur Finanzpolitik von AEG:

> Wenn auch die Unterbewertung im Interesse einer Krisenfestigkeit von Kapitalgesellschaften auch rechtlich sehr großzügig gehandhabt wird, so darf andererseits doch auch nicht vergessen werden, daß die Verwaltungen, welche stille Rücklagen im Ausmaß von mehreren hundert Millionen Mark gebildet haben, ihren Aktionären anläßlich der Offenlegung in der Gegenwart sagen müssen: Wir haben zwar ungewöhnlich hohe Verluste durch die nationale Katastrophe erlitten, aber wir konnten mehrere hundert Millionen Mark davon aus Vermögenswerten decken, von deren Vorhandensein den Anteilseignern bisher nichts gesagt worden ist.[32]

Beim Wechsel von RM auf DM waren zwischen den einzelnen Unternehmen erhebliche Unterschiede erkennbar, wobei AEG von allen Großfirmen das schlechteste Umstellungsverhältnis hatte. Das AEG-Grundkapital wertete man von 264 Millionen RM um 3:1 auf 88 Millionen DM ab. Bei Siemens & Halske wurde dieses im Verhältnis 5:3 von 400 Millionen RM auf 240 Millionen DM, bei den Siemens-Schuckertwerken mit 6:5 von 240 Millionen RM auf 200 Millionen DM umgestellt. Noch günstiger war die Relation bei BBC und Bosch, deren Grundkapital von 24 beziehungsweise 48 Millionen RM durch einen Tausch von 1:1 nominal erhalten blieb.[33]

1949 verlief die Produktionsentwicklung der Elektroindustrie, die im Laufe dieses Jahres das Volumen von 1936 überschritten hatte, in drei Phasen. Zu Jahresbeginn profitierte sie noch von der allgemeine Aufwärtsentwicklung, die auf die Währungsreform folgte. Im Sommer kam es dann aber zu einem Stillstand, der durch die Stornierung von Aufträgen seitens einiger Großabnehmer aus Bergbau und Energieversorgung ausgelöst wurde. Von Herbst an war wieder ein beschleunigtes Wachstum erkennbar. Eine Rolle spielte dabei die Konsolidierung der Rohstoffversorgung, nachdem die Bewirtschaftung von Eisen, Stahl und NE-Metallen aufgrund von Importen und angesichts der gewachsenen heimischen Produktion aufgehoben worden war. Hemmend auf die Expansion der Elektroindustrie wirkten sich aber die nach wie vor bestehenden Finanzierungsengpässe wichtiger Abnehmer aus.[34]

---

[31] Siemens & Halske AG [JB], in: Volkswirt 4 (1950), Nr. 10, S. 19.

[32] Allgemeine Electricitäts-Gesellschaft [JB], ebd., Nr. 14, S. 20.

[33] Ebd.; Der Weg der Siemens-Gesellschaften, ebd., Nr. 28, S. 23; Brown, Boveri & Cie. AG Mannheim. Zum fünfzigjährigen Bestehen, ebd., Nr. 24, S. 42; AEG im alten Fahrwasser ebd., 5 (1951), Nr. 47, S. 29; Robert Bosch GmbH. Günstige Umsatz- und Ertragsentwicklung, ebd., Nr. 15, S. 20; „Robert Bosch" im Wiederaufbau, ebd., Nr. 17, S. 24; FELDENKIRCHEN, Wiederaufbau, S. 192.

[34] BHStA, MF 71749: „Bayerisches Statistisches Landesamt, Abteilung Wirtschaftsbeobachtung, Index der industriellen Produktion in Bayern (1936=100), Dezember 1948, 1.3.1949"; Wirtschaftli-

Der allseits beklagte Kapitalmangel bewirkte, daß „die fortlaufende Erweiterung und zunehmende Technisierung an einen erheblichen Hemmschuh gebunden" war, so eine Analyse der Bilanzen elektrotechnischer Aktiengesellschaften für die Jahre 1949 und 1950.[35] Während die finanziellen Anforderungen an die Firmen ständig zunahmen, fehlten ihnen insbesondere Kredite mit langen Laufzeiten. Ein Indikator für die Enge des Kapitalmarkts war, daß außer einer Anleihe von zehn Millionen DM der Neckarwerke Elektrizitätsversorgungs AG bis Mitte des Jahres 1953 keine Anleihe durch ein größeres bundesdeutsches Unternehmen ausgegeben wurde. Zur wichtigsten Geldquelle für Elektrofirmen wurden damit vorhandene Reserven, die Veräußerung von Kapitalbeteiligungen, etwa an Stromversorgern, und vor allem die Reinvestition der im laufenden Geschäft gewonnenen Mittel.[36]

B. DIE 1950ER JAHRE:
EXPANSION, KAPITALMANGEL UND
WETTBEWERBSGESETZGEBUNG

Bereits im Laufe des Jahres 1949 hatte sich die Versorgung der Industrie mit Rohstoffen und Vorprodukten so weit normalisiert, daß die letzten Bewirtschaftungsmaßnahmen abgeschafft werden konnten. 1950 wurde dann zum ersten „Normaljahr" der bundesdeutschen Nachkriegszeit, da zu diesem Zeitpunkt die Verluste und Zerstörungen des Krieges beseitigt, das Produktionsniveau von 1936 überschritten und der Anschluß an den internationalen Stand der Technik weitgehend erreicht worden war.[37] Im Frühjahr 1950 war auf den

---

cher Lagebericht [Januar 1949], ebd., H. 6, S. 164-72; Der Versorgungsindex noch unzureichend. Wirtschaftlicher Lagebericht, abgeschlossen Ende Januar 1949, in: WV 2 (1949), H. 3, S. 84; Wirtschaftlicher Lagebericht. Besonderer Teil – Konsumgüterindustrie, Februar 1949, ebd., H. 8, S. 221-4; Die wirtschaftliche Lage. Aprilbericht. Besonderer Teil, ebd., H. 10, S. 283-288: Die Lage der Produktionsgüterindustrie. Aus dem Wirtschaftlichen Lagebericht für Mai (abgeschlossen Anfang Juli 1949), ebd., H. 14, S. 385; TRUTE, Lage [1949], S. 306; IFO-INSTITUT FÜR WIRTSCHAFTSFORSCHUNG, Industrie Westdeutschlands, S. 34; SCHMITZ, Rohstoffprobleme, S. 87; TRUTE, Entwicklung [1950], S. 69.

35 POHL, Gesamtbilanz, S. 12. S.a. MEUSCHEL, DM-Eröffnungsbilanzen, S. 35; STOLPER UND ROSKAMP, Planning, S. 388; KELCH, Studien, S. 73.

36 Allgemeine Electricitäts-Gesellschaft [JB], in: Volkswirt 4 (1950), Nr. 14, S. 21; Siemens & Halske AG [JB], ebd., Nr. 10, S. 20; Der Weg der Siemens-Gesellschaften, ebd., Nr. 28, S. 24; AEG im alten Fahrwasser, ebd., 5 (1951), Nr. 47, S. 29; VOLK, Bestimmungsfaktoren, S. 61; POHL, Gesamtbilanz, S. 12; ZVEI, Mitgliederversammlung [1951], k.S.; DERS., Mitgliederversammlung [1957], S. 7; KRÄMER, Finanzpolitik, S. 54.

37 SCHMITZ, Rohstoffprobleme, S. 87; ALBACH, Unternehmen und Staat, S. 33; ROST, Entwicklungslinien, S. 12; TRUTE, Elektrowirtschaft, S. 18; DERS., 50 Jahre deutsche Elektrowirtschaft, S. 11; SCHRÖDER, Exportwirtschaft, S. 224.

Weltmärkten eine konjunkturelle Belebung zu verzeichnen, und die auf den Ausbruch des Korea-Krieges am 25. Juni 1950 folgende Rüstungskonjunktur zog ein erhöhtes Fertigungsvolumen von Grundstoff- und Investitionsgüterindustrien nach sich. Begleitet war dies allerdings von Preissteigerungen und Versorgungsengpässen bei Rohstoffen und Vorprodukten.[38]

Die wohl schwierigste Lage bestand bei Kohle, weshalb mittels staatlicher Interventionsmaßnahmen, der sogenannten Lenkung der leichten Hand, eine ausreichende Belieferung von Verkehr, Elektrizitätswirtschaft und Grundstoffindustrien sichergestellt werden sollte.[39] Da Eisen einer amtlichen Preisbindung unterlag, nahmen dort die Lieferzeiten zu, während in allen nicht-preisgebundenen Bereichen und insbesondere bei NE-Metallen eine rasche Verteuerung einsetzte. Aufgrund der vollständigen Importabhängigkeit der Bundesrepublik wurden für Kupfer, Zink und Nickel, zu deren größten Verbrauchern die Elektroindustrie zählte, im Laufe des Jahres 1951 Verwendungsverbote verhängt. Für einige Sektoren der bundesdeutschen Industrie erwiesen sich diese Maßnahmen natürlich als hinderlich. Als ganzes profitierte sie aber von der Entscheidung der New Yorker Außenminister-Konferenz, alle in der Stahlerzeugung noch bestehenden alliierten Beschränkungen im September 1950 aufzuheben. Anlaß hierfür war der aufgrund der Rüstungsanstrengungen der westlichen Welt stark gewachsene Bedarf an Rohstoffen und Vorprodukten. Aus dem gleichen Grund wurde die noch bestehende Höchstgrenze für die deutsche Aluminiumproduktion im April 1951 abgeschafft.[40]

Engpässe traten während dieser Zeit auch in der Stromversorgung auf. Stromfrequenzen und -spannungen wurden deshalb reduziert, die Benutzung bestimmter Geräte verboten, und Industriearbeit in Nachtstunden verlegt, wie dies auch bereits in den späten 1940er Jahren praktiziert worden war.[41] An-

---

[38] Im Schatten der Investitionsprogramme. Um die Konjunkturbelebung in der Konsumgüterindustrie, Volkswirt 4 (1950), Nr. 28, S. 10; TRUTE, Entwicklungslinien, S. 129; SCHMITZ, Rohstoffprobleme, S. 87; HARDACH, Wirtschaftsgeschichte, S. 220f; VOLK, Bestimmungsfaktoren, S. 36, 43.

[39] BA Koblenz, B 102, 785: „Schreiben der Geschäftsführung der Vereinigung Industrielle Kraftwirtschaft an die Zentrallastverteilung, Bad Homburg von der Höhe, 26.02.1951"; 787: „Schreiben der Deutschen Verbundgesellschaft an Bundeswirtschaftsminister Prof. Erhard, betr. Verschärfte Notlage der Elektrizitätsversorger Heidelberg, 01.11.1951"; 4525: „BWM, Referat III B 2, Vermerk über die Sitzung betr. Materialversorgung in der Energiewirtschaft am 26.07.1951 in Bonn, 21.08.1951"; 32002: „Der Bundesminister für Arbeit an den Bundesminister für Wirtschaft betr. Massenentlassungen infolge Stromsperre, Bonn, 10.02.1951"; „BDI, Fernschreiben an Bundeswirtschaftsminister Prof. Dr. Ludwig Erhard, unterzeichnet Fritz Berg, Präsident des BDI, 19.01.1951"; „BWM, Referat III B 2, Schreiben von Dr. Ludwig Erhard, Bundeswirtschaftsminister an Fritz Berg, Präsident des BDI, betr. Stromeinschränkungsmaßnahmen, 28.01.1951".

[40] SCHMITZ, Rohstoffprobleme, S. 87-90; ZVEI, Mitgliederversammlung [1951], k.S.; HARDACH, Wirtschaftsgeschichte, S. 221f; DERS., Marshall Plan, S. 472-7; STAHL, Erzeugerpreise, S. 403.

[41] SCHMELCHER, Stromkrise, S. 443; BORCHARDT UND BUCHHEIM, Wirkung, S. 133.

fänglich wurden auch Sendepausen im Rundfunk eingelegt, wovon man aber nach kurzer Zeit wieder abging. Im Fachausschuß Elektrizität des Bundeswirtschaftsministeriums hieß es hierzu:

> Die bisherigen Erfahrungen haben gezeigt, daß der ostzonale Rundfunk Sendepausen benutzt, um mit gut ausgestalteten Programmen propagandistisch auf die Hörer des Bundesgebietes einzuwirken. Die politische Seite dieser Maßnahme wird als so ausschlaggebend angesehen, daß von einer Einschränkung der Rundfunksendungen unter allen Umständen Abstand genommen werden sollte.[42]

Die Gesamtproduktion der Elektroindustrie lag 1951 mit 5,6 Milliarden DM um 50 Prozent, unter Berücksichtigung der gestiegenen Rohstoffpreise um 27 Prozent über der von 1950. Dies war in erster Linie Ergebnis der Absatzausweitung bei Investitionsgütern. So berichtete AEG, daß die Bestellungen in den betreffenden Produktgruppen eine Höhe erreicht hatten, die die vorhandenen Fertigungskapazitäten weit überstiegen. Eine vergleichbare Entwicklung verzeichnete auch Siemens & Halske, wo der Umsatz im Geschäftsjahr 1950/51 um 56 Prozent zunahm. Das Unternehmen kündigte deshalb eine Aufstockung des Grundkapitals von 240 auf 300 Millionen DM an, um Mittel zur Erweiterung der vollständig ausgelasteten Fertigungsanlagen zu bekommen.[43]

Sowohl AEG als auch Siemens & Halske entschlossen sich 1951, die Dividendenzahlungen erstmals seit Ende des Krieges wieder aufzunehmen. Im Hinblick auf die angekündigten Kapitalerhöhungen sollte dies ihre Attraktivität für Investoren verbessern. AEG hatte in den davorliegenden neun Jahren keine Dividende mehr gezahlt und sie auf fünf Prozent festgesetzt. Siemens & Halske hatte seit sieben Jahren keine Ausschüttungen an die Aktionäre mehr vorgenommen und entschied sich für einen Satz von vier Prozent.[44]

Der durch den Korea-Krieg ausgelöste Boom verlangsamte sich im Frühjahr 1951, wobei besonders elektrotechnische Investitionsgüter ein erheblich verlangsamtes Wachstum verzeichneten. Zwischen 1951 und 1952 nahm deren Produktionszuwachs von 62,0 auf 6,2 Prozent ab. Verschärfend wirkte die Kapitalknappheit der Elektrizitätswirtschaft, der eine Erhöhung der Strompreise nach wie vor verwehrt war, während die Kohlenpreise abermals gestiegen waren. Da dies den finanziellen Spielraum der Versorgungsunternehmen kontinuierlich eingeengt hatte, forderten sie wiederholt die Freigabe der Strompreise.

---

[42] BA Koblenz, B 102, 786: „Niederschrift über die Sitzung des Elektrizitätsausschusses gemäß § 12 des Energienotgesetzes am 12. Juli 1951".

[43] AEG im alten Fahrwasser in: Volkswirt 5 (1951), Nr. 47, S. 31f; Noch größere Dimensionen bei Siemens, ebd., Nr. 21, S. 22; Trute, Elektroindustrie [1951], S. 487; ders., Entwicklungslinien, S. 130; Stahl, Entwicklung der Erzeugerpreise, S. 402.

[44] Siemens-Dividende, in: Volkswirt 6 (1952), Nr. 16, S. 6; AEG überwand mancherlei Schwierigkeit, ebd., Nr. 26, S. 22.

Der ZVEI unterstützte dieses Anliegen, weil man sich hiervon eine Ausweitung der Bestellungen erhoffte. Nach langwierigen Verhandlungen zwischen Elektrizitätswirtschaft, Bundeswirtschaftsministerium, BDI und DIHT wurden die Strompreise für gewerbliche und landwirtschaftliche Abnehmer im Laufe des Jahres 1953 freigegeben, worauf sie sogleich anstiegen.[45]

Aber auch die so erzielten Mehreinnahmen reichten nicht zur Deckung des Kapitalbedarfs der Elektrizitätswirtschaft aus, weshalb staatliche Mittel zu einer wichtigen Finanzierungsquelle wurden. So vergab die Kreditanstalt für Wiederaufbau zwischen 1949 und 1954 Gelder in einer Gesamthöhe von 6,05 Milliarden DM, wovon 1,15 Milliarden DM und damit mehr als in jeden anderen Wirtschaftssektor in die Elektrizitätswirtschaft flossen. Auch aus dem *European Recovery Programme (ERP)* erhielt die Elektrizitätswirtschaft die höchsten Zuweisungen aller Branchen, nämlich 925 Millionen DM. Damit stammten rund zwei Drittel der drei Milliarden DM, die von den Stromversorgern in dieser Zeit investiert wurden, aus zentral gesteuerten Mitteln. Mit ihnen wurden 67 Kraftwerke mit einer Gesamtkapazität von 2.984 MW und zwei große Leitungsprojekte finanziert, woraus der Elektroindustrie ein beachtliches Auftragsvolumen entstand.[46] Im Vergleich dazu erhielt die Elektrotechnische Industrie aus ERP-Mitteln lediglich 200 Millionen DM, wovon alleine 180 Millionen DM an Berliner Firmen gingen.[47]

Zur Behebung der Kapitalnot in industriellen Engpaßbereichen wurde am 9. Januar 1952 das Gesetz über die Investitionshilfe der gewerblichen Wirtschaft (IHG) verabschiedet. In der Folgezeit mußten alle bundesdeutschen Unternehmen einen Kredit in Höhe von insgesamt einer Milliarde DM an einen Fonds überweisen, dessen Mittel an ausgewählte Wirtschaftssektoren verliehen

---

[45] Forderungen und Wünsche der Elektroindustrie [Hauptversammlung des ZVEI, 27.03.1952], in: EA 5 (1952), S. 122; TRUTE, Elektroindustrie an der Jahreswende [1952/1953], S. 2; Die Elektroindustrie im Vormarsch. Mitgliederversammlung 1953 des Zentralverbandes der Elektrotechnischen Industrie, ebd., 6 (1953), S. 163; Aktuelle Fragen der Elektrizitätswirtschaft, in: EW 50 (1951), S. 27; TRUTE, Entwicklungslinien, S. 129; HACKBARTH, Konjunktur, S. 24; FREIBERGER, Aktuelle Probleme [1951], S. 393; ZVEI, Mitgliederversammlung [1951], k.S.; MEUSCHEL, DM-Eröffnungsbilanzen, S. 35; ROST, Strukturelle Preisverzerrungen, S. 400; SCHMELCHER, Stromkrise, S. 444; WANGENHEIM, Elektro-Energie, S. 19.

[46] BA Koblenz, B 102, 31954: „BWM, Referat III B 2, Schreiben an den Vorsitzenden der VDEW, Stadtrat Dr. Ingenieur Karl Frank, Hannover betr. Finanzierung der öffentlichen Elektrizitätsversorgung, unterzeichnet Kattenstroth, 26.11.1957"; Aktuelle Fragen der Elektrizitätswirtschaft, in: EW 50 (1951), S. 30; STRAHRINGER, Tagesfragen [1965], S. 335; SCHMIDT-AMELUNG, Ausbau der öffentlichen Stromerzeugungsanlagen, S. 293; DERS., Kapitalquellen, S. 624ff; ROGGENDORF, Elektrizitätsversorgung, S. 13. S.a. BORCHARDT UND BUCHHEIM, Wirkung, S. 135.

[47] BA Koblenz, B 102, 1247: „BWM, Referat IV A 4 Aktenvermerk zum Schreiben der AEG vom 02.07.1954, 13.07.1954"; 1248: „Entwurf einer Vorschlagsliste für Investitionskredite der Berliner Elektroindustrie, 19.10.1949"; ORLOVIUS, Materialien, S. 26; WALTHER, Wiederaufbau, S. 455; FELDENKIRCHEN, Wiederaufbau, S. 191f.

wurden. Zusätzlich wurden diesen gemäß § 36 IHG günstigere Abschreibungsmöglichkeiten eingeräumt. Während der Laufzeit des IHG erhielt die Elektrizitätswirtschaft Kredite in Höhe von insgesamt 238,7 Millionen DM. Angesichts eines jährlichen Kapitalbedarfs von 1,2 Milliarden DM war dies allerdings vergleichsweise wenig. Umso wichtiger waren die mit dem IHG möglich gewordenen Sonderabschreibungen, die von den Versorgungsunternehmen im Umfang von rund einer Milliarde DM genutzt wurden.[48]

Der Ausbau der Stromversorgung ließ die elektrotechnische Produktion trotz des abflauenden Korea-Booms ansteigen. Siemens, AEG und BBC verbuchten zwischen 1952 und 1954 ein starkes Umsatzwachstum, wobei sie darauf verwiesen, daß dies vor allem auf die erhöhte Nachfrage von Elektrizitätswirtschaft, Bergbau und Stahlindustrie zurückging, die die erhöhten Abschreibungssätze des IHG in Anspruch nahmen.[49] Dank umfangreicher Aufträge im Starkstromsektor lag das Wachstum der genannten Firmen noch über dem der ohnehin schnell expandierenden Elektroindustrie. Während sie 1953 um zehn Prozent wuchs, nahm der Siemens-Umsatz um 13 Prozent, der von AEG um 16 Prozent zu. Die Beschäftigtenzahlen stiegen dagegen langsamer, bei Siemens um neun, bei AEG um 13 Prozent. Im darauffolgenden Jahr setzte sich diese Entwicklung fort und hatte einen kontinuierlichen Produktivitätsanstieg, insbesondere bei den Großunternehmen zur Folge. So hatte sich die Pro-Kopf-Produktion bei AEG innerhalb von nur fünf Jahren mehr als verdreifacht, von 5.546 DM im Geschäftsjahr 1948/49 auf 18.524 DM 1953/54.[50]

Der hohe Auftragseingang erforderte eine Erweiterung der Fertigungskapazitäten, doch die hierfür notwendigen Finanzmittel waren am Kapitalmarkt nur schwer erhältlich, da er in den frühen 1950er Jahren noch weitreichenden Re-

[48] BA Koblenz, B 102, 31954: „BWM, Referat III B 2, Schreiben an den Vorsitzenden der VDEW, Stadtrat Dr. Ingenieur Karl Frank, Hannover betr. Finanzierung der öffentlichen Elektrzitätsversorgung, unterzeichnet Kattenstroth, 26.11.1957"; SCHMIDT-AMELUNG, Kapitalquellen, S. 625; FREIBERGER, Aktuelle Probleme [1953], S. 423; ROHE UND GÜNDELL, Investitionshilfegesetzes, S. 414f; ZVEI, Mitgliederversammlung [1951], k.S.; ROGGENDORF, Elektrizitätsversorgung, S. 13; HILLER, Befriedigende Lage, S. 363; KELLER, Elektrizitätswirtschaft, S. 24. Zum IHG: ROSKAMP, Capital Formation, S. 168; BOSS, Incentives und Wirtschaftswachstum, S. 38ff; WANGENHEIM, Elektro-Energie, S. 20; HERZIG, Wirtschaftsgeschichtliche Aspekte, S. 144.

[49] Elektroindustrie meldet ihre Wünsche an, in: Handelsblatt, 17.04.1953; Langsamere Produktionsausweitung der Elektroindustrie, in: Volkwirt 7 (1953), Nr. 29, S. 19; Weiterer Kräftezuwachs bei Siemens, ebd., Nr. 16, S. 28; AEG-Abschluß im Zeichen der Konsolidierung, ebd., Nr. 17, S. 24, 26; Brown, Boveri, „übertrieben sozial"?, ebd., Nr. 33, S. 25; Gute Aussichten für Elektro-Investitionen, ebd., 8 (1954), Nr. 6, S. 17; Brown, Boveri & Cie. gehen auf 10 v. H., ebd., 9 (1955), Nr. 23, S. 26; WANGENHEIM, Elektroenergie, S. 20; SCHMELCHER, Stromkrise, S. 443; HERWALT, Westberliner Elektroindustrie, S. 369.

[50] BA Koblenz, B 102, 1247: „BWM, Referat IV A 4 Aktenvermerk zum Schreiben der AEG vom 02.07.1954, 13.07.1954"; Verbesserte Ertragskraft bei Siemens, in: Volkswirt 8 (1954), Nr. 12, S. 23f, 26; AEG flüssiger und ertragskräftiger ebd., S. 26f; Die AEG in der Mengenkonjunktur, ebd., 9 (1955), Nr. 9, S. 28f; Siemens setzt den Aufstieg fort, ebd., Nr. 10, S. 24.

striktionen unterworfen war. So waren die langfristigen Zinsraten von Industrieanleihen auf 6,5 Prozent begrenzt, womit man staatlicherseits versuchte, zur Behebung der akuten Wohnungsnot Kapital in den Bausektor zu leiten. Anleihen der Industrie konnten so am Kapitalmarkt nur schwer plaziert werden und spielten in der Unternehmensfinanzierung der frühen 1950er Jahre nur eine marginale Rolle. Das Kapitalmarktförderungsgesetz vom Dezember 1952 schaffte dann zwar die Begrenzung der Zinsraten ab, Industrieanleihen blieben für Investoren aber weiterhin wenig attraktiv, da auf deren Erträge im Gegensatz zu denen von Bund und Ländern eine Steuer von 30 Prozent erhoben wurde. Die Elektrotechnische Industrie und ihr Verband protestierten wiederholt, wenngleich erfolglos, gegen diese Bevorzugung der öffentlichen Hand.[51] Im Siemens-Geschäftsbericht für 1952/53 hieß es hierzu:

> Wir hatten die Absicht, die in der Bundesrepublik für den weiteren Aufbau notwendigen Investitionsmittel auf dem Anleiheweg zu beschaffen. ... Durch die Kapitalmarktpolitik der öffentlichen Hand wurden jedoch unsere Emissionspläne zunichte gemacht. Da die öffentlichen Anleihen mit steuerlichen Vorteilen verschiedener Art ausgestattet sind, die wir für unsere Anleihen leider nicht in Anspruch nehmen können, ist uns der Kapitalmarkt verschlossen. Den Möglichkeiten zur Bildung von Eigenkapital sind andererseits enge Grenzen gesetzt, weil Ertragssteuern und Lastenausgleich den größten Teil des erzielten Gewinns beanspruchen; zudem halten wir die Ausschüttung einer angemessenen Dividende auch im Interesse der Kapitalmarktpflege für unerläßlich.[52]

Zur Kapitalmarktpflege nahmen die führenden Elektrounternehmen wiederholt Dividendenerhöhungen vor. So setzte Siemens die Dividende 1952 von vier auf sechs und im darauffolgenden Jahr auf acht Prozent, AEG 1953 von fünf auf sieben und 1954 auf acht Prozent herauf. Zusätzliche Mittel gewann AEG 1953 durch den Verkauf von Beteiligungen an Elektrizitätswerken. So wurden unter anderem die Amperwerke Elektrizitäts AG an das Münchner Bankhaus Merck, Finck & Co., und die Koblenzer Elektrizitätswerke AG an RWE veräußert. Von der einstmals großen Zahl AEG-eigener Versorgungsunternehmen blieb damit nur noch die Neckarwerke Elektrizitätsversorgungs AG in deren Händen.[53]

---

[51] GIERSCH et al., Fading Miracle, S. 83f; BOSS, Incentives und Wirtschaftswachstum, S. 37f; SCHLESINGER UND BOCKELMANN, Monetary Policy, S. 182; KLUMP, Wirtschaftsgeschichte, S. 70; ZVEI, Mitgliederversammlung [1953], k.S.

[52] Weiterer Kräftezuwachs bei Siemens, in: Volkswirt 7 (1953), Nr. 16, S. 27.

[53] Ebd., S. 28; AEG überwand mancherlei Schwierigkeit, ebd., 6 (1952), Nr. 26, S. 24; AEG-Abschluß im Zeichen der Konsolidierung, ebd., 7 (1953), Nr. 17, S. 26; AEG flüssiger und ertragskräftiger ebd., 8 (1954), Verbesserte Ertragskraft bei Siemens, ebd., Nr. 12, S. 23ff; Kapitalerhöhung bei der AEG, ebd., Nr. 39, S. 22; Siemens setzt den Aufstieg fort, ebd., 9 (1955), Nr. 10, S. 24f; Nr. 12, S. 26ff; Die AEG in der Mengenkonjunktur, ebd., Nr. 9, S. 28; Brown, Boveri & Cie. gehen auf 10 v. H., ebd., Nr. 23, S. 26.

Nachdem die Dividendenzahlungen der Elektroindustrie in der ersten Hälfte der 1950er Jahre eine nennenswerte Höhe erreicht hatten, waren die Aktiengesellschaften leichter in der Lage, ihren finanziellen Spielraum durch Kapitalerhöhungen zu erweitern. Trotzdem wurde von dieser Möglichkeit nur zurückhaltend Gebrauch gemacht, und noch vorsichtiger waren die Firmen gegenüber der Aufnahme von Bankkrediten. Vom nach wie vor beengten Kapitalmarkt abgesehen war dies Ergebnis ihrer Finanzpolitik. Insbesondere Siemens, aber auch Bosch und BBC bemühten sich seit jeher darum, einen Großteil der Investitionen über einbehaltene Gewinne zu finanzieren und sich durch Bildung umfangreicher Reserven von Kapitalmarkt und Bankkrediten so weit als möglich unabhängig zu machen.[54]

So stellte der *Volkswirt* 1953 fest, daß „die finanziellen Dispositionen der AEG unverkennbar den Stempel der Vorsicht" tragen.[55] Noch mehr galt dies für den Siemens-Konzern, der auch in den Jahren rapiden Wachstums nicht von seiner traditionellen Finanzpolitik abrückte. Bereits 1952 entsprachen die Eigenen Mittel 120 Prozent des Anlagevermögens, während die „Goldene Bilanzregel" lediglich eine Deckung zu 100 Prozent vorsah. Der *Volkswirt* bemerkte zur Expansion von Siemens, daß diese „in bemerkenswert soliden Bahnen" verlaufen war.[56] Auch für die Robert Bosch GmbH erkannte die Zeitschrift eine „außerordentlich vorsichtige Finanzpolitik".[57]

Das Auslaufen des IHG Ende 1954 drohte den finanziellen Spielraum der Elektrizitätswirtschaft wieder einzuengen, so daß die Elektroindustrie mit einem Auftragseinbruch im Starkstromsektor rechnete. Sie forderte deshalb von der Bundesregierung nachhaltige Steuersenkungen und die Abschaffung der privilegierten Anleihen der öffentlichen Hand, um die für Investitionen notwendige Eigenkapitalbildung zu erleichtern. Außerdem verlangten VDEW und ZVEI eine Verlängerung der Sonderabschreibungsmöglichkeiten des IHG, was die Bundesregierung im Dezember 1954 dann auch tatsächlich tat.[58] Auf den

---

[54] Elektro-Milliarden, in: Zeitschrift für das gesamte Kreditwesen 15 (1962), S. 185ff; TRUTE, Elektroindustrie – Stellung, Aussichten, S. 9; Die Elektroindustrie steigerte die Produktivität. Jahreshauptversammlung des ZVEI [1955], in: EP 8 (1955), S. 217; HERDT, Bosch, S. 128-44; CATRINA, BBC, S. 70. S.a. HILLER, Befriedigende Lage, S. 365; VOLK, Bestimmungsfaktoren, S. 61; FRISCH, Kapazitäten, S. 10; KREILE, Dynamics of Expansion, S. 193; CABJOLSKY, Siemens & Halske, S. 28; POHL, Commentary zu: SCHRÖTER, Siemens, S. 205; FELDENKIRCHEN, Finanzierung, S. 119-24.

[55] AEG-Abschluß im Zeichen der Konsolidierung, in: Volkswirt 7 (1953), Nr. 17, S. 25.

[56] Weiterer Kräftezuwachs bei Siemens, ebd., Nr. 16, S. 27.

[57] Robert Bosch GmbH. Günstige Umsatz- und Ertragsentwicklung, ebd., Nr. 34, S. 24.

[58] Die Elektroindustrie fordert Expansion der Wirtschaft. Bedeutsame Rede Dr.-Ing. Neuenhofers auf der Mitgliederversammlung des Zentralverbandes der Elektrotechnischen Industrie [9.4.1954], in: EA 7 (1954), S. 168; ZVEI, Mitgliederversammlung [1954], S. 9; TRUTE, Stand und Entwicklung [1954], S. 467; NEUENHOFER, Mitgliederversammlung [1954], S. 233; ROGGENDORF, Ceterum censeo, S. 172; AICHINGER, Grundsatzprobleme, S. 121; HILLER, Befriedigende Lage, S. 365.

Absatz der Elektroindustrie wirkte sich dies günstig aus. Hellmut Trute, Hauptgeschäftsführer des ZVEI, zufolge war „in der Auftragskurve plötzlich eine hohe Spitze aufgetreten", die die Produktion im Laufe des Jahres 1955 um 29,6 Prozent anwachsen ließ.[59]

Eine wichtige Rolle bei der Ausweitung des Bestellvolumens spielte die verbesserte finanzielle Lage der Elektrizitätswirtschaft. Entscheidend war dafür sowohl die sukzessive Rücknahme der Strompreisbegrenzungen, als auch die den Versorgungsunternehmen aus dem IHG zufließenden Mittel und noch mehr die mit dem Gesetz verbundenen Abschreibungsmöglichkeiten. Die Elektrizitätswirtschaft, die ihre Erzeugungskapazitäten zwischen 1948 und 1955 von 5.726 MW auf 11.529 MW mehr als verdoppelt hatte, veranschlagte den jährlichen Investitionsbedarf für Modernisierung und Ausbau von Kraftwerken und Übertragungsnetzen zu dieser Zeit auf 1,2 Milliarden DM. Ein Großteil der sich daraus ergebenden Aufträge ging an die Elektroindustrie.[60]

Großes Interesse bestand bei den Elektrofirmen auch an einer verbesserten finanziellen Ausstattung von Bundespost und Bundesbahn, die ebenfalls wichtige Abnehmer waren. So erforderte beispielsweise die Elektrifizierung eines Kilometers Bahnstrecke Investitionen von rund einer Million DM, wovon 54 Prozent auf Bestellungen an die Elektroindustrie entfielen.[61] Um der Bundesbahn eine Erhöhung ihres Beschaffungsvolumens zu ermöglichen, übersandte der ZVEI 1953 einen Brief an den Bundeswirtschaftsminister mit der Aufforderung, „die Weltbank für die Bundesbahn in Anspruch zu nehmen".[62]

Nachdem die Bundesregierung dieses Ansinnen abgelehnt und die Bundesbahn 1953 Verluste in Höhe von 600 Millionen DM erlitten hatte, schlug der ZVEI eine Anleihe für die Bundesbahn vor, die aus Bankeinlagen der öffentlichen Hand beziehungsweise durch den Verkauf von Bundesvermögen finanziert werden sollte. Zur Erhöhung der Finanzkraft der Bundespost regte der ZVEI gleichzeitig die Ausgabe einer Bundesanleihe und Gebührenerhöhungen an, wozu es aber nicht kam.[63]

---

59 Zit.n. KIEKHEBEN-SCHMIDT, Kein Kurzschluß, S. 104. S.a. Boss, Incentives und Wirtschaftswachstum, S. 38; ZVEI, Mitgliederversammlung [1955], S. 5; KIEKHEBEN, Produktion, S. 7; HERWALT, Westberliner Elektroindustrie, S. 369; AICHINGER, Warnung, S. 60; HACKBARTH, Konjunktur, S. 23.

60 Der Finanzierungsbedarf der E-Werke, in: ZVEIM 6 (1953), Nr. 11, S. 2; Kraftwerksbau und Stromerzeugung, ebd., 12 (1959), Nr. 7, S. 13f; Kapazität und Stromerzeugung der westdeutschen Kraftwerke, ebd., 20 (1967), S. 10-13; LILIENFEIN, Entwicklung, S. 52, 55; WANGENHEIM, Elektro-Energie, S. 20; ZVEI, Mitgliederversammlung [1955], S. 7.

61 ZVEI, Mitgliederversammlung [1956], S. 7; Progressive Elektrifizierung der Bundesbahn, in: ZVEIM 13 (1960), Nr. 5, S. 14f.

62 ZVEI, Mitgliederversammlung [1953], k.S.

63 DERS., Mitgliederversammlung [1954], S. 6f.

Neben der unzureichenden finanziellen Ausstattung der Kunden kritisierte die Elektrobranche in Einklang mit der gesamten bundesdeutschen Industrie die in den frühen 1950er Jahren von Regierungsseite unternommenen Vorstöße zur Schaffung einer bundesdeutschen Wettbewerbsgesetzgebung. Hierzu ist ein kurzer Blick auf die unmittelbaren Nachkriegsjahre notwendig. Im Februar 1947 war das Alliierte Kontrollratsgesetz Nr. 56 erlassen worden, das die Bildung von Kartellen und die Absprache von Preisen in der Bizone verbot. Diese Maßnahme erklärt sich aus der traditionell strengen US-Anti-Kartellpolitik und der Entschlossenheit der Alliierten, jegliche wirtschaftliche und politische Machtkonzentration in Deutschland in Zukunft zu unterbinden.[64]

Bis zur Verabschiedung einer eigenständigen bundesdeutschen Wettbewerbsgesetzgebung behielt dieses Gesetz seine Gültigkeit, so daß sowohl Preisabsprachen zwischen Unternehmen als auch der Austausch von Informationen, die die Preisbildung betrafen, verboten waren.[65] Die Besatzungsmächte überwachten in Zusammenarbeit mit bundesdeutschen Behörden das Wirtschaftsleben und unterbanden wiederholt wettbewerbsbeschränkende Maßnahmen. Beispielhaft kann die Anordnung der *Decartelization and Industrial Deconcentration Group* der *Allied High Commission (DIDEG)* genannt werden, in der sie dem ZVEI und einer Reihe von Firmen, darunter Osram und Philips, Preisabsprachen bei Lampen und Installationsmaterial verbot. Im *Press Release No. 381* der DIDEG vom 22. November 1951 hieß es:

> The Decartelization and Industrial Deconcentration Group of the Allied High Commission (DIDEG) has issued final orders directing the electrical fittings and electrical light bulb industries to seize and desist from restrictive trade practices. DIDEG's action aims to protect the general public from restrictive trade practices by trade associations and manufacturers in these two industries. Specifically restrictive practices forbidden to the trade associations and manufacturers are 1) agreement on prices to be charged for manufacturers' products, 2) agreement on marketing terms and conditions of sales, 3) agreement on rebates, discounts and allowances to customers' rebates. ... The trade associations are forbidden to disseminate price information which might influence their members in calculating their prices and the manufacturers must take immediate steps to calculate the selling

---

[64] KARTTE UND HOLTSCHNEIDER, Konzeptionelle Ansätze, S. 201f; AMBROSIUS, Entwicklung des Wettbewerbs, S. 188; NICHOLLS, Freedom with Responsibility, S. 326; BURKARD, Elektrohandwerk, S. 3; DYAS UND THANHEISSER Emerging European Enterprise, S. 53; GRUHLER, Kartelle, S. 271.

[65] BHStA, MWi 13275: „Protokoll Sitzung des Länderausschusses Elektrotechnik, Feinmechanik, Optik und Uhren, Bonn, 4. November 1954: ‚Die Interessen der Elektrotechnischen, der Feinmechanischen, Optischen und der Uhrenindustrie auf dem Gebiet des Wettbewerbs und der Lieferbedingungen', Dr. Dr. Krebs, BWM, IV A 4"; HÜTTENBERGER, Wirtschaftsordnung, S. 287; NICHOLLS, Freedom with Responsibility, S. 326; KLUMP, Wirtschaftsgeschichte, S. 67; SASSE, Entwicklung, S. 188.

prices individually without central guidance from the association or exchange of information with other manufacturers.[66]

Im Bundesarchiv finden sich noch weitere, ähnlich gelagerte Fälle.[67] Die Industrie, und so auch die Elektrobranche, lehnte die alliierte Kartellpolitik kategorisch ab, die als zu restriktiv und nicht den Verhältnissen entsprechend bezeichnet wurde. Gleichzeitig sprach man sich gegen eine strenge Fassung des künftigen bundesdeutschen Wettbewerbsrechts aus. So sagte ZVEI-Geschäftsführer Karl Neuenhofer bei der Mitgliederversammlung des Verbandes im März 1951:

> Der Kampf gegen die Kartelle, die Antitrustbewegung, kommt aus Amerika. Ich glaube nicht, daß das amerikanische Antitrustgesetz in unsere Verhältnisse hineinpaßt. ... Und dann noch ein Hinweis für die Gesetzgeber: Seit 1915 ist das deutsche Volk vielfach mit Gesetzen versorgt worden, deren Einhaltung unmöglich und nicht zumutbar war. Gesetzesübertretungen waren nicht mehr ehrenrührig. Es wäre wünschenswert, daß unser Wettbewerbsgesetz nicht auch eine Sammlung derartiger Bestimmungen wird: denn man kann ein Volk auch dadurch ruinieren, daß man die Moral zerstört, die Achtung vor dem Gesetz.[68]

Die bereits in den späten 1940er Jahren begonnene Diskussion über die Frage nach staatlichen Interventionen gegen wettbewerbsbeschränkende Praktiken gewann in den frühen 1950er Jahren mit dem in Aussicht gestellten Gesetz gegen Wettbewerbsbeschränkung (GWB) an Aktualität. 1952 brachte Ludwig Erhard einen Gesetzentwurf in den Bundestag ein, der als Verbindung der restriktiven US-amerikanischen Anti-Kartellgesetzgebung mit den Grundideen der Sozialen Marktwirtschaft charakterisiert werden kann: Zentrales Anliegen war es zu verhindern, daß den Verbrauchern durch überhöhte Preise, schlechte Qualität und einem verringerten Innovationsdruck Nachteile entstanden. Dem Wettbewerb wurden dagegen produktivitätssteigernde Effekte zugeschrieben, wie sie bereits Adam Smith postuliert hatte. Seiner Aufrechterhaltung durch die ordnungspolitische Intervention des Staates kam demzufolge eine entscheidende Bedeutung zu.[69]

---

[66] BA Koblenz, B 102, 192425: „Allied High Commission for Germany, Petersberg ‚DIDEG Act to Safeguard German Public from Restrictive Trade Practices in Electrical Industry‘, Press Release No. 381, 22.11.1951".

[67] BA Koblenz, B 102, 192425: „Schreiben des Economic Department, Land Commissioners Office, an Herrn Dr. Benkendorff, Niedersächsisches Ministerium für Wirtschaft und Verkehr, Hannover 13.05.1952, unterzeichnet A. D. Wadey, Regional Economic Officer" und „Schreiben des Wirtschaftsministeriums des Landes Württemberg-Hohenzollern und die Dekartellisierungsreferate der Wirtschaftsministerien Nordrhein-Westfalen, Hessen, Württemberg-Baden und an das Bundesministerium für Wirtschaft, Referat Monopole und Kartelle, betr. Preisabsprachen in der Schaltgeräteindustrie, 06.11.1951".

[68] ZVEI, Mitgliederversammlung [1951], k.S.

[69] WATRIN, Principles, S. 417; ROBERT, Konzentrationspolitik, S. 78-82; HÜTTENBERGER Wirtschaftsordnung, S. 296f; KLUMP, Wirtschaftsgeschichte, S. 82; GROSSER, Wettbewerbspolitik, S.

BDI und DIHT wandten sich entschieden gegen den Erhardschen Gesetzesentwurf, der auch in der Elektroindustrie auf massive Ablehnung stieß.[70] Wie im neunzehnten und in der ersten Hälfte des zwanzigsten Jahrhunderts wollte sich die Elektroindustrie ihre umfangreichen Möglichkeiten zur Kooperation zwischen Unternehmen und zur Bildung von Kartellen offenhalten. Gleichzeitig erhob die Elektrizitätswirtschaft die Forderung, von den Regelungen des neuen Gesetzes ausgenommen zu werden; andernfalls, so die Behauptung, sei eine geregelte und billige Energieversorgung nicht gesichert. Dabei argumentierten die Versorgungsunternehmen, daß der Vorteil für den Konsumenten, der sich aus dem Wettbewerb zweier Stromanbieter ergab, durch die hohen Kosten, die bei der Anlage mehrerer Leitungssysteme entstanden, mehr als kompensiert werde. Im Ergebnis hätte der Verbraucher damit ihrer Ansicht nach insgesamt sogar höhere Preise bezahlen müssen.[71]

Beim BDI stieß dies allerdings auf Kritik, da der Verband trotz seiner allgemeinen Ablehnung des Gesetzesentwurfs gegen Ausnahmeregelungen für einzelne Wirtschaftszweige war. So hieß es in einer Denkschrift des BDI aus dem Jahre 1956: „Mit dem Prinzip der Gleichbehandlung steht es im Widerspruch, wenn einzelne Wirtschaftsbereiche allgemein oder in bestimmten Beziehungen aus dem Gesetz ausgeklammert werden."[72] Der BDI hatte sich damit auf die Seite der industriellen Stromerzeuger gestellt, die sich bekanntermaßen bereits in den frühen 1950er Jahren nicht mit der Forderung, ihren Strom direkt an Endkunden verkaufen zu dürfen, hatten durchsetzen können. In der Diskussion um das Kartellgesetz wandten sich deshalb VIK und einzelne industrielle Energieerzeuger gegen die von der Elektrizitätswirtschaft geforderten Sonderrechte, da dadurch deren Monopolstellung rechtlich sanktioniert und der indu-

---

65; NEUMANN, Kapitalbildung, S. 1f, 183-7; ALBACH, Unternehmen und Staat, S. 35; LENEL, Konzentration, S. 560-3; DÜRR, Verlangsamung, S. 125. Zur Bewertung des Gesetzes: TRUTE, 50 Jahre Wirtschaftsverband, S. 65; NICHOLLS, Freedom with Responsibility, S. 124f, 325, 332-6; AMBROSIUS, Entwicklung des Wettbewerbs, S. 191; DYAS UND THANHEISSER Emerging European Enterprise, S. 53; MERCER, Evolution, S. 27. Beispielhaft für die Argumentation Erhards: Kollektivismus ist Schuld – nicht Schicksal. Zehn Thesen von Professor Erhard zur Kartellfrage, in: Die Zeit, 24.07.1952; ERHARD, Das Kartell-Gesetz – ein Dogma?, in: FAZ, 24.07.1954.

[70] Kartelle sind keine Feinde der Marktwirtschaft. Ein Schreiben des BDI-Präsidenten Fritz Berg an Prof. Erhard. Industrie begründet ihre Ablehnung des Kartellgesetzes, in: Handelsblatt, 24.10.1952; Gegen den Kartellgesetzentwurf, in: FAZ, 02.08.1952; Grundsätze und Forderungen der deutschen Industrie. Aus dem Jahresbericht des BDI 1953/54, in: ZVEIM 7 (1954), Nr. 6, S. 3; Entwicklung und Stand der Kartelldebatte, ebd., Nr. 7, S. 2ff; BDI gegen Diskriminierung der Industrie im Kartellgesetz, ebd., 9 (1956), Nr. 7, S. 3ff; ABROMEIT, Government-Industry Relations, S. 62f.

[71] MUELLER, Energiewirtschaft, S. 13; GROSSER, Wettbewerbspolitik, S. 67; LANGE, Staatliche Regulierung, S. 177f.

[72] BDI gegen Diskriminierung der Industrie im Kartellgesetz, in: ZVEIM 9 (1956), Nr. 7, S. 3; NEUENHOFER, Mitgliederversammlung [1954], S. 233.

striellen Kraftwirtschaft ein Eindringen in den Strommarkt dauerhaft verwehrt worden wäre.[73]

BDI und VIK konnten sich mit ihren Vorstellungen allerdings nicht durchsetzen. Statt dessen folgte der Gesetzgeber der Argumentation der Elektrizitätswirtschaft und billigte „natürlichen Monopolen", wie es auch Wasser- und Gasversorgung waren, aufgrund ihrer hohen Kapitalintensität eine Sonderstellung im GWB von 1957 zu. So erklärte Ludwig Erhard am 10. Mai 1955 vor Vertretern der Spitzenverbände der Energiewirtschaft:

> Bei der gesetzlichen Regelung, ganz gleich ob im Rahmen eines Energiewirtschaftsgesetzes oder im Rahmen des Kartellgesetzes, werde ich unter allen Umständen anzuerkennen bereit sein, daß hier Besonderheiten vorliegen, gerade auf wettbewerblichem, marktwirtschaftlichem Gebiet, die eine Ausnahme nicht nur rechtfertigen, sondern geradezu sinnvoll erscheinen lassen.[74]

Die Elektrizitätswirtschaft war damit vom allgemeinen Verbot der Bildung von Kartellen ausgenommen und die Versorgungsunternehmen konnten so auch weiterhin Absprachen über Gebietsabgrenzungen treffen, womit jedes in seinem Gebiet eine Monopolstellung hatte.[75] Neben der gesetzlichen Regulierung der Wettbewerbsordnung wurde der Abschluß der Pariser Verträge in der Elektroindustrie mit großem Interesse verfolgt, und die weitgehende Wiederherstellung bundesdeutscher Souveränität mit Befriedigung zur Kenntnis genommen. Als deren Vorteile nannte die ZVEI-Jahreshauptversammlung 1955:

> Aufhebung der Besatzungsvorschriften über Kartelle und Entflechtung, Aufhebung der Beschränkungen industrieller Produktion, insbesondere auf dem Gebiet der Hochfrequenztechnik und Elektronik, autonome Mitwirkung der Bundesrepublik an den Embargobestimmungen im Osthandel, weitgehende Heranziehung der westdeutschen Wirtschaft zu den Offshore-Aufträgen, die Erlaubnis der Verwendung von Kernbrennstoffen.[76]

Mit den Pariser Verträgen stellte sich auch die Frage nach den Auswirkungen der Wiederbewaffnung, insbesondere auf Funk- und Fernmeldetechnik, Meß- und Steuerungsgeräte sowie die Elektromedizin. Bei der ZVEI-Jahreshauptversammlung 1955 informierte der Vorsitzende des Verbandes, Karl Neuenho-

---

[73] BDI gegen Diskriminierung der Industrie im Kartellgesetz, in: ZVEIM 9 (1956), Nr. 7, S. 4.
[74] ERHARD, Investitionen, S. 339.
[75] BA Koblenz, B 102, 80204: „Ansprache von Dr. Heesemann, BWM, bei der VDEW-Tagung in München, 10.06.1964"; BREUER Energiewirtschaft, S. 108. S.a. auch das Grußwort von Ministerialdirektor Dr. Laurin vom Bundeswirtschaftsministerium bei der VDEW-Jahresversammlung 1962, in: Die VDEW-Jahresversammlung Stuttgart 1962, in: EW 61 (1962), S. 628; STRAHRINGER, TAGESPROBLEME [1962], S. 634.
[76] Die Elektroindustrie steigerte die Produktivität. Jahreshauptversammlung des ZVEI [1955], in: EP 8 (1955), S. 217; ZVEI, Mitgliederversammlung [1955], S. 3.

fer, die Anwesenden darüber, daß der ZVEI im Arbeitskreis Rüstungsfragen des BDI und in einer Reihe von Regierungsausschüssen mitarbeitete. Gleichzeitig warnte er vor überzogenen Hoffnungen hinsichtlich der zu erwartenden Aufträge, deren Volumen seiner Ansicht nach eine Ausweitung der Fertigungskapazitäten nicht erforderlich machte. Der ZVEI-Vorsitzende betonte gleichzeitig, daß ein Anstieg der Rüstungsaufträge keinesfalls zu einer Vernachlässigung des Exportgeschäftes führen durfte. Außerdem warnte er vor dem Mangel an Arbeitskräften, der sich mit der Einführung der Wehrpflicht weiter zu verschärfen drohte.[77]

1955 hatte die konjunkturelle Entwicklung in der Bundesrepublik einen neuen Höhepunkt erreicht, der in dreierlei Hinsicht zu einem Wendepunkt wurde. Zum einen endete 1955 die rapide Expansion der Wirtschaft, worauf bis 1959 eine Periode leicht abgeschwächten Wachstums folgte. Zum anderen vertiefte sich in der Elektroindustrie in den Jahren 1955 bis 1959 die Wachstumsdifferenz zwischen Konsum- und Investitionsgütern. Dies war sowohl Ergebnis der rapiden Zunahme des Konsumgüterabsatzes, als auch der verlangsamten Nachfrage nach Investitionsgütern, der sich aus rückläufigen Bestellungen wichtiger Kunden ergab. So hatte die Deutsche Bundespost zwischen 1950 und 1954 rund zwei Milliarden DM und 1955 weitere 700 Millionen DM investiert, dann aber ihr Auftragsvolumen reduziert, worunter besonders die West-Berliner Elektroindustrie litt. Die Deutsche Bundesbahn vergab dagegen alleine 1955 Aufträge im Wert von 2,6 Milliarden DM, die durch verbesserte Ertragsverhältnisse und zweckgebundene Kredite im Umfang von 600 Millionen DM möglich geworden waren.[78]

Eine dritte Veränderung vollzog sich im Arbeitsmarkt, wo es 1955 erstmals zu Engpässen kam. 1956 verschlimmerte sie sich durch den Eintritt der geburtenschwachen Kriegsjahrgänge in den Arbeitsmarkt und aufgrund der ersten Einberufungen in die Bundeswehr.[79] Bei der ZVEI-Jahreshauptversammlung 1956 hielt der neue Verbandsvorsitzende Heinz Thörner neben dem aktuellen

---

[77]   Elektro-Industrie ohne Rüstungsfieber in: Handelsblatt, 11.05.1955; Die Elektroindustrie steigerte die Produktivität. Jahreshauptversammlung des ZVEI [1955], in: EP 8 (1955), S. 217; TRUTE, Elektroindustrie an der Jahreswende [1954/1955], S. 1; KIEKHEBEN, Produktion, S. 7; ZVEI, Mitgliederversammlung [1955], S. 4; DERS., Mitgliederversammlung [1956], S. 8.

[78]   Die Post kürzt jetzt ihre Aufträge, in: Handelsblatt, 18.01.1956; Fernmelde-Industrie will 17000 Beschäftigte kündigen, in: FAZ, 18.01.1956; Die schwierige Finanzlage der Post, ebd., 19.01.1956; Elektrotechnische Industrie vor neuen Aufgaben, in: Volkswirt 10 (1956), Nr. 12, S. 21; Imponierender Aufstieg der Elektrotechnischen Industrie Westdeutschlands seit 1951, in: EA 13 (1960), S. 418; THÖRNER, Wirtschaftliche Entwicklung, S. 428; HALLER, Aufstieg, S. 515; OURSIN, Konjunkturelle und strukturelle Aspekte, S. 22; HERWALT, Westberliner Elektroindustrie, S. 369; TRUTE, Betrachtungen, S. 1f; RUPPEL, Expansion, S. 4; ZVEI, Mitgliederversammlung [1956], S. 6.

[79]   THÖRNER, Wirtschaftliche Entwicklung, S. 430; TRUTE, Betrachtungen, S. 1; KIEKHEBEN-SCHMIDT, Kein Kurzschluß, S. 105.

Jahresbericht einen Vortrag zum Thema „Aktuelle Fragen des Arbeitsmarktes und des Ingenieurnachwuchses". Darin stellte er fest, daß nach Berechnungen des ZVEI vom realen Produktionszuwachs der Elektroindustrie der Jahre 1950 bis 1955 rund 60 Prozent auf die Zunahme der Beschäftigtenzahl und 40 Prozent auf eine Erhöhung der Produktivität zurückzuführen waren. Dies zeige, so Thörner, „welcher Anstrengungen es bedürfen wird, bei der schwierigen Arbeitsmarktlage eine weiterhin steigende Produktion zu gewährleisten."[80]

Aufgrund der verlangsamten Investitionsgüternachfrage stützte sich die Expansion der elektrotechnischen Produktion zunehmend auf Konsumgüter und den Export. So berichtete Siemens, daß die 1956 erzielte Erhöhung des Umsatzes um 17,3 Prozent in erster Linie auf eine Steigerung der Ausfuhr und die lebhafte Nachfrage nach Konsumgütern zurückzuführen war. Der Bereich Energieversorgung verzeichnete dagegen einen rückläufigen Auftragseingang. Der ZVEI machte hierfür die restriktive Politik der Bank Deutscher Länder verantwortlich, die die Investitionsbereitschaft wichtiger Abnehmer hemmte.[81]

War bei Siemens in den vorangegangenen Jahren der Umsatz stets schneller als die Aufwendungen für Löhne und Gehälter gestiegen, so kehrte sich dieses Verhältnis wegen des enger werdenden Arbeitsmarktes 1956 erstmals um. Gleichzeitig erreichte Siemens im Jahr 1956 mit 226,1 Millionen DM einen neuen Investitionsrekord, während sich parallel hierzu die bereits hohe Liquidität des Unternehmens noch weiter verbesserte. Alleine die Barmittel nahmen im Laufe dieses Jahres von 120 auf 209 Millionen DM zu. Um über eine ausreichende finanzielle Basis für die ins Auge gefaßten Investitionen zu verfügen, beschloß Siemens 1956 eine Aufstockung des Grundkapitals um 128 auf 448 Millionen DM. Den Aktionären wurde gleichzeitig mitgeteilt, daß in nächster Zeit nicht mit einer Erhöhung der Dividende zu rechnen war.[82]

Ähnlich wie bei Siemens lag auch die Umsatzzunahme von AEG mit 19,5 Prozent über dem Branchendurchschnitt, wenngleich man unter einem starken Anstieg der Personalaufwendungen, nämlich um 22,8 Prozent, litt. 1956 verzeichnete AEG mit 100 Millionen DM einen vorläufigen Investitionshöhepunkt. Da dieses Niveau auch weiterhin beibehalten werden sollte, wurde eine Erhöhung des Grundkapitals um 55 auf 275 Millionen DM beschlossen. Die Mittel sollten vordringlich für die Ausweitung der Fertigung von Starkstromprodukten verwendet werden, wo AEG aus der Beteiligung am Bau der oben genannten 380-kV-Hochspannungsleitungen und umfangreichen Bestellungen

---

[80] Elektrotechnische Industrie vor neuen Aufgaben, in: Volkswirt 10 (1956), Nr. 12, S. 21.
[81] Abklingende Nachfrage bei Siemens, in: Volkswirt 11 (1957), S. 406. S.a. ZVEI, Mitgliederversammlung [1956], S. 4; ZVEI, Mitgliederversammlung [1957], S. 8f.
[82] Abklingende Nachfrage bei Siemens, in: Volkswirt 11 (1957), S. 406, 408; Siemens festigte das Fundament, ebd., 12 (1958), S. 396.

von Energieerzeugungsanlagen ein großes Auftragsvolumen entstanden war. Ähnliches berichtete auch BBC für das Jahr 1956.[83]

Das sich ab 1956 verlangsamende Wachstum der elektrotechnischen Produktion schwächte sich in den beiden nachfolgenden Jahren weiter ab. Siemens konnte 1957 den Investitionsrekord des Vorjahres bei weitem nicht mehr erreichen und kündigte eine Verringerung der Ausgaben an. Dabei wurde betont, daß die 1957 getätigten Investitionen im Gegensatz zur vorangegangenen Zeit fast ausschließlich Ersatzbeschaffungen waren oder Rationalisierungen gedient hatten, während Kapazitätserweiterungen nur noch von nachgeordneter Bedeutung waren.[84]

Im Gegensatz dazu lagen die Investitionen bei AEG auch 1957 bei rund 100 Millionen DM und wurden wie in den Vorjahren für den weiteren Ausbau von Versuchs- und Fertigungsstätten für Investitionsgüter verwendet. Erfreulich war der Eingang mehrerer großer Aufträge, insbesondere von Wasserkraftgeneratoren für südamerikanische Staaten, sowie der Ausbau der 380-kV-Hochspannungsleitung von RWE auf eine Länge von 341 km, die am 5. Oktober 1957 in Betrieb genommen wurde.[85]

Auch BBC berichtete 1957 vom Verkauf mehrerer großer Turbogeneratorgruppen, unter anderem an RWE. Das Unternehmen verzeichnete den höchsten bis dahin erreichten Auftragsbestand bei Energieanlagen, wozu besonders die Beteiligung am Bau der RWE-Hochspannungsleitung beitrug. Trotz der hierfür notwendigen Investitionen und den aus der Vor- und Zwischenfinanzierung dieses Auftragsvolumens resultierenden finanziellen Belastungen sah die Fachpresse das Bilanzbild von BBC als sehr gut an. Beobachter verwiesen besonders auf die hohe Barliquidität und die Tatsache, daß die Firma nach wie vor keine Bankschulden hatte. Alle Investitionen waren ohne Rückgriff auf die Banken getätigt worden, während die Dividende mit elf Prozent vergleichsweise hoch war.[86]

Mit einem Wachstum von 12,3 Prozent verzeichnete die Elektroindustrie 1958 erstmals eine Umkehrung der seit Ende 1955 abnehmenden Zuwachsraten, wozu maßgeblich die Produktionsausweitung bei Konsumgütern beitrug

---

[83] Die AEG ist weiter zuversichtlich, in: Volkswirt 11 (1957), S. 410ff; Stetige Entwicklung bei „Brown Boveri", ebd., S. 1218; AEG in stetiger Entwicklung, ebd., 13 (1959), S. 424.

[84] Siemens festigte das Fundament, in: Volkswirt 12 (1958), S. 395, 398; ZVEI, Mitgliederversammlung [1958], S. 8.

[85] AEG weiter in befriedigender Entwicklung, in: Volkswirt 12 (1958), S. 481ff; ZENTRALLASTVERTEILUNG FÜR ELEKTRIZITÄT, Elektrizitätsversorgung, S. 167; STRAHRINGER, Tagesfragen [1965], S. 336; GEHRING, Höchstspannungsnetze, S. 98ff; BOLL, Verbundwirtschaft, S. 83; SCHEIDERER, Netz, S. 118ff; GERSDORFF, 100 Jahre, S. 408.

[86] Stetige Entwicklung bei „Brown Boveri", in: Volkswirt 11 (1957), S. 1219; BBC in gesunder Entwicklung, ebd., 12 (1958), S. 1023; BBC will das Kapital erhöhen, ebd., 13 (1959), S. 1064.

(siehe Kapitel 7b). Einer Zunahme der Erträge stand dabei zwischen 1956 und 1958 der Kostenanstieg sowohl bei Löhnen und Gehältern, als auch bei Rohstoffen und insbesondere bei Metallen entgegen. Die Folge war eine Kürzung der Investitionen, die bei den wichtigsten Elektrounternehmen zwischen 1956 und 1957 von 450 auf 366 Millionen DM fielen, wobei der Rückgang bei den Universalfirmen am stärksten ausgeprägt war.[87]

Trotzdem hatten die Investitionen nach wie vor einen beachtlichen Umfang. Die meisten Firmen, und insbesondere Siemens und AEG, finanzierten diese nach wie vor unter geringer Inanspruchnahme des Kapitalmarktes und nahezu ohne Rückgriff auf Bankkredite. So hieß es in einer Untersuchung zur Elektrotechnischen Industrie in den Jahren 1957 und 1958:

> Die Finanzierung der Anlagenzugänge, von denen 45 Prozent das Finanzanlagevermögen betrafen (hauptsächlich Kapitalerhöhungen von Tochtergesellschaften der *Siemens & Halske* AG und der *AEG*), geschah mit 85 Prozent durch neu zugeflossene oder gebildete Eigenmittel; für die restliche Finanzierung stand mehr als genug eigengebildetes Fremdkapital (120 Millionen DM neue Pensionsrückstellungen) zur Verfügung.[88]

Nach dem konjunkturellen Tief des vorangegangenen Jahres erlebte die bundesdeutsche Wirtschaft 1959 einen kräftigen Konjunkturaufschwung, der 1960 seinen Höhepunkt erreichte. Im Gegensatz dazu schwächte sich das Wachstum der Elektroindustrie mit einer Zunahme um 9,7 Prozent im Vergleich zum Vorjahr ab, wo dieses noch 12,3 Prozent betragen hatte. Eine zentrale Rolle spielte dabei die zurückhaltende Auftragsvergabe der Elektrizitätswirtschaft, über die Siemens, AEG und BBC klagten. Hinzu kam der sich seit Mitte der 1950er Jahre verschärfende Mangel an Arbeitskräften, der eine Erweiterung der Fertigungskapazitäten im geplanten Ausmaß verhinderte. Durch Rationalisierungen konnte dies zumindest teilweise kompensiert werden.[89]

So berichtete Bosch 1958 von der Notwendigkeit, den „Einsatz moderner Fertigungsmethoden infolge der Verknappung qualifizierter technischer und kaufmännischer Arbeitskräfte" weiter zu forcieren, während gleichzeitig Ferti-

---

[87] Bilanzen und Erträge 1957 und 1958, in: Volkswirt 13 (1959), Beilage zu Nr. 14 „Dynamische Elektroindustrie", S. 22, 25; HILLER, Befriedigende Lage, S. 363. S.a. OURSIN, Konjunkturelle und strukturelle Aspekte, S. 23; Anlage-Investitionen der Elektroindustrie 1955 bis 1960, in: ZVEIM 14 (1961), Nr. 11, S. 20f.

[88] Bilanzen und Erträge 1957 und 1958, in: Volkswirt 13 (1959), Beilage zu Nr. 14 „Dynamische Elektroindustrie", S. 26.

[89] Siemens forciert wieder die Investitionen, in: Volkswirt 14 (1960), S. 328f; Geringere Spannen bei der AEG, ebd., S. 423f, 426; BBC in stetiger Entwicklung, ebd., S. 1094f; OURSIN, Konjunkturelle und strukturelle Aspekte, S. 22; ZVEI, Statistischer Bericht 1959, S. 4; KIEKHEBEN-SCHMIDT, Expansion, S. 1; LOHSE, Vollbeschäftigte Elektroindustrie, S. 317f; HUPPERT, Gespaltene Elektrokonjunktur, S. 13.

gungsstätten in Gebiete mit günstigerer Arbeitsmarktlage verlegt wurden. ZVEI-Vorstandsmitglied Lehmann betonte in diesem Zusammenhang, daß die Elektroindustrie beabsichtigte, in ihren traditionellen regionalen Schwerpunkten keine neuen Fabriken mehr zu errichten, während gleichzeitig die Anwerbung ausländischer Beschäftigter verstärkt werden sollte.[90]

Die rapide Expansion der frühen 1950er Jahre war in der zweiten Hälfte der Dekade trotz nach wie vor beachtlicher Wachstumsraten zu einem vorläufigen Ende gekommen. Die Deckung des enormen Bedarfs der Elektrizitätswirtschaft, der aus dem Ausbau ihrer Erzeugungskapazitäten resultierte, hatte dabei der Elektroindustrie umfangreiche Aufträge und ein hohes Umsatzwachstum beschert. Hinzu kamen die Bestellungen industrieller Stromerzeuger, insbesondere aus dem Montansektor, die ihre Kapazitäten ebenfalls stark erweiterten, nachdem die Beziehungen zwischen industrieller Kraftwirtschaft und Versorgungsunternehmen in Verträgen und durch den Gesetzgeber geregelt worden waren. Obgleich die von der Politik getroffenen Entscheidungen erheblich von den Forderungen von BDI und VIK abwichen, hatte die industrielle Kraftwirtschaft ihre Rolle als wichtiger Stromerzeuger behaupten können und blieb damit auch in Zukunft ein wichtiger Kunde von Kraftwerksanlagen.

Im Hinblick auf die in Kapitel 6b noch darzustellende Einkaufspolitik der staatlichen britischen Elektrizitätswirtschaft und den sich daraus ergebenden Auswirkungen auf die Elektroindustrie ist an dieser Stelle zu untersuchen, wie sich die Beschaffung von Kraftwerksanlagen in der Bundesrepublik gestaltete. Im Unterschied zu Großbritannien ist zunächst auf zwei Dinge nochmals hinzuweisen. Erstens bestand die bundesdeutsche Elektrizitätswirtschaft aus einer Vielzahl privater, gemischtwirtschaftlicher und staatlicher Unternehmen, die die Stromversorgung in Form von Gebietsmonopolen abwickelten. Zweitens erzeugten viele deutsche Industriebetriebe nicht nur Strom für eigene Zwecke, sondern speisten diesen auch in die Netze der Elektrizitätsversorger ein.

Die Folge war, daß bundesdeutsche Hersteller im Unterschied zu britischen bei Kraftwerksanlagen in einem Markt agierten, in der sie nicht einem einzigen, sondern einer Vielzahl von Nachfragern gegenüberstanden. Von der restriktiveren bundesdeutschen Kartellgesetzgebung abgesehen ergab sich damit bereits aus der Marktstruktur ein größerer Wettbewerbsdruck für deutsche Lieferanten. Zumindest den Erkenntnissen des Bundeswirtschaftsministeriums zufolge gab es zwischen diesen auch keine Absprachen. So hieß es in einem internen Schreiben des Ministeriums aus dem Jahr 1955:

> Auf dem Gebiet der Erzeugung elektrotechnischer Großanlagen und sonstiger Investitionsgüter bestehen weder für das Inland noch für das Ausland kartellähnliche

---

[90] Prosperierende Robert Bosch GmbH, in: Volkswirt 13 (1959), S. 1942f; Ausländische Arbeitskräfte, in: ZVEIM 18 (1965), Nr. 9, S. 12ff; AICHINGER Strukturwandlungen, S. 275.

Absprachen. Die Großfirmen, um die es sich hier im wesentlichen handelt, scheinen an Absprachen auf dem Inlandsmarkt auch kein Interesse zu haben, während für das Auslandsgeschäft ein solches Interesse vermutet werden kann.[91]

Darüber hinaus ist zu fragen, ob deutsche Firmen bei der Vergabe von Aufträgen seitens der Elektrizitätswirtschaft konkurrieren mußten. In der zeitgenössischen Fachpresse fand sich hierzu lediglich eine Quelle. Es handelt sich um einen Artikel von Ulrich Koch, Prokurist und Einkaufsleiter der BEWAG, in dem er zur Praxis der Auftragsvergabe ausführte:

> Die anzufragenden Bieter werden zweckmäßigerweise beim Beginn der Projektdurchführung gemeinsam mit der anfordernden Fachabteilung ausgewählt. Dadurch ist gewährleistet, daß einerseits nur solche Anbieter zur Abgabe eines Angebots aufgefordert werden, zu deren Produkten die Technik begründetes Vertrauen hat und daß andererseits der Bieterkreis möglichst groß ist. ... Das Mittel des Einkäufers zur Erzielung niedrigster Preise ist der Wettbewerb. Dies gilt so grundsätzlich und umfassend, daß die beste Definition der Einkaufsabteilung lautet: Ein Bereich zur Veranstaltung von Lieferantenwettbewerb. ... Wegen der latenten Gefahr von Preisabsprachen ist es vor allem bei größeren Ausschreibungen sinnvoll und häufig sogar notwendig, ausländische Bieter am Wettbewerb zu beteiligen. ... So erzeugt harter Wettbewerb niedrigste Preise. Harten Wettbewerb vieler Anbieter erhält ein Unternehmen langfristig nur, wenn es den Ruf absolut korrekter Vergaben an den günstigsten Bieter genießt. Deshalb muß der – unter Berücksichtigung der technischen Bewertung – billigste Bieter ausnahmslos den Auftrag erhalten.[92]

Um herauszufinden, wie andere Unternehmen ihre Anlagen in den 1950er und 1960er Jahren einkauften, wurde eine entsprechende Anfrage an die großen bundesdeutschen Elektrizitätsversorger und an die VDEW gerichtet. Die VDEW und alle angeschriebenen Versorgungsunternehmen gaben mit Ausnahme der Energie-Versorgung Schwaben AG Auskunft über die von ihnen bei der Auftragsvergabe geübte Praxis. In sämtlichen Antwortschreiben wird betont, daß Aufträge ausschließlich im Wettbewerb ausgeschrieben und an den bundesdeutschen Anbieter mit dem niedrigsten Preis vergeben wurden. So hieß es im Schreiben von Dirk Kallmeyer, Direktor der RWE Energie AG: „Nach mir bekannten Informationen hat das Rheinisch-Westfälische Elektrizitätswerk seine sämtlichen Aufträge für Kraftwerksanlagen im Wettbewerb ausgeschrieben und nach Eingang der Angebote an den wirtschaftlich günstigsten Anbieter vergeben."[93]

---

[91] BA Koblenz, B 102, 17106: „Umfrage bei den Ländern, 1955-56, Schreiben der Abteilung IV, BWM, unterzeichnet Lüpke, an den Leiter der Abteilung I im Bundeswirtschaftsminister Betr. Kartellbindungen der Industrie, 27.04.1955, in Antwort auf eine Aufforderung von Ministerialrat Dr. Seibt (=Leiter der Abt. I) vom 25.04.1955 an alle Referenten der Abteilung IV".

[92] KOCH, Einkauf, S. 475. Die Feststellung, daß Aufträge grundsätzlich im Wettbewerb ausgeschrieben wurden findet sich auch in EIßFELDT, Kartellierungsfähigkeit, S. 40. S.a. HUGHES, Networks, S. 421.

[93] Schreiben von Herrn Dr. rer. nat. Dirk Kallmeyer, Direktor der RWE Energie AG, an den Verfasser 03.05.1995.

Im Schreiben von Dieter Schmitz, VDEW, wird betont: „Aufträge wurden im freien Wettbewerb vergeben, wobei verschiedene Unternehmen der eigenen Wahl zur Angebotsabgabe aufgefordert wurden und das günstigste Angebot zum Zuge kam (zur Untermauerung dieser Aussage haben wir pensionierte EVU-Mitarbeiter befragt, die früher in Einkaufsabteilungen tätig waren.)"[94] Von Interesse ist in diesem Zusammenhang auch folgender Hinweis der Bayernwerke AG:

> Aufgrund der Kapazitätsauslastung bei den Herstellern von Kraftwerksgroßkomponenten war es sicher nicht möglich, daß ein Hersteller im Vergleich zu den Wettbewerbern immer am preisgünstigsten anbieten konnte. Ein Wechsel auf verschiedene Hersteller ist daher trotz – oder gerade bei – Berücksichtigung von Wirtschaftlichkeit eine logische Konsequenz. Dies ging einher mit dem Bestreben von Großauftraggebern, zu denen ein Energieversorgungsunternehmen sicherlich zählt, in der wirtschaftlichen Aufbauphase eine konkurrenzfähige Industrie zu fördern, um langfristigen Wettbewerb sicherzustellen.[95]

Ähnlich scheint die Elektrizitätswirtschaft bei der Vergabe von Aufträgen für Atomkraftwerke vorgegangen zu sein. Bei Joachim Radkau ist über den Bau des ersten deutschen Kernkraftwerks bei Kahl am Main zu lesen:

> Ursprünglich war nur Siemens als Lieferfirma im Gespräch; wenn der Auftrag dann doch an die AEG ging, so läßt sich eine bewußte Förderung der Konkurrenz durch den Auftraggeber, das RWE, erkennen. Auch in der fast gleichmäßigen Verteilung der Kernkraftwerksbestellungen während der gesamten 60er Jahre erkennt man ein Bestreben der Energiewirtschaft, auf der Angebotsseite Monopolpositionen zu verhindern.[96]

Die bundesdeutsche Elektroindustrie war damit nicht nur im Hinblick auf die Marktstruktur mit einer größeren Zahl von Nachfragern konfrontiert, als dies in Großbritannien der Fall war. Vielmehr sahen sich die Unternehmen auch einer anderen Beschaffungspolitik der Elektrizitätswirtschaft gegenüber, die ihre Anlagen so günstig wie möglich einkaufen wollten und deshalb den Konkurrenzdruck zwischen den Herstellern zu erhöhen suchte. Wie sich noch zeigen wird, verhielt sich die staatliche britische Elektrizitätswirtschaft völlig anders: Sie akzeptierte Preisabsprachen zwischen den Herstellern und vergab ihre Aufträge entsprechend der von den Kartellen festgelegten Quoten.

---

[94] Schreiben von Herrn Dieter Schmitz, VDEW, an den Verfasser 19.05.1995.
[95] Schreiben von Herrn Bartl, Bayernwerke AG, an den Verfasser 25.09.1995.
[96] RADKAU, Aufstieg und Krise, S. 108.

C. DIE 1960ER JAHRE: KOHLEFÖRDERUNG, ATOMPOLITIK UND VERLANGSAMTES WACHSTUM

In der bundesdeutschen Elektrizitätswirtschaft kam es in den 1960er Jahren zu wichtigen Veränderungen, die sich bereits in der zweiten Hälfte der 1950er Jahre abgezeichnet hatten, und die entscheidenden Einfluß auf die Nachfrage nach Kraftwerksanlagen und damit auf die Elektroindustrie hatten. Zum einen betraf dies den Wettstreit zwischen verschiedenen Primärenergieträgern – Kohle auf der einen, Mineralöl und Kernkraft auf der anderen Seite. Zum anderen ging es um die rechtlichen Rahmenbedingungen für die Elektrizitätswirtschaft. Die Frage des Gebietsschutzes, also der faktischen Monopolstellung einzelner Versorgungsunternehmen in ihrem Territorium, wurde in der Diskussion über eine Novelle von GWB und Energiewirtschaftsgesetz erneut zum Gegenstand von Auseinandersetzungen zwischen Elektrizitätswirtschaft und industriellen Energieerzeugern. Von einer Klärung dieser Frage hingen langfristige Investitionsentscheidungen und damit Aufträge für die Elektroindustrie ab.

Noch 1957 hatte der deutsche Steinkohlebergbau den heimischen Bedarf nur unzureichend befriedigen können, aber von 1958 an hatte der Bergbau aufgrund hoher Förderleistungen und angesichts der wachsenden Bedeutung des Mineralöls zunehmend mit Absatzschwierigkeiten zu kämpfen. Da die Elektrizitätswirtschaft mit 17 Prozent der in der Bundesrepublik geförderten Steinkohle und 90 Prozent der Braunkohle größter heimischer Verbraucher war, wurden die Elektrizitätsversorger von Bergbau und Politik gedrängt, mehr Kohle abzunehmen.[97] Wiederholt betonte die Bundesregierung ihre Entschlossenheit, den heimischen Bergbau gegen die Konkurrenz des Mineralöls zu unterstützen. Auf Druck der Regierung vereinbarten die großen Mineralöl- und Bergbaugesellschaften eine befristete Anhebung des Preises für schweres Heizöl. Gleichzeitig verpflichtete sich die Mineralölindustrie, keine weiteren Finanzierungsbeihilfen für die Umstellung von Kohle auf Öl zu gewähren und auf Heizölwerbung zu verzichten.[98]

---

[97] Bericht über die VDEW-Jahresversammlung 1959 in Berlin, in: EW 58 (1959), S. 575; Die Entwicklung der öffentlichen Elektrizitätsversorgung. Jahrestagung der VDEW, in: ZVEIM 13 (1960), Nr. 6, S. 8f; SALZMANN, Geschäft, S. 115; FRANK, Elektrizitätsversorgung, S. 577; STRAHRINGER, Tagesfragen [1965], S. 336; SALZMANN, Bilanz, S. 2687.

[98] BA Koblenz, B 102, 80204: „Ansprache von Dr. Heesemann, BWM, bei der VDEW-Tagung in München, 10.06.1964"; 15628: „Ist die Kohlenkrise zu lösen?' Vortrag von Bergassessor a. D. Dr. Anderheggen, vor dem Wirtschaftspolitischen Club in Bonn, 15.04.1959". S.a. 31998: „Vermerk betr. die Konkurrenz zwischen Kohle und leichtem Heizöl auf dem Sektor Hausbrand und Kleinverbrauch, 11.04.1959"; „BWM, Referat III B 2, Vermerk betr. Verwendung von Heizöl in Kraftwerken, 22.12.1948, unterzeichnet Hofmann"; 31999: „BWM, Referat III B 2, Vermerk betr. die Verwendung von Heizöl zur Stromerzeugung, 17.02.1960"; Die VDEW-Jahresversammlung Bonn 1961, in: EW 60 (1961), S. 566.

Bedingt durch den rückläufigen Preis stieg der Konkurrenzdruck durch das Mineralöl aber weiter an, so daß Mitte der 1960er Jahre zur Sicherung des Kohlenbergbaus die sogenannten Verstromungsgesetze verabschiedet wurden. Am 13. August 1965 trat das Gesetz zur Förderung der Verwendung von Steinkohle in Kraftwerken in Kraft, mit dem der Bau von Steinkohlekraftwerken durch eine erleichterte Bildung steuerfreier Rücklagen gefördert wurde. Den Angaben der Elektrizitätswirtschaft zufolge wurde dies dann auch vollständig ausgenutzt. Am 5. September 1966 folgte das Gesetz zur Sicherung des Steinkohleneinsatzes in der Elektrizitätswirtschaft. Fortan übernahm damit die öffentliche Hand die Mehrkosten, die bei der Stromerzeugung in Steinkohlekraftwerken im Vergleich zu den mit Mineralöl betriebenen anfielen.[99]

Entgegen den Intentionen des Gesetzgebers und trotz einer Verdoppelung des bundesdeutschen Primärenergieverbrauchs zwischen 1950 und 1964 konnte die Unterstützung des heimischen Bergbaus den schnellen Bedeutungsverlust der Kohle in der Energieerzeugung nicht aufhalten. So waren noch 1950 drei Viertel des Energiebedarfs mit Kohle gedeckt worden, 1967 aber nur mehr ein Drittel. Im gleichen Zeitraum hatte sich die Zahl der im Steinkohlenbergbau Beschäftigten von 600.000 auf 300.000 halbiert.[100]

Im Hinblick auf den Brennstoffbedarf der Elektrizitätswirtschaft war die Entwicklung der Atomenergie von großer Bedeutung. Ursprünglich waren der Bundesrepublik aufgrund des Alliierten Kontrollratsgesetzes Nr. 23 alle Forschungen auf diesem Gebiet verboten. Nach Inkrafttreten der Pariser Verträge am 5. Mai 1955 begannen AEG, Siemens und BBC sogleich mit ersten Planungen für Konstruktion und Bau von Atomkraftwerken.[101]

Siemens und AEG stützten sich bei ihren Entwicklungsarbeiten auf eine enge Zusammenarbeit mit ihren traditionellen US-Partnern. Die Siemens-Schuckertwerke schlossen einen Vertrag mit Westinghouse Electric, während AEG mit General Electric kooperierte, wodurch beide Firmen Zugang zu US-Nukleartechnologie erhielten. So war es kein Zufall, daß sie die in den USA weit verbreiteten Leichtwasserreaktoren favorisierten, mit denen Strom zudem billiger als mit den in Großbritannien und Frankreich unter militärischen Gesichtspunkten bevorzugten Gasgekühlten Reaktoren erzeugt werden konnte.

---

99 SCHULTE, Tagesfragen [1967], S. 374; Zeittafel zur Geschichte der deutschen Elektrizitätsversorgung, S. 413; KRUSE, Energiewirtschaft, S. 244; SALZMANN, Industrie, S. 2785; HERZIG, Wirtschaftsgeschichtliche Aspekte, S. 150.

100 HUFFSCHMID, Energieverbrauch, S. 2327; HARDACH, Wirtschaftsgeschichte, S. 237.

101 Industrie wartet auf Startschuß, in: Hannoversche Allgemeine, 15.10.1953; Größere Dimensionen bei der AEG, in: Volkswirt 10 (1956), Nr. 6, S. 28; Stetige Entwicklung bei „Brown Boveri", ebd., 11 (1957), S. 1219; Abklingende Nachfrage bei Siemens, ebd., S. 409; Siemens AG. Koooperation statt Tradition. „Turbulenz der Technik" zwingt zu neuen Formen, ebd., S. 2363; BOHN UND MARSCHALL, Stromversorgung, S. 98.

Daß man in Deutschland nicht dem britischen oder französischen Vorbild folgte, war dabei sowohl Ergebnis des Verzichts auf Atomwaffen, als auch der engen Verbindungen zu US-Firmen.[102]

In der ersten Phase bundesdeutscher Atompolitik wurde eine Reihe von Versuchsreaktoren errichtet, wofür das sogenannte Erste Atomprogramm der Jahre 1956 bis 1962 staatliche Mittel in Höhe von 1,47 Milliarden DM zur Verfügung stellte. Siemens erhielt den Auftrag für den Bau des Reaktors der Technischen Universität München in Garching, während AEG 1958 zusammen mit General Electric das von RWE und Bayernwerk finanzierte 15 MW-Atomkraftwerk in Kahl am Main errichtete. 1959 nahm der Versuchsreaktor von Siemens seinen Betrieb auf; ein Jahr später folgte dann auch AEG mit einem eigenen Reaktor.[103]

Im Anschluß daran ging man zur kommerziellen Nutzung der Atomkraft über, wofür das Zweite Atomprogramm der Jahr 1963 bis 1967 mit einem Volumen von 3,8 Milliarden DM verabschiedet wurde. Im Dezember 1962 erhielt AEG von RWE und Bayernwerk den Auftrag für das erste große deutsche Atomkraftwerk bei Gundremmingen, einem 250 MW-Siedewasserreaktor nach General Electric-Design, der seinen Betrieb 1966 aufnahm. 1964 errichtete AEG das 250 MW-Atomkraftwerk Lingen, bei dem es sich um den ersten, von AEG in eigener Regie abgewickelten Bau eines Kernkraftwerks handelte. Im darauffolgenden Jahr begann Siemens bei Obrigheim mit der Konstruktion eines weiteren Atomkraftwerks.[104]

Trotzdem war die Elektroindustrie mit der Geschwindigkeit des Ausbaus der Kernenergie in der Bundesrepublik nicht zufrieden. So stellte BBC im Geschäftsbericht für 1966 resigniert fest: „Der Bau von Atomkraftwerken läßt

---

[102] AEG-Telefunken Gruppe. Das „neue Haus" steht, in: Volkswirt 19 (1965), S. 1281; Siemens AG. Langsamer in neue Größen, ebd., 21 (1967), S. 339; Forschung ist lebenswichtig! Siemens baut Entwicklungs- und Forschungszentrum in Erlangen, in: EM 18 (1965), S. 1044. S.a. SCHULTE, Tagesfragen [1967]; RADKAU, Technik in Deutschland, S. 342; SURREY UND WALKER Electrical Power Plant, S. 143.

[103] Deutsches Atomprogramm angelaufen, in: Volkswirt 11 (1957), S. 800f; Siemens-Ergebnis abermals verbessert, ebd., 13 (1959), S. 330; AEG weiter in befriedigender Entwicklung, ebd., S. 483; AEG in stetiger Entwicklung, ebd., S. 425; Kräftige Geschäftsausweitung bei der AEG, ebd., 16 (1962), S. 501; FRANK, Elektrizitätsversorgung, S. 581; Zeittafel zur Geschichte der deutschen Elektrizitätsversorgung, S. 413; ZÄNGL, Deutschlands Strom, S. 237. S.a. Geringere Spannen bei der AEG, in: Volkswirt 14 (1960), S. 424; Siemens forciert wieder die Investitionen, ebd., S. 329; AEG: Vorsichtige Investitionspolitik, ebd., 15 (1961), S. 316; STRAHRINGER, Tagesfragen [1963], S. 440; STRAßER et al., Atomkraft in Bayern, S. 88.

[104] AEG. Ein Konzern wird neu organisiert, in: Volkswirt 18 (1964), S. 1241; AEG-Telefunken Gruppe. Das „neue Haus" steht, ebd., 19 (1965), S. 1281; Forschung ist lebenswichtig! Siemens baut Entwicklungs- und Forschungszentrum in Erlangen, in: EM 18 (1965), S. 1044; STRAHRINGER, Tagesfragen [1963], S. 440; RADKAU, Technik in Deutschland, S. 342; ZÄNGL, Deutschlands Strom, S. 237.

noch auf sich warten."[105] Bei der Jahrestagung der VDEW fragte deren Vorsitzender Richard Schulte 1967: „Warum liegt in der Bundesrepublik eine nur zögernde Einführung der Kernenergie in den Brennstoffmarkt vor?" Und gab als Antwort: „Die deutschen EVU haben auf den Absatzrückgang der Steinkohle Rücksicht genommen. ... Die Zuschüsse nach den ‚Verstromungsgesetzen' haben sich zweifellos hemmend auf die Baubeschlüsse für Kernkraftwerke ausgewirkt."[106]

Angesichts der politischen und ökonomischen Förderung des Kohlebergbaus verschob sich die Entscheidung über den Bau mehrerer Kernkraftwerke in die späten 1960er Jahre. Die dann eintretende gesamtkonjunkturelle Abschwächung ließ auch den Stromverbrauch weniger stark steigen, so daß sich diese Projekte weiter verzögerten. 1967 wurden nur zwei Aufträge für Atomkraftwerke erteilt: AEG erhielt den für einen 670-MW-Siedewasserreaktor von Preußenelektra in Würgassen, Siemens einen weiteren für das 660-MW-Atomkraftwerk der Nordwestdeutschen Kraftwerke und der Hamburgischen Electricitäts-Werke bei Stade. Weitere Projekte waren zwar im Gespräch, wie etwa das von BASF geplante 600-MW-Kernkraftwerk bei Ludwigshafen oder ein 600-MW-Kernkraftwerk der Chemischen Werke Hüls und der Vereinigten Elektrizitätswerke Westfalen bei Marl, kamen aber über die Planungsphase nicht hinaus.[107]

Nachdem sich die Elektrizitätswirtschaft bei der Verabschiedung des GWB im Jahr 1957 mit ihren Vorstellungen bezüglich des Gebietsschutzes hatte durchsetzen können, wurde diese Frage gegen Ende der 1950er Jahre erneut diskutiert, da eine Neufassung des Energiewirtschaftsgesetzes von 1935 und eine Novelle des GWB erwogen wurde. Wiederum forderten die industriellen Stromerzeuger eine Abschaffung der Monopolstellung der Elektrizitätsversorger, während sich letztere für deren Beibehaltung aussprachen.[108]

BDI und VIK veröffentlichten im Mai 1961 die „Grundsätze für ein neues Gesetz für die Elektrizitäts- und Gasversorgung", worin sie verlangten, daß die Stromversorgung eines bestimmten Gebietes demjenigen Unternehmen übertragen werden sollte, das zu den günstigsten Bedingungen und niedrigsten Preisen lieferte. Dies sollte im Rahmen einer öffentlichen Ausschreibung festgestellt werden. Außerdem kritisierten die Verfasser der Grundsätze abermals, daß der in industriellen Anlagen erzeugte Strom nicht direkt an Endverbraucher verkauft werden durfte. Die Elektrizitätswirtschaft wehrte sich gegen diese Vorschläge und wurde dabei vom Bundeswirtschaftsministerium unterstützt, das

---

[105] Brown, Boveri & Cie AG. Konzern mit neuen Konzeptionen, in: Volkswirt 21 (1967), S. 1243.
[106] SCHULTE, Tagesfragen [1967], S. 375; Wendepunkt für deutsche Atomwirtschaft, in: Die Welt, 25.10.1967.
[107] SCHULTE, Tagesfragen [1967], S. 375; SALZMANN, Industrie, S. 2783.
[108] STRAHRINGER, Tagesfragen [1961], S. 569; FRANK, Elektrizitätsversorgung, S. 579.

sich für eine Beibehaltung des Gebietsschutzes aussprach.[109] Diese Fragen wurde über mehrere Jahre hin diskutiert, bis schließlich der VDEW-Vorsitzende bei der Verbandskonferenz 1964 erklären konnte:

> Es ist die befreiende Botschaft des heutigen Vormittags – Herr Ministerialdirigent Dr. Heesemann überbrachte sie uns –, daß sich der Herr Bundeswirtschaftsminister – ich zitiere wörtlich – ,in der letzten Woche dazu entschlossen hat, in die dem Bundeskabinett vorzulegende Novelle die Streichung des Rechtsschutzes für die Demarkationsvereinbarungen n i c h t aufzunehmen'.[110]

Wie auch bereits bei der Verabschiedung des GWB hatte sich die Elektrizitätswirtschaft damit ein weiteres Mal mit ihren Vorstellungen durchsetzen können. Ein direkter Verkauf des von ihr erzeugten Stromes an Endkunden blieb der industriellen Kraftwirtschaft damit weiterhin verwehrt. Gleichzeitig sicherte diese klare Entscheidung die künftige Absatzentwicklung der Elektrizititätswirtschaft, womit Investitionen zum Ausbau der Erzeugungskapazitäten eine gesicherte Grundlage hatten.

1960 verzeichnete die Elektrotechnische Industrie ein Boomjahr, in dessen Verlauf die Produktion um 19,9 Prozent anstieg. Da die Fertigungskapazitäten für einen derartigen Nachfrageanstieg nicht ausgelegt waren, kam es zu Lieferverzögerungen in bis dahin nicht gekannten Ausmaßen. Bei verschiedenen Warengruppen bestanden sie bis 1962, was in der Elektroindustrie besonders im Hinblick auf internationale Märkte und dem sich dort verstärkenden Konkurrenzdruck mit großer Sorge gesehen wurde.[111]

Die gestiegene Nachfrage nach Arbeitskräften und der bereits bestehende akute Arbeitskräftemangel erhöhten den inflationären Druck. Dem begegnete die Bundesbank zwischen September 1959 und Juni 1960 mit einer Steigerung des Diskontsatzes in drei Stufen von drei auf fünf Prozent. Allerdings wuchs dadurch die Attraktivität der Bundesrepublik für ausländische Anleger, so daß in der Folgezeit verstärkt Kapital einfloß. Im November 1960 und im Januar und Mai 1961 senkte die Bundesbank die Diskontrate deshalb schrittweise auf drei Prozent. Um der sich daraus ergebenden inflationsfördernden Wirkung zu begegnen, wertete sie am 6. März 1961 die Deutsche Mark um fünf Prozent auf.[112]

---

109 STRAHRINGER, Tagesprobleme [1962], S. 632ff.
110 DERS., Tagesfragen [1964], S. 484. Hervorhebung im Original. S.a. BA Koblenz, B 102, 80204: „Ansprache von Dr. Heesemann, BWM, bei der VDEW-Tagung in München, 10.06.1964"; Die VDEW-Jahresversammlung Stuttgart 1962, in: EW 61 (1962), S. 628; SCHULTE, Tagesfragen [1970], S. 339.
111 HUPPERT, Gespaltene Elektrokonjunktur, S. 13, 15; OURSIN, Konjunkturelle und strukturelle Aspekte, S. 22.
112 ZVEI, Mitgliederversammlung [1960], S. 5; SCHLESINGER UND BOCKELMANN, Monetary Policy, S. 182, 186, 190; HARDACH, Wirtschaftsgeschichte, S. 230f; GIERSCH et al., Fading Miracle, S. 139f; BELLERS, Außenwirtschaftspolitik, S. 266-70.

Bereits am 9. März 1960 hatte die Bundesregierung steuerliche Maßnahmen zur Dämpfung der Konjunktur beschlossen, die unter anderem die degressive Abschreibung einschränkten. Der ZVEI protestierte hiergegen, da dies die Investitionsbereitschaft der gewerblichen Wirtschaft dämpfte und damit den Absatz der Elektrofirmen gefährdete. Letztere forderten wiederholt eine Rücknahme dieser Maßnahmen, was die Bundesregierung ablehnte, da sie inflationsfördernde Auswirkungen befürchtete.[113]

Wenngleich die Elektroindustrie 1961 mit einem Wachstum von 13,6 Prozent zwar nicht den hohen Wert des Vorjahres von 19,9 Prozent erreicht hatte, zeigte der Ende 1959 begonnene Boom doch eine erstaunliche Dynamik. Ein noch schnelleres Wachstum wurde durch die restriktive Politik der Bundesbank und den Mangel an Arbeitskräften verhindert, der sich 1961 durch die Verkürzung der Arbeitszeit weiter verschärft hatte. Hinzu kam die Abriegelung der Zonengrenze durch den Mauerbau. Der Zustrom von Arbeitskräften aus dem Osten war damit gestoppt, doch es dauerte einige Zeit, bis die Elektroindustrie die Folgen zu spüren bekam. So gelang es beispielsweise den Siemens-Schuckertwerken noch im Laufe des Jahres 1961 die Belegschaft um 6.000 auf 83.000 zu erhöhen, während die Beschäftigtenzahl von Siemens & Halske um 12.000 auf 95.000 anwuchs. In der Folgezeit gestaltete sich dies aber zunehmend komplizierter.[114]

Parallel zur Aufstockung der Belegschaft investierte Siemens im Laufe des Jahres 1961 insgesamt 422 Millionen DM und damit um 153 Millionen DM mehr als noch 1960. Gleichzeitig verfügte man über Flüssige Mittel und Wertpapierbestände in Höhe von 451 Millionen DM. Bereits 1960 hatte Siemens die Dividende von 14 auf 16 Prozent und das Grundkapital von 450 auf 510 Millionen DM erhöht, um die Finanzierung eines umfangreichen Investitionsprogrammes abzusichern.[115] Der *Volkswirt* verwies auf eine Eigenkapitaldeckung der Sachanlagen von 120 Prozent und bemerkte: „Neues Eigenkapital braucht Siemens trotz der umfangreichen Investitionspläne vorerst nicht".[116] Die Zeitschrift erklärte weiter:

> Schließlich wird gerade bei *Siemens* der Bedarf an offenen Eigenmitteln und zu Fremdmitteln ‚von draußen' seit langem schon durch eine umfangreiche Selbstfinanzierung über Abschreibungen, Rückstellungen und stille Reserven in Grenzen

---

[113] ZVEI, Mitgliederversammlung [1960], S. 6; DERS., Mitgliederversammlung [1962], S. 5; DERS., Mitgliederversammlung [1964], S. 5.

[114] Siemens in starker Expansion, in: Volkswirt 16 (1962), S. 370; HUPPERT, Gespaltene Elektrokonjunktur, S. 15; HARDACH, Wirtschaftsgeschichte, S. 231f.

[115] Siemens elastisch und expansiv, in: Volkswirt 15 (1961), S. 276; Siemens in starker Expansion, ebd., 16 (1962), S. 368ff.

[116] Siemens elastisch und expansiv, in: Volkswirt 15 (1961), S. 276.

gehalten. Abgesehen davon zielt auch die *Siemens*che Finanzpolitik bereits seit geraumer Zeit darauf ab, den hohen, rasch wachsenden und risikobehafteten Aufwand für Forschung und Entwicklung möglichst weitgehend aus zinsfreiem Kapital zu bestreiten.[117]

Bei AEG stieg der Umsatz 1961 mit 17,2 Prozent zwar etwas weniger als der von Siemens, aber auch AEG investierte im Laufe des Jahres 1961 300 Millionen DM. Zur Finanzierung wurde neben dem Rückgriff auf Eigenmittel eine Anleihe in Höhe von 50 Millionen DM und eine Erhöhung des Grundkapitals um 70 auf 380 Millionen DM beschlossen. Die Dividende wurde gleichzeitig von 14 auf 15 Prozent heraufgesetzt.[118]

Seit den späten 1950er Jahren stiegen bei den meisten Firmen die Personalaufwendungen schneller als der Umsatz. Da die Lage am Arbeitsmarkt angespannt blieb, gerieten die Gewinnspannen mehr und mehr unter Druck. 1962 verlangsamte sich zudem das Expansionstempo der Elektroindustrie, während sich der Arbeitsmarkt noch weiter verengte. Verstärkt wurden deshalb ausländische Arbeitskräfte angeworben, auf die bis 1965 70 Prozent des Beschäftigtenzuwachses in der bundesdeutschen Industrie entfielen.[119]

Siemens konnte das hohe Wachstum des Vorjahres, in dem es 15,4 Prozent betragen hatte, auch 1962 mit einem Umsatzzuwachs von 13,6 Prozent fast halten. Trotzdem klagte das Unternehmen, auf das ein Anteil von rund 20 Prozent des Branchenumsatzes entfiel, über eine fortgesetzte Schrumpfung der Gewinnspannen. Das seit 1960 laufende Investitionsprogramm wurde aber unverändert fortgesetzt und im Laufe des Jahres insgesamt 564 Millionen DM investiert. Siemens betonte, daß dieses Investitionsvolumen auch in den nachfolgenden Jahren beibehalten werden sollte.[120]

Obgleich der Umsatz von AEG 1962 mit 14,4 Prozent stärker als der von Siemens und sogar noch mehr als die Personalaufwendungen zunahm, entschloß man sich aufgrund des geringeren Auftragseingangs seitens Grundstoffindustrien und Elektrizitätswirtschaft zu einer Senkung der Investitionen. Außerdem kündigte der neue Vorstandsvorsitzende von AEG, Hans Heyne, der bis dahin bei Telefunken tätig gewesen war und mit dem AEG erstmals in der Firmengeschichte von einem Techniker geführt wurde, eine Neuorganisation des Konzerns an. Ähnlich wie bei Siemens sollte das Verhältnis Mutter-

---

[117] Ebd.
[118] Kräftige Geschäftsausweitung bei der AEG, in: Volkswirt 16 (1962), S. 500f.
[119] HEIKAUS, Tendenzen, S. 56; HARDACH, Wirtschaftsgeschichte, S. 231f; GIERSCH et al., Fading Miracle, S. 128.
[120] Haus Siemens. Optimistische Investitionspolitik, in: Volkswirt 17 (1963), S. 353ff; Erschwerte Wettbewerbsbedingungen gegenüber dem Ausland. Zur Lage der Elektrotechnischen Industrie der Bundesrepublik, in: ET 45 (1963), S. 415.

Tochter zwischen AEG, die zwei Drittel des Gesamtumsatzes verbuchte, und Telefunken durch ein gleichberechtigtes Nebeneinander der beiden Unternehmensteile ersetzt werden. Dabei sollte der gesamte Starkstromsektor bei AEG und Schwachstromgüter bei Telefunken angesiedelt werden.[121]

Innerhalb der AEG wurde eine vertikale Gliederung in Geschäftsbereiche eingeführt, wie es sie auch bei US-amerikanischen und britischen Konzernen gab. Die fünf Bereiche Energieerzeugung und -verteilung, Energieanwendung, Verkehr, Technisches Liefergeschäft und Haushaltsgeräte sollten dabei organisatorisch selbständig werden und wie eigenständige Firmen auftreten. Einkauf, Produktion und Vertrieb wickelten sie fortan selbst ab und verfügten auch über eigene Fabriken.[122]

1963 verlangsamte sich das Wachstum der Elektroindustrie weiter und erreichte mit 2,6 Prozent das seit den späten 1940er Jahren geringste Expansionstempo. Ursache hierfür war die abgeschwächte industrielle Investitionstätigkeit und die verhaltene Nachfrage bei Konsumgütern.[123] Bei Siemens nahm das Umsatzwachstum von 13,6 auf 8,3 Prozent ab, lag aber damit noch beachtlich über dem Branchenniveau. Die einzelnen Unternehmensteile entwickelten sich dabei sehr unterschiedlich. So stieg der Absatz bei Siemens & Halske 1963 um 10,7 Prozent auf zwei Milliarden DM, während der der Siemens-Schuckertwerke aufgrund der rückläufigen Nachfrage im Starkstromsektor lediglich um 0,8 Prozent auf 2,4 Milliarden DM wuchs.[124]

Auch AEG lag mit einem Umsatzanstieg von 7,0 Prozent deutlich über der Branche, wenngleich man über weiter rückläufige Erträge klagte und deshalb die im Vorjahr begonnene Absenkung des Investitionsvolumens fortsetzte. Zwischen 1962 und 1963 sank es von 127 auf 108 Millionen DM, während die Belegschaft um drei Prozent abgebaut wurde. Der Schwerpunkt der Investitionen lag bei der Verdoppelung der Fertigungskapazitäten der Großmaschinenfabrik in Berlin, wofür 65 Millionen DM aufgewendet wurden.[125]

1963 sank der Umsatz von BBC erstmals seit Ende des Krieges, und zwar um 2,3 Prozent auf 1,1 Milliarden DM. Ausschlaggebend war hierfür ein zweiwöchiger Streik in der Metallindustrie und die Zerstörung des Haushaltsgerä-

---

[121] AEG. Reorganisation bei wachsender Rentabilität, in: Volkswirt 17 (1963), S. 492; AEG. Ein Konzern wird neu organisiert, ebd., 18 (1964), S. 1241.

[122] Ebd.

[123] Allgemeine Deutschen Philips Industrie GmbH. Die Konsolidierung geht weiter in: Volkswirt 18 (1964), S. 1054; HUPPERT, In gedämpfter Expansion, S. 2019; GIERSCH et al., Fading Miracle, S. 141f.

[124] Haus Siemens. Mehr sein als scheinen, in: Volkswirt 18 (1964), S. 320; Die Konjunktur im Trend. Interview mit Dr. Peter von Siemens, Vorsitzender des ZVEI und Stellv. Vorsitzender des Aufsichtsrats der Siemens-Schuckertwerke AG, ebd., S. 1223.

[125] AEG. Ein Konzern wird neu organisiert, in: Volkswirt 18 (1964), S. 1240ff.

tewerkes Großauheim durch einen Großbrand im Februar 1963. Wie bei AEG lagen die Investitionen von BBC mit 41,1 Millionen DM beträchtlich unter denen der vorangegangenen Jahre und dienten nahezu ausschließlich der Rationalisierung. Zum gleichen Zweck wurde die Belegschaft um 500 Beschäftigte reduziert. Aber auch dies konnten einen weiteren, wenngleich verlangsamten Anstieg der Personalkosten nicht verhindern.[126]

Seit den frühen 1960er Jahren hatten alle Elektrofirmen mit dem Problem zu kämpfen, daß die Personalaufwendungen trotz der Rationalisierungen durchweg stärker als der Umsatz wuchsen, womit die Gewinnspannen unter Druck gerieten. So ergab eine Analyse der Bilanzen von 47 elektrotechnischen Aktiengesellschaften für das Jahr 1963, daß einer Umsatzausweitung von 12,2 Prozent eine Zunahme der Personalaufwendungen um 15,3 Prozent gegenüberstand, während sich die Materialkosten lediglich um 5,2 Prozent erhöht hatten.[127]

1964 beschleunigte sich die Expansion der Produktion, wozu besonders die gewachsene Nachfrage nach Investitionsgütern beitrug, wenngleich der Auftragseingang noch weit unter dem der Boomjahre 1960/61 lag. Ein deutliches Indiz für den geringeren finanziellen Spielraum für Investitionen, insbesondere seitens der öffentlichen Hand war, daß der Bundeshaushalt 1964 erstmals seit 1951 ein Defizit aufwies.[128]

Siemens berichtete 1964, daß die Erträge erstmals seit Jahren wieder mit dem Umsatzwachstum Schritt gehalten hatten, was auf die vorangegangenen Rationalisierungsmaßnahmen zurückgeführt wurde. Die seit fünf Jahren unveränderte Dividende erhöhte man aber auch 1964 nicht, sondern stockte statt dessen die Rücklagen auf. Der langjährige Finanzchef des Hauses, Adolf Lohse, begründete diesen Schritt mit den hohen Ausgaben für Forschung und Entwicklung, die 1964 mit 400 Millionen DM fast viermal so hoch wie die Dividendenausschüttungen waren. Trotzdem lag Siemens in absoluten Zahlen noch erheblich hinter den Forschungsaufwendungen der großen US-Unternehmen: General Electric investierte beispielsweise 1964 umgerechnet eine Milliarde DM in Forschung und Entwicklung.[129]

---

126 BBC. Ertragskraft geht vor Umsatz, ebd., S. 1175f.
127 FRIEDEMANN, Bilanzen, S. 42; DERS., Wachsen der Elektroindustrie, S. 70; DERS., Kapital- und Vermögensentwicklung, S. 34.
128 Die Konjunktur im Trend. Interview mit Dr. Peter von Siemens, Vorsitzender des ZVEI und Stellv. Vorsitzender des Aufsichtsrats der Siemens-Schuckertwerke AG, in: Volkswirt 18 (1964), S. 1223; GIERSCH et al., Fading Miracle, S. 142f. S.a. Allgemeine Deutsche Philips Industrie GmbH. Kapazitäten stark angespannt, in: Volkswirt 19 (1965), S. 957f; Die Investitionen der Deutschen Bundesbahn, in: ZVEIM 17 (1964), Nr. 3, S. 10.
129 Die Konjunktur im Trend. Interview mit Dr. Peter von Siemens, Vorsitzender des ZVEI und Stellv. Vorsitzender des Aufsichtsrats der Siemens-Schuckertwerke AG, in: Volkswirt 18 (1964),

Siemens veröffentlichte Pläne, denen zufolge man sich verstärkt Kernenergie und Elektronischer Datenverarbeitung zuwenden wollte. In der Nukleartechnik war es der Firma gelungen, eigene Konzepte zu entwickeln und sich so vom US-Partner Westinghouse freizuschwimmen. In der Datenverarbeitung stand man dagegen noch am Anfangspunkt, da man dort vergleichsweise spät eingestiegen war. Zur Stärkung dieses Sektors wurde 1964 ein Vertrag über einen umfassenden Patent- und Erfahrungsaustausch mit der Radio Corporation of America abgeschlossen.[130]

Auch BBC beabsichtigte seit einiger Zeit den Einstieg in die Datenverarbeitung. 1964 wurde die 1949 gegründete Zuse KG übernommen, ohne allerdings zu erkennen, daß sich deren Marktposition bereits verschlechtert hatte. Die Zuse KG entwickelte und baute elektronische Rechen- und Steueranlagen und hatte 1964 rund 1.100 Beschäftigte, die einen Jahresumsatz von 30 Millionen DM erwirtschafteten. Nach deren Übernahme kündigte BBC an, die Zuse KG stark auszubauen, weshalb sogleich mit dem Bau einer Fabrikationshalle für 10 Millionen DM begonnen wurde.[131]

1965 nahm die Produktion der Elektroindustrie um 13,6 Prozent zu. Dies lag zwar über dem Vorjahreswert von 11,3 Prozent, wurde aber trotzdem mit Sorge registriert, da in der zweiten Jahreshälfte ein starker Rückgang des Auftragseingangs eingesetzt hatte. Ursache hierfür war die restriktivere Geldpolitik der Bundesbank, womit der inflationären Entwicklung begegnet und die öffentliche Hand zu Ausgabenbeschränkungen gezwungen werden sollte. Zu diesem Zweck erhöhte die Bundesbank den Diskontsatz im Januar und August 1965 in zwei Stufen von drei auf vier Prozent. Aus dem im September verabschiedeten Haushaltssicherungsgesetz ergab sich dann ebenfalls eine restriktivere Finanzpolitik mit entsprechenden Folgen für die Beschaffungspolitik öffentlicher Auftraggeber.[132]

S. 1223; Haus Siemens. Mehr sein als scheinen, ebd., S. 322; Haus Siemens. Betontes Zukunftsdenken. Rücklagenbildung wichtiger als Dividendenerhöhung, ebd., 19 (1965), S. 332, 334; Dynamische Europäer. Vier Giganten im europäischen Vergleich, ebd., S. 1994, Haus Siemens. Größer neuer straffer, ebd., 20 (1966), S. 251; Siemens AG. Koooperation statt Tradition. „Turbulenz der Technik" zwingt zu neuen Formen, ebd., S. 2363; Siemens elastisch und expansiv, ebd., 15 (1961), S. 277. Forschung ist lebenswichtig! Siemens baut Entwicklungs- und Forschungszentrum in Erlangen, in: EM 18 (1965), S. 1044;. Zum Beginn der Forschung in Erlangen nach 1945: BHStA, MWi 14765: „Dr. Drexel an das Bayerische Staatsministerium des Inneren, Staatssekretär Fischer 14. Mai 1948".

130 Haus Siemens. Betontes Zukunftsdenken. Rücklagenbildung wichtiger als Dividendenerhöhung, in: Volkswirt 19 (1965), S. 333.

131 Brown, Boveri & Cie AG. Stärkere Betätigung im Ausland, ebd., S. 1074; Kooperation und Konzentration in der deutschen Elektroindustrie, in: EM 20 (1967), S. 162; CATRINA, BBC, S. 118.

132 Die kredit- und konjunkturpolitische Situation, in: ZVEIM 19 (1966), Nr. 6, S. 1f; STEIN, Westdeutsche Industrie, S. 15; GIERSCH et al., Fading Miracle, S. 142-5; ZVEI, Mitgliederversammlung [1966], S. 6.

Die finanzielle Situation der Elektroindustrie gestaltete sich dadurch zunehmend schwieriger. Hinzu kam ein ungewöhnlich starker Anstieg von NE-Metallpreisen und Personalkosten.[133] Bei Siemens lag der Umsatzanstieg 1965 mit zehn Prozent unter dem Wachstum der Branche. Besonders beklagte man die Zunahme der Personalaufwendungen um 14 Prozent, obwohl die Belegschaft im Laufe des Jahres nur um vier Prozent gewachsen war. Trotzdem erhöhte Siemens erstmals seit drei Jahren die Sachanlageninvestitionen, nämlich um 38 auf 342 Millionen DM.[134]

Bei AEG wuchs der Umsatz lediglich um 8,8 Prozent, während die Erträge aufgrund höherer Kosten und insbesondere wegen der um 13 Prozent gestiegenen Personalkosten gefallen waren. Obgleich AEG über die allgemein abflauende Investitionsneigung bei industriellen Kunden klagte, hatte die Kapazitätsauslastung der Werke im Bereich Energieerzeugung zugenommen. Das Unternehmen mutmaßte, daß in der Elektrizitätswirtschaft eine neue Beschaffungswelle bevorstand und kündigte deshalb Investitionen im Umfang von 250 Millionen DM an.[135]

Im Laufe des Jahres 1966 verschlechterte sich die allgemeine wirtschaftliche Entwicklung, wozu nicht zuletzt die Erhöhung der Diskontrate auf fünf Prozent im Mai 1966 beitrug. Dies ließ die Binnennachfrage zurückgehen, während steigende Zinsraten und Arbeitskosten den Druck auf die Unternehmensgewinne erhöhten und deren Investitionsbereitschaft hemmten. So stagnierten die gesamtwirtschaftlichen Investitionen 1966 erstmals und sanken sogar im darauffolgenden Jahr, während die Exporte in beiden Jahren anstiegen. Im April 1966 war in der Elektroindustrie das Volumen der Inlandsaufträge zum ersten Mal seit 1963 rückläufig. Die schon mit der seit Jahren anhaltenden Verengung der Gewinnspannen aufgetretenen Probleme nahmen weiter zu.[136]

Exemplarisch war hierfür die Entwicklung von Siemens. Der Umsatz stieg 1966 zwar um neun Prozent auf 7,8 Milliarden DM, hätte aber ohne das Wachstum der Exporte um 14,4 Prozent und den um 17 Prozent gestiegenen Verkäufen der ausländischen Töchter wesentlich geringer zugenommen. Wiederum gingen die Erträge des Unternehmens wegen der gestiegenen Personalaufwendungen und aufgrund von Preiseinbußen im Auslandsgeschäft zurück.

---

[133] Kapitalmangel hemmt Investitionspläne, in: EA-GI 18 (1965), S. 518. S.a. KUMMER, Investitionen, S. 10; ZVEI, Mitgliederversammlung [1964], S. 9.

[134] Haus Siemens. Größer neuer straffer in: Volkswirt 20 (1966), S. 249, 251; Erschwerte Wettbewerbsbedingungen gegenüber dem Ausland. Zur Lage der Elektrotechnischen Industrie der Bundesrepublik, in: ET 45 (1963), S. 415.

[135] AEG-Telefunken Gruppe. Das „neue Haus" steht, in: Volkswirt, 19 (1965), S. 1282; AEG-Telefunken Gruppe. Verstärkte Koordinierung, ebd., 20 (1966), S. 989f.

[136] Finanzierungssorgen der Wirtschaft nehmen zu, in: EA-GI 19 (1966), S. 386; GIERSCH et al., Fading Miracle, S. 144f.

Dabei führte die allgemein nachlassende Investitionsneigung vieler Industrie-
zweige zu einem Absinken der Kapazitätsauslastung im Bereich Starkstromtechnik auf durchschnittlich 70 bis 80 Prozent. Die Belegschaft der Siemens-
Schuckertwerke wurde deshalb um 2.900 Personen reduziert.[137]

Gleichzeitig erhöhte Siemens 1966 die Investitionen um 85 auf 427 Millionen DM und die Ausgaben für Forschung und Entwicklung von 450 auf 540
Millionen DM; letztere entsprachen damit sieben Prozent des Konzernumsat-
zes. Der Schwerpunkt der Investitionen lag in der Datenverarbeitung, wo Siemens eigenen Angaben zufolge der Einbruch in einen hart umkämpften Markt
gelungen war. Das Unternehmen kündigte an, in den nachfolgenden Jahren in
diesen Bereich 500 Millionen DM investieren zu wollen. 1966 erwarb Siemens
dann einen Anteil von 70 Prozent an der Zuse KG, nachdem BBC die in der
Datenverarbeitung notwendigen Aufwendungen zu hoch geworden waren.[138]

Mit der Verschmelzung von Siemens & Halske, Siemens-Schuckertwerke
und Siemens-Reiniger-Werke zur Siemens AG wurde 1966 eine kapitalrecht-
liche Umorganisation des Konzerns vorgenommen. Lediglich die Siemens-Electrogeräte AG wurde nicht in die neue Gesellschaft integriert, sondern ver-
traglich mit dieser verbunden, da im Haushaltsgerätesektor mit der Robert
Bosch GmbH ein gemeinsames Unternehmen gegründet werden sollte (siehe
Kapitel 6c).[139] Damit machte Siemens als erste deutsche Firma von der Möglichkeit Gebrauch, Aktiengesellschaften ineinander einzugliedern. Als Vorteile
sah der *Volkswirt*:

> Neben die verringerte Publizitätspflicht tritt ein interner finanzieller Effekt der Ein-
> gliederung: Die eingegliederte Gesellschaft ist von der Bildung gesetzlicher Rück-
> lagen befreit ... Zentralisierung und Spezialisierung der wichtigsten Führungstätig-
> keiten, Einsparung von Doppelfunktionen, eine elastischere Spitze und eine bessere
> Gesamtübersicht.[140]

Die Reorganisation fiel zusammen mit der zu dieser Zeit angesichts der fortschreitenden europäischen Integration geführten Diskussion über die ver-
meintlich unzureichende Größe bundesdeutscher Unternehmen. Da in der
Elektroindustrie und besonders bei Kraftwerksanlagen die Situation auf dem

---

[137] Siemens AG. Langsamer in neue Größen, in: Volkswirt 21 (1967), S. 338f, 341; Kapitalmangel
hemmt Investitionspläne, in: EA-GI 18 (1965), S. 518.

[138] Brown, Boveri & Cie AG. Auf Moll gestimmt, in: Volkswirt 20 (1966), S. 1049; Haus Siemens.
Größer neuer straffer ebd., S. 250; Siemens AG. Langsamer in neue Größen, ebd., 21 (1967), S.
338ff.

[139] Haus Siemens. Größer neuer straffer in: Volkswirt 20 (1966), S. 249; Siemens AG. Langsamer in
neue Größen, ebd., 21 (1967), S. 338; Konzentration in der Elektroindustrie, in: ET 48 (1966), S.
509.

[140] Konzerne. Kommt eine Eingliederungswelle? Anmerkungen zum Fall Siemens, in: Volkswirt 20
(1966), S. 164.

europäischen Markt zunehmend schwieriger wurde, gewann diese Problematik an Brisanz. Peter von Siemens stellte hierzu fest:

> Die Frage ist heute nicht, ob unsere Unternehmungen zu groß, sondern ob sie groß genug sind. Das Mißverhältnis in der Größenordnung zwischen amerikanischen und europäischen Unternehmungen kann auf die Dauer nicht ohne Folgen für die Wettbewerbsfähigkeit unserer Gesellschaften in einer von Marktschranken zunehmend befreiten Welt bleiben. Durch den europäischen Zusammenschluß werden aus großen Unternehmen im kleinen Markt kleinere Unternehmen in einem großen Markt.[141]

Wie Siemens verdankte AEG den Umsatzanstieg des Jahres 1966 in Höhe von 4,8 Prozent dem starken Wachstum der Exporte um 13,7 Prozent, während das Inlandsgeschäft lediglich um 1,5 Prozent zugenommen hatte. Auch AEG klagte über die Konjunkturflaute bei Investitionsgütern, die ein Absinken der Kapazitätsauslastung unter 80 Prozent bewirkt hatte. Gleichzeitig waren die Personalaufwendungen um zehn Prozent gewachsen, obwohl die Belegschaft im Laufe des Jahres 1966 um vier Prozent abgebaut worden war.[142]

Trotz der unbefriedigenden Entwicklung von Umsatz und Ertrag verzeichnete AEG mit Sachanlageinvestitionen in Höhe von 292 Millionen DM einen neuen Rekord. Das Gros der Investitionen wurde wiederum für die Rationalisierung der Fertigung und den Ausbau der Forschungsstätten verwendet. Den Angaben von AEG zufolge wurden 1966 insgesamt 300 Millionen DM oder 6,5 Prozent des Umsatzes für Forschung und Entwicklung aufgewendet. 1966 kündigte AEG eine weitere Umstrukturierung des Unternehmens an, in deren Ergebnis die gerade gebildete Telefunken AG mit Wirkung zum 1. Januar 1967 AEG eingegliedert wurde. Fortan firmierte diese unter dem Namen AEG-Telefunken.[143]

Wie Siemens und AEG litt auch BBC 1966 unter der sinkenden Nachfrage nach Investitionsgütern, insbesondere bei Kraftwerksanlagen. Der Inlandsumsatz von BBC stieg 1966 lediglich um zwei, der Export allerdings um zehn Prozent. Die Erträge gingen im Laufe des Jahres 1966 um 39 Prozent zurück, wodurch der Gewinn zwischen 1965 und 1966 von 30 auf 19 Millionen DM sank. Ganz wesentlich trugen hierzu die Verluste aus dem Zuse-Engagement bei. Die unbefriedigende Geschäftsentwicklung bei BBC führte dazu, daß Kurt Lotz

---

[141] Konzentration in der Elektroindustrie, in: ET 48 (1966), S. 509. S.a. Das Konzentrationsproblem, in: ZVEIM 18 (1965), Nr. 4, S. 1f.

[142] AEG-Telefunken Gruppe. Zuviel ausgeschüttet?, in: Volkswirt 21 (1967), S. 1026.

[143] Ebd., S. 1024; AEG-Telefunken Gruppe. Verstärkte Koordinierung, ebd., 20 (1966), S. 988; Elektrokonzerne. Dynamische Europäer. Vier Giganten im europäischen Vergleich, ebd., 19 (1965), S. 1994; Siemens elastisch und expansiv, ebd., 15 (1961), S. 277; Haus Siemens. Mehr sein als scheinen, ebd., 18 (1964), S. 322.

am 30. April 1967 als Vorstandsvorsitzender ausschied und Eberhard Schmidt, der bis dahin bei Nestle Alimenta SA und vorher Direktor der Gebrüder Sulzer AG gewesen war, diese Funktion übernahm.[144]

Der Hintergrund dieser Entscheidung war das sich anscheinend bereits seit den frühen 1950er Jahren verschlechternde Verhältnis zwischen BBC Mannheim und der Konzernmutter. In der Schweiz wuchs das Mißtrauen gegenüber der deutschen Tochter, die so wenig Geld wie möglich abführte und dies mit den hohen Steuern auf ins Ausland transferierte Gewinne begründete.[145] Einen Eindruck von der in Mannheim vorherrschenden Stimmung gibt Werner Catrinas Band über BBC, in dem es heißt: „Wie enge Mitarbeiter bekräftigen, sagte Lotz immer wieder: ‚Die Schweizer sind nicht unsere Freunde, gehen Sie davon aus, dass sie nur kassieren wollen.'"[146]

Durch das verlangsamte Wachstum des Binnenmarktes hatte der inflationäre Druck abgenommen und die Zahlungsbilanz sich wieder ins Positive bewegt. Ende 1966 und Anfang 1967 nahm die Bundesbank deshalb ihre restriktiven Maßnahmen sukzessive zurück und senkte die Diskontrate bis Mai 1967 in mehreren Stufen auf drei Prozent. Im Januar 1967 kündigte die Bundesregierung dann ein Investitionsprogramm in Höhe von 2,5 Milliarden DM an, mit dem die Ausgabenkürzungen des Vorjahres teilweise kompensiert werden sollten. Nachdem der Sachverständigenrat zur Beobachung der gesamtwirtschaftlichen Entwicklung bereits im März 1967 Maßnahmen zur Konjunkturbelebung, insbesondere Steuerkürzungen und weitere Investitionen der öffentlichen Hand angeregt hatte, legte die Bundesregierung im Juli 1967 ein Investitionsprogramm in Höhe von fünf Milliarden DM vor.[147]

Die Elektrotechnische Industrie begrüßte diese Veränderungen und insbesondere die weniger restriktive Politik der Bundesbank. Wenn auch die Erwartungen insgesamt verhalten waren, erhoffte man sich davon doch eine Wiederbelebung der Nachfrage. Ausschlaggebend für diese Zurückhaltung war die in den Stellungnahmen des ZVEI wiederholt geäußerte Einschätzung, daß in der bundesdeutschen Wirtschaft strukurelle Probleme entstanden waren, die für die Gesamtentwicklung weit gefährlicher als die konjunkturelle Flaute waren.[148] In den *ZVEI-Mitteilungen* wurden sie folgendermaßen zusammengefaßt:

---

[144] Brown, Boveri & Cie AG. Konzern mit neuen Konzeptionen, in: Volkswirt 21 (1967), S. 1242f. Zu Lotz: CATRINA, BBC, S. 115f.

[145] CATRINA, BBC, S. 116f.

[146] Ebd., S. 118f.

[147] SCHLESINGER UND BOCKELMANN, Monetary Policy, S. 195; GIERSCH et al., Fading Miracle, S. 146f.

[148] Die kredit- und konjunkturpolitische Situation, in: ZVEIM 19 (1966), Nr. 6, S. 1f; Konjunkturelles Tief erfordert differenzierte Maßnahmen, ebd., Nr. 12, S. 2f; Statistischer Rückblick und Ausblick auf 1966/67, ebd., 20 (1967), Nr. 1, S. 6f; Expansion und Stabilität. Vorstellungen des

Die Teilkrisen in wichtigen Wirtschaftsbereichen haben sich beträchtlich ausgebreitet und verstärkt; die technisch-wirtschaftlich erforderlichen Umstrukturierungen und Konzentrationen kommen jedoch nur langsam vorwärts. In manchen Bereichen ist die Einfuhrkonkurrenz und das Vordringen ausländischer Unternehmen geradezu erdrückend. Dazu kommen gefährliche Mißverhältnisse und Spannungen in wesentlichen gesamtwirtschaftlichen Relationen: Der private Bedarf geht großenteils andere Wege als das Angebot; insbesondere kann der Dienstleistungsbedarf nicht mehr ausreichend gedeckt werden, während die industrielle Produktion von Verbrauchsgütern übergroß ist. Der Investitionsbedarf verlagert sich in gewissem Grade von betrieblichen auf öffentliche Investitionen, von Kraftfahrzeugen auf Straße und Bahnen, vom Postdienst auf Fernsprecher. Die Unternehmen können, von Lohnsteigerungen und Preisdruck bedrängt, nicht mehr genügend Kapital bilden. Die Spartätigkeit ist insgesamt ausreichend, fließt aber großenteils in ‚Kapitalsammelstellen‘, die dem gesamtwirtschaftlich vorrangigen Finanzierungsbedarf nicht genügend zugänglich sind. Die öffentlichen Haushalte sind durch Sozialleistungen und Sozialinvestitionen, Verteidigungsaufwand, Subventionen und aufgeblähte Verwaltung überfordert und finden kein Gleichgewicht.[149]

Die Periode der rapide expandierenden Nachfrage hatte in den späten 1950er Jahren ihr Ende gefunden, wodurch einer Steigerung der elektrotechnischen Produktion in der folgenden Dekade engere Grenzen gesetzt waren. Hinzu kamen die Veränderungen und Unsicherheiten, die durch die Förderung der Kohle als Primärenergieträger und die Debatten um die Novelle des Energiewirtschaftsrechts und des GWB entstanden. Zusammen mit der im Vergleich zur vorangegangenen Dekade abgeschwächten konjunkturellen Entwicklung und dem erreichten Ausbaustand der Elektrizitätswirtschaft bescherte dies der Elektroindustrie ein geringeres Nachfragewachstum. Hinzu kamen die Aufwendungen, die den Unternehmen aus dem Einstieg in die Nukleartechnik entstanden, wenngleich sie für deutsche Firmen aufgrund ihrer engen Anlehnung an US-amerikanische Technologie geringer als in Großbritannien waren.

D. Aussenhandel: Reintegration und Expansion

Bis zur Währungsreform bewegte sich der Außenhandel der Elektroindustrie wie der der gesamten westdeutschen Wirtschaft auf einem niedrigen Niveau. Nachdem in der zweiten Jahreshälfte 1948 eine Reihe bilateraler Handelsver-

---

Sachverständigenrats, ebd., S. 11-4; Außenwirtschaftspolitik an der Jahreswende 1966/67, ebd., S. 41f; Absicherung wogegen? Die außenwirtschaftlichen Irrtümer des Sachverständigenrats, ebd., S. 43ff.

[149] Expansion und Stabilität. Vorstellungen des Sachverständigenrats, in: ZVEIM 20 (1967), Nr. 1, S. 13.

träge abgeschlossen worden waren, stiegen die Ausfuhren schnell an. Der akute Dollarmangel fast aller Staaten setzte einer noch stärkeren Ausweitung des internationalen Handels aber Grenzen. Nicht zuletzt deshalb lag die Exportquote der Elektroindustrie gegen Ende 1948 bei zwei Prozent, während sie 1936 11,5 Prozent betragen hatte. 1949 verdreifachte sich die Elektroausfuhr im Vergleich zum Vorjahr auf 102 Millionen DM und erhöhte sich 1950 abermals um das Dreifache auf 323 Millionen DM. Trotz dieses starken Wachstums war das bundesdeutsche Exportvolumen im internationalen Vergleich aber nach wie vor gering. So überstiegen etwa die niederländischen Elektroausfuhren die der Bundesrepublik im Jahr 1949 um mehr als das Doppelte.[150]

Ein Blick auf die geographische Verteilung der Auslandslieferungen in den Jahren 1936 und 1950 zeigt ein Absinken des Anteils außereuropäischer Abnehmerländer von 25 auf 15 Prozent, während die Beneluxstaaten, Österreich, Schweiz, Griechenland, Skandinavien und die Türkei an Bedeutung gewonnen hatten. Die Warenstruktur blieb dagegen, mit Ausnahme eines starken Rückgangs bei Beleuchtungsartikeln und Nachrichtengeräten, weitgehend unverändert. Bei letzteren war es insbesondere britischen Unternehmen gelungen, ihren Marktanteil auszubauen.[151]

Der Ausfall Deutschlands auf dem Weltmarkt begünstigte die Ausweitung der Produktion in einer Reihe europäischer Staaten. Dies galt vor allem für die Schweiz und die Niederlande, deren Elektroindustrien zu dieser Zeit Exportquoten um 50 Prozent hatten. In Verbindung mit dem Verlust aller Auslandsvertretungen verhinderte dies eine frühe Erhöhung der bundesdeutschen Ausfuhr. Zudem waren deren Fertigungskapazitäten durch die Nachfrage vom heimischen Markt ohnehin ausgelastet.[152]

Obwohl die bundesdeutschen Zölle im internationalen Vergleich niedrig waren, sprach sich die Elektroindustrie in den späten 1940er Jahren für einen schnellen und weitreichenden Abbau monetärer und nicht-monetärer Handelsschranken aus. Dem Bundeswirtschaftsministerium wurden hierzu ent-

---

[150] Aus den Kriegs- und Nachkriegsjahren der deutschen Elektroindustrie von 1939 bis 1949, in: ZVEIM 18 (1965), Nr. 11, S. 10; Entwicklung der Export-Quoten in der Elektrotechnischen Industrie, in: EA-GI 14 (1961), S. 296; MERKELBACH, Elektro-Außenhandel, S. 23; SPENNRATH, Westberliner Elektroindustrie, S. 14; TRUTE, Entwicklung der deutschen Elektro-Industrie, S. 70; KRIEGER, Elektrofabrikate, S. 1; HOFMEIER, Wiederaufbau, S. 14; ROST, Elektroexport morgen, S. 325; DERS., Deutschland am Welt-Elektromarkt, S. 189; BELLERS, Außenwirtschaftspolitik, S. 41; DUEBALL, Möglichkeiten, S. 92f.

[151] PHILIPP, Strukturwandel, S. 97f, 104; STEIN, Absatzgebiete, S. 378; TRUTE, Entwicklungslinien, S. 130; DERS., New Market, S. 79; DERS., Stand und Entwicklung [1955], S. 167; ROST, Elektroexport morgen, S. 327; DERS., Devisenaktivität, S. 351.

[152] TRUTE, Lage [1949], S. 306; MERKELBACH, Elektro-Außenhandel, S. 24; ROST, Deutschland am Welt-Elektromarkt, S. 189; KEIM, Elektroexport, S. 27. S.a. BUCHHEIM, Wiedereingliederung Westdeutschlands, S. 51-5.

sprechende Vorschläge übergeben. Während andere Staaten Zollsätze zwischen 35 und 60 Prozent hatten, setzte sich der ZVEI für einen bundesdeutschen Tarif in Höhe von zehn bis 15 Prozent ein, um auf diesem Weg auch die Handelspartner zu Zollsenkungen zu veranlassen.[153] Zu den niedrigen bundesdeutschen Zöllen bemerkte ZVEI-Geschäftsführer Bodo Böttcher rückblickend: „Der Wettbewerbsfähigkeit der deutschen Elektroindustrie war dies eher dienlich."[154]

In den späten 1940er und frühen 1950er Jahren setzten die Firmen große Hoffnungen auf den Absatz von Kraftwerksanlagen. Zum einen bot dieses Feld angesichts eines geschätzten jährlichen Anstiegs des Stromverbrauchs von rund sieben Prozent enorme Wachstumsperspektiven. Zum anderen verfügten nur wenige Staaten über ausreichende Ressourcen und Kompetenzen für Entwicklung und Bau der immer komplexer werdenden Anlagen. Eine Bestätigung hierfür fand sich in den zu dieser Zeit abgeschlossenen bilateralen Handelsverträgen, wo die bundesdeutsche Elektroindustrie gerade bei diesen Produktgruppen besonders hohe Exportkontingente erhielt. Dies trug zu einer raschen Erhöhung der Ausfuhr bei, so daß beispielsweise bei den Siemens-Schuckertwerken 1950 bereits 60 Prozent der Turbogenerator-Bestellungen auf ausländische Kunden entfielen.[155]

Einer Ausweitung dieser Exporte standen allerdings die hohen Kosten derartiger Großanlagen und die Finanzierungsschwierigkeiten vieler Abnehmer entgegen. Die Erteilung eines Auftrages hing oft von der Fähigkeit des Lieferanten ab, dem Kunden bei Zahlungszielen, Vorfinanzierung und Kreditierung günstige Konditionen einzuräumen. Bundesdeutsche Firmen verwiesen wiederholt auf Fälle, wo Aufträge nur aus diesem Grund an ausländische Konkurrenten verlorengegangen waren. Der ZVEI protestierte deshalb entschieden gegen die 1950 von der Bank Deutscher Länder vorgenommenen Einschränkungen in der Außenhandelskreditierung; gefordert wurde statt dessen eine steuerliche Besserstellung der Ausfuhr. Auch der BDI verurteilte diese Maßnahmen und verlangte eine Ausweitung der über die Bank für Wiederaufbau und der Ausfuhr-Kredit AG für den Export bereitstehenden Kreditmittel.[156]

---

153 Zollpolitik im Blickfeld der Elektroindustrie, in: ZVEIM 6 (1953), Nr. 4, S. 1-3; ZVEI, Mitgliederversammlung [1951], k.S.

154 BÖTTCHER, Internationale Zusammenhänge, S. 101; TRUTE, Entwicklung der deutschen Elektro-Industrie, S. 70; DERS., Elektroindustrie. Entwicklungslinien und Zukunftsaussichten, S. 110; MERKELBACH, Elektro-Außenhandel, S. 24; SEHMER, Export für Elektromedizin, S. 36. S.a. GLISMANN UND WEISS, Political Economy of Protection, S. 18.

155 Der Weg der Siemens-Gesellschaften, in: Volkswirt 4 (1950), Nr. 28, S. 26; TRUTE, Entwicklung der deutschen Elektro-Industrie, S. 70; STEIN, Absatzgebiete, S. 377; PHILIPP, Strukturwandel, S. 100.

156 Aktuelle Fragen des Außenhandels, in: ZVEIM 8 (1955), Nr. 4, S. 1ff; Forderungen und Wünsche der Elektroindustrie [Hauptversammlung des ZVEI, 27.03.1952], in: EA 5 (1952), S. 122;

Eine wichtige Veränderung hatte sich Mitte September 1949 ergeben, als mehrere europäische Staaten ihre Währungen gegenüber dem US-Dollar abwerteten. Dies betraf auch die Deutsche Mark, deren Dollar-Umtauschkurs von 3,33 auf 4,20 DM gesenkt wurde, um durch eine Steigerung der Exporte die angekündigte Senkung amerikanischer Hilfen kompensieren zu können. In Verbindung mit dem Abbau von Einfuhrhemmnissen und angesichts der noch höheren Abwertung von Pfund und Franc erhöhten sich dann allerdings die deutschen Importe. Die Folge war eine Verschlechterung der Zahlungsbilanz, die sich mit dem durch den Korea-Krieg ausgelösten Preisanstieg bei Rohstoffen weiter verschärfte. Dies gefährdete die Kreditfinanzierung der Arbeitsbeschaffungsmaßnahmen im Wohnungsbau, mit denen ein Anstieg der Arbeitslosenzahl über die Zwei-Millionen-Grenze hinaus verhindert werden sollte. Die Liberalisierung des bundesdeutschen Außenhandels wurde deshalb zunächst unterbrochen.[157]

Der Korea-Boom gab dem Außenhandel einen wichtigen Impuls, der der Bundesrepublik im Jahr 1952 erstmals eine positive Handelsbilanz verschaffte. Dabei stiegen die Exporte der Elektrotechnischen Industrie in dieser Zeit noch schneller als die der gesamten Wirtschaft, so daß sich ihr Anteil an der bundesdeutschen Ausfuhr zwischen 1950 und 1952 von 3,9 auf 6,5 Prozent erhöhte. Die Exportquote der Branche nahm im gleichen Zeitraum von 10,0 auf 19,3 Prozent zu. Besonders deutlich wird diese Entwicklung bei einem Blick auf die beiden wichtigsten Konzerne: Die Auslandslieferungen von Siemens wuchsen zwischen 1950 und 1951 von 75 Millionen DM auf 157 Millionen DM, und nahmen 1952 um weitere 70 Prozent zu. Die Ausfuhr von AEG verdoppelte sich zwischen 1950 und 1951 und nochmals im darauffolgenden Jahr.[158]

Siemens berichtete, daß die Exporte im Unterschied zu den Vorkriegsjahren in größerem Maße nach Westeuropa und in den Mittelmeerraum gingen, weshalb große Anstrengungen zum Ausbau des Überseegeschäfts unternommen

---

AEG überwand mancherlei Schwierigkeit, in: Volkswirt 6 (1952), Nr. 26, S. 22; ZVEI, Mitgliederversammlung [1951], k.S.; DERS., Mitgliederversammlung [1953], k.S.; BAIER Exportkredite, S. 475; ROST, Deutschland am Welt-Elektromarkt, S. 189; DERS., Elektroindustrie im Konjunkturspiegel, S. 28; SPENNRATH, Westberliner Elektroindustrie, S. 15. S.a. JUNG, Exportförderung, S. 97-107.

157 ABELSHAUSER, Die Langen Fünfziger Jahre, S. 20; BELLERS, Außenwirtschaftspolitik, S. 49f; HARDACH, Wirtschaftsgeschichte, S. 220.

158 Brown, Boveri & Cie. AG Mannheim. Zum fünfzigjährigen Bestehen, in: Volkswirt 4 (1950), Nr. 24, S. 42; Noch größere Dimensionen bei Siemens, ebd., 6 (1952), Nr. 21, S. 23; AEG überwand mancherlei Schwierigkeit, ebd., Nr. 26, S. 24; AEG-Abschluß im Zeichen der Konsolidierung, ebd., 7 (1953), Nr. 17, S. 25; Weiterer Kräftezuwachs bei Siemens, ebd., Nr. 16, S. 26; Verbrauchsgüter stärker im Export, ebd., 9 (1955), Nr. 11, S. 23; Konjunktur und Struktur, ebd., 13 (1959), Beilage zu Nr. 14 „Dynamische Elektroindustrie", S. 9; Steile Aufwärtsentwicklung der westdeutschen Elektroindustrie, in: EA 8 (1955), S. 215; KEIM, Elektroexport, S. 27; KREILE, Dynamics of Expansion, S. 192; MARKUS, Some Observations, S. 138; TRUTE, Stand und Entwicklung [1953], S. 138; BUCHHEIM, Wiedereingliederung Westdeutschlands, S. 186f.

wurden. 1951 hatte letzteres erstmals einen kräftigen Wachstumsimpuls verzeichnet und nahm rund 25 Prozent der Ausfuhren des Konzerns auf, wobei
der regionale Schwerpunkt in Südamerika lag. 1953 ging dann bereits die Hälfte der Siemens-Exporte nach Übersee. Möglich wurde dies aufgrund des
schnellen Wiederaufbaus der Vertriebsorganisation, die Ende 1953 bereits über
Niederlassungen in 37 Ländern verfügte.[159]

Innerhalb der deutschen Elektroexporte verbuchte die Ausfuhr nach Übersee und insbesondere nach Nord- und Südamerika in der ersten Hälfte der
1950er Jahre die stärkste Zunahme. Wichtigste Abnehmer blieben aber nach
wie vor europäische Staaten, wo alleine die sechs größten Kunden Niederlande,
Schweden, Belgien, Luxemburg, Italien und die Schweiz mehr als ein Drittel
der gesamten Auslandslieferungen aufnahmen.[160]

Die langsamer expandierende Nachfrage ließ Mitte der 1950er Jahre den
Wettbewerbsdruck auf dem Weltmarkt anwachsen. Deutlich wurde dies an
rückläufigen Preisen und weitreichenden Kreditforderungen der Kunden.
Trotzdem berichtete Siemens, daß die Finanzierung langfristiger Auslandsauf-
träge keine Schwierigkeiten bereitete, da diese größtenteils aus eigenen Mitteln
bestritten wurden. Deshalb war auch die Schaffung eines staatlichen Export-
förderungsinstitutes aus Sicht des Unternehmens nicht notwendig. Dagegen
wurden große Anstrengungen auf den weiteren Ausbau der ausländischen Siemens-Gesellschaften verwendet, deren Beschäftigtenzahl im Laufe des Jahres
1955 von 4.000 auf 10.000 hochschnellte.[161]

1957 berichtete Siemens, daß die Auslandsorganisation wieder den Vorkriegs-
stand erreicht hatte, wozu 1958 erstmals genauere Angaben veröffentlicht wurden. Diesen zufolge erzeugten die ausländischen Siemens-Niederlassungen Güter
im Wert von insgesamt 400 Millionen DM. Die Exporte der im Bundesgebiet ansässigen Siemens-Werke beliefen sich im gleichen Jahr auf 794 Millionen DM.
1959 wurden die ausländischen Produktionsstätten in der Schweiz, Brasilien und
Argentinien erweitert, während gleichzeitig auch die Ausfuhren der einheimischen Siemens-Gesellschaften anstiegen, deren Exportquote bei 27 Prozent lag.[162]

---

[159] Noch größere Dimensionen bei Siemens, in: Volkswirt 6 (1952), Nr. 21, S. 23; Weiterer Kräftezuwachs bei Siemens, ebd., 7 (1953), Nr. 16, S. 26; Verbesserte Ertragskraft bei Siemens, ebd., 8
(1954), Nr. 12, S. 24; Siemens A.G., in: MIRABILE, International Directory, S. 98. S.a. MERKEL-
BACH, Exportgemeinschaften, S. 414.

[160] Bundesrepublik Deutschland und Großbritannien im Export elektrischer Maschinen, Apparate
und Geräte [1959], in: EA 12 (1959), S. 326; TRUTE, Chancen, S. 1; DERS., Stand und Entwicklung
[1955], S. 167; KEIM, Elektroexport, S. 28.

[161] TRUTE, Stand und Entwicklung [1953], S. 139. S.a. Siemens in der Hochkonjunktur, in: Volkswirt 10 (1956), Nr. 9, S. 28; MESEKE, Die westdeutsche Elektroindustrie, S. 159; DÜRR, Verlangsamung, S. 128; WANNENMACHER Kapitalexport, S. 34.

[162] Siemens festigte das Fundament, in: Volkswirt 12 (1958), S. 396; Siemens-Ergebnis abermals verbessert, ebd., 13 (1959), S. 327; Siemens forciert wieder die Investitionen, ebd., 14 (1960), S. 329.

Im Gegensatz zu Siemens hatte AEG nach dem Zweiten Weltkrieg mit Ausnahme von Brasilien keine Fertigungsstätten im Ausland eröffnet. Ende der 1950er Jahre war AEG zwar in über 80 Ländern aktiv, ließ sich dabei aber durch ortsansässige Firmen repräsentieren. Deren Handelsvertreter nahmen zumeist auch die Interessen anderer Unternehmen wahr, wie dies AEG seit jeher praktizierte. Daneben wurden, wenngleich in weit geringem Maße als bei Siemens, während der 1950er und 1960er Jahre Minderheitenbeteiligungen an ehemaligen Tochtergesellschaften erworben, die im Verlauf des Zweiten Weltkriegs enteignet worden waren.[163]

Der Gründung der Europäischen Wirtschaftsgemeinschaft (EWG) stand die bundesdeutsche Elektroindustrie von Beginn an positiv gegenüber, da man sich hiervon Erleichterungen im Außenhandel erhoffte. Allerdings drängte man auf eine baldige Erweiterung der EWG und insbesondere auf die Aufnahme Großbritanniens. Zwei Überlegungen lagen dem zugrunde. Zum einen gehörten europäische Nicht-EWG-Mitgliedsstaaten zu den wichtigsten Abnehmern bundesdeutscher Elektroexporte, weshalb man sie so schnell als möglich in die Zollunion einbezogen sehen wollte. Zum anderen waren die Beneluxstaaten zwar wichtige Kunden, hatten aber bereits niedrige Zölle, so daß deutschen Firmen durch eine weitere Senkung und dem späteren Wegfall monetärer Handelsschranken kein wesentlicher Vorteil entstand. Anders war dies bei Frankreich und Italien, die zwar hohe Zölle hatten, aber zusammen nur zehn Prozent der deutschen Elektroausfuhr abnahmen, während alleine elf Prozent in die Niederlande gingen.[164]

Die Senkung der Zölle bei den meisten Waren der gewerblichen Wirtschaft um 25 Prozent am 1. Januar 1957 änderte entgegen den ursprünglichen Erwartungen nichts an den hohen Exportüberschüssen der Bundesrepublik. Im Sommer 1957 kritisierten mehrere OEEC-Mitgliedsstaaten diese Entwicklung und forderten eine Aufwertung der DM; Bank Deutscher Länder und Bundesregierung lehnten dies ab. Eine schnelle Lösung dieses Problems lag allerdings im Interesse der bundesdeutschen Industrie, da eine Reihe wichtiger Abnehmerländer sowohl in Europa (Großbritannien, Frankreich, Niederlande, Skandinavien, Schweiz) als auch in Übersee (Indien, Argentinien, Chile) ihre immer kleiner werdenden Devisenreserven durch Importrestriktionen zu schützen versuchten. Die Elektroindustrie sah dies mit großem Unbehagen und forder-

---

[163]   AEG weiter in befriedigender Entwicklung, in: Volkswirt 12 (1958), S. 482; AEG in stetiger Entwicklung, ebd., 13 (1959), S. 424; Geringere Spannen bei der AEG, ebd., 14 (1960), S. 424; Auslandsinvestitionen der deutschen Elektrowirtschaft, in: EA-GI 16 (1963), S. 348.

[164]   TRUTE, Der Gemeinsame Markt, S. 3; KEIM, Elektroindustrie, S. 281f; RINGLEB, Gemeinsamer Markt, S. 87f; ZVEI, Mitgliederversammlung [1957], S. 8. S.a. HERBST, Option für den Westen, S. 184-93; BDI, Die deutsche Industrie, S. 3; MÖLLER, Europäische Gemeinschaften, S. 477f.

te die steuerliche Begünstigung von Importen sowie eine Steigerung des bundesdeutschen Kapitalexports.[165]

Die wachsenden finanziellen Schwierigkeiten ausländischer Abnehmer führte in den späten 1950er Jahren zu einem abgeschwächten Exportwachstum, das in den Geschäftsberichten der Unternehmen wiederholt beklagt wurde. Eine Rolle spielte dabei, daß Entwicklungsländer aufgrund rückläufiger Erlöse aus Rohstoffverkäufen und angesichts einer rapide gestiegenen Verschuldung erheblich weniger einführen konnten.[166]

Im Hinblick auf die weitere Konsolidierung der EWG drängte die Elektroindustrie in Einklang mit der gesamten bundesdeutschen Industrie gegen Ende der 1950er Jahre darauf, weitere europäische Staaten so bald wie möglich in diese aufzunehmen. 1959 hieß es hierzu in *Elektro-Technik*:

> Über 2/3 unseres Gesamtexports gehen in die industrialisierten europäischen Länder. Die fünf Partner des Gemeinsamen Marktes nehmen hiervon die Hälfte ab. Schon hieraus ist ersichtlich, daß die deutsche Elektroindustrie den Gemeinsamen Markt begrüßt und an dem erleichterten Warenaustausch stärkstens interessiert ist. Ebenso klar ist aber auch, daß sie ihre Wirtschaftsbeziehungen nicht nur auf die fünf anderen Partner des Vertrages ausdehnen will, sondern darüber hinaus auch mit anderen Ländern, wie Großbritannien, der Schweiz, Österreich und Skandinavien, durch ihren bisherigen Export eng verbunden ist.[167]

Vom Scheitern der Freihandelszonen-Verhandlungen im Herbst 1958 war man deshalb enttäuscht, zumal Großbritannien und andere Staaten die Schaffung eines eigenen Handelsraumes vorantrieben.[168] Große Bedenken bestanden in der Elektroindustrie auch hinsichtlich der Höhe der künftigen Außenzollsätze der EWG gegenüber Drittländern, die sich vereinbarungsgemäß für den Großteil der Waren als arithmetisches Mittel der Zollsätze der Mitgliedsländer errechneten. Dies bedeutete für die Elektrotechnische Industrie, daß der EWG-Zolltarif meist doppelt, oft aber dreimal so hoch wie die bundesdeutschen Zölle war.

---

[165] BHStA, MWi 13275: „Protokoll Sitzung des Länderausschusses Elektrotechnik, Feinmechanik, Optik und Uhren, Bonn, 1. September 1955, Anlage 3: ‚Aktueller Zollstand in der Elektrotechnik‘"; Zollanpassungen in der EWG, in: ZVEIM 15 (1962), Nr. 1, S.40; KEIM, Elektroindustrie, S. 282; RÖDEL, Westdeutscher Außenhandel, S. 408.

[166] BBC in gesunder Entwicklung, in: Volkswirt 12 (1958), S. 1022; Außenhandelszahlen und -probleme, ebd., 13 (1959), Beilage zu Nr. 14 „Dynamische Elektroindustrie", S. 11; Siemens-Ergebnis abermals verbessert, ebd., S. 327; Siemens forciert wieder die Investitionen, ebd., 14 (1960), S. 329; AEG in stetiger Entwicklung, ebd., S. 424.

[167] KEIM, Elektroindustrie, S. 283.

[168] Ebd.; Elektroindustrie spürte die Marktveränderungen, in: EA-GI 19 (1966), S. 279; Außenhandelszahlen und -probleme, in: Volkswirt 13 (1959), Beilage zu Nr. 14 „Dynamische Elektroindustrie", S. 13; EWG-Beitritt Großbritanniens: Vorteile für die deutsche Wirtschaft?, in: ZVEIM 20 (1967), Nr. 3, S. 31f; BÖTTCHER, Die westdeutsche Elektroindustrie fordert, S. 44; AICHINGER Strukturwandlungen, S. 275.

Insbesondere befürchtete man, daß nicht der EWG angehörende Abnehmer diesen hohen Zollsätzen durch Heraufsetzung ihrer eigenen Zölle begegnen könnten.[169]

Tab. 4.4 Bundesrepublik Deutschland:
Elektrotechnische Industrie, Inlands- und Auslandsumsatz, 1950-70

Jahr	Inlands-umsatz (Millionen DM)	Verände-rung (%)	Index (1950=100)	Auslands-umsatz (Millionen DM)	Verände-rung (%)	Index (1950=100)
1950	3.339	-	100,0	287	-	100,0
1951	4.972	48,9	148,9	611	112,9	212,9
1952	5.327	7,1	159,5	933	52,7	325,1
1953	5.793	8,7	173,5	1.009	8,1	351,6
1954	7.004	20,9	209,8	1.381	36,9	481,2
1955	9.048	29,2	271,0	1.844	33,5	642,5
1956	10.244	13,2	306,8	2.266	22,9	789,5
1957	11.106	8,4	332,6	2.792	23,2	972,8
1958	12.408	11,7	371,6	2.992	7,2	1.042,5
1959	13.913	12,1	416,7	3.390	13,3	1.181,2
1960	16.469	18,4	493,2	3.690	8,8	1.285,7
1961	18.502	12,3	554,1	3.999	8,4	1.393,4
1962	19.948	7,8	597,4	4.209	5,3	1.466,6
1963	20.794	4,2	622,8	4.482	6,5	1.561,7
1964	22.898	10,1	685,8	5.143	14,7	1.792,0
1965	25.343	10,7	759,0	5.848	13,7	2.037,6
1966	25.967	2,5	777,7	6.385	9,2	2.224,7
1967	24.882	-4,2	745,2	6.822	6,8	2.377,0
1968	26.172	5,2	783,8	7.808	14,5	2.720,6
1969	32.361	23,6	969,2	9.349	19,7	3.257,5
1970	40.226	24,3	1.204,7	11.874	27,0	4.137,3
Durch-schnitt	-	13,8	-	-	22,3	-

In: ZVEI, 75 Jahre ZVEI, S. 92.

---

[169] Der Gemeinsame Markt und der Außenhandel der Elektroindustrie, in: ZVEIM, 11 (1958), Nr. 2, S. 1ff; Vermutliche Auswirkungen von EWG und FHZ. Gedanken zu ihrer Bewältigung, ebd., Nr. 11, S. 1f; TRUTE, Der Gemeinsame Markt, S. 3; KEIM, Elektroindustrie, S. 282; BÖTT-CHER, Die westdeutsche Elektroindustrie fordert, S. 44; BDI, Die deutsche Industrie, S. 3.

Wie in den 1950er Jahren verzeichnete die Elektrotechnische Industrie auch in den 1960er Jahren Wachstumsraten im Außenhandel, die mit Ausnahme der Periode 1960-62 durchweg über der Expansion des Binnenmarktes lagen (Tabelle 4.4). Die Ausfuhr wurde damit für deutsche Hersteller zu einer entscheidenden Konjunkturstütze, auch und gerade in Zeiten einer sich abschwächenden Binnennachfrage. Besonders deutlich wurde dies während der Rezession der Jahre 1966/67, die ohne eine kräftige Steigerung der Exporte weit gravierender ausgefallen wäre.[170]

Gleichzeitig darf nicht übersehen werden, daß sich im Laufe der 1960er Jahre die Relation zwischen elektrotechnischen Exporten und Importen kontinuierlich verschlechterte. Noch 1957 entsprach das Einfuhrvolumen lediglich zehn Prozent der Ausfuhren, in den frühen 1960er Jahre bewegte sich dieser Wert aber bereits zwischen 20 und 30 Prozent und stieg bis 1968 auf 40 Prozent an (Tabelle 4.5).[171]

In europäische Staaten gingen in den 1960er Jahren rund 60 Prozent der bundesdeutschen Elektroexporte, während dieser Anteil in den 1950er Jahren noch bei 50 Prozent gelegen hatte. Dies war nicht Ergebnis abnehmender Lieferungen an überseeische Abnehmer, sondern ergab sich aus dem starken Wachstum der Nachfrage in europäischen Staaten. In den frühen 1960er Jahren entfielen auf Siemens 25 Prozent der Elektroausfuhr, auf AEG und BBC jeweils 15 Prozent. Im Binnenmarkt hatte Siemens zu dieser Zeit einen Anteil von 20 Prozent, AEG von 14 Prozent und BBC von vier Prozent.[172]

Die Elektroindustrie setzte ihr Auslandsengagement in den 1960er Jahren in Form von Direktinvestitionen verstärkt fort. Zwischen 1952 und 1965 lag sie mit einem Anteil von 13 Prozent an den gesamten deutschen Auslandsinvestitionen hinter der Chemie auf Platz zwei. Eine zentrale Rolle spielte dabei wiederum Siemens, das 1960 die während des Zweiten Weltkrieg enteigneten Auslandsgesellschaften in Norwegen, Italien, Spanien und Portugal zurückkaufte. Das Unternehmen unterhielt zu diesem Zeitpunkt Produktionsstätten in Itali-

---

[170] Elektroindustrie ging stärker in den Export, in: EA-GI 20 (1967), S. 203; AEG: Vorsichtige Investitionspolitik, in: Volkswirt 15 (1961), S. 315; Haus Siemens. Optimistische Investitionspolitik, ebd., 17 (1963), S. 357; Siemens AG. Langsamer in neue Größen, ebd., 21 (1967), S. 338; SELBACH, Elektroexport, S. 27.

[171] KEMPIN, Lebhafter Außenhandel, S. 270.

[172] Siemens in starker Expansion, in: Volkswirt 16 (1962), S. 370; Haus Siemens. Optimistische Investitionspolitik, ebd., 17 (1963), S. 355; BBC. Ein erfolgreiches Jahr, ebd., S. 1027; Haus Siemens. Mehr sein als scheinen, ebd., 18 (1964), S. 321f; AEG. Ein Konzern wird neu organisiert, ebd., S. 1241; BBC. Ertragskraft geht vor Umsatz, ebd., S. 1175; Haus Siemens. Betontes Zukunftsdenken. Rücklagenbildung wichtiger als Dividendenerhöhung, ebd., 19 (1965), S. 333; Brown, Boveri & Cie AG. Stärkere Betätigung im Ausland, ebd., S. 1074; AEG-Telefunken Gruppe. Das „neue Haus" steht, ebd., S. 1281; AEG-Telefunken Gruppe. Verstärkte Koordinierung, ebd., 20 (1966), S. 989.

Tab. 4.3 Bundesrepublik Deutschland:
Elektrotechnische Industrie, Außenhandel, 1950-70

Jahr	Ausfuhr (Millionen DM)	Veränderung (Prozent)	Index (1950= 100)	Einfuhr (Millionen DM)	Veränderung (Prozent)	Index (1950= 100)	Einfuhranteil an Ausfuhr (Prozent)
1950	365	-	100,0	61	-	100,0	16,7
1951	763	109,0	209,0	65	6,6	106,6	8,5
1952	1.034	35,5	283,3	80	23,1	131,1	7,7
1953	1.211	17,1	331,8	103	28,8	168,9	8,5
1954	1.589	31,2	435,3	154	49,5	252,5	9,7
1955	2.136	34,4	585,2	211	37,0	345,9	9,9
1956	2.606	22,0	714,0	249	18,0	408,2	9,6
1957	3.115	19,5	853,4	304	22,1	498,4	9,8
1958	3.317	6,5	908,8	526	73,0	862,3	15,9
1959	3.872	16,7	1.060,8	685	30,2	1.123,0	17,7
1960	4.243	9,6	1.162,5	943	37,7	1.545,9	22,2
1961	4.682	10,3	1.282,7	1.200	27,3	1.967,2	25,6
1962	4.914	5,0	1.346,3	1.451	20,9	2.378,7	29,5
1963	5.354	9,0	1.466,8	1.482	2,1	2.429,5	27,7
1964	6.010	12,3	1.646,6	1.762	18,9	2.888,5	29,3
1965	6.935	15,4	1.900,0	2.526	43,4	4.141,0	36,4
1966	8.760	26,3	2.400,0	2.905	15,0	4.762,3	33,2
1967	8.470	-3,3	2.320,5	3.077	5,9	5.044,3	36,3
1968	9.352	10,4	2.562,2	3.739	21,5	6.129,5	40,0
1969	11.386	21,7	3.119,5	5.138	37,4	8.423,0	45,1
1970	13.181	15,8	3.611,2	6.861	33,5	11.247,5	52,1
Durchschnitt	-	21,2	-	-	27,6	-	24,6

In: ZVEI, 75 Jahre ZVEI, S. 94.

en, der Schweiz, Schweden, Argentinien und Brasilien. 1961 wurden weitere Fabriken in Norwegen, Portugal und Südafrika eröffnet, während die Aufnahme der Produktion in Indien, Pakistan, Australien, Spanien, und Belgien unmittelbar bevorstand.[173]

---

[173] Auslandsinvestitionen der deutschen Elektrowirtschaft, in: EA-GI 16 (1963), S. 348; KUMMER, Investitionen, S. 10. S.a. Siemens elastisch und expansiv, in: Volkswirt 15 (1961), S. 277; Siemens in starker Expansion, ebd., 16 (1962), S. 370; KIERA, Wirkungen deutscher Direktinvestitionen, S. 215.

Für den Aufbau der Auslandsgesellschaften hatte Siemens zwischen 1948 und 1961 rund 300 Millionen DM ausgegeben, die jeweils zur Hälfte in Europa und Übersee investiert worden waren. Besondere Aufmerksamkeit schenkte man dabei Südamerika. So waren von den 12.000 Beschäftigten der Siemens-Auslandsgesellschaften (1961) alleine 5.000 in Argentinien und Brasilien tätig.[174] Der *Volkswirt* urteilte 1963: „Es gibt in der Bundesrepublik nicht viele Unternehmen, die der Bedeutung des Exportgeschäfts für Beschäftigung und Ertrag seit eh und jeh in solchem Ausmaß Rechnung getragen haben wie das Haus Siemens."[175]

1964 gelang es Siemens in den beiden letzten europäischen Staaten Fuß zu fassen, in denen man bis dahin noch nicht vertreten war: In Großbritannien gründete Siemens 1964 eine Vertriebsgesellschaft, womit man dort erstmals seit 25 Jahren wieder eine Vertretung hatte. In Österreich waren die Siemens-Schuckertwerke GmbH und die Siemens-Halske GmbH 1946 verstaatlicht und das deutsche Gesellschaftseigentum mit dem Staatsvertrag von 1955 entschädigungslos enteignet worden. In den Folgejahren hatten die beiden Firmen aber mit großen wirtschaftlichen Schwierigkeiten zu kämpfen, die es dem Siemens-Konzern erlaubten, seine ehemaligen österreichischen Töchter zurückzuerwerben.[176]

Mit ihrer Auslandsorganisation unterschieden sich bundesdeutsche Elektrounternehmen und insbesondere Siemens von der britischen Konkurrenz. So hieß es in *Electrical Review*: „At one time last year [1967] Siemens had 147 sales engineers in Britain. At the same time English Electric had four in Germany."[177] Im Gegensatz zu den Anstrengungen des Siemens-Konzerns beim Aufbau eines weltumspannenden Netzes von Verkaufs- und Fertigungsniederlassungen zeigte AEG auch in den 1960er Jahren nach wie vor kein Interesse an der Errichtung von Werken im Ausland. Statt dessen beschränkte sich das Unternehmen darauf, seine Vertretung weiterhin ortsansässigen ausländischen Gesellschaften zu übertragen.[178]

Im Rahmen der oben dargestellten Umorganisation des AEG-Konzerns im Jahr 1963 wurde dann aber ein Richtungswechsel vorgenommen und beschlossen, „die nicht voll befriedigende Absatz- und Vertriebsorganisation im Aus-

---

174 Siemens elastisch und expansiv, in: Volkswirt 15 (1961), S. 277; Siemens in starker Expansion, ebd., 16 (1962), S. 370.
175 Haus Siemens. Optimistische Investitionspolitik, in: Volkswirt 17 (1963), S. 355.
176 Österreich. Familienanschluß bei Siemens, ebd., S. 2641; Haus Siemens. Betontes Zukunftsdenken. Rücklagenbildung wichtiger als Dividendenerhöhung, ebd., 19 (1965), S. 334. S.a. GLOß, EWG-Zollpolitik, S. 161f.
177 Electrical Engineering: An Export-Import Case-Study, in: Economist 226 (1968), S. 43.
178 AEG: Vorsichtige Investitionspolitik, in: Volkswirt 15 (1961), S. 315; AEG. Reorganisation bei wachsender Rentabilität, ebd., 17 (1963), S. 493.

land" auszubauen.[179] 1964 erfolgte die Gründung der AEG International AG als Holding für die noch zu etablierenden Auslandsgesellschaften, und gleichzeitig wurde mit ersten Planungen zum Aufbau von ausländischen Fabriken begonnen.[180]

Als die Deutsche Mark 1961 überraschend um fünf Prozent aufgewertet wurde, herrschte in der bundesdeutschen Industrie und besonders bei Elektrofirmen große Verbitterung. In der Folgezeit wandten sich mehrere Firmen direkt an Bundeswirtschaftsministerium oder Bundesregierung, um gegen diese Maßnahme zu protestieren. Teilweise wurde sogar eine Entschädigung für den aus ihrer Sicht durch die Aufwertung entstandenen Schaden verlangt.[181]

Zwischen dem ZVEI, vertreten durch dessen Hauptgeschäftsführer Hellmut Trute, und dem Bundeswirtschaftsministerium fanden hierzu Gespräche statt, zu denen es in den Akten des Ministeriums hieß: „Im ersten Augenblick hat die überraschend kommende Aufwertung der DM auch bei den großen Firmen der Elektroindustrie starke Bestürzung und erhebliche Verärgerung hervorgerufen. Inzwischen hat sich die Bestürzung weitgehend gelegt."[182]

Ebenfalls auf Unverständnis stieß die Haltung von Bundesregierung und Bundesbank gegenüber den wachsenden Handels- und Zahlungsbilanzüberschüssen der 1960er Jahre, die im Ausland wiederholt kritisiert worden waren. Von Regierungsseite wurde befürchtet, daß diese Entwicklung eine importierte Inflation nach sich ziehen könnte. Man erwog deshalb eine Einschränkung der Exporte, etwa durch Aufhebung der Umsatzsteuerrückerstattung, oder einseitige Zollsenkungen gegenüber den EWG-Partnern. Gedacht war außerdem an eine Verschlechterung der Garantie- und Bürgschaftsbedingungen für Lieferanten- und Finanzkredite.[183]

Derartige Vorstellungen lehnte die Elektrotechnische Industrie kategorisch ab, da hiervon besonders die Exporte nach Übersee betroffen gewesen wären, wo der Wettbewerbsdruck zunehmend stärker wurde. In seiner Rede vor der Mitgliederversammlung des Verbandes im April 1964 sagte der ZVEI-Vorsitzende Peter von Siemens: „Man sollte also nicht daran gehen, einen in

---

[179] AEG. Ein Konzern wird neu organisiert, ebd., 18 (1964), S. 1241.
[180] AEG-Telefunken Gruppe. Das „neue Haus" steht, ebd., 19 (1965), S. 1281; GLOß, EWG-Zollpolitik, S. 137.
[181] Exemplarisch: BA Koblenz, B 102, 15628: „Schreiben der Firma Richard Hüttmann, Spezialfabrik Elektrischer Ventilatoren und Apparate, Kirchheim, Bezirk Kassel, an das BWM, z. Hd. Herrn Professor Erhard, betr. Aufwertung der DM, 13.03.1961, unterzeichnet Richard Hüttmann". S.a.: BELLERS, Außenwirtschaftspolitik, S. 263-70.
[182] BA Koblenz, B 102, 15628: „BWM, Referat IV A 4, Vermerk ‚Erste Resonanz bei der Elektrotechnischen sowie der Feinmechanischen und Optischen Industrie', Bonn, 08.03.1961". S.a. ZVEI, Mitgliederversammlung [1961], S. 4.
[183] ZVEI, Mitgliederversammlung [1964], S. 7.

langjähriger Arbeit mühsam aufgebauten Export erneut zu erschweren."[184] Er betonte, daß der Devisenüberschuß Ergebnis des großen Kapitalzuflusses aus dem Ausland war, der aus dem hohen deutschen Zinsniveau resultierte. Der so entstandenen Situation sollte seiner Meinung nach mit einer Förderung des Kapitalexports statt einer Behinderung der Ausfuhr von Fertigwaren begegnet werden.[185]

Mit wachsender Besorgnis sah man auch die sich vertiefende Spaltung des europäischen Handels in EWG und EFTA, die nach Auskunft der Elektroindustrie bereits in den frühen 1960er Jahren zu „fühlbaren Absatzschwierigkeiten" geführt hatte.[186] Ludwig Erhard warf der EWG-Kommission Untätigkeit bei der zollpolitischen Annäherung zwischen EWG und EFTA vor, womit er in der bundesdeutschen Industrie auf breite Zustimmung stieß. So sagte der ZVEI-Vorsitzende Heinz Thörner bei der Mitgliederversammlung 1961: „In unserem Wirtschaftsminister haben wir hierbei einen guten Fürsprecher."[187] Insgesamt hatte man aber in der Industrie den Eindruck, daß auf die Bonner Politik in diesen Fragen nur wenig Einfluß ausgeübt werden konnte.[188] Im *Elektro-Anzeiger* hieß es: „Aber man muß dennoch skeptisch sein über die möglichen Ergebnisse; denn bisher haben sich noch stets die außenpolitischen Rücksichtnahmen und die Behauptung des Primats der Politik als stärker erwiesen."[189]

Bei AEG gingen 1963 erstmals mehr Lieferungen in EWG- als in EFTA-Staaten, während bei Siemens die EFTA noch bis 1966 der wichtigere Abnehmer war. Gleichzeitig verringerte sich der Anteil bundesdeutscher Elektroimporte aus der EFTA bis 1964 auf 28 Prozent, während er 1958 noch bei 35 Prozent gelegen hatte. Diese Entwicklung vollzog sich vor dem Hintergrund einer schnellen Ausweitung des Warenaustausches innerhalb der EWG. So stiegen die bundesdeutschen Elektrolieferungen in EWG-Staaten zwischen 1958 und 1966 um 257 Prozent auf 2,76 Milliarden DM, womit sie doppelt so stark wie die gesamten Exporte gewachsen waren. In der gleichen Zeit nahmen die Importe aus der EWG sogar noch mehr zu, nämlich um 453 Prozent auf 1,22 Milliarden DM.[190]

---

184 Ebd., S. 8. S.a. Keine Exportbeschränkungen!, in: ZVEIM 17 (1964), Nr. 5, S. 1; Außenwirtschaftspolitik an der Jahreswende 1964/65, ebd., 18 (1965), Nr. 1, S. 39ff.

185 ZVEI, Mitgliederversammlung [1964], S. 9.

186 BEUTLER, Die deutsche Industrie, S. 15.

187 ZVEI, Mitgliederversammlung [1961], S. 11.

188 Präsident Berg [BDI] plädiert für den Ausbau der EWG, in: EA-GI 17 (1964), S. 76; BEUTLER, Die deutsche Industrie, S. 15.

189 BÖTTCHER, Europäische Zusammenarbeit, S. 28.

190 AEG. Ein Konzern wird neu organisiert, in: Volkswirt 18 (1964), S. 1241; Haus Siemens. Größer neuer straffer ebd., 20 (1966), S. 250; AEG-Telefunken Gruppe. Zuviel ausgeschüttet?, ebd., 21 (1967), S. 1023; Elektroindustrie spürte die Marktveränderungen, in: EA-GI 19 (1966), S. 279;

Mit einer gewissen Sorge sah man die Stellung der deutschen Elektroindustrie innerhalb der EWG. In einer Bestandsaufnahme aus dem Jahr 1963 hieß es: „Ganz generell ist festzustellen, daß sich unsere Wettbewerbsposition in der EWG in den letzten Jahren eher verschlechtert als verbessert hat."[191] Als Gründe nannte der Autor die Aufwertung der DM, die zweimalige Abwertung des französischen Franc und der vergleichsweise starke Anstieg der Lohnkosten in der Bundesrepublik. Hinzu kam seiner Meinung nach ein aus den bundesdeutschen Exporterfolgen resultierendes „psychologisches Moment", demzufolge die Konkurrenzfähigkeit der anderen EWG-Staaten anfangs unterschätzt worden war.[192]

Elektroindustrie ging stärker in den Export, ebd., 20 (1967), S. 203; STEIN, Westdeutsche Industrie, S. 16; BÖTTCHER, Elektroaußenhandel, S. 6; DERS., Internationale Zusammenhänge, S. 97f; EWG, Der Außenhandel der EWG, S. I; BDI, Die deutsche Industrie, S. 15; VOLK, Bestimmungsfaktoren, S. 359; KORTHAUS, Ausfuhr, S. 104f; SAUNDERS, From Free Trade to Integration, S. 15.

[191] BEUTLER, Die deutsche Industrie, S. 15.

[192] Ebd. S.a. Westeuropäischer Arbeitskostenvergleich für die Elektroindustrie, in: ZVEIM 16 (1963), Nr. 6, S. 13f; BÖTTCHER, Elektroaußenhandel, S. 6, DÜRR, Verlangsamung, S. 127.

KAPITEL 5
GROSSBRITANNIEN:
VERSTAATLICHUNG UND KARTELLIERUNG

A. Die Nachkriegsjahre:
Rekonversion und Stromengpässe

Die Kriegsschäden an britischen Kraftwerken und am Verteilungsnetz beliefen sich auf lediglich zwei Prozent des Anlagenwertes. Allerdings waren 1945 und 1946 durchschnittlich 17 Prozent der Erzeugungskapazitäten wegen Maschinenausfällen nicht verfügbar, die aufgrund der unzureichenden Wartung während der Kriegszeit aufgetreten waren. Zudem senkte der fortdauernde Betrieb veralteter Kraftwerke die thermische Effizienz der britischen Elektrizitätsversorgung. 1945 war sie niedriger als vor dem Zweiten Weltkrieg und erreichte erst 1948 wieder den Wert von 1939.[1]

Den wirtschaftlichen Notwendigkeiten entsprechend hatte die schnellstmögliche Umstellung der Kriegs- auf Friedensproduktion höchste Priorität für die britische Regierung. Der Ausbau der Elektrizitätswirtschaft, deren Erzeugungskapazität nach Kriegsende bei rund 12.000 MW lag, wurde deshalb auf jährlich 1.500 MW begrenzt. Eine derartige Beschränkung entsprach den Erfahrungen der Zeit nach dem Ersten Weltkrieg, als der Strombedarf schwächer als ursprünglich erwartet angestiegen war. Die Elektroindustrie reagierte auf diese Maßnahme allerdings mit Unverständnis. So hieß es in den *Minutes* des *BEAMA Council Meeting*:

> He [der *Director* des *Heavy Electrical Plant Committee*] pointed out that this unfortunate decision would mean that the manufacturing industry would have no alternative but to endeavour to supply the surplus capacity on the export market which almost inevitably would have the effect of increasing the potentialities of overseas countries in competition with the United Kingdom.[2]

Tatsächlich stieg der Strombedarf dann aber nach Kriegsende steil an. Dies ging besonders auf den hohen Verbrauch privater Haushalte und hier wiederum auf die starke Nutzung elektrischer Raumheizgeräte zurück. Letztere benötigten zwar viel Elektrizität, wurden aber angesichts der Engpässe in der Kohlenver-

---

[1] The First Year. Electricity Boards' Report, in: ER 146 (1950), S. 93; HANNAH, Electricity before Nationalisation, S. 293, 310f;.

[2] BEAMA Archive, BEAMA Council Meetings, Minutes, 1950-52: „Meeting BEAMA Council, 20.07.1950, ‚Report from the Heavy Electrical Plant Committee', S. 3", GEC-Marconi Archive, GEC, Box 1955, „Sir Harry Railing".

sorgung und der verhältnismäßig niedrigen Strompreise maßgeblich in Anspruch genommen. Wegen der allgemeinen Stromknappheit wurde der Verkauf dieser Geräte von der Regierung eingeschränkt und die Elektrizitätsversorgung industrieller Abnehmer und privater Haushalte während der Jahre 1946 und 1947 reduziert. Die Folge war, daß sich die Rekonversion und der Ausbau der britischen Industrie verzögerte. Trotz der verbrauchseinschränkenden Maßnahmen verschärfte sich die Situation weiter und während der *Fuel Crisis* im Februar 1947 mußten wegen des Strommangels 15 Prozent aller britischen Beschäftigten vorübergehend entlassen werden.[3]

Der dringend notwendigen Steigerung der Stromerzeugung standen aber nicht nur die unzureichenden Kapazitäten der Elektrizitätswirtschaft entgegen. Hinzu kam die ungenügende Belieferung seitens der Elektrotechnischen Industrie, die einen wesentlichen Teil ihrer Produktion aufgrund der staatlicherseits forcierten Exportoffensive ins Ausland liefern mußte.[4] Walter Citrine, Vorsitzender der *British Electricity Authority (BEA)*, verwies darauf, daß man deshalb bereits Kraftwerksanlagen in den USA und der Bundesrepublik Deutschland bestellt hatte, „measures which are not pleasant and not broadly acceptable to British people", wie er anmerkte.[5]

Prinzipiell boten sich zur Erhöhung des Stromerzeugung zwei Möglichkeiten an: Der Bau neuentwickelter, großer Kraftwerksanlagen mit hoher thermischer Effizienz, oder die Errichtung kleiner, in der Praxis bereits erprobter Kraftwerke mit niedrigerer thermischer Effizienz. Um die Stromversorgung so schnell als möglich zu verbessern, schlug das vom *Ministry of Supply* im April 1947 gegründet *Directorate of Power Station Equipment* vor, bewährte Turbogeneratoren in größeren Stückzahlen anzuschaffen und auf die Verwendung neuer und effizienter Aggregate vorerst zu verzichten. Im November 1947 wurde festgelegt, daß nur Turbogeneratoren mit Kapazitäten von 30 oder 60 MW beschafft werden durften, wovon man sich zudem eine Verkürzung der Lieferzeiten erhoffte.[6]

---

[3] Central Electricity Board Report [1947], in: Economist 154 (1948), S. 516; The First Year. Electricity Boards' Report, in: ER 146 (1950), S. 93; MINISTRY OF FUEL AND POWER, Domestic Fuel Policy, S. 20f; HANNAH, Electricity before Nationalisation, S. 314-7, 320f, 324ff; DERS., Engineers, S. 23, 29f, 81.

[4] Power Plant Expansion in 1949, in: Economist 156 (1949), S. 300; Electrical Manufacturing. B.E.A.M.A. Report for 1948-49, in: ER 146 (1950), S. 685; Electrical Manufacturing in 1949. Points from the B.E.A.M.A. Report, ebd., S. 745; National Electricity Supply. First Series of Reports, ebd., S. 96; CHICK, Industrial Policy, S. 139-48.

[5] Trouble with the Power Programme, in: Economist 158 (1950), S. 958. S.a. METZ, Post-War, S. 303; Power and Level Tendering, in: Economist 182 (1957), S. 746. Zum Erwerb von Anlagen in der Bundesrepublik: PRO, POWE 12, 875: „Minutes of Meeting, 18.03.1947".

[6] ELECTRICITY COUNCIL, Electricity Supply, S. 30; So Big and No Bigger, in: Economist 220 (1966), S. 750; Walking the Electric Tightrope, ebd., 223 (1969), S. 67; Electricity Generation. Supply and

Die Hersteller begrüßten diese Maßnahme, da sie dadurch Produkte verkaufen konnten, deren Entwicklungskosten seit langem amortisiert waren, denn die ersten 30 MW-Turbogeneratoren waren bereits 1929 in Dienst gestellt worden. Außerdem stand diese Beschränkung in Einklang mit der Nachfragestruktur in vielen Auslandsmärkten, in denen einfache Technologien bevorzugt wurden. Die staatliche Festlegung, daß nur 30 und 60 MW-Turbogeneratoren beschafft werden durften, brachte den Unternehmen ein „easy and highly profitable life", wie Leslie Hannah anmerkte.[7]

Gekauft wurden Kraftwerksanlagen von den rund 600 Versorgungsunternehmen, deren Kapital sich zu einem Drittel bei privaten Eigentümern und zu zwei Dritteln im Besitz der öffentlichen Hand befand.[8] Nach jahrelangen Diskussionen – ein Vorschlag zur Vergesellschaftung fand sich bereits im „Policy Report" der *Labour Party* vom Jahr 1932 – und gegen den entschiedenen Widerstand der privaten Anteilseigner wurde die Elektrizitätswirtschaft am 1. April 1948 verstaatlicht. Alle Versorgungsunternehmen wurden der neu gegründeten *British Electricity Authority* unterstellt, in deren Händen sowohl die Erzeugung von Strom, als auch dessen Übertragung an die 14 neu eingerichteten *Area Boards* lag, die ihn an die Konsumenten weiterleiteten. Erster Vorsitzender der BEA wurde Walter Citrine, vormals Generalsekretär des *Trade Union Congress* und gelernter Elektriker.[9]

Bereits im März 1947 hatte das mit der Verstaatlichung betraute *Organizing Committee* ein Programm zum künftigen Ausbau der Elektrizitätsversorgung veröffentlicht, das Investitionen in Höhe von £ 650 Millionen vorsah. Dies war ein enormer Betrag, lag doch der Gesamtwert aller elektrizitätswirtschaftlichen Anlagen zum Zeitpunkt der Verstaatlichung bei £ 831 Millionen. Das *Committee* betonte, daß diese Ausgaben lediglich Teil eines langfristigen Programms waren, in dessen Verlauf die Erzeugungskapazitäten, deren Gesamtumfang sich 1949 auf 12.850 MW belief, in den nachfolgenden 20 Jahren um 30.000 MW ausgebaut werden sollten.[10]

Eigentlich hätte man erwarten können, daß die Diskussion über die Verstaatlichung der Elektrizitätswirtschaft und die damit einhergehende Investiti-

---

Manufacturing Aspects [Paper presented to the British Electrical Power Convention, Eastbourne, June 1957], in: ER 160 (1957), S. 1149; CHICK, Industrial Policy, S. 148-57.

[7] HANNAH, Engineers, S. 104-8.

[8] Ebd., S. 2.

[9] CHICK, Industrial Policy, S. 72-102; ELECTRICITY COUNCIL, Electricity Supply, S. 22; HANNAH, Electricity before Nationalisation, S. 104-8; 349, 354f; DUNKERLEY UND HARE, Nationalized Industries, S. 387; MORGAN, Labour, S. 103; TOMLINSON, Democratic Socialism, S. 94-123. S.a. die Autobiographie von WALTER CITRINE, Two Careers, insbesondere S. 267-80.

[10] National Electricity Supply. First Series of Reports, in: ER 146 (1950), S. 95; HANNAH, Engineers, S. 2f, 26f, 297.

onszurückhaltung privater Versorgungsunternehmen für Unmut in der Elektrotechnischen Industrie gesorgt hätte. Daß es dazu aber nicht kam, lag sowohl an der beachtlichen Umsatzzunahme seit Ende des Krieges als auch an den Erweiterungsplänen des *Organizing Committee*. Beides zusammen veranlaßte die Elektrofirmen, mit weitreichenden Investitionsprogrammen dem erwarteten Anstieg des Auftragseingangs Rechnung zu tragen.[11]

English Electric hatte bereits unmittelbar nach Kriegsende mit einer erheblichen Erweiterung der Produktionsanlagen begonnen, die es dem Unternehmen erlaubten, die Lieferungen an die Elektrizitätswirtschaft zwischen 1946 und 1950 zu verzehnfachen. Eine vergleichbare Entwicklung verzeichnete auch AEI. Bei GEC hatte sich das Fertigungsspektrum während des Zweiten Weltkriegs zugunsten von Starkstromgütern verschoben, und nach dessen Ende wurde dieses, vom Vorstandsvorsitzenden Harry Railing persönlich favorisierte Geschäftsfeld weiter ausgebaut.[12]

Das bei GEC in den späten 1940er Jahren kräftig ansteigende Auftragsvolumen bei Starkstromprodukten und die durch die rückläufige Nachfrage nach Konsumgütern bedingte Abnahme der Gewinne im Geschäftsjahr 1948/49 schien die Richtigkeit dieser Politik zu bestätigen. So überrascht es nicht, wenn die Firma im Geschäftsbericht für 1948/49 ihre Entschlossenheit betonte, die Konsumgüteraktivitäten zu reduzieren und den Starkstromsektor weiter auszubauen. Die Eröffnung der neuen Generatorenfabrik in Witton im darauffolgenden Jahr stellte dabei einen wichtigen Meilenstein dar.[13]

Als hinderlich für die rasche Ausweitung der elektrotechnischen Produktion in den späten 1940er Jahren erwies sich die unzureichende Versorgung mit Rohstoffen und der Mangel an Arbeitskräften, wodurch die neu errichteten Fertigungsstätten unterausgelastet blieben. Bei GEC verzögerte sich 1947 und 1948 aus diesem Grund sogar die Eröffnung mehrerer neuer Fabriken, während AEI über weitreichende Produktionsausfälle klagte.[14]

Neben der starken Erweiterung der Anlagen führte der große Auftragsbestand, der hohe Kosten für Lagerhaltung und zur Finanzierung der laufenden Arbeiten verursachte, zu einem beträchtlichen Anstieg des Kapitalbedarfs. Ei-

---

11   NAEST, 44, 17: „Reports written by C. C. Garrard at Witton Works, 1915-1954", „Extensions and Developments at Witton, 30.11.1948"; MRC, MSS.287,4 BEAMA, Fair Trading in Electrical Goods: „BEAMA, The Golden Jubilee, 1911-1961", S. 15.

12   GEC-Marconi Archive, GEC, Box 1955, „Sir Harry Railing"; English Electric Ltd. [AR], in: Economist 156 (1949), S. 635; 160 (1951), S. 716; Associated Electrical Industries [AR], ebd., 154 (1948), S. 781; 158 (1950), S. 1253; General Electric Company, in: MIRABILE, International Directory, S. 25; JONES UND MARRIOTT, Anatomy, S. 178, 199f.

13   General Electric Company [AR], in: Economist 155 (1948), S. 725; General Electric Finances, ebd., 157 (1949), S. 320; LINDLEY, Development and Organisation, S. 344.

14   English Electric Ltd. [AR], in: Economist 156 (1949), S. 635; General Electric Company [AR], ebd., 155 (1948), S. 725; Associated Electrical Industries [AR], ebd., 154 (1948), S. 781.

ne entscheidende Rolle spielte dabei, daß Unternehmen erst bei Fertigstellung der Anlagen bezahlt wurden, die verwendeten Rohstoffe, Vorprodukte und natürlich auch ihre Beschäftigten aber sogleich bezahlen mußten. Ein hoher Auftragseingang führte damit automatisch zu einer Zunahme des Kapitalbedarfs. Mit den im Vergleich zu anderen Staaten überlangen Bauzeiten britischer Kraftwerke, die zwischen drei und fünf Jahren lagen, stieg dieser weiter an. Die gewachsenen finanziellen Erfordernisse, die sich mit zunehmenden Rohstoffpreisen noch verschärften, übertrafen die Ressourcen der Industrie bei weitem, weshalb alle Unternehmen vor der dringenden Aufgabe standen, sich neue Finanzquellen zu erschließen.[15]

B. Die 1950er Jahre: Expansion, Kooperation und staatliche Wettbewerbspolitik

Während die Regierung den Ausbau der Elektrizitätswirtschaft nach Beginn des Korea-Krieges weiter einschränkte, stieg der Stromverbrauch aufgrund der erhöhten Rüstungsproduktion an. Der Strommangel der späten 1940er Jahre bestand so auch noch in den frühen 1950er Jahren und machte wiederholte Stromsperrungen notwendig. Um diesen Engpaß zu beseitigen, wurde die bis dahin geltende Höchstgrenze für die Bestellung neuer Turbogeneratoren im Juli 1950 fallengelassen. Hierauf kündigte die BEA an, nur noch 100 MW-Aggregate anzuschaffen, da diese je erzeugter Kilowattstunde Strom neun Prozent weniger Brennstoff als ein 60 MW-Turbogenerator und 20 Prozent weniger als ein 30 MW-Set verbrauchten. Im März 1952 wurde die erste 120 MW-Einheit bestellt, die allerdings erst 1959 in Betrieb ging.[16]

Um einen besseren überregionalen Stromaustausch zu ermöglichen, begann die BEA im Sommer 1950 mit der Erweiterung des *National Grid* und dem Bau eines noch leistungsfähigeren Hochspannungsnetzes, des *Supergrid*. Mit diesem konnten große Strommengen über weite Entfernungen übertragen werden, so daß die Elektrizitätserzeugung in neu errichteten Großkraftwerken mit hoher thermischer Effizienz konzentriert werden konnte. Diese wurden nahe-

---

[15] English Electric Ltd. [AR], in: Economist 158 (1950), S. 684; 160 (1951), S. 515; General Electric Finances, ebd., 157 (1949), S. 320; General Electric Company [AR], ebd., 155 (1948), S. 725; 157 (1949), S. 812; Associated Electrical Industries [AR], ebd., 158 (1950), S. 1253.

[16] Trouble with the Power Programme, in: Economist 158 (1950), S. 957; Electricity Economics, ebd., 159 (1950), S. 28; Electricity and Rearmament, ebd., 160 (1951), S. 945; Electrical Entente, ebd., 164 (1952), S. 245; So Big and No Bigger, ebd., 220 (1966), S. 750; Walking the Electric Tightrope, ebd., 233 (1969), S. 67; S. 750; Sound Business, in: ER 165 (1959), S. 366; HACKING, Electricity Supply, S. 834.

zu ausschließlich in den kohlereichen Regionen der Midlands und in Yorkshire gebaut, so daß der Brennstoff nicht mehr über weite Strecken zu den Kraftwerken transportiert werden mußte.[17]

Das Abklingen des Korea-Booms und die restriktive Politik der 1951 ins Amt gekommenen konservativen Regierung führten schließlich zu einer Verlangsamung des britischen Wirtschaftswachstums. Da dies auch eine geringere Zunahme des Stromverbrauchs zur Folge hatte, wurde die BEA von Schatzkanzler R. A. Butler angewiesen, weniger Kraftwerksanlagen zu bestellen. Die hierdurch bei den Herstellern freiwerdenden Fertigungskapazitäten sollten zur Steigerung der Ausfuhren im Rahmen der Politik des *Export Drive* genutzt werden.[18]

Die Elektrotechnische Industrie, die sich auf den heimischen Markt konzentrieren wollte, lehnte dies ab. So hieß es in den *Minutes* des BEAMA *Council Meeting* vom 18. Dezember 1952: „Sir Harry Railing [Vorstandsvorsitzender von GEC] stated that, on this matter, there was no doubt that still further pressure would be put upon the manufacturers to put back our programme of the *BEA* in order to improve our exports, and he was definitely of the opinion that this should be resisted."[19]

Eine Ausweitung der Auslandslieferungen und eine reduzierte Versorgung des heimischen Marktes hatte 1950 bereits Hughes Gaitskell, *Minister of State for Economic Affairs*, angestrebt, war aber auch bereits damals auf den entschiedenen Protest der Industrie gestoßen. Bemerkenswert war die Argumentation, mit der die BEAMA diese Haltung begründete, und die in krassem Gegensatz zur Exportorientierung bundesdeutscher Unternehmen stand: „Generating units installed at home could assist in the manufacture of goods for export. If the units of generating plant are exported they assist the foreign manufacturer to compete against our home manufacturers of the goods and thus will assist in the ultimate diminuation of our export trade for a small present export benefit. Surely, this is a short-sighted policy."[20]

---

17 National Electricity Supply. First Series of Reports, in: ER 146 (1950), S. 97; Electricity Generation. Supply and Manufacturing Aspects [Paper presented to the British Electrical Power Convention, Eastbourne, June 1957], ebd., 160 (1957), S. 1149; The Super-Grid, in: Economist 159 (1950), S. 233; HANNAH, Engineers, S. 68f; SCHÄFF, Betrachtungen, S. 418; MASSEY, Capital and Locational Change, S. 42.

18 PRO, POWE 14, 122: Minutes of Meeting", 1947-50; „Exports of Power Station Equipment. Memorandum by the Ministry of Supply to the Heavy Electrical Plant Production Consultative Council", 1953; NAEST, 44, 17: „Reports written by C. C. Garrard at Witton Works, 1915-1954", „Witton Advisory Board. National Crisis and Export Trade, 15.02.1952"; POLLARD, Development, S. 197; HANNAH, Engineers, S. 46, 49.

19 BEAMA Archive, BEAMA Council Meetings, Minutes, 1952-54: „Meeting BEAMA Council, 18.12.1952", S. 5f.

20 BEAMA Archive, BEAMA Council Meetings, Minutes, 1936-38, No. 10: „Letter by G. Leslie Wates, Chairman BEAMA Council in reply to a letter from Hughes Gaitskell, Minister of State for Economic Affairs, 21.08.1950".

Gleichlautende Aussagen finden sich sowohl in den *Minutes* weiterer *Council Meetings* als auch in Schreiben einzelner Firmen.[21] Die Elektroindustrie sah deshalb mit Genugtuung, daß sich die BEA stillschweigend über die Beschaffungsgrenzen hinwegsetzte und die Bestellungen bis Mitte der 1950er Jahre sogar noch steigerte. Beliefen sich die Investitionen der BEA im Geschäftsjahr 1948/49 noch auf £ 92 Millionen, lagen sie 1954/55 bei £ 196 Millionen.[22]

Die großen Elektrounternehmen hatten bereits 1949, also noch vor Beginn des Korea-Krieges, über einen schwachen Auftragseingang und das nachlassende Expansionstempo beim Kraftwerksbau geklagt. Unter dem Einfluß des Krieges hatte sich letzteres im Laufe des Jahres 1950 weiter verlangsamt, während gleichzeitig die Gewinnspannen unter Druck gerieten. Die Situation verschlechterte sich zusätzlich mit der Wiedereinführung der staatlichen Rohstoffbewirtschaftung und dem Erlaß von Verwendungsverboten etwa für NE-Metalle, so daß in der Folgezeit die Fertigung von Konsumgütern und zivilen Starkstromprodukten erheblich zurückging.[23]

Hiervon abgesehen profitierte die Elektrotechnische Industrie von der Ausweitung der militärischen Produktion im Gefolge des Korea-Krieges, da gerade die großen Firmen wichtige Lieferanten von Rüstungsgütern waren. Zu denken ist dabei besonders an die Töchter von English Electric, D. Napier & Son, Marconi's Wireless Telegraph Company und Marconi International Marine Communication Company, denen die Rüstungskonjunktur einen erheblichen Zuwachs bei Umsatz und Gewinnen bescherte.[24]

Die Konzerne setzten auch in den nachfolgenden Jahrzehnten ihr starkes Engagement im Rüstungssektor fort, wenngleich präzise, öffentlich zugängliche Daten nicht vorliegen. Eine Studie des *National Economic Development Council* aus dem Jahr 1988 verwies auf die in den vorangegangenen Dekaden kontinuierlich zugenommenen Aktivitäten der Elektroindustrie im militäri-

---

21 BEAMA Archive, BEAMA Council Meetings, Minutes, 1952-54: „Meeting BEAMA Council, 15.01.1953", S. 7; „dito, 19.03.1953", S. 11; MRC, MSS 200 DEC/3/3/F 32: „Foster Transformer and Switchgear Ltd., London, 1949-51; Letter by James S. Duncan, Chairman of the Dollar-Sterling Trade Advisory Council to Sir Cecil M. Weir, Chairman and chief executive, Dollar Exports Board, 18.04.1951"; MSS 200 DEC/3/3/A 59: „Astral Equipment Ltd., Letter by Leon Zakrzewski, president Taymouth Industries Ltd., to Sir Cecil Weir, Chairman of the British Dollar Exports Board, 30.05.1951".

22 HANNAH, Engineers, S. 49, 51.

23 PRO, BT 213, 16: „The Economic Consequences of the Korean War", 1956-57, S. 2; Work of the B.E.A.M.A. Problems and Achievements in 1950, in: ER 148 (1951), S. 797; Associated Electrical Industries [AR], in: Economist 160 (1951), S. 835; General Electric Company [AR], in: Economist 159 (1950), S. 289; 161 (1951), S. 311; 164 (1952), S. 308; 169 (1953), S. 68; English Electric Ltd. [AR], ebd., 166 (1953), S. 603.

24 English Electric Ltd. [AR], in: Economist 160 (1951), S. 716; 162 (1952), S. 615, 827; Arms and the Industry. How Much Does It Rely on Defence Expenditure?, in: ER 172 (1963), S. 54; BAKER, History, S. 328.

schen Bereich und stellte zu den Ursachen fest: „This increasing concentration on defence and telecom was for some companies a conscious strategy to maintain the relatively high financial returns provided by these ‚protected' sectors."[25]

Der Korea-Krieg störte zwar den normalen Geschäftsbetrieb, änderte aber nichts an den optimistischen Zukunftserwartungen der Industrie. So sagte AEI-Vorstandsvorsitzender Oliver Lyttelton 1951 zu den Aktionären: „The company's trading record and its future prospects are undimmed. There are orders in plenty to sustain the recent high levels of output and sales."[26] Diese Einschätzung veranlaßte die Firmen zur Fortsetzung ihrer Investitionspolitik, die in Verbindung mit dem großen Umfang der laufenden Arbeiten eine Aufstockung der Finanzmittel notwendig machte. So erhöhte GEC 1952 das Grundkapital von £ 4,2 auf £ 5,9 Millionen und verwendete die Gelder zur Finanzierung von Vorräten und laufenden Arbeiten. English Electric hatte im Dezember 1951 Obligationen und Aktien im Umfang von jeweils drei Millionen Pfund auf den Markt gebracht, war jedoch bereits kurz darauf mit einer abermaligen Finanzierungslücke von drei Millionen Pfund konfrontiert. Man nahm deshalb zusätzliche Bankkredite auf, die die Schulden von English Electric im Laufe des Jahres 1952 auf sieben Millionen Pfund ansteigen ließen, woraus erhebliche Zinsbelastungen resultierten.[27]

Eine ähnliche Entwicklung verzeichnete AEI, wo alleine im Laufe des Jahres 1951 der Wert der Vorräte von £ 23,5 auf £ 30,5 Millionen angewachsen war. Finanziert wurden sie durch eine Überziehung der Bankkonten, eine bekanntermaßen sehr teure Art der Finanzierung.[28] Im Februar 1952 emittierte AEI dann Aktien im Umfang von £ 2,2 Millionen, wozu es im Geschäftsbericht hieß: „The new money will be quickly absorbed in financing heavier stocks, in helping to meet the cost of capital extensions (upon which about £ 5.5 Millionen will be spent in the next three years), and in repaying bank indebtedness that stood at just over £ 2 Millionen at the end of the year."[29]

Um die Attraktivität der Unternehmen für Investoren zu verbessern, wurden die Dividenden angehoben: AEI erhöhte sie 1950 von 15 auf 20 Prozent, English Electric von zehn auf 15 Prozent, und im darauffolgenden Jahr folgte GEC mit einer Steigerung von 17,5 auf 22,5 Prozent. Im Laufe des Jahres 1952 verlor der Korea-Boom dann allerdings an Dynamik, während die langsamere Ausweitung der Nachfrage und die nach wie vor steigenden Rohstoffpreise den

---

[25] NEDC UND McKINSEY & COMPANY, Performance and Competitive Success, S. 12.

[26] Associated Electrical Industries [AR], in: Economist 160 (1951), S. 568.

[27] General Electric Company [AR], in: Economist 164 (1952), S. 308; English Electric Ltd. [AR], ebd., 162 (1952), S. 556, 615; 166 (1953), S. 603.

[28] Associated Electrical Industries [AR], ebd., 160 (1951), S. 568; 162 (1952), S. 676.

[29] Associated Electrical Industries [AR], ebd., 162 (1952), S. 615.

Druck auf die Gewinnspannen erhöhten, so daß die Dividenden wieder gesenkt werden mußten. English Electric reduzierte sie beispielsweise 1953 von 15 auf zehn Prozent.[30]

Auch für die anderen Gesellschaften verschlechterte sich die wirtschaftliche Situation im Laufe des Jahres 1953. So fielen etwa bei GEC die *Net Profits* von £ 2,09 auf £ 1,27 Millionen, während die kurzfristigen Bankschulden gleichzeitig von £ 29.320 auf £ 4,35 Millionen emporschnellten. Vorstandsvorsitzender Harry Railing verwies darauf, daß der Investitionsgüterumsatz zwar beträchtlich gestiegen war, dies jedoch bei weitem nicht ausgereicht hatte, um den Rückgang bei Konsumgütern auszugleichen. Deshalb kündigte er an, daß sich GEC künftig noch mehr auf Investitionsgüter konzentrieren würde.[31]

Auch nach Abklingen des Korea-Booms und trotz der sich allgemein abschwächenden Wachstumsraten war man in der Elektroindustrie bezüglich der weiteren Entwicklung der Nachfrage optimistisch. So gab es nach Ansicht von AEI ausreichend Grund für „optimism to justify embarking upon a further long-term expansion plan for the manufacture of heavy electrical plant and steam turbines".[32]

In Erwartung umfangreicher Bestellungen der Elektrizitätswirtschaft wurde der Ausbau der Fertigungsanlagen fortgesetzt. So errichtete British Thomson-Houston in Nordirland die größte europäische Turbinenfabrik, die 1955 in Betrieb ging. Presse und Öffentlichkeit spekulierten, ob diese Standortwahl auf staatliche Subventionen oder darauf zurückzuführen war, daß AEI-Vorstandsvorsitzender Lord Chandos kurz vorher zum Vorsitzenden des *Advisor Development Council* für Nordirland ernannt worden war. Aufgrund der traditionellen Rivalität zwischen den beiden größten Unternehmen unter dem Dach von AEI, British Thomson-Houston und Metropolitan-Vickers, erhielt letztere die Erlaubnis zum Bau einer großen Transformatorenfabrik in Wythenshawe.[33]

AEI konnte Umsatz und Gewinne beachtlich ausweiten, womit die Firma im Trend der gesamten Elektroindustrie lag, die von 1954 an steigende Umsätze und Gewinne verbuchte. Verstärkt wurde dies durch den wachsenden Absatz von Konsumgütern, wovon besonders GEC profitierte, wo diese Warengruppe unter den Konzernen den höchsten Umsatzanteil hatte.[34]

---

[30] Associated Electrical Industries [AR], ebd., 160 (1951), S. 568; 166 (1953), S. 665, 764; English Electric Ltd. [AR], ebd., 160 (1951), S. 514; 166 (1953), S. 841; 170 (1954), S. 643, 911; General Electric Company [AR], ebd., 164 (1952), S. 308.

[31] General Electric Company [AR], ebd, 168 (1953), S. 348; 169 (1953), S. 68.

[32] Associated Electrical Industries [AR], ebd. 171 (1954), S. 74.

[33] AEI Looks Forward, ebd., 175 (1955), S. 55f; JONES UND MARRIOTT, Anatomy of a Merger S. 236; LATHAM, Take-Over S. 22.

[34] Associated Electrical Industries [AR], in: Economist 162 (1952), S. 615; 166 (1953), S. 764; 170 (1954), S. 805; 171 (1954), S. 74; 1955, 174 (1954), S. 843, 934; 182 (1957), S. 848; General Electric

1955 setzte AEI die Expansionspolitik durch den vollständigen Erwerb von Siemens Bros. fort. AEI hatte bereits 1951 Anteile an Siemens Bros. vom *Custodian of Enemy Property* erworben, der bei Beginn des Zweiten Weltkriegs die Beteiligung von Siemens & Halske an der vormaligen Tochter beschlagnahmt hatte. Aufgrund der stagnierenden Nachfrage der Elektrizitätswirtschaft litt Siemens Bros. unter stark rückläufigen Umsätzen und Gewinnen. Dies ermöglichte AEI die Übernahme der Firma, die eine starke Stellung bei Kabeln und Fernmeldeeinrichtungen hatte, während AEI dort nur ungenügend verankert war.[35]

Nach dem Erwerb von Siemens Bros. begann die Reorganisation aller Unternehmen, die sich unter dem Dach von AEI befanden. Entlang der Produktlinien wurden sie in fünf Gruppen gegliedert: Metropolitan-Vickers, British Thomson-Houston, Siemens-Edison-Swan, Hotpoint und AEI Overseas, während AEI als Holding für unternehmensweite Belange wie Finanzen zuständig war. Trotz dieser Umorganisation überschnitt sich das Warenangebot der einzelnen Gruppen aber nach wie vor, insbesondere bei den beiden größten, Metropolitan-Vickers und British Thomson-Houston.[36]

Das führte nicht nur zu wiederholten Konflikten zwischen diesen, sondern verhinderte auch eine Senkung der Kosten, da jede der Firmen weiterhin eigene Forschungseinrichtungen und Vertriebsorganisationen unterhielt. Der Unwillen der einzelnen Gruppen, Kompetenzen abzugeben war eine der Ursachen hierfür. Entscheidender aber war, daß die BEA ihre Aufträge entsprechend der vom Kartell der Hersteller festgelegten Quoten verteilte. Eine volle Integration aller sich unter dem Dach von AEI befindlichen Firmen und eine strenge Gliederung nach Fertigungssektoren hätte zwar zu einer Steigerung der Produktivität geführt. Gleichzeitig hätte dies aber zur Folge gehabt, daß AEI insgesamt weniger Aufträge erhalten hätte, als dies bei Beibehaltung getrennter Firmen der Fall war. Zweifellos wog dies schwerer als die Kostenvorteile, die durch eine tiefgreifende Reorganisation zu erzielen gewesen wären.[37]

Auch bei English Electric waren Umsatz und Gewinn 1954 beachtlich angestiegen, weshalb das Management eine Aufstockung des Grundkapitals um £ 10 auf £ 25 Millionen vorschlug. Ein Teil dieser Summe sollte für die Deckung der weit überzogenen Bankkonten verwendet werden. Dem widersprachen allerdings die Aktionäre und setzten statt dessen eine Erhöhung der Dividende

---

Company [AR], ebd., 172 (1954), S. 393; 176 (1955), S. 420, 1075; £ 10 _ Mio. for General Electric, ebd., 174 (1955), S. 558.

[35] Siemens Brothers [AR], ebd., 171 (1954), S. 833; The AEI-Siemens Merger, ebd., 173 (1954), S. 1103f; Electrical Merger Planned, ebd., S. 855; AEI Looks Ahead, ebd., 176 (1955), S. 1055.

[36] Associated Electrical Industries [AR], ebd., 191 (1959), S. 1039.

[37] Ebd.

von zehn auf 12,5 Prozent durch. Im Laufe des Jahres 1955 stiegen die Bankschulden dann von £ 10,6 auf £ 13,4 Millionen an, weshalb das Management den Aktionären abermals eine Erhöhung des Grundkapitals vorschlug, die dies wiederum ablehnten.[38]

In den frühen 1950er Jahren war die BEA noch vorsichtig gewesen, was den Erwerb neuer, in der Praxis noch nicht ausreichend erprobter Turbogeneratoren betraf. Dies änderte sich mit der Ernennung von F. H. Stanley Brown zum *Chief Engineer,* unter dessen Federführung 1954 neun der neu entwickelten 200 MW-Turbogeneratoren geordert wurden. Diese hatten eine in Europa bis dahin nicht erreichte thermische Effizienz, weshalb sie die BEA zum Standard des Bauprogramms machte, das zwischen 1960 und 1962 eine erhebliche Steigerung der Erzeugungskapazitäten erlauben sollte.[39]

1952 und 1953 waren mehrere parlamentarische *Select Committees* zum Ergebnis gekommen, daß die Erzeugung des heimischen Bergbaus nicht zur Deckung des künftigen Kohlebedarfs der Elektrizitätswirtschaft ausreichen würde. Einen Ausweg bot in dieser Situation die Nutzung von Atomkraft und Mineralöl. So fiel 1953 die Entscheidung zum Bau des ersten britischen Atomkraftwerks Calder Hall, das im Oktober 1956 in Betrieb ging und in erster Linie der Erzeugung von Plutonium für Atomwaffen diente. Ausgestattet war es mit einem Gasgekühlten Reaktor, der sich hierfür besonders gut eignete. Die Elektrizitätswirtschaft hatte sich dagegen für einen Leichtwasserreaktor ausgesprochen, da mit ihm Strom billiger als mit Gasgekühlten Reaktoren erzeugt werden konnte.[40]

Noch vor Inbetriebnahme von Calder Hall begannen die Planungen für ein umfassendes Programm zur Stromerzeugung mittels Kernkraft. 1954 forderte die staatliche *Atomic Energy Authority (AEA)* die Hersteller von Turbogeneratoren auf, mit den großen Dampfkesselproduzenten Konsortien für Entwicklung und Bau von Atomkraftwerken zu bilden. 1958 wurden hiervon schließlich vier gebildet; ein fünftes folgte 1959. Jedes entwickelte ein eigenes Atomkraftwerk, so daß unnötig viele Designs entstanden, wodurch die Kosten in die Höhe getrieben wurden.[41] Der Geschäftsbericht von GEC für 1958/59 gab hiervon eine anschauliche Beschreibung: „None of the five consortiums is

---

[38] English Electric Ltd. [AR], ebd., 174 (1955), S. 662, 753; 178 (1956), S. 564.
[39] So Big and No Bigger, ebd., 220 (1966), S. 750; Walking the Electric Tightrope, ebd., 233 (1969), S. 67.
[40] What Power Costs, in: Economist 180 (1956), S. 1072; MINISTRY OF POWER, Fuel Policy [1965], S. 6; ECCLES, Electricity, S. 1147; HARLOW, Innovation and Productivity, S. 90; SURREY UND WALKER, Electrical Power Plant, S. 143.
[41] British Electrical Manufacturers. Continued Expansion Reported, in: ER 158 (1956), S. 636; HANNAH, Engineers, S. 174; HINTON, Development of Nuclear Energy, S. 1215; Calendar of Economic Events, S. 32; LUCKIN, Questions of Power, S. 174ff.

likely to see its money back on nuclear research for many years,... Neither is expected to yield any profits with which to offset even part of the cost of development; indeed the group will be doing well if it succeeds in breaking even on the bare cost of construction."[42]

Hatte das ursprüngliche Atomprogramm noch ein Volumen von 1.700 MW, wollte die AEA dieses verdoppeln, wogegen sich die BEA zunächt wandte. Nachdem sich dann aber mit der Suez-Krise von 1956 die künftigen Möglichkeiten der Beschaffung von Mineralöl und dessen Preis verschlechtert hatten, stimmte die BEA dem zu. Ebenfalls unter dem Eindruck der Suez-Krise schlug der zuständige Minister Aubrey Jones im Dezember 1956 eine Verdreifachung des Atomprogramms auf eine Gesamtkapazität von 6.000 MW vor. Das Kabinett befürwortet dies und beschloß den Bau von insgesamt 19 Kernkraftwerken, die bis 1965 in Betrieb gehen sollten. Die Elektrizitätswirtschaft zweifelte allerdings nach wie vor am Umfang dieses Programms und sah sich in ihrer Skepsis bestärkt, als das *National Coal Board* im Sommer 1957 Schätzungen zur künftigen Entwicklung der Kohleförderung veröffentlichte, denen zufolge die britische Erzeugung gegen Mitte der 1960er Jahre große Überschüsse aufweisen würde.[43]

Während die Elektrizitätswirtschaft den von AEA und Kabinett forcierten Ausbau der Atomkraft mit geringem Erfolg zu verhindern suchte, geriet sie gleichzeitig von anderer Seite unter Kritik. 1954 war ein *Select Committee* unter Vorsitz von Edwin Herbert gebildet worden, das Organisation und Aktivitäten der BEA untersuchen sollte. Der dann Ende 1955 vorgelegte Bericht kritisierte, daß die BEA ihre Anlagen zu überhöhten Preisen auf dem heimischen Markt einkaufte, wo keinerlei Wettbewerb herrschte. Gleichzeitig war jeglicher Versuch unterblieben, Einkaufsquellen im Ausland zu erschließen.[44] Im betreffenden Abschlußbericht hieß es: „The particular difficulty confronting the Authority [BEA] was that they found no real competition in three principal fields of purchase – turbo-alternators, boilers and cables – and their freedom in bargaining by obtaining competitive tendering was severly limited."[45]

Zwischen dem Ende des Zweiten Weltkriegs und der Mitte der 1960er Jahre dominierten vier Unternehmen den Markt für Turbogeneratoren: AEI, English

---

[42] General Electric Company [AR], in: Economist 192 (1959), S. 306.
[43] Electricity Bill. Lordly Luddism, ebd., 183 (1957), S. 964f; The Price of Expansion, ebd., 184 (1957), S. 1054; SELECT COMMITTEE ON NATIONALISED INDUSTRIES, Electricity Supply Industry, S. 114; HANNAH, Engineers, S. 181, 232, 240.
[44] Inquiry into Electricity, in: Economist 178 (1956), S. 375f; Competition à la Citrine, ebd., 180 (1956), S. 1085; MINISTRY OF FUEL AND POWER, Committee of Inquiry into the Electricity Supply Industry, S. 5ff; ELECTRICITY COUNCIL, Electricity Supply, S. 40.
[45] MINISTRY OF FUEL AND POWER, Committee of Inquiry into the Electricity Supply Industry, S. 114.

Electric, GEC und C. A. Parsons. Diese hatten, wie in Kapitel 4b dargestellt, in den 1930er Jahren und während des Zweiten Weltkriegs in den oben genannten *Rings* eng zusammengearbeitet. Obgleich diese nach Ende des Krieges zumindest formal aufgelöst wurden, setzten die Firmen ihre enge Kooperation fort. Sie vereinbarten auch weiterhin einheitliche Verkaufspreise und Lieferbedingungen und sprachen sich bei der Bewerbung um Aufträge ab, wodurch Neulingen der Zutritt zum Markt wirksam verwehrt wurde.[46]

Neben der direkten Zusammenarbeit zwischen einzelnen Firmen übermittelte die BEAMA den Herstellern Informationen zu Preisen und Aufträgen, und bildete hierzu 1949 ein eigenes *Sub-Committee*.[47] 1952 lag der Marktanteil der Hersteller, die sich an Kartellabsprachen beteiligten, bei Turbogeneratoren um 90 Prozent, bei Transformatoren belief er sich auf 80 Prozent und bei großen Motoren auf 60 Prozent. Begünstigt wurde dies durch den in den späten 1940er und frühen 1950er Jahren vorherrschenden Nachfrageüberhang. Ausschlaggebend aber war, daß die BEA ihre Aufträge entsprechend der von den Kartellen festgelegten Quoten vergab, um Preiskämpfe zwischen den Herstellern zu vermeiden, da man annahm, daß dies den Interessen der britischen Industrie widersprach.[48] Es überrascht nicht, daß die Firmen ihrer Zusammenarbeit große Bedeutung zumaßen. Stanley F. Steward, Direktor der BEAMA, erklärte

> Electrical people have an instinct for co-operation and the close personal links, joint approach to technical problems, and awareness of common objectives which run right through the whole industry have produced a great source of strength during the last decade. ... It is a striking tribute to this spirit that, although one part of the industry has been nationalised, the constructive partnership between the supply industry and the electrical manufacturers is on a firmer basis today than ever before.[49]

Steward verwies an dieser Stelle auf den Erfolg dieser Politik in den vorangegangenen Jahrzehnten:

---

[46] S.a. SHEPHERD, Industrial Change, S. 203.
[47] BEAMA Archive, Council Meetings, Minutes, 1936-38, No. 10: „Meeting of BEAMA Joint Council and Groups Joint Administration Board, 04.06.1948", S. 4; Electrical Manufacturing in 1949. Points from the B.E.A.M.A. Report in: ER 146 (1950), S. 745.
[48] B.E.A.M.A.'s Golden Jubilee, in: ER 169 (1961), S. 708b; Electrical Industries in Europe Compared, ebd., 176 (1965), S. 742; Power and Level Tendering, in: Economist 182 (1957), S. 745; So Big and No Bigger, ebd., 220 (1966), S. 750; MONOPOLIES AND RESTRICTIVE TRADE PRACTICES COMMISSION, Report on the Supply and Export of Electrical and Allied Machinery and Plant, S. 7, 147f, 180; SELECT COMMITTEE ON NATIONALISED INDUSTRIES, The Electricity Supply Industry, S. 163; INCE, Britain's Electricity Industry, S. 6; RICHARDSON, Pricing of Heavy Electrical Equipment, S. 75, 86; NEDC, Change for the Better S. 28; JONES UND MARRIOTT, Anatomy of a Merger S. 172.
[49] STEWARD, Co-Operation, S. 1012.

In two world wars the *BEAMA* provided an important link between Government and the industry and also assisted with a number of semi-public functions such as allocations and licensing. In the years of depression between the wars its influence was decisive in maintaining co-operation and securing some measure of stability in the electrical manufacturing industry. ... The primary purpose of any trade association must always be to promote and protect the interests of its members, and in an industry so vital to the national economy as electricity these interests must coincide with the national interest.[50]

Elektroindustrie und BEAMA kritisierten die Empfehlung des *Herbert Committee*, Anlagen im Ausland zu kaufen, da dies ihrer Ansicht nach die internationale Wettbewerbsfähigkeit britischer Firmen schädigte.[51] Trotzdem folgte Aubrey Jones, *Minister of Fuel and Power*, den Empfehlungen des Komitees und legte im November 1956 eine darauf basierende *Electricity Supply Bill* vor. Mit ihrer Annahme wurde die Leitung der britischen Elektrizitätswirtschaft am 1. Januar 1958 dem *Central Electricity Generating Board (CEGB)* übertragen, dessen Vorsitzender Christopher Hinton wurde, einem ehemaligen Manager der AEA. Sein Stellvertreter wurde Ronald Edwards, Professor an der *London School of Economics* und Mitglied des *Herbert Committee*.[52]

Bereits vor Veröffentlichung des *Herbert Report* waren die in der britischen Wirtschaft weit verbreiteten Kartelle wiederholt kritisiert worden – zeitgenössischen Schätzungen zufolge unterlagen zwischen 50 und 60 Prozent der gewerblichen Fertigwaren sogenannten *Restrictive Agreements*. So waren auf Basis des 1948 verabschiedeten *Monopolies and Restrictive Practices (Inquiry and Control) Act* mehrere *Monopolies (Inquiry) Commissions* gebildet worden, die ausgewählte Branchen auf wettbewerbsbeschränkende Aktivitäten hin überprüften.[53]

---

[50] Ebd., S. 1013. Eine gleichlautende Aussage findet sich in: MRC, MSS.287/1 BEAMA, Proceedings of the Annual General Meetings 1951-59: „41st Annual General Meeting, 1951-52", S. 3.

[51] PRO, POWE 14:, 927: „Report of a Meeting of the Secretary of the Ministry of Fuel and Power Electricity Division and Colonel Leeson and Mr Buist of the BEAMA, 03.04.1956"; 1109: „Letter by D. R. Love, AEI, to A. G. White, Board of Trade, Commercial Relations and Exports Department, 21.03.1960"; MRC, MSS 287,4 BEAMA, Memoranda Evidence to Official Enquiries, 1916-64: „BEAMA, Memorandum an den Minister of Fuel and Power zum ‚Report of the Committee of Enquiry into the Electricity Supply Industry', Confidential, January 1956, B. H. Leeson", S. 6; British Electrical Manufacturers. Continued Expansion Reported, in: ER 158 (1956), S. 635; English Electric Ltd. [AR], in: Economist 179 (1956), S. 92; MINISTRY OF FUEL AND POWER, Committee of Inquiry into the Electricity Supply Industry, S. 114f.

[52] New Balance of Power in: Economist 181 (1956), S. 806; Fetters for Public Enterprise?, ebd., 182 (1957), S. 545; Reorganising Electricity. Politics and Power ebd., 183 (1957), S. 64; Electricity Jobs reshuffled. Joker in the Pack?, ebd., 184 (1957), S. 484f; Electricity. Cheaper Power – and Self-financing, ebd., 189 (1958), S. 5; HANNAH, Engineers, S. 166, 183f, 187f, 229.

[53] MORGAN, Monopolies, S. 58; GRIBBIN, Post-War Revival, S. 18f; MERCER, Evolution, S. 19; WALSHE, Industrial Organization, S. 361. Details zu den Absprachen bei Lampen und Kabeln und den staatlichen Maßnahmen hierauf geben folgende Artikel:

Den Elektrounternehmen, die aus ihren weitreichenden Möglichkeiten zu Absprachen großen Nutzen zogen, kamen diese Untersuchungen natürlich ungelegen. Am 12. Juni 1952 beriet das BEAMA *Council*, wie man hierauf reagieren sollte. Den betreffenden *Minutes* zufolge sagte G. L. Wates, Vorsitzender des BEAMA *Council*:

> If the Commission [Monoplies (Inquiry) Commission] showed, when they got to the end, that a few things we did were not in the public interest we must study that and make up our minds if we did not agree. If we did not agree we could then see that there was a debate on the floor of the House of Parliament where all our arguments could be put up. We were not ashamed of anything we had done – we were proud of what we had done. If we started the Inquiry with that attitude we should win through.[54]

Neben diesen allgemeinen Einschätzungen wurde auch das konkrete Vorgehen gegenüber der parlamentarischen Untersuchungskommission festgelegt, das es Wert ist, in voller Länge wiedergegeben zu werden:

> Finally he [G. L. Wates] said that it was of the utmost importance that in the preparation of every case and document there should be a complete co-ordination of the points of view. In so far as points of view might conflict, the arguments should be co-ordinated and should pass finally through a single ‚brain‘ before they were presented to the Commission; therefore, there must be that co-ordination between the *BEAMA* and the Groups and he felt personally that the Director must be the ‚brain‘ through which these views should be canalized. The Council received the *Chairman's* remarks with approbation and Mr Belliss asked that they be regarded for the guidance of those who would be directly concerned now and later with the Inquiry. He particularly stressed the need for a co-ordinating ‚brain‘ and said the *Chairman's* advice would be useful for the guidance of the Groups.[55]

Lampen: Light on the Lamp „Ring", in: Economist 154 (1948), S. 730-3; Electric Lamp Agreement, ebd., 158 (1950), S. 99f; Light on Lamps, ebd., 161 (1951) S. 1282ff; Decision on Lamps, ebd., 163 (1952), S. 535; Electric Lamps. Cutting the Cost, ebd., 192 (1959), S. 563f; Electric Lamps. Light Bulbs are Cheaper, ebd., 192 (1959), S. 956; The Cost of Light, ebd., 195 (1960), S. 562; Bulb Manufacturers. Light Relief, ebd., 206 (1963), S. 528f; Meldung ohne Titel, ebd., S. 633; Philips Lamps. Accént on Efficiency, ebd., S. 1288; Monopoly. Back in the Dock, 218 (1966), S. 49f; Lamps. Still misbehaving, ebd., 229 (1968), S. 69; Light bulbs. Magic lamp, ebd., 230 (1969), S. 64. Kabel: First Monopoly Inquiries, in: Economist 156 (1949), S. 477; A Cable Maker's Reply, ebd., 171 (1954), S. 1000; Implementing Monopoly Reports, ebd., 171 (1954), S. 734f; Cables. An Olive Branch?, ebd., 193 (1959), S. 891; Cables. Competition Bites Deep in: Economist 193 (1959), S. 660; Cable Industry Inquiry. Monopolies Commission's Recommendations, in: ER 151 (1951), S. 19; Cables. Return to the Jungle, in: Economist, 203 (1962), S. 582; Elusive Profit from Power, ebd., 212 (1964), S. 1170; Electric cable. Current cutback, ebd., 221 (1966), S. 1344f; Cables. No pyrotechnics, ebd., 223 (1967), S. 1145.

54 BEAMA Archive, BEAMA Council Meetings, Minutes, 1952-54: „Meeting BEAMA Council, 12.06.1952", S. 5. Gleichlautend: MRC, MSS.287/1 BEAMA, Proceedings of the Annual General Meetings 1951-59: „41st Annual General Meeting, 1951-52", S. 4.

55 BEAMA Archive, BEAMA Council Meetings, Minutes, 1952-54: „Meeting BEAMA Council, 12.06.1952", S. 5f. Eine ähnliches Vorgehen wurde festgelegt in: MRC, MSS.287,4 BEAMA, Mo-

Trotz dieser Verschleierungsversuche der BEAMA und ihrer Mitgliedsfirmen kam die *Monopolies (Inquiry) Commission* zum Ergebnis, daß die meisten Preisabsprachen der gewerblichen Wirtschaft künstlich überhöhte Preise zur Folge hatten, woraus der Allgemeinheit großer Schaden entstand. 1956 wurde deshalb der *Restrictive Trade Practices Act* verabschiedet, mit dem Preisabsprachen illegal wurden, wogegen Elektroindustrie und BEAMA heftig protestierten.[56]

Angesichts den in der Elektroindustrie weit verbreiteten Kartellen verwundert es nicht, daß unter den ersten sechs Industriesektoren, die von der *Monopolies and Restrictive Trade Practices Commission* untersucht wurden, mit Lampen und Kabeln alleine zwei zu dieser Branche gehörten. 1957 veröffentlichte die *Commission* dann ihren „Report on the Supply and Exports of Electrical and Allied Machinery and Plant", der sich mit den Marktverhältnissen bei Kraftwerksanlagen beschäftigte. Am Ende des Berichts hieß es: „Agreements which provide for common minimum prices, or which lead in practice to price arrangements between some or all of the signatories, are clearly restrictive of competition."[57]

Die *Commission* kritisierte, daß durch die gemeinsame Festlegung der Verkaufspreise ineffiziente Elektrofirmen am Markt verbleiben konnten. Dadurch beraubten sich die produktiveren Unternehmen zwar selbst ihres Wettbewerbsvorteils, konnten aber aufgrund des überhöhten Preisniveaus größere Gewinnspannen erzielen. Die *Commission* empfahl, Preisabsprachen zu verbieten, da sie den Interessen der Allgemeinheit entgegenliefen. Statt dessen sollte die Elektrizitätswirtschaft ihre Aufträge grundsätzlich zum Wettbewerb ausschreiben.[58] Im Rahmen ihrer Untersuchungen hatte sich die *Commission* bei der Elektrizitätswirtschaft nach den Auswirkungen der Preisabsprachen auf die

---

nopolies and restrictive trade practices, The R.T.S. Act (=Restrictive Trade Practices Act, JR): „BEAMA policy and responsibility. Staff Paper designed primarily to provide the background for the (BEAMA's, JR) Council's discussion of this matter. Strictly Confidential, 1960", S. 5.

[56] MRC, MSS.287,4 BEAMA, Fair Trading in Electrical Goods: „The Electrical Manufacturing Industry and the National Economy. Statement by the Council of the BEAMA to the Board of Trade, 1962", S. 8; MORGAN, Monopolies, S. 58; SHARPE, British Competition Policy, S. 83; GRIBBIN, Post-War Revival, S. 18; FERRANTI, Monopoly Buyers, S. 1001; CHANDOS, Rising Costs, S. 1000.

[57] MONOPOLIES AND RESTRICTIVE TRADE PRACTICES COMMISSION, Report on the Supply and Export of Electrical and Allied Machinery and Plant, S. 180. S.a. Power and Level Tendering, in: Economist 182 (1957), S. 745; WALSHE, Industrial Organization, S. 363; PHILLIPS, Econometric Study, S. 191; CAVES, Market Organisation, S. 293; MONOPOLIES AND RESTRICTIVE PRACTICES COMMISSION, Report on the Supply of Electric Lamps; DIESS., Report on the Supply of Insulated Wires and Cables Price; ELLIOTT UND GRIBBIN, Abolition of Cartels, S. 345-65.

[58] Power and Level Tendering, in: Economist 182 (1957), S. 745. S.a. JONES UND MARRIOTT, Anatomy of a Merger S. 173; CAVES, Market Organisation, S. 293; BROADBERRY UND CRAFTS, Explaining Anglo-American Productivity Differences, S. 398.

technische Weiterentwicklung der Anlagen erkundigt und stellte hierzu fest: „Price arrangements have in their opinion reduced the incentive to manufacturers to strive for the maximum progress in plant performance where the market has been saturated."[59]

Eine identische Haltung nahm Christopher Hinton, Direktor des CEGB, bei seiner Befragung durch das *Select Committee on Nationalised Industries* ein, als er feststellte: „We believe that in order to secure efficiency and technological progress, competition is essential."[60] Die Vorschläge der *Monopolies and Restrictive Trade Practices Commission* wurden von der Elektroindustrie wiederum abgelehnt.[61] Sie verteidigte auch weiterhin ihre Preisabsprachen und bezeichnete sie als „the essential foundation of stability upon which such a virile and technically progressive industry has been built up for the country."[62] 1959 warnte die BEAMA: „The abandonment of a restrictive trading agreement would cause serious and persistent local unemployment" und ergänzte:

> Either the Restrictive Trade Practices Act in its present form is too rigid and needs alteration, or the Government should give industry some assurance that, where hardship will arise as a result of abrogating restrictive agreements, steps will be considered to soften the long term effects of the judgement, particularly in the case of capital goods industries. No heavy electrical engineering industry in the world is ever over-enthusiastic about the prospect of unlimited competition, particularly in its home market.[63]

Seit ungefähr 1953 hatte sich die Verhandlungsposition der Elektrizitätswirtschaft gegenüber der Elektroindustrie verbessert, da der Nachfrageüberhang sukzessive verschwunden war. Trotzdem stießen zaghafte Versuche der BEA, mehr Wettbewerb zwischen den Herstellern zu erzwingen, auf den Widerstand ihres Vorsitzenden Walter Citrine, der dies grundsätzlich ablehnte. In seiner Autobiographie schrieb er:

> I said that I was rather sensitive to the fact that in the electricity supply industry where we had to place contracts running into hundreds of thousands of pounds,

---

[59] MONOPOLIES AND RESTRICTIVE TRADE PRACTICES COMMISSION, Report on the Supply and Export of Electrical and Allied Machinery and Plant, S. 225.

[60] SELECT COMMITTEE ON NATIONALISED INDUSTRIES, The Electricity Supply Industry, S. 134. S.a. HARLOW, Innovation and Productivity, S. 56.

[61] MRC, MSS.287,4 BEAMA, Monopolies and restrictive trade practices: „,The history, development and operation of price groups'. BEAMA Report written in response to a request by the Ministry of Supply, August 1946", S. 7; B.E.A.M.A. in 1957-58. Annual Report of the Council, in: ER 162 (1958), S. 601; B.E.A.M.A. in 1958-59. Annual Report of the Council, ebd., 164 (1959), S. 555.

[62] Power and Level Tendering, in: Economist 182 (1957), S. 745; English Electric Ltd. [AR], ebd., S. 1028.

[63] How Much Competition?, ebd., 190 (1959), S. 1199. S.a. Leadership in the Industry, in: ER 164 (1959), S. 537f.

the estimating was so accurate on occasions that from each firm we received a tender which was identical with the others. I said I did not think that this was necessarily wrong. The trade unionist combined with his fellows to preserve his wages and standard of life. It seemed to me to be justifiable that amongst firms consultation should take place to avoid the standards on which they sold their commodities from being debased. I did not believe that trade unions could maintain the standard of life of their members if competition was carried to the point where prices were driven down below an economically justifiable level.[64]

Der *Electricity Supply Act* von 1956 hatte das neu gegründete CEGB ermächtigt, Kraftwerksanlagen im Ausland zu kaufen. Nach Aussage von dessen Direktor Christopher Hinton wurde dies aber auch weiterhin nicht getan, sondern die bis dahin praktizierte Einkaufspolitik unverändert fortgesetzt.[65]

Während die Elektroindustrie alle Anläufe zur Unterbindung von Preisabsprachen zu verhindern suchte, hatte der Schwenk zur Atomkraft mit den damit verbundenen hohen Entwicklungs- und Baukosten eine starke Belastung der unternehmerischen Finanzen zur Folge. Gleichzeitig war das Programm zum Bau konventioneller Kraftwerke angesichts der umfangreichen nuklearen Pläne zwischen 1958 und 1960 erheblich reduziert worden, wodurch sich die zu diesem Zeitpunkt ohnehin bestehende Unterauslastung der Fertigungskapazitäten weiter verschärfte. Der *Economist* bezeichnete die Reduzierung des Baus konventioneller Kraftwerke deshalb als „a further blow to any hopes that the electrical equipment industry was over the worst of the slump".[66]

Besonders problematisch erwies sich für die Hersteller der Trend zu immer größeren Turbogeneratoren, da dadurch die Anzahl der bei den Herstellern eingehenden Aufträge fiel, während jeder einzelne gleichzeitig ein größeres Volumen hatte. Dies erschwerte eine gleichmäßige Auslastung der Fertigungsanlagen und erhöhte den Kapitalbedarf. Verschärfend wirkte die Einkaufspolitik des CEGB, das von jedem Turbogeneratortyp nur wenige Exemplare bestellte, um Erfahrungen mit möglichst vielen unterschiedlichen Aggregaten sammeln zu können. Dabei wurde die jeweils neue Geräteklasse bereits geordert, bevor die vorherige im Betrieb getestet worden war. Mit dem raschen Anstieg der Größe von Turbogeneratoren und der enormen Erhöhung von Dampftempe-

---

[64] Citrine, Two Careers, S. 351.
[65] Select Committee on Nationalised Industries, Electricity Supply Industry, S. 135; S.a. Competition à la Citrine, in: Economist 180 (1956), S. 1085; Fetters for Public Enterprise?, ebd., 182 (1957), S. 545; Proceedings at Bournemouth [British Electrical Power Convention, Bournemouth, May 1960], in: ER 166 (1960), S. 1049.
[66] English Electric Ltd. [AR], in: Economist 201 (1961), S. 844; General Electric Company [AR], ebd., 184 (1957), S. 892; 186 (1958), S. 521; Massey, Capital and Locational Change, S. 42; Lindley, Development and Organisation, S. 345; Jones und Marriott, Anatomy of a Merger S. 200; Hannah, Engineers, S. 117, 181, 229, 257ff.

ratur und -druck stellten sich dann aber technische Probleme von einer bis dahin nicht gekannten Komplexität. Hinzu kam, daß die enormen Forschungs- und Entwicklungsanstrengungen für Atomkraftwerke nicht zur Lösung konstruktionstechnischer Probleme bei konventionellen Anlagen beitragen konnten, da Dampftemperatur und -druck in Kernkraftwerken vergleichsweise niedrig waren.[67]

Die immer größer werdenden Turbogeneratoren, die vorangegangene Ausweitung der Fertigungskapazitäten und die sich insgesamt abschwächende Nachfrage hatte von 1956 an wachsende Überkapazitäten und einen raschen Verfall der Gewinnspannen zur Folge.[68] Das beste Beispiel hierfür waren die bereits genannten neuen Fabriken von AEI, die Turbinenfabrik in Nordirland und die für Transformatoren in Whytenshawe, wo die Fertigung zu dem Zeitpunkt aufgenommen wurde, als die Nachfrage gerade zu fallen begann. So beliefen sich alleine die Verluste der nordirischen Turbinenfabrik auf jährlich £400.000.[69]

Bei GEC sank der Umsatz 1956 um 13 Prozent, was besonders auf die Abnahme der Konsumgüterverkäufe zurückzuführen war, der aus den staatlichen Maßnahmen zur Einschränkung des Konsums resultierte (siehe Kapitel 8b). Dies bestärkte GEC darin, sich vermehrt auf Investitionsgüter zu konzentrieren, deren Anteil am Gesamtumsatz des Unternehmens in den davorliegenden zwei Dekaden kontinuierlich angestiegen war, worauf Vorstandsvorsitzender Harry Railing mit großer Zufriedenheit verwies.[70]

In einer ähnlichen Situation war AEI, wo man ebenfalls das rückläufige Konsumgütergeschäft als Ursache für die sinkenden Gewinne ansah. Bei Kraftwerksanlagen war Vorstandsvorsitzender Lord Chandos zufolge dagegen ein baldiger Aufschwung zu erwarten, weshalb er 1956 gegenüber den Aktionären einen weiteren Ausbau der betreffenden Fertigungskapazitäten ankündigte. Zwischen 1957 und 1959 nahm AEI abermals eine grundlegende Umorganisation des Unternehmens vor, bei der die erst kurz davor eingeführte Gliederung

---

[67] Walking the Electric Tightrope, in: Economist 233 (1969), S. 67; Poor Management a Cause of Commissioning Delays, in: ER 178 (1966), S. 283; HANNAH, Engineers, S. 113f, 248f, 259. S.a. titellose Meldung in: Economist 233 (1969), S. 4.

[68] MRC, MSS.287/1 BEAMA, Proceedings of the Annual General Meetings 1951-59: „48th Annual General Meeting, 1958-59", S. 8; STEWARD, B.E.A.M.A. and the Future, S. 652; LINDLEY, Surplus Capacity, S. 1001; FERRANTI, Monopoly Buyers, S. 1000; JONES UND MARRIOTT, Anatomy of a Merger, S. 200.

[69] Associated Electrical Industries [AR], in: Economist 187 (1958), S. 165; LATHAM, Take-Over, S. 21; JONES UND MARRIOTT, Anatomy of a Merger, S. 237.

[70] General Electric Company [AR], in: Economist 180 (1956), S. 348, 435; 181 (1956), S. 94; 184 (1957), S. 336; £ 14 _ Mio. for General Electric, ebd., 180 (1956), S. 1074; General Electric Company [AR], ebd., 176 (1955), S. 420; LINDLEY, Development and Organisation, S. 344; JONES UND MARRIOTT, Anatomy of a Merger S. 199f.

in fünf *Operating Groups* durch vierzehn *Product Groups* abgelöst wurde. Diese waren wiederum in vier *Divisions* gegliedert: AEI Turbine-Generator Division oder AEI (Rugby), vormals Metropolitan-Vickers, AEI Heavy Plant Division oder AEI (Manchester), früher British Thomson-Houston; AEI (Woolwich), ehemals Siemens Bros., zuständig für Kabel und Telekommunikation, und die Haushaltsgeräteabteilung AEI-Hotpoint.[71]

AEI erklärte, daß mit dieser Neuorganisation eine Anpassung an das durch den *Restrictive Trade Practices Act* bedingte Verbot der Absprache von Preisen und Aufträgen beabsichtigt war. Eine größere Firmenzahl brachte nunmehr bei der Auftragszuteilung keine Vorteile mehr, weshalb die Struktur von AEI verändert und die Überschneidungen im Warenangebot abgebaut werden sollten. Trotzdem wurden die im Konzern vertretenen Markennamen, wie British Thomson-Houston und Metropolitan-Vickers, sowie deren Produkte noch für einige Zeit beibehalten, da die Kunden mit diesen vertraut waren. Dies verhinderte eine schnelle Bereinigung des Fertigungsspektrums und damit eine Reduzierung der Kosten, so daß die in der Reorganisation liegenden Chancen nicht vollständig genutzt wurden.[72]

Trotz dieser Maßnahmen stieg bei AEI, aber auch bei den anderen Herstellern von Starkstromanlagen, der Druck auf die Gewinnspannen weiter an. Dies wurde besonders auf die steigenden Kosten für Rohstoffe und Löhne zurückgeführt. So war etwa bei GEC der Umsatz im Laufe des Jahres 1958 um 6,1 Prozent gestiegen, die *Net Profits* aber um 33 Prozent gefallen, weshalb die Dividende von 12,5 auf zehn Prozent gesenkt wurde. Wie sein Vorgänger betonte auch der neue Vorstandsvorsitzende von GEC, Leslie Gamage, gegenüber den Aktionären seine Entschlossenheit, die Aktivitäten im Starkstromsektor weiter zu verstärken. Im Geschäftsbericht 1957/58 berichtete er, daß die betreffenden Fertigungsanlagen stark erweitert worden waren.[73] Leslie Gamage: „The long-term prospect in the manufacture of capital equipment is encouraging, particularly when money becomes more freely available in the overseas as well as in the home market."[74]

---

71 AEI Asks for More, in: Economist 178 (1956), S. 474; Self-Generation for AEI, ebd., 179 (1956), S. 66; AEI Profits Fall, ebd., 180 (1956), S. 991; Associated Electrical Industries [AR], ebd., 182 (1957), S. 944; Associated Electrical Industries [AR], ebd., 183 (1957), S. 76, 89, 848; 186 (1957), S. 881; 187 (1958), S. 165; 191 (1959), 1038f.

72 Associated Electrical Industries [AR], ebd., 187 (1958), S. 165; 193 (1959), S. 888. S.a. WALSHE, Industrial Organization, S. 349-54.

73 GEC-Marconi Archive, Hugo Hirst Papers, F 22: „Leslie Gamage"; General Electric Company [AR], in: Economist 188 (1958), S. 323; General Electric Company [AR], ebd., S. 321f, 889; LINDLEY, Development and Organisation, S. 348. S.a. Associated Electrical Industries [AR], ebd., 188 (1959), S. 627; 190 (1959), S. 1222; Vol. 191 (1959), S. 371; 195 (1960), S. 472; B.E.A.M.A. Annual Meeting [1958], in: ER 162 (1958), S. 658; NYSTRÖM, Company, S. 19.

74 General Electric Company [AR], in: Economist 188 (1958), S. 889.

Obgleich der GEC-Umsatz 1959 eine neue Rekordhöhe erreicht hatte, waren die *Pre-Tax Profits* wie bereits in den Vorjahren weiter gefallen. Hatten sie sich 1954/55 noch auf 9,5 Prozent belaufen, so waren sie 1958/59 mit 3,1 Prozent an einem neuen Tiefpunkt angelangt. Auch English Electric verzeichnete am Ende der 1950er Jahre eine starke Zunahme des Umsatzes und eine gleichzeitige Reduzierung der Erträge. 1955 hatte die Gewinnspanne, ausgedrückt als Anteil der *Pre-Tax Profits* am Umsatz, noch bei 4,9 Prozent gelegen, war aber 1958 auf 4,3 und 1959 auf 3,8 Prozent gefallen. Eine vergleichbare Entwicklung nahm auch AEI, wo man über rückläufige Barmittel und einen raschen Anstieg der Bankschulden klagte.[75]

Die großen britischen Elektrofirmen, die noch am Beginn der 1950er Jahre eine so prosperierende Entwicklung verzeichnet hatten, befanden sich damit am Ende der Dekade allesamt in einer komplizierten Situation. Wie und auf welche Weise sich hier eine grundlegende Verbesserung ergab, war schwer vorauszusehen. Die Hoffnungen ruhten auf einem baldigen Wiederanstieg des Bestellvolumens der heimischen Elektrizitätswirtschaft, in dessen Gefolge man erwartete, Kapazitätsauslastung und Gewinnspannen abermals steigern zu können.

C. Die 1960er Jahre: *National Plan*, Wachstumserwartungen und Restrukturierung

Die seit Mitte der 1950er Jahre angewachsenen Überkapazitäten in der elektrotechnischen Fertigung hatten sich durch die vom CEGB vorgenommene Kürzung des Bestellvolumens in den Jahren 1958 bis 1960 verschärft. Die Situation spitzte sich 1960 zu, als die Regierung eine Verringerung des Atomprogramms bekanntgab, nachdem sich herausgestellt hatte, daß die britische Kohlenerzeugung die Mitte der 1950er Jahre vorgenommenen Schätzungen nun doch übertraf. Die enormen finanziellen Belastungen, unter denen die Hersteller seit den späten 1950er Jahren litten, zusammen mit der Reduzierung des Atomprogramms zwangen zwei der fünf im Bau von Atomkraftwerken tätigen Konsortien zur Aufgabe. Aber auch mit den drei verbliebenen, die bis Ende der 1960er Jahre elf Kernkraftwerke bauten, war dieser Sektor noch weit übersetzt, agierten doch im erheblich größeren US-Markt lediglich zwei Unternehmen.[76]

---

[75] General Electric Company [AR], ebd., 190 (1959), S. 729, 826; 192 (1959), S. 243, 371; 195 (1960), S. 570; 196 (1960), S. 506; English Electric Ltd. [AR], ebd., 186 (1958), S. 702; 190 (1959), S. 286, 826; 195 (1960), S. 841, 848; The First of the Few, ebd., 190 (1959), S. 60f; Associated Electrical Industries [AR], ebd., 199 (1961), S. 80.

[76] Sound Business, in: ER 165 (1959), S. 366; English Electric Ltd. [AR], in: Economist 222 (1967), S. 864; Associated Electrical Industries [AR], ebd., 207 (1963), S. 89; AEI. The Dark is Light

In den frühen 1960er Jahren wurde der Gasgekühlte Reaktor zum *Advanced Gas-cooled Reactor* weiterentwickelt, während sich auf internationaler Ebene Leichtwasserreaktoren praktisch vollständig durchgesetzt hatten. Spätestens damit wurde offenkundig, daß den britischen Kraftwerksherstellern durch die aus politischen und militärischen Erwägungen getroffene Entscheidung für Gasgekühlte Reaktoren nicht nur enorme Entwicklungskosten entstanden waren, sondern daß sie sich gleichzeitig von der internationalen Entwicklung isoliert hatten, wodurch die Exportchancen fielen.[77] Eine Bestätigung hierfür fand sich im 1969 veröffentlichten Bericht des *Select Committee on Science and Technology*, der die geringe Auslandsnachfrage nach britischen Atomkraftwerken beklagte. Als Ursache hierfür wurde die Wahl des Reaktortyps genannt: „British manufacturers have been steadily getting more expert in a branch of nuclear technology which has so far not proved attractive to potential buyers overseas."[78]

In den späten 1950er und frühen 1960er Jahren stieg die Stromnachfrage stärker als ursprünglich erwartet, konnte aber problemlos durch eine erhöhte Auslastung der vorhandenen Anlagen gedeckt werden. Die Zunahme ging in erster Linie auf den erhöhten Bedarf privater Haushalte zurück, deren Durchschnittsverbrauch sich zwischen 1957 und 1962 fast verdoppelt hatte, Ergebnis des hohen Konsumgüterverkaufs der Jahre 1958 bis 1960 (siehe Kapitel 8b). Innerhalb dieser Warengruppe waren elektrische Raumheizungen die größten Stromverbraucher, deren schnelle Verbreitung und Nutzung durch niedrige Strompreise auch weiterhin begünstigt wurde.[79]

Noch 1960 war das CEGB davon ausgegangen, daß bis zum Jahr 1966 Erzeugungskapazitäten von insgesamt 2.805 MW neu in Dienst gestellt werden müßten, doch wegen des gewachsenen Stromverbrauchs wurde dieses Ziel 1961 auf 4.500 MW erhöht. Im kalten Winter 1962/63 überstieg schließlich der Bedarf die vorhandenen Kapazitäten, so daß Stromkürzungen vorgenommen werden mußten, die die Elektrizitätswirtschaft in das Kreuzfeuer der öffentlichen Kritik geraten ließen.[80] Zur schnellstmöglichen Steigerung der Erzeugung

---

Enough, ebd., S. 73; LINDLEY, Development and Organisation, S. 345; SELECT COMMITTEE ON SCIENCE AND TECHNOLOGY, United Kingdom Nuclear Power Industry, S. vi.

[77] SURREY UND WALKER, Electrical Power Plant, S. 143; SELECT COMMITTEE ON NATIONALISED INDUSTRIES, Electricity Supply Industry, S. 124ff. S.a. MINISTRY OF POWER, Fuel Policy [1967], S. 23.

[78] SELECT COMMITTEE ON SCIENCE AND TECHNOLOGY, United Kingdom Nuclear Power Industry, S. viii.

[79] The Bournemouth Convention [Debate on Papers at the British Electrical Power Convention, Bournemouth, May 1960], in: ER 166 (1960), S. 1115; Those nationalised Prices, in: Economist 236 (1970), S. 55; SELECT COMMITTEE ON NATIONALISED INDUSTRIES, Electricity Supply Industry, S. 34-7; HANNAH, Engineers, S. 109, 210-5.

[80] Big Growth in Demand calls for greater Investment, in: Economist 204 (1962), S. 1147; Electricity. Capital for Power, ebd., 206 (1963), S. 521; Working for Power, ebd., S. 723; Engineering is not

entschied sich das CEGB für den Bau großer Kraftwerke mit einer Kapazität von jeweils 2.000 MW unter Verwendung von 500 MW-Turbogeneratoren. Sie wurden an Orten errichtet, wo die Baugenehmigung bereits vorlag, um die langen Planungs- und Bauzeiten zu verkürzen.[81]

Problematisch war allerdings, daß mit den zum neuen Standard erhobenen 500 MW-Turbogeneratoren im praktischen Betrieb noch keine Erfahrungen vorlagen. Während derartige Aggregate im Laufe der frühen 1960er Jahre gebaut wurden, traten bei der Inbetriebnahme der vorherigen Generation von 200 MW-Sets gravierende technische Probleme auf, die einen kompletten Austausch der Turbinenblätter notwendig machten. Dies gab Anlaß zur Befürchtung, daß es bei den noch größeren 500 MW-Turbogeneratoren zu ähnlichen oder noch gravierenderen Schwierigkeiten kommen könnte. Da aber die Zeit drängte und die neuen Anlagen so bald als möglich in Dienst gestellt werden sollten, wurde das Bauprogramm unverändert fortgesetzt.[82]

Die Überkapazitäten in der Fertigung konventioneller Kraftwerke und die hohen Aufwendungen für Entwicklung und Bau von Atomkraftwerken verschärften in den frühen 1960er Jahren die finanzielle Situation der Elektrokonzerne. So fielen bei GEC die *Pre-Tax Profits* allein im Jahr 1961 um ein Drittel. Die Dividende wurde aber bei zehn Prozent belassen, um die Attraktivität des Unternehmens für Investoren nicht zu gefährden, obwohl die Ausschüttung nicht durch die laufenden Einnahmen gedeckt war. Um rasch Geld zu bekommen, übertrug GEC fast alle der an Pirelli-General Cable gehaltenen Aktien an Pirelli, während gleichzeitig die Londoner GEC-Zentrale Magnet House verkauft wurde.[83]

Obgleich sich die Situation von GEC 1962 leicht verbesserte, blieb sie nach wie vor schwierig. Es gelang zwar, die *Pre-Tax Profits* von £ 3,25 auf £ 4,11 Millionen zu erhöhen, aber gleichzeitig waren die kurzfristigen Bankkredite von £ 13,25 auf £ 16,6 Millionen gestiegen. Ein wesentlicher Teil des Gewinnzuwach-

---

enough, ebd., 208 (1963), S. 53; A Whiff of Competition, ebd., 213 (1964), S. 164; New Promotional Campaign for Electricity Needed, in: ER 174 (1964), S. 124; EDEN UND NIGEL, Electricity Supply, S. 12; SELECT COMMITTEE ON NATIONALISED INDUSTRIES, Second Report, S. 21.

[81] 500 MW Sets for West Burton, in: ER 168 (1961), S. 374; Poor Management a Cause of Commissioning Delays, ebd., 178 (1966), S. 283; MINISTRY OF POWER, Fuel Policy [1967], S. 14; HANNAH, Engineers, S. 249f; NEDC, Large Industrial Sites, S. 13. Ein identisches Ergebnis findet sich in: MINISTRY OF POWER, Report of the Committee of Enquiry into Delays in Commissioning C.E.G.B. Power Stations, S. 16.

[82] Electrical Manufacture and the National Economy [BEAMA Report 1963/64], in: ER 174 (1964), S. 400; SCHÄFF, Betrachtungen, S. 419; SELECT COMMITTEE ON NATIONALISED INDUSTRIES, Second Report, S. 23.

[83] General Electric Company [AR], in: Economist 192 (1959), S. 243; 198 (1961), S. 506, 1248; 200 (1961), S. 488, 501; 202 (1962), S. 567, 1106; 204 (1962), S. 476; General Electric. Brighter Light, ebd., 208 (1963), S. 290; English Electric Ltd. [AR], ebd., 198 (1961), S. 898.

ses wurde so durch Zinszahlungen wieder zunichte gemacht, deren Umfang sich im Laufe des Jahres 1962 auf £ 1,1 Millionen verdoppelt hatte. Das Management von GEC war der Ansicht, daß die größten Schwierigkeiten im Starkstromsektor lagen, der für den Anstieg der Verschuldung und damit für die gravierenden finanziellen Probleme des Unternehmens verantwortlich war. Trotzdem brachte man im Geschäftsbericht von 1962 die Hoffnung zum Ausdruck, daß die nicht-ausgelasteten Fertigungskapazitäten bei Starkstromgütern angesichts der Erweiterungspläne der Elektrizitätswirtschaft innerhalb von fünf Jahren wieder voll in Anspruch genommen sein würden.[84]

Problematisch gestaltete sich auch die Situation von English Electric, wo die Gewinne im Laufe des Jahres 1961 aufgrund der geringen Nachfrage bei Kraftwerksanlagen erheblich gesunken waren. Gleichzeitig hatten auch einige Töchter gravierende finanzielle Schwierigkeiten. English Electric übertrug deshalb das Flugzeugtriebwerksgeschäft der Tochterfirma D. Napier & Son, die 1961 Verluste in Höhe von £ 2,7 Millionen gemacht hatte, einer zusammen mit Rolls-Royce gegründeten Gesellschaft, Napier Aero Engines, deren Leitung bei Rolls-Royce lag.[85] Hiervon abgesehen zeigte sich English Electric bezüglich der künftigen Entwicklung optimistisch, und im Geschäftsbericht für das Jahr 1961 wurde festgestellt: „The growth in the demand for electric power in recent years has been steadily and substantial, and all the indications are that this will continue entitling us to expect the demand for our products to rise."[86]

Gleichwohl senkte English Electric 1961 die Dividende von zehn auf acht Prozent, während AEI sie im selben Jahr von 15 auf zehn Prozent reduzierte. Bei AEI war zwar der Umsatz zwischen 1960 und 1961 von £ 165 auf £ 194 Millionen gestiegen, die *Pre-Tax Profits* aber von £ 6,66 Millionen auf £ 4,62 Millionen gefallen. Dem Unternehmen zufolge lag dies neben den rückläufigen Gewinnspannen im Starkstromsektor an den Summen, die bei der Vorfinanzierung des Auftragsvolumens gebunden waren, wofür hohe Zinsen anfielen. AEI verwies darauf, daß die Abnahme der noch nicht versteuerten Gewinne ungefähr zur Hälfte auf die gewachsenen Zinszahlungen zurückzuführen war, nachdem die kurzfristigen Bankschulden von £ 13 auf £ 23 Millionen zugenommen hatten.[87]

AEI und English Electric verzeichneten 1962 und 1963 eine leichte Verbesserung, wenngleich das Kraftwerksgeschäft beiden Firmen nach wie vor große

---

[84] General Electric Company [AR], ebd., 204 (1962), S. 396, 483, 1057.
[85] English Electric Ltd. [AR], ebd., 202 (1962), S. 734, 943; English Electric Past the Worst?, ebd., S. 948. S.a. Small Generators. Spun Off, ebd., 225 (1967), S. 207; Dangers of Diversification, in: ER 179 (1966), S. 635.
[86] English Electric Ltd. [AR], in: Economist 202 (1962), S. 943.
[87] Associated Electrical Industries [AR], ebd., 191 (1961), S. 80, 387, 497; 200 (1961), S. 1302; 202 (1962), S. 1042; Associated Electrical. Dividend Down, ebd., 203 (1962), S. 87, 94; LATHAM, Take-Over S. 20.

Probleme bereitete. Dagegen zeigte die von GEC unternommene Reorganisation und ein weitreichendes Programm zur Kostensenkung 1963 erste Erfolge, womit der jahrelange Abwärtstrend gestoppt schien. Die *Pre-Tax Profits* stiegen zwischen 1962 und 1963 von £ 4,1 auf £ 6,1 Millionen, während sich die kurzfristigen Bankkredite von £ 11,4 auf £ 6,0 Millionen nahezu halbierten. Die Zinslast ging dadurch von £ 1,1 Millionen auf £ 587.000 zurück.[88]

Wie in der vorangegangenen Dekade setzten die Elektrofirmen auch in den 1960er Jahren ihre Preisabsprachen fort. Obgleich sich die Unternehmen formal an die Entscheidungen der *Restrictive Trade Practices and Monopolies Commission* von 1957 hielten, gelang es ihnen Kooperationsformen zu entwickeln, die nicht diesen Restriktionen unterlagen, so daß die formal aufgelösten Kartelle faktisch weiter bestehen blieben.[89] Dabei verständigten sich die Firmen auf das System der *Price Leadership*, bei dem der führende Hersteller die Preise festlegte und alle anderen davon „informierte", worauf sie ihre Verkaufspreise entsprechend anpaßten. Diese Praxis übernahmen auch die Hersteller von Transformatoren, nachdem der *Restrictive Practices Court* deren Absprachen im Jahr 1961 als „contrary to the public interest" verboten hatte.[90]

Die sich daraus ergebenden Folgen beschrieb Christopher Hinton, Direktor des CEGB, bei seiner Befragung durch das *Select Committee on Nationalised Industries*: „The transformer manufacturers have been looked at, and their ring was condemned, but in fact they then immediately dissolved the ring and established a basis of price leadership which ensured that the prices which we got were indistinguishable from, and as identical as, before the ring was dissolved."[91]

Nachdem das CEGB dies erkannt hatte, bestellte es zwei Transformatoren in Kanada zu Preisen weit unter denen britischer Anbieter. Letztere protestierten hiergegen und verwiesen darauf, daß verbindliche Preisabsprachen den gesetzlichen Bestimmungen entsprechend abgeschafft worden waren. Das System der *Price Leadership* konnte ihrer Ansicht nach dagegen nicht mit der vorher

---

[88] Associated Electrical Industries [AR], in: Economist 207 (1963), S. 89; AEI. The Dark is Light Enough, ebd., S. 73; English Electric. As You Were, ebd., 206 (1963), S. 838; English Electric. Putting Its House in Order, ebd., 206 (1963), S. 935, 938; 210 (1964), S. 932; English Electric. Time to Switch?, ebd., 210 (1964), S. 926; English Electric Ltd. [AR], ebd., S. 932; General Electric. Brighter Light, ebd., 208 (1963), S. 290; General Electric. Efficiency at GEC, ebd., S. 539; LINDLEY, A Key Industry, S. 937.

[89] Transforming Transformers, in: Economist 223 (1967), S. 820; RICHARDSON, Pricing of Heavy Electrical Equipment, S. 79; DERS., The Theory of Restricive Trade Practices, S. 432.

[90] Lightening the Load, in: Economist 211 (1964), S. 504; RICHARDSON, Pricing of Heavy Electrical Equipment, S. 73. S.a. BROCK, Control of Restrictive Practices, S. 35f. Die im PRO liegenden Case Files sind nicht vor dem Jahr 2001 zugänglich. Es handelt sich dabei um J 154/41 Associated Transformer Manufacturers, 1958.

[91] SELECT COMMITTEE ON NATIONALISED INDUSTRIES, Electricity Supply Industry, S. 134.

geübten Praxis verglichen werden, da niemand gezwungen war, sich an die Hinweise des Marktführers zu halten.[92] Verständnis für dieses Vorgehen fand die Industrie bei der Regierung. So hieß es in *Electrical Review* in einem Bericht über eine Parlamentsdebatte zu den als *Price Leadership* deklarierten Preisabsprachen in der Kabelindustrie: „Mr Heath said that following another firm's prices was not a restrictive agreement."[93]

G. C. Allen, der sich mit Fragen der Wettbewerbspolitik bereits während des Zweiten Weltkriegs befaßte hatte und Mitglied der *Monopolies Commission* war, stellte in Retrospektive fest, daß die Anstrengungen, den Einfluß der Kartelle zurückzudrängen, „only a modest effect on business behaviour" hatten. Als Hauptgrund hierfür sah er „that the government failed to carry out its [der Commission] recommendations expeditiously, in some cases not at all."[94] Exemplarisch war hierfür das *Select Committee on Nationalised Industries*, das 1963 die Elektrizitätswirtschaft untersuchte und sich gegen ein generelles Verbot von Preisabsprachen aussprach. Statt dessen wurde die Einsetzung eines unabhängigen Schlichters empfohlen, ein Vorschlag, dem dann aber weder CEGB noch *Ministry of Power* folgten.[95]

Mit dem Amtsantritt der *Labour*-Regierung unter Harold Wilson im Oktober 1964 schienen sich die wirtschaftspolitischen Rahmenbedingungen zu ändern. *Labour* hatte sich eine Beschleunigung des wirtschaftlichen Wachstums zum Ziel gesetzt, um auf deflationäre Maßnahmen, wie sie in den davorliegenden Jahren im Falle von Zahlungsbilanzschwierigkeiten stets ergriffen worden waren, verzichten zu können. Hohes Wachstum, insbesondere des Verbrauchs, sollte die Unternehmen zu Investitionen veranlassen und durch ein größeres Fertigungsvolumen eine Steigerung der Produktivität erreicht werden. Hierdurch erhoffte man sich eine verbesserte internationale Wettbewerbsfähigkeit der britischen Industrie und erwartete, daß die dadurch mögliche Ausweitung der Exporte das Auftreten weiterer Zahlungsbilanzschwierigkeiten verhindern würde. Staatliche Planung und Industriepolitik waren dabei die Instrumente, mit denen die *Labour*-Regierung die notwendigen Veränderungen herbeizuführen suchte.[96]

---

[92] MRC, MSS.287,4 BEAMA, Fair Trading in Electrical Goods: „The Electrical Manufacturing Industry and the National Economy. Statement by the Council of the BEAMA to the Board of Trade, 1962", S. 10; RICHARDSON, Pricing of Heavy Electrical Equipment, S. 78.

[93] ALBU, Prices, S. 245. S.a. Lack of British Cable Making Machinery, in: ER 178 (1966), S. 282.

[94] ALLEN, Policy, S. 157; SHARP, British Competition Policy, S. 81.

[95] Arbitration to what End?, in: Economist 210 (1964), S. 434; RICHARDSON, Pricing of Heavy Electrical Equipment, S. 74.

[96] DEVONS, Planning and Growth, S. 105; ROLL, Machinery for Economic Planning, S. 5f. S.a. CRAFTS, Economic Growth, S. 268; BEAN, External Constraint, S. 8; BLACKABY, British Economic Policy, S. 41.

1965 wurde der erste *National Plan* veröffentlicht, der der Volkswirtschaft ein jährliches Wachstumsziel für die nachfolgenden fünf Jahre von 3,8 Prozent setzte.[97] Dies veranlaßte die Elektrizitätswirtschaft ihre Erweiterungspläne nach oben zu korrigieren, wovon sich die Elektroindustrie als Lieferant der betreffenden Anlagen und weiterer wichtiger Investitionsgüter eine Erhöhung der Produktion um sechs Prozent pro Jahr erhoffte. Tatsächlich überstiegen dann aber die 1963 und 1964 bei den heimischen Herstellern eingehenden Aufträge deren Fertigungskapazitäten, weshalb Anlagen aus dem Ausland importiert und hierzu sogar vorübergehend von Importzöllen befreit wurden.[98]

1964 waren die wirtschaftlichen Verhältnisse im Starkstromsektor vergleichsweise günstig, und insbesondere die Bestellung zahlreicher 500 MW-Turbogeneratoren seitens des CEGB trug in der Branche zu weit verbreitetem Optimismus bei. AEI war es 1964 gelungen, das Geschäftsergebnis in fast allen Bereichen zu verbessern, wenngleich die Situation bei Kraftwerksanlagen nach wie vor angespannt war. Zu den finanziellen Problemen waren allerdings noch konstruktions- und herstellungstechnische Schwierigkeiten bei Turbogeneratoren gekommen. Dagegen setzte sich bei GEC die kontinuierliche Verbesserung des finanziellen Ergebnisses auch 1964 und 1965 auf geradezu sensationelle Weise fort; der Anteil der *Pre-Tax Profits* am Umsatz stieg zwischen 1961 und 1965 von drei auf elf Prozent.[99] Der *Economist* meldete beeindruckt: „In millions of pounds, 3.2, 4.1, 6.1, 11.75, 17.35: this geometrical progression is in fact the pretax profit record of the General Electric Company over the last five years."[100]

Auch English Electric verzeichnete einen beachtlichen Aufschwung und 1965 waren die Gewinnspannen des Unternehmens höher als in den vorangegangenen zehn Jahren. Die so gewonnenen Mittel wurden zur Ausweitung der finanziellen Basis benutzt: Das Grundkapital wurde auf £ 55 Millionen erhöht und gleichzeitig Obligationen im Wert von £ 15 Millionen ausgegeben, die zur teilweisen Refinanzierung der kurzfristigen Bankkredite in Höhe von £ 25 Millionen verwendet wurden.[101]

---

97 SHANKS, Planning and Politics, S. 42ff; BLACKABY, British Economic Policy, S. 38; SHONE, Machinery for Economic Planning, S. 20; ROLL, Machinery for Economic Planning, S. 5f; BEAN, External Constraint, S. 9; ARMSTRONG, Regional Problems and Policies, S. 325.

98 Growth and the Electrical Industry, in: ER 170 (1962), S. 489; The Electrical Industry and Economic Growth, ebd., 174 (1964), S. 935; Electrical Manufacture and the National Economy [BEAMA Report 1963/64], ebd., S. 400; BEAMA. Ready for a More Active Role [BEAMA Report 1964/65], ebd., 176 (1965), S. 385; That Electric Shock, in: Economist 223 (1967), S. 819; UTTON, Developments, S. 61; POLLARD, Development, S. 345; LINDLEY, A Key Industry, S. 937.

99 Associated Electrical Industries [AR], in: Economist 215 (1965), S. 242; General Electric Company [AR], ebd., 212 (1964), S. 81.

100 General Electric. Four Stage Rocket, in: Economist 216 (1965), S. 163. Vgl. ebd., 220 (1966), S. 296f.

101 English Electric. Time to Switch?, ebd., 210 (1964), S. 926; English Electric. Cheap Computers – Expensive Aircraft, ebd., 214 (1965), S. 1054; English Electric Ltd. [AR], ebd., 218 (1966), S. 931ff.

Im Gegensatz zu AEI und English Electric, die beide ihre Zukunft im Starkstromsektor sahen, nahm GEC im Jahr 1965 eine grundlegende Änderung der Firmenstrategie vor und verkaufte den Geschäftsbereich Turbogeneratoren für £ 12 Millionen an C. A. Parsons. Die gesamten Starkstromaktivitäten von GEC beschränkten sich künftig auf Transformatoren und Schaltanlagen. Durchgesetzt wurde diese Entscheidung, mit der die seit Jahrzehnten verfolgte Politik der Ausweitung dieses Fertigungsbereichs mit einem Schlag rückgängig gemacht wurde, vom Vorstandsvorsitzenden Arnold Weinstock. Als ehemaliger Teilhaber von Radio & Allied (Holdings) war er 1961 in das Direktorium von GEC aufgenommen worden, und hatte im Gegensatz zu seinen Vorgängern keinerlei persönliche Affinität zu Kraftwerksanlagen (siehe auch Kapitel 8c).[102]

Die Zahl der Hersteller von Turbogeneratoren war damit auf drei gesunken: English Electric, AEI und C. A. Parsons. Das CEGB begrüßte dies und sein Direktor richtete ein Schreiben an die Lieferanten, in dem er ankündigte, daß man in Zukunft nur noch zwei statt bisher vier verschiedene Designs von Turbogeneratoren kaufen würde. Im Brief hieß es hierzu: „the interest of electricity consumers would best be served by a restriction in the number of separate designs for the plant they will purchase."[103]

Mitte der 1960er Jahre zeigte sich, daß die für den Ausbau der Elektrizitätsversorgung auf Basis des *National Plan* festgelegten Ziele zu hoch gewesen waren, da die Wirtschaft und damit der Stromverbrauch nicht so stark wie vorgesehen expandiert war. Während der erste *National Plan* für die Mitte der Dekade ein jährliches Wachstum der Stromnachfrage von 9,2 Prozent vorausgesagt und das CEGB eine Zunahme von 7,6 Prozent erwartet hatte, lag ihre tatsächliche Steigerungsrate 1965/66 bei 5,8 und 1966/67 bei lediglich 2,8 Prozent.[104]

Nach der umfangreichen Anschaffung von 500 MW-Turbogeneratoren und angesichts des unerwartet niedrigen Stromverbrauchs sah sich das CEGB im Juli 1966 gezwungen, die Pläne zum Ausbau der Stromversorgung nach unten zu korrigieren. Deshalb gingen weder 1966 noch 1967 Bestellungen an die Hersteller, so daß diese in eine überaus schwierige Situation kamen. Hatte English Electric gerade noch den Eindruck vermittelt, daß sich das finanzielle Ergebnis des Unternehmens verbessert hatte, war im Laufe des Jahres 1966 ein starker

---

[102] General Electric Company [AR], ebd., 200 (1961), S. 488; General Electric. Four Stage Rocket, ebd., 216 (1965), S. 164; General Electric. A Little Local Decision, ebd., S. 818; JONES UND MARRIOTT, Anatomy of a Merger S. 223; LINDLEY, Development and Organisation, S. 349ff.

[103] So der Text des Briefes, zit.n. Generating Equipment. The Application of Power, in: Economist 215 (1965), S. 786.

[104] Teetering on the Trend, in: Economist 217 (1965), S. 187; That Electric Shock, ebd., 223 (1967), S. 819; A Change of Fuel Policy, ebd., 225 (1967), S. 301; Europe's Energy Dilemma, ebd., 227 (1968), S. 54; Clear Road Ahead, ebd., 228 (1968), S. 75; Power in whose hands?, ebd., 229 (1968), S. 85; Generators. Naughty Boys, ebd., 235 (1970), S. 72.

Abfall bei Gewinnen und Gewinnspannen zu verzeichnen. Vorstandsvorsitzender George Nelson erklärte dies mit den „difficult trading conditions" im Starkstromsektor. Trotzdem betonte er, daß sich English Electric im Unterschied zu GEC auch weiterhin auf dieses Feld konzentrieren würde.[105]

Ähnlich war die Lage bei AEI, während GEC eine entgegengesetzte Entwicklung verzeichnete. So fielen dort zwar wegen der insgesamt rückläufigen Konjunktur im Laufe des Jahres 1966 die Umsätze, die Gewinne nahmen aber gleichzeitig zu. Vorstandsvorsitzender Arnold Weinstock sah dies als Bestätigung für die Richtigkeit seiner Strategie, den Starkstromsektor abzubauen und die Aktivitäten bei Konsumgütern auszuweiten. Ein weiterer Schritt in diese Richtung war der Erwerb von Cannon Holdings, einem Hersteller gasbetriebener Haushaltsgeräte, im Jahr 1966.[106]

1967 kündigte GEC an, AEI aufkaufen zu wollen, womit die bis dahin größte und am verbissensten geführte Übernahmeschlacht der neueren britischen Industriegeschichte begann. Dieser Schritt war von der staatlichen *Industrial Reorganization Corporation (IRC)* mit initiiert worden, die sich hiervon die Schaffung eines Elektrokonzerns mit einem Umsatz von £ 450 Millionen erhoffte. Zum Vergleich: Siemens setzte zu dieser Zeit £ 480, AEG £ 240 Millionen um. Diesen Aktivitäten der IRC lag die Strategie des *Ministry of Technology* zugrunde, in ausgewählten Industriesektoren durch Fusionen Großbetriebe zu schaffen, die in der Lage waren, erfolgreich auf dem Weltmarkt zu agieren.[107]

Nach mehreren Übernahmeangeboten gelang es GEC, die Aktionäre von AEI zu überzeugen, dem Zusammenschluß zuzustimmen, worauf der *Economist* erklärte: „AEI failed not because of any weakness in its defence, but because of the incubus in its past. The bulk of its shareholders have had enough of bright promises. ... And when a company repeatedly disappoints its shareholders, they remember, and the harvest will be reaped."[108]

Mit der Übernahme von AEI wurde GEC zum größten Unternehmen der britischen Elektroindustrie, das trotz des zuvor abgestoßenen Starkstrombe-

---

[105] English Electric Ltd. [AR], ebd., 222 (1967), S. 864; Transforming Transformers, ebd., 223 (1967), S. 820, 823; Bids. The Crunch, ebd., 225 (1967), S. 556.

[106] General Electric. Hidden Reserves, ebd., 220 (1966), S. 296f; Associated Electrical Industries [AR], ebd. 222 (1967), S. 970.

[107] Electrical Shock Tactics: General Electric's Bid, ebd., 224 (1967), S. 1213; IRC in a New Light, ebd., 225 (1967), S. 66; MINISTRY OF POWER, Report of the Committee of Enquiry into Delays in Commissioning C.E.G.B. Power Stations, S. 36; General Electric Company, in: MIRABILE, International Directory, S. 25; UTTON, Developments, S. 64; MASSEY, UK Electrical Engineering and Electronics Industry, S. 201; DALE, Technical Change, S. 43; DEAN, Machinery for Economic Planning, S. 53f; CLARK, Machinery for Economic Planning, S. 63; PRATTEN, Merger Boom, S. 52.

[108] GEC/AEI. The City Has Grown Up, in: Economist 225 (1967), S. 661; The GEC-AEI Pre-Merger Manoeuvres, in: ER 181 (1967), S. 952.

reichs nun der wichtigste Anbieter in diesem Sektor war. Der Anteil von 37 Prozent, den GEC seit dem Verkauf des Turbogenerorensektors an C. A. Parson hielt, zusammen mit dem Erwerb von AEI bedeutete, daß rund die Hälfte aller entsprechenden Bestellungen des CEGB an GEC ging. An ein dauerhaftes Engagement in diesem Markt war bei GEC aber nicht gedacht, weshalb im März 1968 die C. A. Parsons-Anteile an Reyrolle, einem der größten britischen Hersteller von Schaltanlagen, verkauft wurden. Nur zwei Monate später verschmolzen Reyrolle und C. A. Parsons. Diese Fusionswelle war nicht auf die Elektroindustrie beschränkt, sondern spielte sich vor dem Hintergrund verstärkter Konzentrationstendenzen in der britischen Wirtschaft zwischen 1967 und 1970 ab.[109]

Nach der Übernahme von AEI durch GEC begannen Gespräche über einen Zusammenschluß von GEC und English Electric. Beide Firmen schlugen dies im Sommer 1968 der IRC vor, und im September wurde dieser Schritt von *Board of Trade* und IRC genehmigt.[110] Daß English Electric ohne jeglichen Widerstand der Fusion mit GEC zustimmte, lag an der vorangegangenen Übernahme von AEI. Diese hatte gezeigt, wie die Aktionäre in Erwartung höherer Renditen die Kontrolle über ihre Gesellschaft, deren Spielraum angesichts hoher Schulden sehr eng geworden war, an GEC übergeben hatten. Eine vergleichbare Haltung war nun auch von den Aktionären von English Electric zu erwarten. In Retrospektive stellten Robert Jones und Oliver Marriott fest: „This large debt element in the capital structure was one of the things that made English Electric vulnerable to a takeover."[111]

Betont werden muß, daß GEC die durch die Fusionen der Jahre 1967 und 1968 möglich gewordene Rationalisierung bei Kraftwerksanlagen nicht durchführte, sondern nach wie vor die gleiche Anzahl unterschiedlicher Designs an insgesamt vier Standorten herstellte. Auch die Kostenersparnisse, die hierdurch in der Elektrizitätswirtschaft möglich gewesen wären, wurden vom CEGB trotz gegenteiliger Ankündigungen nicht erzwungen, sondern auch weiterhin unnötig viele verschiedene Konstruktionen beschafft.[112]

Neben der Fusion von AEI, English Electric und GEC bemühte sich die IRC auch um eine Reorganisation der Atomkraft-Konsortien, deren Zahl dann

---

[109] Large Mergers Welcomed, in: ER 180 (1967), S. 357; JONES UND MARRIOTT, Anatomy of a Merger, S. 299, 303; MASSEY, Capital and Locational Change, S. 52; FRANKS UND HARRIS, Role of Mergers, S. 59; SINGH, Take-Overs, S. 501; HAY, Competition Policy, S. 68ff. HUGHES UND SINGH, Mergers, S. 1f.

[110] George, Arnold, Frank and John, ebd., 228 (1968), S. 57; Waiting for the Terms, ebd., S. 89; GEC-EE. Electricals agog, ebd., 232 (1969), S. 71; General Electric Company, in: MIRABILE, International Directory, S. 25.

[111] JONES UND MARRIOTT, Anatomy of a Merger S. 290.

[112] SURREY UND WALKER, Electrical Power Plant, S. 149.

aber lediglich von drei auf zwei reduziert wurde.[113] Der *Economist* kritisierte
dies und argumentierte, daß ein einziges ausreichend wäre, da in der Vergan-
genheit ohnehin kein Wettbewerb zwischen den Anbietern stattgefunden hatte:

> There have been only two occasions on which nuclear contracts in this country
> have been genuinely put up for tender and genuinely competed for. One was when
> the first round of nuclear stations was ordered in 1955 and the second was when
> the Dungeness B power station was ordered in 1967. The rest of the time, it has be-
> en Buggins turn all the way, right up to the award of the Seaton Carew contract to
> Nuclear Design and Construction last month. The Central Electricity Generating
> Board has in recent years not even bothered to go through the pretext of putting
> the stations out to tender, it has merely invited the next consortium on the list to
> cut its price a bit below that for the previous station. If this is competition, then
> competition takes some strange forms. And if there is no prospect of domestic
> competition, then one group is more effective.[114]

Trotz des verringerten Ausbauvolumens war das CEGB überzeugt, für den
künftigen Bedarf über ausreichende Anlagen zu verfügen. So wurden beispielsweise im Winter 1968/69 Kapazitäten von 37.700 MW in Anspruch genommen, während insgesamt 44.500 MW verfügbar gewesen waren.[115] Und 1969
schrieb der *Economist*: „It is seven years since this country last had a power cut
and for the next seven years it will have a margin of surplus capacity so wide
that the possibility of mothballing generators is being investigated by the Central Electricity Generating Board."[116]

Aber nur wenige Monate später meldete das CEGB einen starken Engpaß in
der Stromerzeugung, da nur 77 Prozent der vorhandenen Kapazitäten einsatz-
bereit waren. Dies machte sogar eine Absenkung der Netzspannung erforderlich. Der Grund dafür lag in massiven technischen Problemen bei den 500
MW-Turbogeneratoren, von denen 47 Einheiten zum Preis von über einer Milliarde Pfund bestellt worden waren.[117] Nach Inbetriebnahme der ersten Anlagen waren gravierende technische Probleme aufgetreten, darunter haardünne
Risse in Dampfkesseln und schmelzende Gehäuse von Turbogeneratoren – von
GEC als „minor mechanical design fault" bezeichnet. Im Laufe des Jahres 1969
machte dies die sofortige Abschaltung von 16 der 22 bereits installierten Einheiten erforderlich. Zur selben Zeit wurden in mehreren Atomkraftwerken ro-

---

[113] GEC-Marconi Archive, GEC, Box 1970: „GEC-AEI-EE, Reports and Accounts for the Year
ended 31.03.1970", S. 3; English Electric Ltd. [AR], in: Economist 222 (1967), S. 864.

[114] Nuclear Wool-pulling, in: Economist 228 (1968), S. 89.

[115] CEGB Confident of Large Plant Margin, in: ER 181 (1967), S. 491; Engineering Industry
Training Board und Economist Intelligent Unit, Employment and Training, S. 23.

[116] Electricity's Margin for Error, in: Economist 231 (1969), S. 70.

[117] Electricity: brrr, ebd., 233 (1969), S. 94; Generators. Naughty Boys, ebd., 235 (1970), S. 72.

stende Komponenten gefunden, weshalb der Betrieb der betreffenden Reaktoren eingeschränkt werden mußte.[118] Für die so entstandene Situation fand der *Economist* die Worte:

> Five years elapse between the ordering of a power station and the day it starts generating power, so the only hope of widening the power margin this winter is that the 25 big sets still to be installed may perform more effectively than the first 22 have done. Otherwise it seems inevitable that Britain will totter on the brink of power cuts, not only in this coming winter but for far too many winters to come.[119]

In der Folgezeit beschäftigte sich eine parlamentarische Untersuchungskommission mit diesen Vorfällen und stellte in ihrem Abschlußbericht fest, daß bei den 500 MW-Sets „fundamental failures in the stators [Gehäusen] of the generators"[120] vorlagen. Zu den technischen Schwierigkeiten in Dampfkesseln hieß es: „The main causes of failure in boiler plant have been defective welding".[121] Am Ende des Berichts urteilte die Kommission: „When an industry is working at advanced levels of engineering knowledge and technology, there are bound to be somewhat more than the normal share of teething troubles. But what the Generating Board have experienced seems to us to be too serious for such description however widely it may be interpreted."[122]

Für die Elektroindustrie war dies ein Rückschlag, dessen tatsächliche Dimensionen schwer zu ermessen waren. Nach der Überwindung der Nachfrageflaute am Beginn der Dekade hatte es bis Mitte der 1960er Jahre den Anschein gehabt, daß die Prosperität des vorangegangenen Jahrzehnts mit der abermaligen Ausweitung des Bestellvolumens der Elektrizitätswirtschaft wieder zurückkehren würde. Und auch die Kritik, die sich die Unternehmen wegen ihrer Preisabsprachen eingehandelt hatten, schien abgeklungen zu sein, als sich die Industrie zwar formal an die Verbotsbestimmungen hielt, sie aber real umging, ohne daß dies unterbunden wurde.

Der Weg zu steigenden Umsätzen und Gewinnen schien wieder eröffnet, doch all dies änderte sich mit der vom CEGB vorgenommenen Reduzierung des Bestellvolumens bei Kraftwerksanlagen. Zwei der führenden Hersteller brachte dies in eine aussichtslose Situation und trug entscheidend zu ihrem Ende bei. Dies erschütterte aber nicht das Bild von der überragenden technischen

---

[118] GEC-Marconi Archive, GEC, Box 1970: „GEC-AEI-EE, Reports and Accounts for the Year ended 31.03.1970", S. 5; Electricity: brrr, in: Economist 233 (1969), S. 94; EDEN UND NIGEL, Electricity Supply, S. 12; HARLOW, Innovation and Productivity, S. 56f.

[119] Electricity: brrr, in: Economist 233 (1969), S. 94.

[120] SELECT COMMITTEE ON SCIENCE AND TECHNOLOGY, Generating Plant Breakdowns, S. vii-viii.

[121] Ebd., S. ix.

[122] Ebd., S. xi.

Leistungsfähigkeit der britischen Elektroindustrie, die mit Stolz darauf verwies, die größten und fortgeschrittensten Turbogeneratoren Europas zu bauen.

Umso enttäuschender war es, als sich auch dies als Trugbild erwies. Waren kurz vorher zumindest nach außen hin profitable und traditionsreiche Firmen durch Fusionen schlichtweg verschwunden, zeigte sich nun, daß die fortwährende Steigerung der Größe und Leistungsfähigkeit der Turbogeneratoren die konstruktions- und fertigungstechnische Kompetenz der Hersteller überstiegen hatte. Besonders dramatisch war, daß dies erst zum Vorschein kam, als die betreffenden Anlagen bereits installiert waren. An der Wende zu den 1970er Jahren drohten damit erstmals wieder Stromabschaltungen, wie sie zuletzt während des Korea-Krieges notwendig gewesen waren. Eine für Elektrizitätswirtschaft und Elektroindustrie gleichermaßen ernüchternde Entwicklung, die dem Ansehen beider massiven Schaden zufügte.

D. AUSSENHANDEL: ZAHLUNGSBILANZ, *EXPORT DRIVE* UND MARKTVERSCHIEBUNGEN

Das drängendste außenwirtschaftliche Problem der unmittelbaren Nachkriegsjahre war die Verschlechterung der britischen Zahlungsbilanz und der akute Dollarmangel. Gleichzeitig mußten die Kriegsschulden getilgt und die Importe von Rohstoffen finanziert werden, was eine kräftige Steigerung der Exporte nötig machte. Dem stand allerdings entgegen, daß das britische Ausfuhrvolumen in den frühen Nachkriegsjahren lediglich einem Drittel des Vorkriegswertes entsprach, und ein Großteil des im Ausland angelegten Vermögens während des Krieges zur Finanzierung der gewachsenen Staatsausgaben verkauft worden war. Hinzu kamen die kriegsbedingten Verschiebungen in der industriellen Produktionsstruktur, deren Umstellung auf friedenswirtschaftliche Verhältnisse einige Zeit in Anspruch nahm. All dies führte dazu, daß die Stabilisierung der Zahlungsbilanz zum „central issue in economic policy making" der frühen Nachkriegsjahre wurde.[123]

Als das Zahlungsbilanzdefizit in der ersten Hälfte des Jahres 1947 anwuchs und die Dollarreserven gleichzeitig rapide schrumpften, wurde die Konvertibilität von US-Dollar und Pfund kurz nach ihrer Einführung am 20. August 1947 wieder abgeschafft und eine Reihe deflationärer Maßnahmen eingeleitet. Neben Importrestriktionen setzte die Regierung den Herstellern verbindliche Zie-

---

[123] BEAN, External Constraint, S. 6; FOREMAN-PECK, Trade and the Balance of Payments, S. 178; POLLARD, Development, S. 193; TOMLINSON, Democratic Socialism, S. 47-67. Zu den Aktivitäten der Importeure elektrotechnischer Güter: GL, MS 16, 607: „Minute Book, 1919-1947, ‚Electrical Importers' and Traders' Assocation. Survey and Report to the Annual General Meeting, 1947'; KREILE, Dynamics of Expansion, S. 213.

le zur Höhe ihrer Auslandslieferungen, womit eine schnelle Steigerung der Ausfuhr erreicht werden sollte. Mit einem preisbereinigten Anstieg der Lieferungen ins Ausland um 77 Prozent alleine zwischen 1946 und 1950 war diese Politik durchaus erfolgreich. Ihre Kehrseite war allerdings die eingeschränkte Versorgung des Binnenmarktes, wogegen die Industrie entschieden, wenngleich ohne Erfolg protestierte.[124]

Die kontinuierliche Verschlechterung der Zahlungsbilanz und die Auswirkungen der US-Rezession hatten am 18. September 1949 zur Abwertung des Pfund geführt. Seitens der britischen Regierung hoffte man, daß dies eine Steigerung der Exporte und damit eine Lösung der Zahlungsbilanzprobleme mit sich brachte. Die BEAMA forderte ihre Mitglieder sogleich auf, den durch die Abwertung entstandenen Wettbewerbsvorteil zu nutzen, doch der Ausbruch des Korea-Krieges und die damit verbundenen Rüstungsanstrengungen machten dies zunichte. Umfangreiche Importbeschränkungen, die im Laufe des Jahres 1949 abgebaut worden waren, wurden erneut verhängt. Gleichzeitig erhielt die Industrie abermals Höchstgrenzen für die Belieferung des heimischen Marktes und verbindliche Ziele für den Export.[125]

Einer raschen Steigerung der Ausfuhr standen die Importrestriktionen entgegen, die in vielen Staaten und insbesondere bei den wichtigsten Abnehmern britischer Elektrogüter, Australien, Neuseeland, Südafrika, Indien und Kanada, zu dieser Zeit verschärft wurden. Hierzu zählten nicht nur Zölle und Quota, sondern auch nicht-monetäre Handelsschranken wie etwa Sicherheitstests, die besonders bei Kraftwerksanlagen viel Zeit in Anspruch nehmen konnten und damit das Exportgeschäft erschwerten.[126]

Neben der Forderung an die Politik, sich für die Abschaffung dieser Handelshemmnisse einzusetzen, verlangte die BEAMA den Ausbau des *Export*

---

[124] NAEST, 44, 16: „Collection of Speeches and Articles by C. C. Garrard, 1939-1950: „Speech to Austrian Hydro Electric Delegation, 27.09.1949"; Electrical Manufacturing in 1949. Points from the B.E.A.M.A. Report in: ER 146 (1950), S. 747; Work of the B.E.A.M.A. Problems and Achievements in 1950, ebd., 148 (1951), S. 798; General Electric Company [AR], in: Economist 159 (1950), S. 636; Electrical Exports, ebd., 163 (1952), S. 252f; RAY, British Imports, S. 17; POLLARD, Development, S. 197; LEYHSON, Import Restrictions, S. 182; BEAN, External Constraint, S. 6; MILWARD UND BRENNAN, Britain's Place, S. 14.

[125] General Electric Company [AR], in: Economist 159 (1950), S. 636; Electrical Exports, ebd., 1963 (1952), S. 252f; Electrical Manufacturing in 1949. Points from the B.E.A.M.A. Report in: ER 146 (1950), S. 745; CORDEN, Control of Imports, S. 182; RAY, British Imports, S. 17; HOWSON, Problem, S. 59; HICKS, Devaluation, S. 3f; BEAN, External Constraint, S. 7. S.a. HUTCHINSON, Economics, S. 72-81; CAIRNCROSS, Post-war Years, S. 370; STRANGE, Sterling, S. 62.

[126] BEAMA Archive, BEAMA Council Meetings, Minutes, 1936-38, No. 10: „Meeting BEAMA Council, 16.12.1948", S. 9; Electrical Manufacturing in 1949. Points from the B.E.A.M.A. Report in: ER 146 (1950), S. 747; The Bournemouth Convention [Debate on Papers at the British Electrical Power Convention, Bournemouth, May 1960], in: ER 166 (1960), S. 1118; WELLS, British Export Performance, S. 142.

Credit Guarantees Department, um Unternehmen mehr Langzeitkredite, insbesondere für die Ausfuhr von Kraftwerksanlagen, zur Verfügung zu stellen. Dies erschien vor allem zur Steigerung der Exporte in unterentwickelte Staaten notwendig, wo die britische Elektroindustrie die größten Wachstumschancen für ihren Auslandsabsatz sah. Gerade dort hing die Auftragsvergabe aber oft von der Fähigkeit der Lieferanten ab, den Kunden günstige Zahlungskonditionen einräumen zu können.[127]

Auf Protest stieß in einer Reihe von Staaten, daß britische Firmen ihre in der Zwischenkriegszeit geübte Praxis der Preisabsprachen fortsetzten und den Kunden durchweg identische Angebote unterbreiteten. George Nelson wurde in seiner Eigenschaft als Vorsitzender der BEAMA bei seiner Weltreise im Jahr 1951 mit diesen Vorwürfen konfrontiert und berichtete dem BEAMA-*Council* nach seiner Rückkehr:

> New Zealand had proved to be the country most concerned over the quoting of level prices in respect of certain electrical apparatus supplied from the United Kingdom. He [George Nelson] had explained the reasons for this policy with which he felt sure all members of the Council were familiar, i. g., the necessity for, and the extent of, research and development in the industry,... The Prime Minister of New Zealand had not at first been very co-operative on this matter but after a discussion with him and other representatives of the New Zealand Hydro-Electric Board he [George Nelson] thought that he had convinced both, the Prime Minister and the Board that the policy was fair, reasonable and desirable.[128]

Trotz der Kritik wurde diese Praxis auch in der Folgezeit beibehalten, weshalb wiederholt Aufträge verlorengingen. So hieß es beispielsweise 1956 in den Aufzeichnungen des *Herbert Committee*:

> While the Herbert Committee was sitting a case arose in which the Australian Government rejected tenders from British plant manufacturers because it appeared that there was no true competition and because all the tenders were identical down to the nearest penny. More recently there has been a similar case in which the New Zealand Government have rejected British tenders.[129]

Bereits in der ersten Hälfte der 1950er Jahre verzeichnete die britische Elektroindustrie aufgrund des raschen Wachstums der Exporte anderer Staaten einen

---

[127] Electrical Manufacturing in 1952. Trends indicated by B.E.A.M.A. Report, in: ER 152 (1953), S. 866; British Electrical Power Convention, Brighton, June 1958, Discussions on Five Papers, ebd., 162 (1958), S. 1218.

[128] BEAMA Archive, BEAMA Council Meetings, Minutes, 1950-52: „Meeting BEAMA Council, 15.03.1951", S. 3f. S.a. MONOPOLIES AND RESTRICTIVE TRADE PRACTICES COMMISSION, Report on the Supply and Export of Electrical and Allied Machinery and Plant, S. 219.

[129] PRO, POWE 14, 927: „Report of a Meeting of the Secretary of the Ministry of Fuel and Power Electricity Division and Colonel Leeson and Mr Buist of the BEAMA, 03.04.1956".

Rückgang ihres Weltmarktanteils (siehe Kapitel 9d). So stiegen zwischen 1948 und 1953 die britischen Exporte von Anlagen zur Elektrizitätserzeugung und -verteilung sowie von elektrischen Motoren von £ 20,45 auf £ 46,68 Millionen, während die der Bundesrepublik von £ 335.000 auf £ 29,37 Millionen zunahmen. In der gleichen Zeit verdoppelten sich auch die britischen Importe in dieser Warengruppe, wobei deutsche Lieferanten ihren Anteil an den Einfuhren Großbritanniens innerhalb von nur fünf Jahren, zwischen 1948 und 1953, von ein auf 28 Prozent ausbauen konnten.[130]

Als Ursachen für das verhältnismäßig langsame Wachstum der britischen Ausfuhr nannte der BEAMA-Jahresbericht 1956/57: „high taxation, purchase tax and restrictive legislation at home, and cut-throat prices, growing local manufacture, anti-dumping measures and new and higher import tariffs."[131] Der Erfolg deutscher Unternehmen wurde mit den dortigen niedrigen Rüstungsausgaben erklärt, und gleichzeitig darauf verwiesen, daß der Großteil deren Exporte in europäische Länder ging. Dort war, so die BEAMA, die Nachfrage gleichbleibend hoch und die Firmen nur einem geringen Wettbewerbsdruck seitens US-amerikanischer oder japanischer Konkurrenten ausgesetzt.[132] Gleichzeitig klagte man über den raschen Anstieg der US-Lieferungen nach Lateinamerika und in den Mittleren und Fernen Osten, sowie über die expandierende Ausfuhr Japans in fernöstliche Staaten.[133]

Hiervon abgesehen war man allerdings der Ansicht, daß die Stellung der britischen Elektroindustrie auf dem Weltmarkt keinen Anlaß zur Sorge gab. So hieß es im Geschäftsbericht von English Electric für das Jahr 1957: „Presum-

---

130 Electrical Manufacturers' Progress. B.E.A.M.A. Annual Report for 1956-57, in: ER 160 (1957), S. 680; MONOPOLIES AND RESTRICTIVE TRADE PRACTICES COMMISSION, Report on the Supply and Export of Electrical and Allied Machinery and Plant, S. 335f, 338-42; BEARD, Britain and Overseas Development, S. 1163. S.a. WELLS, British Export Performance, S. 142.

131 Electrical Manufacturers' Progress. B.E.A.M.A. Annual Report for 1956-57, in: ER 160 (1957), S. 680. S.a. British Electrical Manufacturers. Continued Expansion Reported, ebd., 158 (1956), S. 635.

132 PRO, POWE 14, 122: „,Export Problems and Prospects'. Report der BEAMA an das Heavy Electrical Plant Production Consultative Council, 14.11.1952"; MRC, MSS.287,4 BEAMA, Fair Trading in Electrical Goods: Rede von R. W. Low, Minister of State des Board of Trade beim BEAMA Annual Dinner 1958, 16.11.1958", S. 15; MSS.287,4 BEAMA, Overseas markets and marketing, 1939-46: „British Engineering Mission to Sweden, 1962, Report by the BEAMA/BEA delegation", S. 29.

133 British Electrical Manufacturers. Continued Expansion Reported, in: ER 158 (1956), S. 635; Electrical Manufacturers' Progress. B.E.A.M.A. Annual Report for 1956-57, ebd., 160 (1957), S. 680; B.E.A.M.A. in 1958-59. Annual Report of the Council, ebd., 164 (1959), S. 555; Long-Term Plan Needed for Heavy Electrical Industry, in: ER 170 (1962), S. 759; CHANDOS, Rising Costs, S. 1000. Bei GEC gingen 1952 53,9 Prozent aller Exporte in Commonwealth-Staaten: GEC-Marconi Archive, GEC, Box 1953A: „The GEC. Its History, Structure and Future. An Address by T. W. Heather delivered at the Opening of the GEC Sales Convention, 18.05.1953. Staff only", S. 63.

ably Lord Chandos, the Chairman of AEI, will not disagree with Sir George Nelson's summing up of export prospects: ‚There is as yet no evidence of a serious diminuition in the rate of incoming export orders. ... as the situation is today, I think I can say we have no great cause for anxiety.'"[134] Noch optimistischer war A. R. W. Low, *Minister of State* beim *Board of Trade*, der in seiner Rede beim *Annual Dinner* der BEAMA am 16. November 1958 sagte: „It is certainly true that for one reason or another, ... some of your competitors have been able to underbid you, but it is equally true that you often underbid them. Your export record, as well as the information which reaches me about the contracts we are winning are proof of our competitiveness."[135]

Die Entwicklung der britischen Elektroexporte in den 1950er Jahren und insbesondere die hohen Bestellungen aus dem Commonwealth schienen diese Einschätzung zu bestätigen. Ignoriert wurde dabei allerdings, daß die Nachfrage dort erheblich langsamer als in europäischen Staaten wuchs. Günstig war, daß der Konkurrenzdruck in den ehemaligen Kolonien trotz der vorstehend zitierten Klagen der BEAMA noch vergleichsweise gering war. Im Laufe der 1960er Jahre sollte sich dies allerdings im Gefolge des Wegfalls der *Commonwealth Preferences* ändern.[136] In einer Analyse der britischen Elektroexporte, der Interviews mit einer großen Zahl von Unternehmen zugrundelagen, hieß es:

> British companies were particularly hard hit by the diminishing importance of Commonwealth markets. Most of our interviewees referred to this. In particular, it was stressed that the general decline in the market available to British companies resulted from their relatively greater losses in the Commonwealth, with the ending of Commonwealth preference and the beginning of home manufacture of the smaller end of the range of products.[137]

Im Laufe der 1960er Jahre hatten sich die Möglichkeiten zur Erhöhung der Ausfuhr, insbesondere von Starkstromgütern, erheblich verschlechtert. Neben den Problemen, die aus den Versuchen einer Reihe von Staaten resultierten, eigene elektrotechnische Fertigungskapazitäten aufzubauen, ergaben sich für britische Hersteller wiederholt Schwierigkeiten wegen ihrer Preisabsprachen und aufgrund überlanger Lieferzeiten und Qualitätsmängeln.[138] So lag dem *Heavy*

---

[134] English Electric Ltd. [AR], in: Economist 186 (1958), S. 1071.

[135] MRC, MSS.287,4 BEAMA, Fair Trading in Electrical Goods: „Rede von A. R. W. Low, Minister of State des Board of Trade beim BEAMA Annual Dinner 1958, 16.11.1958", S. 16.

[136] Das System der Commonwealth-Präferenzen, in: ZVEIM 16 (1963), Nr. 2, S. 32; WELLS, British Export Performance, S. 142; CHANDOS, Rising Costs, S. 1000.

[137] MASSEY, UK Electrical Engineering and Electronics Industry, S. 206.

[138] MRC, MSS.287,4 BEAMA, Overseas markets and marketing, 1939-46: „British Engineering Mission to Sweden, 1962, Report by the BEAMA/BEA Delegation", S. 29. Gleichlautend: „BE-

Electrical Plant Production Consultative Council des *Ministry of Fuel and Power* eine Liste mit Beispielen aus zwölf Staaten vor, in denen britische Unternehmen die zugesagten Lieferfristen weit überschritten hatten. Bei den betreffenden Kunden hatte dies große Verärgerung ausgelöst und teilweise sogar zur Unterversorgung ganzer Regionen mit Strom geführt.[139]

Die Frage eines möglichen Beitritts Großbritanniens zur EWG wurde von den Herstellern von Kraftwerksanlagen im Gegensatz zu ihren bundesdeutschen Konkurrenten mit großer Skepsis gesehen. So hieß es in einer von der BEAMA 1962 ausgearbeiteten Studie:

> The British manufacturers of heavy electrical plant and equipment are gravely disturbed about the possible consequences of entry into the Common Market. They fear that they might find themselves exposed to competition from the Continent in the UK home market (particularly in the case of purchases of nationalised undertakings...) without receiving equivalent reciprocal opportunities to compete on the Continent. In this connection it should be noted that in some Continental countries (notably West Germany) electricity supply is almost in the hands of privately owned companies and that certain Continental equipment manufacturers are believed to have a substantial investment interest in some of these privately owned utilities.[140]

Zu einer ausführlicheren Behandlung dieser Fragen sei auf Kapitel 7d verwiesen.

AMA Delegation to Finland, Report, 1956", S. 13; GEC. What's a Couple of Million between Friends, in: Economist 236 (1970), S. 61. S.a. Electrical Engineering: An Export-Import Case-Study, ebd., 226 (1968), S. 42.

[139] PRO, POWE 14, 122: „Exports of Power Station Equipment. Memorandum by the Ministry of Supply to the Heavy Electrical Plant Production Consultative Council, 1953", S.a. WESTLAKE, Specialist Suppliers, S. 1004. STEWARD, Electrical Manufacture, S. 1060.

[140] MRC, MSS.287,4 BEAMA, Overseas markets and marketing, 1939-46: „BEAMA Report: ‚The European Common Market', January 1962", S. 4.

KRAFTWERKSANLAGEN UND ELEKTRIZITÄTSVERSORGUNG: EINE ZWISCHENBILANZ

In Deutschland und Großbritannien wurde die Elektrizitätswirtschaft während des Zweiten Weltkriegs nur in geringem Maß beschädigt. Eine rasche Steigerung der Stromerzeugung in der Nachkriegszeit scheiterte allerdings an der vorangegangenen unzureichenden Wartung der Anlagen. In beiden Staaten führte dies anfänglich zu erheblichen Anlagenausfällen und akutem Strommangel. In Großbritannien verschärfte sich dies aufgrund der unzureichenden Erweiterung der Kraftwerkskapazitäten in der Kriegszeit und dem rapiden Anstieg des Strombedarfs. Letzteres ergab sich aus der verstärkten Nutzung elektrischer Raumheizgeräte, mit denen die Haushalte auf die unzureichende Kohlenversorgung und die niedrigen Strompreise reagierten. Der Ausbau der britischen Elektrizitätswirtschaft verzögerte sich außerdem wegen der staatlich festgelegten Höchstgrenzen bei der Beschaffung neuer Kraftwerksanlagen und der aus dem *Export Drive* resultierenden Unterversorgung des heimischen Marktes.

Eine grundlegende Weichenstellung für die weitere Entwicklung der britischen Elektrizitätswirtschaft ergab sich mit ihrer Verstaatlichung im Jahr 1948. Für die Elektrotechnische Industrie hatte sich dadurch die Struktur des Marktes für Kraftwerksanlagen grundlegend verändert. Da im Gegensatz zur Bundesrepublik nur wenige Industrieunternehmen selbst Strom erzeugten, bestand die Nachfragerseite faktisch nur mehr aus einem Abnehmer. Die Bekanntgabe eines Programms zum Ausbau der Elektrizitätswirtschaft seitens des mit der Verstaatlichung betrauten *Organizing Committee* bestärkte die Elektrofirmen in ihrer positiven Einschätzung bezüglich der künftigen Absatzentwicklung. Die Aussicht auf eine starke Zunahme der Nachfrage, zusammen mit der vollständigen Auslastung der Fabriken nach Ende des Krieges, veranlaßten sie zu einem erheblichen Ausbau ihrer Fertigungskapazitäten.

Der sich daraus ergebende Finanzbedarf wurde nicht nur durch Rückgriff auf einbehaltene Gewinne finanziert, wie dies in der Bundesrepublik praktiziert wurde. Statt dessen finanzierten die Firmen ihre Expansion mittels Kapitalerhöhungen und besonders über Bankkredite, wodurch ihre Verschuldung schnell anstieg. In Erwartung einer rasch expandierenden Nachfrage nach Kraftwerksanlagen schenkten die britischen Großunternehmen dem Konsumgütergeschäft gleichzeitig nur geringe Aufmerksamkeit. Eine Rolle spielten dabei aber auch die staatlichen Verkaufseinschränkungen, die nach Auftreten von Stromengpässen verhängt worden waren, und die Konsumgüter als wenig attraktives Geschäftsfeld erscheinen ließen. Exemplarisch war hierfür GEC, das in den Jahren nach dem Zweiten Weltkrieg das Engagement bei Gebrauchsgütern kontinuierlich reduziert hatte, während English Electric und AEI diesem Feld seit jeher nur geringes Interesse entgegenbrachten.

Der Korea-Krieg unterbrach die Umstellung der britischen Industrie auf friedenswirtschaftliche Verhältnisse und zog steigende Rohstoffpreise sowie Lieferengpässe nach sich. In der ersten Hälfte der 1950er Jahre verzeichnete die Elektroindustrie eine Prosperitätsphase, in der Umsatz und Gewinne beträchtlich anstiegen. Trotz des schwankenden Bestellvolumens der Elektrizitätswirtschaft herrschte bei den Herstellern Optimismus bezüglich der künftigen Geschäftsentwicklung. Die Fertigungskapazitäten wurden deshalb von allen Firmen weiter ausgebaut, wofür sie eine hohe Verschuldung in Kauf nahmen, die aber im Hinblick auf die erwartete Marktausweitung als wenig problematisch gesehen wurde.

Die Gewinne bei Kraftwerksanlagen waren aufgrund des Nachfrageüberschusses in den späten 1940er Jahren hoch und blieben dies auch in den 1950er Jahren. Möglich machte dies die Kartellierung des britischen Marktes, in dem die kleine Zahl von Unternehmen ihre Preise mittels Absprachen festlegten. Durch ihre Einkaufspolitik, bei der Aufträge nicht im Wettbewerb ausgeschrieben wurden, sondern statt dessen entsprechend der vom Kartell festgelegten Quoten vergeben wurden, unterstützte die Elektrizitätswirtschaft diese Praxis unter der Annahme, daß Wettbewerb in diesem Sektor den Interessen der heimischen Industrie widersprach. BEA und CEGB unternahmen deshalb praktisch keinen Versuch, durch Einkauf im Ausland günstigere Preise zu erzielen.

Schwieriger als für die Elektrizitätswirtschaft gestalteten sich die Verhältnisse in den frühen Nachkriegsjahren für die bundesdeutsche Elektrotechnische Industrie. Ausschlaggebend dafür war, daß Berlin als traditionelles Zentrum der Branche zugleich eine der am stärksten vom alliierten Bombardement betroffenen Städte gewesen war. In besonderem Maße waren hiervon Siemens und AEG betroffen, die den Großteil ihrer Fertigung und fast alle zentralen Einrichtungen in Berlin hatten. Hinzu kam, daß alle während des Krieges nicht zerstörten Anlagen von der sowjetischen Besatzungsmacht vollständig demontiert wurden.

Im Gegensatz dazu erlitt die Elektroindustrie der Bizone durch Demontagen nur unwesentliche Verluste. Von großem Nachteil, insbesondere für die Großunternehmen, war allerdings der völlige Verlust ihres Auslandsbesitzes einschließlich aller Vertriebs- und Fertigungsniederlassungen. Hinderlich waren weiterhin die bis Mitte der 1950er Jahre geltenden alliierten Beschränkungen bei Forschung und Entwicklung. Aus der Teilung Deutschlands ergaben sich tiefgreifende Verschiebungen in der Geographie der Elektroindustrie, in deren Gefolge die Bedeutung Berlins abnahm, während Produktionsstätten in verschiedenen Teilen der Bizone angesiedelt oder erweitert wurden. Zu den regionalen Schwerpunkten der bundesdeutschen Elektroindustrie wurden Nordrhein-Westfalen, Bayern und Baden-Württemberg.

Die Wiederaufnahme der Fertigung verlief dabei in all den Sektoren am langsamsten, deren Schwerpunkt bis zum Ende des Zweiten Weltkriegs in Berlin gewesen war. Trotzdem waren bis 1950, das gemeinhin als erstes „Normaljahr" der Nachkriegswirtschaft gilt, auch in der Elektroindustrie die Folgen des Zweiten Weltkriegs weitgehend beseitigt und in allen Fertigungssektoren der Produktionshöhepunkt der Vorkriegszeit überschritten worden. Wie die britischen so litten auch deutsche Firmen unter den aus dem Korea-Krieg resultierenden Engpässen und Preiserhöhungen bei Rohstoffen. Andererseits hatte er aber zur Folge, daß die noch bestehenden Höchstgrenzen für das Produktionsvolumen der deutschen Industrie von den Alliierten aufgehoben wurden.

Trotz der sich nach der Währungsreform konsolidierenden finanziellen Verhältnisse darf nicht übersehen werden, daß die deutsche Elektroindustrie in den frühen 1950er Jahren angesichts der Enge des Kapitalmarkts unter akutem Geldmangel litt, während britische Firmen von diesem Problem nicht betroffen waren. Zur wichtigsten Quelle für die Deckung des rapide steigenden Finanzbedarfs wurde damit die Reinvestition der im laufenden Geschäft gewonnenen Mittel. Die Wiederaufnahme der Dividendenzahlungen durch Siemens und AEG im Jahr 1951 verdeutlicht dabei, daß sich die allgemeine Konsolidierung der Verhältnisse vor dem Hintergrund des Korea-Krieges fortgesetzt hatte. Eine noch raschere Erhöhung der Produktion scheiterte allerdings nach wie vor an der Geldknappheit der Abnehmer, insbesondere in der Elektrizitätswirtschaft.

Die Verwendung zunächst von ERP-Krediten und Zuweisungen der Kreditanstalt für Wiederaufbau, dann auch von Mitteln des Investitionshilfegesetzes und den damit verbundenen Sonderabschreibungsmöglichkeiten erlaubten der Elektrizitätswirtschaft eine starke Ausweitung ihrer Bestellungen. Der Elektroindustrie bescherte dies in der ersten Hälfte der 1950er Jahre ein beträchtliches Auftragsvolumen, wenngleich sich die nach wie vor bestehende Enge des Kapitalmarkts weiterhin als Hindernis für eine noch schnellere Expansion erwies.

Verglichen mit den tiefgreifenden Veränderungen, die sich durch die Verstaatlichung der britischen Elektrizitätswirtschaft ergeben hatten, war die Entwicklung in der Bundesrepublik von einer bemerkenswerten organisatorischen und strukturellen Kontinuität gekennzeichnet. Das System der Verbundwirtschaft wurde beibehalten, ebenso die Regelung des Verhältnisses zwischen öffentlicher und industrieller Stromerzeugung. Im Ergebnis konnte die Industrie die Netze der Elektrizititätsversorger zur Stromübertragung zwischen einzelnen Werken benutzen. Damit wurde der Aufbau eines separaten, von industriellen Krafterzeugern betriebenen Leitungsnetzes vermieden, während die Industrie große Strommengen in das öffentliche Netz gegen Bezahlung einspeisen konnte. Im Gegensatz zu Großbritannien behielt die Eigenerzeugung der deutschen Industrie so ihre Bedeutung und blieb damit auch weiterhin ein wichtiger Abnehmer von Kraftwerksanlagen. Mit ihrer Forderung, Strom direkt an die Endverbraucher verkaufen zu dürften, hatten sich die industriellen Stromerzeuger trotz mehrfacher Anläufe dagegen nicht durchsetzen können.

Über den Zweiten Weltkrieg hinaus hatte auch die traditionelle Eigentumsstruktur der deutschen Elektrizitätswirtschaft Bestand, die sich durch das Nebeneinander einer Vielzahl von privaten, gemischtwirtschaftlichen und öffentlichen Unternehmen auszeichnete, die die Stromversorgung in Form von Gebietsmonopolen abwickelten. Somit waren deutsche Elektrofirmen nicht wie in Großbritannien mit einem, sondern einer Vielzahl von Abnehmern konfrontiert. Zudem wurden Aufträge im Gegensatz zur verstaatlichen britischen Elektrizitätswirtschaft im Wettbewerb ausgeschrieben und an den günstigsten inländischen Bieter vergeben. Von der restriktiveren bundesdeutschen Kartellgesetzgebung abgesehen ergab sich damit aus Marktstruktur und Beschaffungspolitik der Elektrizitätswirtschaft ein größerer Wettbewerbsdruck für die Hersteller von Kraftwerksanlagen, als dies in Großbritannien der Fall war. Zudem entfiel ein wesentlicher Teil ihres Umsatzes auf die industrielle Kraftwirtschaft, in erster Linie also die großen Montankonzerne, die in ihrer Eigenschaft als Abnehmer ebenfalls starkes Interesse an einem hohen Wettbewerbsdruck hatten.

Obgleich die Dividendenzahlungen der Elektroindustrie in der ersten Hälfte der 1950er Jahre eine nennenswerte Höhe erreicht hatten, nahmen die Unternehmen von der Möglichkeit, ihren finanziellen Spielraum durch Kapitalerhöhungen und Bankkredite zu erweitern, nur zurückhaltend Gebrauch. Bis Mitte der 1950er Jahre tätigten sie beträchtliche Investitionen, die sie im Gegensatz zu Großbritannien nur in geringem Maße vom Kapitalmarkt und fast nicht durch Bankkredite, sondern durch Abschreibungen und die Reinvestition von Gewinnen aus dem laufenden Geschäft finanzierten. Dies war charakteristisch für deren vorsichtige Finanzpolitik.

Nach dem Boomjahr 1955 trat die Elektroindustrie wie die gesamte bundesdeutsche Wirtschaft in eine langsamere Wachstumsphase ein. Eine wichtige Rolle spielte dabei die zunehmende Verengung des Arbeitsmarkts in der zweiten Hälfte der 1950er Jahre. Dies verhinderte eine Erweiterung der Fertigungskapazitäten in dem von den Firmen beabsichtigten Ausmaß, worauf sie mit Rationalisierungen reagierten. Der Arbeitskräftemangel ließ gleichzeitig die Personalaufwendungen steigen, die im Gegensatz zur ersten Hälfte der Dekade in den späten 1950er Jahren schneller als der Umsatz zunahmen und damit die Gewinne schmälerten.

Der ausländischen Wettbewerbern versperrte und hohe Gewinnspannen bietende Markt für Kraftwerksanlagen erlaubte es den großen britischen Elektrofirmen auch weiterhin, Konsumgüter zu vernachlässigen. Eine Veränderung trat ein, als sich die Pläne zum Ausbau der britischen Elektrizitätsversorgung in den späten 1950er Jahren als überhöht erwiesen hatten, und das CEGB die Bestellungen erheblich kürzte. Gleichzeitig war die Nachfrage nach konventionellen Kraftwerksanlagen durch den Schwenk hin zur Kernkraft erheblich gefallen, so daß beträchtliche Überkapazitäten entstanden waren, die die Unternehmensfinanzen belasteten. Verschärfend wirkten außerdem die enormen Aufwendungen für Forschung und Entwicklung, die den Konzernen aus dem Einstieg in die Atomkraft entstanden.

Als Folge der Aufhebung der alliierten Beschränkungen begann man in der Bundesrepublik in den späten 1950er Jahren mit Planungen zur Nutzung der Kernenergie. Im Gegensatz zu Großbritannien, wo man sich wegen des Aufbaus eines Atomwaffenarsenals auf die eigenständige Entwicklung von Gasgekühlten Reaktoren konzentrierte, kooperierten die führenden deutschen Konzerne mit ihren traditionellen US-Partnern. Dabei übernahmen AEG und Siemens die US-amerikanischen Leichtwasserreaktoren, die zu dieser Zeit das kostengünstigste Kraftwerkskonzept im Nuklearsektor darstellten. In der Folgezeit gelang es deutschen Unternehmen und insbesondere Siemens, sich sukzessive von der Nutzung US-amerikanischer Technologie unabhängig zu machen und eigene Designs zu entwickeln. Diese wurden dann auch erfolgreich exportiert, während das Interesse an britischen Gasgekühlten Reaktoren auf dem Weltmarkt gering war.

Bereits das *Herbert Committee* hatte der verstaatlichten Elektrizitätswirtschaft Ineffizienz vorgeworfen und dabei insbesondere die Preisabsprachen der Elektrounternehmen kritisiert. Unter zunehmenden Druck geriet die Elektroindustrie im Gefolge der von der *Monopolies (Inquiry) Commission* publizierten Berichte, die nachwiesen, daß Wirtschaft und Konsumenten durch künstlich überhöhte Preise erhebliche Schäden entstanden. Die Kommission forderte deshalb die Ausschreibung von Aufträgen, und empfahl ein Verbot von Preisabsprachen, die auch bei ausländischen Kunden auf massive Kritik gestoßen waren.

Als sich der Gesetzgeber nach seiner anfangs zögerlichen Haltung entschied, derartige Preisabsprachen zu verbieten, gelang es der Elektroindustrie, dieses

Verbot durch Etablierung des als *Price Leadership* bezeichneten Verfahrens zu umgehen. Dabei legte der Marktführer den Preis fest, an den sich dann alle anderen Firmen der Branche hielten. Entscheidend war dabei, daß die Preise in einer Höhe festgelegt wurden, die auch ineffizienten Herstellern das Verbleiben am Markt ermöglichten. Produktivere Unternehmen beraubten sich dadurch zwar selbst ihres Wettbewerbsvorteils, konnten aber gleichzeitig große Gewinnspannen erzielen. Dieses Vorgehen verhinderte das Aufkommen neuer Marktteilnehmer, führte zu einem niedrigen Wettbewerbsdruck und verzögerte technische Innovationen und Produktivitätssteigerungen. Kennzeichnend hierfür war die Entwicklung bei Atomkraftwerken, wo der britische Markt mit fünf Konsortien weit übersetzt war. Der fehlende Wettbewerb war die Ursache, ein unnötiger Kostenanstieg aufgrund der parallel unternommenen Forschungs- und Entwicklungsarbeiten die Folge.

Die wirtschaftliche Situation britischer Hersteller hatte sich in der ersten Hälfte der 1960er Jahre aufgrund der wiederholten Revision der Vorausschätzungen des Stromverbrauchs weiter verschlechtert. Das Problem der Überkapazitäten verschärfte sich, während die Firmen angesichts ihrer enormen Verschuldung unter hohen Zinslasten litten. Der finanzielle Spielraum wurde zusätzlich eingeengt, als man versuchte, durch hohe Dividenden das investierte Kapital in den Unternehmen zu halten.

Wie die Entwicklung des britischen Elektroaußenhandels zeigte, konnten die Fertigungsüberkapazitäten auch nicht durch verstärkte Exporte kompensiert werden. Einerseits hatte die Abschottung des heimischen Marktes und der geringe Wettbewerbsdruck die Herausbildung international wettbewerbsfähiger Unternehmen behindert. Andererseits ergab sich aus der geographischen Struktur der ausländischen Abnehmer ein prinzipieller Nachteil: Hohe Wachstumsraten zeigten genau die Märkte, in denen britische Unternehmen traditionell eine schwache Stellung hatten, nämlich sämtliche europäische Staaten. Eine geringere Expansion und einen zunehmenden Konkurrenzdruck durch Anbieter anderer Länder zeichneten dagegen den Markt aus, in dem sie traditionell stark war: im Commonwealth.

Im Gegensatz dazu entwickelte sich der Export für bundesdeutsche Elektrofirmen zu einer wichtigen Konjunkturstütze, auch und gerade in Zeiten eines sich abschwächenden Binnenmarktes. Besonders deutlich wurde dies 1966/67 in der ersten Rezession der deutschen Nachkriegsgeschichte, als der Rückgang des Inlandsgeschäfts durch eine kräftige Steigerung der Ausfuhr teilweise kompensiert werden konnte. Begünstigt wurde dies durch die regionale Struktur der Abnehmer, die zu einem wesentlichen Teil aus den am schnellsten wachsenden Volkswirtschaften der Welt, nämlich anderen europäischen Staaten, bestanden. Deren Anteil an den deutschen Elektroexporten nahm von rund 50 Prozent in den 1950er Jahren auf über 60 Prozent in den 1960er Jahren zu.

Lediglich einer der britischen Konzerne hatte aus der absehbar gewordenen Kontraktion der Nachfrage nach Kraftwerksanlagen rechtzeitig genug die Konsequenzen gezogen: GEC unter Arnold Weinstock, der im Gegensatz zu seinen Vorgängern und auch anders als die Manager von English Electric und AEI keine persönliche Affinität zum Kraftwerkssektor hatte. Durch die finanzielle Konsolidierung des Unternehmens und dessen struktureller Reorganisation, in deren Verlauf das Turbogeneratorengeschäft verkauft wurde, blieb GEC das Schicksal seiner Konkurrenten erspart. Vielmehr konnte es sogar die Kontrolle über sie gewinnen. Zunächst AEI, nach der bis dahin größen Übernahmeschlacht der neueren britischen Industriegeschichte. Dann auch English Electric, dessen Management die Aussichtslosigkeit der Situation erkannt hatte, und von sich aus den Weg der Fusion mit GEC wählte, um einer feindlichen Übernahme zuvorzukommen. So kam es zu einer weitreichenden Reorganisation der britischen Elektrotechnischen Industrie, die eigentlich schon viel früher notwendig gewesen wäre, aber durch die Kartellierung des Marktes und dessen Abschirmung gegen ausländische Konkurrenten verhindert worden war.

TEIL 3:

ELEKTROTECHNISCHE KONSUMGÜTER ZWISCHEN 1945 UND DEN SPÄTEN 1960ER JAHREN

EINFÜHRENDES KAPITEL:
ALLGEMEINES UND TECHNISCHE ENTWICKLUNG

EINLEITUNG

Prinzipiell sind zwei Gruppen elektrotechnischer Konsumgüter zu unterscheiden: Haushaltsgeräte und Unterhaltungselektronik. Elektrische Haushaltsgeräte sind im folgenden als Produkte definiert, die durch die Nutzung elektrischen Stroms zur Erledigung von im Haushalt anfallenden Tätigkeiten benutzt werden. Dabei gibt es drei unterschiedliche Arten: Für Kochen und Erwärmen (Küchenherde, Raum- und Wasserwärmgeräte), zur Ausführung mechanischer Bewegungen (Waschmaschinen, Staubsauger) und zum Kühlen (Kühlschränke, Gefriertruhen). Geräte der Unterhaltungselektronik sind Güter, die unter Verwendung von Komponenten wie Transistoren oder Integrierten Schaltkreisen dem Empfang von Radio- und Fernsehübertragungen oder der Wiedergabe gespeicherter Toninformationen wie etwa Plattenspieler oder Kassettenrekorder dienen.[1]

Die Hersteller elektrotechnischer Konsumgüter lassen sich in zwei Gruppen unterteilen. Bei der ersten bildeten Konsumgüter Teil eines breiteren Warenspektrums, wobei viele dieser Unternehmen Konglomerate oder diversifizierte Firmen waren, die zum Teil auch andere als elektrotechnische Artikel herstellten.[2] In Großbritannien und der Bundesrepublik bestand diese Gruppe aus Konzernen wie GEC, AEI, English Electric, Siemens, AEG und Bosch. Bei English Electric und AEI hatten Konsumgüter in den frühen 1960er Jahren einen Anteil von zehn Prozent am Gesamtumsatz, bei GEC lag dieser etwas höher. Bei AEG betrug dieser Wert zwischen einem Viertel und einem Drittel, bei Siemens ein Sechstel.[3]

Zum anderen hat man es mit Firmen zu tun, die sich auf die Herstellung von Konsumgütern spezialisiert haben. In Großbritannien waren die größten die-

---

[1] Household Appliances, in: Encyclopedia Britannica, Chicago / London 1959, Vol. 11, S. 813; Household Appliances, in: Encyclopaedia Americana. International Edition, New York 1968, Vol. 14, S. 450; Broadcasting, in: Encyclopaedia Britannica, Chicago / London 1961, Vol. 4, S. 207. S.a. CORLEY, Domestic Electrical Appliances, S. 18.

[2] Electrical Companies' Increasing Diversificiation, in: ER 172 (1963), S. 449; EU, COMMISSION OF THE EUROPEAN COMMUNITIES, Concentration in the Electrical Appliances Industry, S. 14.

[3] Kräftige Geschäftsausweitung bei der AEG, in: Volkswirt 16 (1962), S. 500; Haus Siemens. Optimistische Investitionspolitik, ebd., 17 (1963), S. 355; BBC. Ein erfolgreiches Jahr, ebd., S. 1027; Haus Siemens. Mehr sein als scheinen, ebd., 18 (1964), S. 320; Brown, Boveri & Cie AG. Stärkere Betätigung im Ausland, ebd., 19 (1965), S. 1074; HATCH, Stop-Go, S. 354.

ser Unternehmen Töchter internationaler Konzerne: Hoover und Electrolux. Der bedeutendste britische Hersteller in dieser Gruppe war Thorn, freilich mit einem Anteil von 20 Prozent in Händen von General Telephone & Electric aus den USA. Die meisten dieser Firmen stellten ein größeres Spektrum unterschiedlicher Konsumgüter her, doch es gab auch Betriebe, die sich zumindest für einige Zeit nur auf eine Produktgruppe beschränkten. Zu denken ist hier beispielsweise an Kenwood und Belling in Großbritannien sowie Constructa und Miele in der Bundesrepublik.[4]

Nachfolgend soll auf einige technische Zusammenhänge der hier behandelten Konsumgeräte hingewiesen werden. Im Rahmen dieser Studie sind dabei vor allem die betriebswirtschaftlichen Konsequenzen technischer Neuerungen von Belang. Da ist einmal das Verhältnis von Produzent und Konsument zu nennen, und zwar vor allem die Markentreue der Kunden bei kundendienstintensiven Geräten. Zum anderen sind fertigungstechnische Neuerungen und ihre betriebswirtschaftliche Folgen von Interesse: So verteuerte die komplexer werdende Produktionstechnik die Fertigungsanlagen und erschwerte neuen Unternehmen den Zutritt zum Markt.[5]

WERKSTOFFE UND KOMPONENTEN

Konsumgüter und deren Herstellung veränderten sich mit der zunehmenden Verbreitung zweier neuer Werkstoffe, Plastik und Aluminium. Der neue Kunststoff brachte erhebliche fertigungstechnische Vorteile und kürzere Produktionszeiten mit sich. Ähnlich führte die Verwendung von Aluminium anstelle von Stahl, etwa für das Gehäuse von Haushaltsgeräten, zu einer beträchtlichen Gewichtseinsparung und vereinfachte ebenfalls den Fertigungsprozeß.[6]

Eine der wichtigsten Komponenten in unterhaltungstechnischen Geräten waren Röhren, die in großer Zahl benötigt wurden, vier bis fünf für einen nor-

---

4   SÖLVELL, Entry Barriers, S. 158. „The main interests of Thorn Electrical are in the consumer goods side of the electrical trade – in lighting equipment as well as in television and radio sets.", Thorn Electric Industries [AR], in: Economist 164 (1952), S. 529. S.a. Bids. Truce-Breakers, ebd., 221 (1966), S. 1351; JONES, Foreign Multinationals, S. 432.

5   S.a. ABERLE, Wettbewerbstheorie, S. 54f.

6   Kunststofferzeugung in Deutschland und Westeuropa, in: EA-GI 16 (1963), S. 425; Electric Cookers. Large Scale Production at Yate, in: ER 144 (1949), S 409; Plastics in the Electrical Industry. Methods and Applications, ebd., 148 (1951), S. 1344ff; Domestic Appliance Production. Design, Manufacture and Marketing, ebd., 164 (1959), S. 340, 409; George, Home Appliances, S. 634; HENNEBERGER UND GALE, Productivity, S. 42; HARTSHORN, Plastics, S. 641; ALLIBONE, New Materials, S. 517; BLAISDELL, Industrial Concentration, S. 159; HOFFMANN, Kostensenkung, S. 975; KUMMER, Materialverbrauch, S. 481; MIESNER, Variantenreiche Isolierung, S. 48; PREIN, Elektroindustrie, S. 1987.

malen Radioempfänger und 15 bis 18 für einen Fernsehapparat. Neue Fertigungsverfahren wirkten sich kostenmindernd auf die Röhrenpreise und damit auch auf den Verkaufspreis der Endgeräte aus. Im Laufe der 1950er Jahre wurde die Röhre dann allerdings sukzessive durch den Transistor ersetzt. Obgleich der Transistor bereits 1948 erfunden wurde, breitete er sich langsamer als ursprünglich erwartet aus. Erst nachdem eine Reihe fertigungstechnischer Probleme gelöst worden waren, begann 1953 dessen Massenherstellung in den USA.[7]

Zur breiteren Verwendung von Transistoren trugen gedruckte Schaltungen bei, die während des Zweiten Weltkriegs vom *US National Institute of Standards and Technology* für Annäherungszünder von Artilleriegranaten entwickelt worden war. Gedruckte Schaltungen lösten einen tiefgreifenden Wandel in der Fertigungstechnologie aus, da sie manuelles Verdrahten überflüssig machten, das nun von Maschinen übernommen wurde. Außerdem ermöglichten gedruckte Schaltungen die Aufteilung der Montage in mehrere Abschnitte und damit eine flexiblere Herstellung der Endgeräte.[8]

Ähnliche Veränderungen, wie sie der Transistor in den 1950er Jahren ausgelöst hatte, folgten auf die Erfindung des Integrierten Schaltkreises durch Texas Instruments und Fairchild im Jahr 1960. Integrierte Schaltkreise bestehen aus einer Vielzahl elektronischer Komponenten, die in einem einzigen Chip vereinigt sind. Er führt zwar die gleichen Funktionen wie frühere Semikonduktoren aus, ist aber erheblich kleiner und verbraucht weniger Strom. Dies machte Integrierte Schaltkreise zum idealen elektronischen Baustein für Rechenmaschinen, industrielle Anlagen und Konsumgüter, insbesondere von Radio- und Fernsehgeräten. Ähnlich wie gedruckte Schaltungen vereinfachten Integrierte Schaltkreise sowohl die Herstellung der Komponenten als auch die Montage der Endprodukte. Eine erhebliche Steigerung der Produktivität, sowie eine Verbesserung der Leistungsfähigkeit und Qualität der Geräte waren die Folge.[9]

---

[7] Television Tubes and Receiving Valves. Manufacture in Mullard's Lancashire Factories, in: ER 166 (1960), S. 435; Die Aufgaben der Bauelemente-Industrie im Rahmen der Elektrowirtschaft, in: EA 9 (1956), S. 231; DUNNING, Radio and Television Industry, S. 28; SPREADBURY, Radio Show, S. 124; EASTWOOD, Research, S. 248; NELSON, Link, S. 553; ROESTI, American Semiconductor Industry, S. 49f.

[8] Automatic Radio Factory, in: Discovery 1947, No. 8, S. 98, 100; Television Receiver Manufacture, in: ER 167 (1960), S. 174; KRÄMER, Fortschritte, S. 32; STROHMEYER, Strukturwandel, S. 8; BERGTOLD, Rundfunk- und Fernsehempfänger, S. 978; BREITENACHER et al., Elektrotechnische Industrie, S. 196; KLEIN, Elektronik volkswirtschaftlich, S. 59; STRAUSS, Überblick, S. 29-32; MINISTRY OF LABOUR, Manpower Studies, S. 9; MONOPOLIES AND RESTRICTIVE TRADE PRACTICES COMMISSION, Thorn Electrical Industries and Radio Rentals Ltd., S. 5; SPREADBURY, Radio Show, S. 123.

[9] Components for the Radio and Electronic Industries, in: ER 164 (1959), S. 689; SOETE UND DOSI, Technology, S. 30; OECD, Electronic Components, S. 44; DIESS., General Report, S. 12; DOSI,

WASCHMASCHINEN

Die Waschmaschine, zumal mit eingebautem Trockner, galt gemeinhin als das Haushaltsgerät, das die größte Arbeitsersparnis mit sich brachte. In den Zwischenkriegsjahren bestand sie noch im wesentlichen aus dem bis dahin gebräuchlichen Waschfaß, in dem von einem Elektromotor angetriebene Elemente das Reiben und Bürsten der Wäsche übernahmen. Der zylindrische Waschbehälter war auf ein Gestell montiert, unter dem sich der Motor befand. US-Unternehmen änderten diese Konstruktion bereits vor dem Zweiten Weltkrieg, indem sie Motor und andere mechanische Teile in ein eckiges statt rundes Gehäuse einbauten und später auch Strom zum Erwärmen der Waschlauge benutzten.[10]

Diese gerätetechnischen Fortschritte breiteten sich nach dem Krieg in Europa aus. Auf der Oberseite des Gehäuses war häufig eine von Hand zu bedienenden Wäschepresse angebracht, die während der frühen 1950er Jahre durch eine motorbetriebene Presse ersetzt wurde. Die nächsten Verbesserungen erfolgten durch Einbau einer weiteren Trommel, in der die Wäsche geschleudert werden konnte.[11] Hinderlich für die Ausbreitung dieser Konstruktion, in Großbritannien bekannt unter der Bezeichnung *Twin-Tub*, war allerdings, daß Größe und Gewicht durch die zweite Trommel zunahmen und damit die Unterbringung der Waschmaschine in der Wohnung erschwerten. Im Laufe der 1950er Jahre gelang es dann aber, die Geräte kompakter zu gestalten.[12]

Die beiden Haupttypen waren Trommel- und Rührwerkwaschmaschinen. Erstere zählten zu den am weitesten verbreiteten Geräten, deren Kernstück eine horizontal angeordnete Waschtrommel war, die sich entweder in eine Richtung bewegte, oder diese ständig änderte. In Rührwerkwaschmaschinen war

---

Semiconductors, S. 209f; LIEBHABERG, Multinational Enterprises, S. 184; MINISTRY OF LABOUR, Manpower Studies, S. 13; NORTHCOTT, Making Use of Microchips, S. 40; MCCALMAN, Electronics Industry, S. 9; FALK, Elektronik, S. 2041; KLEIN, Elektronik volkswirtschaftlich, S. 59.

10   Die wirtschaftliche Bedeutung der Waschtechnik, in: EA Ausg. B, 14 (1961), S. 50; FUNCK, Doctor der Gottesgelehrsamkeit, S. 942; Probleme des Waschautomatenbaus. Vortrag von Dr. Bumann [AEG, Nürnberg], in: EM 15 (1962), S. 664; JOHNSTON, Equipment Preferences, S. 721; SCHMIDT, Waschen, S. 1337; KÜMMERLING, Waschmaschine, S. 128; HUßLEIN, Arbeitserleichterung, S. 24.

11   Domestic Appliance Design. Review of Recent Improvements, in: ER 152 (1953), S. 1023; Electricity in the Home. A Survey of Recent Developments and Apparatus Available, ebd., 153 (1953), S. 836f; PACKER, Design Factors, S. 501; CORLEY, Domestic Electrical Appliances, S. 111; Household Appliances, in: Encyclopaedia Britannica, London/Now York 1926, Vol. 2, S. 377; OWEN, Economies of Scale, S. 127; BIELING UND SCHOLL, Elektrogeräte, S. 82.

12   Electricity in the Home. A Survey of Recent Developments and Apparatus Available, in: ER 153 (1953), S. 836; Electricity in the Home. A Review of Present Day Appliances, ebd., 161 (1957), S. 658f; Elektrowaschmaschinen stellen Aufgaben, in: EM 10 (1957), S. 455; WURSTER, Betrachtungen, S. 76; OWEN, Economies of Scale, S. 127.

die Trommel dagegen vertikal angebracht und bewegte sich nicht; statt dessen drehte sich in der Trommelmitte ein Kegel, der sogenannte Beweger, dessen Flügel das Wasser in Bewegung versetzten.[13]

Der Nachteil von Trommelwaschmaschinen war ihr unruhiger Lauf, besonders beim Schleudern, weshalb sie eine zuverlässige Bodenverankerung benötigten. Sie verbrauchten allerdings relativ wenig Wasser, denn die Reinigung der Wäsche wurde hauptsächlich durch die Drehung der Trommel erreicht. Da dadurch auch weniger Wasser erhitzt werden mußte, reduzierte sich der Energiebedarf. Außerdem waren die meisten Trommelwaschmaschinen Frontlader, deren Oberseite als Arbeitsfläche benutzt werden konnte, was eine bei der Platznot in vielen Küchen sehr geschätzte Verbesserung war.[14]

In den meisten kontinentaleuropäischen Ländern waren Trommelwaschmaschinen infolge ihres geringen Strom- und Wasserverbrauchs Marktführer. In Großbritannien hatten dagegen anfangs Rührwerkwaschmaschinen eine starke Marktstellung und behielten sie auch nach der Ausbreitung automatischer Maschinen in den 1960er Jahren. So ergab eine 1965 erstellte Marktübersicht, daß von 15 automatischen Modellen nur zwei Trommelgeräte von britischen, aber neun von ausländischen Herstellern stammten. Alle automatischen Geräte britischen Ursprungs waren dagegen Rührwerkwaschmaschinen.[15]

Der Nachteil aller Gerätetypen, sowohl solcher mit separater als auch mit eingebauter Wäscheschleuder war, daß die Wäsche nach dem Waschvorgang von Hand in die Schleuder geladen werden mußte. Dies änderte sich mit der Entwicklung von Trommelwaschmaschinen, die in einer einzigen Trommel waschen und schleudern; erste Modelle kamen bereits in den frühen 1950er Jahren auf den Markt. Dabei handelte es sich um halbautomatische Maschinen, bei denen Temperatur, Waschzeit und ähnliches eingestellt und jeder neue Waschabschnitt – Einweichen, Waschen, Spülen und Schleudern – von Hand gestartet werden mußte.[16]

---

[13] The Automatic Washing Machine. Design and Construction of Four Main Types, in: ER 176 (1965), S. 632, 634; SCHMIDT, Waschen, S. 1338; HUßLEIN, Arbeitserleichterung, S. 24; SCHIRP, Arbeitsweise, S. 328; NETZ, Haushaltswaschmaschinen, S. 71ff; DERS., Prinzipien, S. 313ff; LAMBRECHT, Waschautomat, S. 927; WURSTER, Kundendienst, S. 453; Waschtag ohne Schrecken, in: EM 11 (1958), S. 282. S.a. ORLAND, Wäsche waschen, S. 209-23.

[14] The Automatic Washing Machine. Design and Construction of Four Main Types, in: ER 176 (1965), S. 633; Waschtag ohne Schrecken, in: EM 11 (1958), S. 281; STAUDACHER, Entwicklungstendenzen, S. 308; WURSTER, Betrachtungen, S. 75.

[15] Die importierten Trommelgeräte stammten von Castor, Imperial, Indesit, Bauknecht, Lavamatic, Miele, Westinghouse und Zoppas, siehe: The Automatic Washing Machine. Design and Construction of Four Main Types, in: ER 176 (1965), S. 632, 634; WURSTER, Betrachtungen, S. 76.

[16] Electricity in the Home. A Survey of Recent Developments and Apparatus Available, in: ER 153 (1953), S. 837; Domestic Electricity. A Survey of Modern Appliances, ebd., 159 (1956), S. 768; Zwei Geräte – ein Gehäuse, in: EM 11 (1958), S. 467; GEORGE, Home Appliances, S. 634; DAVIDSON, Designing, S. 469; WURSTER, Betrachtungen, S. 76.

Waschmaschinen waren komplexere Geräte als Kühlschranke und boten deshalb größeren Raum zur Produktdifferenzierung, waren aber auch schwieriger herzustellen. Der im Vergleich zu Kühlschränken häufiger notwendige Kundendienst und die relativ kurze Lebensdauer von sechs bis sieben Jahren führten dazu, daß die Kunden bei Waschmaschinen meist einer etablierten Marke treu blieben. Neue Unternehmen taten sich deshalb auf diesem Markt schwerer als bei Kühlschränken. Dies erklärt unter anderem auch, warum der Anteil importierter Geräte im britischen Waschmaschinenmarkt unter dem von Kühlschränken lag.[17]

Die Erfindung der Zeitschaltuhr ermöglichte die Entwicklung der vollautomatischen Waschmaschine, deren Markteinführung in den späten 1950er und den 1960er Jahren den wichtigsten technischen Fortschritt auf diesem Sektor darstellte. Während der Benutzer bei halbautomatischen Modellen noch jeden der Waschabläufe separat starten mußte, erübrigte sich dies bei vollautomatischen Geräten. Nunmehr wurde lediglich ein Waschprogramm gewählt, alles weitere besorgte die Maschine von selbst. Für verschiedene Wäschesorten waren bestimmte Programme mit diversen Funktionsabläufen vorgesehen.[18]

Der Waschmaschinenmarkt der 1960er Jahre bestand somit aus drei Segmenten: Geräten ohne jegliche Automatik, Halb- und Vollautomaten. Dabei verschob er sich kontinuierlich zugunsten höherwertiger Modelle, während andererseits Geräte der unteren Preisklassen mit Funktionen ausgestattet wurden, wie sie bis dahin nur bei teuren üblich waren.[19]

KÜHLSCHRÄNKE

Bei Kühlschränken sind zwei Gerätetypen zu unterscheiden: Kompressor- und Absorbermodelle. Beide machen sich die physikalische Gesetzmäßigkeit zunutze, der zufolge ein Stoff beim Übertritt vom flüssigen in den gasförmigen

---

[17] VOLK, Bestimmungsfaktoren, S. 261; WURSTER, Kundendienst, S. 453; DEMISCH, Produktion, S. 408; MAYERS, Management, S. 27; OWEN, Economies of Scale, S. 126, 133f.

[18] Vollautomatisch arbeitende Waschmaschinen, in: ET 42 (1960), S. 350; Probleme des Waschautomatenbaus. Vortrag von Dr. Bumann [AEG, Nürnberg], in: EM 15 (1962), S. 664; Waschgeräte-Angebot noch stärker differenziert, ebd., 17 (1964), S. 409; SCHMIDT, Waschen, S. 1349; HERRMANN, Programmsteuerung, S. 44; BIELING UND SCHOLL, Elektrogeräte, S. 83; DAVIDSON, Designing, S. 469.

[19] Production and Employment. An Economic Survey of the Electrical Industry in 1960, in: ER 168 (1961), S. 155; Home Laundry Equipment and Vacuum Cleaners, ebd., 173 (1963), Supplement „Domestic Electrical Equipment. Survey of Current Practice", S. 32; Waschgeräte-Angebot noch stärker differenziert, in: EM 17 (1964), S. 409; Neue und weiterentwickelte Waschgeräte in Köln angeboten, ebd., 19 (1966), S. 371; HARRIES, White Appliances Industry, S. 115; OWEN, Economies of Scale, S. 131.

Aggregatszustand Wärme absorbiert, wodurch die Umgebungstemperatur absinkt. Es geht also darum, ein Kühlmittel vom gasförmigen in den flüssigen Zustand umzuwandeln und es durch das Kühlschrankinnere zu leiten, wodurch diesem Wärme entzogen wird. Da sich das Kühlmittel dabei erwärmt, muß es anschließend wieder verflüssigt werden, womit der Kreislauf von vorne beginnen kann.

In Kompressorkühlschränken wird das Kühlmittel verdampft, fließt durch das Innere des Geräts und entzieht diesem Wärme. Anschließend wird über einen motorbetriebenen Kompressor der entstandene Dampf angesaugt und verdichtet. Ein nachgeschalteter Kondensator entzieht diesem die Wärme, wodurch sich das Kühlmittel verflüssigt und wieder auf seinen Ausgangsdruck entspannt. Ein Kompressorkühlschrank funktioniert folglich durch das Zusammenwirken von Druckerhöhung und Wärmeabgabe. Als Kühlmittel kommen dabei nur chemische Stoffe mit günstigen thermodynamischen Eigenschaften in Frage, die zudem nicht brennbar und nicht explosiv sein dürfen, wie dies etwa für Frigen gilt.

Absorberkühlschränke beruhen auf dem Prinzip, daß Gase unter bestimmten Bedingungen an einen anderen Stoff gebunden, unter anderen aber von diesem getrennt werden. Das Kühlmittel wird bei Absorberkühlschränken nicht durch einen Kompressor unter Druck gesetzt und hierdurch verdampft, sondern in Verbindung mit einer Ammoniak-Wassermischung erhitzt. Aufgrund des ansteigenden Drucks kondensiert der Ammoniakdampf im Verflüssiger, worauf das nunmehr flüssige Kältemittel wieder entspannt und verdampft wird, wobei es dem Inneren des Kühlschranks Wärme entzieht. Wasser nimmt als Lösungsmittel im Absorber das Ammoniak wieder auf, und der Kreislauf beginnt erneut.[20]

Die in den 1930er Jahren üblichen Haushaltskühlschränke bestanden aus einem Holzgestell mit Stahlblechverkleidung, die nach dem Zweiten Weltkrieg von Ganzstahlmöbeln abgelöst wurden. Motorbetriebene Kompressoren für Haushaltskühlschränke waren zwar von General Electric in den USA bereits 1925 entwickelt worden, blieben aber vor dem Zweiten Weltkrieg in Europa ohne kommerzielle Bedeutung; Absorbermodelle wurden vom schwedischen Konzern Electrolux von 1926 an auf den Markt gebracht. Die von General Electric entwickelten Kompressoren vertrieb deren Tochter British Thomson-Houston von 1933 an in Großbritannien ohne nennenswerten Erfolg. Dies änderte sich nach den Zweiten Weltkrieg, als L. Sterne Ltd. aus Glasgow eine

---

[20] Neuzeitliche Kühlschränke. Ein Blick auf die Internationale Kölner Herbstmesse 1953, in: EA 6 (1953), S. 427; MANSFELD, Wirkungsweise, S. 413f; Kühlschränke und Kühlanlagen, in: EM 3 (1950), S. 6ff; GORDON, Recent Developments, S. 49, 52-7; BILLING, Electric Refrigerators, S. 930; SCHIRP, Haushaltskühlschrank, S. 201; SCHOLL, Grundlagen, S. 245.

Lizenz zur Herstellung eines verbesserten Kompressortyps von der Tecumseh Co. in den USA erwarb, ihn mit Massenfertigungsverfahren produzierte und in großer Zahl absetzte.[21]

Der Wartungsbedarf von Kompressorkühlschränken war gering, und die durchschnittliche Lebensdauer wurde in den 1950er Jahren auf 15 bis 20 Jahre veranschlagt. Die dadurch bedingte geringere Markenloyalität der Kunden hatte zur Folge, daß bei Kühlschränken die Frage des Preises eine größere Rolle als bei Waschmaschinen spielte.[22]

Absorbermodelle waren vor dem Zweiten Weltkrieg in Großbritannien lediglich von der Niederlassung des schwedischen Konzerns Electrolux hergestellt worden. In den frühen 1950er Jahren wurden sie dann auch von britischen Firmen wie Morphy-Richards angeboten. Im Vergleich zu Kompressorgeräten verlangten Absorberkühlschränke einen geringeren Fertigungsaufwand, da sie einfacher konstruiert waren und nur wenige bewegliche Teile enthielten. Die Herstellung von Absorberapparaten bestand hauptsächlich aus Schweißarbeiten, während Kompressorkühlschränke mit den im Maschinenbau üblichen Fertigungsmethoden produziert werden mußten.[23]

Zu ihrer Beliebtheit trug bei, daß Absorberkühlschränke weniger anfällig für Stromschwankungen waren, wie sie in den frühen 1950er Jahren in Großbritannien häufig vorkamen. Allerdings verbrauchten sie ein Mehrfaches an Strom und waren bei gleichem Stauraum größer. Angesichts des beschränkten Raumes in vielen modernen Küchen war dies ein wichtiges Kaufkriterium.[24] Ein Vergleich von elf Absorber- und 14 Kompressorkühlschränken aus dem Jahr 1959 zeigte, daß der Preis für einen Kubikfuß Stauraum £ 20 bei Absorber-, aber nur £ 16 bei Kompressormodellen betrug. Die Untersuchung kam zum Ergebnis: „In the domestic field, the analysis of costs, performance and

---

[21] Refrigeration Congress. Second Assembly in London, in: ER 149 (1951), S. 477; CUBE, Entwicklung, S. 7; DERS., Europas Kälteindustrie, S. 2023; SCHRADER, Die wirtschaftliche Situation, S. 3; SCHWARTZ-COWAN, Refrigerator, S. 207; WHITTLE, Motors, S. 206.

[22] BATT, Absorption, S. 1112; OWEN, Economies of Scale, S. 11.

[23] Electricity in the Home. A Survey of Recent Developments and Apparatus Available, in: ER 153 (1953), S. 836; Domestic Equipment Survey, ebd., 163 (1958), S. 705; Kühlschränke und Waschmaschinen vom Fließband, in: EA 10 (1957), S. 203; Der Kühlschrank erobert die Haushalte, in: Volkswirt 7 (1953), Nr. 33, S. 17; BYERS, Centenary, S. 55; Electrolux, in: HAST, International Directory, S. 479.

[24] The Refrigeration Industry. Reflections on the BEPC Discussion, in: ER 148 (1951), S. 1339; Electricity in the Home. A Survey of Recent Developments and Apparatus Available, ebd., 153 (1953), S. 836; Electricity in the Home. A Review of Present Day Appliances, ebd., 161 (1957), S. 649; Domestic Equipment Survey, ebd., 163 (1958), S. 713; Neuzeitliche Kühlschränke. Ein Blick auf die Internationale Kölner Herbstmesse 1953, in: EA 6 (1953), S. 427f; Der Kühlschrank erobert die Haushalte, in: Volkswirt 7 (1953), Nr. 33, S. 17; Neue Wege im Kühlschrankbau, in: EM 12 (1959), S. 1086; BATT, Absorption, S. 1112; KEY, Refrigerators, S. 747; KNAUER, Haushaltkälte, S. 8.

space economy of some typical machines all favour the compression system."[25]

Durch Verwendung neuer, stärker isolierender Kunststoffe konnten Volumen und Gewicht der Kompressorgeräte weiter reduziert werden. Ohne daß sich an den äußeren Abmessungen etwas änderte, ließ sich so der Innenraum um 25 Prozent vergrößern. Eine bahnbrechende technische Neuerung bei Haushaltskühlschränken war das automatische Entfrosten, das sich in den 1960er Jahren ausbreitete. Beim laufenden Betrieb lagerte sich nämlich im Inneren von Kühlschränken Eis an, das entfernt werden mußte, da das Gerät andernfalls nicht wirksam kühlte. Hierfür mußte es abgeschaltet, der Inhalt entnommen und anschließend das Eis abgetaut werden. Diese zeitaufwendige Prozedur wurde durch automatisches Entfrosten vermieden, bei dem die Temperatur im Kühlschrank zeitweise so erhöht wurde, daß das Eis abtaute ohne aber die Nahrungsmittel zu gefährden. Der Entfrostungsprozesses mußte zunächst noch manuell gestartet werden, später übernahm dies eine Zeitschaltuhr.[26]

Bis in die frühen 1950er Jahre hatten Kühlschränke einen Stahlrahmen, an dem das ebenfalls aus Stahl bestehende Gehäuse befestigt war, wobei Glaswolle zur Isolation verwendet wurde. Neue und leichtere Kompressoreinheiten in Verbindung mit den oben genannten neuen Werkstoffen – Aluminium für das Außen-, Plastik für das Innengehäuse – führten zu beträchtlichen Gewichtsersparnissen. Gleichzeitig vereinfachten diese Materialien den Fertigungsprozeß und ermöglichten die Fließbandproduktion von Kühlschränken; aufgrund des großen Gewichts der Geräte und wegen der bei Stahlblechen nötigen Bearbeitungsschritte war dies bis dahin praktisch nicht möglich gewesen.[27]

---

[25] BILLING, Electric Refrigerators, S. 933.

[26] Modern Refrigerator Factory. Visit to the Extended Electrolux Works, in: ER 166 (1960), S. 967; Cooking, Refrigeration and Kitchen Equipment, ebd., 173 (1963), Supplement „Domestic Electrical Equipment. Survey of Current Practice", S. 20ff; Refrigeration, ebd., 177 (1965), Supplement „Trends in Domestic Appliances. Survey of Current Practice", S. 16; Trends in Domestic Appliances. Auto-Defrosting in Refrigerators, ebd., 179 (1966), S. 599; Plastics invade the Domestic Refrigerator, in: British Plastics 33 (1960), S. 398; Plastics in Refrigeration. Some Exhibits at the International Refrigeration and Air Conditioning Exhibition, ebd., 34 (1961), S. 228; Blow Moulding in Refrigerator Manufacture, ebd., S. 531; Bessere Isolation – größerer Nutzraum, in: EM 18 (1965), S. 479, 481; BRINGMANN, Kunststoffe, S. 677; BIELING UND SCHOLL, Elektrogeräte, S. 99f; GEORGE, Consumer, S. 7; TIMEWELL, Developments, S. 693f.

[27] Domestic Appliance Design. Review of Recent Improvements, in: ER 152 (1953), S. 1023; BATT, Absorption, S. 1112; DAVIDSON, Designing, S. 469f; TIMEWELL, Developments, S. 694; OWEN, Economies of Scale, S. 120f; KRAUSE, Fließfertigung, S. 16; KNAUER, Haushaltkälte, S. 8.

RADIO- UND FERNSEHGERÄTE

Im Unterschied zu elektrischen Haushaltsgeräten, die während des Zweiten Weltkriegs praktisch nicht weiterentwickelt worden waren, hatten die enormen Forschungsanstrengungen in der Hochfrequenztechnik bedeutende Auswirkungen auf Radio- und Fernsehen. Allerdings unterschieden sich die Rundfunkgeräte der unmittelbaren Nachkriegszeit nicht wesentlich von denen der 1930er Jahre, da es einige Zeit dauerte, bis die Verbesserungen und Neuentwicklungen der Kriegszeit auch in der zivilen Technik Anwendung fanden.[28]

Die Erfahrungen bei der für das Radar notwendigen Ausweitung des Frequenzspektrums und die Arbeiten in der Funktechnologie führten zur Ausbreitung eines neuen Prinzips in der Radiotechnik, der sogenannten Frequenzmodulation (FM), das in den 1950er Jahren schnell an Bedeutung gewann. Bei der bis dahin verwendeten Amplitudenmodulation (AM) wird die Schwingungsweite der Wellen variiert, während die Frequenz gleich bleibt, bei FM wird dagegen die Frequenz, nicht aber die Schwingungsweite verändert. Das verschaffte FM eine Reihe technischer Vorzüge: Mangels atmosphärischer Störungen ermöglichte es einen klareren Empfang des Radiosignals, zu dessen Übertragung zudem weniger Energie als bei AM nötig war. Und es bot einen natürlicheren Klang, da das gesamte Spektrum hörbarer Frequenzen übertragen wurde. Gemeinhin wurde AM für die Übertragung im Mittelwellenbereich (MW) genutzt, während FM aufgrund seiner technischen Vorzüge im Bereich der Ultrakurzwellen (UKW) von Beginn an verwendet wurde.[29]

Diese drei zusammenhängenden Innovationen – Radar, Transistor und FM – waren, mit einer gewissen Einschränkung bei FM, das Ergebnis umfangreicher, von Regierungsseite während und nach dem Zweiten Weltkrieg geförderter Forschungen in Großbritannien und den USA. Dies verschaffte beiden Staaten einen entscheidenden Startvorteil. Der in Deutschland auf diesem Gebiet erreichte technische Stand war dagegen niedriger, und das alliierte Forschungsverbot verhinderte einen umfassenden Einstieg deutscher Unternehmen in diese Technologien. Nach dem Zweiten Weltkrieg entwickelte sich aber aus diesen ein neuer Sektor der Elektroindustrie, der rasch an Bedeutung gewann: Elektronik.[30]

Aufgrund ihrer gewaltigen Ressourcen dominierten die USA dieses Feld, während unter den europäischen Staaten Großbritannien vom technischen

---

[28] FUNK, Electrical Engineering, S. 162; BAKER, Electrical Engineering, S. 152; HOFMEIER, Rundfunkwirtschaft, S. 16.

[29] FREEMAN, Research and Development, S. 54; Broadcasting, in: Encyclopaedia Britannica, Chicago / London 1961, Vol. 4, S. 212, 217; NOWAK, Werdegang, S. 256.

[30] BRIGHT UND EXTER, War, S. 262; ROESTI, American Semiconductor Industry, S. 49; HALL UND PRESTON, Carrier Wave, S. 99; GEIST, Elektronik, S. 1909.

Fortschritt seines Bündnispartner jenseits des Atlantiks noch am ehesten profitieren konnte. Gleichwohl bewertete das *Research Committee der Institution of Electrical Engineers* in der Studie „British Research in the Radio Field" die heimischen Forschungsanstrengungen bereits 1948 als „inadequate to maintain, in the face of intensified international competition, a progressive and flourishing radio industry."[31]

Nachdem bereits um 1930 die Fließbandfertigung von Radiogeräten angefangen hatte und nach Ende des Zweiten Weltkriegs weiter verbessert worden war, begann 1957 die Verwendung gedruckter Schaltungen, die eine beträchtliche Produktivitätsteigerung mit sich brachte. So war zwischen 1923 und 1955 der für die Montage eines Rundfunkapparats der Mittelklasse notwendige Arbeitsaufwand von 45 auf 10,5 Stunden gesunken und konnte durch die Verwendung gedruckter Schaltungen auf fünf Stunden halbiert werden.[32]

Die Fortschritte bei Komponenten und Produktionstechnologie machten die Geräte billiger, leichter und kleiner. Freilich konnten sich zahlreiche kleinere Unternehmen die kostspieligen, automatischen Fertigungsanlagen nicht leisten und wurden so vom Markt gedrängt.[33] Im Laufe der 1950er Jahre wurde die Empfangsqualität von Radiogeräten durch Schaltkreise mit erhöhter Trennschärfe und durch neue Antennen verbessert. Außerdem wurde ihre Ausstattung verfeinert, etwa durch moderne Tastaturen oder separate Lautsprecher für Höhen und Tiefen.[34]

Eine in den späten 1950er Jahren einsetzende technische Neuentwicklung war High-Fidelity, die verbesserte Aufnahme-, Übertragungs- und Abspielgeräte und insbesondere die Möglichkeit zur Wiedergabe von Stereosignalen mit sich brachte. Stationen auf diesem Weg waren die Ersetzung der Schellack- durch die leichtere und weniger zerbrechliche Kunstharz-Schallplatte und die

---

[31] Radio Research in Britain, in: Nature 161 (1948), S. 943.

[32] Zum Start der neuen Saison 1957/58. Die Lage auf dem Rundfunk- und Fernsehgebiet, in: EA 10 (1957), S. 274; OTTE, Automation, S. 293; BEEK UND BOELENS, Verwendung, S. 472.

[33] Smaller and Smaller: The New Transistor Sets at the Radio Show, in: Illustrated London News 235 (1959), S. 191; Automatic Assembly of Printed Circuits. Faster Production of Television Receivers, in: ER 162 (1958), S. 1172; Television Receiver Manufacture, ebd., 167 (1960), S. 174; SPREADBURY, Radio Show, S. 124; BELL, TV Industry, S. 13; ROSENBLOOM UND ABERNATHY, Climate for Innovation, S. 213; OPPENLÄNDER, Markt, S. 2580; TETZNER, Technik von morgen, S. 2584.

[34] Weiter hoher Absatz von Rundfunkgeräten, in: Volkswirt 7 (1953), Nr. 37, S. 18; Rundfunkindustrie gut im Geschäft, ebd., 9 (1955), Nr. 36, S. 21; Rundfunkneuheiten des Baujahres 1954/55, in: EA 7 (1954), S. 312; Radio- und Fernsehwirtschaft weiterhin optimistisch, ebd., 9 (1956), S. 93; Die Technik der neuen Rundfunk-Empfänger 1956/57, in: ET 38 (1956), S. 274; HERRNKIND, Fernsehempfänger-Neuheiten 1964/65, S. 128; DERS., Neuheiten [1966/67], S. 142; TETZNER, Technik von morgen, S. 2584; REUTHER, Was morgen geschieht, S. 35; LÖLHÖFFEL, Auge, S. 65; KIEKHEBEN-SCHMIDT, Funkausstellung, S. 1730; BACHMANN, Rundfunkneuheiten, S. 277; BANGERT, Stil, S. 50-60.

Erfindung des Magnettonbandgeräts, das ebenso wie die Schallplatte die Stereowiedergabe erlaubte.[35] Die reguläre Ausstrahlung von Rundfunksendungen in Stereo, die in der Bundesrepublik erstmals 1955 demonstriert wurde, begann dort im Jahr 1963. In Großbritannien verzögerte sich dies, da Stereosendungen mittels UKW übertragen wurden, dieses System dort aber vergleichsweise spät und langsam aufgebaut wurde.[36]

In gerätetechnischer Hinsicht wurde die Attraktivität des Fernsehens vor allem durch größere Bildschirme gesteigert. In Großbritannien hatten die Apparate in den 1930er Jahren eine Bildschirmdiagonale von neun Zoll; im Laufe der 1950er Jahre stieg sie dann von zwölf auf 17 Zoll (30 beziehungsweise 43 Zentimeter). Die ersten 1952 in der Bundesrepublik verkauften Fernsehgeräte hatten entweder runde Bildröhren mit 31 beziehungsweise 40 Zentimetern, oder Rechteckbildröhren mit 35 Zentimeter Durchmesser. In den 1950er Jahren wurden die runden durch eckige Röhren verdrängt, da sie ein weit besseres Bild boten. Außerdem wurden Empfangsempfindlichkeit und Trennschärfe der Geräte verfeinert, sowie hellere und kontrastreichere Bildröhren verwendet. Hinzu kamen neue und einfachere Bedienelemente.[37]

Wie bei Radiogeräten hatte die Einführung gedruckter Schaltungen tiefgreifende Veränderungen in der Produktion von Fernsehempfängern ausgelöst. So berichtete beispielsweise GEC, daß die Verwendung gedruckter Schaltungen in der Fernsehfabrik in Coventry eine Verdoppelung des Ausstoßes bei gleichzeitiger Senkung der benötigten Arbeitszeit möglich gemacht hatte.[38]

Besondere Aufmerksamkeit wurde in den 1950er Jahren der Entwicklung des Farbfernsehens geschenkt. Wie beim Schwarz-Weiß-Fernsehen wird hier das Bild durch einen Elektronenstrahl erzeugt, der den fluoreszierenden Schirm der Bildröhre abtastet. Da dies beim Farbfernsehen dreimal, nämlich für Rot, Grün und Blau, erfolgen muß, ist die Abtastrate dort dreimal so hoch

---

[35] Elekroakustik nicht zu überhören, in: Volkswirt 11 (1957), S. 749; Musikkonjunktur befruchtet Phonoindustrie, ebd., 12 (1958), S. 1197; LÜHRS, High Fidelity, S. 1735; LOHSE, Rundfunk und Fernsehen, S. 1809; HASSELBACH, High-Fidelity-Technik, S. 24; CONNEL, Fine-Tuning, S. 4.

[36] Rundfunkneuheiten des Baujahres 1954/55, in: EA 7 (1954), S. 312; HOLTSCHMIDT, Radios, S. 11; LÖLHÖFFEL, Auge, S. 65; TETZNER, Technik von morgen, S. 2583; OTTE, Produktions- und Umsatztrend, S. 36.

[37] The National Radio and Television Exhibition at Earls Court [1953]: Some of the Interesting Exhibits, in: Illustrated London News 223 (1953), S. 393; Looking Towards Tomorrow and the Day After: Scenes and Exhibits at the 21st National Radio Show [Earls Court, 1954], ebd., 225 (1954), S. 379; Television for Industry?, in: Economist 163 (1952), S. 252; Weiter hoher Absatz von Rundfunkgeräten, in: Volkswirt 7 (1953), Nr. 37, S. 18; MILLER, Radio Progress, S. 476; SPREADBURY, Radio Show, S. 122; FRIDAY, Thoughts, S. 111; ARNOLD, Competition, S. 59; BAIN, Growth, S. 146; DIEFENBACH, Fernsehempfänger, S. 434; VOLK, Bestimmungsfaktoren, S. 284; MANKE, Zwei Millionen, S. 22.

[38] Television Receiver Manufacture, in: ER 167 (1960), S. 174.

wie bei monochromen Apparaten. Hiervon abgesehen stellten sich bei Entwicklung und Herstellung von Schwarz-Weiß- und Farbfernsehgeräten aber ähnliche technische Probleme. Letztere erforderten allerdings komplexere elektronische Komponenten, die eine höhere Präzision in der Fertigung notwendig machten. Dies brachte anfänglich gravierende herstellungstechnische Probleme mit sich.[39]

In Europa war man mit der Qualität des US-Farbfernsehsystems NTSC nicht zufrieden, so daß eigene Entwicklungsarbeiten begonnen wurden. Das erste der Öffentlichkeit vorgestellte System war das französische SECAM, das zwar eine bessere Bildqualität bot, aber infolge seiner technischen Komplexität sehr teuer war. In der Bundesrepublik erfand Walter Bruch, dessen Forschungen von AEG-Telefunken finanziert wurden, 1962 mit PAL ein neues Farbfernsehsystem. Es stelle eine Weiterentwicklung des NTSC-Systems dar und kombinierte hohe Bildqualität mit relativ einfacher und damit billiger Technik. Es folgten heftige Auseinandersetzung zwischen den Befürwortern von SECAM und PAL um einen gemeinsamen Farbfernsehstandards. Entsprechende Bemühungen der Wiener Konferenz des *International Radio Consultive Committee* von 1965 und der Osloer Konferenz im darauffolgenden Jahr war kein Erfolg beschieden.[40]

In der Folgezeit entschieden sich fast alle europäischen Staaten für PAL, während neben Frankreich lediglich Griechenland SECAM einführte. Allerdings gelang es Frankreich, sein System nach Osteuropa und die Sowjetunion zu verkaufen.[41] Nachdem die USA bereits 1954, Japan 1960 und Kanada 1966 Farbfernsehen eingeführt hatten, begann dieses in Großbritannien im Juli 1967 mit der Übertragung eines Tennisspiels aus Wimbledon auf BBC 2. Bis Ende des Jahres wurden wöchentlich vier Stunden Farbprogramm gesendet, 1968 dann 25 Stunden. Anläßlich der Berliner Funkausstellung begann am 25. August 1967 auch in der Bundesrepublik das Farbfernsehzeitalter mit der Über-

---

[39] Colour Television, in: Nature 170 (1952), S. 1095; Broadcasting and Television in Great Britain, ebd., 173 (1953), S. 249; Valves and Television Receiver Design, ebd., 174 (1954), S. 99; Future of Television. Advisory Committee's Report, in: ER 153 (1953), S. 153; Radio Show. No Connection with the Rival Establishment, in: Economist 196 (1960), S. 832; Colour Television. It Beat the Budget, ebd., 227 (1968), S. 59; MINISTRY OF LABOUR, Manpower Studies, S. 17. Zur identischen Haltung in der Bundesrepublik: Der neue Fernsehempfänger-Jahrgang 1963-64, in: EA-HI 16 (1963), S. 97; OPPENLÄNDER, Markt, S. 2580; THEILE, Farbfernsehen, S. 791; BREITENACHER et al., Elektrotechnische Industrie, S. 194.

[40] PELKMANS UND BEUTER, Standardization, S. 179; MEYER-LARSEN, Farbfernsehen, S. 1288; ZYSMAN, French Electronics Policy, S. 230.

[41] Colour Television. Coloured Manifesto, in: Economist 218 (1966), S. 1040; Colour Television. Revolution in Full Colour, ebd., 219 (1966), S. 390; Colour Television. Ultra High Frequency Wins, ebd., 222 (1967), S. 646; MCLEAN, Colour Television, S. 280; ARNOLD, Competition, S. 58; MEYER-LARSEN, Farbfernsehen, S. 1288.

tragung von wöchentlich acht Stunden auf den beiden bis dahin vorhandenen Kanälen.[42]

---

42 AEG-Telefunken Gruppe. Zuviel ausgeschüttet?, in: Volkswirt 21 (1967), S. 1024; Neue Rundfunk- und Fernsehempfänger [1967], in: EA-HI 20 (1967), S.45; Colour Television Next Year, in: ER 178 (1966), S. 389; MEYER-LARSEN, Farbfernsehen, S. 1288f;.

KAPITEL 6
BUNDESREPUBLIK DEUTSCHLAND:
DES „WIRTSCHAFTSWUNDERS LIEBSTES KIND"

A. DIE NACHKRIEGSJAHRE:
REKONSTRUKTION UND WACHSTUM

Während des Krieges waren Entwicklung und Fertigung von Konsumgütern auf ein Minimum reduziert oder ganz gestoppt worden, weshalb die in den ersten Nachkriegsjahren angebotenen Waren mit denen der Vorkriegszeit weitgehend identisch waren. Die Hersteller elektrotechnischer Konsumgüter waren dabei in einer ähnlichen Situation wie die von Investitionsgütern, zumal es sich dabei oft um die gleichen Firmen handelte.[1]

Bis zur Währungsreform verlief die Produktionsentwicklung bei Gebrauchsgütern allerdings günstiger als im Investitionsgütersektor. Besonders schnell nahm dabei die Fertigung all der Waren zu, die nicht der Bewirtschaftung unterlagen, wie dies etwa für Haushaltgeräte galt. Bewirtschaftete Artikel wie Rundfunkgeräte oder Glühlampen wiesen dagegen schwächere Wachstumsraten auf. Viele der in der unmittelbaren Nachkriegszeit produzierten Waren gingen allerdings nicht in den Verkauf. Statt dessen wurden sie von Unternehmen für Kompensationsgeschäfte, insbesondere im Tausch gegen Rohstoffe, oder als Entlohnungsersatz für die Belegschaft verwendet. Letzteres hatte zur Folge, daß die Konsumgüterindustrie einen Zustrom von Beschäftigten aus anderen Sektoren verbuchen konnte, während der Investitionsgüterbereich unter Arbeitskräftemangel litt.[2]

In der Rundfunkindustrie wurden in den unmittelbaren Nachkriegsjahren Radiogeräte einfacher Konstruktion, sogenannte Einkreiser hergestellt, die nur einen Wellenbereich empfangen konnten.[3] Behindert wurde deren Fertigung durch die unzureichende Versorgung mit Kondensatoren, Glas, Preßstoffgehäusen und anderen Komponenten. Am akutesten war jedoch der Mangel an Rundfunkröhren, deren wichtigste Fertigungsstätten in Berlin weitgehend zer-

---

[1] HOFMEIER, Produktion: Konsumartikel, S. 200; HEYNE, Rundfunktechnik, S. 71.

[2] Die Wirtschaft der vereinten Zone im Jahre 1947 und im Januar 1948, in: WV 1 (1948), H. 1, S. 8; HOFMEIER, Wiederaufbau, S. 11; DERS., Produktion: Konsumartikel, S. 199; TRUTE, Lage [1949], S. 306.

[3] BHStA, MWi 13267: „Bayerisches Landeswirtschaftsamt an Bayerisches Staatsministerium für Wirtschaft, z. Hd. Herrn Dr. Neidhardt, betr. Fertigungsgebiet Rundfunk, 26.11.1948, unterzeichnet Dr. Kurt Merkmann"; KETTELHACK, Geschichtsbuch, S. 147; BRANDT UND JANSEN, Kommerzielle Empfängerentwicklung, S. 237; SASSE, Entwicklung, S. 186.

stört waren. Die Röhrenversorgung verbesserte sich, als die Schäden an den während des Krieges errichteten Ausweichstätten von Telefunken in Ulm und Philips in Hamburg beseitigt worden waren und diese ihre Produktion wieder aufgenommen hatten. Daneben begannen auch Lorenz und Siemens mit der Röhrenfertigung, zunächst nur für die eigenen Radioapparate, dann aber auch für andere Hersteller. Das zunehmende Röhrenangebot ließ die Preise zurückgehen: Kostete der Röhrensatz für ein durchschnittliches Radiogerät Anfang 1949 noch über 60 DM, so lag dieser Preis im Herbst diesen Jahres nur noch bei 35 DM.[4]

Das verbesserte Röhrenangebot und der gleichzeitige Preisverfall ermöglichten eine rasche Steigerung des Rundfunkgeräteausstoßes. 1946 wurden hiervon in der Bizone einschließlich West-Berlin 120.000 Stück gefertigt, 1947 waren es 250.000, 1948 600.000 und 1949 bereits 1,4 Millionen. Die Bundesrepublik war damit nach den USA und Großbritannien zum weltweit drittgrößten Hersteller von Radiogeräten geworden. Die Währungsreform vom 21. Juni 1948 stellte einen wichtigen Einschnitt dar, da gleichzeitig mit ihr die Bewirtschaftung elektrotechnischer Konsumgüter aufgehoben wurde, so daß ihre Produktion rasch anstieg. Der bis dahin bestehende Nachfrageüberschuß wich einem überhöhten Angebot, das in der zweiten Jahreshälfte 1948 zu weitreichenden Preissenkungen führte.[5]

Bei Radiogeräten bildete sich wenige Wochen nach der Währungsreform ein Teilzahlungssystem heraus, bei dem die Einzelhändler die Anzahlungen der Kunden sogleich an die Hersteller weitergaben, die ihrerseits zusätzliche Mittel durch Kredite aus der Versicherungswirtschaft erhielten.[6] Der Barverkauf wurde so zu einer wichtigen Liquiditätsquelle für die Industrie, die damit ihre Produktion ausweiten konnten, und bereits im Oktober 1948 registrierte die Ver-

---

[4]   Aus den einzelnen Gebieten der Wirtschaft. Neunter Bericht zur Lage nach der Währungsreform vom 8. Oktober 1948, Zweiter Teil, in: WV 1 (1948), H. 10, S. 22; LIMANN, Entwicklung, S. 246; SCHALLER, Berlin, S. 35; HENSEL, Westdeutsche Rundfunkindustrie, S. 11; HOFMEIER, Rundfunkröhren, S. 18; DERS., Wiederaufbau, S. 11; DERS., Produktion: Konsumartikel, S. 200; KIRPAL UND VOGEL, Entwicklung, S. 84f.

[5]   Die Wirtschaft der vereinten Zone im Jahre 1947 und im Januar 1948, in: WV 1 (1948), H. 1, S. 32; Aus den einzelnen Gebieten der Wirtschaft. Zehnter Bericht zur Lage nach der Währungsreform vom 10. November 1948, Zweiter Teil, ebd., H. 12, S. 24; Wirtschaftlicher Lagebericht [Januar 1949], ebd., 2 (1949), H. 6, S. 166; HOFMEIER, Produktion: Konsumartikel, S. 200; DERS., Sorgen, S. 103; DERS., Rundfunkwirtschaft, S. 16; DERS., Funkwirtschaft, S. 381; LIMANN, Entwicklung, S. 248; HENSEL, Westdeutsche Rundfunkindustrie, S. 12; DERS., Rundfunkindustrie holt auf, S. 37; HEYNE, Rundfunktechnik, S. 71.

[6]   Die Lage nach der Währungsreform. Erster Berichtszeitraum bis 6. Juli 1948, in: WV 1 (1948), H. 4, S. 10; Aus den einzelnen Gebieten der Wirtschaft. Neunter Bericht zur Lage nach der Währungsreform vom 8. Oktober 1948, Zweiter Teil, ebd., 1 (1948), H. 10, S. 22; Wirtschaftlicher Lagebericht (Mai 1949, abgeschlossen 31.5.49), ebd., 2 (1949), H. 13, S. 366; HENSEL, Westdeutsche Rundfunkindustrie, S. 11.

waltung für Wirtschaft bei Radiogeräten ein „fast vollständiges Sortiment im Einzelhandel".[7] Auch bei elektrischen Haushaltsgeräten entstand nach der Währungsreform ein Überangebot, insbesondere bei leicht herzustellenden Kleingeräten. Gleiches galt für Waschmaschinen und Staubsauger, die vor der Einführung der DM gehortet worden waren und anschließend in die Geschäften kamen.[8]

1949 hatten Nachfrage und Preise für elektrotechnische Konsumgüter eine rückläufige Tendenz. Bei Haushaltsgeräten bewegte sich das Kundeninteresse bereits seit Beginn des Jahres auf niedrigem Niveau, während es bei Rundfunkempfängern zunächst noch hoch war, nachdem Telefunken, Blaupunkt und Seibt verbilligte Modelle auf den Markt gebracht hatten. Im Laufe des Jahres 1949 wuchs dann aber bei Herstellern und Konsumenten die Befürchtung, daß aufgrund der Beschlüsse der Kopenhagener Wellenkonferenz vom Herbst 1948 mit den bis dahin betriebenen Apparaten kein Empfang mehr möglich war, da Deutschland als Reparationsleistung zahlreiche MW-Frequenzbereiche an andere Staaten hatte abgeben müssen. Die westdeutschen Rundfunkanstalten reagierten hierauf mit dem Aufbau eines UKW-Sendenetzes, auf dem die Übertragung nicht mittels AM, sondern dem technisch überlegenen FM erfolgte. Bereits am 28. Februar 1949 nahm in München der erste, am 1. März in Hannover der zweite deutsche UKW-Sender seinen Betrieb auf.[9] Der Empfang von UKW war nur mit entsprechend ausgestatteten Geräten möglich, und es bestand anfangs noch Unsicherheit über die Möglichkeit der Nachrüstung von MW-Apparaten. Daher stagnierte der Absatz von Radiogeräten in der zweiten Jahreshälfte 1949, worauf Produktion und Preise fielen.[10]

Angesichts der hohen Nachfrage nach Rundfunkempfängern waren in den unmittelbaren Nachkriegsjahren zahlreiche Betriebe gegründet worden, die Modelle einfacher Bauart fertigten. So gab es 1949 in der Bundesrepublik über

---

[7] Aus den einzelnen Gebieten der Wirtschaft. Neunter Bericht zur Lage nach der Währungsreform vom 8. Oktober 1948, Zweiter Teil, in: WV 1 (1948), H. 10, S. 22.

[8] Die Lage nach der Währungsreform. Dritter Berichtszeitraum bis 19. Juli 1948, in: WV 1 (1948), H. 4, S. 24; Die Lage nach der Währungsreform. Vierter Berichtszeitraum bis 29. Juli 1948, ebd., H. 5, S. 20; ORLOVIUS, Materialien, S. 8, 18, 28; WALTHER, Wiederaufbau, S. 455.

[9] HEYNE, Rundfunktechnik, S. 71; HENSEL, Betrachtungen, S. 295; LÖLHÖFFEL, Auge, S. 64; TETZNER, Technik von morgen, S. 2583; LIMANN, Entwicklung, S. 248; ROTHE, Entwicklung, S. 161; KETTELHACK, Geschichtsbuch, S. 147; HOLTSCHMIDT, Radios, S. 10; SCHNEIDER, UKW-Story, S. 23, 26; KIRPAL UND VOGEL, Entwicklung, S. 90-5; VOGEL, Einführung, S. 262f.

[10] Wirtschaftlicher Lagebericht [Januar 1949], in: WV 2 (1949), H. 6, S. 166; Wirtschaftlicher Lagebericht. Allgemeiner Teil, abgeschlossen am 19. März 1949, ebd., H. 7, S. 197; Die Lage der Produktionsgüterindustrie. Aus dem Wirtschaftlichen Lagebericht für Mai (abgeschlossen Anfang Juli 1949), ebd., H. 14, S. 385; Der Weg der Siemens-Gesellschaften, in: Volkswirt 4 (1950), Nr. 28, S. 25f; HOFMEIER, Rundfunkwirtschaft, S. 16; HENSEL, Westdeutsche Rundfunkindustrie, S. 11; LIMANN, Entwicklung, S. 248; IFO-INSTITUT, Industrie Westdeutschlands, S. 34; SCHNEIDER, UKW-Story, S. 20.

150 Radiohersteller, während es 1938 im Deutschen Reich nur 28 gewesen waren.[11] Für Investitionen standen den meisten und insbesondere den kleinen Firmen aber nur die im laufenden Geschäft erwirtschafteten Mittel zur Verfügung, da Bankkredite nur schwer erhältlich waren. In Zeiten stagnierenden Umsatzes, wie es 1949 der Fall war, gerieten deshalb viele Unternehmen in Kapitalnot und mußten mangels externer Finanzquellen schließen. Da UKW-Geräte einen größeren Fertigungsaufwand erforderten, verschärfte der schnelle Ausbau des UKW-Rundfunks diesen Prozeß.[12]

Mit den Gesetzen Nr. 22, 23 und 24 hatte die Alliierte Hohe Kommission jegliche Forschung und Entwicklung in militärisch-relevanten Bereichen verboten, wozu auch die Hochfrequenztechnik zählte. Hiervon ausgenommen waren lediglich Arbeiten, die der Versorgung der Bevölkerung mit Rundfunk und Fernsehen dienten. So konnten die bis dahin gegründeten Länder-Rundfunkanstalten noch im Laufe des Jahres 1949 mit Vorarbeiten für ein westdeutsches Fernsehen beginnen. Dabei entschieden sich die sechs Anstalten aus Gründen der Bildqualität für einen Fernsehstandard mit 625 statt den in der Vorkriegszeit verwendeten 441 Zeilen. Im Frühjahr 1950 waren die ersten Übertragungsgeräte an den Nordwestdeutschen Rundfunk ausgeliefert worden, und im Sommer wurde von Siemens & Halske in Hamburg der erste Sender gebaut, mit dem Ende 1950 regelmäßige Fernseh-Versuchssendungen begannen.[13]

B. DIE 1950ER JAHRE: DER WEG ZUM BOOM

In der ersten Hälfte des Jahres 1950 hatte sich die im Vorjahr begonnene Abschwächung von Produktion und Nachfrage bei elektrotechnischen Konsum-

---

[11] Aus den einzelnen Gebieten der Wirtschaft. Neunter Bericht zur Lage nach der Währungsreform vom 8. Oktober 1948, Zweiter Teil, in: WV 1 (1948), H. 10, S. 22; Langsamere Produktionsausweitung der Elektroindustrie, in: Volkswirt 7 (1953), Nr. 29, S. 20; LIMANN, Entwicklung, S. 248; HENSEL, Westdeutsche Rundfunkindustrie, S. 11; SANIO, Leistungen, S. 127; HOLTSCHMIDT, Radios, S. 11; ORLOVIUS, Materialien, S. 16.

[12] Wirtschaftlicher Lagebericht [Januar 1949], in: WV 2 (1949), H. 6, S. 166; Produktions- und Konsumgüterindustrie. Aus dem Wirtschaftlichen Lagebericht für August (abgeschlossen Anfang Oktober 1949), ebd., H. 20, S. 544; Ausweitung des Produktions- und Absatzvolumens. Aus dem Wirtschaftlichen Lagebericht für September (abgeschlossen am 20. Oktober 1949), ebd., H. 21, S. 568; HOFMEIER, Funkwirtschaft, S. 380; DERS., Rundfunkwirtschaft, S. 16; DERS., Produktion, S. 117; DERS., Produktion: Konsumartikel, S. 199f.

[13] Siemens-Archiv, VVA Heinz Arnous: „Deutscher Fernsehaufbau nach 1945, 1946"; Entwicklung des Fernsehens im In- und Ausland [1951], in: EM 4 (1951), S. 9; Etappen des Fernsehens, in: EA 4 (1951), S. 461; Langsam anlaufendes Fernsehgeschäft, in: Volkswirt 8 (1954), Nr. 22, S. 21; DILLENBURG, Fernsehtechnik, S. 296; SOBOTTA, Forschung, S. 29f; HOLTSCHMIDT, Fernsehen, S. 27; HOFMEIER, Außenhandel, S. 312; TRUTE, Entwicklung der deutschen Elektro-Industrie, S. 69; SCHRÖDER Exportwirtschaft, S. 213.

gütern fortgesetzt und sich nach Beginn des Korea-Krieges wegen des Anstiegs der Rohstoffpreise noch verschärft. Die Großunternehmen litten hierunter am wenigsten, und sowohl Siemens als auch AEG meldeten für 1950 und 1951 steigende Umsätze bei Haushaltsgeräten. Günstig entwickelte sich der Absatz von Kühlschränken, wo 1951 erstmals der Höchststand der Vorkriegsproduktion des Jahres 1939 überschritten wurde. Hierzu trug auch der Beginn der Großserienfertigung von Kühlschränken durch die Robert Bosch GmbH bei, die bereits seit 1933 Kompressormodelle fertigte und die in den 1950er Jahren zum größten bundesdeutschen Hersteller wurde.[14]

Auch 1952 lag das Wachstum des Konsumgütersektors mit 6,2 Prozent noch unter der Expansion der gesamten Elektroindustrie, die um 7,6 Prozent zunahm. Nach Ausklingen des Korea-Booms stieg dann aber die Nachfrage nach elektrotechnischen Gebrauchsgütern kontinuierlich an. 1953 wuchs die Produktion um 20,3 Prozent und damit weit stärker als die von Investitionsgütern, die sich um 7,9 Prozent ausweitete (siehe Tabelle 9.1).

Wegen dieser anfangs verhaltenen Nachfrage stieß die 1951 von Bundesfinanzminister Fritz Schäffer vorgeschlagene Einführung einer Luxussteuer auf Kühlschränke bei der Industrie auf entschiedene Ablehnung. Dazu kam es dann auch nicht, im Gegenteil: Nur zwei Jahre später verabschiedete die Bundesregierung absatzfördernde Maßnahmen für Kühlschränke, um unteren Einkommensschichten den Erwerb zu erleichtern. Der ZVEI-Vorsitzende Karl Neuenhofer betonte, daß der beachtliche Anstieg des Konsumgüter- und insbesondere des Kühlschrankumsatzes neben der gewachsenen Kaufkraft maßgeblich auf die Bestrebungen des Bundeswirtschaftsministeriums zur Verbesserung der Absatzfinanzierung zurückzuführen war. Eine Schlüsselstellung kam dabei dem Teilzahlungsgeschäft zu, über das während der 1950er Jahre rund 75 Prozent aller Kühlschränke erworben wurde.[15]

Verbunden mit weitreichenden Preissenkungen stieg so die Zahl der verkauften Kühlschränke zwischen 1953 und 1954 von 350.000 auf 470.000. Ein noch stärkeres Wachstum verzeichnete der Absatz von Waschmaschinen, der sich zwischen 1953 und 1955 von 305.000 auf 620.000 mehr als verdoppelte. Entscheidend war dabei, daß aufgrund der hohen Anlagenauslastung die Stückkosten sanken, während der Umsatzanstieg die für große Investitionen not-

---

[14] Im Schatten der Investitionsprogramme. Um die Konjunkturbelebung in der Konsumgüterindustrie, Volkswirt 4 (1950), Nr. 28, S. 10; Noch größere Dimensionen bei Siemens, ebd., 6 (1952), Nr. 21, S. 24; AEG überwand mancherlei Schwierigkeit, ebd., Nr. 26, S. 24; Fachtagung der Robert Bosch GmbH, in: EM 17 (1964), S. 1518; CUBE, Hundert Jahre, S. 255.

[15] Die Elektroindustrie im Vormarsch. Mitgliederversammlung 1953 des Zentralverbandes der Elektrotechnischen Industrie, in: EA 6 (1953), S. 163; Der Kühlschrank erobert die Haushalte, in: Volkswirt 7 (1953), Nr. 33, S. 17; TRUTE, Entwicklungslinien, S. 130; DERS., Stand und Entwicklung [1953], S. 138; FUCHS, Kühlschränke, S. 7. S.a. SANDGRUBER, Strom der Zeit, S. 123.

wendige Absatzstabilität sicherte.[16] So berichtete Bosch, daß der Serienproduktion von Kühlschränken eine rapide Umsatzzunahme folgte, die dazu genutzt wurde, die Fertigung weiter zu rationalisieren. 1953 meldete das Unternehmen, daß Kühlschränke unter allen Geschäftsfeldern die stärkste Expansion verzeichneten, wozu die Senkung der Verkaufspreise um 20 Prozent entscheidend beigetragen hatte.[17]

Der Radiogeräteabsatz war zwischen 1949 und 1950 von 1,4 auf 2,35 Millionen emporgeschnellt, 1951 wuchs er auf 2,6 Millionen Apparate und verblieb bis 1953 auf diesem Niveau. Allerdings war der Markt stark zersplittert und die durch die große Zahl von Radioherstellern entstandenen Überkapazitäten erhöhten den Wettbewerbsdruck. Eine Bereinigung des Marktes schien unabwendbar und auch wünschenswert, da man sich hiervon eine Konzentration der Fertigung auf die größeren und damit effizienteren Hersteller erhoffte.[18]

1950 wurde geschätzt, daß die betriebswirtschaftlich optimale Fertigung von Radioapparaten eine jährliche Mindestproduktion von rund 100.000 Geräten voraussetzte. Rein rechnerisch entfiel zu dieser Zeit auf einen bundesdeutschen Anbieter aber nur ein durchschnittliches Fertigungsvolumen von 15.000 Einheiten. Mit zunehmendem Überangebot kam es in den späten 1940er und frühen 1950er Jahren zu Preiskämpfen. In deren Verlauf sank die Zahl der Radiohersteller, die vor der Währungsreform noch bei 180 gelegen hatte, bis Mitte 1952 auf 60 und 1953 auf 35. Begleitet war dies von einer Reduzierung der Vielzahl unterschiedlicher Modelle und Typen, die einer Studie des Ifo-Instituts für Wirtschaftsforschung zufolge der „Hauptgrund für die Verschlechterung der Kosten- und Ertragslage" in der bundesdeutschen Radiofertigung gewesen war.[19]

---

16 AEG flüssiger und ertragskräftiger, in: Volkswirt 8 (1954), Nr. 12, S. 27; Bosch in verstärktem Aufschwung, ebd., 9 (1955), Nr. 36, S. 33; Illusion über den stabilen Elektropreise, ebd., Nr. 50, S. 7; FUCHS, Kühlschränke, S. 6; MANKE, Hitzewelle, S. 23; KIEKHEBEN-SCHMIDT, Kein Kurzschluß, S. 105; BLIES, Waschmaschinen-Markt, S. 50; WURSTER, Betrachtungen, S. 75.

17 AEG-Abschluß im Zeichen der Konsolidierung, in: Volkswirt 7 (1953), Nr. 17, S. 26; Robert Bosch GmbH. Günstige Umsatz- und Ertragsentwicklung, ebd., Nr. 34, S. 23; AEG flüssiger und ertragskräftiger ebd., 8 (1954), Nr. 12, S. 27; Verbesserte Ertragskraft bei Siemens, ebd., Nr. 12, S. 26; Robert Bosch GmbH. Die Aufwärtsentwicklung hält weiter an, ebd., Nr. 35, S. 34; TRUTE, Stand und Entwicklung [1954].

18 Beachtliche Umsätze in der Rundfunkindustrie, in: EA 4 (1951), S. 499; Weniger Radiotypen notwendig, ebd., 5 (1952), S. 205; Noch größere Dimensionen bei Siemens, in: Volkswirt 6 (1952), Nr. 21, S. 24; Langsamere Produktionsausweitung der Elektroindustrie, ebd., 7 (1953), Nr. 29, S. 20; Robert Bosch GmbH. Günstige Umsatz- und Ertragsentwicklung, ebd., Nr. 34, S. 24; AEG-Abschluß im Zeichen der Konsolidierung, ebd., Nr. 17, S. 26; HOFMEIER, Sorgen, S. 104; DERS., Produktion: Konsumartikel, S. 200.

19 BA Koblenz, B 102, 1219: „Denkschrift zur Begründung eines Rationalisierungskartells in der Rundfunkindustrie, 01.08.1952, Entwurf Dr. Do/Sch."; Weiter hoher Absatz von Rundfunkgeräten, in: Volkswirt 7 (1953), Nr. 37, S. 17; Das kommende Rundfunkgeschäft, in: EA 5 (1952),

Nachdem im Winter 1954 eine Reihe von Rundfunkhändlern Preisnachlässe von 20 Prozent gewährt hatten, um der zunehmenden Konkurrenz von Versandhandel und Warenhäusern zu begegnen, kam es zu heftigen Auseinandersetzungen zwischen Handel und Industrie. Als die Gewinne des Einzelhandels durch die von einigen Lieferanten vorgenommenen Preissenkungen unter Druck gerieten, verlangte der Handel die Rückkehr zur Preisbindung der zweiten Hand, also der verbindlichen Festlegung der Endverkaufspreise durch die Hersteller. Kennzeichnend für die aggressive Haltung des Einzelhandels war dessen Forderung, den Elektrizitätswerken den Verkauf von Elektrogeräten gesetzlich zu verbieten. Im Gegenzug verwies VDEW-Vorsitzender Heinrich Freiberger darauf, daß auf die Elektrizitätswirtschaft lediglich drei Prozent des Gesamtumsatzes der betreffenden Warengruppen entfiel.[20]

Angesichts der durch den Angebotsdruck ausgelösten Preissenkungen und den damit verbundenen Gewinneinbußen begrüßte es der Einzelhandel, als die acht führenden bundesdeutschen Radiohersteller erklärten, in Zukunft auf die Preisbindung achten zu wollen und den Verkauf von Geräten außerhalb des Fachhandels zu unterbinden.[21] Von den Einzelhandelsverbänden wurde die Industrie aufgefordert, Versandunternehmen nicht mehr zu beliefern und außerdem auf Verleih und Vermietung von Rundfunkapparaten zu verzichten. Der Zorn des Handels richtete sich besonders gegen den Neckermann-Versand, der sich wegen seiner niedrigen Preise wiederholt Boykottaufrufen ausgesetzt sah.[22] Der Wirtschaftsverband Versandhandel hatte beim Bundeswirtschaftsministerium bereits 1950 auf der Grundlage des Alliierten Gesetzes Nr. 56 ein Verbot derartiger Aktivitäten gefordert.[23]

Während der 1950er Jahre versuchten Industrie und Handel das Bundeswirtschaftsministerium zu einem Verbot des Vertriebs von Radio- und Fernsehgeräten außerhalb von Fachgroß- und -einzelhandel zu drängen. Versandfirmen wie Neckermann wäre damit der Verkauf derartiger Geräte nicht mehr

---

S. 357; IFO-INSTITUT, Elektrotechnik, S. K19. S.a. SANIO, Leistungen, S. 127; HOFMEIER, Rundfunkwirtschaft, S. 16; HENSEL, Westdeutsche Rundfunkindustrie, S. 11; DERS., Rundfunkindustrie holt auf, S. 37; LIMANN, Entwicklung, S. 248.

[20] Rundfunkgeräteabsatz trotz „Fernsehwelle" gestiegen, in: Volkswirt 9 (1955), Nr. 23, S. 19; Gemeinschaftswerbung Elektro-Industrie und Energieversorgung, in: ZVEIM 3 (1950), Nr. 4, S. 2; SCHMELCHER, Zukunft, S. 190; S.a. OBERMEIT, Elektrohandel, S. 22; KOLMAR, Wachstumsschwäche, S. 274f.

[21] Weiter hoher Absatz von Rundfunkgeräten, in: Volkswirt 7 (1953), Nr. 37, S. 17; AICHINGER Grundsatzprobleme, S. 121; TRUTE, Stand und Entwicklung [1955], S. 166.

[22] Eine Reihe von Fällen findet sich in: BA Koblenz, B 102, 192675.

[23] BA Koblenz, B 102, 43090: „Schreiben der Geschäftsführung des Wirtschaftsverbands Versandhandel e.V., Solingen, an Ministerialdirigent Risse, BWM, betr. rechtswidrige Kartellvereinbarung der Rundfunkwirtschaft zur Ausschaltung der Belieferung des Versandhandels mit Rundfunkgeräten, 27.07.1950".

gestattet gewesen. Diese vom ZVEI und dem Deutschen Radio- und Fernseh-Fachverband der Hauptgemeinschaft des Deutschen Einzelhandels an Bundes-wirtschaftsminister Ludwig Erhard gerichtete Forderung wurde von ihm aber abgelehnt. In einem Schreiben an die beiden Verbände begründete er seine Haltung folgendermaßen:

> Die Genehmigung des vorliegenden Antrages hätte eine Zementierung der Absatzwege in der Rundfunk- und Fernsehwirtschaft zur Folge… Die preisgesteuerten Auslesefunktionen des Marktmechanismus würden unterbunden, unwirtschaftlich arbeitende Hersteller und Handelsbetriebe nicht mehr ausgeschieden und letztlich Einkommensverteilung und Preisgefüge in nicht leistungsentsprechender Weise verzerrt.[24]

Der Einzelhandel betonte dagegen wiederholt, daß den Kunden am meisten gedient war, wenn sie ausschließlich im Fachgeschäft einkaufen konnten, da ihrer Ansicht nach nur dort eine seriöse Beratung garantiert war. Außerdem argumentierte der Handel, daß Serviceleistungen wie Anlieferung, Aufstellung und Installation nur möglich waren, so lange die Hersteller über die Preisbindung die Verkaufspreise festlegten und deren Einhaltung durchsetzten. Bei dieser Preisbindung der zweiten Hand handelt es sich um eine vertikale Absprache zwischen Herstellern und Handel, die letzteren zur Einhaltung bestimmter Wiederverkaufspreise verpflichtete. Die Befürworter dieses Verfahrens verwiesen vor allem auf die hohe Markttransparenz, da der Preis ein- und desselben Produkts überall gleich war. Außerdem sicherte dies ihrer Ansicht nach die Preisstabilität, erleichterte Produzenten und Konsumenten ihre Entscheidungsfindung und verhinderte das Auftreten ruinöser Konkurrenzkämpfe, insbesondere im Einzelhandel. Daß die Spannen des Handels ebenso wie die Endverkaufspreise durch die Preisbindung künstlich erhöht wurden, bestritten deren Befürworter.[25]

Dagegen argumentierten ihre Gegner, daß die Preisbindung den Wettbewerb im Einzelhandel ausschaltete: Geschäfte mit ungünstiger Kostenstruktur konnten so am Markt verbleiben, da sich der von den Herstellern festgelegte Endverkaufspreis an den kleinen und damit ineffizienten Einzelhändlern orientierte. Außerdem hatte dies den Effekt, daß Unternehmen mit effizienten Vertriebsformen ihren Kostenvorteil nicht an den Verbraucher weitergaben, sondern statt dessen hohe Gewinnspannen erzielten. Der Trend hin zu den billigeren Filial- und Discountgeschäften wurde so verzögert und damit der tech-

---

[24]   BA Koblenz, B 102, 192678: „Bundeswirtschaftsminister an die Fachabteilung Rundfunk und Fernsehen im ZVEI, unterzeichnet Ludwig Erhard, 08.02.1957".
[25]   SCHUSTER, Wettbewerbspolitik, S. 93ff; HUPPERT, Preisbindung, S. 37f; SCHENK, Vertikale Preisbindung, S. 112ff.

nische und organisatorische Fortschritt im Handel verlangsamt. Außerdem
senkte die Bindung der Preise deren Flexibilität, wodurch sie ihre Funktion als
Korrektiv zwischen Angebot und Nachfrage verloren. Zwangsläufige Folge
waren Diskrepanzen zwischen Produktions- und Konsumtionsvolumen, die
vom Markt nur mit Verzögerung korrigiert werden konnten. Bestätigt fanden
sich die Gegner der Preisbindung durch einen 1960 vom Bundeskartellamt vor-
gelegten Bericht, der sich grundsätzlich gegen diese aussprach und hierfür zahlreiche Argumente anführte.[26]

Ursprünglich war die verbindliche Festlegung der Verkaufspreise durch die
Industrie aufgrund des Alliierten Kontrollratsgesetz Nr. 56 vom Februar 1947
verboten. So schrieb Sidney H. Willncher, Leiter der alliierten *Decartelization
and Deconcentration Division* am 18. November 1951 an das Bundeswirtschaftsministerium: „In the opinion of this office agreements between the seller
and buyer of any article, whether branded or not, establishing the price at
which the buyer can resell the article are price-fixing contracts violating the per-
tinent provisions of U. S. M. G. Law No. 56."[27]

In der nachfolgenden Zeit rückten die Alliierten aber von dieser restriktiven
Haltung ab und erlaubten zu Beginn des Jahres 1953 die Festlegung verbindlicher Verkaufspreise für Markenartikel.[28] Umstritten war die Frage der Preisbindung dann auch bei der Diskussion über die Fassung des Gesetzes gegen
Wettbewerbsbeschränkung (GWB). Ludwig Erhard und andere betonten, daß
den Interessen der Verbraucher am besten durch eine freie Bildung der Preise
Rechnung getragen wurde. Ihrer Ansicht nach sollte deshalb ein Verbot der
Preisbindung in das künftige bundesdeutsche Wettbewerbsgesetz aufgenommen werden.[29]

In seiner Rede vor der Mitgliederversammlung des ZVEI im Jahr 1954 beschäftigte sich dessen Vorsitzender Karl Neuenhofer mit den Vorstellungen Erhards. Er kritisierte dabei besonders dessen Argument, daß die freie Bildung
der Preise eine Senkung der Lebenshaltungskosten bewirkte, während deren
Bindung zu einer Erstarrung des Preisniveaus führte. Neuenhofer behauptete
statt dessen, daß auf die freie Preisbildung ein Vernichtungswettbewerb folgte,

---

[26] ABERLE, Wettbewerbstheorie, S. 55f; SCHUSTER, Wettbewerbspolitik, S. 95f; HERDZINA, Wettbewerbspolitik, S. 93; HOPPMANN, Vertikale Preisbindung, S. 49-52, 60, 63; KÜNG, Preisbindung, S.
10, 16f; SCHENK, Vertikale Preisbindung, S. 69; GROSS, Preisbindung, S. 81; Bericht des Bundeskartellamts [1960], S. 112ff. Zu Kritikern dieses Berichts s. MELLEROWICZ, Markenartikel, S. 172-
99; WILHELM, Preisbindung, S. 22-61.

[27] BA Koblenz, B 102, 17060: „Sidney H. Willncher Chief, Decartelization and Deconcentration
Division, an Mr. Risse, Ministerialdirigent, BWM, Bad Godesberg, 18.11.1952". S.a. MIKSCH,
Marktpreis, S. 10.

[28] Alliierte Stellungnahme zur Preisbindung der zweiten Hand, in: ZVEIM 6 (1953), Nr. 1, S. 3f.

[29] KARTTE UND HOLTSCHNEIDER, Konzeptionelle Ansätze, S. 198, 205ff.

unter dem auch der Verbraucher litt, da er seinen Arbeitsplatz verlor. Neuenhofer weiter: „Ordnung kann hier nur einigermaßen erreicht werden durch eine Wettbewerbsordnung, die den Erzeugern von Gütern gestattet, sich dann,
wenn sie es für nötig halten, in eigener Verantwortung über die Preise und die
Bedingungen, zu denen sie ihre Erzeugnisse verkaufen wollen, zu verständi-
gen."[30]

Wie die Elektroindustrie und ihr Verband war auch der BDI gegen ein prin-
zipielles Verbot der Preisbindung. Statt dessen sollten staatliche Eingriffe nur
bei einer mißbräuchlichen Anwendung möglich sein.[31] In der Industrie gab es
aber auch andere Stimmen. So waren einige Hersteller der Meinung, daß die
Bindung der Preise deren kurzfristige Änderung verkomplizierte und damit
Außenseitern erlauben könnte, durch eine agressive Preispolitik Marktanteile
zu gewinnen.[32]

In dem am 27. Juli 1957 verabschiedeten GWB wurde die Preisbindung zwar
allgemein verboten, für Markenartikel aber zugelassen, womit sich Industrie
und Handelsverbände mit ihren Vorstellungen weitgehend durchgesetzt hatten.
Die Hersteller von Markengeräten konnten fortan die Endverkaufspreise fest-
legen, mußten dies aber beim Bundeskartellamt anmelden. Letzteres konnte
dies verweigern oder nachträglich aufheben, falls eine mißbräuchliche Handhabung der Preisbindung vorlag.[33]

In den nachfolgenden Jahren forderten Verbraucherverbände und Gewerkschaften wiederholt die Abschaffung der Preisbindung der zweiten Hand.
Hierzu kam es aber weder bei der ersten Novelle des GWB 1965 noch bei den
von Friedrich Schiller 1967 angestrengten Reformen, sondern erst bei der zweiten Kartellgesetznovelle von 1973. Daß diese Gesetzesänderung so spät vorgenommen wurde, lag am Widerstand des Einzelhandels, der seine Gewinnspannen im Falle einer Abschaffung der Preisbindung gefährdet sah.[34]

Angesichts der seit 1949 wiederholt aufgetretenen Absatzschwierigkeiten im
Rundfunksektor stand man der Einführung des Fernsehens in der Bundesrepublik allgemein skeptisch gegenüber, und nur wenige forderten einen schnellen Einstieg in das Fernsehzeitalter. Die öffentliche Hand war wegen des vorangegangenen Ausbaus des Rundfunks nicht bereit, unter hohem finanziellen

---

30 ZVEI, Mitgliederversammlung [1954], S. 10. Hervorhebung im Original.
31 HUPPERT, Preisbindung, S. 10; KARTTE UND HOLTSCHNEIDER, Konzeptionelle Ansätze, S. 208.
32 Der Markt ist stärker in: Deutsche Zeitung, 24.01.1959; Die Preisbindung der zweiten Hand, in:
   FAZ, 21.05.1952; Der Markenartikel als Schrittmacher in: Rheinischer Merkur, 19.12.1952; Unklarheiten um die Preisbildung der zweiten Hand, in: Volkswirt 11 (1957), Nr. 1, S. 18; SCHROE-
   TER, Verbandsarbeit, in: ZVEIM 7 (1954), Nr. 5, S. 2f.
33 GWB, §§ 15-17, BGBl. I, S. 1081. S.a. OTT, Vertikale Preisbildung, S. 138; KARTTE UND HOLT-
   SCHNEIDER, Konzeptionelle Ansätze, S. 208ff; REICH, Preisempfehlung, S. 377f.
34 PASCHKE, Wettbewerb, S. 130f.

Aufwand auch noch ein Fernsehnetz zu errichten, während die Industrie einen Rückgang des ohnehin unbefriedigenden Radiogeräteabsatzes befürchtete. Dies war zumindest das Ergebnis der von der C. Lorenz AG in Auftrag gegebenen Untersuchung „Die wirtschaftliche Bedeutung der Einführung des Fernsehens in Deutschland".[35]

Trotz der weit verbreiteten Skepsis gegenüber dem Fernsehen begann der Nordwestdeutsche Rundfunk nach zweijährigen Testläufen am 25. Dezember 1952 mit der Aussstrahlung eines regelmäßigen Programms. Ein nicht namentlich genanntes Unternehmen, wahrscheinlich Philips, hatte bereits im Herbst 1951 die Fließbandfertigung von Fernsehgeräten versuchsweise aufgenommen. In den beiden nachfolgenden Jahren begann diese auch bei einer Reihe weiterer Firmen, und im Oktober 1952 waren im Einzelhandel die ersten Fernsehapparate erhältlich. Entgegen den Prognosen der Industrie, im darauffolgenden Jahr 100.000 Geräte absetzen zu können, waren es tatsächlich nur 52.283. Weitere 18.000 Apparate lagerten am Jahresende noch unverkauft bei Industrie und Handel.[36]

In Großbritannien waren dagegen 1952 810.000 und 1953 1,08 Millionen Fernsehgeräte umgesetzt worden. Dies erklärt sich zum einen aus den niedrigeren Verkaufspreisen, die sich aus der geringeren Bildzeilenzahl ergaben. Zum anderen lag dies am dortigen frühen Start des Fernsehens. Einer der Gründe für den zögerlichen Absatz in der Bundesrepublik war die Zurückhaltung des Einzelhandels, der die von der Industrie gewährten Rabattsätze als unzureichend für den notwendigen Mehraufwand, wie etwa die Installation von Fernsehantennen, ansah. Entscheidender aber war der hohe Verkaufspreis von rund 1.000 DM. Apparate konnten zwar auch gemietet werden, die Hersteller sahen dies aber nur als vorübergehende verkaufsfördernde Maßnahme an. Statt dessen versuchten sie, den Absatz durch eine günstigere Gestaltung der Teilzahlungskredite zu fördern, da der Großteil der Fernsehgeräte auf diesem Weg erworben wurde.[37]

Überrascht war die Industrie, als bereits im Sommer 1953 das Interesse der Konsumenten an Geräten mit 43 cm Bildröhren stieg, während sich gleichzei-

---

[35] LOHSE, Rundfunk und Fernsehen, S. 1808; KREUTZ, Fernsehen, S. 10f.

[36] Langsam anlaufendes Fernsehgeschäft, in: Volkswirt 8 (1954), Nr. 22, S. 21; HIMMELMANN, Stand des Fernsehens, S. 154f; LOHSE, Rundfunk und Fernsehen, S. 1808; TRUTE, Stand und Entwicklung [1954], S. 467;

[37] Fernsehen – Gift- oder Heiltrank, in: Westfälische Nachrichten, 31.08.1953; KRUK, Wann kommt die Fernseh-Lawine?, in: FAZ, 29.08.1953; Langsam anlaufendes Fernsehgeschäft, in: Volkswirt 8 (1954), Nr. 22, S. 22; Fernsehgeräte – der Weihnachtsschlager 1957, ebd., 11 (1957), S. 2620; Fernsehgeräte auf Miete. Aus Mietern werden Käufer in: EA 6 (1953), S. 447; HENSEL, Westdeutsche Rundfunkindustrie, S. 11; GRAETZ, Fernsehen, S. 179; Germans Lead in Short-Wave. High Prices limit TV Sales, in: Daily Telegraph, 29.08.1953.

tig bei Fernsehapparaten mit 36 cm Bildröhren große Lagerbestände bildeten. Um diese abzubauen, wurden die Preise für letztere im Laufe des Jahres 1954 von durchschnittlich 1.100 DM auf 800 DM gesenkt. Der Eintritt in die Fernsehwelt kostete den Verbraucher damit nur noch 2,5 mal so viel wie ein mittleres Radiogerät. Für 1954 hatte sich die Industrie vorgenommen, 150.000 Geräte abzusetzen, was mit 147.100 dann auch knapp erreicht wurde.[38]

Im gleichen Jahr begann Siemens & Halske mit der Produktion von Fernsehgeräten für den bundesdeutschen Markt, nachdem man sie bis dahin nur für den Export gebaut hatte. Gleichzeitig profitierte das Unternehmen vom starken Nachfrageschub bei Rundfunk- und Fernsehröhren sowie bei Übertragungseinrichtungen. Erleichtert wurde die Produktionssteigerung durch Verträge, die eine Reihe bundesdeutscher Firmen zu dieser Zeit mit US-Unternehmen schlossen. Diese erlaubten die Übernahme neuer Herstellungsverfahren, insbesondere bei Röhren. So konnte bereits im Juli 1954 mit der Serienfertigung der bis dahin aus dem Ausland bezogenen 53-cm-Bildröhren begonnen werden.[39]

Entgegen den ursprünglichen Erwartungen der Industrie zeigte sich, daß der Rundfunkgeräteverkauf nicht durch den steigenden Fernsehumsatz beeinträchtigt wurde, sondern ebenfalls weiter zunahm, wozu besonders Exporte beitrugen. Dies erforderte eine Ausweitung der Fertigungskapazitäten, wofür umfangreiche Finanzmittel notwendig waren. So wurde 1954 das Stammkapital der deutschen Philips-Niederlassung, der 1939 gegründeten Allgemeinen Deutschen Philips Verwaltung GmbH, vom Mutterunternehmen auf 50 Millionen DM erhöht und in Allgemeine Deutsche Philips Industrie GmbH (Alldephi) umbenannt. Ebenfalls 1954 wurde das Grundkapital von Telefunken auf 50 Millionen DM erhöht.[40]

Einen wichtigen Impuls erhielt die bundesdeutsche Radioindustrie durch die Einführung des UKW-Rundfunks, der die Nachfrage genau zu dem Zeitpunkt stimulierte, als der vom Zweiten Weltkrieg her stammende Nachholbedarf

---

[38] Langsam anlaufendes Fernsehgeschäft, in: Volkswirt 8 (1954), Nr. 22, S. 22; Rundfunkgeräteabsatz trotz „Fernsehwelle" gestiegen, ebd., 9 (1955), Nr. 23, S. 19; Die Fernseh-Industrie berichtet. Das Fernsehen im Jahre 1953 – Ausblick auf 1954, in: EA 7 (1954), S. 70; Fernsehempfänger 1954/55, ebd., S. 363; LÖLHÖFFEL, Auge, S. 65; BACHMANN, Fernsehempfänger-Programm, S. 375; DERS., Deutsche Fernsehempfänger 1955/56, S. 338.

[39] Verbesserte Ertragskraft bei Siemens, in: Volkswirt 8 (1954), Nr. 12, S. 26; Langsam anlaufendes Fernsehgeschäft, ebd., Nr. 22, S. 22; Siemens setzt den Aufstieg fort, ebd., 9 (1955), Nr. 10, S. 24, 26; LÖLHÖFFEL, Auge, S. 65.

[40] Robert Bosch GmbH. Die Aufwärtsentwicklung hält weiter an, in: Volkswirt 8 (1954), Nr. 35, S. 35; Rundfunkgeräteabsatz trotz „Fernsehwelle" gestiegen, ebd., 9 (1955), Nr. 23, S. 19; Bosch in verstärktem Aufschwung, ebd., Nr. 36, S. 37; Größere Dimensionen bei der AEG, ebd., 10 (1956), Nr. 6, S. 28; Deutsche Philips mit erstem Abschluß, ebd., Nr. 29, S. 38; Deutsche Philips in gesunder Expansion, ebd., 11 (1957), Nr. 20, S. 1015; NESTEL, Wirtschaftsfaktor, S. 41.

weitgehend gedeckt war. Im Gegensatz zu Großbritannien, wo regelmäßige, wenngleich auf den Großraum London begrenzte UKW-Rundfunksendungen erst 1955 begannen, hatte sich diese neue Technologie in der Bundesrepublik rasch ausgebreitet. Bereits in den frühen 1950er Jahren bestand ein ausgedehntes Netz von UKW-Übertragungseinrichtungen und 1953 wohnten nahezu alle Bundesbürger in der Reichweite eines oder mehrerer UKW-Rundfunksender, von denen bis 1955 über 100 in Betrieb genommen worden waren.[41]

1951 verfügten nur zehn Prozent aller bundesdeutschen Radiohörer über UKW-Empfangsgeräte, doch 1953 war es bereits die Hälfte. 1955 waren dann 96 Prozent aller im Handel befindlichen und 65 bis 70 Prozent der bereits betriebenen Rundfunkgeräte für UKW ausgerüstet. Ursprünglich hatte die Industrie angenommen, daß der Einbau eines zusätzlichen UKW-Empfangsteils die Kosten stark erhöhen würde. Tatsächlich stellte sich heraus, daß der Endverkaufspreis dadurch lediglich um fünf bis zehn Prozent stieg. Ganz wesentlich trugen hierzu neu entwickelte Röhrentypen bei, die an die Schaltungstechnik von UKW-Empfängern angepaßt waren. Aufgrund einer erhöhten Eingangsempfindlichkeit boten sie eine verbesserte Klangqualität, waren aber trotzdem billiger als die bis dahin verwendeten Röhren.[42]

Ähnlich wie bei Fernsehgeräten lag auch der Kühlschrankabsatz trotz beachtlicher Steigerungsraten unter den Erwartungen der Branche. Industrie und Handel klagten über große Lagerbestände, die bis 1955 noch weiter anwuchsen. Zur Entschärfung des Angebotsdrucks wurden die Kühlschrankpreise gesenkt, und Anfang Juli 1955 regte Bundesfamilienminister Franz-Josef Wuermeling die Förderung des Kühlschrankverkaufs mittels Steuervergünstigungen an. Unterstützt wurde er dabei von Bundeswirtschaftsminister Ludwig Erhard, der seinerseits die Einführung eines billigen Volkskühlschrankes vorschlug. Das Bundesfamilienministerium startete in den nachfolgenden Monaten eine Konsumförderaktion mit dem Ziel, mehr Verbraucher und insbesondere die unteren Einkommensschichten zum Kauf eines langlebigen Haushaltsgerätes zu veranlassen. Dem gleichen Zweck diente der 1955 von Erhard an die Industrie gerichtete Vorschlag, eine sogenannte Volkswaschmaschine zu entwickeln.

---

[41] Grundzüge der Rundfunkneuheiten 1952, in: EA 5 (1952), S. 287f; Rundfunkgeräteabsatz trotz „Fernsehwelle" gestiegen, in: Volkswirt 9 (1955), Nr. 23, S. 19; Germans Lead in Short-Wave. High Prices limit TV Sales, in: Daily Telegraph, 29.08.1953; DIEFENBACH, Fortschritte, S. 296; KETTELHACK, Geschichtsbuch, S. 147; LÖLHÖFFEL, Auge, S. 64; STURMEY, Economic Development, S. 182; FREEMAN, Research and Development, S. 54.

[42] Rundfunkgeräteabsatz trotz „Fernsehwelle" gestiegen, in: Volkswirt 9 (1955), Nr. 23, S. 19; Grundzüge der Rundfunkneuheiten 1952, in: EA 5 (1952), S. 287f; HENSEL, Betrachtungen, S. 295; HEYNE, Rundfunktechnik, S. 72; LIMANN, Entwicklung, S. 248; KETTELHACK, Geschichtsbuch, S. 147; DIEFENBACH, Fortschritte, S. 296; LÖLHÖFFEL, Auge, S. 64; JAEKEL, Rundfunkgeräte, S. 18; BRUNNER-SCHWER UND ZUDEICK, SABA, S. 196-202.

Gleichzeitig wurde die Möglichkeit einer steuerlichen Absetzbarkeit des Kaufpreises von Waschmaschinen diskutiert, wozu es dann aber nicht kam. Elektroindustrie und ZVEI begrüßten all diese Initiativen, da man sich hiervon eine Steigerung des Absatzes hochwertiger Konsumgüter erhoffte. Gleichzeitig wurde aber betont, daß eine rasche Erhöhung der Massenkaufkraft noch weit wichtiger war.[43]

Bei Kühlschränken verschob sich das Interesse der Verbraucher zu Geräten mit höherem Fassungsvermögen. Dadurch wuchs der Anteil der Kompressorkühlschränke am Gesamtumsatz, da größere Apparate grundsätzlich mit Kompressoren ausgestattet waren. Noch 1953 hatten Absorbermodelle, die im Durchschnitt billiger als Kompressorkühlschränke waren, einen Anteil von 57 Prozent an der bundesdeutschen Produktion. 1955 nahm die Zahl der hergestellten Absorberkühlschränke erstmals ab und sank im Vergleich zum Vorjahr von 212.350 auf 186.900. Damit fiel ihr Anteil an der Gesamtproduktion von 45 auf 36 Prozent, während gleichzeitig die Zahl der gefertigten Kompressorgeräte von 257.285 auf 326.960 zunahm. Der Rückgang bei Absorberkühlschränken setzte sich in den folgenden Jahren fort, und 1957 wurden in der Bundesrepublik nur noch 143.000 Stück hergestellt. Verglichen mit Großbritannien war die Verbreitung von Absorbermodellen in der Bundesrepublik gering. Die meisten deutschen Anbieter verzichteten sogar gänzlich auf deren Produktion, da man die Geräte als unwirtschaftlich und leistungsschwach ansah.[44]

In der zweiten Hälfte der 1950er Jahre verzeichnete der Rundfunk- und Fernsehgerätesektor ein stürmisches Wachstum, wodurch dessen Anteil an der elektrotechnischen Produktion zwischen 1955 und 1960 von zehn auf 15 Prozent zunahm. 1956 überschritt der Umsatz der Rundfunk- und Fernsehindustrie, von Ludwig Erhard als des „Wirtschaftswunders liebstes Kind" bezeichnet, erstmals den Wert von einer Milliarde DM. Gleichzeitig bildete sie erstmals in der Geschichte der Elektroindustrie die gemessen am Produktionswert wichtigste Warenklasse und überholte damit die „klassische" Sparte Energieerzeugungsanlagen. Die größte Wachstumsdynamik entfaltete dabei der Fernsehgeräteumsatz, während der Anteil von Rundfunkempfängern an der Produkti-

43   Illusion der stabilen Elektropreise, in: Volkswirt 9 (1955), Nr. 50, S. 7; Vor einer guten Kühlschrank-Saison, ebd., 10 (1956), Nr. 15, S. 23; Marktwirtschaft war erfolgreich, in: Handelsblatt, 24.08.1953; Elektroindustrie fordert lineare Steuersenkung, in: FAZ, 03.12.1955; ZVEI, Mitgliederversammlung [1953], k.S.; KIEKHEBEN-SCHMIDT, Kein Kurzschluß, S. 105; MANKE, Hitzewelle, S. 23; TRUTE, Betrachungen, S. 1; SANDGRUBER, Strom der Zeit, S. 123, 129.
44   Der Kühlschrank erobert die Haushalte, in: Volkswirt 7 (1953), Nr. 33, S. 17; Vor einer guten Kühlschrank-Saison, ebd., 10 (1956), Nr. 15, S. 23; Wendung im Kühlschrankbau?, in: EM 12 (1959), S. 934; Fachtagung der Robert Bosch GmbH, ebd., 17 (1964), S. 1518; MANKE, Hitzewelle, S. 23.

on der Rundfunk- und Fernsehindustrie zwischen 1955 und 1960 von 73 auf 34 Prozent fiel.[45]

Hierzu trugen besonders die wiederholt vorgenommenen Preissenkungen bei. So reduzierte das Versandhaus Neckermann im Frühjahr 1955 den Verkaufspreis für ein 43-cm-Fernsehgerät zunächst von 1.000 auf 698 DM, und, nachdem andere Unternehmen auch ihre Preise verringert hatten, auf 548 DM. In Großbritannien kostete ein derartiges Gerät umgerechnet 900 DM, galten dort doch 43-cm-Bildröhren als Luxus. Den britischen Markt dominierten dagegen nach wie vor 36-cm-Geräte, die in der Bundesrepublik zu dieser Zeit fast nicht mehr gekauft wurden. Deutlich wurden die günstigeren Absatzmöglichkeiten bei der Deutschen Rundfunk-, Fernseh- und Phonoausstellung 1955. Anfangs hatte die Industrie noch über Überkapazitäten geklagt, tatsächlich gelang es dann aber den meisten Herstellern, ihre gesamte Produktion des laufenden und der ersten Monate des nachfolgenden Jahres bei dieser Messe abzusetzen.[46]

Bald galt die Hauptsorge der Unternehmen nicht mehr der Absatzsteigerung, sondern den nicht mehr ausreichenden Fertigungskapazitäten und dem zunehmenden Mangel an Arbeitskräften. Der Angebotsüberhang hatte die Preise von Fernsehgeräten bis Ende 1954 fallen lassen, doch im Laufe des Jahres 1955 stiegen sie aufgrund der eingetretenen Fertigungsengpässe um etwa 2,5 Prozent an. Diese Entwicklung setzte sich auch in den nachfolgenden Jahren fort, da die hohe Nachfrage den Wettbewerbsdruck milderte. Die Unternehmen waren deshalb nicht zu Preissenkungen gezwungen und konnten dadurch die steigenden Lohn- und Materialaufwendungen leichter kompensieren.[47]

Auch 1956 blieb die Nachfrage nach Fernsehgeräten hoch, und im Laufe dieses Jahres wurden insgesamt 594.000 Apparate hergestellt. Trotz der Aufstockung der Fertigungskapazitäten kam es 1956 aufgrund des Arbeitskräftmangels und wegen der unzureichenden Belieferung mit Komponenten zu wiederholten Engpässen in der Produktion. Obgleich die Popularität von Geräten mit den neuen 53-cm-Bildröhren beträchtlich zugenommen hatte,

---

[45] Rundfunk-Rekordgeschäft bei stabilen Preisen, in: Volkswirt 11 (1957), S. 1833; KIEKHEBEN-SCHMIDT, Funkausstellung, S. 1729; GESE, Elektronik, S. 160; BREITENACHER et al., Elektrotechnische Industrie, S. 186, 188.

[46] BA Koblenz, B 102, 14561: „Schreiben von Dr. Dr. Krebs, Ministerialrat im BWM, an den Abteilungsleiter I, Bonn, 05.10.1955"; Fernsehempfänger zu volkstümlichen Preisen, in: EA 8 (1955), S. 79; Radio- und Fernsehwirtschaft weiterhin optimistisch, ebd., 9 (1956), S. 93; Rundfunkindustrie gut im Geschäft, in: Volkswirt 9 (1955), Nr. 36, S. 21f; Preiskorrekturen auch bei Fernsehgeräten, ebd., Nr. 28, S. 5f; Rundfunkgeräteabsatz trotz „Fernsehwelle" gestiegen, ebd., Nr. 23, S. 19; LÖLHÖFFEL, Auge, S. 65; KIEKHEBEN-SCHMIDT, Kein Kurzschluß, S. 105; DERS., Messen, S. 33.

[47] Preiskorrekturen auch bei Fernsehgeräten, in: Volkswirt 9 (1955), Nr. 28, S. 5; Rundfunkindustrie gut im Geschäft, ebd., Nr. 36, S. 21; Rundfunkneuheiten des Baujahres 1954/55, in: EA 7 (1954), S. 312; MANKE, Zwei Millionen, S. 21; DIEFENBACH, Fortschritte, S. 296.

wurde der Markt nach wie vor von Fernsehempfängern mit 43-cm-Röhre dominiert. Diese waren für rund 700 DM im Handel und hatten einen Anteil von 78 Prozent an der Gesamtproduktion. 1960 übertraf der Absatz von Fernsehgeräten erstmals die Voraussagen der Industrie, die bis dahin die Aufnahmefähigkeit des Marktes stets überschätzt hatte. Eine wesentliche Voraussetzung für die Ausweitung des Verkaufs war der Ausbau des Fernseh-Sendenetzes, in dessen Empfangsbereich Ende 1955 bereits 85 Prozent der Bevölkerung wohnten.[48]

Die Industrie reagierte auf die kontinuierliche Erhöhung der Nachfrage mit der Erweiterung ihrer Fertigungskapazitäten, wodurch eine Verbreitung der Kapitalbasis notwendig wurde. So hatte sich das Produktionsvolumen der Alldephi zwischen 1949 und 1955 verdreifacht. Zur Deckung des gestiegenen Finanzbedarfs wurde zunächst das Grundkapital erhöht. Als dies nicht ausreichte, nahm das Unternehmen 1955 ein zehnjähriges Schuldscheindarlehen in Höhe von 50 Millionen DM auf. Die Alldephi betonte dabei, daß die Expansion bis zur Aufnahme dieses Darlehens vollständig aus eigenen Mitteln finanziert worden war, und daß das Anlagevermögen trotz des Kredits weiterhin vollständig durch Eigenmittel gedeckt war.[49]

1957 reorganisierte der Siemens-Konzern seine Konsumgüteraktivitäten und wandelte die Tochter Protos elektrische Hausgeräte GmbH in die Siemens-Elektrogeräte AG um. Dieser wurde der bis dahin bei den Siemens-Schuckertwerken angesiedelte Bereich Haushaltsgeräte und das bei Siemens & Halske liegende Radio- und Fernsehgeschäft eingegliedert. Die Gründung der Siemens-Elektrogeräte AG erfolgte dabei nach Angaben der Konzernleitung, um „der wachsenden Bedeutung des Konsumgütergeschäftes Rechnung (zu) tragen".[50]

Gleichzeitig wurde eine Erweiterung dieses Geschäftsbereichs angekündigt und bereits 1958 das Grundkapital der Siemens-Elektrogeräte AG auf 50 Millionen DM erhöht, um dem zunehmenden Kapitalbedarf Rechnung zu tragen. Ebenfalls 1958 beendete die Siemens-Elektrogeräte AG die Radiogerätefertigung in Karlsruhe und verlagerte sie nach Berlin. Dort wurden fortan alle Sie-

---

[48] Fernsehgeräte – der Weihnachtsschlager 1957, in: Volkswirt 11 (1957), S. 2620; Abklingende Nachfrage bei Siemens, ebd., S. 409; Deutsche Philips in gesunder Expansion, ebd., S. 1015; Radio- und Fernsehwirtschaft weiterhin optimistisch, in: EA 9 (1956), S. 93; Fernsehindustrie und Fernsehbetrieb auf festen Grundlagen, ebd., 10 (1957), S. 17; Zum Start der neuen Saison 1957/58. Die Lage auf dem Rundfunk- und Fernsehgebiet, ebd., S. 275; IK-Interview mit Direktor Hertenstein. Fernsehgeräte-Absatz wäre höher wenn.., in: Industriekurier, 03.08.1957; KIEKHEBEN, Produktion, S. 7; MANKE, Zwei Millionen, S. 21f.

[49] Deutsche Philips mit erstem Abschluß, in: Volkswirt 10 (1956), Nr. 29, S. 38f.

[50] Siemens-Archiv, 68.LI 137: „Zur Geschichte der SSW/VS und der SE, Bd. 2: 1955/56", Siebenseitiges Dokument mit dem Titel „SG", 23.10.1956", S. 1.

mens-Rundfunkapparate hergestellt, während parallel hierzu das Haushalts-
gerätewerk der Siemens-Elektrogeräte AG in Traunreut ausgebaut wurde. Das
Unternehmen betonte, daß diese Maßnahmen dazu dienten, Entwicklung und
Fertigung der unterschiedlichen Warengruppen auf ausgewählte Standorte zu
konzentrieren, um hierdurch Aufwand und Kosten zu senken.[51]

Auf die starke Ausweitung der Waschmaschinenproduktion zwischen 1953
und 1955 folgte in der zweiten Hälfte der 1950er Jahre ein verlangsamtes
Wachstum. 1958 ging die Zahl der hergestellten Geräte im Vergleich zum Vorjahr sogar geringfügig zurück. Dies lag an der rückläufigen Nachfrage nach den
veralteten Bottichwaschmaschinen, der auch durch den Umsatzanstieg bei
Trommelwaschmaschinen nicht vollständig kompensiert werden konnte. Den
veränderten Kundenpräferenzen begegnete die Industrie sogleich mit einem
breiteren Angebot an teil- und vollautomatischen Waschmaschinen. Bosch begann 1985 mit ihrer Fertigung und berichtete von einer erfolgreichen Markteinführung der neuen Geräte.[52]

Den strukturellen Veränderungen im Kühlschrankmarkt, in deren Verlauf
Kompressorkühlschränke auf Kosten von Absorbermodellen an Bedeutung
gewonnen hatten, entsprach bei Waschmaschinen die schnelle Ausbreitung
vollautomatischer Geräte. 1953 waren davon in der Bundesrepublik lediglich
3.000 Stück hergestellt worden, doch 1958 waren es bereits 100.000 und 1960
300.000. In Großbritannien bewegte sich die Nachfrage zu diesem Zeitpunkt
dagegen auf niedrigem Niveau. In der Bundesrepublik scheiterte ein noch
höherer Umsatz an den Fertigungskapazitäten, die der rapide ansteigenden
Nachfrage nicht gewachsen waren. 1959 und 1960 traten bei automatischen
Waschmaschinen deshalb Lieferverzögerungen von mehreren Monaten auf.[53]

Der Absatz von Radiogeräten nahm trotz der Resonanz, auf die das Fernsehen stieß, auch in den späten 1950er Jahren weiter zu, wozu maßgeblich das
steigende Interesse an Zweitempfängern beitrug. Hierzu zählten sowohl kleine
Apparate für die Wohnung, als auch tragbare Kofferradios und sogenannte
„Autosuper", deren Absatz mit der Automobilisierungswelle und dem Beginn
regelmäßiger Verkehrsnachrichten im Radio hochschnellte. Noch 1952 waren
91 Prozent aller verkauften Rundfunkapparate netzgebundene Tischgeräte gewesen. 1960 lag ihr Anteil aber nur noch bei 49 Prozent, während der tragbarer

---

[51] Siemens festigte das Fundament, in: Volkswirt 12 (1958), S. 396; Siemens-Ergebnis abermals verbessert, ebd., 13 (1959), S. 327; AICHINGER, Grundsatzprobleme, S. 121.

[52] Zunehmende Elektrifizierung der Hausarbeit, in: Volkswirt 8 (1954), Nr. 6, S. 18; Prosperierende
Robert Bosch GmbH, ebd., 13 (1959), S. 1942; Fachtagung der Robert Bosch GmbH, in: EM 17
(1964), S. 1519; BLIES, Waschmaschinen-Markt, S. 50; WURSTER, Betrachtungen, S. 76.

[53] Die wirtschaftliche Bedeutung der Waschtechnik, in: EA Ausg. B 14 (1961), S. 50; Waschtag ohne Schrecken, in: EM 11 (1958), S. 280; STAUDACHER, Entwicklungstendenzen, S. 308; FUNCK,
Doctor der Gottesgelehrsamkeit, S. 942; BLIES, Waschmaschinen-Markt, S. 50.

Empfänger im gleichen Zeitraum von fünf auf 32 Prozent gestiegen war. Die Serienproduktion von Taschenradios begann in der Bundesrepublik 1957 mit dem „Telefunken Partner", der dem Unternehmen zusammen mit anderen Modellen eine Schlüsselstellung bei tragbaren Radiogeräten verschaffte. Mit einem Anteil von 50 Prozent war dagegen Blaupunkt Marktführer bei Autoempfängern.[54]

Hohe Zuwachsraten verzeichneten auch teure Musik- und Fernsehtruhen in der Preisklasse oberhalb 700 DM, von denen alleine im Laufe des Jahres 1957 rund eine halbe Million Geräte abgesetzt wurden. Zu ihrer Popularität trug die Einführung des Stereo-Plattenspielers 1959 bei, dessen Verbreitung in den nachfolgenden Jahren aufgrund des sich schnell ausweitenden Angebots entsprechender Schallplatten anwuchs. Dies ging einher mit der Ablösung der Schellack- durch die Kunststoff-Schallplatte. Noch 1956 war die Hälfte aller in der Bundesrepublik hergestellten Schallplatten aus Schellack gewesen, aber bereits zwei Jahre später gab es fast nur noch Platten aus Kunststoff. Gleichzeitig erhöhte sich der Ausstoß rapide und verzehnfachte sich zwischen 1950 und 1960 auf 67 Millionen Stück.[55]

Bei Fernsehgeräten erwartete die Industrie 1957 einen geringen Auftragseingang, da man annahm, daß sich der Handel vom Inkrafttreten des GWB am 1. Januar 1958 Preissenkungen erhoffte. Tatsächlich disponierte er aber ebenso stark wie in den vorangegangen Jahren, so daß die Fertigungskapazitäten bis weit in die ersten Monate des nachfolgenden Jahres ausgebucht waren. 1957 wurde mit der Herstellung von 700.000 Fernsehgeräten ein neuer Höhepunkt erreicht, und im Oktober diesen Jahres verzeichnete die Bundesrepublik ihren millionsten Fernsehteilnehmer. Welche Dynamik das Fernsehgeschäft gewonnen hatte, zeigte sich daran, daß die Zahl von zwei Millionen Zuschauern, die

---

[54] Rundfunkneuheiten des Baujahres 1955/56, in: EA 8 (1955), S. 317; Radio- und Fernsehwirtschaft weiterhin optimistisch, ebd., 9 (1956), S. 93; Zum Start der neuen Saison 1957/58. Die Lage auf dem Rundfunk- und Fernsehgebiet, ebd., 10 (1957), S. 274; Schnelles Wachstum in der Elektroindustrie, ebd., 11 (1958), S. 454; Die Rundfunkgeräte dieser Saison [1956], in: EM 9 (1956), S. 612; Rundfunk-Rekordgeschäft bei stabilen Preisen, in: Volkswirt 11 (1957), S. 1833; Deutsche Philips in gesunder Expansion, ebd., S. 1015; Siemens festigte das Fundament, ebd., 12 (1958), S. 398; AEG weiter in befriedigender Entwicklung, ebd., S. 483; Prosperierende Robert Bosch GmbH, ebd., 13 (1959), S. 1943; Wandel am Rundfunk- und Fernsehmarkt, ebd., S. 237; BACHMANN, Rundfunkneuheiten, S. 277; GESE, Elektronik, S. 160; KETTELHACK, Geschichtsbuch, S. 148; LOHSE, Rundfunk und Fernsehen, S. 1808; MANKE, Zwei Millionen, S. 21; KIEKHEBEN-SCHMIDT, Funkausstellung, S. 1729.

[55] Rundfunk-Rekordgeschäft bei stabilen Preisen, in: Volkswirt 11 (1957), S. 1833; Elekroakustik nicht zu überhören, ebd., S. 749; Musikkonjunktur befruchtet Phonoindustrie, ebd., 12 (1958), S. 1197; Wandel am Rundfunk- und Fernsehmarkt, ebd., 13 (1959), S. 237; Verbesserte Ertragskraft der Philips-Gruppe, ebd., 14 (1960), S. 1349; BREITENACHER et al., Elektrotechnische Industrie, S. 190f; MANKE, Phonoindustrie, S. 2649; LOHSE, Rundfunk und Fernsehen, S. 1809.

ursprünglich für Mai 1959 prognostiziert worden war, bereits im November 1958 erreicht wurde.[56]

Zwischen Januar und April 1958 hatten Industrie und Handel eine gemeinsame Werbekampagne unter dem Motto „Fernsehen müßte man haben" durchgeführt. Damit sollten die Verkäufe im umsatzschwachen ersten Quartal erhöht werden, um die starken saisonalen Schwankungen auszugleichen. Im Vertrauen auf einen weiteren kräftigen Nachfrageanstieg verdoppelte die Industrie 1958 ihren Fernsehgeräteausstoß auf 1,56 Millionen Einheiten. Gleiches galt für den Produktionswert, der von 476 auf 925 Millionen DM wuchs.[57]

Im Laufe des Jahres 1958 zeigte sich dann allerdings, daß das Interesse der Kunden mit dieser Produktionssteigerung nicht Schritt hielt, weshalb die Lagerbestände anwuchsen. Um bei Fernsehempfängern Preiskämpfe zu vermeiden, zu denen es in den vorangegangenen Jahren bei Radioapparaten gekommen war, vereinbarten die 13 führenden Hersteller im Sommer 1958, ihre Fernsehgeräte der Preisbindung zu unterwerfen. Hierdurch sollten Turbulenzen im Markt sowie eine Schmälerung der Gewinnspannen vermieden und durch die sukzessive Reduzierung der Lagerbestände Angebot und Nachfrage wieder in Einklang gebracht werden. Diese Maßnahme hatte allerdings den ungewollten Effekt, daß all die Firmen, die sich seit jeher nicht an die Preispolitik der Industrie hielten und in erster Linie den Versandhandel belieferten, ihren Marktanteil im Laufe des Jahres 1958 von 5,5 auf 20 Prozent ausweiten konnten.[58]

Die Aktivitäten dieser Außenseiterhersteller und des Versandhandels verschärften den Wettbewerbsdruck bei Fernsehgeräten und machten es für Industrie und Handel kompliziert, den Markt durch Rückgriff auf die Preisbindung zu stabilisieren. Mit billigen Importwaren und eigenen Marken sorgte besonders der Versandhandel für Unruhe und machte dem klassischen Facheinzelhandel durch Aufbau eines eigenen Kundendienstnetzes zunehmend Konkurrenz. Hinzu kam der Druck sogenannter Niedrigpreisgeschäfte. Darunter

---

[56] Rundfunk-Rekordgeschäft bei stabilen Preisen, in: Volkswirt 11 (1957), S. 1833f; Fernsehgeräte – der Weihnachtsschlager 1957, ebd., S. 2620; Deutsche Philips gut im Geschäft, ebd., 12 (1958), S. 927; Robert Bosch GmbH. Umsatz um 14,5 vH gestiegen, ebd., S. 1405; Wandel am Rundfunk- und Fernsehmarkt, ebd., 13 (1959), S. 237; Rundfunk-, Fernseh- und Phonotechnik, ebd., Beilage zu Nr. 14 „Dynamische Elektroindustrie", S. 59; Zum Start der neuen Saison 1957/58. Die Lage auf dem Rundfunk- und Fernsehgebiet, in: EA 10 (1957), S. 274; Fernsehindustrie und Fernsehbetrieb auf festen Grundlagen, ebd., S. 17; KIEKHEBEN-SCHMIDT, Funkausstellung, S. 1729; GESE, Elektronik, S. 160.

[57] Eine Überraschung: Fernsehgeräte waren Mangelware, in: Die Zeit, 02.01.1958; Fernsehgeräte – der Weihnachtsschlager 1957, in: Volkswirt 11 (1957), S. 2620; Wandel am Rundfunk- und Fernsehmarkt, ebd., 13 (1959), S. 237; HIMMELMANN UND SCHENK, Rundfunkwerbung, S. 246f.

[58] Rundfunk-Preisbindung im Zwielicht, in: Deutsche Zeitung, 06.07.1958; Die Rundfunkindustrie hebt die Preisbindung auf, in: FAZ, 19.01.1959.

verstand man Einzelhändler, die entweder ausschließlich Waren von Herstellern verkauften, die ihre Artikel nicht preisbanden, oder Geschäfte, die die Preisbindung durch Gewährung großzügiger Rabatte unterliefen und hiermit auch Werbung machten. Bundesweite Aufmerksamkeit zog der Bonner Einzelhändler Bernhard Lepkes auf sich, der in seinem 1953 eröffneten Laden billige, nicht-preisgebundene Waren und preisgebundene Markenartikel zu weit unter den von der Industrie festgelegten Preisen verkaufte. Wiederholt wenngleich erfolglos versuchten einzelne Hersteller, Lepkes durch einen Lieferboykott zur Aufgabe dieser Praktiken zu zwingen, 1959 mußte er dann aber wegen seiner hohen Schulden Konkurs anmelden.[59]

Die Vermutung, das Ende von Lepkes sei nicht Ergebnis unternehmerischer Fehlentscheidungen, sondern auf den Druck der Hersteller zurückzuführen, fand sich nicht nur in der Presse, sondern beschäftigte sogar Bundeskanzler Erhard. So schrieb Staatssekretär Westrick an den Leiter der Abteilung I des Bundeswirtschaftsministeriums:

> Der Herr Bundeskanzler hätte gern von uns eine Stellungnahme zu dem Fall Lepkes. Er glaubt – nach meiner Meinung mit Recht – daß Lepkes sich deshalb nicht halten konnte, weil die großen Firmen eine Liefersperre über ihn verhängen und ihn auf diese Weise daran hindern, die Rabattgewährung fortzusetzen. Ich bitte einmal zu überprüfen, ob ein solches Verhalten nicht gegen das Kartellgesetz verstößt und ob die Vermutung wegen eines solchen Verhaltens nicht so stark ist, daß eine Überprüfung einsetzen könnte. Merkwürdigerweise erwähnte der Herr Bundeskanzler in diesem Zusammenhang kritisch auch die Warenhäuser, die Konzentration im ganzen, die Machtfülle der Banken, usw. Auch hierüber sollte vom kartellrechtlichen Standpunkt her einmal eine grundsätzliche Überlegung von uns angestellt werden.[60]

Die vom Bundeskartellamt durchgeführte Untersuchung ergab, daß das Scheitern von Bernhard Lepkes ausschließlich auf dessen eigene Fehler zurückging, und den Herstellern keine Mitschuld nachzuweisen war.[61]

Von diesem und wenigen anderen Fällen abgesehen wurde die Gewährung großzügiger Rabatte durch den Einzelhandel, die dessen Vereinbarungen mit der Industrie widersprachen, von den Herstellern nicht unterbunden. Schließlich war man angesichts der unerwartet niedrigen Nachfrage in erster Linie an einer Steigerung des Umsatzes und weniger an Auseinandersetzungen mit dem

---

[59] BA Koblenz, B 102, 17294: „BKartA an BWM, Abteilung I, 03.08.1960, Betr. Darstellung und Stellungnahmen der Presse zum Konkurs der Bernhard Lepkes KG, Bonn".
[60] Ebd.: „Staatssekretär Westrick an Herrn Langer Kommissarischer Leiter der Abteilung I, BWM, Bonn, 12.02.1960".
[61] Ebd.: „Brief des Präsidenten des BKartA an Dr. Langer Leiter der Abteilung I, Berlin, 24.08.1960".

Handel interessiert. Allerdings erhöhte sich der Konkurrenzdruck im Facheinzelhandel, der als ganzes an gebundenen Preisen festhalten wollte, während aber gleichzeitig eine wachsende Zahl von Einzelhändlern dazu übergegangen war, ihren Kunden großzügige Rabatte zu gewähren. Obgleich man sich darum bemühte, nach außen den Anschein der Preisbindung zu wahren und von der Industrie forderte, für deren Einhaltung zu sorgen, hatte sich der Einzelhandel wegen des zunehmenden Wettbewerbsdrucks in weiten Bereichen von der Preisbindung faktisch verabschiedet.[62]

In der Elektroindustrie wuchs deshalb die Skepsis gegenüber der Preisbindung. Zum einen verloren die etablierten Unternehmen Marktanteile an Außenseiterhersteller, die ihre Geräte grundsätzlich nicht an feste Preise banden und zumeist über den Versandhandel vertrieben. Zum anderen machte es den Anschein, daß der Einzelhandel mit seinen Praktiken der Industrie in den Rücken fiel. Bei einem weiteren Festhalten an der Preisbindung hätten die etablierten Produzenten zwar die überhöhten Gewinnspannen des Handels gesichert, gleichzeitig aber Marktanteile verloren. Zur Stimmung in der Industrie berichtete die *Deutsche Zeitung*: „Die Mehrzahl der Elektroerzeuger dürfte Dr. Hans Boden vom Vorstand der AEG zustimmen, der – jüngst in der ‚Financial Times‘ – sagte: Einheitliche Preise im Handel sind lobenswert, kein Zweifel, aber wenn in harten Zeiten sich die Händler nicht daran halten, ‚why, life must go on, mustn't it?'"[63]

Wegen der im Laufe des Jahres 1958 weiter gewachsenen Lagerbestände und insbesondere aufgrund ihrer rückläufigen Marktanteile entschlossen sich die sechs größten Fernsehhersteller – AEG, Graetz, Philips, Schaub-Lorenz, Telefunken und Grundig – am Ende des Jahres 1958 zur Abkehr von der Preisbindung. Gleichzeitig senkten sie ihre Preise um durchschnittlich 15 Prozent und kompensierten dies durch eine Kürzung der dem Handel zugebilligten Spannen. Hierauf folgten monatelange Preiskämpfe, in deren Verlauf fünf der Unternehmen wieder zur Preisbindung zurückkehrten. Grundig hatte dies zunächst abgelehnt, sich dann aber doch den anderen angeschlossen. Ausschlaggebend war dabei die Drohung zahlreicher Einzelhändler, nur noch Geräte von Herstellern im Sortiment zu führen, die die Preisbindung aufrechterhielten. Von allen anderen sollten dagegen keine Waren mehr verkauft und

---

[62] Rabattkartell und Preisbindung in Sicht?, in: Handelsblatt, 27.06.1958; Rundfunk-Preisbindung im Zwielicht, in: Deutsche Zeitung, 06.07.1958; Preissturz. Nur die Armen zahlten voll, in: Spiegel, 28.01.1959, S. 60f; Wandel am Rundfunk- und Fernsehmarkt, in: Volkswirt 13 (1959), S. 237; Turbulenter Rundfunkmarkt, ebd., S. 725; Die japanische Elektroindustrie, Teil 1, in: ZVEIM 15 (1962), Nr. 6, S. 1. S.a. Die japanische elektrotechnische Industrie, in: ZVEIM 9 (1955), Nr. 5, S. I-II; Japanische Dumping-Ausfuhren?, ebd., 13 (1960), Nr. 5, S. 12ff.

[63] Rundfunk-Preisbindung im Zwielicht, in: Deutsche Zeitung, 06.07.1958.

außerdem sämtliche Kundendienstleistungen einschließlich Reparaturen eingestellt werden.[64] Der *Volkswirt* kommentierte:

> Die Preisbindung ist tot; es lebe die Preisbindung: Komödie einer wettbewerbs-
> feindlichen Tradition. Mit wirkten sechs große Rundfunk- und Fernsehfirmen so-
> wie zahlreiche Fachhändler, die still aus dem Hintergrund Regie führten. Der Vor-
> hang fiel. Im Parkett verwirrte Verbraucher. Von den Rängen der Protest agiler
> Konsumerverbände. Die letzte Szene ist noch in lebhafter Erinnerung. Die Firma
> Grundig, mit über zwanzig Prozent Marktanteil bedeutendster Preisentbinder,
> kehrte reumütig als letzte in das Lager der Preisbinder zurück, nachdem sie von
> ihren fünf Mitverschworenen im Stich gelassen worden war.[65]

Nach der Rückkehr zur Preisbindung zeichnete sich ein leichter Anstieg der
Endverkaufspreise ab, den der Einzelhandel mit Genugtuung registrierte. Besonders erleichtert war man, als einige Hersteller all die Einzelhändler nicht
mehr belieferten, die sich nach wie vor nicht an die Preisbindung hielten. Die
Proteste von Gewerkschaften und Verbraucherverbänden verhallten dagegen
ungehört.[66]

---

[64] BHStA, MWi 13276: „Das Problem der Handelsspannen und der Preisbindung bei langlebigen
Gebrauchsgütern der Elektrotechnik (Gaedke)"; Marktgerechte Verbraucherpreise im freien
Wettbewerb, in: FAZ, 19.01.1959; Einige Rundfunkfirmen verhandeln weiter. Die Auffassungen
in der Industrie über die Preisbindung sind geteilt, ebd., 20.01.1959; Sieben Rundfunkfirmen halten an Preisbindung fest, in: Industriekurier 22.01.1959; Der Markt ist stärker in: Deutsche Zeitung, 24.01.1959; Rundfunkmarkt noch nicht beruhigt, ebd., 24.01.1959; Der Rundfunk-Krieg
geht weiter in: Die Welt, 24.01.1959; An Rückkehr zur Preisbindung vorerst nicht zu denken,
ebd., 26.01.1959; Kampf um die Preisbindung geht weiter, ebd., 30.01.1959; Preiswirrwarr auf
dem Rundfunkmarkt, in: Handelsblatt, 26.01.1959; Wandel am Rundfunk- und Fernsehmarkt,
in: Volkswirt 13 (1959), S. 237; Turbulenter Rundfunkmarkt, ebd., 13 (1959), S. 724f; Geringere
Spannen bei der AEG, ebd., 14 (1960), S. 423; AICHINGER, Strukturwandlungen, S. 276.
[65] ECK, Der Hofknicks vor dem Handel, in: Die Welt, 04.02.1959; Dissonanzen in der Rundfunkindustrie beseitigt, in: SZ, 05.02.1959; Waffenstillstand im Rundfunkkrieg, in: Berliner Morgen-
post, 15.02.1959; Preisbindungskomödie bei Rundfunkgeräten, in: Volkswirt 13 (1959), S. 306.
[66] Die Preise der Rundfunkindustrie streben wieder nach oben, in: SZ, 12.03.1959; Kartellamt bestätigt Anfrage an Rundfunkindustrie, ebd., 11.04.1959; Regelung der Rundfunkrabatte zeichnet
sich ab, in: Handelsblatt, 16.03.1959; Ende des Rundfunk-Preiskrieges. Preisbindungen sollen
schärfer überwacht werden, ebd., 30.09.1959; Ohne Sieger, ebd.; Großhandel kritisiert Rundfunkkartell, ebd., 19.01.1960; Rundfunkhandel setzt sich durch, ebd., 16.02.1960; Das Rundfunk-
kartell löst nicht alle Fragen, ebd., 12.04.1960; Die neuen Rundfunkrabatte wieder gefährdet, ebd.,
25.03.1959; Gemeinsame Preispolitik der Rundfunkindustrie gefährdet, in: FAZ, 21.04.1959;
Neue Krise in der Rundfunk-Preisbindung, ebd., 18.09.1959; Radiohersteller sperren die Lieferung, in: Die Welt, 23.09.1959; Gewalt besiegte die Preisbrecher in: Welt der Arbeit, 02.10.1959;
Waffenstillstand im Preiskrieg, in: Neue Rhein-Zeitung, 03.10.1959; Preisbindung nicht von langer Dauer in: Westfälische Rundschau, 03.10.1959; IG Metall attackiert Preisbindung, in: Deutsche Zeitung, 05.10.1959; Verdrehte Tatsachen, in: Industriekurier, 08.10.1959; Preisbindung in
der Dauerkrise, ebd., 03.11.1959; Rundfunkindustrie bemüht sich um Rabattkartell, in: Stuttgarter Zeitung, 15.01.1960; Chancen des Kartells der Elf, in: Tagesspiegel, 31.01.1960; Der Rachepreis, in: Spiegel, 04.05.1960, S. 26f; Das ist nur eine Seite der Bundeswirtschaft, in: Südwest-Mer-
kur, 05.08.1960.

Trotz dieser Turbulenzen gelang es der Industrie im Laufe des Jahres 1959 den Fernsehgeräteausstoß von 1,56 auf 1,85 Millionen zu steigern. Aufgrund der unerwartet geringen Nachfrage hatte dies zur Folge, daß die Lagerbestände in der zweiten Jahreshälfte 1959 anwuchsen. Die Industrie reagierte mit Preissenkungen und mehrere Hersteller sprachen sich öffentlich für eine Abschaffung der Preisbindung aus. Die Vertreter des Einzelhandels forderten dagegen ihre Beibehaltung und eine Erhöhung der Handelsspannen, obgleich letztere ohnehin hoch waren und bei Radio- und Fernsehgeräten um 40 Prozent lagen. Besonders die Industrie sah diese als überhöht an und fand dabei Rückhalt im Bundeswirtschaftsministerium, das dem Einzelhandel empfahl, Versandhandel und Niedrigpreisgeschäften mit einer Senkung der Spannen zu begegnen.[67]

Für die meisten Einzelhändler wurde deutlich, daß eine unveränderte Fortsetzung der Preisbindung angesichts der zunehmend ablehnenden Haltung von Politik und Industrie immer unwahrscheinlicher wurde. Gleichzeitig hatten sie unter der Konkurrenz von Versandhandel und Niedrigpreisgeschäften zu leiden, weshalb auch im klassischen Facheinzelhandel die Bereitschaft wuchs, von der Preisbindung abzugehen. Beschleunigt wurde dies durch die rückläufige Konjunktur und die vom Handel in den davorliegenden Jahren selbst geübte Praxis, die Preisbindung zwar formal einzuhalten, diese aber durch Sonderrabatte faktisch zu umgehen.[68]

Wie bei Radio- und Fernsehgeräten geriet der Einzelhandel in der zweiten Hälfte der 1950er Jahre auch im Haushaltsgerätesektor unter verstärkten Druck seitens Versandhäusern und Niedrigpreisgeschäften, wenngleich der Markt nach wie vor von Fachgeschäften dominiert wurde. Eine Ausnahme stellten lediglich Staubsauger dar, wo die Hälfte der Geräte über den Direktvertrieb von Tür zu Tür verkauft wurden. Bei Waschmaschinen und Wäscheschleudern lag dieser Anteil bei rund einem Viertel, bei Kühlschränken war dieser Vertriebsweg dagegen ohne Bedeutung.[69]

1958 und 1959 klagten die Hersteller elektrischer Haushaltsgeräte über einen Kostenanstieg, der über der Zunahme des Umsatzes lag, während die Gewinne

---

[67] Kartellprobleme in der Rundfunkbranche, in: Stuttgarter Zeitung, 08.08.1957; Preisbindung nicht von langer Dauer in: Westfälische Rundschau, 03.10.1959; Rabattkartell und Preisbindung in Sicht?, in: Handelsblatt, 27.06.1958; Kühlschrankindustrie senkt Rabatte. Preisbindung der zweiten Hand, ebd., 20.09.1958; Rundfunk-Rekordgeschäft bei stabilen Preisen, in: Volkswirt 11 (1957), S. 1834; Wandel am Rundfunk- und Fernsehmarkt, ebd., 13 (1959), S. 237; WRONA, Geschichte, S. 1161; MANKE, Phonoindustrie, S. 2649; BONENKAMP, Beleuchtungskörper, S. 54; AMANN, Reparatur- und Kundendienst, S. 22; Bericht des Bundeskartellamts über seine Tätigkeit [1959], S. 196.

[68] Unklarheiten über die Preisbindung der zweiten Hand, in: Volkswirt 11 (1957), Nr. 1, S. 17f; Schachzüge um die Preisbindung, ebd., 13 (1959), S. 131f; PEINER, Krise, S. 1447f.

[69] SCHRÖDER, Elektrohandel, S. 472f; OTTE, Kostenstruktur, S. 146.

durch die wegen des Angebotsüberhangs notwendig gewordenen Preissenkungen gefallen waren. So lagen die Preise von Kühlschränken am Ende des Jahres 1959 um zehn Prozent, bei Rundfunkgeräten um elf und bei Fernsehempfängern um acht Prozent unter dem Niveau des Vorjahres.[70]

Der zunehmende Konkurrenzdruck ließ bei den Kühlschrankherstellern im Laufe des Jahres 1959 die Bereitschaft zur Abkehr von der Preisbindung wachsen. Zwei Lager bildeten sich dabei in der Industrie heraus. Einig war man sich zwar, daß die Ladenpreise sinken mußten, Unklarheit bestand aber in der Frage, wie dies geschehen sollte. Die großen Elektrounternehmen, bei denen Kühlschränke nur Teil eines breiten Produktspektrums waren, favorisierten eine Kürzung der Groß- und Einzelhandelsrabatte von 30 auf 20 Prozent. Die zweite Gruppe, bestehend aus Firmen, die ausschließlich Kühlschränke herstellten, war zwar gegen einen derartigen Schritt, unterbreitete aber gleichzeitig keine konkreten Vorschläge, wie eine Senkung der Preise erreicht werden sollte.[71]

Ein Blick zurück auf die 1950er Jahre zeigt, wie die Fertigungskapazitäten der Industrie seit Beginn der Dekade erweitert wurden, um die schnell expandierende Nachfrage befriedigen zu können. Als der Bedarf aber nicht mit dem Ausbau Schritt hielt, kam es zu wiederholten Preissenkungen und -kämpfen. Unter dem Druck des Einzelhandels reagierten die Hersteller mit der Preisbindung ihrer Waren. Dies gab Außenseiterherstellern, die ihre Artikel nicht preisbanden und sie vornehmlich über Versandhandel oder Niedrigpreisgeschäfte vertrieben, die Chance, ihren Marktanteil auszubauen. In der Industrie ließ dies Zweifel am Sinn der Preisbindung aufkommen. Als sich dann abzeichnete, daß der Einzelhandel von den Herstellern zwar ein Festhalten an der Preisbindung forderte, sie aber durch die Gewährung von Rabatten und Nachlassen selbst unterlief, stieg bei der Industrie die Bereitschaft zur Abkehr von der verbindlichen Festlegung der Verkaufspreise.

C. DIE 1960ER JAHRE: NACHLASSENDES WACHSTUM UND NEUE HERAUSFORDERUNGEN

1960 erreichte die seit den späten 1950er Jahren schnell expandierende elektrotechnische Konsumgüterproduktion einen neuen Höhepunkt, auf den eine Phase verlangsamten Wachstums folgte. Dabei wuchsen einige Konsumgüter-

---

[70] Siemens forciert wieder die Investitionen, in: Volkswirt 14 (1960), S. 328f.
[71] Kühlschrankindustrie senkt Rabatte. Preisbindung der zweiten Hand, in: Handelsblatt, 20.09.1958; Wendung im Kühlschrankbau?, in: EM 12 (1959), S. 935.

gruppen lediglich verhaltener, während es bei anderen sogar zu einem Produktionsrückgang kam, so daß es im Gegensatz zur vorangegangenen Dekade zu einer stärkereren Differenzierung der Wachstumsraten zwischen den einzelnen Produktgruppen kam.[72]

Bis 1960 war der Absatz elektrotechnischer Gebrauchsgüter noch erheblich schneller als der gesamte private Verbrauch gewachsen, aber in den frühen 1960er Jahren kehrte sich dies um, nachdem sich das Interesse der Konsumenten zugunsten anderer Waren, wie dem Automobil oder Reisen, verschoben hatte. Während so die Nachfrage nach Geräten der Unterhaltungselektronik in den frühen 1960er Jahren nachließ, blieb sie bei Haushaltsgeräten und insbesondere bei Waschmaschinen weiterhin hoch. Ausschlaggebend waren hierfür die erreichten Ausstattungsraten. So hatten 1961 rund 90 Prozent aller bundesdeutschen Haushalte ein Radiogerät, weshalb eine weitere Absatzsteigerung nur über Ersatzbeschaffungen und den Verkauf von Zweitgeräten möglich war.[73]

Im Laufe des Jahres 1960 wuchsen bei Industrie und Handel die Lagerbestände. 1961 setzte sich dies fort und Mitte des Jahres war unübersehbar, daß die Nachfrage nicht mit der Produktionsausweitung Schritt hielt. Hinzu kam, daß die gesamtkonjunkturelle Entwicklung 1961 merklich nachgelassen hatte, weshalb die Hersteller weniger optimistisch als noch gegen Ende der vorigen Dekade in die Zukunft blickten. In der Elektroindustrie war man zwar zuversichtlich, was die Absatzaussichten von Investitionsgütern, insbesondere im Export betraf. Im Konsumgütersektor waren die Erwartungen dagegen verhalten. Hinzu kamen 1961 zwei Ereignisse, die sich auch auf die Elektroindustrie auswirkten: Die Aufwertung der DM und der Bau der Berliner Mauer. Ersteres führte in der zweiten Jahreshälfte 1961 zu einem kurzfristigen Einbruch im Export, während die Schließung der Zonengrenze die Situation auf dem ohnehin angespannten Arbeitsmarkt weiter verschärfte.[74]

Unter allen Haushaltsgeräten verzeichneten Waschmaschinen zu dieser Zeit das stärkste Wachstum. Ihre Produktion wuchs 1961 um 44 Prozent, während

---

[72] Gebrauchsgüter – Träger der Expansion, in: Volkswirt 13 (1959), Beilage zu Nr. 14 „Dynamische Elektroindustrie", S. 33; Ungleichmäßige Entwicklung der Gebrauchsgüter in: ZVEIM 15 (1962), Nr. 12, S. 6; Vorläufiger Rückblick auf 1961. Stabilisierung auf hohem Niveau ebd., Nr. 2, S. 3; LOHSE, Vollbeschäftigte Elektroindustrie, S. 317; KIRSCH, Küche, S. 2550; RICHEBÄCHER, Germany's Fading Boom, S. 23.

[73] Siemens in starker Expansion, in: Volkswirt 16 (1962), S. 370; Alldephi mit hohem Exportzuwachs, ebd., S. 1214; Verbrauchsstruktur 1962/63 und langfristige Entwicklung der Lebenshaltung 1950-64, in: ZVEIM 18 (1965), Nr. 10, S. 18ff; LOHSE, Rundfunk und Fernsehen, S. 1808; BREITENACHER, Haushaltsgeräte, S. 191.

[74] HUPPERT, Gespaltene Elektrokonjunktur, S. 13; KLEBS, Elektroindustrie, S. 448; Bericht des Bundeskartellamts [1960], S. 37f.

die von Kühlschränken und Fernsehgeräten um jeweils 14 Prozent zurückging. Die „Automatenwelle", also der zunehmenden Absatz automatischer Waschmaschinen, war dafür die Ursache. Freilich darf dies nicht darüber hinwegtäuschen, daß das Geschäft nach wie vor von „traditionellen" Geräten dominiert wurde. So hatten Bottichwaschmaschinen mit und ohne Wäscheschleuder 1960 einen Marktanteil von 65 Prozent, Trommelmodelle einschließlich Automaten von 15 Prozent und frontbeladene Trommelwaschmaschinen mit Schleudergang, die fast ausschließlich Automatikgeräte waren, einen Anteil von 20 Prozent.[75]

Im Laufe der 1960er Jahre stieg der Verkauf von Vollautomaten aufgrund beachtlicher Preissenkungen. Der Markt für automatische Maschinen wurde von acht Unternehmen dominiert: Constructa, AEG, Bauknecht, Rondo, Cordes, Miele, Neckermann-Juno und Quelle-Matura. Hervorzuheben ist die Firma Constructa, von der der erste in der Bundesrepublik hergestellte Waschvollautomat, die Constructa 51, stammte. Bis 1955 lieferte die Firma pro Monat lediglich 24 bis 36 Maschinen aus. In der Folgezeit stieg diese Zahl aber steil an, und 1961 waren es monatlich 20.000 Geräte, womit Constructa zum größten europäischen Hersteller vollautomatischer Waschmaschinen wurde.[76]

Gemessen am Konzernumsatz blieb der Konsumgüterverkauf von Siemens 1960 hinter dem allgemeinen Anstieg zurück, während das Unternehmen über den zunehmenden Wettbewerbsdruck klagte. Dieser hatte Preissenkungen um fünf bis zehn Prozent erzwungen, die durch Rationalisierungsmaßnahmen nur unzureichend kompensiert werden konnten.[77] Besonders in der Kühlschrankindustrie bestanden 1961 beträchtliche Überkapazitäten, und die gesamte Branche klagte über wachsende Lagerbestände und steigenden Preisdruck. Schätzungen zufolge verfügten Industrie und Handel zu dieser Zeit über rund 700.000 unverkaufte Geräte, weshalb die Produktion im dritten Quartal 1961 eingeschränkt wurde. Naturgemäß traf dies all jene Unternehmen besonders stark, die ausschließlich Kühlschränke herstellten.[78]

---

[75] Ungleichmäßige Entwicklung der Gebrauchsgüter in: ZVEIM 15 (1962), Nr. 12, S. 6f, 11; DEMISCH, Produktion, S. 407.

[76] Die wirtschaftliche Bedeutung der Waschtechnik, in: EA Ausg. B, 14 (1961), S. 50; Konzern-Waschmaschinen, in: Volkswirt 15 (1961), S. 1346; Ein Waschautomat feiert Geburtstag. Zehn Jahre Constructa – Von der Einzelanfertigung zur Großserie, in: EM 14 (1961), S. 1042f; Vollautomatisch arbeitende Waschmaschinen, in: ET 42 (1960), S. 350; FUNCK, Doctor der Gottesgelehrsamkeit, S. 943; BREITENACHER et al., Elektrotechnische Industrie, S. 213; DEMISCH, Produktion, S. 408.

[77] Konzern-Waschmaschinen, in: Volkswirt 15 (1961), S. 1346; Siemens elastisch und expansiv, ebd., S. 276f; Siemens in starker Expansion, ebd., 16 (1962), S. 370; Kooperation und Konzentration in der deutschen Elektroindustrie, in: EM 20 (1967), S. 163.

[78] Die „Kühlschrankhalde", in: EM 14 (1961), S. 907; Kältetechnik ohne Überraschungen, ebd., 15 (1962), S. 407; Haushalt und Wohnen, in: Volkswirt 17 (1963), Beilage zu Nr. 31 „Konsumgüter

1961 gelang Siemens eine Stärkung der Marktposition durch den Kauf der Constructa-Werke GmbH. Gleichzeitig konnte der allgemeine Umsatzabfall durch Absatzsteigerungen bei Waschmaschinen und Elektroherden ausgeglichen werden. Zur Ausweitung der Produktion wurde Ende das Jahres 1961 das Kapital von Constructa von fünf auf 15 Millionen DM erhöht, und 1963 legte Siemens deren Fertigung mit der der Siemens-Elektrogeräte AG zusammen. Beide Unternehmensteile konzentrierten sich fortan auf unterschiedliche Marktsegmente, um Entwicklungs- und Fertigungskosten niedrig zu halten: Constructa auf Modelle über 1.200 DM und sämtliche Waschvollautomaten, Siemens-Elektrogeräte auf die darunterliegenden Preisklassen; gleichzeitig stellte letztere die Entwicklung von Vollautomaten ein.[79]

Während die Nachfrage nach Radiogeräten wegen der erreichten Ausstattungsquoten in den frühen 1960er Jahren insgesamt verhalten war (siehe Anhang, Tabelle 1.6), zeigten die Konsumenten großes Interesse an tragbaren Transistor-Radiogeräten. Diese erfreuten sich steigender Beliebtheit, da sie kleiner und leichter, gleichzeitig aber auch immer leistungsstärker und billiger wurden. So setzte sich der bereits in den 1950er Jahren begonnene Rückgang des Verkaufs netzgebundener Radioempfänger fort. 1964 entfielen auf diese Gerätegruppe nur noch 23 Prozent aller gefertigten Apparate, während 69 Prozent Koffer-, Auto- oder Taschenempfänger und die restlichen acht Prozent kombinierte Rundfunk-Phonogeräte waren.[80] Zur rückläufigen Nachfrage nach netzgebundenen Heimempfängern stellte der *Volkswirt* 1964 fest: „Letzterer hat ohnehin an Bedeutung verloren, seitdem das Fernsehen aufkam und die Menschen in den wichtigsten Freizeitstunden – am Abend – an den Bildschirm lockt. Der Rundfunk schlechthin wurde zum Nachrichtengeber und zum Spender von Hintergrundmusik. ... Aus einem Mittelpunkt der Wohnung wurde ein Gebrauchsgegenstand."[81]

Der steigende Absatz tragbarer Radiogeräte ist vor dem Hintergrund der sich in den frühen 1960er Jahren ausweitenden Reisewelle zu sehen. Viele Ur-

---

für Morgen", S. 14; Warum steigt die Kälteanwendung im Haushalt?, ebd., 15 (1961), Beilage zu Nr. 18 „Wirtschaft und Technik. Fortschritte in der Kältetechnik", S. 19; BBC behauptet Marktstellung, ebd., 16 (1962), S. 1036; Bosch baut schwere Zeiten vor, ebd., S. 1812; Siemens in starker Expansion, ebd., S. 370; CUBE, Europas Kälteindustrie, S. 2023; Bericht des Bundeskartellamts [1960], S. 376; Bericht des Bundeskartellamts [1962], S. 31; BIELING UND SCHOLL, Elektrogeräte, S. 101f.

[79] Siemens-Archiv, 68.LI 137: „Theodor Hafeneder, Die Geschäftspolitik der Siemens-Electrogeräte AG, 21.03.1962", S. 21; Siemens in starker Expansion, in: Volkswirt 16 (1962), S. 370; Haus Siemens. Optimistische Investitionspolitik, ebd., 17 (1963), S. 355; Haus Siemens. Mehr sein als scheinen, ebd., 18 (1964), S. 321.

[80] OTTE, Produktions- und Umsatztrend, S. 36; HERRNKIND, Kofferempfängerprogramm 1966, S.91; OPPENLÄNDER, Markt, S. 2580.

[81] TETZNER, Technik von morgen, S. 2583.

lauber wollten auch am Ferienort den heimischen Rundfunk hören, weshalb die Apparate vermehrt mit einem Kurzwellenteil ausgestattet wurden. Wachsende Bedeutung gewannen auch Autoempfänger, wenngleich deren Verkauf trotz des Autobooms im Jahr 1960 erstmals nicht mehr anstieg. Die Ursache hierfür war die Markteinführung neuer Koffergeräte mit Anschlußmöglichkeit an die Fahrzeugantenne, die die Anschaffung eines speziellen Autoradios überflüssig machten.[82]

Eine wichtige Neuerung stellten die 1963 erstmals im Handel erhältlichen Rundfunk-Stereogeräte dar, wenngleich zu dieser Zeit lediglich der Sender Freies Berlin mit der Ausstrahlung entsprechender Programme begonnen hatte. Die Rundfunkindustrie erhoffte sich dabei von der Stereotechnik eine Stimulierung des Marktes vergleichbar mit der Einführung von UKW. Dieser Optimismus stützte sich besonders auf den schnell wachsenden Absatz von Stereo-Schallplatten, tatsächlich entsprach die Nachfrage nach Stereogeräten dann aber nicht den hohen Erwartungen.[83]

Auch der Fernsehabsatz war zu Beginn der 1960er Jahre geringer als von der Industrie erhofft. Verantwortlich machten die Hersteller dafür die Verzögerungen, die sich beim Programmstart des Zweiten Deutschen Fernsehens ergeben hatten, und die die Konsumenten veranlaßten, den Kauf eines Fernsehgeräts vorerst zurückzustellen. Die Lagerbestände bei Industrie und Handel wuchsen, während die nach wie vor bestehende Preisbindung nennenswerte Preissenkungen verhinderte. Zum Abbau des Angebotsüberhanges reduzierte die Industrie 1961 den Ausstoß von Fernsehgeräten um 20 Prozent von 2,28 auf 1,78 Millionen, wodurch die Zahl der unverkauften Apparate von 400.000 auf 280.000 sank.[84]

---

[82] HERRNKIND, Rundfunkempfänger 1960/61, S. 313; DERS., Neue Koffer- und Reiseempfänger, S. 65; LOHSE, Rundfunk und Fernsehen, S. 1807; Heim-Rundfunkgeräte, Musikschränke und Zubehör [1965], in: EM 18 (1965), S. 969; West-Berlin. Unterhaltungs-Elektronik, in: Volkswirt 17 (1963), S. 2005; Deutsche Philips-Gruppe gut behauptet, ebd., 15 (1961), S. 988; Die Weltproduktion in Rundfunk- und Fernsehgeräten, in: ZVEIM 15 (1962), Nr. 12, S. 23; BREITENACHER et al., Elektrotechnische Industrie, S. 188f

[83] Der weite Weg zum guten Klang. Industrie ist auf Rundfunk-Stereofonie vorbereitet, in: Handelsblatt, 05.08.1963; OTTE, Produktions- und Umsatztrend, S. 36; West-Berlin. Unterhaltungs-Elektronik, in: Volkswirt 17 (1963), S. 2005; TETZNER, Technik von morgen, S. 2583.

[84] Mäßige Belebung des Fernsehgeschäfts, in: FAZ, 10.08.1960; Fernsehindustrie sieht gute Chancen, in: Die Welt, 16.08.1960; Fernsehgeschäft in der Mauserung, in: Christ und Welt, 01.12.1960; Fernsehindustrie: Erwartungen wurden nicht erfüllt, in: Industriekurier 08.12.1960; Fernseh-Verhandlungen erfolglos, in: FAZ, 15.12.1960; Die Fernsehgeräte-Produktion soll gekürzt werden, ebd., 17.04.1961; FACK, Das Debakel auf dem Fernsehmarkt, ebd., 06.05.1961; Dem zweiten Programm fehlen die Antennen, in: Deutsche Zeitung, 17.08.1960; „Zur Kasse bitte...", in: Vorwärts, 19.08.1960; Wenig „Seher" für das Zweite Programm, in: Stuttgarter Zeitung, 18.08.1960; Engpässe in der Produktion gefährden Umstellung auf zweites Fernsehprogramm, in: Westfälische Rundschau, 20.08.1960; Zweite Welle, noch sehr fern gesehen, in: Hamburger Echo, 01.09.1960;

Anfang 1961 hob das Bundeskartellamt die Preisbindung für Fernsehempfänger mit 53-cm-Bildröhre auf, da dessen Ansicht nach das Mißverhältnis zwischen Angebot und Nachfrage nur durch eine freie Bildung der Preise beseitigt werden konnte. Im darauffolgenden Jahr eröffnete die Behörde auf Grundlage von § 17 GWB ein Verfahren gegen die Hersteller von Radioapparaten wegen Mißbrauchs der Preisbindung. Besonders kritisierte das Bundeskartellamt dabei die hohen Spannen des Handels. Obwohl die Ermittlungen kurz darauf eingestellt wurden, erklärten die Hersteller von Rundfunk- und Fernsehgeräten, an der Preisbindung nicht weiter festhalten zu wollen. Um das Bundeskartellamt von weiteren Eingriffen abzuhalten, wurde zunächst die für Fernsehempfänger mit 59-cm-Bildröhre und kurz darauf die Preisbindung für alle Apparate seitens der Industrie aufgehoben.[85]

Nachdem der Markt wieder dem freien Spiel der Kräfte überlassen war, sanken die Verkaufspreise sogleich ab, so daß sich der Handel mit kleineren Spannen begnügen mußte. Anschaulich wird dies an der Entwicklung bei automatischen Waschmaschinen, wo zu dieser Zeit ebenfalls die Preisbindung wegfiel. Deshalb ging beispielsweise die AEG-Lavamat Nova, deren vom Hersteller empfohlener, aber nicht verbindlicher Preis bei 2.280 DM lag, tatsächlich für 1.368 bis 1.638 DM über den Ladentisch. Anfangs ging diese Differenz nahezu

---

West-Berlin. Unterhaltungs-Elektronik, in: Volkswirt 17 (1963), S. 2005; Rabattdämmerung am Fernsehmarkt, ebd., 16 (1962), S. 173; Der Fernsehmarkt an der Jahreswende [1961/62], in: EA-HI 14 (1961), S. 213; Abbau der Lagerbestände bei Fernsehgeräten: in: EA-GI 15 (1962), S. 136; Große Mehrheit der Fernsehgeräte-Hersteller für Beibehaltung der Preisbindung, ebd., S. 140; Deutsche Philips-Gruppe gut behauptet, ebd., S. 988; LOHSE, Privathaushalte, S. 694; LOHSE, Rundfunk und Fernsehen, S. 1808; BAUMGART, Elektroindustrie, S. 219; BREITENACHER et al., Elektrotechnische Industrie, S. 192.

85 Das Rundfunk-Kartell bleibt, in: Stuttgarter Zeitung, 15.12.1960; Fernsehgeräte. Der Rachepreis, in: Spiegel, 1960, Nr. 19, S. 24ff; Viele Wünsche zum Rundfunk-Kartell, in: Handelsblatt, 06.01.1961; Unruhige Tage für das Rundfunkkartell, ebd., 23.01.1961; Freier Fernsehmarkt wirft neue Fragen auf, ebd., 06.04.1962; Grundig senkt Preise für Fernsehgeräte, in: Die Welt, 02.02.1961; Fernsehindustrie steht zum Kartell, ebd., 11.02.1961; Gespräche über Rundfunk-Rabattkartell in Berlin blieben ohne Ergebnis, ebd., 15.04.1961; Gescheitert?, ebd., 03.05.1961; OHEM, Vorstoß am Fernsehmarkt, in: Deutsche Zeitung, 03.02.1961; DERS., Das Petersberger Schießen, ebd., 24.04.1961; Die Preisbindung für Fernsehgeräte fällt, ebd., 27.02.1961; Der Fernseh-Großhandel ist unzufrieden, ebd., 07.04.1961; Fernsehen mit Korsett, ebd., 12.04.1961; Rundfunkkartell bricht zusammen, ebd., 05.05.1961; Wettbewerbsregeln auf dem Fernsehmarkt?, in: Stuttgarter Zeitung, 17.04.1961; Das Rundfunk- und Fernsehkartell soll verlängert werden, in: FAZ, 22.04.1961; Rundfunkkartell rauft sich zusammen, in: Stuttgarter Nachrichten, Das Rundfunkkartell bläst zum Sammeln, in: Industriekurier, 18.04.1961; Die verlängerte Krise, ebd., 03.05.1961; Wird Grundigs Vorgehen Schule machen?, ebd., 15.02.1962; Funkindustrie mit Störungen, in: Volkswirt 16 (1962), S. 350; Preisbindung. Ein stilles Begräbnis, ebd., S. 634; Rabattdämmerung am Fernsehmarkt, ebd., S. 173; Allgemeine Deutschen Philips Industrie GmbH. Expansion und Konsolidierung, ebd., 17 (1963), S. 1270; BREITENACHER, Haushaltsgeräte, S. 192; SAWALL, Unternehmenskonzentration, S. 19. S.a. PASCHKE, Wettbewerb, S. 130; Bericht des Bundeskartellamts [1962], S. 32; Bericht des Bundeskartellamts [1963], S. 33.

ausschließlich auf Kosten des Handels, während es der Industrie noch gelang, ihre Gewinnspannen zu halten. Die sich im Laufe des Jahres 1962 weiter verschlechternde Marktsituation erhöhte dann aber den Wettbewerbsdruck zwischen den Herstellern, wodurch viele kleinere Betriebe aufgeben mußten, während die Großunternehmen über Gewinneinbußen klagten.[86]

Siemens setzte die Restrukturierung der Konsumgütersektor des Konzerns fort und vereinbarte 1962 mit Philips eine Zusammenlegung der Schallplattenaktivitäten. Dabei übernahm Philips 50 Prozent des Kapitals der Deutschen Grammophon GmbH, einer Siemens-Tochter, während Siemens im Gegenzug eine 50prozentige Beteiligung an N. V. Philips' Phonographische Industrie erhielt. Die rechtliche Selbständigkeit der beiden Firmen, aber auch Markennamen und Repertoire blieben hiervon allerdings unberührt.[87]

1963 trat dann wieder eine Belebung des Konsumgütergeschäfts ein. So berichtete AEG von einer guten Geschäftsentwicklung der Tochtergesellschaft Telefunken, deren Umsatz erstmals die Milliardengrenze überschritten hatte. Auch der Absatz von AEG-Haushaltsgeräten war befriedigend, und besonders bei Waschvollautomaten wurden hohe Zuwächse erzielt. Eine vergleichbare Entwicklung meldete auch Siemens, wo der Absatz von Haushaltsgeräten 1963 einen Wert von rund 600 Millionen DM erreicht hatte.[88]

Im darauffolgenden Jahr erlebte die Rundfunk- und Fernsehindustrie einen kräftigen Aufschwung, der durch die Ausweitung der Exporte noch an Dynamik gewann. Dies war neben den Olympischen Spielen von 1964 besonders auf die Preissenkungen zurückzuführen, die auf die oben angeführten Eingriffe des Bundeskartellamts gefolgt waren. So kosteten Fernsehempfänger mit 59-cm-Bildröhre, die sich zu diesem Zeitpunkt endgültig im bundesdeutschen Markt durchgesetzt hatten, im Durchschnitt nur noch 870 DM und waren damit nur knapp 100 DM teurer als ein vergleichbares Gerät in den USA.[89]

---

[86] Zwei Jahre freier Rundfunkmarkt, in: Handelsblatt, 10.02.1964; Preiskrieg – „fern"gesehen, in: Die Welt, 05.03.1964; Rabatte vernebeln das Bild, ebd., 02.05.1964; Waschmaschinen. Rabatt-Dämmerung, in: Spiegel, 1963, Nr. 10, S. 68ff; AEG. Reorganisation bei wachsender Rentabilität, in: Volkswirt 17 (1963), S. 494; Allgemeine Deutschen Philips Industrie GmbH. Die Konsolidierung geht weiter, ebd., 18 (1964), S. 1053f; HEIKAUS, Tendenzen, S. 56.

[87] Haus Siemens. Optimistische Investitionspolitik, in: Volkswirt 17 (1963), S. 355f.

[88] Kräftige Geschäftsausweitung bei der AEG, ebd., 16 (1962), S. 502; Haus Siemens. Optimistische Investitionspolitik, ebd., 17 (1963), S. 355; AEG. Reorganisation bei wachsender Rentabilität, ebd., S. 492; Haus Siemens. Mehr sein als scheinen, ebd., 18 (1964), S. 320; AEG. Ein Konzern wird neu organisiert, ebd., S. 1241f; AEG-Telefunken Gruppe. Das „neue Haus" steht, ebd., 19 (1965), S. 1280.

[89] OHEM, Flimmern im Bildschirm, in: Stuttgarter Zeitung, 07.09.1963; Zwei Jahre freier Rundfunkmarkt, in: Handelsblatt, 10.02.1964; Preisvergleich für Elektrogeräte zwischen Westdeutschland und den USA für 1963, in: ZVEIM 17 (1964), Nr. 3, S. 35; Der neue Fernsehempfänger-Jahrgang 1963-64, in: EA-HI 16 (1963), S. 97; OPPENLÄNDER, Markt, S. 2581; SANIO, Jahreswende, S.

Eine Niederlage erlitt das Bundeskartellamt mit dem am 28. Oktober 1965 ergangenen Urteil des Bundesgerichtshofs (BGH), der eine Rechtsbeschwerde des Amtes ablehnte, mit der man der Industrie die Androhung oder Verhängung von Lieferboykotten verbieten wollte. Dem vorausgegangen waren die genannten Versuche einzelner Hersteller, Einzelhändler durch einen Lieferboykott zur Einhaltung der Preisbindung zu zwingen. Daß das Bundeskartellamt aufgrund der BGH-Entscheidung derartige Boykottmaßnahmen nicht mehr unterbinden konnte, wurde von Elektroindustrie und ZVEI begrüßt.[90]

Der Verkauf von Fernsehapparaten verlangsamte sich 1965 erneut, weil die Konsumenten wegen der bevorstehenden Einführung des Farbfernsehens den Erwerb eines Neugerätes zurückzustellen, so daß es erneut zu Preiskämpfen kam. AEG-Telefunken sah sich zu einer Senkung der Produktion gezwungen, und klagte 1966 über einen weiteren Rückgang des Umsatzes um 20 Prozent. Auch die Alldephi mußte 1966 den Ausstoß von Rundfunk- und Fernsehempfängern zurückfahren, während Kassettenrekorder und Schallplattenspieler, ebenso wie die meisten Investitionsgüter, steigende Umsätze verzeichneten.[91]

Anders war dagegen die Situation bei Haushaltsgeräten, wo sich insbesondere die Nachfrage nach Kühlschränken und Waschmaschinen 1964 und 1965 auf einem hohen Niveau hielt. So wurden 1965 rund 1,25 Millionen Waschmaschinen produziert, wovon ca. 700.000 Vollautomaten waren, die im Durchschnitt 1.000 bis 1.200 DM kosteten. Mit dieser großen Bedeutung automatischer Modelle unterschied sich der deutsche Waschmaschinenmarkt ganz wesentlich vom britischen, wo sie Mitte der 1960er Jahre einen Anteil von lediglich 20 Prozent hatten. Zum Großteil handelte es sich dabei um Importe, während britische Hersteller in diesem zunehmend wichtigen Marktsegment nur schwach vertreten waren (siehe Kapitel 7c).[92]

Der starke Umsatzzuwachs und hohe Exporte erlaubten der Siemens Elektrogeräte AG 1964 und 1965 eine Reduzierung ihrer hohen Lagerbestände.

2579; TETZNER, Technik von morgen, S. 2584; OTTE, Europäische Zusammenarbeit, S. 38; Bericht des Bundeskartellamts [1963], S. 33.
[90] Nichtbelieferung von Niedrigpreisgeschäften, in: ZVEIM 19 (1966), Nr. 4, S. 5.
[91] Kopf-an-Kopf-Rennen im Farbfernsehen, in: Handelsblatt, 19.10.1964; TETZNER, Schatten des Farbfernsehens liegt über den Ausstellern in Hannover, ebd., 29.04.1966; So rasch wird der Bildschirm nicht bunt. Die Welt sprach mit Dr.-Ing. Felix Herriger Vorstandsmitglied der Telefunken AG, in: Die Welt, 04.02.1966; Neue Fernsehempfänger 1965/66, in: EA-HI 18 (1965), S. 92; Fernsehempfänger 1966 ebd., 19 (1966), S. 32; Fernsehgeräte in Hannover [1965], in: EM 18 (1965), S. 960; German Resale Prices. Colourful Fight, in: Economist 224 (1967), S. 747; AEG-Telefunken Gruppe. Verstärkte Koordinierung, in: Volkswirt 20 (1966), S. 989; AEG-Telefunken Gruppe. Zuviel ausgeschüttet?, ebd., 21 (1967), S. 1024; Allgemeine Deutschen Philips Industrie GmbH. Stagnierendes Konsumgütergeschäft, ebd., S. 969; HERRNKIND, Neuheiten [1966/67], S. 143; STEIN, Westdeutsche Industrie, S. 15.
[92] WAGNER, Waschen und Geschirrspülen programmgesteuert, in: EA Ausg. B, 19 (1966), S. 26; KELLING, 1966, S. 874; BREITENACHER, Haushaltsgeräte, S. 192.

AEG nahm die gute Geschäftsentwicklung dieser Jahre zum Anlaß, die Hausgerätefabrik in Winnenden zu vergrößern und eine weitere in Rothenburg ob der Tauber zu errichten. Bei BBC war der Anteil der Konsumgüter am Gesamtumsatz zwischen 1962 und 1964 aufgrund florierender Umsätze von zwölf auf 17 Prozent gewachsen. Allerdings erlitt das Unternehmen einen schmerzhaften Rückschlag, als das Hausgerätewerk 1963 komplett abbrannte und die Produktion erst 1964 wieder aufgenommen werden konnte.[93]

Seit Beginn der 1960er Jahre hatte sich der Wettbewerbsdruck im bundesdeutschen Elektro-Konsumgütermarkt zunehmend verschärft. Wie in Großbritannien waren es in erster Linie italienische Hersteller, deren Produkte von Versandhäusern vertrieben wurden. Steigende Marktanteile konnten sie insbesondere bei Kühlschränken und Waschmaschinen verbuchen. Eine starke Position gewannen italienische Firmen in unteren Marktsegmenten wie etwa bei kleinen Kompressorkühlschränken, wo die Preise italienischer Geräte weit unter denen bundesdeutscher Hersteller lagen. Letztere reagierten mit der Markteinführung billiger Kühlschränke einfacher Konstruktion, während sie gleichzeitig ihre Stellung bei großen Modellen halten konnten. Ihnen kamen dabei die steigenden Ansprüche der Verbraucher zugute, die vermehrt Apparate mit Abtauautomatik und eingebauten Tiefkühlfächern bevorzugten, wozu die wachsende Beliebtheit von Gefrierkonserven beitrug. Als entscheidend erwies sich dabei die stärkere Konzentration deutscher Unternehmen auf die oberen Marktsegmente, in denen italienische Hersteller nur schwach vertreten waren. Deutsche Firmen hatten dadurch mehr Zeit als britische, um auf die italienische Herausforderung zu reagieren.[94]

Der zunehmenden ausländischen Konkurrenz begegnete die bundesdeutsche Hausgeräteindustrie mit einer Reihe von Fusionen. Die wohl wichtigste war die 1965 zwischen Bosch und Siemens vereinbarte Bildung einer Interessengemeinschaft bei Hausgeräten. Bosch gehörte zu diesem Zeitpunkt zu den größten europäischen Kühlschrankherstellern, während Siemens eine starke Position bei Waschmaschinen und insbesondere bei Vollautomaten hatte. Der

---

[93] BBC. Ein erfolgreiches Jahr, in: Volkswirt 17 (1963), S. 1027; Die Konjunktur im Trend. Interview mit Dr. Peter von Siemens, Vorsitzender des ZVEI und Stellv. Vorsitzender des Aufsichtsrats der Siemens-Schuckertwerke AG, ebd., 18 (1964), S. 1223; Haus Siemens. Betontes Zukunftsdenken. Rücklagenbildung wichtiger als Dividendenerhöhung, ebd., 19 (1965), S. 333; AEG-Telefunken Gruppe. Das „neue Haus" steht, ebd., S. 1281; Brown, Boveri & Cie AG. Stärkere Betätigung im Ausland, ebd., S. 1074; AEG-Telefunken Gruppe. Verstärkte Koordinierung, ebd., 20 (1966), S. 989; Junges Werk in alter Stadt, in: EM 18 (1965), S. 1103f;. S.a. Bericht des Bundeskartellamts [1964], S. 26; RICHTER UND SEINGEOR, Wachstumsindustrie, S. 61.

[94] Warum steigt die Kälteanwendung im Haushalt?, in: Volkswirt 15 (1961), Beilage zu Nr. 18 „Wirtschaft und Technik. Fortschritte in der Kältetechnik", S. 19; EWG. Heißer Kühlschrank-Krieg, ebd., 17 (1963), S. 136; BÖTTCHER, Internationale Zusammenhänge, S. 100; BREITENACHER et al., Elektrotechnische Industrie, S. 211f. S.a. Bericht des Bundeskartellamts [1965], S. 31.

Hausgeräteumsatz bei Siemens belief sich auf 835 Millionen DM, während er bei Bosch einen geschätzten Umfang von 450 bis 500 Millionen DM hatte. Großes Augenmerk wurde nach dem Zusammenschluß, dem langwierige Verhandlungen mit dem Bundeskartellamt vorangegangen waren, der sofortigen Bereinigung der Warenpalette geschenkt. Gleichzeitig wurde bei der Siemens-Elektrogeräte GmbH die Verkaufsorganisation durch Schließung kleinerer Niederlassungen restrukturiert, sowie Forschung und Entwicklung durch Auflösung des Erlangener Labors weiter konzentriert.[95]

AEG-Telefunken berichtete 1966, daß die seit Jahren bei Haushaltsgeräten bestehende Zusammenarbeit mit BBC angesichts der Kooperation von Siemens und Bosch intensiviert werden sollte. Die Zusammenarbeit dieser und anderer Unternehmen umfaßte sowohl den gemeinsamen Vertrieb im In- und Ausland, wie sie beispielsweise auch von den Waschmaschinenherstellern Scharpf und Zanker praktiziert wurde, als auch eine Kooperation bei Forschung und Entwicklung.[96]

Neben Kooperationsvereinbarungen und Fusionen kam es zu einer Reihe von Aufkäufen, wodurch die Großfirmen ihre Position innerhalb der Branche ausbauen konnten. So weitete AEG die bereits bestehende Beteiligung an der F. Küppersbusch & Söhne AG aus, womit man sich einen besseren Zugang zum Großküchensektor verschaffte. Außerdem erwarb das Unternehmen einen 75-prozentigen Anteil an der Linde Hausgeräte GmbH, die vorwiegend Kühlschränke herstellte. Gleichzeitig wurde die AEG-Tochter Olympia durch den Kauf der Eichner-Organisation GmbH vergrößert. Bauknecht erwarb die Gesellschaft für Elektrische Anlagen und die W. Krefft AG, um ebenfalls in den Großküchenmarkt vorzustoßen, während Bosch eine Reihe von Konsumgeräteherstellern wie etwa die Feierabend Tonmöbel GmbH aufkaufte. BBC hatte den Versuch aufgegeben, amerikanische Waschmaschinen auf dem bundesdeutschen Markt zu vertreiben und erwarb statt dessen die Rondo-Werke GmbH und die österreichische Elektra Bregenz.[97]

Neben dem von italienischen Firmen ausgehenden Konkurrenzdruck stieg die Bereitschaft bundesdeutscher Unternehmen zur Zusammenarbeit auch auf-

---

[95] Siemens-Archiv, 68.LI 137: „Z-Rundschreiben Nr. 55, München, 20.06.1967,"; „Siemens-Electrogeräte GmbH an Prof. Dr. Goeschel, Siemens AG, Erlangen, München, 10.12.1966"; Haus Siemens. Größer neuer straffer, in: Volkswirt 20 (1966), S. 250; Siemens AG. Langsamer in neue Größen, ebd., 21 (1967), S. 340; German Companies Discuss Colaboration, in: ER 177 (1965), S. 731; FETTARAPPA, Elektrotechnische Gebrauchsgüterindustrie, S. 94; RICHTER UND SEINGEOR, Wachstumsindustrie, S. 61;.

[96] AEG-Telefunken Gruppe. Verstärkte Koordinierung, in: Volkswirt 20 (1966), S. 989; Kooperation und Konzentration in der deutschen Elektroindustrie, in: EM 20 (1967), S. 159.

[97] AEG-Telefunken Gruppe. Verstärkte Koordinierung, in: Volkswirt 20 (1966), S. 989; AEG-Telefunken Gruppe. Zuviel ausgeschüttet?, ebd., 21 (1967), S. 1024; Kooperation und Konzentration in der deutschen Elektroindustrie, in: EM 20 (1967), S. 159, 162.

grund des zunehmenden Engagements von US-Herstellern im europäischen Markt, womit letztere auf die Konsolidierung der EWG reagierten. So erwarb General Electric 1964 Anteile an der Prometheus GmbH und 1966 wurde die General Electric Houseware GmbH zur Konzentration der Hausgeräteaktivitäten gegründet. Noch im gleichen Jahr erwarb diese die bundesdeutsche Kuba Imperial-Firmengruppe, einem wichtigen Hersteller von Fernsehgeräten.[98]

1967 begann in der Bundesrepublik das Farbfernsehzeitalter, wofür erste Geräte aus heimischer Produktion von 1. Juli an erhältlich waren. Noch 1964 war der Verkaufspreis für einen Farbfernsehapparat auf 2.000 DM veranschlagt worden. Tatsächlich kostete es bei der Markteinführung aber zwischen 2.500 und 3.200 DM. Dieser Betrag lag um das Dreifache über dem von Schwarz-Weiß-Empfängern, weshalb sich das Farbfernsehen anfangs nur langsam ausbreitete. Große Unruhe entstand, als sich die etablierten Hersteller wider Erwarten bereits beim Start des Farbfernsehens der Konkurrenz des Versandhandels (Neckermann, Quelle und Otto) ausgesetzt sahen, was sie zu Preissenkungen zwang.[99]

Die Bereitschaft der Konsumenten, schnell auf Farbfernsehen umzusteigen, war aber trotz der Preissenkungen geringer als von der Industrie erwartet. 1968 lag der Anteil von Farbgeräten am Produktionsvolumen von Fernsehapparaten bei zehn Prozent. Wie in Großbritannien entstand so bereits in der Einführungsphase des Farbfernsehens eine Angebotsüberhang, wodurch die Erträge angesichts der für Entwicklung und Fertigung aufgewendeten Mittel gering blieben und viele Unternehmen sogar Verluste erlitten.[100]

---

[98] Darum hat Gerhard Kubetschek verkauft, in: Die Welt, 03.05.1966; ECK, Farbe en miniature. General Electric fordert die Konkurrenz heraus, ebd., 08.08.1967; Amerikanische Direkt-Investitionen im Ausland, in: ZVEIM 18 (1965), Nr. 4, S. 37ff; ZVEI, Mitgliederversammlung [1962], S. 11.

[99] MICHAELS, Preiskampf in Farbe. Neckermann verdarb der Fernsehgeräte-Industrie das Konzept, in: Die Welt, 30.06.1967; ECK, Farbe en miniature. General Electric fordert die Konkurrenz heraus, ebd., 08.08.1967; DERS., Die Phalanx der Preisbinder will dem nächsten Sturm trotzen, ebd., 29.08.1967; Kuba-Imperial gibt Preisbindung der Farbfernsehgeräte auf, ebd., 24.08.1967; Farbfernsehgeräte-Hersteller wollen an der Preisbindung festhalten, in: Handelsblatt, 17.08.1967; OSEL, Farbfernsehgeräte. Mit Sorgfalt geplant und doch verrechnet, ebd., 25.09.1967; Läßt sich die Farbfernseh-Preisbindung halten?, in: FAZ, 17.08.1967; Künftige Preise für Farbfernsehgeräte noch ungewiß, ebd., 26.08.1967; Allgemeine Deutschen Philips Industrie GmbH. Kaum erwarteter Geschäftsaufschwung, in: Volkswirt 20 (1966), S. 933; Neue Rundfunk- und Fernsehempfänger [1967], in: EA-HI, 20 (1967), S.45; MEYER-LARSEN, Farbfernsehen, S. 1288; TETZNER, Technik von morgen, S. 2584; BREITENACHER et al., Elektrotechnische Industrie, S. 193f. Eigene Berechnung, basierend auf den Angaben zu Wechselkursen in: UN, Statistical Yearbook 23 (1971), S. 603f.

[100] MEYER-LARSEN, Farbfernsehen, S. 1288; Allgemeine Deutschen Philips Industrie GmbH. Stagnierendes Konsumgütergeschäft, in: Volkswirt 21 (1967), S. 969f; Intensive Farbfernseh-Vorbereitungen, in: EA-HI 21 (1968), S. 70; BREITENACHER et al., Elektrotechnische Industrie, S. 192ff.

Eine herausragende Stellung bei Farbfernsehgeräten hatte AEG-Telefunken, das die PAL-Lizenzen hielt. Dabei vergab es diese nicht an Länder, die dieses System nicht selbst verwendeten. Sowohl die Bundesrepublik als auch Großbritannien waren damit vor Importen aus Japan geschützt, da man sich dort für den US-Standard NTSC entschieden hatte. An alle anderen vergab AEG-Telefunken die PAL-Lizenzen zu niedrigen Gebühren, schätze man doch die Ausbreitung dieses Systems und den damit verbundenen Prestigegewinn höher ein als einen kurzfristigen finanziellen Gewinn.[101]

Die 1960er Jahre waren für die bundesdeutschen Hersteller elektrotechnischer Konsumgüter zwar günstiger verlaufen, als dies bei ihren britischen Konkurrenten der Fall war. Aber trotz des Konsumgüterbooms am Beginn der Dekade lag das Wachstum von Produktion und Nachfrage beträchtlich unter dem der 1950er Jahre. Dies verwundert zwar eigentlich nicht, wenn man bedenkt, daß der durch den Zweiten Weltkrieg entstandene Nachholbedarf und die zahlreichen technischen Neuerungen einen enormen Nachfrageschub ausgelöst hatten, der in Verbindung mit der expandierenden Massenkaufkraft zum Konsumgüterboom der frühen 1960er Jahre geführt hatte. Bedenklich war allerdings der wachsende Marktanteil ausländischer und insbesondere italienischer und japanischer Hersteller.

D. Aussenhandel:
Im Zentrum des europäischen Wachstumsblocks

Vor 1950 verblieb das bundesdeutsche Auslandsgeschäft mit Konsumgütern auf einem niedrigen Niveau. Eine frühe Ausweitung schien zunächst ausgeschlossen, da, abgesehen von der starken Binnennachfrage, in Südamerika, Afrika und Asien, aber auch in kleineren europäischen Staaten wie Österreich und der Schweiz beachtliche Fertigungskapazitäten aufgebaut worden waren.[102] Beim Export elektrotechnischer Konsumgüter mußten deutsche Firmen den landesspezifischen Bedingungen und technischen Standards in mehr als 100 Abnehmerländern gerecht werden. Somit mußte ein- und dasselbe Gerät in einer großen Zahl unterschiedlicher Modelle entwickelt und gefertigt werden.

---

[101] Kopf-an-Kopf-Rennen im Farbfernsehen, in: Handelsblatt, 19.10.1964; AEG-Telefunken Gruppe. Das „neue Haus" steht, in: Volkswirt 19 (1965), S. 1281; Colour TV. Set for November, in: Economist 232 (1969), S. 52; LEVACIC, Mercantilist Industrial Policies, S. 51; DIESS., Government Policies, S. 232.

[102] HOFMEIER, Rundfunkwirtschaft, S. 16; DERS., Rundfunkröhren, S. 18; HENSEL, Westdeutsche Rundfunkindustrie, S. 12; ROST, Wer beherrscht die Elektromärkte, S. 22; DERS., Deutschland am Welt-Elektromarkt, S. 189; TRUTE, Weg, S. 17; BÖTTCHER, Internationale Zusammenhänge, S. 93; STEIN, Absatzgebiete, S. 378.

Zusätzlich erschwert wurde die Ausfuhr durch häufige Änderungen von Kontingents- und Einfuhrbestimmungen sowie durch hohe Zölle. Bei Radiogeräten etwa beliefen sie sich in Österreich auf 40 Prozent des Wertes, in Italien und der Schweiz auf 25 bis 35 beziehungsweise 18 bis 24 Prozent.[103]

Wie sich dann aber zeigte, verbuchten die Auslandslieferungen elektrotechnischer Konsumgüter in den 1950er Jahren hohe Zuwachsraten, während sich die Importe auf einem niedrigen Niveau bewegten. So standen etwa 1958, dem Jahr in dem die Bundesrepublik zum weltgrößten Exporteur in dieser Warengruppe wurde, Ausfuhren im Umfang von 683 Millionen DM lediglich Einfuhren in Höhe von 119,5 Millionen DM gegenüber. Die hohen Lieferungen ins Ausland erlaubten eine Ausweitung des Fertigungsvolumens, wodurch die Stückkosten gesenkt werden konnten. Die Reduzierung der Verkaufspreise erleichterte wiederum weitere Absatzsteigerungen.[104]

Unter den hier behandelten Konsumgütern waren Radioempfänger aufgrund geringer Transportkosten für den internationalen Warenaustausch am besten geeignet. Bis Mitte der 1950er Jahre konnten bundesdeutsche Hersteller ihre Weltmarktstellung rasch ausbauen. Als die Radiogeräteausfuhr 1957 und 1958 vorübergehend stagnierte, klagten die Unternehmen über die zunehmende Konkurrenz im Inlandsmarkt und schmalere Gewinnspannen. Bereits 1959 erhöhten sich die Radioexporte wieder, während gleichzeitig auch die Binnennachfrage durch die Markteinführung von Transistorapparaten anstieg.[105] Zu diesem Zeitpunkt herrschte in der bundesdeutschen Rundfunkindustrie noch Zufriedenheit, und der *Volkswirt* berichtete 1959:

> Die westdeutsche Rundfunkgeräteindustrie hat auf den Weltmärkten mit ihren Geräten nicht nur in qualitätsmäßiger Hinsicht eine Spitzenposition errungen, sondern ist jetzt sogar auf Grund der weitgehenden Rationalisierung und Industrialisierung ihrer Fertigung auch in preislicher Hinsicht konkurrenzfähig. So zum Beispiel werden neuerdings im großen Umfang Taschen-Transistorgeräte nach den USA exportiert, obwohl der amerikanische Markt bisher völlig von den billigen japanischen Empfängern beherrscht wurde.[106]

---

103 Expansiver Radioexport, in: Volkswirt 9 (1955), Nr. 47, S. 23; Deutsche Rundfunkgeräte für den Export, in: ET 38 (1956), S. 171f.
104 Weiter hoher Absatz von Rundfunkgeräten, in: Volkswirt 7 (1953), Nr. 37, S. 18; Wandel am Rundfunk- und Fernsehmarkt, ebd., 13 (1959), S. 237; MAIZELS, Industrial Growth, S. 324; ROST, Devisenaktivität, S. 349; MESEKE, Die westdeutsche Elektroindustrie, S. 159; SIEGEL, Elektrische Maschinen, S. 233; KEMPIN, Elektrogeräte, S. 221; STEIN, Absatzgebiete, S. 377; LOHSE, Rundfunk und Fernsehen, S. 1808.
105 Außenhandelszahlen und -probleme, in: Volkswirt 13 (1959), Beilage zu Nr. 14 „Dynamische Elektroindustrie", S. 11; LOHSE, Rundfunk und Fernsehen, S. 1807; WANNENMACHER, Kapitalexport, S. 34; RÖDEL, Westdeutscher Außenhandel, S. 408; GESE, Elektronik, S. 160; RETTIG, Produktionseffekte, S. 223f.
106 MANKE, Phonoindustrie, S. 2649.

Mit der Verbreitung von Transistorempfängern hatte aber auch der Anteil von Importen an den in der Bundesrepublik verkauften Rundfunkgeräten erstmals eine nennenswerte Höhe erreicht. 1960 lag der Anteil ausländischer Apparate erst bei vier Prozent des Branchenumsatzes, doch im Laufe der 1960er Jahre konnten japanische Unternehmen ihre Marktstellung beachtlich ausweiten.[107]

In den frühen 1960er Jahren gelang es den Waschmaschinenherstellern, ihre Ausfuhr weiter zu steigern. Vordringlich ging dies auf den Erfolg vollautomatischer Geräte zurück. Gleichzeitig nahmen aber bei Waschmaschinen und Kühlschränken die Importe beträchtlich zu. Zum größten Teil kamen sie aus Italien, wobei die Geschwindigkeit, mit der die italienischen Firmen in Auslandsmärkte vordrangen, die Branche überraschte. So war der Absatz italienischer Waschmaschinen 1965 dreimal so groß wie noch ein Jahr zuvor. Bei Kühlschränken stieg die Zahl der eingeführten Geräte innerhalb eines Jahres, zwischen 1964 und 1965, von 80.600 auf 233.197, wovon alleine 193.991 aus Italien kamen. Als die italienischen Firmen in den späten 1960er Jahren in wirtschaftliche Schwierigkeiten gerieten und für Modernisierungsmaßnahmen erhebliche Kapitalmengen benötigten, kam es zu Vereinbarungen und Fusionen zwischen italienischen und deutschen Unternehmen. Hierzu gehörte etwa der Erwerb einer Beteiligung von 20 Prozent an Zanussi durch AEG.[108]

Zwischen 1960 und 1970 stieg die Importquote bei Geräten der Unterhaltungselektronik von drei auf über 20 Prozent an. Dabei ist allerdings zu beachten, daß ein schwer quantifizierbarer Teil dieser Waren von der Industrie selbst eingeführt wurde. Es handelte sich dabei entweder um Lieferungen aus deutschen Zweigniederlassungen in Billiglohnländern oder um Geräte, die von aus-

---

[107] BA Koblenz, B 102, 43567: Referat „Zur Lage der deutschen Rundfunk- und Fernsehindustrie, gehalten vor den Länderreferenten der Elektroindustrie im BWM am 2.9.1963 in Berlin. Nicht für die Presse bestimmt" von Dr. jur. Hücking, Frankfurt/Main, an Ministerialrat Gronwald, BWM, Referat IV A 4, 19.09.1963"; Wandel am Rundfunk- und Fernsehmarkt, in: Volkswirt 13 (1959), S. 237; Erschwerte Wettbewerbsbedingungen gegenüber dem Ausland. Zur Lage der elektrotechnischen Industrie der Bundesrepublik, in: ET 45 (1963), S. 415; Die neuen Fernsehempfänger 1962/63, in: EA-HI 15 (1962), S. 98; LOHSE, Rundfunk und Fernsehen, S. 1807; SANIO, Jahreswende, S. 2579; BÖTTCHER, Elektroaußenhandel, S. 6.

[108] Erfolgreiches Außenhandelsjahr 1961 für elektrische Haushaltgeräte, in: EA-HI 15 (1962), S. 92; Vor einer guten Kühlschrank-Saison, in: Volkswirt 10 (1956), Nr. 15, S. 22; AEG: Vorsichtige Investitionspolitik, ebd., 15 (1961), S. 315; Allgemeine Deutschen Philips Industrie GmbH. Kapazitäten stark angespannt, ebd., 19 (1965), S. 957; Erschwerte Wettbewerbsbedingungen gegenüber dem Ausland. Zur Lage der elektrotechnischen Industrie der Bundesrepublik, in: ET 45 (1963), S. 415; Waschgeräte-Hersteller fahren mehrgleisig, in: EM 19 (1966), S. 1194; KEMPIN, Elektrische Haushaltgeräte, S. 203; DERS., Lebhafter Außenhandel, S. 270; DERS., Außenhandel, S. 159; SCHRADER, Situation, S. 4; DERS., Kälteindustrie, S. 2026; BÖTTCHER, Elektroaußenhandel, S. 5f; FETTARAPPA, Elektrotechnische Gebrauchsgüterindustrie, S. 81, 94; RICHTER UND SEINGEOR, Wachstumsindustrie, S. 61.

ländischen Herstellern für deutsche Firmen produziert und unter deren Markennamen verkauft wurden.[109]

Im Hinblick auf die 1961 erfolgte Aufwertung der DM und die fortschreitende europäische Integration galt für den Konsumgütersektor der Elektroindustrie, was bereits für Investitionsgüter angeführt wurde. Während die Zölle der EWG-Staaten im Laufe der 1960er Jahre mehrmals gesenkt wurden, waren sie bei der Einfuhr von elektrischen Konsumgütern aus Nicht-EWG-Ländern „recht spürbar" *(Elektro-Anzeiger)*. Importe aus EWG-Staaten hatten damit einen nicht zu unterschätzenden Preisvorteil gegenüber denen aus anderen Regionen. Bei Waschmaschinen waren 1963 beispielsweise 8,12 Prozent Zoll bei Einfuhren aus der EWG zu entrichten, bei Geräten aus anderen Ländern belief sich der Zollsatz dagegen auf 19,78 Prozent.[110]

Aus der bundesdeutschen EWG-Mitgliedschaft und der Tatsache, daß Großbritannien dieser nicht angehörte, ergab sich im Hinblick auf die hohen Einfuhren aus Italien eine wichtige Konsequenz für die Elektroindustrie. Deutsche Firmen konnten diesen nur durch eine erhöhte Wettbewerbsfähigkeit begegnen, während britische Hersteller zumindest für begrenzte Zeit ihre Hoffnungen auf zollpolitische Abwehrmaßnahmen setzen konnten. Die Notwendigkeit, sich an den verschärften Wettbewerbsdruck anzupassen, war dort damit weniger dringend als in der Bundesrepublik.

Nachfolgend soll die Entwicklung des bundesdeutschen Außenhandels mit den vier hier behandelten Konsumgütern auf Basis der staatlichen Außenhandelsstatistik untersucht werden, wofür präzise Angaben ab 1955 vorliegen (Tabellen 7.1 bis 7.4). Deutlich wird dabei, daß zwischen 1955 und 1970 europäische Staaten bei allen vier Artikeln der wichtigste Absatzmarkt für bundesdeutsche Exporte waren. Mit Ausnahme von Radiogeräten gingen dorthin durchweg mehr als 50 Prozent aller Ausfuhren. Bis 1960 waren EFTA-Mitglieder die wichtigsten Abnehmer bundesdeutscher Elektro-Konsumgüter gewesen, was sich dann aber zugunsten der EWG verschob. In der ersten Hälfte der 1960er Jahre wurde sie zum wichtigsten Markt, der jeweils mehr als 50 Prozent der deutschen Exporte von Waschmaschinen und Kühlschränken aufnahm. Bei Rundfunkapparaten war dies dann in der zweiten Hälfte der Dekade der Fall.

Während der 1950er und 1960er Jahre wies der Waschmaschinen-Außenhandel einen beachtlichen Exportüberschuß auf, der aber aufgrund wachsender Importe rasch kleiner wurde. Der Handel in dieser Warengruppe beschränkte sich fast ausschließlich auf Europa. Bis 1960 bildete dabei die EFTA den wich-

---

[109]   SANIO, Jahreswende, S. 2579; BREITENACHER et al., Elektrotechnische Industrie, S. 186ff, 191.
[110]   Eingangsabgabenbelastung für elektrische Haushaltgeräte, in: EA-HI 17 (1964), S. 219; HUPPERT, Gespaltene Elektrokonjunktur, S. 13.

tigsten Markt, während dies in den 1960er Jahren die EWG wurde. Die wichtigsten Auslandskunden waren die Niederlande, Belgien und Luxemburg, daneben aber auch Österreich, die Schweiz und Schweden. 1955 kamen drei Viertel, 1960 noch die Hälfte aller in die Bundesrepublik eingeführten Waschmaschinen aus Großbritannien. Dann stiegen die Importe aus Italien aber stark an und machten 1965 68,4 Prozent und 1970 sogar 82,1 Prozent aller Einfuhren aus (Tabelle 6.1).

Bei Kühlschränken hatte die Bundesrepublik bis in die 1960er Jahre einen Exportüberschuß, der 1970 aufgrund der Einfuhren aus Italien verschwunden war. Ähnlich, wenngleich weniger stark ausgeprägt als bei Waschmaschinen, war das Auslandsgeschäft mit Kühlschränken fast ausschließlich auf Europa beschränkt. Und wie bei Waschmaschinen kehrte sich auch bei Kühlschränken die Bedeutung von EWG und EFTA als Abnehmer um: Noch 1955 und 1960 war rund die Hälfte aller ausgeführten Geräte in EFTA-Staaten gegangen, während 1965 und 1970 ein vergleichbarer Anteil in die EWG geliefert wurde. In den späten 1960er Jahren waren die USA der einzige nicht-europäische Abnehmer von Bedeutung. 1955 stammte fast die Hälfte aller in die Bundesrepublik importierten Kühlschränke aus Großbritannien. Nur fünf Jahre später kamen aber bereits 71,7 Prozent aller eingeführten Geräte aus Italien, das diesen Anteil bis 1970 auf 86,7 Prozent steigern konnte (Tabelle 6.2).

Trotz eines starken Anwachsens der Importe von Radiogeräten wies die bundesdeutsche Handelsbilanz während der hier untersuchten Periode durchweg einen Exportüberschuß auf. Während noch 1960 europäische Staaten 43,6 Prozent der Radioausfuhren aufnahmen, stieg dieser Anteil kontinuierlich an und lag 1970 bei 83,4 Prozent. Unter den außereuropäischen Kunden waren wiederum lediglich die USA von Bedeutung. Der Anteil von Abnehmern aus EFTA-Ländern bewegte sich bei 25 bis 30 Prozent, während der der EWG von unter 20 Prozent 1960 innerhalb von zehn Jahren auf fast 60 Prozent anwuchs.

Im Verlauf der 1960er Jahre nahmen die gesamten bundesdeutschen Radioexporte nur um 22 Prozent zu, während sich die Lieferungen in EWG-Staaten vervierfachten. Frankreich und die Niederlande wurden zu den wichtigsten Auslandsmärkten, während dies in den 1950er Jahren die Niederlande, Belgien, die Schweiz und Griechenland gewesen waren. Wichtige überseeische Kunden waren in beiden Dekaden Syrien, Libanon, Irak, Iran, Ägypten, Venezuela und Peru.[111]

In den 1950er Jahren kamen importierte Radioempfänger vor allem aus Großbritannien, daneben aber auch aus den Niederlanden und den USA.

---

[111] Deutsche Rundfunkgeräte für den Export, in: ET 38 (1956), S. 172; KEMPIN, Elektrogeräte, S. 221.

Tab. 6.1 Bundesrepublik Deutschland: Außenhandel mit Waschmaschinen, 1955–1970

Export	Tsd. DM					Prozent				
	1950**	1955	1960	1965	1970	1950	1955	1960	1965	1970
EWG Gesamt, davon:	–	19.906	39.306	104.856	144.716	–	40,0	38,0	57,9	56,5
Belgien / Luxemburg	–	5.587	9.917	20.461	28.201	–	11,2	9,6	11,3	11,0
Frankreich	–	103	2.478	8.924	18.859	–	0,2	2,4	4,9	7,4
Italien	–	897	5.872	9.512	15.288	–	1,8	5,7	5,3	6,0
Niederlande	–	13.319	21.039	65.959	82.368	–	26,8	20,3	36,4	32,2
EFTA Gesamt, davon:	–	26.827	56.462	70.055	99.221	–	53,9	54,5	38,7	38,7
Österreich	–	10.668	21.377	24.072	24.350	–	21,4	20,6	13,3	9,5
Dänemark	–	45	823	1.100	12.959	–	0,1	0,8	0,6	5,1
Finnland	–	13	436	1.476	6.022	–	0,0	0,4	0,8	2,4
Island	–	153	119	509	388	–	0,3	0,1	0,3	0,2
Norwegen	–	6.078	840	3.111	12.744	–	12,2	0,8	1,7	5,0
Portugal	–	179	479	374	6.077	–	0,4	0,5	0,2	2,4
Schweden	–	2.114	5.717	21.113	20.422	–	4,2	5,5	11,7	8,0
Schweiz	–	7.249	16.980	16.266	14.166	–	14,6	16,4	9,0	5,5
Großbritannien	–	328	9.691	2.034	2.093	–	0,7	9,4	1,1	0,8
Übriges Europa, davon:	–	760	832	2.800	1.042	–	0,2	0,8	1,5	1,8
Griechenland	–	81	437	1.604	1.823	–	0,2	0,4	0,9	0,7
Spanien	–	–	17	1.130	2.815	–	–	0,0	0,6	1,1
Commonwealth*, davon:	–	391	1.659	457	1.275	–	0,8	1,6	0,3	0,5
Australien	–	–	–	–	–	–	–	–	–	–
Kanada	–	–	–	–	–	–	–	–	–	–
Indien	–	29	80	26	41	–	0,1	0,1	0,0	0,0
Neuseeland	–	–	109	–	–	–	–	0,1	–	–
Südafrika	–	53	677	120	438	–	0,1	0,7	0,1	0,2
Übrige Welt, davon:	–	2.546	5.309	2.856	6.295	–	5,1	5,1	1,6	2,5
USA	–	26	24	0	0	–	0,1	0,0	0,0	0,0
Japan	–	0	0	0	0	–	0,0	0,0	0,0	0,0
Gesamt	–	49.777	103.568	181.024	256.145	–	100,0	100,0	100,0	100,0

Import	Tsd. DM					Prozent				
	1950**	1955	1960	1965	1970	1950	1955	1960	1965	1970
EWG Gesamt, davon:	–	1.330	8.576	74.414	179.979	–	13,7	38,7	91,9	94,4
Belgien / Luxemburg	–	687	747	191	60	–	7,1	3,4	0,2	0,0
Frankreich	–	0	4.897	18.063	22.779	–	0,0	22,1	22,3	11,9
Italien	–	0	1.018	55.342	156.604	–	0,0	4,6	68,4	82,1
Niederlande	–	643	1.914	818	536	–	6,6	8,6	1,0	0,3
EFTA Gesamt, davon:	–	7.479	11.755	6.250	9.919	–	77,1	53,1	7,7	5,2
Österreich	–	11	59	–	614	–	0,1	0,3	–	0,3
Dänemark	–	20	167	688	106	–	0,2	0,8	0,8	0,1
Finnland	–	–	–	–	–	–	–	–	–	–
Island	–	–	–	–	–	–	–	–	–	–
Norwegen	–	–	25	–	–	–	–	0,1	–	–
Portugal	–	–	–	–	–	–	–	–	–	–
Schweden	–	–	273	–	–	–	–	1,2	–	–
Schweiz	–	29	48	169	641	–	0,3	0,2	0,2	0,3
Großbritannien	–	7.419	11.183	5.393	8.558	–	76,5	50,5	6,7	4,5
Übriges Europa, davon:	–	–	–	–	535	–	–	–	–	0,3
Griechenland	–	–	–	–	–	–	–	–	–	–
Spanien	–	–	–	–	535	–	–	–	–	0,3
Commonwealth*, davon:	–	–	–	40	–	–	–	–	0,0	–
Australien	–	–	–	–	–	–	–	–	–	–
Kanada	–	–	–	40	–	–	–	–	0,0	–
Indien	–	–	–	–	–	–	–	–	–	–
Neuseeland	–	–	–	–	–	–	–	–	–	–
Südafrika	–	–	–	–	–	–	–	–	–	–
Übrige Welt, davon:	–	895	1.816	256	278	–	9,2	8,2	0,3	0,1
USA	–	758	1.814	181	170	–	7,8	8,2	0,2	0,1
Japan	–	–	–	45	–	–	–	–	0,1	–
Gesamt	–	9.704	22.147	80.960	190.711	–	100,0	100,0	100,0	100,0

* Einschließlich Republik Irland   ** Keine Daten vorhanden

Zusammengestellt und berechnet nach den Angaben in: STATISTISCHES BUNDESAMT, Fachserie G: Außenhandel, Reihe 2: Spezialhandel nach Waren und Ländern, Stuttgart 1956-71.

Tab. 6.2 Bundesrepublik Deutschland: Außenhandel mit Kühlschränken, 1955-1970

Export	Tsd. DM					Prozent				
	1950**	1955	1960	1965	1970	1950	1955	1960	1965	1970
EWG Gesamt, davon:	–	24.836	54.901	65.235	43.724	–	34,2	35,0	50,2	45,5
Belgien / Luxemburg	–	7.497	18.118	13.941	17.371	–	10,3	11,6	10,7	18,1
Frankreich	–	682	4.928	16.666	9.485	–	0,9	3,1	12,8	9,9
Italien	–	11.748	8.122	2.716	1.621	–	16,2	5,2	2,1	1,7
Niederlande	–	4.909	23.733	31.912	15.247	–	6,8	15,1	24,6	15,9
EFTA Gesamt, davon:	–	34.600	75.712	37.870	36.385	–	47,6	48,3	29,1	37,9
Österreich	–	14.649	19.243	12.119	9.754	–	20,2	12,3	9,3	10,1
Dänemark	–	531	5.482	404	2.768	–	0,7	3,5	0,3	2,9
Finnland	–	44	3.262	1.134	2.362	–	0,1	2,1	0,9	2,5
Island	–	281	281	205	76	–	0,4	0,2	0,2	0,1
Norwegen	–	1.747	2.074	1.619	1.983	–	2,4	1,3	1,2	2,1
Portugal	–	1.944	2.848	3.392	2.695	–	2,7	1,8	2,6	2,8
Schweden	–	9.950	9.382	7.906	5.460	–	13,7	6,0	6,1	5,7
Schweiz	–	5.277	11.859	10.301	8.971	–	7,3	7,6	7,9	9,3
Großbritannien	–	177	21.281	790	2.316	–	0,2	13,6	0,6	2,4
Übriges Europa, davon:	–	996	1.471	2.686	1.042	–	1,4	0,9	2,1	1,1
Griechenland	–	737	630	1.370	781	–	1,0	0,4	1,1	0,8
Spanien	–	73	127	1.201	50	–	0,1	0,1	0,9	0,1
Commonwealth*, davon:	–	3.152	3.490	4.531	2.413	–	4,3	2,2	3,5	2,5
Australien	–	137	239	49	–	–	0,2	0,2	0,0	–
Kanada	–	–	17	56	33	–	–	0,0	0,0	0,0
Indien	–	218	134	163	66	–	0,3	0,1	0,1	0,1
Neuseeland	–	123	–	–	–	–	0,2	–	–	–
Südafrika	–	283	1.839	129	91	–	0,4	1,2	0,1	0,1
Übrige Welt, davon:	–	9.052	21.122	19.595	12.539	–	12,5	13,5	15,1	13,0
USA	–	377	2.435	13.652	7.279	–	0,5	1,6	10,5	7,6
Japan	–	–	–	–	–	–	–	–	–	–
Gesamt	–	72.636	156.696	129.917	96.103	–	100,0	100,0	100,0	100,0

Import	Tsd. DM					Prozent				
	1950**	1955	1960	1965	1970	1950	1955	1960	1965	1970
EWG Gesamt, davon:	–	761	19.071	38.912	128.483	–	10	80	77	89
Belgien / Luxemburg	–	634	259	299	3.327	–	8,4	1,1	0,6	2,3
Frankreich	–	–	1.714	648	598	–	–	7,2	1,3	0,4
Italien	–	82	17.052	37.836	124.524	–	1,1	71,7	75,1	86,7
Niederlande	–	45	46	129	34	–	0,6	0,2	0,3	0,0
EFTA Gesamt, davon:	–	5.338	4.219	7.353	7.203	–	71,1	17,7	14,6	5,0
Österreich	–	88	1.850	2.305	37	–	1,2	7,8	4,6	0,0
Dänemark	–	1.068	57	1.015	–	–	14,2	0,2	2,0	–
Finnland	–	–	–	176	533	–	–	–	0,3	0,4
Island	–	–	–	–	–	–	–	–	–	–
Norwegen	–	184	55	50	–	–	2,5	0,2	0,1	–
Portugal	–	–	–	–	–	–	–	–	–	–
Schweden	–	305	514	252	1.558	–	4,1	2,2	0,5	1,1
Schweiz	–	126	601	914	878	–	1,7	2,5	1,8	0,6
Großbritannien	–	3.567	1.142	2.641	4.197	–	47,5	4,8	5,2	2,9
Übriges Europa, davon:	–	–	–	–	–	–	–	–	–	–
Griechenland	–	–	–	–	–	–	–	–	–	–
Spanien	–	–	–	–	–	–	–	–	–	–
Commonwealth*, davon:	–	–	–	–	–	–	–	–	–	–
Australien	–	–	–	–	–	–	–	–	–	–
Kanada	–	–	–	–	–	–	–	–	–	–
Indien	–	–	–	–	–	–	–	–	–	–
Neuseeland	–	–	–	–	–	–	–	–	–	–
Südafrika	–	–	–	–	–	–	–	–	–	–
Übrige Welt, davon:	–	1.407	485	4.097	7.878	–	18,7	2,0	8,1	5,5
USA	–	971	482	4.011	88	–	12,9	2,0	8,0	0,1
Japan	–	–	–	72	–	–	–	–	0,1	–
Gesamt	–	7.506	23.775	50.362	143.564	–	100,0	100,0	100,0	100,0

* Einschließlich Republik Irland   ** Keine Daten vorhanden

Zusammengestellt und berechnet nach den Angaben in: STATISTISCHES BUNDESAMT, Fachserie G: Außenhandel, Reihe 2: Spezialhandel nach Waren und Ländern, Stuttgart 1956-71.

Tab. 6.3 Bundesrepublik Deutschland: Außenhandel mit Radiogeräten, 1955-1970

Export	Tsd. DM					Prozent				
	1950**	1955**	1960	1965	1970	1950**	1955	1960	1965	1970
EWG Gesamt, davon:	–	–	*55.484*	*90.763*	*226.171*	–	–	*17,1*	*33,2*	*57,3*
Belgien / Luxemburg	–	–	12.086	14.875	34.159	–	–	3,7	5,4	8,6
Frankreich	–	–	5.683	31.428	61.449	–	–	1,8	11,5	15,6
Italien	–	–	7.953	8.842	32.832	–	–	2,5	3,2	8,3
Niederlande	–	–	29.762	35.618	97.731	–	–	9,2	13,0	24,7
EFTA Gesamt, davon:	–	–	*77.943*	*84.152*	*95.006*	–	–	*24,1*	*30,8*	*24,1*
Österreich	–	–	262	7.899	10.987	–	–	0,1	2,9	2,8
Dänemark	–	–	6.540	4.450	8.709	–	–	2,0	1,6	2,2
Finnland	–	–	6.093	9.324	5.557	–	–	0,0	0,0	0,0
Island	–	–	525	884	566	–	–	0,0	0,0	0,0
Norwegen	–	–	2.717	2.431	2.919	–	–	0,8	0,9	0,7
Portugal	–	–	9.179	3.796	7.719	–	–	0,0	0,0	0,0
Schweden	–	–	19.262	23.426	24.520	–	–	6,0	8,6	6,2
Schweiz	–	–	27.161	24.021	27.271	–	–	8,4	8,8	6,9
Großbritannien	–	–	6.204	7.921	6.758	–	–	1,9	2,9	1,7
Übriges Europa, davon:	–	–	*7.786*	*7.705*	*7.014*	–	–	*2,4*	*2,8*	*1,8*
Griechenland	–	–	4.666	3.828	2.365	–	–	1,4	1,4	0,6
Spanien	–	–	1.658	1.376	1.949	–	–	0,5	0,5	0,5
Commonwealth, davon:*	–	–	*43.440*	*27.309*	*17.480*	–	–	*13,4*	*10,0*	*4,4*
Australien	–	–	458	904	596	–	–	0,1	0,3	0,2
Kanada	–	–	14.396	10.796	5.095	–	–	4,4	4,0	1,3
Indien	–	–	350	249	150	–	–	0,1	0,1	0,0
Neuseeland	–	–	16	16	–	–	–	0,0	0,0	–
Südafrika	–	–	4.328	1.986	4.453	–	–	1,3	0,7	1,1
Übrige Welt, davon:	–	–	*138.999*	*63.356*	*49.277*	–	–	*42,9*	*23,2*	*12,5*
USA	–	–	56.369	30.825	21.425	–	–	17,4	11,3	5,4
Japan	–	–	2.497	293	434	–	–	0,8	0,1	0,1
Gesamt	–	–	323.652	273.285	394.948	–	–	100,0	100,0	100,0

Import	Tsd. DM					Prozent				
	1950**	1955**	1960	1965	1970	1950**	1955	1960	1965	1970
EWG Gesamt, davon:	–	–	*3.469*	*13.532*	*71.418*	–	–	*34,9*	*22,1*	*31,7*
Belgien / Luxemburg	–	–	–	150	11.327	–	–	–	0,2	5,0
Frankreich	–	–	211	990	4.525	–	–	2,1	1,6	2,0
Italien	–	–	1.209	5.300	27.761	–	–	12,2	8,7	12,3
Niederlande	–	–	2.049	7.092	27.805	–	–	20,6	11,6	12,3
EFTA Gesamt, davon:	–	–	*642*	*3.301*	*27.824*	–	–	*6,5*	*5,4*	*12,3*
Österreich	–	–	440	1.581	3.212	–	–	4,4	2,6	1,4
Dänemark	–	–	25	1.553	4.223	–	–	0,3	2,5	1,9
Finnland	–	–	–	–	–	–	–	–	–	–
Island	–	–	–	–	–	–	–	–	–	–
Norwegen	–	–	16	–	–	–	–	0,2	–	–
Portugal	–	–	–	–	18.395	–	–	–	–	8,2
Schweden	–	–	111	21	121	–	–	1,1	0,0	0,1
Schweiz	–	–	31	58	890	–	–	0,3	0,1	0,4
Großbritannien	–	–	19	88	983	–	–	0,2	0,1	0,4
Übriges Europa, davon:	–	–	–	*19*	–	–	–	–	*0,0*	–
Griechenland	–	–	–	–	–	–	–	–	–	–
Spanien	–	–	–	19	–	–	–	–	0,0	–
Commonwealth*, davon:	–	–	*0*	*1.961*	*22.934****	–	–	*0,0*	*3,2*	*10,2*
Australien	–	–	–	–	–	–	–	–	–	–
Kanada	–	–	–	–	–	–	–	–	–	–
Indien	–	–	–	–	–	–	–	–	–	–
Neuseeland	–	–	–	–	–	–	–	–	–	–
Südafrika	–	–	–	–	–	–	–	–	–	–
Übrige Welt, davon:	–	–	*5.833*	*42.437*	*103.134*	–	–	*58,7*	*69,3*	*45,8*
USA	–	–	305	637	3.659	–	–	3,1	1,0	1,6
Japan	–	–	5.493	39.099	81.080	–	–	55,2	63,8	36,0
Gesamt	–	–	**9.944**	**61.250**	**225.310**	–	–	**100,0**	**100,0**	**100,0**

* Einschließlich Republik Irland   ** Keine Daten vorhanden   *** Hongkong
Zusammengestellt und berechnet nach den Angaben in: STATISTISCHES BUNDESAMT, Fachserie G: Außenhandel, Reihe 2: Spezialhandel nach Waren und Ländern, Stuttgart 1956-71.

Tab. 6.4 Bundesrepublik Deutschland: Außenhandel mit Fernsehgeräten, 1955-1970

Export	Tsd. DM					Prozent				
	1950**	1955**	1960	1965	1970	1950**	1955	1960	1965	1970
EWG Gesamt, davon:	–	–	91.682	120.476	172.863	–	–	31,7	50,7	42,3
Belgien / Luxemburg	–	–	18.430	4.366	17.123	–	–	6,4	1,8	4,2
Frankreich	–	–	2.708	23.259	13.545	–	–	0,9	9,8	3,3
Italien	–	–	29.282	21.216	33.457	–	–	10,1	8,9	8,2
Niederlande	–	–	41.262	71.635	108.738	–	–	14,3	30,1	26,6
EFTA Gesamt, davon:	–	–	147.511	67.977	166.224	–	–	51,1	28,6	40,6
Österreich	–	–	270	12.867	12.387	–	–	0,1	5,4	3,0
Dänemark	–	–	4.224	457	3.770	–	–	1,5	0,2	0,9
Finnland	–	–	13.256	6.871	1.635	–	–	4,6	2,9	0,4
Island	–	–	–	883	1.150	–	–	–	0,4	0,3
Norwegen	–	–	15.499	1.678	2.570	–	–	5,4	0,7	0,6
Portugal	–	–	5.219	5.992	5.370	–	–	1,8	2,5	1,3
Schweden	–	–	86.580	8.299	53.638	–	–	30,0	3,5	13,1
Schweiz	–	–	22.422	30.911	79.535	–	–	7,8	13,0	19,4
Großbritannien	–	–	41	19	6.169	–	–	0,0	0,0	1,5
Übriges Europa, davon:	–	–	760	2.911	19.096	–	–	0,3	1,2	4,7
Griechenland	–	–	–	544	7.132	–	–	–	0,2	1,7
Spanien	–	–	743	2.292	1.984	–	–	0,3	1,0	0,5
Commonwealth, davon:*	–	–	2.822	9.551	13.660	–	–	1,0	4,0	3,3
Australien	–	–	268	120	95	–	–	0,1	0,1	0,0
Kanada	–	–	63	–	46	–	–	0,0	–	0,0
Indien	–	–	–	66	530	–	–	–	0,0	0,1
Neuseeland	–	–	–	–	–	–	–	–	–	–
Südafrika	–	–	100	–	95	–	–	0,0	–	0,0
Übrige Welt, davon:	–	–	46.003	36.734	37.224	–	–	15,9	15,5	9,1
USA	–	–	1.719	91	167	–	–	0,6	0,0	0,0
Japan	–	–	16	23	–	–	–	0,0	0,0	–
Gesamt	–	–	288.778	237.649	409.067	–	–	100,0	100,0	100,0

Import	Tsd. DM					Prozent				
	1950**	1955**	1960	1965	1970	1950	1955	1960	1965	1970
EWG Gesamt, davon:	–	–	*1.334*	*25.716*	*177.833*	–	–	*86,7*	*63,2*	*75,2*
Belgien / Luxemburg	–	–	1.239	4.793	636	–	–	80,5	11,8	0,3
Frankreich	–	–	–	48	5.576	–	–	–	0,1	2,4
Italien	–	–	–	17.560	154.474	–	–	–	43,2	65,4
Niederlande	–	–	95	3.315	17.147	–	–	6,2	8,1	7,3
EFTA Gesamt, davon:	–	–	*115*	*574*	*5.858*	–	–	*7,5*	*1,4*	*2,5*
Österreich	–	–	–	–	4.613	–	–	–	–	2,0
Dänemark	–	–	–	45	–	–	–	–	0,1	–
Finnland	–	–	–	–	640	–	–	–	–	0,3
Island	–	–	–	–	–	–	–	–	–	–
Norwegen	–	–	–	–	–	–	–	–	–	–
Portugal	–	–	–	–	–	–	–	–	–	–
Schweden	–	–	–	–	33	–	–	–	–	0,0
Schweiz	–	–	98	208	514	–	–	6,4	0,5	0,2
Großbritannien	–	–	17	321	58	–	–	1,1	0,8	0,0
Übriges Europa, davon:	–	–	–	–	*751*	–	–	–	–	*0,3*
Griechenland	–	–	–	–	–	–	–	–	–	–
Spanien	–	–	–	–	751	–	–	–	–	0,3
Commonwealth, davon:*	–	–	–	–	*100*	–	–	–	–	*0,0*
Australien	–	–	–	–	–	–	–	–	–	–
Kanada	–	–	–	–	39	–	–	–	–	0,0
Indien	–	–	–	–	–	–	–	–	–	–
Neuseeland	–	–	–	–	–	–	–	–	–	–
Südafrika	–	–	–	–	–	–	–	–	–	–
Übrige Welt, davon:	–	–	*90*	*14.390*	*51.797*	–	–	*5,8*	*35,4*	*21,9*
USA	–	–	40	62	147	–	–	2,6	0,2	0,1
Japan	–	–	–	2.539	44.371	–	–	–	6,2	18,8
Gesamt	–	–	**1.539**	**40.680**	**236.339**	–	–	**100,0**	**100,0**	**100,0**

* Einschließlich Republik Irland   ** Keine Daten vorhanden

Zusammengestellt und berechnet nach den Angaben in: STATISTISCHES BUNDESAMT, Fachserie G: Außenhandel, Reihe 2: Spezialhandel nach Waren und Ländern, Stuttgart 1956–71.

Während noch 1960 41,3 Prozent der bundesdeutschen Einfuhren aus europäischen Staaten kamen, entfiel in den frühen 1960er Jahren bereits die Hälfte bis zwei Drittel auf Japan. Bis 1970 ging dieser Anteil auf ein Drittel zurück, während Importe aus Italien, Portugal und der unter der Rubrik „Rest of Commonwealth" zusammengefaßten Länder, in erster Linie Hongkong, zunahmen. Der Anteil europäischer Staaten stieg zwischen 1960 und 1970 dagegen nur geringfügig von 41,3 auf 44 Prozent an (Tabelle 6.3).

Bei Fernsehgeräten hatte die Bundesrepublik während der 1950er und 1960er Jahre durchweg einen Exportüberschuß, der aber ebenfalls immer kleiner wurde. Zwischen 1960 und 1970 blieb das Volumen der Ausfuhr in EFTA-Staaten in etwa gleich, während sich der Anteil der EWG fast verdoppelte. Ein Drittel bis die Hälfte der Auslandslieferungen ging dorthin, insbesondere in die Niederlande und Belgien. Ein vergleichbarer Anteil ging in EFTA-Staaten und dabei in erster Linie nach Schweden und in die Schweiz.[112] Zum wichtigsten ausländischen Lieferanten für Fernsehempfänger wurde wiederum Italien, das während der 1960er Jahre seinen Marktanteil erheblich ausbauen konnte. 1965 kamen 43,2 Prozent aller importierten Apparate von dort, 1970 waren es 65,4 Prozent (Tabelle 6.4).

---

[112] Günstige Exportsituation der Radio- und Fernsehindustrie, in: EA 8 (1955), S. 339; Radio- und Fernsehwirtschaft weiterhin optimistisch, ebd., 9 (1956), S. 93.

KAPITEL 7
GROSSBRITANNIEN:
STAATSINTERVENTION UND
MARKTVERÄNDERUNGEN

A. DIE NACHKRIEGSJAHRE:
STROMENGPÄSSE UND INDUSTRIEPOLITIK

Während und unmittelbar nach dem Zweiten Weltkrieg veränderte sich die britische Radioindustrie in dreierlei Hinsicht. Zum einen wurde sie mit der Erfindung des Radars und der Entwicklung neuer Geräte, etwa für Funknavigation und -messung, zu einem wichtigen Lieferanten von Investitionsgütern. In den 1950er Jahren entfielen hierauf rund 50 Prozent des Branchenumsatzes, wodurch die starke Abhängigkeit von der privaten Nachfrage sank. Zum anderen wurde das Fernsehen zu einem neuen Unterhaltungsmedium, während es vor dem Zweiten Weltkrieg nur einem verschwindend geringen Teil der Bevölkerung zugänglich gewesen war.[1]

Im Laufe des Zweiten Weltkriegs wuchsen nicht nur die Fertigungskapazitäten der Radioindustrie, sondern auch Produktivität und technische Kompetenz. Eine wichtige Rolle spielte dabei, daß die Hersteller große Gütermengen zu den vom Militär gesetzten Standards lieferten und hierzu mit staatlichen Beschaffungsstellen und anderen Firmen zusammenarbeiten mußten, was zur Verbreitung von Massenfertigungsmethoden beitrug.[2]

In den unmittelbaren Nachkriegsjahren überstieg die Konsumgüternachfrage das Angebot zunächst bei weitem. Der geringe Ausstoß der Kriegsjahre hatte einen großen Nachholbedarf entstehen lassen. Zugleich verhinderte der akute Mangel an Arbeitskräften, Rohstoffen und Elektrizität eine schnelle Produktionsausweitung. Das Mißverhältnis zwischen Angebot und Nachfrage und die während des Krieges gewachsene Kaufkraft erhöhten in den Nachkriegsjahren den inflationären Druck. Verschärfend trug hierzu auch die „Cheap Money"-Politik des neuen Schatzkanzlers Hugh Dalton bei.[3]

---

[1] DUNNING, Radio and Television Industry, S. 22ff; LOWMAN, Television, S. 274. S.a. BRIGGS, War of Words, S. 67f.

[2] BAKER, W. R. G., Electrical Engineering, S. 152; FUNK, Electrical Engineering, S. 162; SWANN et al., Competition in British Industry, S. 49; HALL UND PRESTON, Carrier Wave, S. 110; BRIGHT UND EXTER, War, S. 255.

[3] Associated Electrical Industries [AR], in: Economist 154 (1948), S. 781; British Refrigeration Association. Speeches at the Annual Luncheon [1948], in: ER 144 (1949), S. 445; CORLEY, Domestic Electrical Appliances, S. 122f; MCLAUGHLIN, Wartime Expansion, S. 115f; CAIRNCROSS, Recon-

Mehrere Unternehmen, die vor 1939 noch nicht in diesem Feld aktiv gewesen waren, begannen in den Nachkriegsjahren mit der Herstellung von Haushaltsgeräten. Hierzu gehörten etwa Lytham, ein Zulieferer der Vickers-Flugzeugwerke, der in die Fertigung von Bügeleisen und Raumheizgeräten einstieg. Das Maschinenbauunternehmen Ada (Halifax) und Lec Refrigeration nahmen 1946 die Produktion von Haushaltskühlschränken auf. Hinzu kamen neue Firmen, wie etwa die 1947 von Kenneth Wood gegründete Kenwood Manufacturing Co., die sich zunächst auf Toaster beschränkte, dann aber die Fertigungspalette um Mixgeräte und andere kleine Küchengeräten ergänzte.[4]

Gleichzeitig erweiterten etablierte Hausgerätehersteller ihr Warenspektrum. So stieß der Staubsaugerproduzent Hoover in den Waschmaschinenmarkt vor und gründete hierfür zwei Töchter, eine für Waschmaschinen, eine andere für die darin verwendeten Motoren. Ein anderes Beispiel ist Thorn Electrical Industries. Vor dem Krieg hatte die Firma nur Radioempfänger und Beleuchtungsgeräte hergestellt; mit dem Erwerb von Tricity Electric 1946 und dem von Ecko-Ensign Design 1951 stieg sie dann auch in den Haushaltsgerätemarkt ein, wo sie in den 1960er Jahren zu einem der größten britischen Anbieter wurde.[5]

Obgleich der technische Fortschritt der Kriegszeit die Markteinführung neuartiger Produkte ermöglichte – die Mikrowelle war beispielsweise ein *Spin-Off* des Radars – stellte die Erweiterung der Fertigungstiefe britischer Unternehmen den eigentlichen Fortschritt in diesem Industriesektor dar. So hatten beispielsweise die Kühlschrankhersteller vor dem Zweiten Weltkrieg einen Großteil der Komponenten aus den USA importiert, begannen in der Nachkriegszeit dann aber selbst mit ihrer Fertigung.[6]

Tiefgreifende Veränderungen ergaben sich in der regionalen Verteilung der Konsumgüterindustrie im Gefolge des *Distribution of Industry Act* von 1945. Auf dessen Grundlage erhielten Firmen staatliche Subventionen, wenn sie Fertigungseinrichtungen in *Development Areas* errichteten. Gleichzeitig wurde ihnen die Genehmigung für den Neubau oder die Erweiterung von Produktionsstätten in den traditionellen Industrieregionen des Südostens und der Midlands versagt. So verlegten GEC und Simplex Electric ihre Haushaltsgerä-

---

version, S. 25; LYTTELTON, Obstacles, S. 7; BRIGHT UND EXTER, War, S. 257, 268ff; DUNNING, Radio and Television Industry, S. 25; ROGOW, Labour Government, S. 54f; HOWSON, Origins, S. 433; DIESS., Monetary Control, S. 59; HENDERSON, Cheap Money, S. 265; MORGAN, Labour in Power, S. 332-6.

4   Domestic Appliance Factory. Lytham Company's Expansion, in: ER 146 (1950), S. 179; CORLEY, Domestic Electrical Appliances, S. 42.
5   Hoover [AR], in: Economist 154 (1948), S. 564; PACKER, Design Factors, S. 501; Thorn EMI, in: MIRABILE, International Directory, S. 531; CORLEY, Consumer Marketing, S. 73.
6   British Refrigeration Association. Speeches at the Annual Luncheon [1948], in: ER 144 (1949), S. 445; HARDYMENT, Mangle to Microwave, S. 134.

tefertigung von Birmingham nach Swinton (Yorkshire) beziehungsweise Blythe Bridge (Staffordshire), Hoover eröffnete Fabriken in Cambuslang (Schottland) und Merthyr Tydfil (Wales).[7]

Hierdurch kam es zu weitreichenden Verschiebungen in der industriellen Geographie zugunsten von Schottland und Süd-Wales. 1935 waren noch 88,5 Prozent aller Beschäftigten der Radioindustrie im Großraum London tätig gewesen. 1956 lag dieser Anteil nur noch bei 56 Prozent. Insgesamt hatten sich sieben Hersteller von Radiogeräten und 21 von Komponenten in *Development Areas* in Süd-Wales, Nordost-England und Schottland angesiedelt, auf die zehn Prozent des Branchenumsatzes und zwölf Prozent der Beschäftigten entfielen.[8]

Der *Distribution of Industry Act* war für die so begünstigten Regionen zweifellos von großem Nutzen. Völlig anders wirkte er sich dagegen auf die Industrie aus, wie dies eine Mitte der 1960er Jahre durchgeführte Studie ergab. Sie zeigte, daß von den 15 befragten Radioherstellern kein einziger freiwillig in ein *Development Area* gekommen war. Eigentlich hatten sie ihr Hauptwerk in London erweitern oder in dieser Region eine Zweigniederlassung errichten wollen, waren aber von staatlicher Seite hieran gehindert worden. Die Untersuchung offenbarte die gravierenden Nachteile, die den Firmen aus ihrer Ansiedlung in *Development Areas* entstanden. Zu nennen sind dabei sowohl die unzureichende Zahl qualifizierter Arbeitskräfte, als auch die höheren Kosten für den Transport von Rohstoffen, Komponenten und Endprodukten sowie die Verzögerungen im innerbetrieblichen Informationsfluß.[9]

Die Restriktionen der Kriegszeit wurden mit den *Machinery, Plant and Appliances Orders* von 1945 und 1948 gelockert, wenngleich für die meisten Konsumgüter nach wie vor eine Fertigungserlaubnis vom *Board of Trade* eingeholt werden mußte. Außerdem wurde ihr Produktionsvolumen über die staatliche Kontrolle der Rohstoffzuteilung reguliert. Die gleiche Funktion hatte die *Purchase Tax*, die zwar im Oktober 1945 für Kochgeräte, Kühlschränke und Raumheizgeräte abgeschafft wurde, für Waschmaschinen und Staubsauger aber in Höhe von 33,3 Prozent fortbestand.[10]

---

[7] NAEST, 44, 16: „Visit of Locomotive and Carriage Institution to Witton, 20.05.1948"; Hoover [AR], in: Economist 160 (1951), S. 655; Washing Machine Production. Hoover Activities in South Wales, in: ER 163 (1958), S. 9; DUNNING, Manufacturing Industry, S. 138, 141; MASSEY, Capital and Locational Change, S. 40; PETERSON, Machinery for Economic Planning, S. 32; DRUMMOND, Financing, S. 683; LINDLEY, Development and Organisation, S. 347.

[8] HAGUE UND DUNNING, Costs, S. 203; DUNNING, Radio and Television Industry, S. 32.

[9] HAGUE UND DUNNING, Costs, S. 204, 206, 210.

[10] Commerce and Industry. Appliances Freed From Control, in: ER 152 (1953), S. 89. S.a. NAEST, 93, 1.2: „Council and National Executive Committee. Minutes", 3 „January 1946 to December 1950", 21.03.1946.

Die rasche Verbreitung elektrischer Raumheizgeräte hatte in den unmittelbaren Nachkriegsjahren zu einem beträchtlichen Anstieg des Strombedarfs geführt, der aufgrund der unzureichenden Erzeugungskapazitäten Stromkürzungen und Spannungsabsenkungen notwendig gemacht hatte. Die große Beliebtheit von Raumheizgeräten lag sowohl an der gravierenden Kohleknappheit, als auch an den vergleichsweise niedrigen Elektrizitätspreisen. Um einen weiteren Anstieg des Energieverbrauchs zu verhindern, wurde die Versorgung privater Haushalte und der Verkauf von Haushaltsgeräten staatlicherseits eingeschränkt. 1947 wurde eine *Purchase Tax* von 66,6 Prozent auf alle Raumheizgeräte und Küchenherde verhängt, die man im darauffolgenden Jahr in zwei Stufen auf 100 Prozent erhöhte.[11]

Während der Starkstromsektor boomte, wurde so die Produktion von Konsumgütern im Laufe des Jahres 1947 sukzessive eingeschränkt, woraus den Herstellern beträchtliche Schwierigkeiten entstanden. Hinzu kam die unzureichende Zuteilung von Rohstoffen und der Mangel an Arbeitskräften, so daß die Kapazitäten unterausgelastet blieben und die Fertigungskosten anstiegen. Von 1948 an verbesserte sich die Situation. So verzeichnete Hoover zwischen Ende 1947 und 1950 einen Anstieg des Umsatzes, der dessen Gesamtvolumen im Jahr 1938 entsprach. Hoover zufolge lag dies daran, daß die Staubsaugerpreise der Vorkriegszeit trotz hoher Investitionen und wachsender Kosten für Rohstoffe und Arbeitskräfte aufgrund der verbesserten Fertigungstechnik hatten beibehalten werden können.[12]

Beim Fernsehen der Nachkriegszeit lag die wichtigste Entscheidung in der Festlegung des Zeilenstandards. Prinzipiell steigt die Bildqualität mit der Zeilenzahl, allerdings bedingt deren Erhöhung auch eine Vergrößerung des für die Übertragung notwendigen Frequenzbandes. Dies erfordert intensivere Signalstärken und technisch komplexere Übertragungssysteme, die die Kosten in die Höhe treiben.[13] Das bereits 1943 eingesetzte *Hankey Committee* entschied sich für die Beibehaltung des britischen Vorkriegssystems von 405 Zeilen, da so eine frühe Wiederaufnahme der Fernsehübertragungen unter Weiterverwendung

---

11 NAEST, 93, 1.2: „Council and National Executive Committee. Minutes", 3 „January 1946 to December 1950", 21.03.1946; Electrical Manufacturing. B.E.A.M.A. Report for 1948-49, in: ER 146 (1950), S. 685; CHICK, Industrial Policy, S. 116-23, 135; HANNAH, Electricity before Nationalisation, S. 313; EU, COMMISSION OF THE EUROPEAN COMMUNITIES, Study of Concentration, S. 20; JAY, Government Control, S. 137; CORLEY, Domestic Electrical Appliances, S. 45f.

12 Electrical Manufacturing in 1949. Points from the B.E.A.M.A. Report in: ER 146 (1950), S. 748; General Electric Company [AR], in: Economist 157 (1949), S. 812; Associated Electrical Industries [AR], ebd., 154 (1948), S. 781; Hoover [AR], ebd., 156 (1949), S. 684; 158 (1950), S. 624; 160 (1951), S. 639, 654. S.a. Electrical and Musical Industries [AR], ebd., 161 (1951), S. 770; ALDCROFT, Effectiveness, S. 234-8.

13 The British Contribution to Television, in: Nature, 170 (1952), S. 136; DUNNING, Radio and Television Industry, S. 27; HALL UND PRESTON, Carrier Wave, S.223.

der vorhandenen Anlagen möglich war. Von einem frühen Start und einem schnellen Ausbau des bereits in der Praxis erprobten Systems erhoffte man sich, diesen Standard auch in anderen Ländern etablieren zu können und so britischen Exporten einen Startvorteil zu verschaffen.[14]

Nach Wiederaufnahme regelmäßiger Fernsehsendungen im Jahr 1946 stieß die Wahl des 405-Zeilensystems aber auf zunehmende Kritik. Nach längeren Diskussionen entschied der *Postmaster-General* im August 1948, daß dieser Standard den Empfehlungen des *Trefgarne Committee* entsprechend auch weiterhin beibehalten werden sollte. Diese Verzögerung und die Unsicherheit über eine mögliche Änderung des Zeilenstandards veranlaßte britische Unternehmen, Investitionen in Forschung und Entwicklung sowie in die Errichtung von Fertigungsanlagen zunächst zurückzustellen. Ähnlich verhielt sich die, wenngleich noch kleine Zahl potentieller Kunden, die ihre Kaufentscheidung vorerst aufschob.[15]

Auch in anderen Ländern war die Wahl des Zeilenstandards Gegenstand kontroverser Diskussionen. Dies verzögerte die Festlegung nationaler Fernsehrichtlinien, so daß britische Firmen ihre Exporte nicht sogleich ausweiten konnten. Die Perspektiven hierfür verschlechterten sich noch weiter, als sich mehr und mehr Staaten für Systeme mit einer höheren Zeilenzahl entschieden, während der britische 405-Zeilenstandard als technisch rückständig angesehen wurde. All dies führte dazu, daß der anfängliche britische Vorsprung im Fernsehsektor rasch verlorenging.[16]

Im Gefolge der ersten, 1952 in Stockholm tagenden europäischen Fernsehkonferenz wurde das 625-Zeilensystem zum Standard in Europa, der sich in der Folgezeit auch im Commonwealth ausbreitete. So übernahm beispielsweise Australien die kontinentaleuropäische 625-Zeilennorm.[17] Da Entwicklung und Bau von Geräten für mehr als einen Zeilenstandard höhere Kosten nach sich zogen, beschränkten sich britische Anbieter zunächst auf die Herstellung von Modellen für den heimischen Markt und unternahmen nur geringe Exportanstrengungen. Hierzu der *Economist* 1953: „Very little export business is being done in television receivers, because the varying systems used in foreign markets require special adaptations to receiver designs that makes it difficult for British manufacturers to compete with local producers' prices."[18]

---

[14] ARNOLD, Competition, S. 57; British Television for Export, in: TBR 1 (1949), No. 3, S. 23.

[15] DUNNING, Radio and Television Industry, S. 27-30.

[16] Television Distorted, in: ER 145 (1949), S. 1112; Expanding Television, in: Economist 157 (1949), S. 1428.

[17] Source Book on Television, in: Nature 172 (1953), S. 471f; British Television for Export, in: TBR 1 (1949), No. 3, S. 24ff; Commonwealth Standards, in: ER 160 (1957), S. 433; KELLER, Hundert Jahre, S. 88; SMITH-ROSE, Progress, S. 564; ARNOLD, Competition, S. 57.

[18] Radio's Foreign Market, in: Economist 168 (1953), S. 658. S.a. DUNNING, Radio and Television Industry, S. 31.

Bereits in den frühen 1950er Jahren hätte man sich so fragen können, inwieweit die Beibehaltung des technischen Standards der Vorkriegszeit nicht ein Fehler gewesen war. Um so mehr überrascht in dieser Hinsicht die Aussage von H. Bishop, Technischer Direktor der *British Broadcasting Corporation (BBC)*, der in seiner Antrittsrede als Präsident der *Institution of Electrical Engineers* am 8. Oktober 1954 zur Entscheidung für 405-Zeilen erklärte: „In the light of the developments since that time [seit dem Beginn der Fernsehübertragungen in den 1930er Jahren und deren Wiederaufnahme 1946] there is no doubt that this was the right decision."[19]

B. DIE 1950ER JAHRE: *DEMAND MANAGEMENT* UND NACHFRAGEEXPANSION

Hauptziele britischer Wirtschaftspolitik in den Nachkriegsjahren waren Vollbeschäftigung und eine ausgeglichene Zahlungsbilanz. In einem System fester Wechselkurse versuchte man dies durch Einschränkung der Importe und vorübergehende Restriktionen in der Konsumgüterproduktion zu erreichen. Zunächst waren die weitreichenden direkten Kontrollen der Kriegsjahre in der unmittelbaren Nachkriegszeit gelockert und schließlich abgeschafft worden. Während der Korea-Krise wurden sie dann aber teilweise wieder eingeführt. Außerdem wurde mit fiskalpolitischen Mitteln, nämlich durch wiederholte Änderung von direkten und indirekten Steuern, eine Politik des *Demand Management* betrieben, mit der man den Verbrauch steuerte. Gleichzeitig sollten die Unternehmen durch eine eingeschränkte Versorgung des heimischen Marktes zur Erhöhung ihrer Exporte veranlaßt werden. Dem lag von Regierungsseite die Überlegung zugrunde, daß die Industrie das Auslandsgeschäft vernachlässigte, solange die Binnennachfrage hoch war. Außerdem hoffte man durch geringere Konsumgüterverkäufe einen Rückgang des Strombedarfs zu erreichen.[20]

Zur Senkung des Verbrauchs wurden die Verkaufspreise durch Heraufsetzung der *Purchase Tax* erhöht. Gleichfalls verteuernd wirkte die Einschränkung des Teilzahlungsgeschäfts. Letzteres erreichte man über zwei Wege. Einerseits über die Kontrolle des Volumens der von Finanzhäusern vergebenen Kredite. Andererseits über die Festlegung der vom Kunden beim Kauf anzuzahlenden Summe und über die zulässige Vertragshöchstdauer. Noch in der

---

[19] Broadcasting and Television in Great Britain, in: Nature 173 (1953), S. 249.
[20] WRAY, Household Durables, S. 5; FOREMAN-PECK, Trade and the Balance of Payments, S. 141, 165; ARTIS, UK Economy, S. 49-52; HATTON UND CHRYSTAL, Budget and Fiscal Policy, S. 68.

zweiten Hälfte der 1940er Jahre war der Konsumgüterumsatz nur über die Höhe der *Purchase Tax* beeinflußt wurden, die alleine zwischen 1945 und 1951 achtmal verändert wurde. Nachdem Teilzahlungskredite seit den späten 1940er Jahren an Bedeutung gewonnen hatten, wurde deren staatliche Reglementierung erstmals im Februar 1952 zur Konsumsteuerung eingesetzt. In den nachfolgenden beiden Dekaden nutzten dann britische Regierungen *Purchase Tax* und die bei der Vergabe von Teilzahlungskrediten geltenden Bestimmungen nahezu ständig zur Regulierung von Höhe und Zusammensetzung des privaten Verbrauchs.[21]

Von Vorteil war, daß diese Steuerungsinstrumente leicht zu handhaben waren und aus zwei Gründen rasche Wirkung zeigten. Einerseits wirkte sich eine Erhöhung der *Purchase Tax* sofort auf den Endverkaufspreis aus. Andererseits wurde sowohl in Großbritannien als auch in der Bundesrepublik ein maßgeblicher Teil der Konsumgüter über Ratenkäufe erworben. In den 1950er und 1960er Jahren galt dies beispielsweise für 30 bis 40 Prozent der Radiogeräte, 35 bis 65 Prozent der Fernsehapparate und rund 50 Prozent der Waschmaschinen und Kühlschränke. Eine Veränderung der Kreditbedingungen betraf damit einen Großteil aller Verkäufe.[22]

Staatlicherseits sah man diese Maßnahmen als unproblematisch an. So kam das *Board of Trade* in einer 1955 ausgearbeiteten Studie zu folgender Einschätzung: „It is impossible to evaluate the effect of imposing the Hire Purchase Control. But it seems probable that it was very small, both because of its limited scope and because of other factors at the time were also having a strong effect."[23]

Zum entgegengesetzten Ergebnis kamen dagegen alle hierzu von Wissenschaftlern erarbeiteten Untersuchungen. Sie betonten übereinstimmend, daß die wiederholten Änderungen bei *Purchase Tax* und Teilzahlungskrediten weitreichende Auswirkungen auf den Konsumgüterumsatz hatte. Auch der *Radcliffe Report* von 1959 und die *Sector Working Parties* des *National Economic Development Council* bestätigten, daß die Höhe des Konsums durch die ge-

---

[21] BALL UND DRAKE, Impact of Credit Control, S. 181, 191; SHIELDS, Household Credit, S. 46. S.a. Heating. Tax Off Storage, in: Economist 208 (1963), S. 939; KNOX, International Comparisons, S. 38; HATCH, Stop-Go, S. 346; TURNER, Hire Purchase, S. 807; MAYERS, Management, S. 23; EU, COMMISSION OF THE EUROPEAN COMMUNITIES, Study of Concentration, S. 15; GHANDHI, Estimates, S. 255; OLNEY, Credit as a Production-Smoothing Device, S. 390.

[22] Der Kühlschrank erobert die Haushalte, in: Volkswirt 7 (1953), Nr. 33, S. 17; Radio Sales Under Pressure, in: Economist 178 (1956), S. 147; FERBER, Factors, S. 101; CORLEY, Domestic Electrical Appliances, S. 15; BONENKAMP, Beleuchtungskörper, S. 54; LEVACIC, Government Policies, S. 237; S.a. BRIGGS, Golden Age of Wireless, S. 254.

[23] PRO, BT 213, 111 „History of Hire Purchase Control, 1952-54", 1955. Zu einer späteren Analyse siehe 119: „Hire Purchase Controls. Draft Cabinet Paper by the President of the Board of Trade, 22.11.1960".

nannten Maßnahmen leicht und mit großer Wirksamkeit beeinflußt werden konnte.[24] L. Needleman errechnete, daß mehr als zwei Drittel aller kurzzeitigen Fluktuationen beim Waschmaschinenumsatz auf Änderungen bei Teilzahlungskrediten zurückgingen. J. C. R. Dow zufolge verursachten diese Maßnahmen Schwankungen des britischen Bruttoinlandsprodukts um bis zu 0,75 Prozent.[25] R. J. Ball und Pamela Drake kamen in ihrer Analyse der Fluktuation des Konsumgüterabsatzes zwischen 1957 und 1961 zum Ergebnis, „that variations in hire purchase business governed by credit controls have been a major factor explaining consumer durable goods spending."[26]

Industrie, Groß- und Einzelhandel beklagten sich wiederholt über diese Politik. So verwies H. C. Timewell, Leiter der *Domestic Appliance Division* von English Electric, auf den „tremendous influence of the Government's changes in Purchase Tax and hire purchase policy which made it difficult to plan ahead."[27] Hinsichtlich ihrer Auswirkungen auf die Industrie waren dabei kurz- und langfristige Folgen zu unterscheiden.

Unternehmen streben grundsätzlich ein stabiles und hohes Produktionsniveau an, da dies eine Minimierung der Kosten erlaubt und den Einsatz von Massenfertigungsmethoden betriebswirtschaftlich sinnvoll macht. Gerade die Politik des *Demand Management* verursachte aber starke Absatzschwankungen, die die Produktion und ihre Planung empfindlich störten. Zudem waren die Firmen gezwungen, größere Vorräte an Rohstoffen, Vor- und Endprodukten zu halten, so daß Herstellungs- und Vertriebskosten anstiegen.[28] Auf Geschäftsstrategie und Investitionsentscheidungen hatte dies weitreichende Auswirkungen. So beobachtete J. H. Hatch in seiner Analyse der britischen Haushaltsgeräteindustrie: „If the level of expected output is highly uncertain it may be optimal to employ a relatively less capital intensive method of production and thus past experience of the industry environment may, via expectations, affect the choice of technology used in the industry."[29]

---

[24] HATTON UND CHRYSTAL, Budget and Fiscal Policy, S. 68; SHIELDS, Household Credit, S. 47. S.a. WILLIAMS, Growth in Ownership, S. 64f; BAIN, Growth, S. 162; HATCH, Stop-Go, S. 347; CUTHBERTSON, Determination, S. 69; EU, COMMISSION OF THE EUROPEAN COMMUNITIES, Study of Concentration, S. 149; POLLARD, More of the Same Medicine, S. 150.

[25] NEEDLEMAN, Demand, S. 35; DOW, Management, S. 248, 277.

[26] BALL UND DRAKE, Impact of Credit Control, S. 181.

[27] Domestic Appliance Production. Design, Manufacture and Marketing, in: ER 164 (1959), S. 340. Eine gleichlautende Aussage findet sich in: MRC, MSS.287/1 BEAMA, Proceedings of the Annual General Meetings 1951-59: „41st Annual General Meeting, 1951-52", S. 3.

[28] Trends in Domestic Appliances. Slow Move Towards Rationalisation, in: ER 179 (1966), S. 594f; Hoover [AR], in: Economist 162 (1952), S. 493; MACKEY, Mass Production Methods, S. 333ff; FRIDAY, Thoughts, S. 112f; WARY, Household Durables, S. 8; CORLEY, Domestic Electrical Appliances, S. 78f.

[29] HATCH, Stop-Go, S. 351.

Hatch merkte an, die Fertigungstechnologie von 25 der 40 von ihm untersuchten Firmen „suggested that commitment to the products was often shallow and that flexibility in production was critical to survival."[30] Dies zeigte sich am niedrigen Grad der vertikalen Integration, da die meisten Unternehmen sich auf den Zusammenbau eingekaufter Komponenten beschänkten. Deutlich wurde dies auch an der geringen Zahl spezieller Fertigungsmaschinen und -anlagen. Hatch charakterisierte die Haushaltsgerätehersteller als „responding to continual uncertainty."[31] Eine ähnliche Einschätzung vertrat E. G. Plucknett, Direktor der *Electrical Division* von Tube Investments und Vorsitzender der BEAMA *Appliance Division:* „The uncertainty of the UK market, which has consistently been affected by unpredictable decisions from Whitehall, has created a lack of confidence and therefore the industry has not attracted the investment necessary to compete in world markets."[32]

Die durch die Politik des *Demand Management* verursachten Preissteigerungen trafen besonders die Hersteller teurer Modelle, da steigende Preise die Konsumenten zum Kauf von billigeren Geräten veranlaßten. Da technische Neuerungen zunächst in oberen Marktsegmenten eingeführt wurden und sich dann sukzessive in unteren Preisstufen ausbreiteten, verzögerte die künstliche Erhöhung der Preise die Verbreitung technischer Innovationen. Häufig entschieden sich Kunden im Falle von Preiserhöhungen aber auch für die Anmietung statt den Kauf eines Gerätes. Dies wurde vor allem für die Hersteller von Fernsehempfängern zur bevorzugten Vertriebsform.[33]

Auch das von der Regierung angeführte Argument, durch Begrenzung des heimischen Verbrauchs eine Steigerung der Ausfuhr erreichen zu können, erwies sich als unzutreffend, da Exporte trotz der eingeschränkten Versorgung des heimischen Marktes nicht kurzfristig gesteigert werden konnten. Dies lag sowohl an unterschiedlichen technischen Standards wie Stromspannung, Steckerformen und ähnlichem, als auch an den dazu notwendigen, aber nur unzureichend vorhandenen Vertriebs- und Kundendiensteinrichtungen.[34] In ei-

---

[30] Ebd., S. 352.

[31] Ebd., S. 354.

[32] Problems of Size and Stability in Britain's Home Market [Interview with Mr. E. G. Plucknett, Managing Director of Tube Investments Electrical Division and Chairman of the BEAMA Appliance Division], in: ER 181 (1967), Supplement „The Appliance Industry Scene 1967", S. 965.

[33] WEBBER, Automatic Washing Machine, S. 638; Production and Employment. An Economic Survey of the Electrical Industry in 1960, in: ER 168 (1961), S. 156; WRAY, Household Durables, S. 7; KAPLAN et al., Pricing, S. 107.

[34] Growth and the Electrical Industry, in: ER 170 (1962), S. 489; Domestic Appliance Design. British and Continental Practice Surveyed at IEE Colloquium, ebd., 177 (1965), S. 677; British Vacuum Cleaner and Engineering Company [AR], in: Economist 179 (1956), S. 941. Eine deckungsgleiche Aussage von Hoovers Stellvertretenden Vorstandsvorsitzenden O. M. Mansager findet

nem Schreiben von L. Friedman von der *Export Division* des Hausgeräteherstellers Rubery Owen hieß es beispielsweise: „If we could have offered DIN sized sinktops this year we could have obtained a sizeable export business."[35]

Die durch das *Demand Management* ausgelösten Absatzschwankungen hatten auch schädliche Auswirkungen auf die langfristige Entwicklung der Exporte, da sie die Einführung von Massenproduktionsmethoden verzögerten.[36] Hersteller und Industrieverband betonten wiederholt, daß eine eingeschränkte Versorgung des heimischen Marktes nicht zu einer höheren Ausfuhr führte. So stellte der BEAMA-Vorsitzende Stanley F. Steward 1961 fest:

> It is a cardinal point of B.E.A.M.A. policy that a stable home market is essential if electrical manufacture is to be efficient, progressive and prosperous and if it is to increase its already high contribution to our exports. In recent times our industry has suffered severe setbacks as a result of the Government's ‚start-stop' economic policies.[37]

Wie oben angeführt verschärfte sich der in den späten 1940er Jahren vorherrschende Mangel an Rohstoffen und Komponenten nach Ausbruch des Korea-Krieges. Die gestiegenen Preise ließen die Kosten für Importe hochschnellen, wodurch sich die britische Zahlungsbilanz merklich verschlechterte. Die Regierung verschärfte deshalb abermals die Importbestimmungen und schränkte die Verwendung von Rohstoffen für Zwecke, die nicht den Rüstungsanstrengungen dienten, stark ein. Das Fertigungsvolumen von Gebrauchsgütern für den heimischen Markt steuerte man dabei über Quoten. So wurden beispielsweise die Hersteller von Radio- und Fernsehgeräten 1952 angewiesen, ihre für Großbritannien bestimmte Produktion um ein Viertel zu reduzieren.[38]

---

sich in Hoover [AR], ebd., 198 (1961), S. 1006. S.a. SÖLVELL, Entry Barriers, S. 129; HATCH, Stop-Go, S. 354; Britain's Unbuoyant Exports, in: Banker 113 (1963), S. 85.

35   MRC, MS.338, EA.2/1: „L. Friedman, Rubery Owen Export Division an H. Belby, 10.04.1964". Eine gleichlautende Aussage findet sich in: EA.3, „Report by Mr. L. Friedman, Rubery Owen Export Division for the Management Meeting, 20.07.1964.

36   HATCH, Stop-Go, S. 354; KAAN, World Electrical Markets, S. 486; SABINE, Tighter Control, S. 320. S.a. KHAN, Success and Failure, S. 189f.

37   STEWARD, B.E.A.M.A. and the Future, S. 651. Gleichlautende Stellungnahmen finden sich in: Work of the B.E.A.M.A. Problems and Achievements in 1950, in: ER 148 (1951), S. 797; British Electrical Power Convention, Brighton, June 1958, Discussions on Five Papers, ebd., 162 (1958), S. 1220; Refrigeration Industry. Criticism of Government Policy, ebd., 170 (1962), S. 588; Refrigeration Industry [Annual Luncheon of the British Refrigeration Association 1960], ebd., 166 (1960), S. 609; Growth and the Electrical Industry, ebd., 170 (1962), S. 489; Hoover [AR], in: Economist 160 (1951), S. 654; General Electric Company [AR], ebd., 181 (1956), S. 94.

38   Aluminium and Rearmament, in: TBR 1 (1949), No. 9, S. 27; Appliances for the Home. Effects of Raw Material Shortage, in: ER 149 (1951), S. 261; Refrigeration Congress. Second Assembly in London, ebd., S. 478; Electrical Industry and Defence, in: Economist 160 (1951), S. 1010; Radio States Its Case, ebd., 164 (1952), S. 522; BEAN, External Constraint, S. 7; HATTON UND CHRYSTAL, Budget and Fiscal Policy, S. 67; NICHOLSON, Capital Stock, S. 79; DUNNING, Radio and Television Industry, S. 36.

Der Staatshaushalt wurde den Erfordernissen der Aufrüstung entsprechend verändert. Das von Schatzkanzler Hughes Gaitskell im April 1951 vorgelegte Budget hob direkte und indirekte Steuern an, einschließlich einer Erhöhung der *Purchase Tax* für die meisten Konsumgüter auf 66,6 Prozent. Ein empfindlicher Umsatzrückgang war die Folge. Wie sehr sich die Lage verschlechtert hatte, zeigte sich, als fast kein Hersteller von Haushaltsgeräten an der *British Industries Fair* von 1951 teilnahm.[39]

Aufgrund des Rohstoffmangels stiegen die Kosten an, was wiederum höhere Verkaufspreise mit sich brachte. Hierdurch fielen die Gewinnspannen der Hersteller, während der Kapitalbedarf wegen der verstärkten Inanspruchnahme von Teilzahlungskrediten zugenommen hatte. So stiegen bei EMI allein im Laufe des Jahres 1951 die Verbindlichkeiten von £ 789.096 auf £ 3,4 Millionen und die Bankkredite von £ 67.002 auf £ 519.502. Thorn und Hoover verzeichneten eine ähnliche Entwicklung.[40]

Die frühe Wiederaufnahme regelmäßiger Fernsehsendungen bewirkte, daß die Ausgaben der Konsumenten für Fernsehgeräte erstmals 1951 die für Radioapparate überstiegen, und ab 1952 verschlechterte sich der Radiogeräteabsatz. In der Bundesrepublik kam es dagegen nicht zu einer vergleichbaren Entwicklung. Dies lag sowohl am dortigen späteren Start des Fernsehens, als auch am Impuls, der von der Einführung von UKW auf den Radioumsatz ausging und der in Großbritannien völlig fehlte. Die *Elektro-Post* vermutete 1954: „Der Abfall in England nach 1951 scheint deutlich zu zeigen, daß man dort den Start des UKW-Rundfunks verpaßt hat."[41]

Probleme ergaben sich auch in anderen Bereichen der Radio- und Fernsehindustrie. So verwies eine Delegation der *British Radio Valve Manufacturers' Association*, die 1951 im Rahmen des *Anglo-American Council on Productivity* die USA besuchte, auf die Unzulänglichkeiten in der britischen Röhrenfertigung und stellte zusammenfassend fest:

---

[39] Apparatus for the Home. Influence of Materials Shortage, in: ER 148 (1951), S. 933; Appliances for the Home. Effects of Raw Material Shortage, ebd., 149 (1951), S. 261; Refrigeration Congress. Second Assembly in London, ebd., S. 478; Radio States Its Case, in: Economist 164 (1952), S. 522; Hoover [AR], ebd., 162 (1952), S. 493; Radio in the Dark, ebd., 168 (1953), S. 658; General Electric Company [AR], ebd., 161 (1951), S. 834; General Electric, ebd., 159 (1950), S. 289; Associated Electrical Industries [AR], ebd., 160 (1951), S. 835; HATTON UND CHRYSTAL, Budget and Fiscal Policy, S. 67; WRAY, Household Durables, S. 6; DUNNING, Radio and Television Industry, S. 34f.

[40] British Television for Export, in: TBR 1 (1949); No. 3, S. 27; Electrical and Musical Industries [AR], in: Economist 161 (1951), S. 1431; Thorn Electric Industries [AR], ebd., 164 (1952), S. 529; Hoover [AR], ebd., 160 (1951), S. 656. Vgl. ebd., S. 640; 162 (1952), S. 490, 492; DUNNING, Radio and Television Industry, S. 28.

[41] MALTUSCH, Fernsehen, S. 538. S.a. DILLENBURG, Fernsehtechnik, S. 296.

The team did not see anything during its United States tour which is not known; but it did find better and much wider application of known principles and methods, including the general use of welding. More valves are made in several pieces and finished by welding them together whereas, though often inconvenient, they continue to be made in one piece at home. The team accordingly considers education of technical staffs for better engineering planning within the factory to be of prime importance. ... Manufacturers in the U.K. are therefore urged to make more of fewer types of valves, although one wonders where the materials are to come from.[42]

Zu einem ähnlichen Ergebnis kamen britische Haushaltsgerätehersteller, die im Juli 1949, ebenfalls im Zusammenhang mit dem *Anglo-American Council on Productivity*, in den USA gewesen waren. Deren abschließende Empfehlung lautete, „that an immediate campaign should be launched in every industry in which a policy of simplification can be applied."[43] Gleiches schlug auch das vom *Ministry of Supply* unter Vorsitz von Ernest Lemon 1948 eingesetzte *Committee on Standardization of Engineering Products* vor.[44]

1952 regte die konservative Regierung an, neben BBC einen privaten Fernsehkanal zu gründen, worauf sich sogleich mehrere Konsortien um eine Lizenz bewarben.[45] Dieser Vorschlag löste allerdings eine hitzige Debatte aus, und seine Kritiker argumentierten, daß Privatfernsehen keine „party political question", sondern eine „national, moral question" sei.[46] Ebenfalls 1952 befaßte sich das *Television Advisory Committee* mit der Schaffung eines zweiten Fernsehkanals. Es verwies darauf, daß unabhängig von der Frage des Eigentümers die unzureichende Zahl der noch verfügbaren Frequenzbänder die Einrichtung eines zweiten Kanals behinderte.[47]

Die technischen Probleme und die politische Diskussion um die Einführung eines weiteren Kanals, der die Attraktivät des Fernsehens zu steigern versprach, veranlaßten britische Firmen, die notwendigen Konstruktions- und Umstellungsarbeiten aufzuschieben. Wie bereits bei der Frage des Zeilenstandards verunsicherte diese neuerliche Diskussion auch potentielle Kunden, die ihre Kaufentscheidung verschoben, um nicht ein Gerät zu erwerben, das nur den Empfang eines Kanals erlaubte. Daß dieses Mißtrauen durchaus berechtigt war,

---

[42] Valve Making. British Team Reports on American Methods, in: ER 149   (1951), S. 55; S.a. BROADBERRY, Impact of the two World Wars, S. 32.

[43] Simplification in Industry. Report on an American Tour, in: ER 145 (1949), S. 868.

[44] Industrial Standardization. Activities of the English Electric Co., ebd., 146 (1950), S. 225.

[45] Television Space For Sale, in: Economist 167 (1953), S. 751.

[46] PALMER, Television Policy, S. 135; DERS., Debate on Commercial Television, S. 1273.

[47] Technical Problems of the Expansion of Television in Britain, in: Nature 172 (1953), S. 337. S.a. Future of Television. Advisory Committee's Report, in: ER 153 (1953), S. 153; Television Space For Sale, in: Economist 167 (1953), S. 751.

zeigte sich, als 1955 mit *Independent Television (ITV)* der zweite Kanal seinen Betrieb aufnahm und die bis dahin im Handel befindlichen Apparate ihn tatsächlich nicht empfangen konnten.[48]

Wegen der aufgetretenen Zahlungsbilanzschwierigkeiten verschärfte die 1951 neu ins Amt gekommene konservative Regierung die bereits bestehenden Verbrauchseinschränkungen. Hierzu erhöhte Schatzkanzler R. A. Butler im Februar 1952 die *Purchase Tax*. Außerdem nutzte er erstmals eine Veränderung der Konditionen von Teilzahlungskrediten zur Begrenzung des Konsums. Dabei wurde der beim Kauf anzuzahlende Mindestbetrag auf ein Drittel des Verkaufspreises festgesetzt und die maximale Laufzeit, innerhalb der die Raten beglichen sein mußten, auf 18 Monate beschränkt. Im Laufe des Jahres 1952 hatte dies einen beachtlichen Rückgang des Konsumgüterumsatzes zur Folge. Die Zahl der verkauften Kühlschränke lag um 49 Prozent unter der des Vorjahres, die von Staubsaugern um 40 Prozent und die von Waschmaschinen um 12 Prozent.[49]

Die Haushaltsgerätehersteller protestierten hiergegen, und die BEAMA warnte in ihrem Jahresbericht für 1952, daß Konsumgüter durch diese Politik „taxed off the market" werden.[50] Verwiesen wurde auch auf die Folgen derartiger Maßnahmen für einzelne Unternehmen. So halbierten sich bei Hoover die *Net Profits* im Laufe des Jahres 1952 und erzwangen eine Senkung der Dividende von 35 auf 25 Prozent.[51] Der Vorstandsvorsitzende von Hoover, Charles Colston, bemerkte:

> The year under review was one of considerable difficulty both at home and abroad. The sellers' market has gone, decisively and abruptly. High Purchase Tax, credit restrictions and the general disinflationary policy of the Government have considerably reduced the sales of the domestic appliance industry in Britain; while export markets have been severely affected by import restrictions.[52]

Mit dem Budget von 1953 wurde versucht, die Konjunktur mit einer Senkung der *Purchase Tax* von 66,6 auf 50 Prozent zu stimulieren. In Verbindung mit

---

[48] Television Space For Sale, in: Economist 167 (1953), S. 753; EMMETT, Television Audience, S. 296; MONOPOLIES AND RESTRICTIVE PRACTICES COMMISSION, Thorn Electrical Industries and Radio Rentals, S. 3; ARNOLD, Competition, S. 60; BAIN, Growth, S. 146.

[49] Radio in the Dark, in: Economist 168 (1953), S. 658; More Power to the Kitchen, ebd., 170 (1954), S. 803; Thorn Electric Industries [AR], ebd., 164 (1952), S. 529. Vgl. ebd., S. 726 und 168 (1953), S. 898; English Electric Co., Ltd., in: ER 152 (1953), S. 98; WRAY, Household Durables, S. 6; DUNNING, Radio and Television Industry, S. 34; CORLEY, Domestic Electrical Appliances, S. 47.

[50] Electrical Manufacturing in 1952. Trends indicated by B.E.A.M.A. Report, in: ER 152 (1953), S. 865; Refrigeration Industry. Grave Effects of Purchase Tax, ebd., S. 710; Hire-Purchased Washing Machines, ebd., 153 (1953), S. 1005; Refrigeration Congress. Second Assembly in London, ebd., 149 (1951), S. 478.

[51] Hoover [AR], in: Economist 166 (1953), S. 604. S.a. Rolls Razor [AR], ebd., 167 (1953), S. 412; English Electric Co., Ltd., in: ER 152 (1953), S. 98.

[52] Hoover [AR], in: Economist 166 (1953), S. 773. Hervorhebung im Original.

der günstigeren gesamtkonjunkturellen Entwicklung führte dies zu einem Anstieg des Konsumgüterumsatzes. Hoover erholte sich von der Entwicklung des Vorjahres und konnte die *Net Profits* 1953 verdoppeln, worauf die Dividende von 25 auf 45 Prozent erhöht wurde. Der Verkauf von Radioapparaten lag 1953 um 59 Prozent über dem Vorjahr. Dies war sowohl Ergebnis starker Preissenkungen, als auch des Kaufimpulses, der von der Übertragung der Krönung von Königin Elizabeth II. ausging. Einen wichtigen Anstoß erhielt der Verbrauchsgütersektor im Juli des darauffolgenden Jahres mit der völligen Freigabe des Teilzahlungsgeschäfts, die die Nachfrage über die Fertigungskapazitäten der Industrie hinaus ansteigen ließ.[53]

Auf eine weitere Zahlungsbilanzkrise im Februar 1955 reagierte man mit einer Einschränkung der Ratenkäufe, die im Juli noch weiter verschärft wurden. Im Oktober desselben Jahres wurde dann die *Purchase Tax* für die meisten Haushaltsgeräte von 50 auf 60 Prozent, für kleinere Geräten von 25 auf 30 Prozent erhöht. Hierauf kam es bei fast allen Herstellern zu einem empfindlichen Umsatzrückgang und einer Verkleinerung der Gewinnspannen. Eine der wenigen Ausnahmen war EMI, das ein weiteres Boomjahr erlebte und 1955 eine Umsatzsteigerung von 22 Prozent verbuchen konnte, wozu besonders die expandierenden Plattenverkäufe beitrugen. 1955 erhöhte EMI die Dividende von zehn auf 15 Prozent und kaufte 96 Prozent der Aktien von Capital Records in den USA, womit man den US-Aktivitäten des Hauptkonkurrenten Decca zu begegnen versuchte.[54]

Kennzeichnend für die expansive Geschäftspolitik von EMI war das 1955 vereinbarte Forschungs- und Entwicklungsabkommen mit der Cincinnati Milling Machine Company, einem wichtigen US-amerikanischen Hersteller von Werkzeugmaschinen. Damit sollte die Kompetenz von EMI in der Elektronik mit den Erfahrungen des US-Partners im Maschinenbau verbunden werden. EMI versuchte so weiter in den Markt für industrielle Elektronik und elektrotechnische Investitionsgüter vorzustoßen, wo man bereits bei der Ent-

---

53 Hoover [AR], in: Economist 170 (1954), S. 732; More Power to the Kitchen, ebd., S. 803; Radio in the Dark, ebd., 168 (1953), S. 658; British Vacuum Cleaner and Engineering Company [AR], ebd., 179 (1956), S. 941; Hoover [AR], ebd., 174 (1955), S. 946; Thorn Electric Industries [AR], ebd., 172 (1954), S. 1022; 176 (1955), S. 900f; Electrical and Musical Industries [AR], ebd., 173 (1954), S. 415; The Engineering Outlook [for 1955] – 1: Britain's Place in World Engineering: I. Output and Markets, in: Engineering 1955, S. 10; STONE UND ROWE, Market Demand, S. 439; WRAY, Household Durables, S. 6; BEAN, External Constraint, S. 7.

54 Hoover [AR], in: Economist 175 (1955), S. 159; General Electric Company [AR], ebd., 176 (1955), S. 420; Radio Sales Under Pressure, ebd., 178 (1956), S. 147; Thorn Electric Industries [AR], ebd., 180 (1956), S. 667; Electrical and Musical Industries, ebd., 177 (1955), S. 422; Electrical and Musical Industries [AR], ebd., S. 784, 1067; EMI's American Purchase, ebd., 174 (1955), S. 224; Electrical and Musical Industries, ebd., 177 (1955), S. 422; Calendar of Economic Events, S. 30; WRAY, Household Durables, S. 7; EINZIG, Dynamics, S. 17;.

wicklung von Elektronikrechnern für kommerzielle und militärische Zwecke aktiv war.[55]

Eine weitere transatlantische Übereinkunft wurde im gleichen Jahr zwischen Thorn und Sylviana Electric Products getroffen, in der man die gemeinsame Produktion von Fernsehröhren in Großbritannien vereinbarte. Thorn kündigte an, die zusammen mit Sylviana hergestellten Artikel ein Drittel unter dem Preis des Kartells der Röhrenhersteller, der *British Radio Valve Manufacturers' Assocation*, zu verkaufen. Bereits diese Ankündigung reichte aus, die Assocation zu einer Senkung ihrer Preise um 20 Prozent zu veranlassen. Der Vorgang war exemplarisch für Thorns Strategie, durch eine enge Zusammenarbeit mit den USA vom dortigen technischen Fortschritt zu profitieren und den eigenen Marktanteil mit einer agressiven, gegen die Kartelle gerichteten Preispolitik zu erhöhen.[56]

Die Produktion elektronischer Komponenten, wie sie unter anderem in Radio- und Fernsehgeräten Verwendung fanden, lag aufgrund des komplexen Herstellungsprozesses und der damit verbundenen Kosten in Händen einer kleinen Zahl von Firmen. Im Laufe der 1950er Jahre hatten die Niederlassungen US-amerikanischer Konzerne wie etwa Texas Instruments eine Schlüsselstellung im britischen Markt gewonnen, auf die zusammen mehr als die Hälfte der Gesamtproduktion entfiel. Heimische Anbieter konnten dagegen ihre Stellung, die sie bei Kriegsende innegehabt hatten, nicht halten. Angesichts der Wichtigkeit dieser Komponenten für eine wachsende Zahl von Geräten und Anlagen war dies eine bedrohliche Entwicklung.[57]

Neben Bauelementen wie Transistoren erforderte auch die Entwicklung und Herstellung von Fernsehbildröhren einen erheblichen fertigungstechnischen Aufwand. Größter Produzent in Großbritannien war Mullard, ein Tochterunternehmen von Philips, das in den späten 1950er Jahren jährlich mehr als 1,5 Millionen Fernsehbildröhren und alle hierfür nötigen Komponenten in Lancashire produzierte. Der zweitgrößte Hersteller war Brimar, eine Tochter von Standard Telephones and Cables, das wiederum zum US-Konzern ITT gehörte. Thorn und Siemens Edison Swan waren die größten heimischen Produzenten im engeren Sinne, von denen aber jeder nur knapp die Hälfte des Fertigungsvolumens von Mullard erreichte.[58]

---

[55] Electrical and Musical Industries [AR], in: Economist 177 (1955), S. 1067.

[56] Cheaper Television Tubes, in: Economist 180 (1956), S. 67; Thorn Electric Industries [AR], ebd., 176 (1955), S. 901; 180 (1956), S. 666; Radio and TV. Thorn's Transatlantic Agreements, ebd., 190 (1959), S. 523. S.a. ARNOLD, Competition, S. 58; BAIN, Growth, S. 146; CORLEY, Consumer Marketing, S. 77.

[57] SCIBERRAS, Semiconductor Industry, S. 284; HALL UND PRESTON, Carrier Wave, S.229f; STROHMEYER, Strukturwandel, S. 10ff. S.a. BREITENACHER et al., Elektrotechnische Industrie, S. 76f.

[58] Television Tube Manufacture. New Glass Sealing Plant, in: ER 163 (1958), S. 667; Television Tubes and Receiving Valves. Manufacture in Mullard's Lancashire Factories, ebd., 166 (1960), S.

Im Februar 1956 wurden die Teilzahlungsbestimmungen ein weiteres Mal verschärft und die konsumeinschränkenden Maßnahmen erstmals auf das Vermietungsgeschäft ausgedehnt. Kunden mußten nunmehr bei Vertragsabschluß einen Mindestbetrag in Höhe von neun Monatsraten anzahlen. Besonders betroffen waren davon die Hersteller von Fernsehgeräten, die in den davorliegenden Jahren den aus dem *Demand Management* resultierenden Umsatzrückgang durch eine Ausweitung des Vermietungsgeschäfts zum Teil hatten kompensieren können.[59] Die im Februar 1956 getroffenen Maßnahmen hatten einen unverzüglichen Rückgang der Konsumgüternachfrage zur Folge, worauf der *Economist* berichtete:

> The radio and television business has received a right and a left from the Chancellor that will make it groggy for months. The increased hire purchase deposit of 50 Prozent instead of 33 1/3 Prozent is a severe blow to retail sales and must accelerate the decline which set in after the autumn budget [von 1955]. But the attack on rental agreements is heavier still.[60]

So war es nur verständlich, daß die Industrie ein weiteres Mal bei der Regierung protestierte. J. J. Hambidge, Direktor der British Vacuum Cleaner and Engineering Company, beschrieb die Situation mit anschaulichen Worten:

> In less than two years we have been subjected to no less than four violent changes of Treasury policy. ... Only by long term planning and commitments was it possible to build up productive capacity in line with market requirements, but before the gearing up of production was completed, the Treasury signals were changed again and restrictions again became operative. In the meantime this restrictive policy has been further developed, and this, coupled with Purchase Tax changes, has rendered the operations more difficult, not only for the Company, but the entire Consumer Goods Industry.[61]

Nahezu alle Unternehmen berichteten von einem starken Rückgang von Umsätzen und Gewinnen. Bei Hoover fielen beispielsweise die *Net Profits* während des laufenden Geschäftsjahres von £ 2,0 auf £ 1,2 Millionen. Die BEAMA verwies im Jahresbericht 1956/57 darauf, daß die staatlichen Maßnahmen zur Entlassung von 13.000 Beschäftigten geführt hatten. Eine Ausnahme stellte Thorn dar, dessen Konsumgüterumsätze zwar um 30 Prozent gefallen waren, dies aber durch steigende Verkäufe von Beleuchtungsartikeln kompensie-

---

434f; SCIBERRAS, Semiconductor Industry, S. 284; MONOPOLIES AND RESTRICTIVE PRACTICES COMMISSION, Thorn Electrical Industries and Radio Rentals, S. 5.

[59] Domestic Electricity. A Survey of Modern Appliances, in: ER 159 (1956), S. 760; WRAY, Household Durables, S. 5, 7; LEVACIC, Government Policies, S. 237.

[60] Hiring and Television, in: Economist 178 (1956), S. 523.

[61] British Vacuum Cleaner and Engineering Company [AR], in: Economist 179 (1956), S. 941.

ren konnte. Die *Trading Profits* wuchsen sogar leicht, weshalb Thorn die Dividende von 15 auf 17,5 Prozent heraufsetzte. In einer ähnlichen Situation war auch EMI, wo hohe Plattenverkäufe den Rückgang des Radio- und Fernsehgeschäfts ausglichen. Außerdem profitierte die Firma von ihren breitgefächerten Aktivitäten bei elektronischen Investitionsgütern, wo EMI neben elektronischen Steuerungssystemen für Werkzeugmaschinen auch Computer, Radar, militärische Feuerleitsysteme und Fernsehübertragungseinrichtungen herstellte.[62]

Für die Elektrokonzerne bedeutete der Rückgang des Konsumgüterumsatzes eine weitere Verkomplizierung ihrer ohnehin schwierigen Situation, die sich aus der angespannten Lage auf dem Markt für Starkstromgüter ergeben hatte (siehe Kapitel 6b). GEC und AEI verwiesen übereinstimmend auf den Rückgang von Umsatz und Gewinnen, während AEI noch zusätzlich über die aus der Reorganisation des Unternehmens resultierenden Probleme klagte. Gleichzeitig betonte das Management von AEI seine Entschlossenheit, sich weiter auf das Starkstromgeschäft zu konzentrieren. Die Tochterfirma Hotpoint, die durch die rückläufige Nachfrage nach Konsumgütern starke Verluste erlitten hatte, wurde deshalb nur in geringem Maß finanziell unterstützt. Statt dessen ernannte man im April 1956 Robert Craig Wood, bis dahin Marketingleiter bei Procter and Gamble, zum neuen Direktor, der sogleich weitreichende Veränderungen in Organisation und Geschäftsstrategie von Hotpoint vornahm.[63]

Wood reduzierte die Warenpalette von 20 auf vier: Waschmaschinen, Kühlschränke, Staubsauger und Küchenherde. Die größten Wachstumschancen sah Wood bei Waschmaschinen, wo die von Hotpoint angebotenen Geräte seit 20 Jahren nicht mehr verändert worden waren. Optimistisch war er auch bezüglich des Kühlschrankabsatzes, wenngleich auch hier die Angebotspalette aus veralteten Konstruktionen und Designs bestand. Wood veranlaßte eine schnelle Anpassung der Modelle an den veränderten Geschmack und stellte sie den Verbrauchern mittels neuer Marketingmethoden und einer großen Werbekampagne vor. Gleichzeitig wurden die Fertigungsanlagen und insbesondere die

---

[62] Hoover [AR], in: Economist 182 (1957), S. 760; Thorn Electric Industries [AR], ebd., 180 (1956), S. 666f; 184 (1957), S. 710; Outlook for Manufacturers, in: ER 160 (1957), S. 657; KAAN, World Electrical Markets, S. 486. S.a. British Electrical Manufacturers. Continued Expansion Reported, in: ER 158 (1956), S. 635; Refrigerator Production. Kelvinator's New Bromborough Factory, ebd., 163 (1958), S. 885; British Vacuum Cleaner and Engineering Company [AR], in: Economist 179 (1956), S. 941; General Electric Company [AR], ebd., 188 (1958), S. 889; Electrical and Musical Industries [AR], ebd., 181 (1956), S. 1016; „Emmies" Further Recovery, ebd., S. 266; NELSON, Shortage of Trained Manpower, S. 940.

[63] Associated Electrical Industries [AR], in: Economist 182 (1957), S. 848, 944; 183 (1957), S. 76; General Electric Company [AR], ebd., 180 (1956), S. 435; 181 (1956), S. 94; £ 14 _ Mio. for General Electric, ebd., 180 (1956), S. 1074.

Waschmaschinenfabrik in Llandudno modernisiert. Außerdem wurde das Verkaufs- und Kundendienstnetz ausgebaut und erstmals seit Jahren auch wieder dezidierte Anstrengungen zur Erhöhung der Exporte unternommen.[64]

In der ersten Jahreshälfte 1957 begannen die Konsumgüterumsätze wieder anzusteigen, wenngleich dieser Aufschwung im September 1957 durch eine Zahlungsbilanzkrise vorübergehend unterbrochen wurde. Trotzdem gelang Hoover eine erhebliche Ausweitung von Umsatz und Gewinn, und noch im gleichen Jahr wurden zwei neue Fabriken angemietet: Eine in Perivale für die Herstellung von Staubsaugern, eine weitere in Merthyr Tydfil für Waschmaschinen.[65]

Morphy-Richards verzeichnete 1957 den höchsten Umsatz in der Geschichte des Unternehmens, während aber gleichzeitig die *Net Profits* von £ 244.951 auf £ 221.708 gefallen waren, da die umfangreichen Investitionen auf die Gewinne drückten. So war im Juni 1957 in St Mary Cray eine Fabrik eröffnet worden, die Morphy-Richards' Fertigungskapazitäten für Waschmaschinen verdoppelte. Im gleichen Jahr nahm die Tochterfirma Astral Equipment Ltd. ebenfalls ein neues Werk in Betrieb, so daß sich auch in der Kühlschrankherstellung die Kapazitäten verdoppelten.[66]

EMI verzeichnete zwischen 1956 und 1957 eine Erhöhung der *Trading Profits* von £ 2,4 auf £ 4,7 Millionen, was in erster Linie wiederum auf das erfolgreiche Schallplattengeschäft zurückging. Allerdings hatte das Engagement in der industriellen Elektronik zu einem erheblichen Anstieg des Finanzbedarfs geführt, auf den man mit einer Ausweitung der kurzfristigen Bankkredite reagierte. Während des laufenden Geschäftsjahres wuchsen sie auf £ 4,2 Millionen, woraus enorme Zinslasten resultierten. Da EMI die Aktivitäten bei Investitionsgütern weiter verstärken wollte, trennte man sich angesichts der Verschlechterung des Konsumgütermarktes von allen Radio- und Fernsehaktivitäten. Diese lagen fortan in Händen einer neuen, zusammen mit Thorn gegründeten und von Jules Thorn geleiteten Firma. Die freigewordenen Ressourcen wurden für den Ausbau des Elektroniksektors verwendet.[67]

---

[64] JONES UND MARRIOTT, Anatomy of a Merger S. 240f; CORLEY, Domestic Electrical Appliances, S. 49ff. S.a. MAYERS, Management, S. 24; CORLEY, Consumer Marketing, S. 77.

[65] Home Equipment. A Durable Recovery?, in: Economist 183 (1957), S. 917; Morphy-Richards [AR], ebd., 185 (1957), S. 259; Hoover [AR], ebd., 186 (1958), S. 992; Electricity in the Home. A Review of Present Day Appliances, in: ER 161 (1957), S. 649; Outlook for Manufacturers, ebd., 160 (1957), S. 657; E.D.A.'s Activities. Points from the 1957 Report, ebd., 162 (1958), S. 927.

[66] Morphy-Richards [AR], in: Economist 185 (1957), S. 731; 181 (1956), S. 175.

[67] Electrical and Musical Industries, in: Economist 185 (1957), S. 344f, 717; Thorn Electric Industries [AR], ebd., 184 (1957), S. 710; EMI and Thorn, ebd., 183 (1957), S. 77; Electrical and Musical Industries, ebd., 185 (1957), S. 717, 1013. S.a. Radio Industry. Enough TV Sets?, ebd., 186 (1958), S. 242. Radio Industry. Cold Comfort, ebd., 188 (1958), S. 62.

Nachdem im April 1958 die *Purchase Tax* von 60 auf 30 Prozent gesenkt und das Teilzahlungsgeschäft im Oktober desselben Jahres erstmals seit 1955 vollständig freigegeben worden war, verzeichnete der Verbrauchsgüterumsatz eine rasche Belebung. So lagen etwa die Verkäufe von Kühlschränken 1958 um 75 Prozent und die von Waschmaschinen um 44 Prozent über denen des Vorjahres.[68] Hoover berichtete von einem Anstieg des Umsatzes um 38 Prozent und der Gewinne um 56 Prozent. Zur Aufhebung der Konsumbeschränkungen stellte man fest, diese „created conditions which taxed our production facilities to the limit".[69] Der Umsatz von Morphy-Richards 1958 nahm zwar um 30 Prozent zu, die *Trading Profits* wuchsen aber nur um neun Prozent, da die ausgedehnten Investitionen der Vorjahre nach wie vor auf die Gewinnspannen drückten: „Capacity has increased and the keep of these more costly new assets has bitten into gross profits", so die Firma.[70]

Auf den ansteigenden Konsumgüterabsatz reagierten viele Unternehmen im Laufe des Jahres 1958 mit dem Ausbau der Fertigungskapazitäten und der Erweiterung ihrer Angebotspalette. So kündigte Frigidaire, das bis dahin nur Kühlschränke produziert hatte, die Wäscheschleuder Cascade an. O. D. Angell, Direktor der British Vacuum Cleaner and Engineering Company erklärte, daß man mit der Entwicklung und Herstellung kleiner Präzisionsmotoren für die Flugzeug- und Elektronikindustrie beginnen und in den Waschmaschinenmarkt vorstoßen würde. Kelvinator veröffentlichte den Plan, neben Kühlschränken auch die Fertigung anderer elektrischer Haushaltsgeräte und insbesondere von Waschmaschinen aufnehmen zu wollen.[71]

Vergleichsweise einfach war der Einstieg in die Fertigung von Kühlschränken, da der Kompressor als ihrer zentralen Komponente von Spezialfirmen wie Sterne, Aspera und Danfos angekauft wurde. Letztere hatten ihre Produktion in den davorliegenden Jahren modernisiert und die Verkaufspreise gesenkt. Folglich stellten nur die größten britischen Kühlschrankhersteller wie Morphy-

---

[68] MRC, MSS.287/1 BEAMA, Proceedings of the Annual General Meetings 1951-59: „47th Annual General Meeting, 1957-58", S. 6; Sales on Hire Purchase. Stimulus and Response, in: Economist 189 (1958), S. 1012; Hire Purchase Snowball, ebd., S. 535; Television. Another TV Merger, ebd., 191 (1959), S. 66; B.E.A.M.A. in 1958-59. Annual Report of the Council, in: ER 164 (1959), S. 555; Domestic Equipment Survey, ebd., 163 (1958), S. 704; KEY, Refrigerators, S. 746; WEBBER, Automatic Washing Machine, S. 638; BERNARD, Electricity, S. 1164.

[69] Hoover [AR], in: Economist 190 (1959), S. 1019. S.a. 188 (1958), S. 400.

[70] Morphy-Richards [AR], in: Economist 189 (1958), S. 179, 452.

[71] Domestic Equipment Survey, in: ER 163 (1958), S. 716; Refrigerator Production. Kelvinator's New Bromborough Factory, ebd., S. 885; British Vacuum Cleaner and Engineering Company [AR], in: Economist 187 (1958), S. 852; MAYERS, Management, S. 23; WILLIAMS, Anatomy of a Crisis, S. 114, 118. S.a. Electricity Supply in 1958-59. Reports of the Council and Boards, in: ER 165 (1959), S. 367; Domestic Appliance Business. New BEAMA Division's Activities, ebd., 167 (1960), S. 581; STEWARD, B.E.A.M.A. and the Future, S. 650.

Richards, Hotpoint und Frigidaire ihre eigenen Kompressoren selbst her, während sie alle anderen von den genannten Anbietern bezogen. Der Zukauf von Kompressoren erlaubte eine beträchtliche Vereinfachung der Kühlschrankfertigung, die sich im wesentlichen auf die Anfertigung des Gehäuses und den anschließenden Einbau der Komponenten beschränkte. Zusammen mit dem Preisverfall bei Kompressoren führte dies zu einem Absinken der Endverkaufspreise.[72]

Erstmals seit langem hatte sich bei AEI 1958 die Lage wieder verbessert. Aufgrund der Expansion des Konsumgütermarktes kündigte AEI im Dezember diesen Jahres für die Tochterfirma AEI-Hotpoint „the biggest expansion programme in its history" an.[73] Sowohl in der Waschmaschinenfabrik in Llandudno, als auch in der für Kühlschränke in Peterborough wurden die Fertigungskapazitäten innerhalb nur eines Jahres verdoppelt. Hotpoint profitierte ebenfalls von der Verbesserung der wirtschaftlichen Verhältnisse und besonders von der Reorganisation des Unternehmens. Letzteres hatte es Hotpoint erlaubt, den Marktanteil der Firma bei Waschmaschinen zwischen 1955 und 1959 von fünf auf 20 Prozent auszuweiten.[74]

Einen Impuls erhielt das Konsumgütergeschäft im April 1959 durch die Verringerung der *Purchase Tax* auf 25 Prozent. Zu einer zusätzlichen Stimulierung der Nachfrage trugen im Sommer 1959 Preissenkungen für Radio- und Fernsehgeräte bei, die durch die vorangegangene Verbilligung von Röhren möglich geworden waren.[75] Auslöser hierfür war das 1957 eröffnete Verfahren gegen die *British Radio Valve Manufacturers' Association*, des Kartells der Röhrenhersteller. Während die *Association* in ihrem „*Statement of Case*" die Festsetzung von Preisen unter Hinweis auf die „industrial and defence needs of the United Kingdom" verteidigte[76], betonte der *Registrar of Restrictive Trading Agreements* in seinem Gutachten vom 30. Juli 1958:

> The requirements of the national interest are not fully or comprehensively described in the Statement of Case. Thus, the national interest also requires low cost production, free access for new entrants to the industry, a cheap and efficient system of distribution and the absence of any restrictions which prevent purchasers, consu-

---

[72] Refrigeration Compressors. Manufacture of Frigidaire Sealed Rotary Units at Hendon, in ER 147 (1950), S. 374; BATT, Absorption, S. 1112; CORLEY, Domestic Electrical Appliances, S. 107f; KRAUSE, Fließfertigung, S. 16; OWEN, Economies of Scale, S. 120f; SMITH, Role of Science, S. 200.
[73] A.E.I.-Hotpoint Expansion, in: ER 164 (1959), S. 19.
[74] MAYERS, Management, S. 26f; CORLEY, Domestic Electrical Appliances, S. 52.
[75] B.E.A.M.A. in 1958-59. Annual Report of the Council, in: ER 164 (1959), S. 555; Electrical Development in 1959. Annual Report and Luncheon of the E.D.A., ebd., 166 (1960), S. 933; Home Appliances. Some Price Cuts, in: Economist 193 (1959), S. 446; Switches in the Radio Industry, ebd., 196 (1960), S. 743; BEAN, External Constraint, S. 7.
[76] PRO, J 154/27: „Statement of Case, 27.03.1957", S. 2.

mers and users from ready access to such valves and tubes as best serve their needs.[77]

Dieser Argumentation schloß sich der *Restrictive Practices Court* an und verbot am 8. April 1959 die gemeinsame Festsetzung von Preisen als „contrary to the public interest".[78] Eine ähnliche Entscheidung war bereits am 22. Juni 1959 gegen die *Associated Manufacturers of Domestic Electric Cookers* ergangen und am 12. Juni 1961 folgte eine weitere gegen die *British Radio Equipment Manufacturers' Association.*[79]

Für den Rückgang der Transistorenpreise waren dagegen japanische Anbieter verantwortlich. Während man sich in den USA und Großbritannien primär der Entwicklung spezieller, für militärische Zwecke geeigneter Transistoren widmete, konzentrierten sich japanische Firmen auf ihre Verwendung in Konsumgütern. Sie taten dies auf Basis von Lizenzen, die sie in den frühen 1950er Jahren in den USA erworben hatten. Da elektronische Komponenten in Gebrauchsgütern nicht die hohen militärischen Qualitätsstandards erfüllen mußten, konnten sie bereits zu einem frühen Zeitpunkt mit Massenproduktionsmethoden gefertigt werden. Ihr systematischer Einsatz ließ Japan im Jahr 1959 zum weltgrößten Hersteller von Transistoren werden.[80]

Die konkurrenzlos billige Produktion von Transistoren ermöglichte es japanischen Radio- und Fernsehgeräteherstellern, ihre Waren sehr preisgünstig anzubieten. Erleichtert wurde dies durch die Eröffnung der ersten Fertigungsanlagen japanischer Firmen in Europa. So errichtete Sony 1959 eine Fabrik für Transistor-Radioempfänger in Shannon (Irland). Mit Ausnahme der Transistoren, die direkt aus Japan kamen, wurden alle übrigen Komponenten aus Irland oder Großbritannien bezogen, wodurch die Endgeräte zollfrei in das Vereinigte Königreich geliefert werden konnten. Der jährliche Ausstoß dieser Fabrik lag bei 250.000 Einheiten und entsprach damit einem Viertel der gesamten britischen Produktion.[81]

Zufall oder nicht, Sony begann mit der Fertigung in Shannon genau zu dem Zeitpunkt, als der Verkauf von Transistorempfängern in Großbritannien erstmals den „konventioneller" Radioapparate überstieg. Dabei handelte es sich

---

[77] Ebd.: „Answer of the Registrar of Restrictive Trading Agreements, 30.07.1958", S. 2.

[78] Ebd.: „Ruling of the Court, 08.04.1959".

[79] Ebd., J 154/33 „Ruling of the Court, 22.06.1959"; 154/84 „Ruling of the Court 12.06.1961".

[80] ROSENBLOOM UND ABERNATHY, Climate for Innovation, S. 213; ROESTI, American Semiconductor Industry, S. 53f; LEVACIC, Government Policies, S. 243; TODD, World Electronics Industry, S. 222ff. S.a. SOETE UND DOSI, Technology and Employment, S. 34; MAJUMDAR, Technology Transfers, S. 110.

[81] Radio Sets. Competition from Shannon, in: Economist 193 (1959), S. 663. Zu Commonwealth Tarifen und dem späteren Anglo-Irish Free Trade Area vom 1. Juli 1966: MORGAN UND MARTIN, Tariff Reductions, S. 39; BURTON UND SAELENS, Trade Barriers, S. 285.

ausschließlich um Importware, denn das erste von einem britischen Unternehmen entwickelte Transistor-Radiogerät kam erst 1960 und damit ein Jahr später auf den Markt. Resigniert stellte der *Economist* fest: „The possibility of pocket-sized transistor receivers have hardly been explored in this country, although they have been run to death in other countries."[82]

Die Rücknahme verbrauchseinschränkender Maßnahmen und Preissenkungen mündete vor dem Hintergrund der gesamtkonjunkturellen Aufwärtsentwicklung in den Konsumgüterboom des Jahres 1959. Dabei erreichte der Umsatz dieses Wirtschaftssektors einen Umfang, wie er weder jemals zuvor, noch während der 1960er Jahre wieder erreicht werden sollte.[83] 1959 verbuchten alle Firmen hohe Verkaufszahlen, von GEC charakterisiert als „boost following the ending of hire purchase restrictions and the budget."[84] Bei Hoover verdoppelten sich die *Trading Profits* im Laufe des Jahres 1959 von £ 5,8 auf £ 11,1 Millionen. Das Unternehmen betonte, daß dieses Wachstum ausschließlich auf dem heimischen Markt beruhte, da der Export nur um vier Prozent zugenommen hatte.[85]

Auch Thorn verzeichnete 1959 einen starken Anstieg von Umsatz und Gewinn. Nachdem das 1955 geschlossene Abkommen zwischen Thorn und Sylviana Electric Products nicht zur Aufnahme der Produktion von Bildröhren geführt hatte, erwarb Thorn 1959 alle Patente und Markenzeichen für die Fernseh-, Radio- und HiFi-Geräte von Philco International aus den USA. Gleichzeitig übernahm Thorn deren britische Tochter Philco (Overseas), womit das Unternehmen zum größten britischen Anbieter von Fernseh- und Radioapparaten wurde.[86]

J. A. Saltmarsh, *Market Research Manager* von AEI-Hotpoint, beschrieb die Entwicklung des Jahres 1959 folgendermaßen: „A real bonanza was evident by the beginning of 1959 and manufacturers and retailers joined in the rush to profit. Existing manufacturers expanded capacity, new manufacturers joined the rush, long-term contracts were entered into for the importation of foreign-made appliances and more retailers began to handle appliances."[87] Hervorzuheben

---

[82] Switches in the Radio Industry, in: Economist 196 (1960), S. 743.

[83] The Banks and Hire Purchase, in: Banker 118 (1968), S. 815; Home Appliances. Some Price Cuts, in: Economist 193 (1959), S. 446; OHERLIHY et al., Long-Term Forecasts, S. 44f.

[84] General Electric Company [AR], in: Economist 192 (1959), S. 306, 371. S.a. JONES UND MARRIOTT, Anatomy of a Merger S. 241.

[85] Hoover, in: Economist 194 (1960), S. 847; Hoover [AR], ebd., 192 (1959), S. 370; 194 (1960), S. 1045.

[86] Thorn Electric Industries [AR], in: Economist 196 (1960), S. 681; Radio and TV. Thorn's Transatlantic Agreements, ebd., 190 (1959), S. 523; Television. Another TV Merger ebd., 191 (1959), S. 66; Viewers and Viewing, ebd., 188 (1958), S. 743; Switches in the Radio Industry, ebd., 196 (1960), S. 743.

[87] SALTMARSH, Outlook, S. 700.

ist, daß diese „real bonanza" nahezu ausschließlich auf die Ausweitung der Ratenkäufe zurückzuführen war, die auf die Freigabe des Teilzahlungsgeschäftes folgte. Ein Indiz hierfür war, daß das verfügbare Nettoeinkommen der Konsumenten zwischen 1959 und 1961 preisbereinigt um 16 Prozent anstieg und sich die Sparquote nur unwesentlich veränderte, während sich das Volumen der Teilzahlungskredite im gleichen Zeitraum verdoppelt hatte.[88]

Eine wichtige Voraussetzung für die Vergrößerung des Kreditvolumens war die veränderte Haltung britischer Banken, die bis dahin dem Teilzahlungsgeschäft gegenüber zurückhaltend waren. Nachdem sich nach Abschaffung der staatlichen Beschränkungen im Juli 1958 eine starke Expansion abzeichnete, kauften die Großbanken innerhalb weniger Monate die wichtigsten der in diesem Feld aktiven Finanzhäuser. Bereits Mitte September 1958 hatte nur noch eine der großen Banken, Coutts, keinen auf Teilzahlungskredite spezialisierten Ableger. Oscar Hobson bezeichnete dies in der Zeitschrift *Banker* als „without doubt, the most important development in English banking for a generation or more".[89]

Nachdem das Volumen der laufenden Teilzahlungskredite von 1953 an kontinuierlich gestiegen war, schnellte es ab Oktober 1958, zu dem Zeitpunkt also, wo die Übernahme der Finanzhäuser durch die Großbanken abgeschlossen war, im Laufe lediglich eines Jahres von £ 500 auf £ 800 Millionen empor. Ende März 1960 hatten Teilzahlungskredite bereits einen Umfang von £ 950 Millionen und waren damit doppelt so hoch wie noch im September 1958, wo dieser Wert bei £ 480 Millionen gelegen hatte.[90]

Der im Laufe der 1950er Jahre immer wieder durch staatliche Maßnahmen eingeschränkte Konsumgüterabsatz hatte durch die Aufhebung der Restriktionen und die durch das Engagement der Großbanken möglich gewordene Ausweitung des Kreditvolumens für Ratenkäufe am Ende der Dekade eine nie gekannte Expansion erlebt. Deutlich wurde das Ausmaß dieses Booms an den gewachsenen Ausstattungsgraden. So stieg der Anteil von Haushalten, die einen Staubsauger besaßen, zwischen 1958 und 1961 von 60 auf 71 Prozent, bei Waschmaschinen von 22 auf 32 Prozent, bei Kühlschränken von 13 auf 21

---

[88] WILLIAMS, Anatomy of a Crisis, S. 114.
[89] The Banks and Hire Purchase, in: Banker 118 (1968), S. 815. S.a. Hire Purchase Snowball, in: Economist 189 (1958), S. 535; HP Deposits: Where They Come From, ebd., 208 (1963), S. 54; GHANDHI, Estimates, S. 255.
[90] Hire Purchase Companies. Time They Grew Up, in: Economist 193 (1959), S. 891; Hire Purchase. Rise or Fall?, ebd., 195 (1960), S. 657; Reporting the Defaulter, ebd., 196 (1960), S. 670; Hire Purchase. A Shabby Affair, ebd., 201 (1961), S. 1165; Domestic Appliance Deliveries, in: ER 168 (1961), S. 1079; Electrical Manufacturing Statistics. First Comprehensive Figures of Deliveries and Order Books, ebd., 164 (1959), S. 922; What Next for Hire Purchase?, in: Banker 114 (1964), S. 37; The Hire Purchase Structure, ebd., 108 (1958), S. 605.

Prozent und bei Fernsehgeräten von 53 auf 78 Prozent (siehe Anhang, Tabelle 1.6).[91]

Bereits die ansteigende Nachfrage der späten 1950er Jahre hatte alle Unternehmen zu einem beachtlichen Ausbau ihrer Fertigungskapazitäten veranlaßt, und der Konsumgüterboom von 1959 schien die Richtigkeit dieser Politik zu bestätigen. Das Schattendasein, das Konsumgüter im Vergleich zu Investitionsgütern während der 1950er Jahre hatten fristen müssen, schien beendet. Die 1960er Jahre versprachen eine erfreuliche Dekade für die Gebrauchsgüterhersteller zu werden.

C. DIE 1960ER JAHRE: *RESALE PRICE MAINTENANCE,* DIREKTANBIETER UND IMPORTWACHSTUM

Bereits gegen Ende des Jahres 1959 hatte sich mit einem leichten Nachlassen der Umsätze ein Ende des Booms abgezeichnet. J. A. Saltmarsh, *Market Research Manager* von AEI-Hotpoint, beschrieb dies folgendermaßen:

> Before the year's end [1959] a trickle of retailers began to sense a down-turn in the volume of their business ... The raising of the bank rate added to the retailer's problems by increasing the cost of financing his inflated stocks while the pressures arising from manufacturers exploiting their increased capacity and importers unloading their shipments continued to extend distribution still further. With an overstocked pipeline and without noticeable setback in consumer demand retailers individually and manufacturers collectively experienced a recession of business.[92]

Dieser Trend verstärkte sich, als im April 1960 die Restriktionen bei Teilzahlungskrediten wieder eingeführt wurden, worauf die Konsumgüterumsätze sogleich um 15 Prozent zurückgingen.[93] In der zweiten Jahreshälfte füllten sich die Lager bei Industrie, Groß- und Einzelhandel, wozu besonders der vorangegangene Ausbau der Fertigungskapazitäten beitrug, deren Erweiterung aber trotzdem fortgesetzt wurde.[94] „It appears from capacity figures", stellte die *El-*

---

[91] Production and Employment. An Economic Survey of the Electrical Industry in 1960, in: ER 168 (1961), S. 156; Elektrotechnische Konsumgüter in Großbritannien, in: ZVEIM 12 (1959), H. 12, S. 23.

[92] SALTMARSH, Outlook, S. 700.

[93] Rents and Relay, in: Economist 196 (1960), S. 843; Domestic Prospects, in: ER 167 (1960), S. 691; Domestic Appliance Deliveries, ebd., 168 (1961), S. 1079; Appliances for the Home. Present-Day Equipment Reviewed, ebd., 167 (1960), Supplement, S. 1; B.E.A.M.A. at Work. Fiftieth Annual Report 1960-61, ebd., (1961), S. 495.

[94] Restrictions Begin to Bite, in: Economist 195 (1960), S. 1230; English Electric Ltd. [AR], ebd., 194 (1960), S. 848; Modern Refrigerator Factory. Visit to the Extended Electrolux Works, in: ER 166

ectrical Review 1961 fest, „that manufacturers, as a whole, have been too optimistic about the future trend of demand".[95] Und J. A. Saltmarsh urteilte: „The market for the larger domestic appliances is in a mess and a mess of the industry's own making."[96]

Im Laufe des Jahres 1960 fiel der Umsatz der meisten Firmen, während der gleichzeitige Kostenanstieg, insbesondere bei Löhnen, und der wachsende Angebotsüberschuß rückläufige Gewinnspannen nach sich zog. So gingen etwa bei Hoover die *Net Profits* im Laufe des Jahres 1960 um 36 Prozent zurück, und in den Sommermonaten wurden zehn Prozent der Belegschaft entlassen. Bei Morphy-Richards fielen die Gewinne zwischen 1959 und 1960 von £ 1,2 Millionen auf £ 270.000, bei Hotpoint von £ 2,0 Millionen auf £ 562.000.[97] Eine der wenigen Firmen, die 1960 steigende Umsätze und Gewinne verbuchte, war wiederum Thorn. Ihr Management betonte allerdings, daß dies ausschließlich auf den guten Absatz von Beleuchtungsartikeln zurückging, während die Verkäufe von Radio- und Fernsehgeräten im Verlauf des Jahres stark abgenommen hatten.[98]

1960 begannen English Electric und GEC nach dem Vorbild der AEI-Tochter Hotpoint mit einer Reorganisation der Hausgeräteaktivitäten, in deren Gefolge eigenständige Unternehmenseinheiten entstanden: GEC (Domestic Appliances Division) und English Electric (Domestic Appliances Division). Gleichzeitig kamen Gerüchte über einen möglichen Zusammenschluß von GEC und EMI auf, die sich dann aber als unzutreffend erwiesen.[99] Statt dessen übernahm EMI noch vor Ablauf des Jahres 1960 einen Anteil von 27 Prozent an Morphy-Richards, obwohl man vorher noch erklärt hatte, daß man sich mit Ausnahme des Schallplattengeschäfts aus dem Konsumgütersektor sukzessive zurückzuziehen wollte. Der *Economist* charakterisierte den Erwerb von Mor-

---

(1960), S. 967; Domestic Prospects, ebd., 167 (1960), S. 691; TIMEWELL, Developments, S. 694. S.a. MAYERS, Management, S. 22.

[95] Production and Employment. An Economic Survey of the Electrical Industry in 1960, in: ER 168 (1961), S. 156.

[96] SALTMARSH, Outlook, S. 700.

[97] Production and Employment. An Economic Survey of the Electrical Industry in 1960, in: ER 168 (1961), S. 156; Restrictions Begin to Bite, ebd., 195 (1960), S. 1230; Hoover ebd., 198 (1961), S. 796; Associated Electrical Industries [AR], in: Economist 199 (1961), S. 387; Electrical and Musical Industries, ebd., 201 (1961), S. 84; General Electric Company [AR], ebd., 196 (1960), S. 513; vgl. S. 506; JONES UND MARRIOTT, Anatomy of a Merger S. 241; MAYERS, Management, S. 27.

[98] Thorn Electric Industries [AR], in: Economist 200 (1961), S. 666. S.a. Electrical and Musical Industries, ebd., 197 (1960), S. 85; Electrical and Musical Industries [AR], ebd., 201 (1961), S. 1071.

[99] English Electric-GEC. Contact Broken, in: Economist 197 (1960), S. 1054; General Electric Company [AR], ebd., 204 (1962), S. 483, 1057; CORLEY, Domestic Electrical Appliances, S. 56f.

phy-Richards durch EMI deshalb berechtigt als „incidental rather than a deliberately planned foray into the domestic market."[100]

Wie EMI versuchten auch ihre Hauptkonkurrenten Decca und Pye in den industriellen Elektronikmarkt einzudringen. Sie gerieten dabei in Konflikt mit den wichtigsten Unternehmen der Branche, die dort ebenfalls einen Zukunftsmarkt auszumachen glaubten. Bei elektronisch gesteuerten Werkzeugmaschinen sah sich EMI beispielsweise Elliott-Automation, Ferranti, English Electric und De Havilland gegenüber, während Decca im Bereich Radar- und Navigationsanlagen in direkte Konkurrenz mit GEC, Marconi, Standard Telephones and Cables und Ferranti geriet. Pye brachte der Einstieg in die Telefonproduktion in Konkurrenz zu AEI und Plessey.[101]

Der Ende 1959 begonnene Rückgang des Konsumgüterumsatzes setzte sich auch 1961 fort, insbesondere nachdem im Juli 1961 die *Purchase Tax* wegen einer drohenden Zahlungsbilanzkrise abermals erhöht worden war. Während sich die Verkäufe von Radioempfängern aufgrund der steigenden Beliebtheit von Transistorgeräten weiter erhöhten, fielen die Umsätze bei Fernsehapparaten stark ab und waren 1961 um 42 Prozent niedriger als 1959. Hoover litt seit 1959 unter einer kontinuierlichen Verschlechterung der Gewinne: Zwischen 1959 und 1961 waren die *Pre-Tax Profits* von £ 11,1 auf £ 3,9 Millionen gefallen, weshalb man die Dividende 1961 von 45 auf 25 Prozent senkte. Auch bei Hotpoint setzte sich der Rückgang der Gewinne fort und 1961 machte das Unternehmen sogar einen Verlust von £ 247.000; bei Morphy-Richards sanken die Erlöse ebenfalls.[102]

Ein entscheidender Faktor für den erhöhten Angebotsdruck im Haushaltsgerätemarkt, der diesen Einbruch der Gewinne ausgelöst hatte, war der Aufstieg der Direktanbieter, die für ihre Produkte in der Presse warben und sie den Kunden bei Hausbesuchen vorführten. Der erste dieser Unternehmer war A. J. Flatley, der 1958 in Manchester mit der Herstellung von Wäschetrocknern in

---

[100] Switches in the Radio Industry, in: Economist 196 (1960), S. 743; Bids and Deals. August Activity, ebd., 196 (1960), S. 666; Morphy-Richards. End Game, ebd., S. 747; Morphy-Richards. A Weak Answer, ebd., S. 838; Electrical and Musical Industries, ebd., 197 (1960), S. 85, 117, 833.

[101] Bids and Deals. August Activity, in: Economist 196 (1960), S. 666; Morphy-Richards. End Game, ebd., S. 747; Morphy-Richards. A Weak Answer ebd., S. 838; Electrical and Musical Industries, ebd., 197 (1960), S. 85, 117, 833. S.a. FREEMAN, Research and Development, S. 47; HENDRY, Prolonged Negotiations, S. 281; RAY, Diffusion, S. 53.

[102] Domestic Appliance Deliveries, in: ER 168 (1961), S. 1131; Trends in Domestic Appliance Deliveries, ebd., S. 435; Refrigerator Manufacture in Scotland. Morphy-Richards (Astral) Factory Opened at Gourdie, Dundee, ebd., S. 891; Home Demand for Refrigerators Improves, ebd., 169 (1961), S. 557; Associated Electrical Industries [AR], in: Economist 199 (1961), S. 387; Hoover, ebd. 200 (1961), S. 409; Television. Getting Back to Normal, ebd., 201 (1961), S. 826; General Electric Company [AR], ebd., 202 (1962), S. 567; Hoover's Profits Halved, ebd., S. 735; Hoover [AR], ebd., S. 1064; Hoover and the Common Market, ebd., S. 1068; Associated Electrical. Dividend Down, ebd., 203 (1962), S. 87; Electrical and Musical Industries, ebd., 205 (1962), S. 87.

weitgehend automatisierten Fertigungsanlagen begonnen hatte. Hierdurch war es ihm möglich, seine Trockner zu einem konkurrenzlos niedrigen Preis anzubieten. Mit einer großen Werbekampagne und dem Slogan „Mum deserves a Flatley" gelang es ihm, sich für kurze Zeit ein faktisches Monopol in dieser Gerätegruppe zu sichern.[103]

Ebenfalls 1958 gründete John Bloom, ein bis dahin unbekannter Kaufmann, seine Firma Electromatic. Der *Economist* hierzu:

> From his schooldays in East London John Bloom had shown in various unsuccessful ventures an insatiable urge to find winners not on the racecourse but in business ventures. In 1958, on a trip to Holland, he found a twin tub washing machine he could buy for £ 29 and sell for £ 44. Then an advertisement in the Daily Mirror brought in over 7,000 inquiries and the Bloom bonanza had begun. In the early days the hand-to-mouth nature of the operation proved extremely profitable. The component parts were bought from Dutch and British manufacturers, the deposits (or in some cases the full payments) were received and then each machine was assembled for delivery; in this way the operation was largely self-financed.[104]

1960 kaufte John Bloom den Waschmaschinenhersteller Rolls Razor, der seit 1955 keine Dividende mehr gezahlt hatte. Kurz darauf wurde Charles Colston, vormals Vorstandsvorsitzender von Hoover, in das Direktorium von Rolls Razor aufgenommen. Mit Hilfe eines beispiellosen Werbefeldzugs gelang es Rolls Razor die Zahl der verkauften Waschmaschinen zwischen 1960 und 1961 von 45.000 auf 80.000 annähernd zu verdoppeln. Dies entsprach einem Marktanteil von zehn Prozent. Entscheidend für den Erfolg dieses und anderer Direktanbieter waren ihre niedrige Preise. Rolls Razor verkaufte nur zwei Twin-Tub-Maschinen: Ein Standardgerät für £ 39 und eine Luxusversion für £ 59. Bei etablierten Herstellern betrug der durchschnittliche Preis für derartige Geräte dagegen rund £ 70, beim Marktführer Hoover sogar £ 89.[105]

Die Direktanbieter und besonders Rolls Razor zwangen die etablierten Hersteller zur Änderung ihrer Geschäftspraktiken. So stellte Hoover im März 1961 mit der Hooverette einen billigen Staubsauger und mit einer vereinfachten Version der Hoovermatic eine Waschmaschine für £ 65 vor. English Electric vereinbarte zur gleichen Zeit mit der Discount-Ladenkette Great Universal Store den Verkauf des Billigmodells einer English Electric-Waschmaschine, und auch die British Vacuum Company (Goblin) nahm eine Billigwaschmaschine in ihr

---

[103] Domestic Appliances. Buyers Go Direct, in: Economist 203 (1962), S. 919; MAYERS, Management, S. 29.

[104] The Rolls Razor Story, in: Economist 212 (1964), S. 400.

[105] Domestic Appliances. Buyers Go Direct, in: Economist 203 (1962), S. 919f; Domestic Appliances. Holding Fire, ebd., 205 (1962), S. 298; BOWDEN, Colston, S. 757; NEEDLEMAN, Demand, S. 34; WEBBER, Automatic Washing Machine, S. 638.

Sortiment auf. Angesichts voller Lager und der allgemeinen Zurückhaltung der Käufer wurde die Produktion von Haushaltsgeräten im Laufe des Winters 1961/62 erheblich reduziert. Gleichzeitig versuchte der Handel seine Lagerüberbestände durch Preissenkungen auf den Markt zu bringen, um auf diese Weise den Direktanbietern zu begegnen.[106]

Auch bei Radio- und Fernsehgeräten waren die Marktverhältnisse zu Beginn der 1960er Jahre kompliziert, und alle Hersteller klagten über rückläufige Umsätze. Eine wichtige Veränderung ergab sich in dieser Branche mit der Gründung von Thorn-AEI Radio Valves & Tubes, einer gemeinsamen Tochter von AEI und Thorn. Dem vorausgegangen waren starke Verluste von AEI, das zwar selbst keine Fernsehgeräte herstellte, aber 1961 unter der rückläufigen Nachfrage nach Komponenten litt, bei denen die Firma zu den größten Anbietern zählte.[107] Noch im gleichen Jahr kam es zu einer weiteren Fusion, als Radio & Allied (Holdings), eine zwar kleine aber überaus erfolgreiche Firma, von GEC aufgekauft wurde. Die beiden Direktoren dieses Unternehmens, Michael Sobell und Arnold Weinstock, wurden in das Direktorium von GEC aufgenommen und letzterem die Verantwortung für Haushalts-, Radio- und Fernsehgeräte übertragen.[108]

1962 blieb die Nachfrage nach elektrischen Konsumgütern weiterhin niedrig, obwohl im Juni der bei Teilzahlung anfangs zu entrichtende Mindestbetrag von 20 auf zehn Prozent des Kaufpreises gesenkt worden war, weshalb in der zweiten Jahreshälfte ein leichter Umsatzanstieg registriert werden konnte. Rolls Razor profitierte von dieser Geschäftsbelebung am meisten, und 1962 hatte die Firma bereits einen Anteil von 20 Prozent am britischen Waschmaschinenmarkt. Auch Hoover verzeichnete erstmals seit zwei Jahren eine Aus-

---

106 SRO, 3202, Box 23: „Goblin (Keighley) Ltd., 1960-73, Minutes of the Meetings of Directors, 1960-1968: 18.11.1960"; Electricity in the Home. A Review of Present Day Appliances, in: ER 161 (1957), S. 660; Home Laundry Equipment and Vacuum Cleaners, ebd., 173 (1963), Supplement „Domestic Electrical Equipment. Survey of Current Practice", S. 32; Domestic Appliances. Winter Still, in: Economist 203 (1962), S. 821; Hoover [AR], ebd., 198 (1961), S. 1006; Hoover ebd., S. 1010; Hoover [AR], ebd., 202 (1962), S. 1064; Washing Machines. Prices and Profits, ebd., 205 (1962), S. 599f; WEBBER, Automatic Washing Machine, S. 638.

107 Thorn Face Future With Conficence, in: ER 171 (1962), S. 305; Radio Industry. Tube Merger in: Economist 199 (1961), S. 1405; Radio Industry. More Amalgamations, ebd., 199 (1961), S. 812; Associated Electrical Industries [AR], ebd., 200 (1961), S. 1302; Associated Electrical. Dividend Down, ebd., 203 (1962), S. 87; Electrical and Musical Industries, ebd., 201 (1961), S. 84, 597; Electrical and Musical Industries [AR], ebd., 201 (1961), S. 1071; Thorn Electric Industries [AR], ebd., 200 (1961), S. 666; Thorn, ebd., 204 (1962), S. 484; Radio Industry. More Amalgamations, ebd., 199 (1961), S. 812; Thorn EMI, in: MIRABILE, International Directory, S. 531; LATHAM, Take-Over S. 23; MONOPOLIES AND RESTRICTIVE PRACTICES COMMISSION, Thorn Electrical Industries and Radio Rentals Ltd. A Report on the Proposed Merger S. 5.

108 General Electric Company [AR], in: Economist 198 (1961), S. 1248; 200 (1961), S. 488; General Electric Company, in: MIRABILE, International Directory, S. 25; JONES UND MARRIOTT, Anatomy of a Merger S. 208-213.

weitung des Umsatzes, den man mit der Markteinführung von Billiggeräten erklärte.[109]

Trotz eines leichten Wachstums der Kühlschrankverkäufe blieb die Auslastung der Fertigungskapazitäten auch 1962 niedrig und lag beim Branchenführer Morphy-Richards bei lediglich 50 Prozent. Durch den Markteintritt weiterer Unternehmen und insbesondere von Direktanbietern wie Rolls Razor, der zwischenzeitlich eine Übereinkunft mit dem Kühlschrankproduzenten Prestcold getroffen hatte, verschlechterte sich die Situation noch weiter.[110] Der *Economist* warnte: „Now Morphy-Richards and the other refrigerator manufacturers must be looking anxiously at Mr John Bloom and his direct selling plans for Prestcold refrigerators."[111]

Während die Verkaufszahlen bei Radiogeräten 1962 weiter rückläufig waren, begann der Umsatz von Fernsehempfängern wieder zu steigen, obwohl auch dort die Fertigungskapazitäten nur gering ausgelastet waren. Bei Thorn setzte sich die Zunahme von Absatz und Gewinnen 1962 fort, wenn auch abermals betont wurde, daß das Radio- und Fernsehgeschäft hierzu nicht beigetragen hatte. Bei EMI stiegen die Umsätze im Laufe des Jahres 1962 geringfügig an, während aber die Gewinne aufgrund von Verlusten der US-Tochter von EMI, Capitol Records, fielen.[112] Trotzdem war der *Economist* bezüglich der weiteren Entwicklungsmöglichkeiten von EMI optimistisch: „The diversity of *EMI*'s products and the markets which it serves suggests that it should share fully in any revival in economic growth."[113]

1963 stieg der Verkauf von Haushaltsgeräten und besonders der von Waschmaschinen weiter, wozu nicht zuletzt die verbesserte konjunkturelle Entwicklung beitrug. Für Rolls Razor wurde 1963 zu einem neuen Rekordjahr, in dem

---

[109] Domestic Appliances. Bloomsday, in: Economist 204 (1962), S. 1130; Domestic Appliances. Winter Still, ebd., 203 (1962), S. 822; Domestic Appliances. Doing Better, ebd., 205 (1962), S. 845; Hoover ebd., 204 (1962), S. 484; Hoover. Dividend Restored, ebd., 206 (1963), S. 835; Hoover. Better Sales; Better Margins, ebd., S. 1046; Mixed Year for Appliance Industry, in: ER 172 (1963), S. 489; Domestic Appliance Trade and Production, ebd., 171 (1962), S. 143; Electricity in the Home. Present-Day Equipment Reviewed, ebd., Supplement, S. 18.

[110] Electricity in the Home. Present-Day Equipment Reviewed, in: ER 171 (1962), Supplement, S. 16, 22; Domestic Appliances. Bloomsday, in: Economist 204 (1962), S. 1130; Electrical and Musical Industries, ebd., 205 (1962), S. 721; English Electric. Putting Its House in Order, ebd., 206 (1963), S. 935; Associated Electrical Industries [AR], ebd., 207 (1963), S. 89; The Rolls Razor Story, ebd., 212 (1964), S. 400; Electrolux, in: HAST, S. 479.

[111] Electrical and Musical Industries, in: Economist 205 (1962), S. 87.

[112] Television Troubles, in: Economist 203 (1962), S. 920; Bush Rather Than Thorn, ebd, S. 184; Radio Industry. Television Picks Up, ebd., 210 (1964), S. 50; Thorn, ebd., 204 (1962), S. 484; Electrical and Musical Industries, ebd., 205 (1962), S. 87, 721; Thorn Electrical. Still Growing, ebd., 208 (1963), S. 618; Thorn Electric Industries [AR], ebd., 208 (1963), S. 950; Thorn Colour TV Plans, in: ER 171 (1962), S. 399.

[113] Electrical and Musical Industries, in: Economist 205 (1962), S. 87, 721.

die Firma einen Marktanteil von über 20 Prozent erreichte, während Hoover 30 Prozent beherrschte. Hotpoint erlitt dagegen im Laufe des Jahres 1963 starke Verluste, die mit dem schlechten Geschäftsverlauf des Mutterunternehmens AEI bei Starkstromanlagen zusammenfielen. Hierauf wurde Craig Wood entlassen und von seiner Strategie Abstand genommen, den Marktanteil durch niedrige Gewinnspannen zu erhöhen. Statt dessen wurde dem neuen Management die Aufgabe gestellt, so schnell als möglich Gewinne zu erzielen.[114]

Während 1963 die Verkäufe von Radiogeräten weiter abnahmen, stiegen die von Fernsehempfängern an, nachdem für 1964 der Sendebeginn eines zweiten BBC-Kanals angekündigt worden war. Hinsichtlich der geplanten Einführung des Farbfernsehens entschied man sich für PAL, weshalb BBC 2 von Beginn an im kontinentaleuropäischen 625-Zeilenstandard ausstrahlen sollte. BBC 1 und ITV sollten dagegen zunächst auch weiterhin mit 405 Zeilen gesendet werden, um nicht die bis dahin betriebenen Geräte obsolet werden zu lassen. Neue Modelle hätten somit für den Empfang zweier unterschiedlicher Zeilenstandards ausgerüstet werden müssen. Dies hätte die Apparate erheblich verteuert und zudem untauglich für den Export gemacht, da nirgendwo Bedarf nach einem derartigen Fernsehempfänger bestand. Die mit diesem Problem verbundenen Diskussionen dauerten bis 1967, als der *Postmaster General* ankündigte, daß von Oktober 1968 an alle drei Fernsehkanäle mit 625 Zeilen übertragen werden. Mit einem Jahr Verzögerung geschah dies dann auch.[115]

Die abermalige Verunsicherung über technische Standards störte den Absatz von Fernsehgeräten empfindlich. Viele Kunden, „bewildered by the welter of confusion surrounding the proposed change over to 625 line transmission and the introduction of colour television" *(Economist)*, zogen es deshalb vor, einen Apparat zu mieten statt zu kaufen. Thorn konnte hiervon besonders stark pro-

---

114 Home Laundry Equipment and Vacuum Cleaners, in: ER 173 (1963), Supplement „Domestic Electrical Equipment. Survey of Current Practice", S. 32; Too Much Competition in the Electrical Industry, ebd., S. 644; Hoover. Sharp Rise in Exports, in: Economist 210 (1964), S. 1035f; Hoover. Better Sales; Better Margins, ebd., 206 (1963), S. 1046; Hoover. Backwash of Rolls Razor, ebd., 212 (1964), S. 582; Company Profits. Margins, Margins, Margins, ebd., 214 (1965), S. 820; New Product, ebd., 207 (1963), S. 77; BEAN, External Constraint, S. 7; BIRD, Today and Tomorrow, S. 5; CORLEY, Domestic Electrical Appliances, S. 59; WEBBER, Automatic Washing Machine, S. 638.
115 Television Technique. UHF and All That Jazz, in: Economist 203 (1962), S. 1367; Television Sales. Weather Report, ebd., 204 (1962), S. 178; Television Standards. Softly, Softly!, ebd., S. 66f; Television. The Two R's, ebd., 208 (1963), S. 176; Television. Standing by for Colour, ebd., 222 (1967), S. 953; Television. I Thought You'd Forgotten, ebd., 229 (1968), S. 91; The Future of Broadcasting. Pilkington Committee's Technical Recommendations, in: ER 171 (1962), S. 29; Parliamentary Report. Colour Television in Three Years?, ebd., 169 (1961), S. 27; Approval for 625-line and Colour Television, ebd., 171 (1962), S. 68; Future of Broadcasting, ebd., S. 1020; MONOPOLIES AND RESTRICTIVE PRACTICES COMMISSION, Thorn Electrical Industries and Radio Rentals, S. 3; ARNOLD, Competition, S. 57f, 60f.

fitieren, da die Firma im Vermietungsgeschäft zu den wichtigsten Anbietern gehörte. Ihre Tochter Domestic Electric Rentals erwirtschaftete 1962 und 1963 über 40 Prozent des Gesamtgewinns von Thorn.[116]

Zur allgemeinen Überraschung ging der Waschmaschinenanbieter Rolls Razor, der zu Beginn des Jahres 1964 einen Marktanteil von 30 Prozent erreicht hatte, im Juli in Konkurs. Unmittelbarer Auslöser hierfür war der Zusammenbruch von Bylock Engineering, einem Hersteller elektrischer Motoren, den man kurz vorher erworben hatte. Hinzu kamen die hohen Kosten, die beim Versuch angefallen waren, eigene Waschvollautomaten und Kühlschränke herzustellen.[117] Die Branche nahm das Ende von John Bloom mit unverhohlener Freude auf, und der *Economist* bemerkte sarkastisch: „This is the crash of a salesman, not of a tycoon."[118] Alfred Owen, Direktor der *Domestic Equipment Group* von Rubery Owen beschrieb die Situation vor und nach dem Ende von Rolls Razor folgendermaßen:

> I think you will realize anyone selling machines against Bloom in the last months has had a rotten time. Immediately after the Bloom crash occured we had the best week for release of washing machines that we have ever had. John told me last week was an all time record week, no doubt to fill the gap made by the Rolls machines. ... Bloom and Pressed Steel helped to ruin the limited refrigerator market and Bloom has also ruined the whole washing machine market and it is going to be extremely difficult to recover.[119]

Diese Zeilen verdeutlichen den Einfluß, den John Bloom trotz seines Scheiterns auf die britische Haushaltsgeräteindustrie ausgeübt hatte. Und auch die Erleichterung über sein Ende konnte nicht darüber hinwegtäuschen, daß es einem branchenfremden Außenseiter gelungen war, bei Waschmaschinen innerhalb nur weniger Jahre einen Marktanteil von 30 Prozent zu erringen. Alle Unternehmen und besonders Hoover und Hotpoint wurden durch Blooms Aktivitäten zu grundlegenden Veränderungen in Strategie und Organisation gezwungen, um durch Kostensenkungen mit Rolls Razor und anderen Direktanbietern konkurrieren zu können. Deren Vorbild folgend wurden von den etablierten Firmen auch erstmals große Werbeanstrengungen unternommen.[120]

---

116 Television Rentals, in: Economist 204 (1962), S. 1060; Television. The Two R's, ebd., 208 (1963), S. 176. S.a. FLETCHER UND NAPIER, Crisis Point, S. 60f; Rents and Relay, in: Economist 196 (1960), S. 843; Thorn Electric Industries [AR], ebd., 208 (1963), S. 950; Thorn Electrical. How Big a Check to Growth, ebd., 212 (1964), S. 674; Thorn Electrical. Still Growing, in: ER 208 (1963), S. 618.

117 John Bloom. Icarus of the Kitchen Sink?, in: Economist 211 (1964), S. 868; The Rolls Razor Story, ebd., 212 (1964), S. 400; Rolls Razor Ltd. The End of the Affair, ebd., S. 847.

118 Exit A Salesman, in: Economist 212 (1964), S. 399.

119 MRC, MS.338, CA.7: „Alfred Owen an Miles Bevor, 20.07.1964".

120 Domestic Electrical Equipment. Economic Trends, Current Views, and Future Outlook, in: ER 177 (1965), Supplement „Trends in Domestic Appliances. Survey of Current Practice", S. 8; Fighting Philips, in: Economist 212 (1964), S. 1044.

Der Erfolg der Direktanbieter veranlaßte die Industrie, die dem Handel zugestandenen Spannen von 30 auf 20 Prozent zu kürzen. Im Einzelhandel stieß dies auf massiven Protest und lockerte die Bindung an die Hersteller, was, wie noch zu zeigen ist, in den nachfolgenden Jahren weitreichende Auswirkungen hatte.[121] Die *Electrical Review* kommentierte: „The direct sellers have given the orthodox trade a sharp lesson in the value of demonstrating and selling in the home, and also that their price cutting activities have stimulated the industry into finding new ways to reduce its own prices."[122]

Nur zwei Monate nach dem Konkurs von Rolls Razor mußte auch dessen Hauptkonkurrent im Direktvertrieb, Duomatic, im September 1964 das Geschäft einstellen. Der einzige noch verbliebene Direktanbieter von Bedeutung war die von Leon Selzer gegründete Imperial, die bereits 1963 begonnen hatte, vollautomatische Waschmaschinen aus Italien zu importieren. Im Gegensatz dazu hatten alle anderen Direktanbieter Waschvollautomaten wegen ihrer Konzentration auf untere Marktsegmente nur geringe Aufmerksamkeit geschenkt. Entscheidend dafür war der hohe Preis: Eine Hoover Keymatic kostete 1962 £ 120 und damit so viel, wie ein Arbeiter in zehn Wochen verdiente. 1965 waren für eine Keymatic noch immer £ 104 zu bezahlen. Imperial bot dagegen ein derartiges Gerät 1964 zu einem Preis an, der unter dem der meisten Twin-Tub-Maschinen etablierter Hersteller lag, was der Firma rasch steigende Verkaufszahlen bescherte.[123]

Aber auch dies änderte nichts daran, daß auf Waschvollautomaten Mitte der 1960er Jahre mit einem Marktanteil von unter 20 Prozent eine „depressingly steady proportion of sales" entfiel, wie Isabelle Webber vom *Market Research Department* von English Electric feststellte.[124] Daß scheinbar veraltete Waschmaschinentypen auch in den 1960er Jahren noch sehr beliebt waren, lag an ihrer einfachen Konstruktion und hohen Zuverlässigkeit. Viele der neuen Modelle hatten dagegen mit erheblichen Anlaufschwierigkeiten zu kämpfen: Eine 1965 vom *Consumer Council* durchgeführte Untersuchung ergab, daß die Hälfte aller Vollautomaten bereits im ersten Betriebsjahr mindestens einer Reparatur bedurfte.[125]

---

121   Exit A Salesman, in: Economist 212 (1964), S. 400.
122   Home Laundry, Cleaners and Floor Treatment Equipment, in: ER 175 (1964), Supplement „Domestic Electrical Equipment. Survey of Current Practice", S. 22.
123   Ebd., S. 22; Home Laundry, Cleaners and Floor Treatment Equipment, in: ER 177 (1965), Supplement „Trends in Domestic Appliances. Survey of Current Practice", S. 23; Appliance Sales to Make Rapid Recovery, ebd., 180 (1967), S. 859; Washing Machines. Imperial Troubles, in: Economist 219 (1966), S. 613; Duomatic. Coming Out in the Wash, ebd., 213 (1964), S. 67; OWEN, Economies of Scale, S. 127.
124   WEBBER, Automatic Washing Machine, S. 638. S.a. Electricity in the Home. A Review of Present Day Appliances, in: ER 161 (1957), S. 659; Home Laundry Equipment and Vacuum Cleaners, ebd., 173 (1963), Supplement „Domestic Electrical Equipment. Survey of Current Practice", S. 32.
125   MRC, MS.338, EA.2/1: „Rowen Washing Machines, Minutes of the Meeting between Midlands Electricity Board Officials and Senior Staff Members of Rubery Owen Ltd., 03.02.1964"; Trends

Der Verkauf von automatischen Maschinen verblieb so auf einem niedrigen Niveau, während sich der Wettbewerbsdruck aufgrund steigender Einfuhren, insbesondere aus Italien, zunehmend verschärfte. So begannen 1964 Verhandlungen zwischen English Electric und EMI über die Gründung eines gemeinsamen Unternehmens. Beide Firmen wollten den italienischen Konkurrenten mit einer Zusammenfassung ihrer Ressourcen begegnen, die sich angesichts der komplementären Produktpaletten geradezu anbot: Die EMI-Tochter Morphy-Richards betrieb die größte britische Kühlschrankfabrik, deren Jahresproduktion allerdings nur der Hälfte der wichtigsten bundesdeutschen und nur einem Drittel der führenden italienischen Hersteller entsprach. English Electric fertigte dagegen voll- und halbautomatische Waschmaschinen, hatte aber nur eine schwache Marktposition bei Kühlschränken. Trotz der offenkundigen Vorteile eines derartigen Zusammenschlusses endeten die Verhandlungen ergebnislos.[126]

Das für die Branche wohl wichtigste Ereignis des Jahres 1964 war die Abschaffung der Preisbindung *(Resale Price Maintenance, RPM)*, die Einzelhändler bis dahin verpflichtet hatte, ihre Waren zu dem vom Hersteller festgesetzten Preis zu verkaufen. Die konservative Regierung setzte sich für eine Änderung des betreffenden Gesetzes ein, wovon sie sich eine Senkung der Lebenshaltungskosten erhoffte. Dies wurde als Voraussetzung gesehen, die Gewerkschaften zu größerer Zurückhaltung in der Lohnpolitik zu veranlassen. Die Elektroindustrie lehnte die Gesetzesnovelle ab und argumentierte, daß bei Abschaffung der Preisbindung die notwendigen Kundendienstleistungen nicht mehr garantiert seien. Noch entschiedener sprachen sich der Einzelhandel und insbesondere kleine Händler für die Beibehaltung der Preisbindung aus, da sie ihrer Ansicht nach sicherstellte, nicht von Ladenketten und großen Einzelhändlern preislich unterboten zu werden.[127]

Die lautstarken Proteste des Einzelhandels dürfen aber nicht darüber hinwegtäuschen, daß die Industrie besonderen Nutzen aus der Preisbindung zog,

---

in Domestic Appliances. Accent on Automatic Home Laundry, in: ER 179 (1966), S. 601; Washing Machine Reliability Challenged, ebd., 178 (1966), S. 770. S.a. Testing Domestic Appliances. Extension of the EDA Leatherhead Establishment, ebd., 169 (1961), S. 613; Appliance Testing, ebd., 175 (1964), S. 572; Speed Up in Appliance Approval, ebd., 175 (1964), S. 576; HARVEY, Sixteen, S. 19.

126 Refrigerator Production Link-up, in: ER 174 (1964), S. 973; Electrical and Musical Industries [AR], in: Economist 213 (1964), S. 1295; Electrical and Musical Industries. Beatle-browed, ebd., S. 757; Capitolism, ebd., S. 1177; English Electric. Cheap Computers – Expensive Aircraft, ebd., 214 (1965), S. 1054.

127 Future Patterns in Appliance Trade, in: ER 172 (1963), S. 882; ALBU, Cross-Currents, S. 125; DERS., Prices, S. 245; S.a. Profit a Key to Increased Efficiency, in: ER 176 (1965), S. 510; MONOPOLIES AND RESTRICTIVE PRACTICES COMMISSION, Report on Recommended Resale Price, S. 30; CORLEY, Domestic Electrical Appliances, S. 95f; GROSS, Preisbindung, S. 80-95, 122-37; MERCER, Constructing a Competitive Order, S. 149-68.

da sie so die Endverkaufspreise bestimmen konnte. Helen Mercer stellte hierzu treffend fest: „The real issue in RPM was not price competition among retailers but among manufacturers".[128] Für die Hersteller, die in zahlreichen *Trade Associations* zusammenarbeiteten und so für einen niedrigen Wettbewerbsdruck sorgten, wofür der schnelle Erfolg der Direktanbieter ein deutliches Anzeichen war, stellte die Preisbindung eine effektive Möglichkeit dar, Preiswettkämpfe zu vermeiden und die Gewinnspannen zu sichern. Trotz der Proteste wurde die Preisbindung 1964 abgeschafft, worauf die *Electrical Review* schrieb: „In the end the Cabinet probably recognised that there are many more housewives than small shopkeepers and that the balance of electoral advantage lay in doing what the economists and the committees were urging on them."[129]

Angesichts einer erneuten Zahlungsbilanzkrise nahm die 1964 ins Amt gekommene *Labour*-Regierung vorübergehend von ihrem Programm zur Steigerung des Wirtschaftswachstums Abstand und kehrte statt dessen zur Politik des *Demand Management* zurück. Dies geschah durch restriktivere Regelungen für Teilzahlungskredite, worauf der Konsumgüterabsatz sogleich zurückging. Mit Ausnahme von Kühlschränken, deren Verkauf leicht anstieg, fiel der Gebrauchsgüterumsatz 1965, dem Jahr des ersten *National Plan*, von £ 156 auf £ 149 Millionen.[130]

Bei Radio- und Fernsehgeräten zeigte sich zudem, daß die Hersteller den aus dem Sendebeginn von BBC 2 resultierenden Nachfrageanstieg überschätzt hatten. Eine Ausnahme stellte lediglich Thorn dar, wo Umsatz und Gewinne zunahmen. Die Erhöhung der *Trading Profits* um 35 Prozent veranlaßten das Unternehmen zur Anhebung der Dividende von 22,5 auf 30 Prozent. Wie bereits im Vorjahr profitierte Thorn dabei besonders vom starken Engagement bei der Vermietung von Fernsehempfängern.[131] Hoover begegnete der abermaligen Verschärfung der Teilzahlungsbedingungen mit Preissenkungen und gab gleichzeitig bekannt, daß die Aufhebung der Preisbindung für alle Hoover-

---

[128] MERCER, Constructing a Competitive Order S. 21.
[129] ALBU, Cross-Currents, S. 125. S.a. Mr Brown's „Early Warning" System, in: ER 177 (1965), S. 769.
[130] Supply Industry Investment to be Cut by £ 24 Mio. New Restrictions Hit Appliance Trade, in: ER 179 (1966), S. 155; Trends in Domestic Appliances. Slow Move Towards Rationalisation, ebd., S. 593; Appliance Industry in Difficulty, ebd., S. 560; No Relief for Appliance Industry, ebd., 180 (1967), S. 938; Domestic Electrical Equipment. Economic Trends, Current Views, and Future Outlook, ebd., 177 (1965), Supplement „Trends in Domestic Appliances. Survey of Current Practice", S. 7; Consumer Durables, in: Economist 218 (1966), S. 43; HATCH, Stop-Go, S. 352; HARRIES, White Appliances Industry, S. 126.
[131] Thorn Electric Industries [AR], in: Economist 216 (1965), S. 923; Thorn Electrical. Grey Year Ahead?, ebd., 220 (1966), S. 679; Electrical and Musical Industries [AR], ebd., 217 (1965), S. 1255; FLETCHER UND NAPIER, Crisis Point, S. 60.

Geräte unmittelbar bevorstand. Hotpoint betonte dagegen auch weiterhin an ihr festhalten zu wollen.[132]

Hoover stellte alle für Waschmaschinen benötigten Komponenten selbst her und verfügte in Pentrebach (Wales), über die modernste Waschmaschinenfabrik Großbritanniens. Während nahezu alle anderen Firmen Komponenten von Spezialanbietern bezogen, demonstrierte Hoover, wie die Produktionskosten durch vertikale Integration gesenkt werden konnten. Hinderlich war allerdings, daß die in den Waschmaschinen verwendeten Motoren nicht in Wales, sondern von Hoover Electric Motors in Glasgow hergestellt und von dort in den Süden transportiert werden mußten – Ergebnis der Industriepolitik britischer Nachkriegsregierungen.[133]

Die fertigungstechnischen Fortschritte von Hoover wurden in der Branche klar erkannt. So hieß es in einem Schreiben von Alfred Owen, Direktor der *Domestic Equipment Group* von Rubery Owen vom 8. Juni 1964:

> We can only suggest that you see the *Hoover* line assembling washing machines and you would realize how muddled our own effort seem to be in comparison. Whether you like it or not, the *Labour* content existing in our washing machines is about double the content of the *Hoover* machines and whether the workers are semi-skilled, trained by us or whether they are fully skilled does not answer the problem of the *Labour* content.[134]

Die betriebswirtschaftlich rentable Anwendung neuer Fertigungsmethoden und ein hoher Grad vertikaler Integration setzten allerdings ein bestimmtes Mindestproduktionsvolumen voraus. Den Berechnung von Nicholas Owen zufolge lag diese *Minimum Efficient Scale* in der Waschmaschinenfertigung in den 1960er Jahren bei 400.000 Einheiten jährlich. Ein Wert, den kein britisches Unternehmen erreichte. Hoover produzierte zu dieser Zeit rund 250.000 Maschinen pro Jahr, was immerhin einem Drittel der gesamten britischen Produktion entsprach. Hotpoint stellte 120.000 Geräte her, während die Jahresausstoß der italienischen Firmen Ignis und Zanussi jeweils eine halbe Million Einheiten erreichte.[135]

---

[132] Home Laundry, Cleaners and Floor Treatment Equipment, in: ER 177 (1965), Supplement „Trends in Domestic Appliances. Survey of Current Practice", S. 23; Good Year for AEI in Domestic Appliances, ebd., 178 (1966), S. 406; Washing Machines. Imperial Troubles, in: Economist 219 (1966), S. 613; Associated Electrical Industries [AR], ebd., 218 (1966), S. 1051.

[133] Washing Machine Production. Hoover Activities in South Wales, in: ER 163 (1958), S. 9; HATCH, Stop-Go, S. 352.

[134] MRC, MS.338, CA.7: „Alfred Owen an H. Fitzpatrick, Castra Electric Washing Machines, 08.06.1964". Hervorhebung im Original.

[135] SAUNDERS, Italian Refrigerators, S. 968; Trends in Domestic Appliances. Slow Move Towards Rationalisation, in: ER 179 (1966), S. 594; British Appliances, Italian Style, in: Economist 232 (1969), S. 74; OWEN, Economies of Scale, S. 135.

Das unzureichende Produktionsvolumen britischer Unternehmen verhinderte damit eine frühzeitige Anwendung der Fertigungsverfahren, die es den italienischen Konkurrenten ermöglicht hatten, Geräte zu sehr niedrigen Preisen anzubieten. Ähnlich war die Situation bei Kühlschränken, wo neu entwickelte Herstellungsmethoden den zu ihrer Anwendung notwendigen Mindestausstoß in die Höhe trieben. So errechnete Frederick M. Scherer für die Kühlschrankherstellung der 1960er Jahre eine *Minimum Efficient Scale* von 800.000 Einheiten jährlich. Dieser hohe Wert ergab sich aus den Kosten für die Anlagen zur Kunststoffverarbeitung sowie für die Fertigung von Kompressoren. Die 1966 gegründete British Domestic Appliances (BDA) stellte als größter britischer Kühlschrankproduzent jährlich 200.000 Geräte her, sechs weitere Firmen jeweils 70.000 bis 100.000 Einheiten. Der Jahresausstoß von Italiens größtem Kühlschrankproduzenten Ignis belief sich dagegen auf eine Million. Wie bei Waschmaschinen hatte damit kein britischer Kühlschrankhersteller in den späten 1960er Jahren ein Produktionsvolumen, das den betriebswirtschaftlich rentablen Einsatz modernster Fertigungsmethoden erlaubte, was auch tatsächlich keiner tat.[136]

Der letztlich einzige Ausweg aus dieser Situation wäre eine Fusion der größten britischen Hersteller gewesen. Wäre die Produktpalette sogleich reduziert und die Fertigung auf einen oder wenige Standorte reduziert worden, hätten die Kosten beträchtlich gesenkt werden können. Das Scheitern aller bis dahin geführten Verhandlungen deutete allerdings darauf hin, daß eine derartige Lösung nicht ernsthaft angestrebt wurde. Damit war auch die in *Electrical Review* gestellte Frage „Italian Refrigerators or Rationalisation?" beantwortet.[137]

Inwieweit den Zeitgenossen der Ernst der Lage bewußt war, sei dahingestellt. Zumindest handelten sie nicht entsprechend. Und vor allem nicht rechtzeitig genug. Denn zu einem Zusammenrücken der britischen Unternehmen vor der ausländischen Konkurrenz kam es trotz der seit den frühen 1960er Jahren rasch anwachsenden Importe erst in der Mitte der Dekade und damit viel zu spät.[138] So schrieb die *Electrical Review* 1966: „Despite the widespread recognition of the need for more rationalisation, the industry has been relatively slow in taking appropriate action; some observers believe that many uneconomic companies are being sheltered by profitable parent companies."[139]

---

[136] MAYERS, Management, S. 25; OWEN, Economies of Scale, S. 120f, 124; SCHERER et al., Economics of Multi-Plant Operation, S. 83; KAMIEN UND SCHWARTZ, Market Structure, S. 70.

[137] SAUNDERS, Italian Refrigerators, S. 968.

[138] MILLSTEIN, Decline, S. 112; ROSENBLOOM UND ABERNATHY, Climate for Innovation, S. 211; HALL UND PRESTON, Carrier Wave, S. 177. Zu einer vergleichbaren Entwicklung: MAJUMDAR, Technology Transfer, S. 115-22.

[139] Trends in Domestic Appliances. Slow Move Towards Rationalisation, in: ER 179 (1966), S. 594.

Der wichtigste Schritt zur Reorganisation dieses Industriesektors war die Gründung von BDA als Zusammenschluß der Töchter von EMI und AEI, Morphy-Richards und Hotpoint, am 1. Juli 1966. Angesichts der Stärke von Morphy-Richards bei Kühlschränken und von Hotpoint bei Waschmaschinen war dies ein vernünftiger Schritt. Das neue Unternehmen beherrschte 25 Prozent des Kühlschrank- und 28 Prozent des Waschmaschinenmarktes, während Hoover in letzterem einen Anteil von 35 Prozent hatte. Zur Rationalisierung wurde in der Folgezeit die Fertigung von Kühlschränken von Morphy-Richards in Dundee beendet. Statt dessen erweiterte man die Kapazitäten des Hotpoint-Werks in Peterborough, das damit zur größten britischen Kühlschrankfabrik wurde. Aber auch das Produktionsvolumen der neugegründeten BDA war im Hinblick auf die oben genannten Angaben zur *Minimum Efficient Scale* zu gering.[140]

Skepsis bestand in der Branche zudem bezüglich der Erfolgsaussichten der Verbindung zwischen Morphy-Richards und Hotpoint. So hieß es in *Electrical Review*:

> The conclusion of a merger is, however, only the beginning. The real test comes when the victors discover what they have actually acquired and set about rationalising the component parts into what is hoped will be a new, more efficient and better-managed group. Cutting out duplication and unprofitable activities is relatively simple; obtaining the benefits of scale can be more difficult.[141]

Daß diese Bedenken durchaus berechtigt waren, zeigen Analysen ähnlicher Fusionen. Übereinstimmend kamen sie zum Ergebnis, daß die sich aus dem Zusammenschluß ergebenden wirtschaftlichen Vorteile oft nicht zum Tragen kamen, da keine ausreichende Rationalisierung von Produktpalette und Fertigung vorgenommen wurde. Dies traf auch auf BDA zu, da man dort zwar die Fabriken, nicht aber die Modellpaletten von Morphy-Richards und Hotpoint zusammenlegte. Eine Reduzierung der Vielzahl unterschiedlicher Geräte und Ausführungen, von der die Nutzung fortgeschrittener Fertigungsmethoden abhing, wurde bei BDA erst 1970 erreicht.[142] Gleiches galt für den Erwerb von AEI 1967 und von English Electric 1968 durch GEC, das damit neben Hoover und Thorn zum größten Anbieter elektrotechnischer Konsumgüter geworden

---

[140] Everything for the Home, in: Economist 219 (1966), S. 1009; Associated Electrical Industries [AR], ebd., 222 (1967), S. 970; Trends in Domestic Appliances. Slow Move Towards Rationalisation, in: ER 179 (1966), S. 594. S.a. Emmy in Dreamland, in: Economist 218 (1966), S. 130; Home Laundry Leadership Disputed, in: ER 179 (1966), S. 633.

[141] Mergers and Investment, in: ER 181 (1967), S. 929.

[142] Trends in Domestic Appliances. Slow Move Towards Rationalisation, in: ER 179 (1966), S. 594; British Appliances, Italian Style, in: Economist 232 (1969), S. 74; WALSHE, Industrial Organization, S. 349-54; OWEN, Economies of Scale, S. 124; PRATTEN, Merger Boom, S. 47.

war. Auf die Zusammenfassung von Markennamen und Modellen wurde von GEC nämlich aus Marketinggründen zunächst verzichtet, so daß auch hier die Möglichkeiten zu Kostensenkungen nicht voll ausgeschöpft wurden.[143]

Von der bereits in den späten 1940er Jahren im Rahmen des *Anglo-American Council on Productivity* wiederholt angemahnten Standardisierung von Endprodukten und Komponenten war man auch zwei Dekaden später noch weit entfernt. Deutlich wurde dies in einer vom *Economic Development Committee for Electrical Engineering* und dem *Department of Economic Affairs* 1967 angefertigten Studie zur Kühlschrankherstellung in Großbritannien und den USA, in der es hieß: „US companies offer more models per size than the British firms and the American firms had fewer variations in width and depth than the British manufacturers over a broad range of sizes. Both the British and American companies had about as many types of doors as they had different sizes but the American companies made these serve more models."[144]

Das Vordringen italienischer Firmen wurde erleichtert, als etablierte britische Unternehmen ihr Angebot durch Importgeräte vervollständigten. Im Gegensatz zu den Direktanbietern konnten sie damit ein komplettes Hausgerätesortiment anbieten, vor allem ohne es selbst herzustellen. So hatte GEC bereits 1964 die Angebotspalette um Kühlschränke von Ignis ergänzt, Hoover folgte kurz darauf mit Geräten von Zanussi, und die neugegründete BDA vermarktete Billigwaschmaschinen von Zoppas. Die britische Tochter des US-Konzerns Singer vertrieb Apparate von Domowatt aus Turin, und GEC kündigte 1966 den Vertrieb automatischer Waschmaschinen des italienischen Anbieters Castor an.[145]

Im Laufe des Jahres 1966 schwächte sich der Konsumgüterumsatz weiter ab, insbesondere nachdem im Februar die Teilzahlungsbedingungen verschärft und die *Purchase Tax* von 25 auf 27,5 Prozent erhöht worden war. Hoover klagte 1966 über rückläufige Umsätze und sah sich sogar gezwungen, in der Waschmaschinenfabrik in Merthyr Tydfil zwischen Oktober und Dezember Kurzarbeit einzuführen. Von der allgemeinen konjunkturellen Verschlechterung war auch Thorn betroffen: Sowohl Haushalts- als auch Unterhaltungsgeräte ver-

---

[143] GEC-Marconi Archive, GEC, Box 1969: „GEC-AEI-EE, Reports and Accounts for the Year ended 31st March 1969", S. 2; Electrical and Musical Industries [AR], in: Economist 229 (1968), S. 90; ebd., 233 (1969), S. 97; The Consequences of Colour, ebd., 231 (1969), S. 66; PRATTEN, Merger Boom, S. 47f ; EU, COMMISSION OF THE EUROPEAN COMMUNITIES, Study of Concentration, S. 31.

[144] Productivity in UK and USA Refrigerator Industries Compared, in: ER 181 (1967), S. 199f. S.a. HATCH, Stop-Go, S. 349.

[145] General Electric Company [AR], in: Economist 212 (1964), S. 81; 213 (1964), S. 1381; General Electric. Four Stage Rocket, ebd., 216 (1965), S. 163; Cooking, Refrigeration and Kitchen Equipment, Domestic Electrical Equipment. Survey of Current Practice, ER 175 (1964), S. 20; Trends in Domestic Appliances. Slow Move Towards Rationalisation, ebd., 179 (1966), S. 594; Trends in Domestic Appliances. Accent on Automatic Home Laundry, ebd., S. 600.

zeichneten starke Verluste, und ein noch stärkerer Abfall von Umsatz und Gewinn wurde nur durch den erfolgreichen Geschäftsverlauf bei Beleuchtungsartikeln verhindert.[146]

Nach wie vor litten Thorn und die anderen Hersteller von Fernsehempfängern unter den hohen Lagerbeständen, die sich aus den zu optimistischen Erwartungen beim Start von BBC 2 und der Verschärfung der Teilzahlungsbedingungen im Februar 1966 ergeben hatten. Die stagnierende Nachfrage nach Fernsehapparaten und der zunehmende Wettbewerbsdruck im Vermietungsgeschäft brachte viele Firmen in eine schwierige Situation. Der Marktführer Radio Rentals sah sich sogar dazu gezwungen, im Laufe des Jahres 1966 mehr als hundert Läden zu schließen.[147]

Angesichts der unbefriedigenden konjunkturellen Entwicklung setzte die Industrie große Erwartungen in die Einführung das Farbfernsehens im Juli 1967. Ein entsprechender Apparat kostete zu diesem Zeitpunkt zwischen £ 250 und £ 350 und damit etwa so viel wie in der Bundesrepublik, während er in den USA bei Beginn des Farbfernsehens 1961 umgerechnet £ 210 gekostet hatte. Die wöchentliche Miete betrug dagegen lediglich zwei Pfund, weshalb nach Einführung des Farbfernsehens 80 Prozent der betriebenen Geräte gemietet und nur 20 Prozent gekauft waren. Aufgrund ihrer zu optimistischen Erwartungen mußte die Industrie ihren Ausstoß an Farbfernsehempfängern nach Aufnahme der Fertigung sogleich wieder reduzieren. Die Situation verkomplizierte sich noch zusätzlich durch technische Schwierigkeiten bei Herstellung und Betrieb der neuen Apparate.[148]

---

[146] Trends in Domestic Appliances. Slow Move Towards Rationalisation, in: ER 179 (1966), S. 593; Appliance Industry in Difficulty, ebd., S. 560; Supply Industry Investment to be Cut by £ 24 Mio. New Restrictions Hit Appliance Trade, ebd., S. 155; Cheaper Power Key to National Growth. BEAMA Report Warns Against Plant Shortages, ebd., 180 (1967), S. 360; No Relief for Appliance Industry, ebd., S. 938; New Thorn Company, ebd., 179 (1966), S. 269; General Electric. Hidden Reserves, in: Economist 220 (1966), S. 297; Washing Machines. Imperial Troubles, ebd., 219 (1966), S. 613; Television Rentals. Lean Years, ebd., S. 997; Thorn Electric Industries [AR], ebd., 224 (1967), S. 931; Thorn Electrical. Grey Year Ahead?, ebd., 220 (1966), S. 679; BEAN, External Constraint, S. 9.

[147] Rentaprofit. John Bull, in: Spectator, 1967, S. 280; Television Rental. Jones the Box, in: Economist 226 (1968), S. 57; Impact on Industry, ebd., 220 (1966), S. 369; Television Rentals. Lean Years, ebd., 219 (1966), S. 997; MONOPOLIES AND RESTRICTIVE PRACTICES COMMISSION, Thorn Electrical Industries and Radio Rentals, S. 7.

[148] Colour Television. The Fight Begins, in: Economist 220 (1966), S. 665; Colour Television. Tubes, Glass and Crossed Fingers, ebd., 221 (1966), S. 590f; Television. Standing by for Colour, ebd., 222 (1967), S. 953; Have Your Colour TV?, ebd., 224 (1967), S. 130; Colour Television. Take Off, ebd., 225 (1967), S. 984, 987; Colour Television. It Beat the Budget, ebd., 227 (1968), S. 59; Thorn Electric Industries [AR], ebd., 228 (1968), S. 76; The Consequences of Colour, ebd., 231 (1969), S. 66; Parliamentary Report. Colour Television in Three Years?, in: ER 169 (1961), S. 27; Television Patent Extended, ebd., 177 (1965), S. 691; Colour Television Next Year, ebd., 178 (1966), S. 389; Rentaprofit. John Bull, in: Spectator, 1967, S. 280. Eigene Berechnung basierend auf den Angaben zum Wechselkurs in: UN, Statistical Yearbook 23 (1971), S. 603f.

Wie die gesamte Branche hatte Thorn bei der Markteinführung des Farbfernsehens beträchtliche Verluste erlitten, die die Firma lediglich durch die Breite ihrer geschäftlichen Aktivitäten kompensieren konnte. Thorn konnte zwischen 1966 und 1967 sogar einen Anstieg der *Pre-Tax Profits* von £ 10,6 auf £ 14,8 Millionen verbuchen. Die niedrige Nachfrage nach Konsumgütern, die weitgehende Sättigung des Marktes für Schwarzweiß-Fernsehgeräte und Radioapparate sowie die enttäuschenden Aussichten bei Farbfernsehen veranlaßten Thorn zur Ausweitung der Aktivitäten im Investitionsgütersektor, wo man Interesse am Kauf von Metal Industry Ltd. bekundete.[149] Der *Economist*: „Thorn, as one of the two makers of colour tubes, is in a position to know all too well just how slowly colour sets are moving and to take an interest in the relative stability of the capital goods industries."[150]

Da die 1966 erfolgte Verschärfung der Teilzahlungsbedingungen auch 1967 beibehalten wurde, entwickelte sich der Konsumgüterumsatz in Verbindung mit der allgemein verhaltenen konjunkturellen Entwicklung unbefriedigend. Im Sommer 1967 versuchte eine BEAMA-Delegation Schatzkanzler Callaghan zu einer Rücknahme der konsumeinschränkenden Maßnahmen zu veranlassen. Der erklärte dagegen, daß hieran nicht gedacht war und empfahl den Unternehmen statt dessen: „They must look to exports for their salvation and prosperity."[151] Im September 1967 wurden die Restriktionen bei Teilzahlungskrediten dann zwar gelockert, worauf eine leichte Erhöhung des Absatzes folgte, aber die Auslastung der Fertigung blieb nach wie vor gering. 1967 lag sie bei den beiden größten britischen Waschmaschinenherstellern Hoover und BDA lediglich um 50 Prozent.[152]

Die verhaltene Konsumgüternachfrage in der ersten Hälfte der 1960er Jahre bewirkte einen Rückgang der Zahl der kleinen Elektro-Einzelhändler, die zunehmend unter den Druck von *Department Stores* und Ladenketten geraten waren. In der bereits skizzierten Diskussion über die Preisbindung hatten sich *Department Stores* und Ladenketten für deren Beibehaltung ausgesprochen. Aufgrund ihrer Größe konnten sie nämlich bei den Herstellern günstige Einkaufsbedingungen erzwingen, die Waren aber zu den hohen, von der Industrie mit Blick auf die kleinen Einzelhändler festgelegten Ladenpreisen verkaufen, was ihnen beachtliche Gewinnspannen verschaffte. Dies änderte sich mit dem

---

149 Thorn Electric Industries [AR], in: Economist 228 (1968), S. 76; ARNOLD, Competition, S. 60.
150 Have Your Colour TV?, in: Economist 224 (1967), S. 131.
151 No Relief for Appliance Industry, in: ER 180 (1967), S. 938; Downturn in Appliance Trade Continues, ebd., 181 (1967), S. 31; Consumer Durables. In Very Hot Water in: Economist 223 (1967), S. 1375.
152 Appliances Industry Needs Consideration, in: ER 181 (1967), S. 901f; Hire Purchase. Reflation Breeze, in: Economist 224 (1967), S. 807.

Aufkommen sogenannter *Cash and Carry*-Läden, die sich nach ihrem Erfolg in den USA auch in Europa ausbreiteten. Aufgrund ihres großen Einkaufsvolumens hatten sie eine starke Position gegenüber ihren Lieferanten und gaben die so erzielten Niedrigpreise an die Verbraucher weiter, wie dies erst mit Abschaffung der Preisbindung möglich geworden war.[153]

Nachdem sich die Bindung zwischen Einzelhandel und britischen Herstellern aufgrund der oben angeführten Kürzung der Handelsspannen gelockert hatte, mit der letztere auf die Konkurrenz der Direktanbieter reagierten, begegneten große Einzelhändler und Ladenketten der agressiven Preispolitik der *Cash and Carry*-Läden mit dem Abschluß langfristiger Lieferverträge mit ausländischen und insbesondere italienischen Anbietern. Unternehmen wie Indesit oder Zanussi verschaffte dies ein festes Auftragsvolumen über einen längeren Zeitraum, weshalb den Abnehmern günstige Konditionen eingeräumt wurden. So kam es, daß britische Ladenketten und *Department Stores* Mitte der 1960er Jahre Vereinbarungen mit italienischen Herstellern mit einem Volumen von jeweils bis zu 200.000 Einheiten abschlossen.[154]

Umfangreiche Aufträge erhielten italienische Firmen auch von den *Area Boards*, den regionalen Stromverteilern also, die im Gegensatz zur bundesdeutschen Elektrizitätswirtschaft eine wichtige Rolle im britischen Haushaltsgeräte-Einzelhandel hatten. So wurden 1965 90 Prozent aller Küchenherde, 27 Prozent aller Kühlschränke, 55 Prozent der Waschmaschinen und 89 Prozent der Raumheizgeräte von den *Area Boards* verkauft, die zusammen über 1.300 Verkaufsräume verfügten.[155]

Als die Konsumgüternachfrage während der Jahre 1966 und 1967 stagnierte, waren Einzelhandel und *Area Boards* an ihre Verträge mit italienischen Lieferanten gebunden. Dies zwang sie zur Kürzung ihrer Bestellungen bei heimischen Herstellern, mit denen zumeist keine langfristigen vertraglichen Übereinkünfte bestanden. Und auch als die Nachfrage in den späten 1960er Jahren wieder anstieg, konnten britische Unternehmen nur einen Teil ihres verlorenen Auftragsvolumens zurückgewinnen. Von den Umsatz- und Gewinneinbußen

---

[153] SALTMARSH, Planning, S. 962; The Price Puzzle, in: Economist 229 (1968), S. 53f; EU, COMMISSION OF THE EUROPEAN COMMUNITIES, Study of Concentration, S. 14, 150; CORLEY, Domestic Electrical Appliances, S. 95f. S.a. CHASSARD UND TISSEYRE, Distribution, S. 151.

[154] EU, COMMISSION OF THE EUROPEAN COMMUNITIES, Study of Concentration, S. 150f; General Electric. Four Stage Rocket, in: Economist 216 (1965), S. 163; Domestic Sales. Ways to Sales, ebd., 216 (1965), S. 363.

[155] MRC, MS.338, EA.1: "A. D. Owen an Hugh Frazer Frazer Sons, Glasgow, 29.01.1964"; Domestic Electrical Equipment. Economic Trends, Current Views, and Future Outlook, in: ER 177 (1965), Supplement „Trends in Domestic Appliances. Survey of Current Practice", S. 8; Specially Made for the Area Boards. Utility Appliances for Sale to Consumers, ebd., 175 (1964), S. 935; Effectiveness of Electricity Board Consortia Questioned, ebd., 179 (1966), S. 607; SIDNEY, Area Board's Approach, S. 14.

abgesehen verzögerte dies die Anwendung neuer Fertigungsmethoden und zog damit entscheidende Wettbewerbsnachteile nach sich.[156]

D. AUSSENHANDEL: COMMONWEALTH VERSUS EUROPA

Während Großbritannien vor dem Zweiten Weltkrieg als Exporteur elektrotechnischer Konsumgüter keine besondere Bedeutung hatte, konnten britische Unternehmen ihre Stellung auf dem Weltmarkt, nicht zuletzt aufgrund der anfänglichen Abwesenheit ihrer deutschen Konkurrenten, in der Nachkriegszeit beträchtlich ausbauen. Eine nicht zu unterschätzende Rolle spielte dabei der oben beschriebene *Export Drive*, der die Firmen zur Erhöhung ihrer Ausfuhr und zur eingeschränkten Versorgung des heimischen Marktes zwang.[157]

Die Auslandslieferungen von Konsumgütern stiegen aufgrunddessen beachtlich an, und die Ausfuhrquote erhöhte sich zwischen 1947 und 1952 von 20,8 auf 41,6 Prozent. Bis Ende der 1950er Jahre sank sie dann aber auf rund 20 Prozent, mit weiter fallender Tendenz. Die Vorgabe der Regierung, beispielsweise 85 Prozent der hergestellten Kühlschränke ins Ausland zu verkaufen, konnte nicht erreicht werden. Trotzdem stellten die 75 Prozent der Produktion, die 1951 tatsächlich exportiert wurden, eine beachtliche Leistung dar. Bei Radiogeräten war die Ausfuhrquote weit niedriger, stieg aber zwischen 1947 und 1952 von 18,5 auf 35,5 Prozent. Gegen Ende der 1950er Jahre lag sie noch bei zwölf bis 14 Prozent. Bei Fernsehapparaten war sie wegen der unterschiedlichen technischen Standards dagegen weit niedriger. 1946 betrug sie noch 25 Prozent und fiel während der 1950er Jahre auf drei bis fünf Prozent.[158]

Traditionell waren im vormaligen Empire die wichtigsten Abnehmer britischer Konsumgüterexporte. In den späten 1940er und frühen 1950er Jahren verhängten diese Staaten allerdings zur Absicherung des in den Nachkriegsjahren begonnenen Aufbaus eigener Fertigungskapazitäten umfangreiche Importbeschränkungen, die oft nur sehr kurzfristig angekündigt wurden. So kam es, daß beispielsweise Australien 1951 mehr britische Exporte als jedes andere

---

[156] MORGAN, British Imports, S. 110; EU, COMMISSION OF THE EUROPEAN COMMUNITIES, Study of Concentration, S. 150ff.

[157] CORDEN, Control of Imports, S. 182; CORLEY, Domestic Electrical Appliances, S. 122; CAIRNCROSS, Industrial Recovery, S. 87; MAIZELS, Industrial Growth, S. 324; HAPPOLD, Engineering, S. 23.

[158] Refrigeration Congress. Second Assembly in London, in: ER 149 (1951), S. 478; Radio's Foreign Market, in: Economist 168 (1953), S. 658; Radio States Its Case, ebd., 164 (1952), S. 523; CORLEY, Domestic Electrical Appliances, S. 122f.

Land aufnahm, während sie im Jahr darauf nahezu auf Null gesunken waren. Der technologische Entwicklungsstand vieler Commonwealth-Staaten reichte zwar nicht aus, um eigenständig komplexere Bauteile herzustellen, genügte aber völlig, um die im Ausland eingekauften Komponenten zu Endgeräten zu montieren, so daß britischen Firmen wichtige Märkte verlorengingen.[159]

Wie nach dem Zweiten Weltkrieg hatte die britische Außenhandelspolitik auch in den 1950er Jahren mit wiederholten Zahlungsbilanzschwierigkeiten zu kämpfen. Die Regierung reagierte hierauf stets mit einer Einschränkung der Einfuhren und Maßnahmen zur Steigerung der Ausfuhren, wie etwa durch Festsetzung von Exportquoten. Die BEAMA erklärte hierzu: „Manufacturers cannot hope to compete effectively in foreign markets while production for the home market is artificially curtailed."[160]

Die 1951 während des Korea-Krieges verhängten Importbeschränkungen wurden 1953 aufgehoben, und in der Folgezeit taten dies auch die wichtigsten Handelspartner im Commonwealth. Von Mitte der 1950er Jahre an verschlechterten sich dann aber die Perspektiven für britische Exporte, nachdem eine Reihe dieser Staaten zum Schutz ihrer heimischen Industrie abermals Einfuhrbeschränkungen verhängt hatten. Als beispielsweise in Neuseeland 1958 das Fernsehen eingeführt wurde, schützte die dortige Regierung die inländischen Hersteller durch protektionistische Maßnahmen. Dies darf aber trotzdem nicht darüber hinwegtäuschen, daß britische Exporteure in Commonwealth-Märkten aufgrund des *Preferential Tariff System* nach wie vor erhebliche Preisvorteile hatten.[161]

1959 erreichte die Ausfuhr elektrotechnischer Konsumgüter einen Höhepunkt, während aber gleichzeitig auch die Importe stark zunahmen, da die heimische Industrie die durch den Boom angewachsene Nachfrage nicht decken konnte. Im Gegensatz zu den frühen 1950er Jahren waren britische Firmen im

---

[159] Electrical Exports, in: Economist 163 (1952), S. 252f; Hoover [AR], ebd., 154 (1948), S. 564; Radio States Its Case, ebd., 164 (1952), S. 523; Hoover [AR], ebd., 160 (1951), S. 656; 162 (1952), S. 492; Electrical Manufacturing in 1952. Trends indicated by B.E.A.M.A. Report, in: ER 152 (1953), S. 865; DUNNING, Radio and Television Industry, S. 29-32. S.a. The Engineering Outlook [for 1955] – 1: Britain's Place in World Engineering: II. Raw Materials: Consumption and Prices, in: Engineering, 1955, S. 43; WRAY, Household Durables, S. 8; SEWELL, Electric Household Durable Goods, S. 32.

[160] Work of the B.E.A.M.A. Problems and Achievements in 1950, in: ER 148 (1951), S. 797. S.a. General Electric Company [AR], in: Economist 159 (1950), S. 636; Electrical Exports, ebd., 163 (1952), S. 252f; RAY, British Imports, S. 17.

[161] B.E.A.M.A. in 1958-59. Annual Report of the Council, in: ER 164 (1959), S. 557; B.E.A.M.A. in 1957-58. Annual Report of the Council, ebd., 162 (1958), S. 602; The Engineering Outlook [for 1955] – 1: Britain's Place in World Engineering: I. Output and Markets, in: Engineering, 1955, S. 12; Hoover [AR], in: Economist 166 (1953), S. 604; 170 (1954), S. 732; 174 (1955), S. 946; 175 (1955), S. 159; LEYHSON, Import Restrictions, S. 192f; RAY, British Imports, S. 27; SEWELL, Electric Household Durable Goods, S. 36.

Commonwealth am Ende der Dekade einem zunehmenden Wettbewerbs-druck seitens der USA, der Bundesrepublik und Japan ausgesetzt. So fiel etwa der Anteil Großbritanniens an den Einfuhren Australiens, dem wichtigsten Abnehmer für britische Fertigwarenexporte im Commonwealth, zwischen 1954 und 1960 von 70 auf 50 Prozent. Dies verschärfte sich in den 1960er Jahren und ließ den britischen Marktanteil in Commonwealth-Staaten weiter fallen, während die Entwicklung der Ausfuhr in EFTA-Länder vergleichsweise günstig verlief.[162]

Bei elektrotechnischen Konsumgütern war in den 1950er und noch mehr in den 1960er Jahren eine grundlegende Änderung der Handelsströme zu registrieren. Von Mitte der 1950er Jahre an ging ein steigender Anteil der Exporte in europäische Staaten, während die Bedeutung des Commonwealth abnahm, wie dies auch auf den gesamten britischen Außenhandel zutraf. Am Ende der 1960er Jahre, und damit bevor Großbritannien Mitglied der EWG wurde, waren EWG-Staaten bereits zum wichtigsten Auslandsmarkt für britische Elektrokonsumgüter geworden. Die im Vergleich zu Europa langsamer wachsende Nachfrage im Commonwealth bewirkte, daß die britische Ausfuhr ein geringeres Wachstumspotential als bundesdeutsche Exporte hatte, da letztere zum überwiegenden Teil in die schnell expandierenden europäischen Märkte gingen.[163]

Der Commonwealth war bis Mitte der 1950er Jahre der wichtigste Auslandsmarkt für britische Waschmaschinen und Staubsauger; bei Kühlschränken, Radio- und Fernsehgeräten blieb er es dagegen bis Mitte der 1960er Jahre. Für Waschmaschinenexporte wurde Europa bereits in der ersten Hälfte der 1950er Jahre, bei Staubsaugern in der zweiten Hälfte zum wichtigsten Abnehmer. Bei Kühlschränken, Radio- und Fernsehgeräten war dies dann in den späten 1960er Jahren der Fall. Während EFTA-Staaten die Hauptabnehmer britischer Radio- und Fernsehempfänger darstellten, war dies die EWG bei Haushaltsgeräten (siehe Tabellen 7.1 bis 7.4).

---

[162] Die britisch-deutsche Exportkonkurrenz, in: ZVEIM 12 (1959), H. 6, S. III; Home Appliances. Some Price Cuts, in: Economist 193 (1959), S. 446; Buying from Britain, in: ER 166 (1960), S. 181; Production and Employment. An Economic Survey of the Electrical Industry in 1960, ebd., 168 (1961), S. 154ff; Electricity in the Home. Present-Day Equipment Reviewed, ebd., 169 (1961), Supplement, S. 1; Electrical Contractors' Dinner [1958]. Points from Speeches, ebd., 162 (1958), S. 353; MASSEY, UK Electrical Engineering and Electronics Industry, S. 206; BEHNKE, Weltproduktion, S. 33; GILBERT, Sterling Area Imports, S. 18ff; ALLEN, Industrial Prospects, S. 122; KAAN, World Electrical Markets, S. 486; WILLIAMS, Anatomy of a Crisis, S. 115ff.

[163] PAGE, Exchange Rates, S. 75; Bundesrepublik Deutschland und Großbritannien im Export elektrischer Maschinen, Apparate und Geräte [1959], in: EA 12 (1959), S. 326. S.a. WINTERS, Econometric Model, S. 180; DEARDEN, EEC Membership, S. 16. Zur Bundesrepublik: MILWARD, Marshall Plan, S. 454.

Zwischen 1960 und 1970 wuchsen die Exporte britischer Waschmaschinen lediglich um insgesamt 23 Prozent und damit weit langsamer als in der Bundesrepublik, wo ihre Ausfuhr im gleichen Zeitraum um den Faktor 2,5 zunahm. Trotzdem hatte Großbritannien in diesem Warensegment in den beiden hier untersuchten Dekaden einen Exportüberschuß, der auf die hohe Ausfuhr Hoovers zurückzuführen war, da das Unternehmen in Großbritannien für den gesamten europäischen Markt produzierte.

Die regionale Struktur britischer Waschmaschinenexporte verteilte sich durchweg ungefähr gleichmäßig auf die unterschiedlichen Handelsräume. Jeweils rund 30 Prozent der Geräte gingen in EWG und EFTA, während der Commonwealth zwischen 21 und 24 Prozent abnahm. Von Mitte der 1950er Jahre an gingen damit 65 bis 70 Prozent der Ausfuhren nach Europa. Dabei wuchsen die Lieferungen in EFTA-Staaten zwischen 1950 und 1970 von £ 460.487 auf £ 2,21 Millionen und damit stärker als in jede andere Region, während Exporte in die EWG von £ 1,03 auf £ 2,5 Millionen anstiegen (Tabelle 7.1).

Von Mitte der 1950er Jahre an kamen fast alle importierten Waschmaschinen aus der EWG. 1955 und 1960 stammten sie vor allem aus den Niederlanden und der Bundesrepublik, in den 1960er Jahren dagegen aus Italien, von wo zwischen 1965 und 1970 drei Viertel aller Importgeräte kamen. Da britische Unternehmen automatischen Waschmaschinen nur geringes Interesse entgegenbrachten, bestand die Ausfuhr zum großen Teil aus *Twin-Tub*-Maschinen. Bei Importen, insbesondere aus der Bundesrepublik und Italien, hatten dagegen automatische Waschmaschinen einen hohen Anteil.[164]

Das Volumen britischer Kühlschrankexporte stieg während der 1950er und 1960er Jahre kontinuierlich, wenngleich mit abnehmenden Wachstumsraten. Aufgrund der noch schnelleren Expansion der Einfuhren verschwand der Exportüberschuß bereits vor 1960. Zwischen 1950 und 1965 gingen 45 bis 62 Prozent aller ausgeführten Geräte in den Commonwealth, während dieser Anteil in den späten 1960er Jahren stark abnahm (Tabelle 7.2). Verglichen mit Waschmaschinen war Europa als Markt für Kühlschränke weniger wichtig und nahm in den 1950er und 1960er Jahren niemals mehr als 40 Prozent der britischen Ausfuhr auf. An Empfänger in der EWG ging rund ein Viertel aller Exporte, in EFTA-Staaten zehn Prozent und weniger. Zwischen 1950 und 1970 nahm der Anteil der Lieferungen in EWG-Staaten zu, während alle anderen Handelsräume und besonders der Commonwealth an Bedeutung verlor. Ähnliches

---

[164] Mixed Year for Appliance Industry, in: ER 172 (1963), S. 489; Home Laundry, Cleaners and Floor Treatment Equipment, ebd., 177 (1965), Supplement „Trends in Domestic Appliances. Survey of Current Practice", S. 23; Hoover. Sharp Rise in Exports, in: Economist 210 (1964), S. 1036; WEBBER, Automatic Washing Machine, S. 638.

galt für die Einfuhr von Kühlschränken. Noch 1950 und 1955 stammte rund die Hälfte aller importierten Geräte von dort, doch in den 1960er Jahren war dieser Anteil auf ein unbedeutendes Niveau gefallen. Statt dessen kamen sie zunächst aus der Bundesrepublik, dann zunehmend aus Italien, von wo in der zweiten Hälfte der 1960er Jahre über 70 Prozent aller importierten Kühlschränke geliefert wurden.[165]

Bei Radiogeräten verzeichnete Großbritannien während der 1950er Jahre einen hohen Exportüberschuß, der sich in den frühen 1960er Jahren aufgrund abnehmender Ausfuhren und einen raschen Anstieg der Importe ins Gegenteil verkehrte. In der Bundesrepublik wurden um 1960 über 40 Prozent der hergestellten Radioapparate ins Ausland geliefert, in Großbritannien lag die Exportquote dagegen bei 14 Prozent.[166]

Auffällig waren die Unterschiede zwischen der regionalen Struktur bei Ein- und Ausfuhren von Rundfunkempfängern: In den 1950er Jahren gingen nur zwischen zwei und 13 Prozent der Exporte nach Europa, aber zwei Drittel der Importe kamen von dort. Mehr als die Hälfte der Auslandslieferungen ging in den Commonwealth und nach Irland, während sich dies in den 1960er Jahren umkehrte. Der Anteil der Einfuhren aus Europa fiel zwischen 1960 und 1970 von 69 auf 35 Prozent, während der Anteil der in europäische Staaten verkauften Radioempfänger bis 1970 auf zwei Drittel anstieg (Tabelle 7.3).

In den 1950er Jahren war die Bundesrepublik für Großbritannien der wichtigste ausländische Lieferant von Radioapparaten gewesen, doch in den 1960er Jahren wurden dies südostasiatische Staaten: Neben Japan vor allem Hongkong, wo man Endgeräte aus japanischen Komponenten fertigte. Um die hohen Importe aus Hongkong zu begrenzen, forderten einige Hersteller vom *Board of Trade* die Verhängung von Einfuhrquoten, konnten sich damit aber nicht durchsetzen. Im Gegenteil: 1967 entfielen die noch bestehenden Importbeschränkungen für japanische Radioempfänger, worauf sich die Lage britischer Erzeuger weiter verschlechterte.[167]

Der Exportüberschuß bei Fernsehempfängern verschwand in der zweiten Hälfte der 1960er Jahre, wenngleich das gesamte Außenhandelsvolumen in die-

---

[165] British Appliances, Italian Style, in: Economist 232 (1969), S. 74; Refrigerators. Italian Invasion, ebd., 214 (1965), S. 1041; Domestic Appliances. Doing Better ebd., 205 (1962), S. 845; Refrigeration, in: ER 177 (1965), Supplement „Trends in Domestic Appliances. Survey of Current Practice", S. 15; Electricity in Industry, ebd., 176 (1965), S. 382; Efficiency in Refrigeration Industry, ebd., 174 (1964), S. 493; Productivity in UK and USA Refrigerator Industries Compared, ebd., 181 (1967), S. 200. S.a. ROLL, Department of Economic Affairs, S. 9; SHONE, National Economic Development Council, S. 18ff.

[166] Elektrotechnische Konsumgüter in Großbritannien, in: ZVEIM 12 (1960), Nr. 12, S. 20.

[167] Radios. Eastern Infiltration, in: Economist 212 (1964), S. 838; Consumer Durables, ebd., 218 (1966), S. 43.

ser Produktgruppe aufgrund technischer Inkompatibilitäten gering war. Als Großbritannien 1969 endgültig auf den 625-Zeilenstandard umstellte, verschwand dieser Schutz gegen ausländische Konkurrenten, und der Marktanteil von Importgeräten stieg rapide an. Dies verdeutlicht, daß die anfängliche Marktdominanz heimischer Hersteller maßgeblich auf den insulären technischen Standard zurückzuführen war und nach dessen Angleichung rasch verschwand. Noch 1965 hatte Großbritannien Fernsehempfänger im Wert von £ 2,48 Millionen exportiert, aber nur Waren im Umfang von £ 100.530 eingeführt. Innerhalb von nur fünf Jahren hatte sich dieses Verhältnis allerdings ins Gegenteil verkehrt: 1970 wurden Apparate im Wert von £ 3,47 Millionen exportiert, während die Importe auf £ 9,42 Millionen gewachsen waren, die vordringlich aus Japan und Schweden kamen (Tabelle 7.4).[168]

Im Gegensatz zu Radioempfängern blieb der Anteil der in EWG-Staaten gelieferten Fernsehapparate niedrig, während in den 1960er Jahren mehr als ein Viertel der Ausfuhr in die EFTA ging. Bemerkenswert war dabei die Zunahme der Lieferungen nach Südeuropa, insbesondere nach Portugal und Griechenland. Während diese beiden Länder 1960 als Abnehmer noch keine Rolle gespielt hatten, entfielen auf sie 1970 fast 20 Prozent der britischen Auslandslieferungen. Einen ähnlich hohen Anteil hatten skandinavische Länder, insbesondere Schweden und Dänemark. Rund die Hälfte aller von Großbritannien importierten Fernsehempfänger kam 1970 aus EFTA-Ländern.

Die wichtigsten britischen Exporteure von Konsumgütern waren die großen Spezialhersteller wie Thorn, EMI, Hoover und Electrolux. Die Mischkonzerne der britischen Elektroindustrie, AEI, English Electric und mit Einschränkungen auch GEC, unternahmen dagegen nur geringe Exportanstrengungen. 1954 etwa stammten 63 Prozent aller von Großbritannien ausgeführten Staubsauger und 50 Prozent aller Waschmaschinen von Hoover, und in der nachfolgenden Zeit wuchs dieser Anteil noch weiter. So kamen in den 1960er Jahren rund 75 Prozent der britischen Waschmaschinenausfuhr von Hoover, das eine Ausfuhrquote von 40 Prozent hatte.[169] Größter britischer Exporteur von Kühlschränken

---

168 Colour TV. Bright, But not Brilliant, in: Economist 233 (1969), S. 71; Colour Television. Beware Japan, ebd., 237 (1970), S. 83; Matsushita. The Charge against the Light Brigade, ebd., S. 94; CAWSON et al., Governments, S. 111; JENNER UND TREVOR, Personel Management, S. 114; LIEBHABERG, Multinational Enterprises. S. 184; MORGAN, British Imports, S. 8; MONOPOLIES AND RESTRICTIVE PRACTICES COMMISSION, Thorn Electrical Industries and Radio Rentals, S. 14. S.a. LEVACIC, Government Policies, S. 232.

169 Hoover [AR], in: Economist 160 (1951), S. 656; 162 (1952), S. 492; 174 (1955), S. 946; 182 (1957), S. 957; 186 (1958), S. 992; 190 (1959), S. 1019; Morphy Richards, ebd., 194 (1960), S. 1050; General Electric Company [AR], ebd., 192 (1959), S. 371; Domestic Appliances. Doing Better ebd., 205 (1962), S. 845; Domestic Appliances. Winter Still, ebd., 203 (1962), S. 822; Hoover. Better Sales; Better Margins, ebd., 206 (1963), S. 1046; Hoover [AR], ebd., 198 (1961), S. 1006; 234 (1970), S. 89; Elektro-Gebrauchsgüter in Großbritannien, Teil I, in: ZVEIM 15 (1962), Nr. 1, S. 22; COR-

war die Niederlassung des schwedischen Konzerns Electrolux, der die dort gefertigten Absorbermodelle in den Commonwealth verkaufte, wo sie sich aufgrund ihrer einfachen Bauweise und der Möglichkeit, statt mit Strom auch mit
Gas oder Parafin betrieben werden zu können, großer Beliebtheit erfreuten.[170]
Die Gründung der EWG wurde von britischen Konsumgüterherstellern
aufgrund der zunehmenden Bedeutung dieser Länder als Absatzmarkt mit Interesse verfolgt, während man einem Beitritt Großbritannies indifferent gegenüberstand. Verstärkt stellte sich diese Frage dann zwar in den 1960er Jahren, aber auch hier ist innerhalb der Industrie kein einhelliges Meinungsbild
erkennbar.[171]
Lediglich die Geschäftsberichte von Hoover enthielten ausführliche Überlegungen zu den Konsequenzen eines möglichen EWG-Beitritts Großbritanniens. Zusammen mit dem US-Mutterunternehmen hatte man sich bereits seit
den späten 1950er Jahren auf die europäische Integration eingestellt. Hierzu
wurde eine gemeinsame Firma, Hoover S.A., mit Sitz in der Schweiz gegründet, „having the objective of developing to the full opportunities afforded by
the European Common Market", wie es im Hoover-Geschäftsbericht für 1961
hieß. Im gleichen Jahr wurde der Bau einer Fabrik im französischen Dijon angekündigt, und 1962 reorganisierte die US-Zentrale die Konzernaktivitäten.
Dabei mußte die britische Tochter Hoover Ltd. alle an europäischen Niederlassungen gehaltenen Anteile einschließlich der an Hoover S.A. einer von der
Konzernmutter geschaffenen Holding übertragen und erhielt im Gegenzug die
Kontrolle über sämtliche Hoover-Töchter im Commonwealth.[172]
Die wohl bemerkenswerteste Entwicklung im europäischen Haushaltsgerä-
temarkt war der in den frühen 1960er Jahren beginnende Aufstieg Italiens.
Während es in den frühen 1950er Jahren praktisch noch keine italienische
Haushaltsgeräteindustrie gegeben hatte, stammte 1966 jeder dritte in Europa
hergestellte Kühlschrank und jede fünfte Waschmaschine aus Italien. 1972 wur-
de dort sogar die Hälfte aller europäischen Kühlschränke und Waschmaschi-

---

LEY, Domestic Electrical Appliances, S. 122. Eine identische Einschätzung findet sich in: SRO,
3202 Box 26: „Goblin (Canada) Ltd.", „Import- und Handelsgesellschaft elektrotechnischer Er-
zugnisse mbH, Düsseldorf, Correspondence, 1956-62: Report on Visit to Import- und Handelsgesellschaft, 28.-31.05.1962, Muir Johnston".

[170] Electrical and Musical Industries, in: Economist 205 (1962), S. 721; CORLEY, Domestic Electrical
Appliances, S. 125f; LINDSEY, Exporting, S. 966.

[171] Hoover [AR], in: Economist 182 (1957), S. 957. S.a. British Vacuum Cleaner and Engineering
Company [AR], ebd., 183 (1957), S. 937; 187 (1958), S. 852; British Refrigeration Industry. Association's Annual Luncheon [1959], in: ER 164 (1959), S. 607; European Electrical Appliance Council, ebd., 166 (1960), S. 955; Die Elektroindustrie Großbritanniens, in: ZVEIM 15 (1962), Nr. 9, S.
21; STACEY, Electrical Manufacturing Performance, S. 494; REES-MOGG, Problems, S. 182.

[172] Hoover [AR], in: Economist 202 (1962), S. 1064; Hoover ebd., 204 (1962), S. 484; Hoover and
the Common Market, ebd., 202 (1962), S. 1068.

nen produziert.[173] Wie in der Bundesrepublik wurde der schnelle Aufstieg Italiens auch von britischen Firmen erst sehr spät erkannt. So betonte Nicholas A. H. Stacey, *Chief Economic Advisor* von GEC, noch in seiner 1962 angefertigten Analyse der britischen Elektroindustrie: „The major competitive threat to the British electrical industry is likely to come from the United States."[174]

Die führenden italienischen Anbieter Ignis, Zanussi, Zoppas, Indesit, Candy und Castor waren während der 1950er Jahre auf der Basis eines unterversorgten und damit aufnahmefähigen Binnenmarktes schnell gewachsen. Jede dieser Firmen produzierte nur eine kleine Zahl einfach gehaltener Geräte in wenig unterschiedlichen Modellen. In Verbindung mit neuen Werkstoffen erlaubte dies die Anwendung fortgeschrittener Massenproduktionsmethoden. Die sich daraus ergebenden niedrigen Stückkosten ermöglichten es italienischen Herstellern, ihre Waren zu Endverkaufspreisen anzubieten, die noch unter den Produktionskosten der meisten britischen und deutschen Unternehmen lagen.[175]

Die italienischen Firmen stießen über zwei Wege in ausländische Märkte vor. Der erste war der Vertrieb unter ausländischen Markennamen. So produzierten italienische Unternehmen in den frühen 1960er Jahren zunächst unter den Markennamen britischer Direktanbieter oder *Department Stores* und ab Mitte der 1960er Jahre auch für die Elektrokonzerne. Der zweite war der Verkauf der italienischen Geräte unter ihrem eigenen Namen. In beiden Fällen war der konkurrenzlos niedrige Preis der entscheidende Faktor für ihren Erfolg. Die Ausweitung der Exporte erlaubte es den italienischen Herstellern, ihre Fertigungsanlagen immer wieder auf den neuesten Stand zu bringen und damit ihren Wettbewerbsvorsprung zu halten.[176]

Die Situation der britischen Haushaltsgeräteindustrie verschlechterte sich in den späten 1960er Jahren mit der in Kapitel 6d beschriebenen Annäherung zwischen den großen bundesdeutschen und italienischen Herstellern, wozu der *Economist* feststellte: „Selling abroad is not going to be all fun. Since the Italians pioneered it, German companies like Bosch, Siemens and AEG, have either collaborated with each other or pooled with the Italians to get production runs up and costs down."[177]

---

[173] The First Common Market Industry, in: Economist 225 (1967), S. 968; STOPFORD UND BADEN-FULLER, Regional-Level Competition, S. 174; The Electric Household Appliances Industry in Italy, S. 48; FETTARAPPA, Elektrotechnische Gebrauchsgüterindustrie, S. 91.

[174] STACEY, Electrical Manufacturing Performance, S. 494.

[175] The First Common Market Industry, in: Economist 225 (1967), S. 968.

[176] Electricity in Industry, in: ER 176 (1965), S. 382; Anti-Dumping. Subsidy in the Wash, in: Economist 230 (1969), S. 75; The First Common Market Industry, ebd., 225 (1967), S. 968; OWEN, Economies of Scale, S. 139. SAUNDERS, Italian Refrigerators, S. 967. S.a. GLOß, EWG-Zollpolitik, S. 164f.

[177] British Appliances, Italian Style, in: Economist 232 (1969), S. 74. S.a. Domestic Appliances. New Line-Up, ebd., 225 (1967), S. 1074.

Tab. 7.1 Großbritannien: Außenhandel mit Waschmaschinen, 1950–1970

Export	£					Prozent				
	1950	1955	1960	1965	1970	1950	1955	1960	1965	1970
EWG Gesamt, davon:	*1.029.998*	*1.460.555*	*3.055.611*	*1.751.913*	*2.500.729*	*28,5*	*29,8*	*44,4*	*31,9*	*29,4*
Belgien / Luxemburg	585.065	436.977	594.058	238.639	239.236	16,2	8,9	8,6	4,3	2,8
Frankreich	–	–	615.816	627.821	407.883	–	–	8,9	11,4	4,8
Italien	141.013	322.803	817.313	55.376	–	3,9	6,6	11,9	1,0	–
Niederlande	303.920	142.177	144.857	230.566	899.568	8,4	2,9	2,1	4,2	10,6
BRD	–	558.598	883.567	599.511	954.042	–	11,4	12,8	10,9	11,2
EFTA Gesamt, davon:	*460.487*	*1.359.500*	*1.471.962*	*1.579.015*	*2.213.063*	*12,7*	*27,8*	*21,4*	*28,7*	*26,0*
Österreich	–	70.751	–	192.607	152.186	–	1,4	–	3,5	1,8
Dänemark	–	–	–	248.979	121.329	–	–	–	4,5	1,4
Finnland	64.958	–	227.964	209.840	281.108	1,8	–	0,0	0,0	0,0
Island	34.983	–	–	14.294	–	1,0	–	–	0,0	–
Norwegen	32.036	663.240	552.673	540.166	1.039.611	0,9	13,5	8,0	9,8	12,2
Portugal	–	26.167	–	53.681	152.408	–	0,0	–	0,0	0,0
Schweden	178.960	362.804	462.669	137.274	392.452	5,0	7,4	6,7	2,5	4,6
Schweiz	149.550	236.538	228.656	182.174	73.969	4,1	4,8	3,3	3,3	0,9
Übriges Europa, davon:	*16.688*	*30.152*	*46.121*	*40.080*	*247.899*	*0,5*	*0,6*	*0,7*	*0,7*	*2,9*
Griechenland	–	30.152	46.121	29.513	247.899	–	0,6	0,7	0,5	2,9
Spanien	–	–	–	10.567	–	–	–	–	0,2	–
Commonwealth*, davon:	*1.869.913*	*1.547.114*	*1.663.135*	*1.151.386*	*1.932.595*	*51,7*	*31,6*	*24,2*	*21,0*	*22,7*
Australien	1.392.201	–	299.637	30.291	619.690	38,5	–	4,4	0,6	7,3
Kanada	–	–	–	–	738.574	–	–	–	–	8,7
Indien	–	–	–	–	–	–	–	–	–	–
Neuseeland	31.868	342.882	37.044	–	–	0,9	7,0	0,5	–	–
Südafrika	274.283	360.432	480.491	188.463	67.300	7,6	7,4	7,0	3,4	0,8
Übrige Welt, davon:	*236.821*	*497.689*	*649.270*	*970.122*	*1.602.778*	*6,6*	*10,2*	*9,4*	*17,7*	*18,9*
USA	–	–	–	–	–	–	–	–	–	–
Japan	–	–	–	–	–	–	–	–	–	–
Gesamt	**3.613.907**	**4.895.010**	**6.886.099**	**5.492.516**	**8.497.064**	**100,0**	**100,0**	**100,0**	**100,0**	**100,0**

Import	x 1950	1955	1960	1965	1970	Prozent 1950	1955	1960	1965	1970
EWG Gesamt, davon:	554	216.985	1.566.315	1.175.191	2.534.007	0,4	51,0	88,4	93,7	97,4
Belgien / Luxemburg	554	16.559	–	–	–	0,4	3,9	–	–	–
Frankreich	–	–	–	–	259.928	–	–	–	–	10,0
Italien	–	100.692	226.322	936.465	2.020.785	–	–	12,8	74,6	77,7
Niederlande	–	–	615.919	20.814	–	–	23,6	34,8	1,7	–
BRD	–	99.734	724.074	217.912	253.294	–	23,4	40,9	17,4	9,7
EFTA Gesamt, davon:	7.975	132.927	–	–	–	6,4	31,2	–	–	–
Österreich	–	–	–	–	–	–	–	–	–	–
Dänemark	–	13.791	–	–	–	–	3,2	–	–	–
Finnland	–	–	–	–	–	–	–	–	–	–
Island	–	–	–	–	–	–	–	–	–	–
Norwegen	–	–	–	–	–	–	–	–	–	–
Portugal	–	–	–	–	–	–	–	–	–	–
Schweden	7.975	119.136	–	–	–	6,4	28,0	–	–	–
Schweiz	–	–	–	–	–	–	–	–	–	–
Übriges Europa, davon:	–	–	–	–	–	–	–	–	–	–
Griechenland	–	–	–	–	–	–	–	–	–	–
Spanien	–	–	–	–	–	–	–	–	–	–
Commonwealth*, davon:	68.053	11.746	98.033	37.658	67.611	54,8	2,8	5,5	3,0	–
Australien	12.420	9.720	–	–	–	10,0	2,3	–	–	–
Kanada	53.199	–	–	–	–	42,8	–	–	–	–
Indien	–	–	–	–	–	–	–	–	–	–
Neuseeland	–	–	–	–	–	–	–	–	–	–
Südafrika	–	–	–	–	–	–	–	–	–	–
Übrige Welt, davon:	47.690	64.210	106.919	41.807	–	38,4	15,1	6,0	3,3	2,6
USA	39.070	36.733	–	27.351	–	31,4	8,6	–	2,2	–
Japan	–	–	–	–	–	–	–	–	–	–
Gesamt	124.272	425.868	1.771.267	1.254.656	2.601.618	100,0	100,0	100,0	100,0	100,0

* Einschließlich Republik Irland
Zusammengestellt und berechnet nach den Angaben in: H.M. CUSTOMS AND EXCISE, Annual Statement of the Trade of the United Kingdom, London 1956-71.

Tab. 7.2 Großbritannien: Außenhandel mit Kühlschränken, 1950-1970

Export	£					Prozent				
	1950	1955	1960	1965	1970	1950	1955	1960	1965	1970
EWG Gesamt, davon:	393.517	1.557.063	260.613	750.014	937.171	9,0	22,3	5,5	25,0	24,4
Belgien / Luxemburg	93.252	242.648	34.957	74.260	60.315	2,1	3,5	0,7	2,5	1,6
Frankreich	27.917	83.781	31.330	400.848	220.555	0,6	1,2	0,7	13,4	5,7
Italien	34.581	751.932	21.335	20.126	–	0,8	10,8	0,5	0,7	–
Niederlande	237.767	199.192	86.826	47.936	83.990	5,4	2,8	1,8	1,6	2,2
BRD	–	279.510	86.165	206.844	572.311	–	4,0	1,8	6,9	14,9
EFTA Gesamt, davon:	307.256	739.299	310.921	337.858	291.623	7,0	10,6	6,6	11,3	7,6
Österreich	–	36.733	47.770	35.920	–	–	0,5	1,0	1,2	–
Dänemark	–	–	21.821	51.473	–	–	–	0,5	1,7	–
Finnland	–	87.758	14.678	–	–	–	0,0	0,0	–	–
Island	–	–	12.965	–	–	–	–	0,0	–	–
Norwegen	–	84.294	22.785	61.086	69.518	–	1,2	0,5	2,0	1,8
Portugal	–	72.757	61.280	26.571	–	–	0,0	0,0	0,0	–
Schweden	277.652	357.692	85.880	98.817	155.520	6,3	5,1	1,8	3,3	4,1
Schweiz	29.604	100.065	43.742	63.991	66.585	0,7	1,4	0,9	2,1	1,7
Übriges Europa, davon:	–	29.526	9.182	–	–	–	0,4	0,2	–	–
Griechenland	–	29.526	4.049	–	–	–	0,4	0,1	–	–
Spanien	–	–	–	–	–	–	–	–	–	–
Commonwealth, davon:*	2.446.250	3.724.566	2.914.341	1.339.963	844.028	55,9	53,3	61,5	44,7	22,0
Australien	800.486	0	247.449	191.776	361.110	18,3	0,0	5,2	6,4	9,4
Kanada	49.990	87.156	87.084	87.852	168.805	1,1	1,2	1,8	2,9	4,4
Indien	111.076	185.930	0	11.449	0	2,5	2,7	0,0	0,4	0,0
Neuseeland	0	0	0	0	0	0,0	0,0	0,0	0,0	0,0
Südafrika	594.349	0	138.506	41.810	0	13,6	0,0	2,9	1,4	0,0
Übrige Welt, davon:	1.227.255	940.094	1.241.312	571.289	1.764.235	28,1	13,4	26,2	19,0	46,0
USA	0	2.872	142.336	99.332	662.635	0,0	0,0	3,0	3,3	17,3
Japan	0	–	–	–	–	0,0	0,0	0,0	0,0	0,0
Gesamt	4.374.278	6.990.548	4.736.369	2.99.124	3.837.057	100,0	100,0	100,0	100,0	100,0

Import

	x					Prozent				
	1950	1955	1960	1965	1970	1950	1955	1960	1965	1970
EWG Gesamt, davon:	–	2.386	3.215.163	1.447.285	7.230.107	0,0	1,2	65,5	83,1	80,0
Belgien / Luxemburg	–	–	–	–	–	–	–	–	–	–
Frankreich	–	–	602.283	22.539	101.393	–	–	12,3	1,3	1,1
Italien	–	–	705.722	1.281.096	6.585.158	–	–	14,4	73,6	72,9
Niederlande	–	–	–	68.671	–	–	–	–	3,9	–
BRD	–	2.386	1.907.158	74.979	543.556	–	1,2	38,9	4,3	6,0
EFTA Gesamt, davon:	8.368	–	1.030.157	135.822	1.408.360	11,3	–	21,0	7,8	15,6
Österreich	–	–	–	–	158.259	–	–	–	–	1,8
Dänemark	–	–	–	18.907	77.898	–	–	–	1,1	0,9
Finnland	–	–	–	–	–	–	–	–	–	–
Island	–	–	–	–	–	–	–	–	–	–
Norwegen	–	–	–	–	–	–	–	–	–	–
Portugal	–	–	–	–	–	–	–	–	–	–
Schweden	8.368	–	1.030.157	116.915	1.172.203	11,3	–	21,0	6,7	13,0
Schweiz	–	–	–	–	–	–	–	–	–	–
Übriges Europa, davon:	–	–	–	–	–	–	–	–	–	–
Griechenland	–	–	–	–	–	–	–	–	–	–
Spanien	–	–	–	–	–	–	–	–	–	–
Commonwealth, davon:*	36.928	111.460	22.026	110.554	50.133	50,0	54,0	0,4	6,4	0,6
Australien	–	–	–	–	–	–	–	–	–	–
Kanada	13.722	–	18.591	109.566	50.133	18,6	–	0,4	6,3	0,6
Indien	–	–	–	–	–	–	–	–	–	–
Neuseeland	–	–	–	–	–	–	–	–	–	–
Südafrika	9.667	16.919	–	–	–	13,1	8,2	–	–	–
Übrige Welt, davon:	28.625	92.607	640.557	47.124	188.019	38,7	44,9	13,1	2,7	2,1
USA	20.413	51.732	264.640	21.009	51.732	27,6	25,1	5,4	1,2	0,6
Japan	–	–	–	–	–	–	–	–	–	–
Gesamt	73.921	206.453	4.907.903	1.740.785	9.034.376	100,0	100,0	100,0	100,0	100,0

* Einschließlich Republik Irland

Zusammengestellt und berechnet nach den Angaben in: H.M. CUSTOMS AND EXCISE, Annual Statement of the Trade of the United Kingdom, London 1956–71.

Tab. 7.3 Großbritannien: Außenhandel mit Radiogeräten, 1950-1970

Export	£					Prozent				
	1950	1955	1960	1965	1970	1950	1955	1960	1965	1970
EWG Gesamt, davon:	92.325	6.778	51.315	82.057	504.376	3,9	0,2	2,4	15,7	27,4
Belgien / Luxemburg	37.749	–	–	–	–	1,6	–	–	–	–
Frankreich	–	–	3.073	21.681	–	–	–	0,1	4,2	–
Italien	–	–	891	–	52.862	–	–	0,0	–	2,9
Niederlande	40.329	6.778	13.878	38.752	272.385	1,7	0,2	0,6	7,4	14,8
BRD	14.247	–	33.473	21.624	179.129	0,6	–	1,5	4,1	9,7
EFTA Gesamt, davon:	85.950	21.220	49.354	0	605.541	3,7	0,7	2,3	0,0	32,9
Österreich	–	–	–	–	110.476	–	–	–	–	6,0
Dänemark	–	–	–	–	130.006	–	–	–	–	7,1
Finnland	–	–	–	–	52.574	–	–	–	–	2,9
Island	–	–	–	–	–	–	–	–	–	–
Norwegen	219	–	–	–	68.137	0,0	–	–	–	3,7
Portugal	58.698	21.220	39.473	–	–	2,5	0,7	1,8	–	–
Schweden	13.700	–	9.881	–	244.348	0,6	–	0,5	–	13,3
Schweiz	13.333	–	–	–	–	0,6	–	–	–	–
Übriges Europa, davon:	107.962	20.234	–	–	–	4,6	0,7	–	–	–
Griechenland	93.468	20.234	–	–	–	4,0	0,7	–	–	–
Spanien	–	–	–	–	–	–	–	–	–	–
Commonwealth*, davon:	1.067.836	1.684.407	1.378.662	219.158	140.600	45,3	56,9	63,5	42,0	7,6
Australien	27.207	10.583	–	–	–	1,2	0,4	–	–	–
Kanada	–	14.698	86.309	10.647	–	–	0,5	4,0	2,0	–
Indien	104.869	6.443	–	–	–	4,5	0,2	–	–	–
Neuseeland	–	924	–	–	–	–	0,0	–	–	–
Südafrika	10.561	325.473	87.245	–	–	0,4	11,0	4,0	–	–
Übrige Welt, davon:	1.000.597	1.229.061	693.432	220.496	591.316	42,5	41,5	31,9	42,3	32,1
USA	7.225	27.208	42.415	–	–	0,3	0,9	2,0	–	–
Japan	–	–	–	–	–	–	–	–	–	–
Gesamt	2.354.670	2.961.700	2.172.763	521.711	1.841.833	100,0	100,0	100,0	100,0	100,0

Import

	£					Prozent				
	1950	1955	1960	1965	1970	1950	1955	1960	1965	1970
EWG Gesamt, davon:	–	311.526	340.560	934.545	1.271.690	–	62,3	56,5	19,5	13,8
Belgien / Luxemburg	–	–	–	13.646	222.344	–	–	–	0,3	2,4
Frankreich	–	–	–	39.553	285.174	–	–	–	0,8	3,1
Italien	–	–	9.334	13.460	–	–	–	1,5	0,3	–
Niederlande	–	165	73.399	178.962	324.061	–	0,0	12,2	3,7	3,5
BRD	–	311.361	257.827	688.924	440.111	–	62,3	42,8	14,4	4,8
EFTA Gesamt, davon:	–	–	51.985	304.228	1.987.323	–	0,0	8,6	6,4	21,6
Österreich	–	–	51.985	33.603	89.453	–	–	8,6	0,7	1,0
Dänemark	–	–	–	258.507	71.304	–	–	–	5,4	0,8
Finnland	–	–	–	–	111.273	–	–	–	–	1,2
Island	–	–	–	–	–	–	–	–	–	–
Norwegen	–	–	–	–	50.493	–	–	–	–	0,5
Portugal	–	–	–	–	1.452.163	–	–	–	–	15,8
Schweden	–	–	–	–	–	–	–	–	–	–
Schweiz	–	–	–	12.118	212.637	–	–	–	0,3	2,3
Übriges Europa, davon:	–	–	–	–	–	–	–	–	–	–
Griechenland	–	–	–	–	–	–	–	–	–	–
Spanien	–	–	–	–	–	–	–	–	–	–
Commonwealth*, davon:	7.153	178.812	45.558	2.300.744*	2.677.561**	42,9	35,8	7,6	48,0	29,1
Australien	–	–	–	–	–	–	–	–	–	–
Kanada	–	–	–	–	–	–	–	–	–	–
Indien	–	–	–	–	53.399	–	–	–	–	0,6
Neuseeland	–	–	–	–	–	–	–	–	–	–
Südafrika	–	–	–	–	–	–	–	–	–	–
Übrige Welt, davon:	9.515	9.428	164.463	1.251.443	3.254.644	57,1	1,9	27,3	26,1	35,4
USA	–	–	30.996	98.227	68.877	–	–	5,1	2,1	0,7
Japan	–	0	69.502	594.972	1.765.451	–	–	11,5	12,4	19,2
Gesamt	16.668	499.766	602.566	4.790.960	9.191.218	100,0	100,0	100,0	100,0	100,0

* Einschließlich Republik Irland

Zusammengestellt und berechnet nach den Angaben in: H.M. CUSTOMS AND EXCISE, Annual Statement of the Trade of the United Kingdom, London 1956-71.

Tab. 7.4 Großbritannien: Außenhandel mit Fernsehgeräten 1950–1970

Export	£					Prozent				
	1950	1955	1960	1965	1970	1950	1955	1960	1965	1970
EWG Gesamt, davon:	–	18.226	124.186	62.401	134.354	–	3,7	12,0	2,5	3,9
Belgien / Luxemburg	–	–	–	–	–	–	–	–	–	–
Frankreich	–	–	–	–	–	–	–	–	–	–
Italien	–	17.920	124.186	–	–	–	3,6	12,0	–	–
Niederlande	–	306	–	15.376	–	–	0,1	–	0,6	–
BRD	–	–	–	47.025	134.254	–	–	–	1,9	3,9
EFTA Gesamt, davon:	–	1.019	245.647	897.437	1.891.231	–	0,2	23,8	36,3	54,5
Österreich	–	–	–	50.795	300.809	–	–	–	2,1	8,7
Dänemark	–	426	3.365	–	246.481	–	0,1	0,3	–	7,1
Finnland	–	–	45.453	–	–	–	–	4,4	–	–
Island	–	–	–	–	–	–	–	–	–	–
Norwegen	–	–	–	188.446	118.685	–	–	–	7,6	3,4
Portugal	–	–	8.327	409.577	553.039	–	–	0,8	16,6	15,9
Schweden	–	593	188.502	138.681	579.746	–	0,1	18,3	5,6	16,7
Schweiz	–	–	–	109.938	92.471	–	–	–	4,4	2,7
Übriges Europa, davon:	–	–	–	–	120.169	–	–	–	–	3,5
Griechenland	–	–	–	–	120.169	–	–	–	–	3,5
Spanien	–	–	–	–	–	–	–	–	–	–
Commonwealth*, davon:	736	468.502	386.131	1.042.470	286.132	13,9	95,2	37,4	42,1	8,2
Australien	–	12.452	–	–	–	–	2,5	–	–	–
Kanada	–	–	–	–	–	–	–	–	–	–
Indien	–	–	–	–	69.773	–	–	–	–	2,0
Neuseeland	–	–	–	26.767	–	–	–	–	1,1	–
Südafrika	–	–	–	–	–	–	–	–	–	–
Übrige Welt, davon:	4.555	4.599	275.336	472.192	1.039.262	86,1	0,9	26,7	19,1	29,9
USA	–	–	–	–	–	–	–	–	–	–
Japan	–	–	–	–	–	–	–	–	–	0,0
Gesamt	5.291	492.346	1.031.300	2.474.500	3.471.148	100,0	100,0	100,0	100,0	100,0

Import

	£					Prozent				
	1950	1955	1960	1965	1970	1950	1955	1960	1965	1970
EWG Gesamt, davon:	–	–	–	–	1.652.413	–	–	–	–	17,5
Belgien / Luxemburg	–	–	–	–	676.797	–	–	–	–	7,2
Frankreich	–	–	–	–	–	–	–	–	–	–
Italien	–	–	–	–	156.631	–	–	–	–	1,7
Niederlande	–	–	–	–	–	–	–	–	–	–
BRD	–	–	–	–	818.985	–	–	–	–	8,7
EFTA Gesamt, davon:	–	–	1.261	–	4.798.486	–	–	6,0	–	50,9
Österreich	–	–	–	–	350.355	–	–	–	–	3,7
Dänemark	–	–	–	–	512.739	–	–	–	–	5,4
Finnland	–	–	–	–	746.328	–	–	–	–	7,9
Island	–	–	–	–	–	–	–	–	–	–
Norwegen	–	–	–	–	92.391	–	–	–	–	1,0
Portugal	–	–	–	–	–	–	–	–	–	–
Schweden	–	–	1.261	–	2.976.050	–	–	6,0	–	31,6
Schweiz	–	–	–	–	120.623	–	–	–	–	1,3
Übriges Europa, davon:	–	–	–	–	–	–	–	–	–	–
Griechenland	–	–	–	–	–	–	–	–	–	–
Spanien	–	–	–	–	–	–	–	–	–	–
Commonwealth*, davon:	246	3.294	13.756	12.015	964.641	0,0	21,7	65,4	12,0	10,2
Australien	–	–	–	–	–	–	–	–	–	–
Kanada	–	–	–	–	–	–	–	–	–	–
Indien	–	–	–	–	–	–	–	–	–	–
Neuseeland	–	–	–	–	–	–	–	–	–	–
Südafrika	–	–	–	–	–	–	–	–	–	–
Übrige Welt, davon:	2.243	11.886	6.012	88.512	2.002.743	0,0	78,3	28,6	88,0	21,3
USA	–	–	–	–	–	–	–	–	–	–
Japan	–	–	–	60.653	1.791.694	–	–	–	60,3	19,0
Gesamt	2.489	15.180	21.029	100.527	9.418.283	0,0	100,0	100,0	100,0	100,0

* Einschließlich Republik Irland

Zusammengestellt und berechnet nach den Angaben in: H.M. Customs and Excise, Annual Statement of the Trade of the United Kingdom, London 1956-71.

ELEKTROTECHNISCHE KONSUMGÜTER: EINE ZWISCHENBILANZ

In Großbritannien und Deutschland war die Herstellung elektrotechnischer Konsumgüter während des Zweiten Weltkriegs weitgehend eingestellt und die Fertigungsanlagen so weit als möglich für militärische Zwecke verwendet worden. Der in dieser Branche zu verzeichnende technische Fortschritt war deshalb während der Kriegsjahre gering. Trotzdem löste der Krieg wichtige Veränderungen aus, da Haushaltsgerätehersteller von der Entwicklung neuer Werkstoffe sowie den Erfahrungen profitierten, die sie mit der Anwendung von Massenproduktionsmethoden in der Rüstungsfertigung gewonnen hatten.

Hinzu kam, daß in Großbritannien nach dem Zweiten Weltkrieg erstmals alle für Haushaltsgeräte notwendigen Komponenten wie etwa Kompressoren für Kühlschränke gefertigt wurden, während sie in der Vorkriegszeit noch zu einem maßgeblichen Teil importiert worden waren. Tiefgreifende Veränderungen ergaben sich in der britischen Radioindustrie, die durch Entwicklung und Herstellung neuer Produkte zu einem wichtigen Anbieter von Investitionsgütern wurde. Außerdem erlaubte der technische Fortschritt, der während des Krieges in der Funktechnologie und bei Komponenten gemacht worden waren, beachtliche Verbesserungen von Radio- und Fernsehgeräten.

Zahlreiche neue Firmen wurden in Großbritannien nach dem Zweiten Weltkrieg im Konsumgütersektor gegründet, während Unternehmen anderer Industriesektoren ebenfalls in diesen Markt vorstießen. Der zu dieser Zeit bestehende Nachfrageüberschuß und der Mangel an Rohstoffen, Arbeitskräften und Elektrizität verzögerte die Konversion der Industrie zu Friedensbedingungen und eine rasche Steigerung des Ausstoßes. Hinderlich für die Ausweitung der Gebrauchsgüterproduktion waren zudem die von der Regierung erzwungenen regionalen Verschiebungen der Fertigungsstandorte, die erhöhte Herstellungskosten nach sich zogen.

Wie in Großbritannien wurden auch in der Bizone beziehungsweise der Bundesrepublik in den frühen Nachkriegsjahren viele neue Unternehmen gegründet. Möglich war dies, weil die Fertigung mancher elektrotechnischer Konsumgüter wie etwa Radioapparaten technisch einfach war und letztlich nur aus der Montage frei erhältlicher Komponenten bestand. Als aber der erste Nachfrageschub befriedigt war und die Konzerne nach dem Verlust ihrer Berliner Fertigungsstätten neue Fabriken in Westdeutschland in Betrieb genommen hatten, mußten viele kleine und mittlere Firmen schließen. Dies führte gleichzeitig zu einer starken Reduzierung von Gerätetypen und Modellen, die sich günstig auf die Herstellungskosten und damit die Verkaufspreise auswirkte.

Der Verlust zahlreicher MW-Frequenzen bei der Kopenhagener Wellenkonferenz von 1948 erwies sich im Rückblick als nützlich für die deutsche Rundfunkwirtschaft, da er zum entscheidenden Impuls für den Aufbau von UKW-
Sendenetzen wurde, auf deren Basis der Verkauf hierfür ausgerüsteter
Rundfunkgeräte expandierte. Als die technische Überlegenheit von UKW, das
eine enorme Verbesserung der Übertragungsqualität und die Möglichkeit zu
Stereosendungen bot, im Laufe der 1950er Jahre offenkundig geworden war,
begannen zahlreiche Staaten mit dem Aufbau entsprechender Sendeanlagen.
Deutschen Anbietern, die sich zu diesem Zeitpunkt bereits auf mehrjährige Er-
fahrungen und eine stabile Marktstellung stützen konnten, ermöglichte dies eine starke Ausweitung ihres Absatzes. In Großbritannien wurde UKW dagegen erst viel später eingeführt, da man hierfür angesichts des gut ausgebauten
MW-Netzes keine Notwendigkeit sah. Radiohersteller schenkten deshalb der
Entwicklung von UKW-Geräten wenig Aufmerksamkeit und konnten so ausländischen Konkurrenten wenig entgegensetzen, als UKW im Laufe der 1950er
Jahre auch in Großbritannien wichtiger wurde.

Mit der frühen Wiederaufnahme regelmäßiger Fernsehsendungen unter Beibehaltung des Zeilenstandards der Vorkriegszeit versuchte die britische Regierung, dieses System auf internationaler Ebene zu etablieren, um hierdurch heimischen Unternehmen einen Startvorteil zu verschaffen. Dies scheiterte aber an
der technischen Unzulänglichkeit dieses Fernsehstandards und an der in vielen
Staaten aufgekommenen Diskussion über das zu wählende System. Die Folge
war, daß die auch in Großbritannien geführte Debatte die Verbreitung des
Fernsehens dort verzögerte, während gleichzeitig die Exportchancen der britischen Industrie sanken, da sich nahezu kein Land für deren Standard entschied.

In der Bundesrepublik wurde Fernsehen später als in Großbritannien eingeführt und dabei der international übliche Zeilenstandard übernommen. Deutschen Herstellern bescherte dies im Unterschied zu britischen Firmen einen
weltweiten Absatzmarkt. Gleichzeitig verschaffte der gegenüber allen anderen
Systemen inkompatible britische Fernsehstandard den dortigen Unternehmen
einen wirksamen Schutz gegen ausländische Konkurrenten. Die Folge war ein
niedriger Wettbewerbsdruck mit allen damit verbundenen Konsequenzen.
Deutlich wurde dies, als der britische Standard in den späten 1960er Jahren an
den anderer Staaten angeglichen wurde und die Importe hierauf sogleich hoch-
schnellten.

Zumindest bis in die späten 1950er Jahre kann der britischen Industrie nicht
der Vorwurf gemacht werden, sich technischen Innovationen gegenüber ab-
wartend verhalten zu haben. Beleg hierfür sind ihre Erfolge in der Elektronik,
wenn dieser Bereich auch stark von militärischen Einflüssen geprägt war und
massive staatliche Unterstützung erhielt. Zudem profitierten die betreffenden

Firmen sowohl von den intensiven Forschungen der Kriegszeit, als auch von der engen Zusammenarbeit mit den USA. Die offensichtlich unzureichenden Forschungsanstrengungen in den nachfolgenden Jahren ließen britische Unternehmen dann aber im internationalen Vergleich zurückfallen. Dies galt besonders für die Anwendung neuer Produktionstechnologien. Eine Ausnahme stellte Thorn dar, dessen Aufstieg maßgeblich auf die frühe Adaption amerikanischer Massenfertigungsverfahren zurückzuführen war. Thorn schloß sich gleichzeitig nicht der Preispolitik der Kartelle anderer Hersteller an, sondern setzte sie durch Preissenkungen unter Druck. Die Folge war, daß auch alle anderen ihre Preise senken mußten, ohne aber damit ein weiteres Anwachsen des Marktanteils von Thorn verhindern zu können.

Die Politik des *Demand Management* und der sich daraus ergebenden Nachfrageschwankungen hatte tiefgreifende Auswirkungen auf die britische Konsumgüterindustrie. Die wiederholte Änderung von Teilzahlungsbestimmungen und *Purchase Tax* störten Produktion und Produktionsplanung und verzögerten Modernisierungs- und Rationalisierungsinvestitionen. Dies verhinderte Preissenkungen, die ein höheres Ausstoßvolumen und damit günstigere Möglichkeiten zur Anwendung moderner Fertigungsverfahren mit sich gebracht hätten. Außerdem verschob sich die Markteinführung neuer Produkte, wodurch die internationale Wettbewerbsfähigkeit britischer Hersteller Schaden nahm.

Durch die wiederholten staatlichen Eingriffe stiegen die Verkaufspreise, so daß eine schnelle Ausweitung des Absatzes, insbesondere in unteren Einkommensschichten, verhindert wurde. Die Industrie forcierte statt dessen das Teilzahlungsgeschäft und die Vermietung von Geräten, wurde dadurch aber von den wiederholt verhängten Einschränkungen bei Ratenkäufen und den Erhöhungen der *Purchase Tax* massiv betroffen. Hinzu kam, daß den Herstellern aus der Bereitstellung von Teilzahlungskrediten große finanzielle Belastungen entstanden.

Wie in Großbritannien hatte das Teilzahlungsgeschäft auch in der Bundesrepublik einen großen Anteil an Konsumgüterkäufen. Die Vermietung von Geräten hatte nur nachgeordnete Bedeutung und wurde von deutschen Firmen nur als vorübergehende Maßnahme zur Verkaufsförderung angesehen, wie dies etwa bei Fernsehgeräten der Fall war. In Großbritannien entfiel dagegen auf die Vermietung von Fernsehgeräten ein wesentlicher Anteil des Umsatzes: Die Hersteller versuchten auf diesem Weg die Umsatzrückgänge, die sich aus hohen Preisen und der mehrmaligen Verschärfung der Teilzahlungsbedingungen ergeben hatten, zumindest teilweise zu kompensieren.

Die wiederholten Interventionen des Bundeskartellamts in die Preisbindung zwangen die Hersteller dazu, das verschiedentlich aufgetretene Überangebot durch Preissenkungen abzubauen. Davon profitierte nicht nur der Verbraucher, sondern mittel- und langfristig auch die Industrie, weil der dadurch ausgelöste Wettbewerbsdruck die Unternehmen zu Produktivitätssteigerungen zwang, während gleichzeitig ineffiziente Firmen den Markt verlassen mußten. Der Leidtragende war der Einzelhandel, dessen Handelsspannen von den Herstellern reduziert wurde.

Im britischen Konsumgütermarkt konnten dagegen die Preise von Industrie und Handel über lange Zeit auf einem überhöhten Niveau gehalten werden. Das zeigte sich am schnellen und überraschenden Erfolg der Direktanbieter, der die etablierten Firmen zu starken Preissenkungen zwang. Daß dies bis zum Auftreten der Direktanbieter nicht geschehen war, ist ein deutliches Anzeichen für den geringen Wettbewerbsdruck, der die Unternehmen weder zu weitreichenden Rationalisierungsmaßnahmen noch zu Preissenkungen gezwungen hatte. Als ausländische Konkurrenten in den 1960 Jahren in den britischen Markt vordrangen, zeigte sich, daß die einheimischen Hersteller der zunehmenden Konkurrenz nicht gewachsen waren, weshalb die Importe rasch zunahmen. Die unter diesem Druck zustande gekommenen Fusionen kamen allerdings zu spät, und zudem nutzten die Firmen die damit entstandenen Möglichkeiten zur Einsparung von Kosten nur unzureichend und zögerlich.

Wichtig für britische Konsumgüterhersteller war der Wandel, zu dem es in den 1960er Jahren im Einzelhandelssektor kam. Hierzu zählte besonders die Ausbreitung neuer Unternehmensformen, der sich nach Aufhebung der Preisbindung im Jahr 1964 beschleunigte. Ladenketten und *Department Stores* begegneten der Konkurrenz von *Discount Warehouses* und *Cash and Carry*-Märkten durch Abschluß langfristiger Lieferverträge mit ausländischen und insbesondere italienischen Herstellern. Hieraus ergab sich ein geringeres Bestellvolumen für britische Firmen, die besonders viele Aufträge in der Krise von 1966/67 verloren, während die italienischen Konkurrenten durch ihre vertraglichen Bindungen dagegen weitgehend geschützt waren.

Im bundesdeutschen Markt gehörten Siemens, AEG und Bosch zu den wichtigsten Herstellern elektrotechnischer Konsumgüter. Im Gegensatz zu den britischen Konzernen, die sich in erster Linie als Anbieter von Starkstromprodukten verstanden, waren sie seit jeher auch bei Konsumgütern aktiv. Siemens und AEG waren bereits vor dem Ersten Weltkrieg in diesem Feld tätig, Bosch hatte in den Zwischenkriegsjahren sein Fertigungsspektrum in diesen Bereich diversifiziert. Bosch unternahm diesen Schritt, um einen Umsatzausgleich für Perioden abgeschwächter Nachfrage im Kerngeschäft des Unternehmens, Kfz-Elektrik, zu haben. Siemens und AEG hatten dagegen traditionell ein breites Warenspektrum, das ihnen Stabilität gegenüber Konjunkturschwankungen verschaffte. Gerade dieses starke Engagement der Konzerne war entscheidend, da sie umfangreiche Ressourcen insbesondere finanzieller Art, sowohl für Forschung und Entwicklung, als auch für den Aufbau von Vertriebs- und Kundendienstnetzen im In- und Ausland hatten.

Der Wettbewerbsdruck in der bundesdeutschen Konsumgüterindustrie erhöhte sich in den 1960er Jahren durch die rasch anwachsenden Importe ausländischer und insbesondere italienischer und japanischer Hersteller. Dies löste eine Reihe von Fusionen aus, in deren Verlauf die Konzerne mehrere, bis dahin noch unabhängige Konsumgüterproduzenten erwarben und dadurch ihre Marktstellung ausbauten. Exemplarisch hierfür war der Kauf von Constructa durch Siemens. Dieser Konzentrationsprozeß verlief in der Bundesrepublik schneller und umfassender als in Großbritannien, wobei besonders auf die im Anschluß erfolgte Bereinigung der Produktpalette und die Schließung von Fertigungsstätten hinzuweisen ist, aus der sich erhebliche Kosteneinsparungen ergaben. Britische Firmen nutzten diese Chance dagegen nur zögerlich und unzureichend.

Gleichzeitig paßten sich die bundesdeutschen Hersteller an das Vorgehen italienischer Konkurrenten an und brachten, ähnlich wie dies auch in Großbritannien geschehen war, ebenfalls billige Geräte auf den Markt. Allerdings hatten deutsche Firmen erheblich höhere Ausstoßzahlen, die Voraussetzung für die Anwendung moderner Fertigungsverfahren waren. Da das Produktionsvolumen bundesdeutscher Unternehmen weit näher am *Minimum Efficient Scale* als das britischer Firmen lag, hatten sie es leichter, der italienischen Konkurrenz zu begegnen. Eine interessante Wende ergab sich in den späten 1960er Jahren, als die italienischen Hersteller in Finanznot gerieten und als einzigen Ausweg eine Annäherung an deutsche Firmen sahen.

Die rückläufigen Anteile Großbritanniens auf dem Weltmarkt für elektrotechnische Konsumgüter lassen sich auf zwei Ursachen zurückführen: Die Struktur britischer Exporteure und die regionale Struktur britischer Exporte. Der Großteil der Konsumgüterausfuhr wurde von den großen Spezialherstellern getätigt, von denen die wichtigsten Töchter ausländischer Konzerne waren: Hoover und Electrolux. Gleichzeitig maßen GEC, English Electric und AEI Konsumgütern und vor allem auch deren Export nur geringe Bedeutung zu, während kleineren Herstellern hierzu die Resourcen fehlten.

Wie in anderen Industriesektoren war das einstige Empire auch nach dem Zweiten Weltkrieg wichtigster Auslandsmarkt für britische Gebrauchsgüter. Allerdings unternahmen diese Staaten erhebliche Anstrengungen zum Aufbau eigenständiger Fertigungskapazitäten, die sie durch Importrestriktionen gegen ausländische Konkurrenz schützten. Der dadurch ausgelöste Rückgang der Nachfrage ließ die Bedeutung europäischer Märkte wachsen, wenngleich eine rasche Steigerung der Ausfuhr dorthin an der schwachen Ausgangsposition britischer Firmen und unterschiedlichen technischen Standards scheiterte. So war es insbesondere die frühe Dominanz bundesdeutscher Firmen und der schnelle Aufstieg Italiens, verbunden mit der Formierung der EWG, der britischen Unternehmen den Zutritt zu kontinentaleuropäischen Märkten erschwerte.

Bundesdeutsche Firmen profitierten in starkem Maße von hohen Ausfuhren, weshalb in Zeiten stagnierender Binnennachfrage eine Einschränkung der Produktion nicht, beziehungsweise seltener als in Großbritannien nötig war. Die Analyse des deutschen Außenhandels zeigte dabei deutlich, in welchem Maß er sich zugunsten des schnell wachsenden europäischen Marktes verschob. Für britische Firmen galt dies weit weniger, wenngleich auch für sie Europa zunehmend wichtiger wurde. Die Spaltung der europäischen Wirtschaft durch Konsolidierung von EWG und EFTA in den 1960er Jahren wurde von der bundesdeutschen Elektroindustrie mit Skepsis gesehen, da viele Handelspartner, zum Teil sogar die wichtigsten, der EFTA angehörten. Gerade in dieser Hinsicht ist es erstaunlich, mit welcher Geschwindigkeit EFTA-Staaten im Vergleich zu EWG-Mitgliedern bereits in den 1960er Jahren als Abnehmer deutscher Elektrokonsumgüter an Bedeutung verloren.

Das herausragende Kennzeichen der britischen Konsumgüterindustrie, dies sei im Vergleich mit der Bundesrepublik betont, war die schwache Stellung der Konzerne AEI, English Electric und GEC in diesem Markt. Wenngleich sie entsprechend ihres Mottos „everything electrical" eine nahezu komplette Palette von Konsumgütern anboten, hatten diese Warengruppen für die Unternehmen doch nur geringe Bedeutung. Wie T. A. B. Corley anmerkte, erfüllten Konsumgüter für die Konzerne nur die Funktion eines „,shop window' for keeping before the consumer a name principally associated with capital goods."[1]

Die Konzerne genossen bei Starkstromprodukten und insbesondere bei Kraftwerksanlagen einen stabilen, gegen ausländische Konkurrenten geschützten Markt mit hohen Gewinnspannen und geringem Wettbewerbsdruck. Verglichen damit erschienen Konsumgüter wenig attraktiv: Die Gewinne waren niedriger, der Konkurrenzdruck aber höher, da die Konzerne in diesem Markt mit großen Spezialherstellern wie Hoover, Thorn und EMI konkurrierten, die sich bestehenden Kartellen nicht anschlossen. Die *Electrical Review* urteilte:

> Domestic appliances probably represent the most difficult section of the electrical manufacturing business. While performance is important, appearance is generally more so and this combination of efficiency and ‚eye-appeal' gives the producer a double task. Efficiency can be taken care of by the engineering side but to cater for

---

[1]   CORLEY, Domestic Electrical Appliances, S. 68

women's tastes and prejudices requires careful study and the employment of artists.[2]

All dies war bei Kraftwerksanlagen nicht nötig, von denen zudem eine ingenieurtechnische Faszination ausging, die Gebrauchsgütern fehlte. Mit dem Aufstieg der Direktanbieter und den vermehrten Importen verschlechterten sich die Rahmenbedingungen dann noch weiter. Hierzu *Electrical Review* im Jahr 1966: „The majority of the appliance makers in business are very large combines whose domestic appliance business is the most financially worrying of all their enterprises. Many of these manufacturers would love to withdraw from the market but fear that such an admission of defeat would have serious repercussions in other directions."[3]

Der sich im Laufe der 1950er und 1960er Jahre beschleunigende Rückgang der Anteile britischer Hersteller im heimischen und auf Exportmärkten scheint die Vermutung zu bestätigen, daß sie ihre starke Stellung in den Nachkriegsjahren den durch den Zweiten Weltkrieg hervorgebrachten Veränderungen, insbesondere den hohen Forschungsanstrengungen der Kriegszeit, verdankten. Unterschiedliche technische Standards, Zölle und andere Handelshindernisse schützten britische Hersteller in den Jahren nach dem Krieg noch für einige Zeit vor ausländischen Konkurrenten. Als diese Hindernisse verschwanden und sie den Wettbewerbern direkt ausgesetzt waren, verschlechtere sich ihre Position rapide. Anschaulicher Beleg dafür war der Abfall des britischen Weltmarktanteils und die hochschnellenden Importquoten.

---

[2] Home Service, in: ER 161 (1957), S. 83. Eine vergleichsweise niedrige Profitabilität des Konsumgütersektors lag auch in den USA vor: HUNT, Trade Associations and Self-Regulation, S. 40
[3] CUSSINS, Domestic Appliances: Designed to Service or Smash?, in: ER 178 (1966), S. 215

TEIL 4:

AUSGEWÄHLTE ASPEKTE DER
ENTWICKLUNG
DER DEUTSCHEN UND BRITISCHEN
ELEKTROTECHNISCHEN INDUSTRIE;
ZUSAMMENFASSUNG
UND SCHLUSSFOLGERUNGEN

KAPITEL 8:
AUSGEWÄHLTE ASPEKTE ZUR ENTWICKLUNG DER BRITISCHEN UND DEUTSCHEN ELEKTROTECHNISCHEN INDUSTRIE

A. WACHSTUM UND PRODUKTIONSSTRUKTUR

Zwischen 1950 und 1970 wuchs das reale Sozialprodukt der Bundesrepublik Deutschland um das 2,8fache, wobei das Jahr 1960 den oberen Scheitelpunkt der Periode darstellte. Während dieser beiden Dekaden verlangsamte sich das Wachstum, und 1967 war erstmals nach dem Zweiten Weltkrieg ein Rückgang von Industrieproduktion und Bruttoinlandsprodukt zu verzeichnen. Eine Schlüsselposition in dieser Expansion kam dem Export zu, der zumeist schneller als der Binnenmarkt wuchs, wodurch die Ausfuhrquote zwischen 1950 und 1970 von 10,7 auf 27 Prozent anstieg.[1]

Die Wachstumsraten der Elektrotechnischen Industrie lagen in dieser Zeit durchweg über der der Gesamtwirtschaft, wenngleich die Differenz zunehmend kleiner wurde. In den ersten vier Konjunkturzyklen entwickelte sich die preisbereinigte Produktion der Elektroindustrie im Jahresdurchschnitt folgendermaßen (in Klammern Zunahme des realen Bruttoinlandprodukts)[2]:

> 1950-54: 23,3 (8,8) Prozent
> 1955-58: 16,1 (7,0) Prozent
> 1959-63: 9,8 (5,7) Prozent
> 1964-67: 4,6 (3,6) Prozent

Der Grund für dieses überdurchschnittliche Wachstum der elektrotechnischen Produktion (siehe auch Graphik 2) lag in der fortschreitenden Elektrifizierung von Industrie, Gewerbe, Verkehr und Haushalt, die der Elektroindustrie einen stark expandierenden Absatzmarkt verschaffte. Interessant scheint an dieser Stelle ein Vergleich der deutschen Elektroindustrie vor und nach dem Zweiten Weltkrieg. Basisjahre sind dabei 1936, das mit Einschränkung als das letzte Jahr der Friedenswirtschaft angesehen werden kann, und 1950, das als das erste „Normaljahr" der Nachkriegszeit gilt.

---

[1] BORCHARDT, Wirtschaftliches Wachstum, S. 726-729, 733ff; KLEIN, Postwar Growth Cycles, S. 138; SCHMIDT, Exporte, S. 69; HARDACH, Wirtschaftsgeschichte, S. 213. Zur Diskussion über die Ursachen des rapiden Wirtschaftswachstums: ABELSHAUSER UND PETZINA, Krise und Rekonstruktion, S. 112f; DUMKE, Reassessing the Wirtschaftswunder S. 486.

[2] S. Zur Entwicklung der westdeutschen Elektroindustrie in den Jahren 1950-1964, Erster Teil, in: ZVEIM 19 (1966), Nr. 2, S. 8; RUPPEL, Expansion, S. 4; HALLER Aufstieg, S. 515.

*Graphik 2: Bundesrepublik Deutschand: Index der Industriellen Produktion,
Jährliche Veränderung in Prozent, 1950-1970*

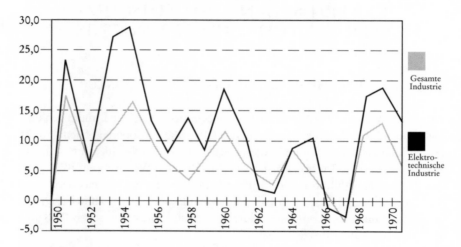

Zusammengestellt und berechnet nach den Angaben in:
STATISTISCHES BUNDESAMT, Bevölkerung und Wirtschaft, S. 177f; AMBROSIUS, Wirtschaftssystem, S.
15;
ZVEI, Statistischer Bericht, Ausgaben 1948/1949 bis 1956;
Ders., , Die westdeutsche Elektroindustrie. Statistischer Bericht, Ausgaben 1957 bis 1970

Vergleicht man die Veränderung des Produktionswerts der einzelnen Waren-
klassen wird erkennbar, daß Elektrische Haushaltskühlmöbel mit weitem Abstand die höchste Zuwachsrate aufwiesen: Ihre Produktion war 1950 um 242
Prozent höher als noch 1936. Auf diese folgten Elektrische Leuchten mit einer
Zunahme von 121 Prozent und Elektroakustische Geräte mit 90 Prozent.[3] Der
Grund hierfür lag in der oben beschriebenen Ausweitung der Konsumgüterproduktion vor und nach der Währungsreform, während Engpässe bei einigen
Rohstoffen und Vorprodukten ähnliche Steigerungsraten im Investitionsgüter-
sektor verhinderten.

Trotz dieser Veränderungen kam es zwischen 1936 und 1950 in der Produktionsstruktur noch nicht zu wirklich strukturellen Verschiebungen. Vielmehr

---

[3]   Berechnet nach den Angaben zur nominalen Produktion in: ZVEI, Statistischer Bericht, Ausgaben 1948/49 bis 1951 und preisbereinigt auf Grundlage des vom ZVEI errechneten und dort angegebenen Preisindex elektrotechnischer Produkte.

blieben die Anteile der einzelnen Warenklassen in etwa gleich. Zu Umbrüchen kam es erst in den nachfolgenden Dekaden, die anhand von Fünf-Jahres-Abschnitten untersucht werden sollen: 1950-55, 1955-60, 1960-65 und 1965-70.[4]

In den 20 Jahren zwischen 1950 und 1970 wies der vom ZVEI errechnete Index der preisbereinigten elektrotechnischen Produktion eine durchschnittliche jährliche Wachstumsrate von 13 Prozent auf: In der Dekade 1950-60 betrug sie im Durchschnitt 17,8 Prozent, zwischen 1960 und 1970 dagegen „nur" 8,1 Prozent.[5] Präzise Angaben zur Fertigungsstruktur liegen leider erst ab 1952 vor und zeigen, daß die drei Sparten Investitions- und Konsumgüter beziehungsweise Vorerzeugnisse bis 1970 mit 12,2 Prozent (Investitionsgüter), 13,3 Prozent (Konsumgüter) und Vorerzeugnissen (13,0 Prozent) in etwa die gleichen Zuwachsraten aufwiesen, wenngleich mit zeitlich unterschiedlichen Schwerpunkten (siehe Tabellen 8.1.1 und 8.1.2).[6]

Vom Jahr 1955 abgesehen hatten elektrotechnische Konsumgüter zwischen 1952 und 1958 immer signifikant höhere Wachstumsraten als Investitionsgüter. Zwischen 1959 und 1962, während des Konsumgüterbooms also, kehrte sich dieser Trend aufgrund der erhöhten Investitionstätigkeit der gewerblichen Wirtschaft aber bereits zugunsten der Investitionsgüter um. In den Jahren 1962 bis 1964 waren es dann wieder die Gebrauchsgüter, die schneller wuchsen. Dies kehrte sich 1965 um und blieb bis zum Ende der Dekade so.[7]

Auf Investitionsgüter entfielen traditionell zwei Drittel bis drei Viertel der Elektroproduktion. In den 1950er und 1960er Jahren ging dieser Anteil zurück, während Konsumartikel von den frühen 1950er Jahren an zunehmend wichtiger wurden. Am stärksten war dieser Prozeß gegen Ende der 1950er Jahre ausgeprägt, als auf Investitionsgüter weniger als die Hälfte der Elektroproduktion entfiel, während Gebrauchsgüter knapp ein Drittel repräsentierten. In der Folgezeit schwächte sich dieser Trend dann wieder ab (Tabelle 8.2.1).[8]

---

[4] ROST, Entwicklung der Elektroindustrie, S. 37; SCHMITZ, Rohstoffprobleme, S. 86. Diese Fünf-Jahresperioden wurden auch vom Ifo-Institut für Wirtschaftsforschung herangezogen, s. BREITENACHER et al., Elektrotechnische Industrie, S. 79.

[5] Berechnet nach den Angaben in: ZVEI, Statistischer Bericht, Ausgabe 1948/1949 bis 1956; DERS., Die westdeutsche Elektroindustrie. Statistischer Bericht, Ausgaben 1957 bis 1970.

[6] Für die Jahre 1950 und 1951 sind die betreffenden Angaben nicht vorhanden.

[7] Gebrauchsgüter – Träger der Expansion, in: Volkswirt 13 (1959), Beilage zu Nr. 14 „Dynamische Elektroindustrie", S. 33; Entwicklungstendenzen der Investitions- und Gebrauchsgüter Teil 2, in: ZVEIM 14 (1961), Nr. 5, S. 5-9; HUPPERT, Gespaltene Elektrokonjunktur, S. 13; OPPENLÄNDER, Markt, S. 2580; ZVEI, Mitgliederversammlung [1961], S. 4.

[8] Die gesamtwirtschaftlichen Ausrüstungsinvestitionen in den Jahren 1950-60, in: ZVEIM 15 (1962), Nr. 9, S. 14; Zur Entwicklung der westdeutschen Elektroindustrie in den Jahren 1950-1964, Zweiter Teil, ebd., 19 (1966), Nr. 3, S. 11; Konjunktur und Struktur, in: Volkswirt 13 (1959), Beilage zu Nr. 14 „Dynamische Elektroindustrie", S. 10; HEIMBERGER, Investitionen, S. 26; HUPPERT, In gedämpfter Expansion, S. 2019.

Tab. 8.1.1 Bundesrepublik Deutschland, Elektroindustrie:
Nominale Produktion nach Güterarten in Mio. DM, 1952-1970

Güterarten	1952	1953	1954	1955	1956	1957	1958	1959
1. Investitionsgüter	3.587,1	3.869,3	4.761,1	6.122,0	6.714,2	6.870,5	7.268,9	7.929,3
1.1 Elektrizitätserzeugung und -umwandlung	1.023,8	1.059,9	1.234,7	1.512,5	1.732,8	1.760,8	1.925,6	2.005,0
1.2 Elektrizitätsverteilung	1.198,7	1.277,9	1.602,5	2.094,6	2.165,0	2.123,8	2.169,8	2.351,6
1.3 Nachrichtentechnik	398,1	458,8	559,3	772,1	868,9	873,1	844,8	953,9
1.4 Meß- und Regeltechnik	227,5	262,8	331,4	425,4	519,0	559,0	655,1	753,0
1.5 Elektrische Betriebs- ausrüstung für Kfz	245,4	261,3	354,6	436,3	422,0	447,1	549,1	575,5
1.6 Sonstiges	493,6	548,6	678,6	881,1	1.006,5	1.106,7	1.124,5	1.290,3
2. Gebrauchsgüter	1.140,2	1.371,6	1.744,1	2.227,7	2.922,4	3.492,9	4.304,0	4.692,9
2.1 Rundfunk, Fernsehen, Phono	549,7	632,2	771,5	989,3	1.355,9	1.653,3	2.100,8	2.268,4
2.2 Elektrowärmegeräte	160,1	156,7	203,3	261,4	355,2	412,4	440,4	471,8
2.3 Elektromotorische Wirtschaftsgeräte	162,7	248,7	341,6	496,3	625,7	776,7	876,2	950,3
2.4 Elektrische Haushalts- kühlmöbel	107,9	156,2	224,4	244,3	311,4	360,5	575,1	686,0
2.6 Leuchten, Lampen und Sonstiges	159,8	177,8	203,3	236,4	274,2	290,0	311,5	316,4
3. Vorerzeugnisse und Sonstiges	1.368,7	1.475,9	1.825,6	2.368,2	2.590,4	2.853,1	3.273,6	3.672,9
3.1 Elektronenröhren, Halbleiter, Bauelemente f. Fernmelde- und Hochfrequenztechnik	214,9	235,8	298,0	416,3	481,7	573,7	763,5	944,2
3.2 Montagen	288,2	292,9	365,8	453,8	481,2	508,0	538,4	568,7
3.3 Übriges	865,6	947,2	1.161,8	1.498,1	1.627,5	1.771,4	1.971,7	2.160,0
Elektroindustrie gesamt	6.096,0	6.716,8	8.330,8	10.717,9	12.227,0	13.216,5	14.846,5	16.295,

Zusammengestellt und berechnet nach den Angaben in:
ZVEI, Statistischer Bericht, Ausgaben 1948/1949 bis 1956; ders.; Die westdeutsche Elektroindustrie.
Statistischer Bericht, Ausgaben 1957 bis 1970.

1960	1961	1962	1963	1964	1965	1966	1967	1968	1969	1970
9.524,3	11.220,3	11.824,0	11.980,3	13.254,5	15.170,8	15.654,8	15.198,7	16.732,2	20.445,2	26.663,7
2.376,3	2.794,6	3.008,3	2.920,5	3.134,7	3.439,8	3.355,3	3.148,3	3.287,5	4.036,5	4.765,1
2.819,0	3.302,6	3.384,5	3.270,5	3.776,0	4.476,0	4.758,3	4.290,8	4.825,5	5.931,4	6.988,7
1.138,7	1.370,1	1.535,7	1.823,4	1.929,2	2.058,7	2.209,7	2.285,9	2.353,3	2.761,9	3.502,1
946,6	1.291,7	1.292,9	1.361,3	1.509,0	1.808,9	1.978,8	2.057,2	2.326,2	2.967,6	3.125,5
706,6	720,7	749,1	793,9	890,2	1.035,5	1.104,7	1.122,6	1.442,2	1.527,6	1.663,8
1.537,1	1.740,6	1.853,5	1.810,7	2.015,4	2.351,9	2.248,0	2.293,9	2.497,4	3.220,2	6.638,5
5.521,4	5.695,4	5.741,3	5.915,2	6.598,6	7.466,4	7.080,2	6.704,8	7.225,9	8.495,3	9.892,6
2.678,0	2.589,7	2.427,5	2.487,1	2.716,4	3.117,0	2.902,7	2.643,8	2.942,9	3.651,7	4.597,8
553,4	609,7	678,3	729,8	797,0	898,0	874,5	877,9	1.015,1	1.295,6	1.482,4
1.162,7	1.462,5	1.684,6	1.633,1	1.841,9	2.159,9	2.093,0	1.876,1	1.951,9	2.210,2	2.357,4
782,1	669,8	561,9	611,9	738,9	704,9	586,5	690,9	685,2	645,9	667,4
345,2	363,7	389,0	453,4	504,4	586,6	623,5	616,1	630,8	691,9	787,6
4.499,4	5.272,0	5.393,4	5.650,4	6.350,3	7.134,9	7.436,2	6.737,6	7.571,4	9.718,7	11.593,9
1.154,6	1.228,9	1.154,6	1.261,4	1.365,0	1.618,0	1.577,4	1.386,2	1.667,3	2.288,0	2.848,5
702,5	900,9	1.053,4	1.207,6	1.386,5	1.501,6	1.657,2	1.630,2	1.616,9	1.907,5	2.183,1
2.642,3	3.142,2	3.185,4	3.181,4	3.598,8	4.015,3	4.201,6	3.721,2	4.287,2	5.523,2	6.562,
9.545,1	22.187,7	22.958,7	23.545,9	26.203,4	29.772,1	30.171,2	28.641,1	31.529,7	38.659,2	48.150,2

Tab. 8.1.1 Bundesrepublik Deutschland, Elektroindustrie:
   Nominale Produktion nach Güterarten in Mio. DM, 1952-1970

Güterarten	1952	1953	1954	1955	1956	1957	1958	1959
1. Investitionsgüter	-	7,9	23,0	28,6	9,7	2,3	5,8	9,1
1.1 Elektrizitätserzeugung und -umwandlung	-	3,5	16,5	22,5	14,6	1,6	9,4	4,1
1.2 Elektrizitätsverteilung	-	6,6	25,4	30,7	3,4	-1,9	2,2	8,4
1.3 Nachrichtentechnik	-	15,2	21,9	38,0	12,5	0,5	-3,2	12,9
1.4 Meß- und Regeltechnik	-	15,5	26,1	28,4	22,0	7,7	17,2	14,9
1.5 Elektrische Betriebs- ausrüstung für Kfz	-	6,5	35,7	23,0	-3,3	5,9	22,8	4,8
1.6 Sonstiges	-	11,1	23,7	29,8	14,2	10,0	1,6	14,7
2. Gebrauchsgüter	-	20,3	27,2	27,7	31,2	19,5	23,2	9,0
2.1 Rundfunk, Fernsehen, Phono	-	15,0	22,0	28,2	37,1	21,9	27,1	8,0
2.2 Elektrowärmegeräte	-	-2,1	29,7	28,6	35,9	16,1	6,8	7,1
2.3 Elektromotorische Wirtschaftsgeräte	-	52,9	37,4	45,3	26,1	24,1	12,8	8,5
2.4 Elektrische Haushalts- kühlmöbel	-	44,8	43,7	8,9	27,5	15,8	59,5	19,3
2.6 Leuchten, Lampen und Sonstiges	-	11,3	14,3	16,3	16,0	5,8	7,4	1,6
3. Vorerzeugnisse und Sonstiges	-	7,8	23,7	29,7	9,4	10,1	14,7	12,2
3.1 Elektronenröhren, Halbleiter, Bauelemente	-	9,7	26,4	39,7	15,7	19,1	33,1	23,7
3.2 Montagen	-	1,6	24,9	24,1	6,0	5,6	6,0	5,6
3.3 Übriges	-	9,4	22,7	28,9	8,6	8,8	11,3	9,6
Elektroindustrie gesamt	-	10,2	24,0	28,7	14,1	8,1	12,3	9,8

Zusammengestellt und berechnet nach den Angaben in:
ZVEI, Statistischer Bericht, Ausgaben 1948/1949 bis 1956; ders.; Die westdeutsche Elektroindustrie. Statistischer Bericht, Ausgaben 1957 bis 1970.

1960	1961	1962	1963	1964	1965	1966	1967	1968	1969	1970
20,1	17,8	5,4	1,3	10,6	14,5	3,2	-2,9	10,1	22,2	30,4
18,5	17,6	7,6	-2,9	7,3	9,7	-2,5	-6,2	4,4	22,8	18,1
19,9	17,2	2,5	-3,4	15,5	18,5	6,3	-9,8	12,5	22,9	17,8
19,4	20,3	12,1	18,7	5,8	6,7	7,3	3,4	2,9	17,4	26,8
25,7	36,5	0,1	5,3	10,8	19,9	9,4	4,0	13,1	27,6	5,3
22,8	2,0	3,9	6,0	12,1	16,3	6,7	1,6	28,5	5,9	8,9
19,1	13,2	6,5	-2,3	11,3	16,7	-4,4	2,0	8,9	28,9	106,2
17,7	3,2	0,8	3,0	11,6	13,2	-5,2	-5,3	7,8	17,6	16,4
18,1	-3,3	-6,3	2,5	9,2	14,7	-6,9	-8,9	11,3	24,1	25,9
17,3	10,2	11,3	7,6	9,2	12,7	-2,6	0,4	15,6	27,6	14,4
22,4	25,8	15,2	-3,1	12,8	17,3	-3,1	-10,4	4,0	13,2	6,7
14,0	-14,4	-16,1	8,9	20,8	-4,6	-16,8	17,8	-0,8	-5,7	3,3
9,1	5,4	7,0	16,6	11,2	16,3	6,3	-1,2	2,4	9,7	13,8
22,5	17,2	2,3	4,8	12,4	12,4	4,2	-9,4	12,4	28,4	19,3
22,3	6,4	-6,0	9,2	8,2	18,5	-2,5	-12,1	20,3	37,2	24,5
23,5	28,2	16,9	14,6	14,8	8,3	10,4	-1,6	-0,8	18,0	14,4
22,3	18,9	1,4	-0,1	13,1	11,6	4,6	-11,4	15,2	28,8	18,8
19,9	13,5	3,5	2,6	11,3	13,6	1,3	-5,1	10,1	22,6	24,6

Tab. 8.2.1 Bundesrepublik Deutschland, Elektroindustrie, Produktion nach Güterarten: Anteile an der Gesamtproduktion in Prozent, 1952-1970

Güterarten	1952	1953	1954	1955	1956	1957	1958	1959
1. Investitionsgüter	58,8	57,6	57,2	57,1	54,9	52,0	49,0	48,7
1.1 Elektrizitätserzeugung und -umwandlung	16,8	15,8	14,8	14,1	14,2	13,3	13,0	12,3
1.2 Elektrizitätsverteilung	19,7	19,0	19,2	19,5	17,7	16,1	14,6	14,4
1.3 Nachrichtentechnik	6,5	6,8	6,7	7,2	7,1	6,6	5,7	5,9
1.4 Meß- und Regeltechnik	3,7	3,9	4,0	4,0	4,2	4,2	4,4	4,6
1.5 Elektrische Betriebs- ausrüstung für Kfz	4,0	3,9	4,3	4,1	3,5	3,4	3,7	3,5
1.6 Sonstiges	8,1	8,2	8,1	8,2	8,2	8,4	7,6	7,9
2. Gebrauchsgüter	18,7	20,4	20,9	20,8	23,9	26,4	29,0	28,8
2.1 Rundfunk, Fernsehen, Phono	9,0	9,4	9,3	9,2	11,1	12,5	14,2	13,9
2.2 Elektrowärmegeräte	2,6	2,3	2,4	2,4	2,9	3,1	3,0	2,9
2.3 Elektromotorische Wirtschaftsgeräte	2,7	3,7	4,1	4,6	5,1	5,9	5,9	5,8
2.4 Elektrische Haushalts- kühlmöbel	1,8	2,3	2,7	2,3	2,5	2,7	3,9	4,2
2.6 Leuchten, Lampen und Sonstiges	2,6	2,6	2,4	2,2	2,2	2,2	2,1	1,9
3. Vorerzeugnisse und Sonstiges	22,5	22,0	21,9	22,1	21,2	21,6	22,0	22,5
3.1 Elektronenröhren, Halbleiter, Bauelemente	3,5	3,5	3,6	3,9	3,9	4,3	5,1	5,8
3.2 Montagen	4,7	4,4	4,4	4,2	3,9	3,8	3,6	3,5
3.3 Übriges	14,2	14,1	13,9	14,0	13,3	13,4	13,3	13,3
Elektroindustrie gesamt	100,0	100,0	100,0	100,0	100,0	100,0	100,0	100,0

Zusammengestellt und berechnet nach den Angaben in:
ZVEI, Statistischer Bericht, Ausgaben 1948/1949 bis 1956; ders.; Die westdeutsche Elektroindustrie. Statistischer Bericht, Ausgaben 1957 bis 1970.

1960	1961	1962	1963	1964	1965	1966	1967	1968	1969	1970
48,7	50,6	51,5	50,9	50,6	51,0	51,9	53,1	53,1	52,9	55,4
12,2	12,6	13,1	12,4	12,0	11,6	11,1	11,0	10,4	10,4	9,9
14,4	14,9	14,7	13,9	14,4	15,0	15,8	15,0	15,3	15,3	14,5
5,8	6,2	6,7	7,7	7,4	6,9	7,3	8,0	7,5	7,1	7,3
4,8	5,8	5,6	5,8	5,8	6,1	6,6	7,2	7,4	7,7	6,5
3,6	3,2	3,3	3,4	3,4	3,5	3,7	3,9	4,6	4,0	3,5
7,9	7,8	8,1	7,7	7,7	7,9	7,5	8,0	7,9	8,3	13,8
28,2	25,7	25,0	25,1	25,2	25,1	23,5	23,4	22,9	22,0	20,5
13,7	11,7	10,6	10,6	10,4	10,5	9,6	9,2	9,3	9,4	9,5
2,8	2,7	3,0	3,1	3,0	3,0	2,9	3,1	3,2	3,4	3,1
5,9	6,6	7,3	6,9	7,0	7,3	6,9	6,6	6,2	5,7	4,9
4,0	3,0	2,4	2,6	2,8	2,4	1,9	2,4	2,2	1,7	1,4
1,8	1,6	1,7	1,9	1,9	2,0	2,1	2,2	2,0	1,8	1,6
23,0	23,8	23,5	24,0	24,2	24,0	24,6	23,5	24,0	25,1	24,1
5,9	5,5	5,0	5,4	5,2	5,4	5,2	4,8	5,3	5,9	5,9
3,6	4,1	4,6	5,1	5,3	5,0	5,5	5,7	5,1	4,9	4,5
13,5	14,2	13,9	13,5	13,7	13,5	13,9	13,0	13,6	14,3	13,6
100,0	100,0	100,0	100,0	100,0	100,0	100,0	100,0	100,0	100,0	100,0

Tab. 8.2.1 Bundesrepublik Deutschland, Elektroindustrie, Produktion nach Güterarten:
Anteile an der Gesamtproduktion in Prozent, 1952-1970

Güterarten	1952	1953	1954	1955	1956	1957	1958	1959
1. Investitionsgüter	100,0	100,0	100,0	100,0	100,0	100,0	100,0	100,0
1.1 Elektrizitätserzeugung und -umwandlung	28,5	27,4	25,9	24,7	25,8	25,6	26,5	25,3
1.2 Elektrizitätsverteilung	33,4	33,0	33,7	34,2	32,2	30,9	29,9	29,7
1.3 Nachrichtentechnik	11,1	11,9	11,7	12,6	12,9	12,7	11,6	12,0
1.4 Meß- und Regeltechnik	6,3	6,8	7,0	6,9	7,7	8,1	9,0	9,5
1.5 Elektrische Betriebs- ausrüstung für Kfz	6,8	6,8	7,4	7,1	6,3	6,5	7,6	7,3
1.6 Sonstiges	13,8	14,2	14,3	14,4	15,0	16,1	15,5	16,3
2. Gebrauchsgüter	100,0	100,0	100,0	100,0	100,0	100,0	100,0	100,0
2.1 Rundfunk, Fernsehen, Phono	48,2	46,1	44,2	44,4	46,4	47,3	48,8	48,3
2.2 Elektrowärmegeräte	14,0	11,4	11,7	11,7	12,2	11,8	10,2	10,1
2.3 Elektromotorische Wirtschaftsgeräte	14,3	18,1	19,6	22,3	21,4	22,2	20,4	20,2
2.4 Elektrische Haushalts- kühlmöbel	9,5	11,4	12,9	11,0	10,7	10,3	13,4	14,6
2.6 Leuchten, Lampen und Sonstiges	14,0	13,0	11,7	10,6	9,4	8,3	7,2	6,7
3. Vorerzeugnisse und Sonstiges	100,0	100,0	100,0	100,0	100,0	100,0	100,0	100,0
3.1 Elektronenröhren, Halbleiter, Bauelemente f. Fernmelde- und Hochfrequenztechnik	15,7	16,0	16,3	17,6	18,6	20,1	23,3	25,7
3.2 Montagen	21,1	19,8	20,0	19,2	18,6	17,8	16,4	15,5
3.3 Übriges	63,2	64,2	63,6	63,3	62,8	62,1	60,2	58,8

Zusammengestellt und berechnet nach den Angaben in:
ZVEI, Statistischer Bericht, Ausgaben 1948/1949 bis 1956; ders.; Die westdeutsche Elektroindustrie.
Statistischer Bericht, Ausgaben 1957 bis 1970.

1960	1961	1962	1963	1964	1965	1966	1967	1968	1969	1970
100,0	100,0	100,0	100,0	100,0	100,0	100,0	100,0	100,0	100,0	100,1
24,9	24,9	25,4	24,4	23,7	22,7	21,4	20,7	19,6	19,7	17,9
29,6	29,4	28,6	27,3	28,5	29,5	30,4	28,2	28,8	29,0	26,2
12,0	12,2	13,0	15,2	14,6	13,6	14,1	15,0	14,1	13,5	13,1
9,9	11,5	10,9	11,4	11,4	11,9	12,6	13,5	13,9	14,5	11,7
7,4	6,4	6,3	6,6	6,7	6,8	7,1	7,4	8,6	7,5	6,2
16,1	15,5	15,7	15,1	15,2	15,5	14,4	15,1	14,9	15,8	24,9
100,0	100,0	100,0	100,0	100,0	100,0	100,0	100,0	100,0	100,0	100,0
48,5	45,5	42,3	42,0	41,2	41,7	41,0	39,4	40,7	43,0	46,5
10,0	10,7	11,8	12,3	12,1	12,0	12,4	13,1	14,0	15,3	15,0
21,1	25,7	29,3	27,6	27,9	28,9	29,6	28,0	27,0	26,0	23,8
14,2	11,8	9,8	10,3	11,2	9,4	8,3	10,3	9,5	7,6	6,7
6,3	6,4	6,8	7,7	7,6	7,9	8,8	9,2	8,7	8,1	8,0
100,0	100,0	100,0	100,0	100,0	100,0	100,0	100,0	100,0	100,0	100,0
25,7	23,3	21,4	22,3	21,5	22,7	21,2	20,6	22,0	23,5	24,6
15,6	17,1	19,5	21,4	21,8	21,0	22,3	24,2	21,4	19,6	18,8
58,7	59,6	59,1	56,3	56,7	56,3	56,5	55,2	56,6	56,8	56,6

Tab. 8.3.1 Großbritannien, Elektrotechnische Industrie und gesamte Industrie:
   Gross Output (Mio. Pfund), 1907-1970

	1907	1924	1930	1935	1948	1949
361 Electrical machinery					114,2	
362 Insulated wires and cables		25,1	22,3	21,5	100,6	103,9
363 Telegraph and telephone equipment					37,4	
364 Radio and electronic components						
365 Broadcast receiving and sound reproducing equipment						
366 Electronic computers						
367 Radio, radar and electronic capital goods						
368 Domestic electric appliances						
369 Miscellaneous electrical goods						
Total Electrical Engineering Industry	13,9	74,5	99,5	116,2	488,4	517,1
All Manufacturing Industries	1.428	3.336	2.936	3.034	10.632	11.502

Tab. 8.3.2 Großbritannien, Elektrotechnische Industrie:
   Anteile der einzelnen Warenklassen am Gross Output (Prozent), 1907-1970

	1907	1924	1930	1935	1948	1949
361 Electrical machinery					23,4	
362 Insulated wires and cables		33,7	22,4	18,5	20,6	20,1
363 Telegraph and telephone equipment					7,7	
364 Radio and electronic components						
365 Broadcast receiving and sound reproducing equipment						
366 Electronic computers						
367 Radio, radar and electronic capital goods						
368 Domestic electric appliances						
369 Miscellaneous electrical goods						
Total Electrical Engineering Industry						

Zusammengestellt und berechnet nach den Angaben in:
Business Statistics Office, Historical Record of the Census of Production, S. 2f, 32-35

1950	1951	1954	1955	1956	1957	1958	1963	1968	1970
	198,8	259,6				387,4	486,0	579,4	661,6
106,3	127,6	135,9	185,6	187,7	169,3	158,8	227,0	366,6	457,3
	44,6	74,8				100,9	152,8	231,2	294,9
							149,1	332,1	450,2
							173,6	183,4	360,0
							40,3	118,5	169,2
							181,2	264,4	365,4
		72,3				102,0	213,2	291,4	312,0
		141,8				200,2	266,7	404,0	527,1
573,2	735,3	895,2				1.275,2	1.890,0	2.770,9	3.597,8
12.056	15.589	17.419	19.082	20.196	21.179	22.039	27.772	38.697	47.358

1950	1951	1954	1955	1956	1957	1958	1963	1968	1970
	27,0	29,0				30,4	25,7	20,9	18,4
18,5	17,4	15,2				12,5	12,0	13,2	12,7
	6,1	8,4				7,9	8,1	8,3	8,2
							7,9	12,0	12,5
							9,2	6,6	10,0
							2,1	4,3	4,7
							9,6	9,5	10,2
							11,3	10,5	8,7
							14,1	14,6	14,7
							100,0	100,0	100,0

Tab. 8.4 Großbritannien / Bundesrepublik Deutschland,
Elektrotechnische Industrie: Produktionswert, 1954-61

Erzeugnisgruppe	1954				
	GB		BRD		Produktionswert
	Mio. DM	Anteil (Prozent)	Mio. DM	Anteil (Prozent)	Index (GB=100)
Transformatoren	328	3,5	346	4,2	105,5
Anlaß-, Steuer- und Schaltgeräte	779	8,4	580	7,0	74,5
Kabel und isolierte Drähte	1.191	12,8	1.001	12,0	84,0
Verkehrs-Elektrotechnik	616	6,6	437	5,2	70,9
Akkumulatoren, Primärbatterien, Elemente	345	3,7	164	2,0	47,5
Rundfunk- und Fernsehgeräte	772	8,3	670	8,0	86,8
Elektr. Meß- und Prüfgeräte	32	0,3	267	3,2	834,4
Elektr. Wärmegeräte	347	3,7	251	3,0	72,3
Elektr. Kühlschränke	192	2,1	284	3,4	147,9
Summe	4.602	49,6	4.000	48,0	86,9
Gesamte elektrotechnische Produktion	9.270	100,0	8.331	100,0	89,9

Zusammengestellt und berechnet nach den Angaben in:
Die Elektroindustrie Großbritanniens, in: ZVEIM 15 (1962), Nr. 9, S. 20.

Innerhalb der Investitionsgüter nahm die Sparte Elektrizitätserzeugung und -umwandlung besonders stark ab: Lag ihr Anteil 1952 noch bei knapp 30 Prozent, sank er bis 1970 auf unter 20 Prozent (Tabelle 8.2.2). Eine ebenfalls rückläufige Tendenz, wenngleich weniger stark ausgeprägt, zeigte sich bei Anlagen und Geräten zur Elektrizitätsverteilung. Einen Aufwärtstrend verzeichnete dagegen die Nachrichtentechnik und noch mehr die Meß- und Regeltechnik. Der Anteil letzterer an den elektrotechnischen Investitionsgütern wuchs zwischen 1952 und 1970 von 6,3 auf annähernd 15 Prozent. Dies illustriert die Bedeutung dieser Warengruppe für Ausbau und Modernisierung industrieller und gewerblicher Anlagen.

Bei Gebrauchsgütern fällt der gleichbleibend hohe Anteil der Gruppe Rundfunk, Fernsehen und Phono auf, der während des gesamten Zeitraums zwischen 40 und 50 Prozent dieser Sparte repräsentierte. Die auffälligste Veränderung ergab sich in der Gruppe Elektromotorische Wirtschaftsgeräte, deren wichtigstes Produkt Haushaltswaschmaschinen waren: Ihr Anteil am Fertigungsvolumen elektrotechnischer Konsumgüter wuchs von knapp 15 Prozent 1952 auf 25 bis 29 Prozent in den 1960er Jahren. Hinzuweisen ist auch auf

1961					Index 1961 (1954=100)			
GB		BRD		Produktionswert	GB	BRD	GB	BRD
Mio. DM	Anteil (Prozent)	Mio. DM	Anteil (Prozent)	Index (GB=100)	Produktionswert	Produktionswert	Anteil	Anteil
574	3,9	674	3,0	117,4	175,0	194,8	111,3	73,1
1.540	10,6	1.434	6,5	93,1	197,7	247,2	125,7	92,8
1.785	12,2	1.870	8,4	104,8	149,9	186,8	95,3	70,1
730	5,0	1.061	4,8	145,3	118,5	242,8	75,3	91,2
487	3,3	309	1,4	63,4	141,2	188,4	89,7	70,7
635	4,4	1.974	8,9	310,9	82,3	294,6	52,3	110,6
95	0,7	706	3,2	743,2	296,9	264,4	188,8	99,3
631	4,3	724	3,3	114,7	181,8	288,4	115,6	108,3
349	2,4	735	3,3	210,6	181,8	258,8	115,6	97,2
6.826	46,8	9.487	42,8	139,0	148,3	237,2	94,3	89,1
14.580	100,0	22.188	100,0	152,2	157,3	266,3	100,0	100,0

Elektrische Haushaltskühlmöbel, die 1952 noch einen Anteil von 9,4 Prozent hatten und diesen zwischen 1958 und 1960 auf rund 14 Prozent steigerten. In den nachfolgenden Jahren sank er dann aber wieder auf knapp 10 Prozent.

Wie die Tabellen 8.3.1 und 8.3.2 zeigen, ist eine präzise Analyse der Entwicklung der Produktionsstruktur für Großbritannien nicht möglich, da die Daten hierzu nicht ausreichen. Die wenigen vorliegenden Angaben zeigen, daß zwischen 1948 und 1958 der Wert der Gruppe *Electrical Machinery* am *Gross Output* der britischen Elektroindustrie von 23,4 auf 30,4 Prozent anstieg, dann aber bis Ende der 1960er Jahre auf rund 20 Prozent abfiel. Der Anteil von Kabeln und Drähten, der 1948 noch bei 20,6 Prozent gelegen hatte, fiel bis 1958 auf 12,5 Prozent und blieb bis Ende der 1960er Jahre auf diesem Niveau.[9]

Berechnungen der *Electrical Review* zufolge wiesen die Sparten Haushaltsgeräte, Elektronik und Telekommunikation während der 1950er Jahre die stärksten Wachstumsraten auf und vervierfachten ihr Fertigungsvolumen zwi-

---

[9] BUSINESS STATISTICS OFFICE, Historical Record, S. 2f, 32-5. Aus dem vom Central Statistical Office herausgegebenen Monthly Digest of Statistics läßt sich die Produktionsstruktur der Elektroindustrie nicht vollständig rekonstruieren.

schen 1948 und 1958. Hierdurch stieg der Anteil der Haushaltsgeräte an der Gesamtproduktion der britischen Elektroindustrie bis 1962 auf zehn Prozent, während auf Elektronik und Telekommunikation weitere 30 Prozent entfielen. Zwischen 1961 und 1964 war der Umsatz elektrotechnischer Konsumgüter von £ 90 auf £ 126 Millionen gewachsen, 1966 dann aber auf £ 94 Millionen gefallen. Dagegen nahm der Umsatz elektronischer Güter für militärische Zwecke zwischen 1961 und 1967 von £ 70 auf £ 124 Millionen zu. Ein noch größeres Wachstum zeigten elektronische Investitionsgüter, deren Produktionswert im gleichen Zeitraum von £ 77 auf £ 285 Millionen anwuchs.[10]

Ein präziser Vergleich der deutschen und britischen Fertigungsstruktur während der 1950er und 1960er Jahre war, neben dem Mangel an Daten für die britische Elektroindustrie, auch aufgrund der unterschiedlichen Erfassung und Kategorisierung der einzelnen Warengruppen in beiden Ländern nicht möglich. Hinzuweisen ist an dieser Stelle auf einen vom ZVEI erstellten sehr allgemeinen Vergleich der Fertigungsstruktur der britischen und bundesdeutschen Elektroindustrie für die Jahre 1954 und 1961 (Tabelle 8.4). Dieser zeigt, daß der Wert der deutschen Elektroproduktion 1954 bei knapp 90 Prozent des britischen gelegen hatte, diesen aber nur sieben Jahre später bereits um mehr als 50 Prozent überstieg, da die Erzeugung in Großbritannien um 57 Prozent, in der Bundesrepublik aber um 166 Prozent zugenommen hatte.[11]

Bei einem Blick auf die Produktionsstruktur des Jahres 1954 fällt zunächst der größere Anteil (0,3 zu 3,2 Prozent) und das höhere Volumen (32 zu 834 Millionen DM) der Gruppe Elektrische Meß- und Prüfgeräte in der Bundesrepublik auf. Im Gegensatz dazu hatten sowohl Kabel und isolierte Drähte als auch Akkumulatoren, Primärbatterien und Elemente in Großbritannien 1954 und 1961 einen stärkeren Anteil an der Gesamtproduktion. Beides waren Erzeugnisgruppen, die hinsichtlich ihrer technischen Komplexität am unteren Ende des elektrotechnischen Warenspektrums rangierten. In der bundesdeutschen Fertigung nahmen diese beiden Gruppen am schnellsten ab: Kabel und Drähte von 12,0 auf 8,4 Prozent und Akkumulatoren etc. von 2,0 auf 1,4 Prozent.

Die Struktur der bundesdeutschen Elektroproduktion verschob sich also erheblich schneller als in Großbritannien zu den technisch komplexeren elektronischen Erzeugnisgruppen. Damit verbunden war ein starker Rückgang von Anlagen zur Erzeugung, Umformung und Verteilung von Elektrizität, dem klassischen Schwerpunkt der Elektroindustrie. Damit setzte sich ein Trend fort, der bereits nach dem Ersten Weltkrieg begonnen hatte. Im Vergleich dazu stieg

---

[10] Electrical Manufacture in Britain. A Statistical Appraisal of its Size and Growth, in: ER 170 (1962), S. 138; NEDC, Electronics Industry Statistics and their Sources, S. 2.

[11] Die Elektroindustrie Großbritanniens, in: ZVEIM 15 (1962), Nr. 9, S. 18f. S.a. Die gesamtwirtschaftlichen Ausrüstungsinvestitionen in den Jahren 1950-60, ebd., Nr. 9, S. 14.

die Nachfrage nach elektrotechnischen Investitionsgütern für industrielle Zwecke weit schneller, und die Produktionsstruktur der bundesdeutschen Elektroindustrie verschob sich wiederum weitaus stärker als in Großbritannien in diese Richtung. Aus der im Vergleich zur Bundesrepublik schwächeren Konzentration auf die am stärksten expandierenden Warengruppen ergab sich für die britische Elektroindustrie gleichsam automatisch ein geringeres Wachstumspotential.

B. Unternehmensgrösse

Ein Blick auf die Verteilung der Beschäftigten nach der Firmengröße vor und nach dem Zweiten Weltkrieg zeigt, daß Unternehmen mit einer Belegschaft von über 1.000 an Bedeutung verloren hatten (Tabelle 8.5). Waren 1937 noch 68,4 Prozent aller Arbeitnehmer in solchen beschäftigt, so 1950 weniger als die Hälfte (46,5 Prozent). Dem stand eine beträchtliche Ausweitung des Anteils von Betrieben mit 21 bis 200 Erwerbstätigen gegenüber, während in solchen mit weniger als 20 Beschäftigten 1937 und 1950 lediglich 1,9 Prozent aller Angestellten und Arbeiter der Branche tätig war.[12]

Ursache für die schwächere Stellung der Großunternehmen war, daß sie nach dem Zweiten Weltkrieg einige Jahre brauchten, um die in Berlin erlittenen Verluste zu kompensieren. Mittelständische Unternehmen hatten so die Chance, ihre Position zunächst auszuweiten. Dieser Dekonzentrationsprozeß der Periode zwischen 1936/37 und 1950 kehrte sich im Laufe der 1950er Jahre wieder um und die Konzerne errangen erneut den Anteil an der Mitte der 1930er Jahre erreichten Beschäftigtenzahl. Die Betriebsgrößenstruktur der deutschen Elektroindustrie im Jahr 1960 ähnelte damit mehr der von 1937 als von 1950.[13]

Im Vergleich dazu waren die in den 1960er Jahren eingetretenen Änderungen unwesentlich. Gleiches galt für die Zahl der Erwerbstätigen, die sich zwischen 1950 und 1960 von 252.415 auf 818.714 erhöhte, aber bis 1966 lediglich auf 946.314 stieg (Anhang, Tabellen 1.1 und 1.2).[14] Im Hinblick auf Beschäftigtenzahl und Betriebsgrößenstruktur waren die 1950er Jahre damit eine Phase rapiden Wachstums und weitreichender struktureller Veränderungen, in deren

---

[12] Berechnet nach den Angaben in: ZVEI, Statistischer Bericht, Ausg. 1948/49 und 1949/50. S.a. ROST, Entwicklungslinien, S. 12; Aus den Entwicklungsjahren der deutschen Elektroindustrie, in: ZVEIM 18 (1965), Nr. 10, S. 7; SCHRÖDER, Exportwirtschaft, S. 223; BHStA, MWi 13276: „Protokoll Sitzung des Länderausschusses Elektrotechnik, Feinmechanik, Optik und Uhren, Bonn, 9 Juni 1959, ‚Die Konzentration in der Elektroindustrie‘ (Gaedke)".

[13] HUPPERT, In gedämpfter Expansion, S. 2020.

[14] Die Betriebsgrößenstruktur in der Elektrotechnischen Industrie, in: EA-GI, 20 (1967), S. 465.

Tab. 8.5 Deutschland /Bundesrepublik Deutschland, Elektroindustrie:
Größenstruktur der WEI/ZVEI-Mitgliedsunternehmen, 1937-66

Größe nach	1937				
Beschäftigtenklassen	Firmenzahl	Anteil	Beschäftigte	Anteil	Firmenzahl
1.001-	47	3,3	266.943	68,4	21
501-1.000	50	3,6	33.922	8,7	33
201-500	116	8,2	36.977	9,5	95
101-200	144	10,2	20.649	5,3	127
51-100	230	16,3	14.830	3,8	199
21-50	320	22,7	9.385	2,4	379
-20	500	35,5	7.320	1,9	317
Gesamt	1.407	100,0	390.026	100,0	1.171

Größe nach	1960				
Beschäftigtenklassen	Firmenzahl	Anteil	Beschäftigte	Anteil	Umsatz*
1.000-	194	5,7	522.243	59,6	1.087.284
500-999	175	5,1	124.525	14,2	430.908
200-499	340	10,0	108.562	12,4	297.256
100-199	432	12,7	61.647	7,0	134.941
50-99	429	12,6	30.967	3,5	63.515
10-49	939	27,5	24.676	2,8	48.144
1-9	903	26,5	3.632	0,4	7.530
Gesamt	3.412	100,0	876.252	100,0	2.069.578

*In Tsd. DM

Zusammengestellt und berechnet nach den Angaben in:
ZVEI, Statistischer Bericht 1948/49, Tab. Nr. 1; 1949/1950, Tab. Nr. 5; 1960, Tab. Nr. 11c; 1967, Tab. 12.

1947			1950			
Anteil	Beschäftigte	Anteil	Firmenzahl	Anteil	Beschäftigte	Anteil
1,8	79.704	46,4	20	1,8	101.535	46,5
2,8	21.314	12,4	32	2,8	27.019	12,4
8,1	22.651	13,2	92	8,1	28.798	13,2
10,8	19.920	11,6	123	10,8	25.185	11,5
17,0	14.056	8,2	194	17,0	17.910	8,2
32,4	10.759	6,3	370	32,4	13.700	6,3
27,1	3.371	2,0	311	27,2	4.250	1,9
100,0	171.775	100,0	1.142	100,0	218.397	100,0

			1966			
Anteil	Firmenzahl	Anteil	Beschäftigte	Anteil	Umsatz	Anteil
52,5	214	5,0	533.734	55,1	1.677.778	53,2
20,8	218	5,1	153.769	15,9	603.333	19,1
14,4	445	10,4	137.952	14,2	467.518	14,8
6,5	475	11,1	68.065	7,0	201.197	6,4
3,1	565	13,2	40.425	4,2	112.195	3,6
2,3	1.151	26,8	29.785	3,1	78.345	2,5
0,4	1.227	28,6	4.642	0,5	13.703	0,4
100,0	4.295	100,0	968.372	100,0	3.154.069	100,0

Tab. 8.6 Großbritannien, Elektroindustrie:
  Betriebsgrößenklassen nach Beschäftigten und Net Output, 1930-1970

Jahr	1-24			25-99			100-499	
	Unter-nehmen Anzahl	Net Output £ Mio.	Be-schäftigte Tsd.	Unter-nehmen Anzahl	Net Output £ Mio.	Be-schäftigte Tsd.	Unter-nehmen Anzahl	Net Output £ Mio.
1930	-	2,9	11,4	277	3,3	15,1	156	8,9
1935	-	2,5	11,2	326	3,3	16,2	206	10,2
1948	-	8,5	17,6	635	16,1	32,7	405	48,0
1951	-	8,3	14,0	692	20,9	35,4	444	62,7
1954	-	11,0	14,3	646	24,0	33,6	461	78,5
1958	1.433	-	18,1	573	-	31,0	516	-
1963	1.773	25,2	20,2	630	42,8	35,4	556	164,5
1968	2.402	47,3	26,1	643	59,9	36,8	785	469,8
1970	2.508	-	27,6	604	124,1	33,9	538	261,2

In: Business Statistics Office, Historical Record of the Census of Production, S. 262f.

Tab. 8.7 Großbritannien / Deutschland/Bundesrepublik Deutschland:
  Elektrotechnische Industrie, Unternehmensgrößenklassen, 1935-1970

GB	1935/1937		1950/1951	
Größenklasse (Beschäftigte)	Unternehmen Anzahl	Beschäftigte Anzahl	Unternehmen Anzahl	Beschäftigte Anzahl
1-99	-	27.400	-	49.400
100-499	206	42.900	444	103.800
500-999	53	36.500	100	72.400
1000-	60	165.500	129	322.100
Total	-	272.300	-	547.700

D/BRD	1935/1937		1950/1951	
Größenklasse (Beschäftigte)	Unternehmen Anzahl	Beschäftigte Anzahl	Unternehmen Anzahl	Beschäftigte Anzahl
1-99	1.050	31.535	875	35.860
100-499	260	57.626	215	53.983
500-999	50	33.922	32	27.019
1000-	47	266.943	20	101.535
Total	1.407	390.026	1.142	218.397

Be-schäftigte Tsd.	500-999			1.000 und mehr			Total		
	Unter-nehmen Anzahl	Net Output £ Mio.	Be-schäftigte Tsd.	Unter-nehmen Anzahl	Net Output £ Mio.	Bes-chäftigte Tsd.	Unter-nehmen Anzahl	Net Output £ Mio.	Be-schäftigte Tsd.
37,3	46	8,5	34,0	38	28,1	115,8	-	51,6	213,6
42,9	53	8,5	36,5	60	38,1	165,5	-	62,6	272,4
92,3	99	34,9	72,5	108	142,7	284,9	-	250,2	500,0
103,8	100	43,3	72,4	129	198,8	322,1	-	334,0	547,7
106,1	115	61,3	80,3	132	260,1	339,5	-	434,9	573,8
123,0	126	-	87,6	154	-	393,3	2.804	615,2	652,6
132,3	151	147,1	109,3	163	575,0	468,7	3.273	954,4	765,7
268,1	-	-	-	187	798,3	422,7	4.017	1375,3	753,7
124,4	166	257,0	118,4	172	996,2	468,7	3.988	1638,6	773,1

1958/1960		1966/1970	
Unternehmen Anzahl	Beschäftigte Anzahl	Unternehmen Anzahl	Beschäftigte Anzahl
2.006	49.100	3.112	61.500
516	123.000	538	124.400
126	87.600	166	118.400
154	393.300	172	468.700
2.802	653.000	3.988	773.000

1958/1960		1966/1970	
Unternehmen Anzahl	Beschäftigte Anzahl	Unternehmen Anzahl	Beschäftigte Anzahl
2.271	59.275	2.943	74.852
772	170.209	920	206.017
175	124.525	218	153.769
194	522.243	214	533.734
3.412	876.252	4.295	968.372

Großbritannien / Deutschland/Bundesrepublik Deutschland:
Elektrotechnische Industrie, Unternehmensgrößenklassen (Anteile in Prozent), 1935-1970

GB	1935/1937		1950/1951	
Größenklasse (Beschäftigte)	Unternehmen Anzahl	Beschäftigte Anzahl	Unternehmen Anzahl	Beschäftigte Anzahl
1-99	-	10,1	-	9,0
100-499	-	15,8	-	19,0
500-999	-	13,4	-	13,2
1000-	-	60,8	-	58,8
Total	-	100,0	-	100,0

D/BRD	1935/1937		1950/1951	
Größenklasse (Beschäftigte)	Unternehmen Anzahl	Beschäftigte Anzahl	Unternehmen Anzahl	Beschäftigte Anzahl
1-99	74,6	8,1	76,6	16,4
100-499	18,5	14,8	18,8	24,7
500-999	3,6	8,7	2,8	12,4
1000-	3,3	68,4	1,8	46,5
Total	100,0	100,0	100,0	100,0

Zusammengestellt und berechnet nach den Angaben in:
ZVEI, Statistischer Bericht 1948/49 (1950), Tab. 1; 1949/1950 (1951), Tab. 5; 1960 (1961), Tab. 11c, 1967 (1968), Tab. 12;
BUSINESS STATISTICS OFFICE, Historical Record of the Census of Production, S. 262-263.

1958/1960		1966/1970	
Unternehmen Anzahl	Beschäftigte Anzahl	Unternehmen Anzahl	Beschäftigte Anzahl
71,6	7,5	78,0	8,0
18,4	18,8	13,5	16,1
4,5	13,4	4,2	15,3
5,5	60,2	4,3	60,6
100,0	100,0	100,0	100,0

1958/1960		1966/1970	
Unternehmen Anzahl	Beschäftigte Anzahl	Unternehmen Anzahl	Beschäftigte Anzahl
66,6	6,8	68,5	7,7
22,6	19,4	21,4	21,3
5,1	14,2	5,1	15,9
5,7	59,6	5,0	55,1
100,0	100,0	100,0	100,0

Tab 8.8.1 Großbritannien / Bundesrepublik Deutschland,
    Elektrotechnische Unternehmen: Umsatz in Tsd. US-Dollar, 1959-70

	1959	1960	1961	1962	1963	1964
Associated Electrical Industries	583.628	602.833	598.324	588.700	595.454	662.390
British Insulated Callender's Cables	358.400	400.400	422.800	428.400	515.200	604.800
EMI	–	–	–	231.227	236.200	265.090
English Electric	487.200	445.200	544.247	559.034	585.281	636.392
General Electric Company (1)	302.585	327.412	332.066	378.487	369.516	476.280
Plessey	–	–	–	238.000	270.200	269.875
AEG (2)	512.619	594.524	704.250	779.990	846.668	950.602
Robert Bosch	357.143	415.000	470.610	508.260	560.000	650.000
Siemens	866.190	967.381	1.194.750	1.350.000	1.462.500	1.633.000
Durchschnitt	495.395	536.107	609.578	562.455	604.558	683.159

Tab. 8.8.2 Großbritannien / Bundesrepublik Deutschland, Anteil der Net Profits
    (= Gewinne nach Steuern) am Umsatz in Prozent, 1959-70

	1959	1960	1961	1962	1963	1964
Associated Electical Industries	2,2	2,2	1,6	2,3	2,0	2,7
British Insulated Callender's Cables	2,5	2,3	3,3	3,1	3,2	3,2
EMI	–	–	–	2,8	2,9	4,4
English Electric	2,2	2,0	1,1	1,6	2,0	2,8
General Electric Company (1)	1,8	2,0	9,1	1,4	2,1	4,6
Plessey	–	–	–	3,0	6,0	7,3
AEG (2)	1,7	1,7	2,2	2,2	2,1	2,5
Robert Bosch	0,5	0,6	0,7	1,5	1,8	1,9
Siemens	2,7	3,4	3,9	2,8	2,6	3,5
Durchschnitt	2,0	2,0	3,1	2,3	2,8	3,6

Die Durchschnittswerte wurden aufgrund der Fusion GEC-AEI-EE nur für die Jahre 1959–67 berechnet.

(1) Ab 1968 GEC-EE (inkl. AEI)
(2) Ab 1964 AEG Telefunken

Zusammengestellt und berechnet nach den Angaben in:
The 100 Largest Foreign Industrial Companies, in: Fortune (August Issue), New York, 1960–1962;
The 200 Largest Foreign Industrial Companies, in: Fortune (August Issue), New York, 1963–1971.

1965	1966	1967	1968	1969	1970	Durchschnitt	Summe
712.468	741.378	727.972	–	–	–	645.905	
711.200	837.200	805.750	784.800	969.600	1.101.600	564.906	
280.622	287.840	299.485	313.637	423.178	516.686	266.744	
685.549	756.955	1.131.774	–	–	–	647.959	
472.360	504.000	523.444	2.155.200	2.155.200	2.217.600	409.572	GB:
293.069	358.868	403.435	421.005	429.840	498.806	305.575	2.840.661
1.033.639	1.215.250	1.138.832	1.374.439	1.786.802	2.334.155	864.042	
741.250	775.000	800.000	925.000	1.192.893	1.502.732	586.363	BRD:
1.794.750	1.957.750	1.984.250	2.097.250	2.421.250	3.196.467	1.467.841	2.918.245
747.212	826.027	868.327	1.153.047	1.339.823	1.624.007	639.878	5.758.906

1965	1966	1967	1968	1969	1970	Durchschnitt	Durchschnitt
3,4	1,8	1,4	–	–	–	2,2	
4,0	3,4	3,0	3,0	1,9	2,0	3,1	
4,9	5,4	4,9	4,4	4,2	4,1	4,2	
3,9	3,6	2,8	–	–	–	2,4	
6,5	5,6	5,7	3,4	3,4	3,9	4,3	GB:
9,1	5,3	5,4	5,4	6,3	6,4	6,0	3,7
2,4	1,9	2,0	2,0	1,5	1,2	2,1	
1,3	1,1	1,2	1,9	1,1	0,8	1,2	BRD:
2,5	2,1	2,0	3,3	2,6	1,7	2,8	2,0
4,2	3,4	3,2	3,4	3,0	2,9	3,1	

Ergebnis sich die bundesdeutsche Elektroindustrie wieder ihrer Vorkriegs-struktur angenähert hatte.

In Großbritannien wuchs zwischen 1935 und 1948 die Zahl der Elektrofirmen rapide und verdoppelte sich in fast allen Größenklassen. Dies galt auch für die Zahl der Beschäftigten, die von 272.400 auf 500.000 zunahm (Tabelle 8.6). Gleichzeitig halbierte sich der Anteil von Kleinbetrieben mit weniger als 15 Erwerbstätigen von 5,3 auf 2,6 Prozent, während der von Großunternehmen mit mehr als 1.000 Per-sonen von 54,2 auf 58,8 Prozent anstieg. Im Laufe der 1950er Jahre wuchs ihr An-teil dann auf über 60 Prozent und hielt sich bis 1970 auf diesem Niveau.[15]

In Tabelle 8.7 wurden die Betriebsgrößenstrukturen in der bundesdeutschen und britischen Elektroindustrie auf eine einheitliche Grundlage gebracht. Auf-fällig sind dabei zwei Entwicklungen. In Deutschland verdoppelte sich der An-teil von Unternehmen mit unter 100 Beschäftigten zwischen 1935/37 und 1950/51 von 8,1 auf 16,4 Prozent, während der von Betrieben mit einer Beleg-schaft von mehr als 1.000 von 68,4 Prozent auf 46,5 Prozent fiel. In Großbri-tannien kam es dagegen nicht zu einem derartigen Dekonzentrationsprozeß. Dort war der Anteil von Firmen mit unter 100 Arbeitern und Angestellten in beiden Stichjahren mit 10,1 beziehungsweise 9,0 Prozent praktisch identisch geblieben; gleiches galt für den der Großunternehmen (60,8 und 58,8 Prozent). Als die deutschen Konzerne im Laufe der 1950er Jahre ihre Stellung wieder konsolidiert hatten, zeigte die Verteilung der Erwerbstätigen nicht nur große Ähnlichkeit mit der Vorkriegszeit, sondern auch mit der in Großbritannien: In beiden Staaten arbeiteten zwischen 55 und 60 Prozent aller in der Elektroindu-strie Tätigen in Unternehmen mit mehr als 1.000 Beschäftigten.

Allerdings waren die wichtigsten deutschen Firmen erheblich größer als ihre britischen Konkurrenten. Tabelle 8.8.1 und 8.8.2, die anhand der von der US-Zeitschrift *Fortune* jährlich publizierten Liste der weltweit umsatzstärksten In-dustrieunternehmen zusammengestellt wurden, zeigen, daß sich in den 1960er Jahren unter den führenden 100 beziehungsweise 200 Firmen sechs britische und drei deutsche Elektrokonzerne befanden. Dabei war das Umsatzvolumen der sechs größten britischen Gesellschaften zusammen so groß wie das der drei deutschen.

Zu bedenken ist dabei, daß in der Elektroindustrie Großbetriebe seit jeher eine Schlüsselposition einnahmen: Erforderte die Elektrotechnik doch hohe Aufwendungen sowohl für Forschung und Entwicklung, als auch für die Her-

---

15 Ebd.; BUSINESS STATISTICS OFFICE, Historical Record, S. 262f; HUPPERT, In gedämpfter Expansi-on, S. 2020; UTTON, Diversification, S. 96; NEVEN, EEC Integration, S. 41. S.a. Größengliederung des Umsatzes elektrotechnischer Erzeugnisse, in: EA 13 (1960), S. 161f; Gesellschaften, Vermögen und Produktivität in der westdeutschen elektrotechnischen Industrie, ebd., 14 (1961), S. 280; KLODT, Kleine und große Unternehmen, S. 86; BÖTTCHER, Struktur, S. 6.

stellung von Komponenten und Endprodukten, bei denen es sich oft um teure und aufwendige Anlagen und Geräte handelte. Die Herstellung elektrotechnischer Investitionsgüter wie etwa Kraftwerksanlagen war allein aufgrund des Volumens der einzelnen Aufträge und wegen der Notwendigkeit, diese vorzufinanzieren, nahezu ausschließlich Großfirmen möglich.

Dies traf zwar so nicht auf Gebrauchsgüter und Komponenten zu, aber auch dort verstärkte die zunehmende Verbreitung von Massenproduktionsmethoden und neuen Fertigungsverfahren den Trend zum Großbetrieb. Schließlich konnte die Produktivität erst mit steigendem Ausstoß durch den Einsatz von Massenfertigungsmethoden erhöht werden, weshalb die Innovation neuer Produkt- und Fertigungstechnologien mit wachsender Unternehmensgröße tendenziell zunahm.[16] Zahlreiche Studien stimmen darin überein, daß größere Firmen prinzipiell innovativer sind, und die Exportquote ebenfalls mit wachsendem Ausstoß zunimmt. Ein Automatismus darf hieraus natürlich nicht abgeleitet werden. Vielmehr ergeben sich ab einem gewissen Produktionsvolumen erst Möglichkeiten, wie sie darunter nicht existieren. Ob diese von den Unternehmen auch tatsächlich genutzt werden, ist dagegen eine andere Frage.[17]

Großfirmen hatten zumeist auch ein breiter gefächertes Produktspektrum, wodurch der Nachfragerückgang bei Auftreten konjunktureller Schwächen in einem Sektor durch andere Fertigungsgebiete zumindest zum Teil kompensiert werden konnte. Ein breites Warenspektrum bot noch einen weiteren Vorteil, den der *Volkswirt* 1962 zur Zeit einer Schwächephase bei Konsumgütern folgendermaßen beschrieb:

> Die Absatzschwierigkeiten bei bestimmten elektrotechnischen Gebrauchsgütern sind für Siemens und AEG ebenso da wie für andere Hersteller. Siemens stellte sogar die Fertigung von Rundfunk- und Fernsehgeräten ganz ein und verwendete die Kapazitäten seines Radiowerkes in Berlin in der Siemens & Halske AG für deren nachrichtentechnische Fabrikation. Doch damit wird schon der Unterschied deutlich: Man stößt zwar in bestimmten Sparten auf die gleichen Absatzschwierigkeiten wie andere, kleinere und vielleicht spezialisierte Firmen sie haben, aber man kann die Kapazitäten umpoolen und sie auf aussichtsreicheren Gebieten wieder einsetzen. Und überdurchschnittlich expandieren wird noch auf Jahre hinaus der gesamte Schwachstromsektor, sei es auf dem Gebiet der Meß- und Regeltechnik, der elektronischen Datenverarbeitung oder der Nachrichtenübermittlung.[18]

---

[16] Rost, Entwicklungslinien, S. 28.

[17] Fränz, Forschung und Entwicklung, S. 18; Scherer, Firm Size, S. 1098; Lintner et al., Trade Unions S. 28. S.a. Perez, Structural Change, S. 361f; Coleman und MacLeod, Attitudes to New Techniques, S. 610.

[18] Große in der kleinen Konjunktur, in: Volkswirt 16 (1962), S. 346. S.a. Haus Siemens. Mehr sein als scheinen, ebd., 18 (1964), S. 320; Brown, Boveri & Cie. AG Mannheim. Zum fünfzigjährigen Bestehen, ebd., 4 (1950), Nr. 24, S. 42.

Dies setzte allerdings voraus, daß eine Firma in ausreichend vielen Warenfeldern verankert war. Ein kurzfristiges Umschwenken in neue Bereiche, insbesondere während konjunkturell schwieriger Zeiten, war nämlich oft schwierig, wenn nicht gar unmöglich. Daß sich trotz der strukturellen Vorteile von Großunternehmen eine beachtliche Zahl von Klein- und Mittelbetrieben behaupten konnte, lag an der Vielfalt elektrotechnischer Erzeugnisse und deren unterschiedlichen Anwendungsbereichen. Oft waren Einzelkonstruktionen nötig, wo flexible Kleinfirmen erfolgreich gegen Großunternehmen konkurrieren konnten.[19]

Verstärkt wurde der Trend zum Großbetrieb dadurch, daß der Vertrieb elektrotechnischer Geräte und Anlagen aufgrund ihrer technischen Komplexität eine enge Beziehung zwischen Hersteller und Kunden erforderte. Gerade etablierten Firmen verschaffte dies einen Wettbewerbsvorteil gegenüber Branchenneulingen. Hinzu kam der enorme Kapitalbedarf, den dieser Industriesektor seit dem späten neunzehnten Jahrhundert prägte. Dies war ebenfalls von Vorteil für die Großunternehmen, da sie ungleich leichter als kleine Betriebe das für die immer größer werdenden Projekte notwendige Kapital am Markt oder durch eine enge Kooperation mit Banken gewinnen konnten. In dieser Hinsicht überrascht es nicht, daß Marcia Lee Stigum den Mangel an Großfirmen als entscheidenden Faktor für die geringe internationale Bedeutung der französischen Elektroindustrie bezeichnete.[20]

Die geringere Größe britischer Unternehmen hatte damit in mehrfacher Hinsicht entscheidende Auswirkungen auf ihre Wettbewerbsfähigkeit. Dabei war die Elektroindustrie aber keine Ausnahme. Vielmehr waren in den meisten Wirtschaftssektoren britische Firmen kleiner als ihre deutschen Konkurrenten.[21] Ein wichtiger Grund dafür war der geringe Wettbewerbsdruck und die Kartellabsprachen, die ineffektiven Firmen das Überleben ermöglichten und eine Konzentration der Fertigung auf größere und damit effizientere zumindest verzögerte, wenn nicht gar verhinderte.[22]

---

[19] HUPPERT, Elektroindustrie, S. 194f; KLODT, Kleine und große Unternehmen, S. 89.
[20] SCHULZ-HANßEN, Stellung der Elektroindustrie, S. 206; STIGUM, Impact, S. 90. S.a. KAMIEN UND SCHWARTZ, Market Structure, S. 70; WALSHE, Industrial Organization, S. 346; PEREZ, Structural Change, S. 361f.
[21] Electrical Companies. How small they are, in: Economist 222 (1967), S. 962; How Will They Link? Continental Europe's electrical companies may prefer liaisons to marriage, ebd., 229 (1968), S. 82; GEORGE UND WARD, Structure of Industry, S. 44; PRYOR, International Comparison, S. 135.
[22] GEORGE UND WARD, Structure of Industry, S. 21.

C. UNTERNEHMENSFINANZIERUNG

Aus den vorangegangenen Kapiteln wurde die herausragende Bedeutung finanzieller Faktoren für die Entwicklung der Unternehmen deutlich, weshalb auf diese eigens eingegangen werden soll. Dabei muß allerdings betont werden, daß die Aussagekraft der nachfolgenden Passagen mit Zurückhaltung zu betrachten ist, da die verwendeten Daten zumeist auf den Angaben der Firmen selbst beruhen. Ein Vergleich der bundesdeutschen und britischen Elektroindustrie ist aber auch aufgrund unterschiedlicher rechtlicher Bestimmungen und Bilanzierungsverfahren nicht unproblematisch.[23]

Hinzuweisen ist zunächst auf den enormen Kapitalbedarf von Elektrizitätswirtschaft und Elektrotechnischer Industrie. In der Bundesrepublik der frühen Nachkriegsjahre war deshalb der akute Kapitalmangel ein grundlegendes Problem für die industrielle Expansion.[24] So hieß es in einer Bilanzanalyse elektrotechnischer Aktiengesellschaften für die Jahre 1949 und 1950, daß dadurch „die fortlaufende Erweiterung und zunehmende Technisierung an einen erheblichen Hemmschuh gebunden ist."[25]

Für die Enge des Kapitalmarktes waren mehrere Ursachen verantwortlich. Die erste war natürlich die Auflösung des traditionellen Wirtschaftsgefüges im Gefolge des Zweiten Weltkriegs. Hinzu kam die Dekartellierung der deutschen Großbanken auf der Grundlage des Alliierten Gesetzes Nr. 57 vom 6. Mai 1947, so daß diese als Finanzierungsquelle anfangs ausfielen.[26] Verschärft wurde dies durch Maßnahmen zunächst der Alliierten und dann auch der Bundesregierung, die das verfügbare Kapitalvolumen einengten. Hier ist zunächst das vom Alliierten Kontrollrat Anfang 1946 verhängte Einkommensteuergesetz zu nennen, das Henry C. Wallich als „probably the fiercest piece of income taxation ever inflicted on a Western Country" bezeichnete.[27]

Da private Ersparnisse eine wichtige Grundlage für die von Banken vergebenen Kredite waren, bewirkte die hohe Besteuerung der privaten Einkommen eine Reduzierung des für die Unternehmensfinanzierung zur Verfügung stehenden Kreditvolumens. Diese hohen Einkommensteuersätze wurden zunächst bei der Währungsreform, dann Anfang April 1950, ein weiteres Mal

---

[23] S.a. Bilanzen und Erträge 1957 und 1958, in: Volkswirt 13 (1959), Beilage zu Nr. 14 „Dynamische Elektroindustrie", S. 21; HILLER, Befriedigende Lage, S. 364.
[24] MEUSCHEL, DM-Eröffnungsbilanzen, S. 35; STOLPER UND ROSKAMP, Planning, S. 388; Zum Kapitalbedarf: KELCH, Studien, S. 73.
[25] POHL, Gesamtbilanz, S. 12.
[26] KRÄMER, Finanzpolitik, S. 65; STOLPER UND ROSKAMP, Planning, S. 388.
[27] WALLICH, Mainsprings, S. 66. S.a. LACKMAN, Fiscal and Monetary Policies, S. 395; STOLPER UND ROSKAMP, Planning, S. 387.

bei der sogenannten Kleinen Steuerreform vom Juni 1953, und nochmals im darauffolgenden Jahr reduziert.[28]

Restriktiv auf Kapitalbildung und Kapitalmarkt wirkten sich auch Maßnahmen aus, die sich aus den spezifischen Problemen der Nachkriegszeit ergaben. Hierzu gehörte besonders die Notwendigkeit, angesichts der akuten Wohnungsnot Kapital in den Bausektor umzuleiten. Die Höhe der Zinssätze nahezu aller festverzinslichen Wertpapiere wurde hierzu staatlicherseits begrenzt, was Investitionen in anderen Sektoren als dem Wohnungsbau wenig attraktiv machte. Den gleichen Effekt hatte die Steuerfreiheit für Anleihen von Bund und Ländern, die erst mit dem Auslaufen des Kapitalmarktförderungsgesetzes Ende des Jahres 1954 beseitigt wurde.[29]

Schädlich war daneben die bis heute bestehende Doppelbesteuerung der Aktie beim Unternehmen und beim Aktionär, die ihre Attraktivität für Investoren minderte. Die bundesdeutsche Steuergesetzgebung machte damit die Erhöhung des Grundkapitals zu einer sehr teuren Art der Unternehmensfinanzierung. Von Industrievertretern wie etwa Klaus Thiede, Leiter des Investitionsausschusses im Zentralbereich Betriebswirtschaft der Siemens AG, wurde dies wiederholt kritisiert.[30]

Ein deutliches Indiz für die Enge des bundesdeutschen Kapitalmarkts war, daß neben einer Anleihe von 10 Millionen DM der Neckarwerke Elektrizitätsversorgungs AG bis Mitte des Jahres 1953 keine Anleihe durch ein größeres Unternehmen ausgegeben wurde.[31] Mit dem Ende des Kapitalmarktförderungsgesetzes entfiel zwar von 1955 an ein wichtiges Hindernis für Kapitalerhöhungen, aber die Kursänderung der Bundesbank hin zu einer restriktiveren Kapitalmarktpolitik verhinderte eine breite Anwendung dieses Finanzierungsinstruments.[32]

Vor der zweiten Jahreshälfte 1954 wurde in der bundesdeutschen Elektroindustrie mit Ausnahme einer Kapitalerhöhung von BBC um 12 Millionen DM 1952 auch keine Aktienemission zur Erhöhung des Grundkapitals vorgenommen. Die bis dahin ausgegebenen Aktien standen ausschließlich im Zusammenhang mit Nachgründungen, Fusionen, Umtauschaktionen und ähnlichem. Erst nach der Senkung der Körperschaftssteuer und dem Auslaufen des Kapitalmarktförderungsgesetzes nahmen die meisten elektrotechnischen Aktienge-

---

[28] „Gesetz zur Änderung steuerlicher Vorschriften und zur Sicherung der Haushaltsführung vom 19. Juni 1953" und „Gesetz zur Änderung des Einkommenssteuergesetzes vom 24. April 1954", s. Boss, Incentives und Wirtschaftswachstum, S. 5-8, 43; Roskamp, Capital Formation, S. 96.

[29] Boss, Incentives und Wirtschaftswachstum, S. 34-8; Schlesinger und Bockelmann, Monetary Policy, S. 182.

[30] Thiede, Investitionsplanung, S. 4. S.a. Boss, Incentives und Wirtschaftswachstum, S. 37.

[31] Krämer, Finanzpolitik, S. 54.

[32] Ebd., S. 58.

sellschaften von 1955 an Kapitelerhöhungen mittels Aktienemissionen vor. Anlaß hierfür war der steigende finanzielle Bedarf, der sich aus dem immer enger werdenden Arbeitsmarkt ergab, und auf den die Firmen mit Rationalisierungsmaßnahmen reagierten. So trat AEG zwischen 1955 und 1960 insgesamt fünfmal an den Kapitalmarkt heran, während Siemens & Halske dies im gleichen Zeitraum dreimal tat. Bei AEG erhöhte sich hierdurch das Grundkapital um 222, bei Siemens & Halske um 258 Millionen DM.[33]

Eine Untersuchung von 27 Kapitalgesellschaften der Elektroindustrie für das Geschäftsjahr 1955 zeigt einen starken Anstieg der Investitionen, der aber der Analyse zufolge „die Finanzstruktur der hier untersuchten Firmen im allgemeinen nicht beeinträchtigt" hatte.[34] Auffälligstes Indiz hierfür war, daß das Anlagevermögen der Unternehmen vom Eigenkapital überdeckt wurde. Dies entsprach der „Goldenen Bilanzregel", derzufolge das Anlagevermögen mit Eigenkapital zu finanzieren ist. Eine 1957 angefertigte Bilanzanalyse kam zum Ergebnis, daß trotz hoher Investitionen die Liquidität der Elektrofirmen „recht gut" war.[35] Zu einem ähnlichen Ergebnis kam auch eine vom Statistischen Bundesamt unternommene Analyse der Bilanzen von 4.400 bundesdeutschen Betrieben der Elektrobranche.[36]

Seit den späten 1950er Jahren stieg dann allerdings der Anteil des Fremdkapitals, was Industrievertreter mit Besorgnis registrierten. So stellte der Hauptgeschäftsführer des ZVEI, Hellmut Trute, in einem Vortrag vor den für die Elektroindustrie zuständigen Referenten der Landeswirtschaftsministerien 1963 fest:

> Von Seiten des BWM wurde vor einigen Wochen ein Bericht zum Problem der Selbstfinanzierung erstellt, in welchem empfohlen wurde, zur Durchführung der Investitionen mehr auf die Fremdfinanzierung umzuschalten, während bekanntlich ein großer Teil des wirtschaftlichen Wiederaufbaus eben auf die Finanzierung aus eigenem Gewinn zurückzuführen war. Nun ist aber durch das Absinken der Erlöse der Anteil der Selbstfinanzierung in den Gesamtersparnissen von etwa 39 Prozent im Jahre 1950 auf 28 Prozent im Jahre 1961 und ihr Anteil an den Nettoinvestitionen der Industrie von 51 Prozent im Jahre 1958 auf 34 Prozent im Jahre 1961 gefallen.[37]

---

[33] Ebd., S. 37ff, 45-9; FRISCH, Kapazitäten, S. 10, 13; KREILE, Dynamics of Expansion, S. 193.
[34] HILLER, Befriedigende Lage, S. 365.
[35] Ebd. S.a. POHL, Gesamtbilanz, S. 13; KRÄMER, Finanzpolitik, S. 35; THIEDE, Investitionsplanung, S. 4.
[36] FRIEDEMANN, Gesamtbilanz, S. 110f.
[37] BA Koblenz, B 102, 43567: „Fachliche und wirtschaftliche Probleme der deutschen Elektroindustrie. Referat des Hauptgeschäftsführers Dr. Trute vor den Länderreferenten der Elektroindustrie im BWM am 2.9.1963 in Berlin".

Trotz dieser Verschlechterung waren die Sachanlagen der führenden Elektrofirmen auch in der ersten Hälfte der 1960er Jahre nach wie vor vom Eigenkapital überdeckt, wenngleich die Profitabilität des gesamten produzierenden Gewerbes und so auch der Elektroindustrie von den frühen 1960er Jahren an tendenziell abnahm.[38]

Angesichts der für lange Zeit bestimmenden Enge des bundesdeutschen Kapitalmarkts stellt sich die Frage, wie die umfangreichen Investitionen finanziert wurden. Ein wichtiges Instrument nannte Hellmut Trute in seinem vorstehend zitierten Vortrag: Mittels einbehaltener Gewinne aus dem laufenden Geschäft. Hier waren die Großfirmen im Vorteil, da für sie die Einbehaltung von Gewinnen leichter als für kleinere war. Erleichtert wurde die innerbetriebliche Kapitalbildung dabei staatlicherseits durch eine günstige Gestaltung der Abschreibungsbestimmungen.[39]

Von der Enge des Kapitalmarkts abgesehen zielte die Finanzpolitik deutscher Elektrounternehmen prinzipiell darauf ab, einen Großteil der Investitionen über einbehaltene Gewinne zu finanzieren und sich durch Bildung beträchtlicher Rücklagen von externen Quellen so weit als möglich unabhängig zu machen.[40] Diese Strategie hatte eine lange Tradition. So betonte Helmut Cabjolsky, Mitarbeiter in der Buchhaltung von Siemens & Halske, in seiner Studie zur finanziellen Entwicklung der Firma zwischen 1897 und 1926 die „vorsichtige Finanzierungspolitik" im Hinblick auf Fremdmittel.[41] Und Harm Schröter bemerkte zur Finanzpolitik von Siemens in den Zwischenkriegsjahren: „The overall aim was a steady, long-term return of dividends rather than immediate profits."[42] Hans Pohl stellte hierzu ergänzend fest: „I think that these have been traditions not only of Siemens but of all electrotechnical firms. They obtained many orders from the public utilities and in some branches they were dependent on them. Therefore they had to be cautious and be content with small but sure profits."[43]

Dies erklärt die hohe Liquidität deutscher Firmen und insbesondere von Siemens, wenn dies auch angesichts der Enge des Kapitalmarkts im Vergleich mit

---

[38] KUMMER, Investitionen, S. 10. S.a. Gesellschaften, Vermögen und Produktivität in der westdeutschen elektrotechnischen Industrie, in: EA-GI 14 (1961), S. 279; FRIEDEMANN, Anwachsen, S. 518; ALBACH, Rate of Return, S. 278ff.

[39] Company Size Examined, in: ER 176 (1965), S. 839; ROSKAMP, Capital Formation, S. 111, 121, 124ff, 131f. S.a. WERTHEIMER, Note, S. 183f; JERVIS, Supply of Capital, S. 154f; TEW, Self-Financing, S. 53.

[40] Die Elektroindustrie steigerte die Produktivität. Jahreshauptversammlung des ZVEI [1955], in: EP 8 (1955), S. 217; HERDT, Bosch, S. 128-144; CATRINA, BBC, S. 70; TRUTE, Elektroindustrie – Stellung, Aussichten, S. 9.

[41] CABJOLSKY, Siemens & Halske, S. 28.

[42] SCHRÖTER, Siemens, S. 184f.

[43] POHL, Commentary, zu: SCHRÖTER, Siemens, S. 205.

Großbritannien überraschen mag. Eine gewisse Ausnahme stellte lediglich GEC dar, nachdem Arnold Weinstock die Finanzpolitik des Konzerns in diese Richtung hin veränderte. In einem unveröffentlichten Manuskript von Anthony J. Walkden, *Editor in Chief* der *GEC Review*, hieß es hierzu: „A large bank deposit (cash mountain) is generated to preserve independence from banks/institutions and to provide funds for acquisitions".[44]

In Kapitel 5b wurde bereits auf weitere Finanzierungsquellen eingegangen: Das *European Recovery Programme* und die Mittel der Kreditanstalt für Wiederaufbau, die zwar nur in geringem Maße der Elektroindustrie, aber in großem Umfang der Elektrizitätswirtschaft zugute kamen. Angesichts des Kapitalmangels elektrotechnischer Firmen wurden die Aufträge teilweise von den Versorgungsunternehmen vorfinanziert, was die Abwicklung vieler Vorhaben erst möglich machte. Von diesem Verfahren profitierten besonders die Großbetriebe, da nur sie Kraftwerksanlagen herstellten. Zu nennen sind außerdem die Mittel, die der Elektrizitätswirtschaft nach dem Auslaufen des *European Recovery Programme* auf Basis des Investitionshilfegesetzes zuflossen. Wie in den vorangegangenen Kapiteln deutlich wurde, ermöglichten die genannten Finanztransfers der Elektrizitätswirtschaft eine Ausweitung ihres Bestellvolumens, woraus der Elektroindustrie umfangreiche Aufträge entstanden, die eine rasche Steigerung der Produktion ermöglichten.[45]

Betrachtet man dagegen die Finanzpolitik britischer Firmen, sticht deren starke Inanspruchnahme des Kapitalmarkts ins Auge. In Ergänzung zu den vorangegangenen Kapiteln ist darauf hinzuweisen, daß die Elektroindustrie dort den Kapitalmarkt noch stärker als die Industrie im Durchschnitt in Anspruch nahm. So finanzierte sie in den 1950er Jahren 38 Prozent der Zunahme der *Net Assets* mittels neu emittierter Aktien und Obligationen, während dies nur für 27 Prozent der gesamten britischen Industrie galt.[46]

Noch entscheidender waren die hohen Bankkredite, aus denen den Firmen enorme Zinsbelastungen erwuchsen. Dies traf ebenfalls nicht nur auf die Elektrobranche, sondern Jeremy Edwards und Klaus Fischer zufolge auf sämtliche Industriesektoren zu: „German AGs financed a smaller proportion of their investment by bank borrowing than did comparable public limited companies in the UK."[47] Ähnlich wie bei Aktien und Obligationen nahm die Elektroindu-

---

[44] „1963 – The New Broom: A Major Shift in GEC's Financial Organisation", in: Walkden, A. J., GEC, A Brief History of GEC. Talk to the Seminar Programme at GEC Dunchurch, 07.03.1995 (masch.)". Mein herzlicher Dank an Anthony J. Walkden für diese Information.

[45] Krämer, Finanzpolitik, S. 66, 69; Boss, Incentives und Wirtschaftswachstum, S. 38; Kiera, Die außenwirtschaftliche Verflechtung, S. 152.

[46] Wilson, Electrical Engineering, S. 231.

[47] Edwards und Fischer, Banks, Finance and Investment, S. 231.

strie auch Bankkredite in stärkerem Maß in Anspruch, als die britische Wirtschaft im Durchschnitt: Während in den 1950er Jahren 23 Prozent aller Aktiengesellschaften Bankschulden hatten, traf dies in der Elektroindustrie auf 41 Prozent zu. Deren Unternehmen „borrowed extensively and for long periods from banks", so Thomas Wilson.[48] In Zeiten steigender Zinsraten entstand so eine hohe finanzielle Belastung, die die Handlungsfreiheit britischer Frimen durch wiederholt auftretende Liquiditätsengpässe entscheidend einengte. Gerade hochverschuldete Gesellschaften hatten es aber schwer, sich gegen feindliche Übernahmeversuche zu wehren. Das Ende von AEI kann hierfür als exemplarisch gelten.

In den späten 1960er Jahren ging die Zahl britischer Elektrofirmen aufgrund mehrerer Fusionen, zu denen es ebenfalls auch in anderen Industriesektoren kam, zurück. Diese kamen fast ausschließlich auf dem Wege des in der Bundesrepublik damals wenig üblichen Aktientausches zustande, bei dem der Akquisiteur nur geringe Barmittel brauchte. In erster Linie ging es darum, die Aktionäre des aufzukaufenden Unternehmens davon zu überzeugen, daß sie im Fall einer Übernahme höhere Renditen erwarten konnten, wie dies ebenfalls bei der Fusion zwischen AEI und GEC deutlich geworden war. Waren zusätzliche Finanzmittel nötig, konnten britische Firmen diese auf dem Kapitalmarkt erwerben, solange potentielle Investoren entsprechende Gewinne erwarten konnten.[49]

In der Forschung wurde darauf verwiesen, daß die daraus resultierenden Rendite-Interessen der Investoren dazu führten, daß vornehmliches Ziel britischer Unternehmen eine kurzfristige Steigerung ihrer Gewinne war, diese damit als *Profit Maximizers* charakterisiert werden könnten. Für die mit Großbanken eng verflochtenen deutschen Firmen war dies dagegen in geringerem Maß der Fall. Statt dessen konzentrierten sie sich darauf, durch eine Umsatzausweitung ihre Marktstellung zu stärken, sogenannte *Output Maximizers*. Obgleich dies sicherlich eine sehr plakative Beschreibung unternehmerischen Handelns darstellt und Ziel jeder Firma naturgemäß die Steigerung der Gewinne ist, stellt sich die Frage, ob sich für die Elektroindustrie Indizien für derartige Strategien erkennen lassen.[50]

Zwei Bereiche seien hierzu im folgenden betrachtet, Gewinnentwicklung und Ausgaben für Forschung und Entwicklung. Dem liegt folgende Annahme zugrunde: Waren britische Unternehmen tatsächlich von den kurzfristigen

---

[48] Wilson, Electrical Engineering, S. 233.
[49] Gruhler, Kartelle, S. 274; Singh, Take-Overs, S. 513; Tew und Henderson, Concluding Remarks, S. 255f. S.a. Rowley, Fixed Capital Formation, S. 177; King, Company Profits, S. 234f; Cable et al., Federal Republic, S. 99f, 115, 129; Curry und George, Industrial Concentration, S. 216-227.
[50] Zum Forschungsstand: Edwards und Fischer, Banks, Finance and Investment, S. 1-21.

Rendite-Interessen der Investoren geprägt, müßten sie auch einen höheren Anteil der Gewinne an sie auszahlen, als es in der Bundesrepublik der Fall war. Das Gegenteil müßte für Forschungs- und Entwicklungsausgaben gelten, deren Steigerung eine Verminderung der an die Aktionäre ausbezahlten Gewinne bedeutete, während gleichzeitig eine langfristige Stärkung der Marktmacht durch Produkt- und Prozeßinnovationen zu erhoffen war.

Zur Untersuchung der Gewinne wurde zunächst die oben genannte *Fortune*-Liste herangezogen. Die Tabellen 8.8.1 und 8.8.2 enthalten alle darin aufgeführten bundesdeutschen und britischen Elektrofirmen. Alle Unternehmen, die nur für einzelne Jahre in der Aufstellung auftauchten, wurden hier nicht berücksichtigt. Der Durchschnittsumsatz der drei größten deutschen Konzerne lag zwischen 1959 und 1970 geringfügig über dem der sechs wichtigsten britischen, während das Vermögen letzterer mit 2,6 Milliarden US-Dollar über dem der drei deutschen lag, das 2,08 Milliarden US-Dollar betrug.

Das Gegenteil traf auf die durchschnittliche Zahl der Beschäftigten zu: 377.645 in Großbritannien, 435.907 in der Bundesrepublik. Hieraus resultierte eine erheblich niedrigere Produktivität der bundesdeutschen Industrie. So entfiel auf einen Beschäftigten in einem britischen Elektrounternehmen ein durchschnittlicher Jahresumsatz von 7.967 US-Dollar, in der Bundesrepublik dagegen von 6.833 US-Dollar. Der Grund hierfür liegt in der Produktionsstruktur, nämlich der stärkeren Bedeutung arbeitsintensiver Fertigungssektoren in der bundesdeutschen und der kapitalintensiver in der britischen Elektroindustrie (Tabellen 8.8.1 und 8.9.2). Hinsichtlich der Gewinnentwicklung ist festzustellen, daß der durchschnittliche Anteil der *Net Profits* am Umsatz der sechs britischen Firmen im untersuchten Zeitraum bei einem ähnlichen Volumen mit 3,7 Prozent erheblich über dem in der Bundesrepublik lag, wo sich dieser Wert auf 2,0 Prozent belief (Tabelle 8.8.2). Genauere Aussagen ergeben sich bei Berechnung der *Net Profits* je Beschäftigten und des prozentualen Anteils der *Net Profits* am Umsatz (Tabellen 8.10.1 und 8.10.2). Hier zeigt sich, daß die durchschnittlichen *Net Profits* je Beschäftigten bei den sechs britischen Unternehmen eine Höhe von 288,6 US-Dollar erreichten, während dieser Wert bei bundesdeutschen Firmen nur 134,8 US-Dollar betrug. In einem zweiten Schritt sei die Höhe der auf das ordentliche Kapital bezahlten Dividenden herangezogen (Tabelle 8.11). Nicht berücksichtigt wurden dabei Bosch und Alldephi, da sie die Gesellschaftsform einer GmbH hatten. BBC wurde in die Übersicht aufgenommen, wenngleich zu beachten ist, daß das Unternehmen zu 70 Prozent im Besitz des Schweizer Mutter war, womit der Großteil der Dividenden innerhalb des Konzerns floß.[51]

---

[51] Rücklagenpolitik bei Brown Boveri, in: Volkswirt 5 (1951), Nr. 31, S. 22; Brown, Boveri, „übertrieben sozial"?, ebd., 7 (1953), Nr. 33, S. 24.

Tab 8.9.1 Großbritannien /Bundesrepublik Deutschland, Elektrotechnische Unternehmen:
  Net Profits in Tsd. US-Dollar, 1959-70

	1959	1960	1961	1962	1963	1964
Associated Electrical Industries	13.093	13.103	9.856	13.622	11.964	17.601
British Insulated Callender's Cables	9.088	9.349	13.760	13.158	16.520	19.401
EMI	–	–	–	6.485	6.734	11.651
English Electric	10.784	8.981	6.252	8.801	11.914	17.940
GEC (2)	5.552	6.502	30.365	5.150	7.756	21.857
Plessey	–	–	–	7.185	16.132	19.587
AEG (1)	8.902	10.356	15.381	17.225	18.186	23.665
Robert Bosch	1.761	2.321	3.197	7.560	10.200	12.350
Siemens	23.059	32.476	46.550	37.175	38.350	56.550

Tab. 8.9.2 Großbritannien /Bundesrepublik Deutschland, Elektrotechnische Unternehmen:
  Beschäftigte, 1959-70

	1959	1960	1961	1962	1963	1964
Associated Electical Industries	98.993	105.068	103.905	99.000	95.000	92.400
British Insulated Callender's Cables	36.000	41.000	41.000	46.000	47.000	50.000
EMI	–	–	–	29.700	29.400	29.200
English Electric	80.000	80.000	78.203	78.000	74.000	75.614
GEC (2)	61.000	62.600	68.626	65.000	64.000	63.600
Plessey	–	–	–	47.000	50.000	60.000
AEG (1)	109.000	119.200	125.200	127.000	125.400	126.700
Robert Bosch	60.000	71.000	70.000	69.500	75.000	87.112
Siemens	188.000	209.000	228.000	239.700	240.500	247.000

*Aufgrund der Fusion GEC-AEI-EE nur für die Jahre 1959-67 berechnet.
(1) Ab 1964 AEG Telefunken
(2) Ab 1968 GEC-EE (inkl. AEI)
Zusammengestellt und berechnet nach den Angaben in:
The 100 Largest Foreign Industrial Companies, in: Fortune (August Issue), New York, 1960-1962;
The 200 Largest Foreign Industrial Companies, in: Fortune (August Issue), New York, 1963-1971.

1965	1966	1967	1968	1969	1970	Durchschnitt	Summe
24.559	13.342	10.450	–	–	–	14.177	
28.353	28.602	24.203	23.462	18.406	21.955	18.048	
13.661	15.428	14.619	13.762	17.892	21.437	11.430	
26.407	26.928	31.633	–	–	–	16.627	
30.528	28.468	29.876	73.985	73.985	86.402	18.450	Summe GB:
26.718	19.057	21.804	22.830	27.079	31.927	18.414	97.146
24.653	22.898	22.241	27.074	26.678	26.891	18.167	
9.850	8.600	9.500	17.900	13.096	12.732	7.260	Summe BRD:
45.325	40.575	39.943	69.989	63.250	54.891	40.000	65.428
					Durchschnitt	18.064	

1965	1966	1967	1968	1969	1970	Durchschnitt	
95.857	92.014	80.000	–	–	–	95.804	
50.000	47.000	46.000	60.000	60.000	58.000	44.889	
28.100	27.300	24.900	27.900	41.900	42.410	28.100	
80.000	92.000	125.587	–	–	–	84.823	
66.500	66.500	66.000	233.000	228.000	225.000	64.870	Summe GB:
64.000	65.000	68.956	72.263	73.000	81.000	59.159	377.645
128.300	138.100	123.300	146.400	164.300	178.000	124.689	
89.723	85.720	84.708	93.367	109.367	116.987	76.974	Summe BRD:
257.000	257.000	242.000	256.400	272.000	300.500	234.244	435.907
					Durchschnitt	90.395	

Tab 8.10.1 Großbritannien /Bundesrepublik Deutschland, Elektrotechnische Unternehmen:
Anteil der Net Profits am Umsatz in Prozent, 1959-70

	1959	1960	1961	1962	1963	1964
Associated Electrical Industries	2,2	2,2	1,6	2,3	2,0	2,7
British Insulated Callender's Cables	2,5	2,3	3,3	3,1	3,2	3,2
EMI	–	–	–	2,8	2,9	4,4
English Electric	2,2	2,0	1,1	1,6	2,0	2,8
GEC (2)	1,8	2,0	9,1	1,4	2,1	4,6
Plessey	–	–	–	3,0	6,0	7,3
AEG (1)	1,7	1,7	2,2	2,2	2,1	2,5
Robert Bosch	0,5	0,6	0,7	1,5	1,8	1,9
Siemens	2,7	3,4	3,9	2,8	2,6	3,5

Tab. 8.10.2 Großbritannien /Bundesrepublik Deutschland, Elektrotechnische Unternehmen:
Net Profits je Beschäftigten in US-Dollars, 1959-70

	1959	1960	1961	1962	1963	1964
Associated Electical Industries	132	125	95	138	126	190
British Insulated Callender's Cables	252	228	336	286	351	388
EMI	–	–	–	218	229	399
English Electric	135	112	80	113	161	237
GEC (2)	91	104	442	79	121	344
Plessey	–	–	–	153	323	326
AEG (1)	82	87	123	136	145	187
Robert Bosch	29	33	46	109	136	142
Siemens	123	155	204	155	159	229

*Aufgrund der Fusion GEC-AEI-EE nur für die Jahre 1959-67 berechnet.

(1) Ab 1964 AEG Telefunken
(2) Ab 1968 GEC-EE (inkl. AEI)

Zusammengestellt und berechnet nach den Angaben in:
The 100 Largest Foreign Industrial Companies, in: Fortune (August Issue), New York, 1960-1962;
The 200 Largest Foreign Industrial Companies, in: Fortune (August Issue), New York, 1963-1971.

1965	1966	1967	1968	1969	1970	Durchschnitt	Summe
3,4	1,8	1,4	–	–	–	2,2	
4,0	3,4	3,0	3,0	1,9	2,0	3,1	
4,9	5,4	4,9	4,4	4,2	4,1	4,2	
3,9	3,6	2,8	–	–	–	2,4	
6,5	5,6	5,7	3,4	3,4	3,9	4,3	Summe GB:
9,1	5,3	5,4	5,4	6,3	6,4	6,0	22,3
2,4	1,9	2,0	2,0	1,5	1,2	2,1	
1,3	1,1	1,2	1,9	1,1	0,8	1,2	Summe BRD:
2,5	2,1	2,0	3,3	2,6	1,7	2,8	6,1
					Durchschnitt	3,1	

1965	1966	1967	1968	1969	1970	Durchschnitt	
256	145	131	–	–	–	148,6	
567	609	526	391	307	379	393,7	
486	565	587	493	427	505	414,1	
330	293	252	–	–	–	190,3	
459	428	453	318	324	384	280,1	Summe GB:
417	293	316	316	371	394	304,8	1731,7
192	166	180	185	162	151	144,1	
110	100	112	192	120	109	90,7	Summe BRD:
176	158	165	273	233	183	169,4	404,3
					Durchschnitt	237,3	
					GB:	288,6	
					BRD:	134,8	

Tab. 8.11 Großbritannien/Bundesrepublik Deutschland,
Elektrotechnische Unternehmen, Dividende in Prozent, 1949-66

	1949	1950	1951	1952	1953	1954	1955	1956
AEI	11,0	11,0	11,0	11,0	11,0	14,0	15,0	15,0
Englisch Electric	10,0	15,0	15,0	15,0	10,0	12,5	12,5	14,0
GEC	17,5	17,5	22,5	22,5	11,3	12,5	14,0	14,0
AEG	0	0	5,0	5,0	7,0	8,0	9,0	9,0
BBC	0	6,0	6,0	6,0	10,0	10,0	10,0	10,0
Siemens	0	0	4,0	6,0	8,0	8,0	9,0	9,0

Durchschnitt	1949-59	1960-66	1949-66
AEI	13,1	11,9	12,6
Englisch Electric	12,9	10,3	11,9
GEC	14,9	10,3	13,1
AEG	8,6	15,3	11,5
BBC	9,6	16,0	12,2
Siemens	9,3	16,0	12,3
GB	13,6	10,8	12,5
BRD	9,2	15,8	12,0

Zusammengestellt und berechnet nach den jährlichen Geschäftsberichten in Economist und Volkswirt.

1957	1958	1959	1960	1961	1962	1963	1964	1965	1966
15,0	15,0	15,0	15,0	10,0	10,0	10,0	12,0	13,0	13,0
14,0	14,0	10,0	10,0	8,0	8,0	10,0	12,0	13,0	11,0
12,5	10,0	10,0	10,0	10,0	10,0	10,0	10,0	10,0	12,0
10,0	12,0	12,0	14,0	15,0	15,0	15,0	16,0	16,0	16,0
11,0	13,0	14,0	16,0	16,0	16,0	16,0	16,0	16,0	16,0
12,0	14,0	14,0	16,0	16,0	16,0	16,0	16,0	16,0	16,0

Eine Analyse der Dividenden der führenden britischen und bundesdeutschen Firmen zeigt, daß sie in Großbritannien während der 1950er Jahre signifikant über denen in der Bundesrepublik lagen. Britische Unternehmen zahlten zwischen 1949 und 1959 im Durchschnitt mehr als 13 Prozent, bundesdeutsche dagegen nur rund neun Prozent. In den 1960er Jahren kehrte sich dies allerdings um, da die drei hier herangezogenen britischen Gesellschaften ihre Dividenden seit den späten 1950er Jahren senken mußten. Das Gegenteil war in der Bundesrepublik der Fall.[52]

Zur Höhe der Forschungs- und Entwicklungsausgaben waren nur sehr wenige Angaben zu finden. Der BEAMA zufolge beliefen sie sich in der britischen Elektroindustrie der 1950er Jahre auf weniger als drei Prozent des Umsatzes. Für die Bundesrepublik fanden sich in der zeitgenössischen Fachliteratur Schätzungen, die diesen Anteil auf drei bis zehn Prozent veranschlagten.[53] In Großbritannien war der Anteil der staatlichen Mittel an den gesamten industriellen Forschungs- und Entwicklungsausgaben erheblich höher als in der Bundesrepublik. Dies ergab sich aus den hohen staatlichen Ausgaben für militärische Forschung und Raumfahrt. So wurden Mitte der 1960er Jahre in Großbritannien 51,9 Prozent der industriellen Forschung durch die Industrie selbst und 33,9 Prozent vom Staat finanziert. In der Bundesrepublik trug die Industrie dagegen 90,1 Prozent dieser Ausgaben, während von staatlicher Seite nur 7,8 Prozent stammten.[54]

Was läßt sich damit zur Frage *Profit Maximizers* versus *Output Maximizers* feststellen? Ein eindeutiger Beleg für eine dezidierte Strategie britischer Elektrounternehmen, ihre Gewinne kurzfristig zu steigern, ist nicht erkennbar, wenngleich einige Indizien in diese Richtung deuten. Dies waren die vergleichsweise geringen Ausgaben für Forschung und Entwicklung, wodurch ihre langfristigen Marktchancen sanken. Hierzu gehörte auch das geringe Engagement britischer Konzerne beim Aufbau der teuren ausländischen Vertriebs- und Kundendienstorganisation. Bundesdeutsche Unternehmen wie Siemens investierten dagegen große Summen in diesem Bereich, ohne hiervon eine kurzfristige Gewinnsteigerung erwarten zu können.

Siemens verwendete für Forschung und Entwicklung und den Ausbau der Auslandsorganisation Mittel in einem Umfang, die die Dividendenzahlungen

---

[52] S.a. KING UND MAIRESSE, Profitability, S. 256.

[53] MRC, MSS.287/1 BEAMA, Proceedings of the Annual General Meetings 1951-59: „48th Annual General Meeting, 1958-59", S. 8. S.a. Forschungs- und Entwicklungsaufwand in der Elektroindustrie, in: ZVEIM 19 (1966), Nr. 5, S. 9; Schnelles Wachstum in der Elektroindustrie, in: EA 11 (1958), S. 454; ALBU, British Attitudes, S. 76f; FRÄNZ, Forschung und Entwicklung, S. 16, 18; KIEKHEBEN-SCHMIDT, Expansion, S. 1; SOBOTTA, Forschung, S. 29; TRUTE, Weg, S. 16; WEISS, Strukturwandel, S. 189; CRAFTS, Assessment, S. xi, xiii.

[54] SCHULZ-HANßEN, Stellung der Elektroindustrie, S. 142. Die Zahlenangaben beruhen auf OECD, International Statistical Year, S. 55 VII – 55 IX; S.a. CRAFTS, Assessment, S. xi, vgl. S. xiii.

überstiegen. Dabei hatte das Unternehmen aber offensichtlich keine Schwierigkeiten, dies vor den Aktionären zu rechtfertigen (siehe Kapitel 4 und 6). Wie vorstehend deutlich wurde, war britischen Firmen eine derartige Politik weniger leicht möglich. Verschiedentlich scheiterten Vorschläge des Managements an der ablehnenden Haltung der Aktionäre, deren primäres Interesse hohe Dividenden waren. Allerdings können die vergleichsweise höheren Dividenden in der britischen Elektroindustrie der 1950er Jahre nicht als Indiz für den Einfluß der Aktionäre auf die Politik der Unternehmen gewertet werden, da schließlich auch ihre Gewinne erheblich höher als in der Bundesrepublik waren.

Daß die Gewinne britischer Firmen beträchtlich über denen ihrer deutschen Konkurrenten lagen, erklärt sich aus dem geringen Wettbewerbsdruck, der ihnen ein überhöhtes Preisniveau bescherte. Daß die Preise für Kraftwerksanlagen im britischen Markt durch die Absprachen zwischen den Unternehmen künstlich hochgehalten wurden, dürfte angesichts der in Kapitel 5 beschriebenen Entwicklungen außer Zweifel stehen. Aber auch bei Konsumgütern fand sich mit dem überraschenden Erfolg der Direktanbieter und der darauf folgenden Reaktion der etablierten Hersteller ein deutliches Indiz hierfür.

D. AUSSENHANDEL

Der Weltelektrohandel wurde im vorliegenden Zeitraum fast vollständig von zwölf Staaten bestritten. Die führende Rolle hatten dabei die USA, Großbritannien und die Bundesrepublik, wenngleich der kumulierte Marktanteil dieser drei Länder kontinuierlich zurückging. Bis Mitte der 1950er Jahre war Großbritannien nach den USA weltweit zweitgrößter Elektroexporteur, wurde dann aber 1957 durch die Bundesrepublik von dieser Position verdrängt (Tabelle 8.12).[55]

Zur Struktur des Weltelektrohandels nach Warengruppen und Abnehmerregionen sind zwei Dinge festzustellen. Zum einen zeigte sich, daß die stärkste Ausweitung des internationalen Warenaustausches auf den Handel zwischen hochentwickelten Industriestaaten zurückging. Die in Großbritannien und der Bundesrepublik in der unmittelbaren Nachkriegszeit gehegte Hoffnung, ein großes Umsatzwachstum durch die Elektrifizierung unterentwickelter Staaten erzielen zu können, erwies sich damit als verfehlt. Noch mehr galt dies für die

---

[55] Electrical Engineering: An Export-Import Case-Study, in: Economist 226 (1968), S. 42; BÖTT-CHER, Internationale Zusammenhänge, S. 93. S.a. LAMFALUSSY, United Kingdom, S. 1, 3; DEAR-DEN, EEC Membership, S. 15; PANIC, Gross Fixed Capital Formation, S. 397.

Tab. 8.12 Elektroexporte der zwölf führenden Staaten: Marktanteile in Prozent, 1947-1970

	1947	1948	1949	1950	1951	1952	1953	1954	1955	1956	1957
Österreich	0,13	0,20	0,35	0,66	0,76	0,80	0,69	0,72	0,84	0,91	1,01
Belgien/Lux.	3,85	4,95	4,34	3,80	4,01	3,69	3,08	2,84	3,54	3,45	3,36
Kanada	-	-	-	1,33	1,45	2,44	2,19	1,50	1,33	1,20	1,22
Frankreich	5,02	5,70	5,99	6,24	7,07	6,60	5,38	5,75	6,16	4,84	5,41
BRD	0,00	0,63	1,80	6,06	9,42	11,97	12,80	16,41	18,44	19,24	21,04
Italien	0,37	0,87	0,72	0,90	1,95	1,76	1,80	1,75	1,84	1,51	1,66
Japan	-	-	-	-	0,90	0,94	0,69	1,03	1,27	1,80	2,55
Niederlande	4,88	5,43	5,49	5,79	6,48	5,88	5,85	7,08	7,45	6,56	6,24
Schweden	3,37	4,19	3,60	2,93	3,08	3,19	2,53	2,79	2,53	2,61	2,60
Schweiz	4,52	5,60	5,49	5,56	3,94	3,34	2,98	3,02	2,83	2,75	2,79
Großbritannien	19,95	26,46	36,50	32,84	26,81	25,34	22,43	21,32	22,05	21,55	20,86
USA	57,91	45,96	35,74	33,88	34,11	34,05	39,57	35,80	31,72	33,57	31,27
Gesamt	100,00	100,00	100,00	100,00	100,00	100,00	100,00	100,00	100,00	100,00	100,00

Zusammengestellt und berechnet nach den Angaben in Landeswährungen in:
UN, Yearbook of International Trade Statistics.
Umgerechnet in US-Dollar nach den dort gegebenen Wechselkursen.

Tab. 8.13 Elektroexporte der zwölf führenden Exportnationen, 1955-70

	Tsd. US-Dollar				
	1955	1960	1965	1970	1955
Österreich	20.444	47.097	100.042	229.143	0,8
Belgien/Lux.	86.160	113.336	258.704	474.584	3,5
Kanada	32.327	64.031	212.103	533.480	1,3
Frankreich	150.072	259.308	534.823	1.091.657	6,2
BRD	449.300	842.200	1.478.000	2.945.624	18,4
Italien	44.885	100.421	430.430	998.660	1,8
Japan	30.900	273.910	775.180	2.384.811	1,3
Niederlande	181.608	348.424	623.383	971.745	7,5
Schweden	61.585	103.589	224.267	504.121	2,5
Schweiz	68.879	123.634	213.386	396.752	2,8
GB	537.096	654.360	926.604	1.389.698	22,0
USA	772.800	944.200	1.661.400	2.999.191	31,7
Gesamt	2.436.057	3.874.510	7.438.323	14.919.466	100,0

Zusammengestellt und berechnet nach den Angaben in Landeswährungen in:
UN, Yearbook of International Trade Statistics 1955, 1960, 1965, 1970.
Umgerechnet in US-Dollar nach den dort gegebenen Wechselkursen

1958	1959	1960	1961	1962	1963	1964	1965	1966	1967	1968	1969	1970
1,18	1,12	1,21	1,27	1,45	1,33	1,30	1,34	1,31	1,26	1,29	1,38	1,54
3,57	2,82	2,90	2,77	3,02	3,18	3,49	3,48	3,07	2,90	2,82	2,84	3,18
1,15	1,28	1,64	1,63	1,72	1,74	1,76	2,85	3,27	3,43	3,76	3,44	3,58
6,30	6,14	6,73	6,72	6,62	6,71	6,72	7,19	6,66	6,55	6,57	6,70	7,32
20,99	22,85	21,55	21,53	20,66	20,08	19,62	19,87	19,39	19,49	18,93	19,35	19,74
1,95	1,77	2,57	3,49	3,96	4,46	5,12	5,79	5,92	6,58	6,78	6,74	6,69
3,10	5,79	7,01	7,10	8,18	8,88	9,54	10,42	12,64	12,80	14,79	16,05	15,98
7,11	7,90	8,92	8,40	7,91	7,87	8,35	8,38	7,46	7,34	7,12	7,05	6,51
2,70	2,46	2,65	2,56	2,72	2,84	3,25	3,02	3,16	3,14	3,19	3,05	3,38
2,74	2,64	3,16	3,03	2,87	2,86	2,72	2,87	2,76	2,78	2,97	2,87	2,66
19,67	19,00	17,50	16,01	15,30	15,24	13,20	12,46	11,61	10,53	9,58	8,99	9,31
29,53	26,21	24,16	25,49	25,59	24,80	24,93	22,34	22,74	23,22	22,20	21,54	20,10
100,00	100,00	100,00	100,00	100,00	100,00	100,00	100,00	100,00	100,00	100,00	100,00	100,00

Marktanteil (Prozent)			Index			
1960	1965	1970	1955	1960	1965	1970
1,2	1,3	1,5	100,0	230,4	489,4	1.120,9
2,9	3,5	3,2	100,0	131,5	300,3	550,8
1,7	2,9	3,6	100,0	198,1	656,1	1.650,2
6,7	7,2	7,3	100,0	172,8	356,4	727,4
21,7	19,9	19,7	100,0	187,4	329,0	655,6
2,6	5,8	6,7	100,0	223,7	959,0	2.224,9
7,1	10,4	16,0	100,0	886,4	2.508,7	7.717,8
9,0	8,4	6,5	100,0	191,9	343,3	535,1
2,7	3,0	3,4	100,0	168,2	364,2	818,6
3,2	2,9	2,7	100,0	179,5	309,8	576,0
16,9	12,5	9,3	100,0	121,8	172,5	258,7
24,4	22,3	20,1	100,0	122,2	215,0	388,1
100,0	100,0	100,0	100,0	159,0	305,3	612,4

Tab. 8.14 Exporte von Generatoren, Motoren und Transformatoren der zwölf führenden
      Staaten, 1955-70

	Tsd. US-Dollar				
	1955	1960	1965	1970	1955
Österreich	7.119	10.726	34.550	64.273	1,3
Belgien/Lux.	17.050	32.610	58.200	122.991	3,1
Kanada	-	-	27.473	56.489	-
Frankreich	34.221	58.876	207.685	333.357	6,2
BRD	125.000	170.400	473.700	825.694	22,8
Italien	14.846	42.997	77.538	212.289	2,7
Japan	-	-	116.920	332.828	-
Niederlande	-	-	74.022	121.196	-
Schweden	15.445	21.727	58.357	94.948	2,8
Schweiz	-	57.663	86.960	164.844	-
GB	169.792	175.644	251.860	321.245	31,0
USA	164.900	217.900	472.400	611.141	30,1
Gesamt	548.373	788.542	1.939.664	3.261.295	100,0

Zusammengestellt und berechnet nach den Angaben in Landeswährungen in:
UN, Yearbook of International Trade Statistics 1955, 1960, 1965, 1970.
Umgerechnet in US-Dollar nach den dort gegebenen Wechselkursen

Tab. 8.15 Exporte von Wireless Apparatus der zwölf führenden Staaten, 1955-70

	Tsd. US-Dollar				
	1955	1960	1965	1970	1955
Österreich	3.750	5.987	18.422	45.716	0,7
Belgien/Lux.	21.128	36.088	108.894	179.071	4,1
Kanada	7.195		65.398	209.850	1,4
Frankreich	26.113	52.939	114.570	171.915	5,0
BRD	80.100	216.400	316.000	630.660	15,5
Italien			82.118	207.172	
Japan			412.280	1.400.444	
Niederlande	92.462	192.031	187.788	228.602	17,8
Schweden	19.311		84.163	225.908	3,7
Schweiz		15.265	22.176	42.490	
GB	79.044	118.300	222.796	332.308	15,3
USA	189.200	335.600	345.700	660.312	36,5
Gesamt	518.303	972.610	1.980.306	4.334.448	100,0

Zusammengestellt und berechnet nach den Angaben in Landeswährungen in:
UN, Yearbook of International Trade Statistics 1955, 1960, 1965, 1970.
Umgerechnet in US-Dollar nach den dort gegebenen Wechselkursen

Marktanteil (Prozent)			Index (1955=100)		
1960	1965	1970	1960	1965	1970
1,4	1,8	2,0	150,7	485,3	902,9
4,1	3,0	3,8	191,3	341,3	721,4
-	1,4	1,7	-	-	-
7,5	10,7	10,2	172,0	606,9	974,1
21,6	24,4	25,3	136,3	379,0	660,6
5,5	4,0	6,5	289,6	522,3	1.429,9
-	6,0	10,2	-	-	-
-	3,8	3,7	-	-	-
2,8	3,0	2,9	140,7	377,8	614,8
7,3	4,5	5,1	-	-	-
22,3	13,0	9,9	103,4	148,3	189,2
27,6	24,4	18,7	132,1	286,5	370,6
100,0	100,0	100,0	143,8	353,7	594,7

Marktanteil (Prozent)			Index (1955=100)		
1960	1965	1970	1960	1965	1970
0,6	0,9	1,1	159,7	491,3	1.219,1
3,7	5,5	4,1	170,8	515,4	847,6
	3,3	4,8		908,9	2.916,6
5,4	5,8	4,0	202,7	438,7	658,4
22,2	16,0	14,5	270,2	394,5	787,3
	4,1	4,8			
	20,8	32,3			
19,7	9,5	5,3	207,7	203,1	247,2
	4,2	5,2		435,8	1.169,9
1,6	1,1	1,0			
12,2	11,3	7,7	149,7	281,9	420,4
34,5	17,5	15,2	177,4	182,7	349,0
100,0	100,0	100,0	187,7	382,1	836,3

Tab. 8.16 Elektroexporte der zwölf führenden Staaten:
Index des Weltmarktanteils (1955=100) nach Warengruppen, 1960-70

	1960		1965		1970	
	Starkstrom	Schwachstrom	Starkstrom	Schwachstrom	Starkstrom	Schwachstrom
Österreich	106,3	164,4	214,8	133,2	221,9	168,1
Belgien/Lux.	92,9	79,2	59,6	122,1	68,7	103,3
Kanada*	139,8	119,3	222,5	212,0	531,3	228,9
Frankreich	121,4	104,2	205,8	91,2	220,6	92,0
BRD	122,4	116,1	128,5	100,0	138,8	96,5
Italien	204,4	115,1	177,1	379,5	264,2	408,3
Japan*	625,5	533,8	1070,4	773,2	1655,1	1169,3
Niederlande*	135,4	115,5	116,4	110,9	135,7	79,3
Schweden	99,3	106,8	128,1	116,2	139,3	131,1
Schweiz	126,7	108,1	105,0	100,1	108,5	88,6
UK	68,1	86,4	46,3	65,7	32,5	51,4
USA	93,2	72,0	97,1	63,2	68,5	61,3

*Aufgrund lückenhafter Daten wurde der Wert von 1960 auf Basis von 1965 und 1970 berechnet.

Starkstrom = Generatoren, Motoren, Transformatoren, Kabel
Schwachstrom = Alle übrigen Warengruppen

Berechnet nach den Angaben in:
UN, Yearbook of International Trade Statistics 1955, 1960, 1965, 1970.

1960er Jahre, als Entwicklungsländer ihre Einfuhren aufgrund des sich ver-
schärfenden Devisen- und Kapitalmangel einschränken mußten.[56]
    Tabelle 8.13 enthält Angaben zu den Elektroexporten der führenden zwölf
Staaten zwischen 1955 und 1970, deren Volumen von 2,4 auf 14,9 Milliarden
US-Dollar zugenommen hatte. In diesem Zeitraum fiel der Anteil Großbritanniens an den Weltelektroexporten von 22,0 auf 9,3 Prozent, während der bundesdeutsche von 18,4 auf 19,7 zunahm und damit annähernd die Bedeutung der
USA erreicht hatte. Das keineswegs phänomenale Wachstum des bundesdeutschen Marktanteils war also nicht Ergebnis der rapiden Expansion der deutschen Exporte, als vielmehr Ausdruck der Tatsache, daß die Ausfuhren Großbritanniens und der USA nicht in gleichem Maße anstiegen wie die anderer
Länder. Mit einem Indexwert von 655,6 im Jahr 1970 (1955=100) lag die Zu-

---

[56] BAUMGART, Elektroindustrie, S. 227; BÖTTCHER, Elektroaußenhandel, S. 5; TRUTE, Entwicklungslinien, S. 130; DERS., 50 Jahre deutsche Elektrowirtschaft, S. 11; HOFMEIER, Außenhandel, S.
312; PHILIPP, Strukturwandel, S. 101.

nahme der bundesdeutschen Elektrolieferungen ins Ausland nur knapp über dem durchschnittlichen Wachstum der Ausfuhr der zwölf führenden Exportnationen, wo dieser Wert bei 612,4 lag. Der Zuwachs Großbritanniens auf 258,7 und der USA auf 388,1 lag dagegen weit unter der allgemeinen Zunahme. Die größten Wachstumsraten, wenngleich von einer erheblich niedrigeren Ausgangsposition, hatten Japan (7.717,8), Italien (2.224,9), Kanada (1.650,2) und Österreich (1.120,9) zu verzeichnen.

Ähnliche Berechnungen zu einzelnen Produktgruppen sind aufgrund der Datenlage nur für zwei Sektoren möglich: 1) Generatoren, Motoren und Transformatoren, 2) Radiogeräte. 1955 hatte Großbritannien noch vor den USA den weltweit größten Marktanteil bei Generatoren, Motoren und Transformatoren, fiel dann aber schnell zurück (Tabelle 8.14). In der ersten Hälfte der 1960er Jahre überstieg der bundesdeutsche Anteil dann zunächst den Großbritanniens und in der zweiten Hälfte der Dekade wurde die Bundesrepublik noch vor den USA zum weltgrößten Anbieter in dieser Warengruppe. Dies war nicht Ergebnis eines starken Anstiegs der bundesdeutschen Ausfuhren, deren Marktanteil in dieser Zeit moderat von 22,8 auf 25,3 Prozent wuchs, sondern ist auf die rückläufige Bedeutung von Großbritannien und den USA zurückzuführen.

Die Exporte Großbritanniens und der USA wiesen zwischen 1955 und 1970 Wachstumsraten auf, die signifikant unter der allgemeinen Zunahme lagen, wodurch der Weltmarktanteil der USA von 30,1 auf 18,7 Prozent und der Großbritanniens von 31,1 auf 9,9 Prozent zurückging. Der stärkste Abfall des britischen Anteils lag dabei in der Dekade 1955 bis 1965. Zu den Staaten, deren Bedeutung am stärksten zunahm, zählten Japan, Frankreich, Österreich und Belgien/Luxemburg.

Im Vergleich hierzu war der Rückgang des britischen Weltmarktanteils bei Radiogeräten weniger stark ausgeprägt, und sank zwischen 1955 und 1970 „nur" von 15,3 auf 7,7 Prozent (Tabelle 8.15). Von einem Höhepunkt von 22,2 Prozent im Jahr 1960 abgesehen, bewegte sich der westdeutsche Anteil in dieser Warengruppe zwischen 14,5 und 16 Prozent und lag damit erheblich unter dem bei Generatoren, Motoren and Transformatoren. Dabei zeigt sich auch, daß die Zunahme der bundesdeutschen Ausfuhr von Radiogeräten unter dem Weltdurchschnitt lag. Der Marktanteil der USA fiel zwischen 1955 und 1970 von 36,5 auf 15,2 Prozent, während der Japans bis 1970 auf 32,3 Prozent stieg und auf die Bunderepublik ein Anteil von 14,5 Prozent entfiel.

Obgleich präzise Daten nicht vorliegen, sei versucht, die Exportentwicklung in den beiden großen Fertigungsbereichen Stark- und Schwachstrom zu untersuchen (Tabelle 8.16). Dabei wurden unter Starkstrom die beiden Gruppen Generatoren, Motoren und Transformatoren sowie Drähte und Kabel zusammengefaßt, während Schwachstrom alle übrigen Produktgruppen umfaßt. Die

Ausfuhr aller zwölf Länder hatte in beiden Sektoren vergleichbare Steigerungsraten, wobei die Zunahme der Schwachstrom- über der von Starkstromprodukten lag. Deutlich erkennbar ist, daß der Rückgang des britischen Marktanteils bei Starkstrom besonders ausgeprägt war und sich 1970 auf weniger als ein
Drittel des Wertes von 1955 belief. Dies war bekanntermaßen der Fertigungssektor, der von GEC, AEI und English Electric dominiert wurde, was deren
rückläufige Bedeutung auf internationalen Märkten illustriert. In der gleichen
Zeit fiel der Weltmarktanteil Großbritanniens bei Schwachstrom „nur" um die
Hälfte. Diese vergleichsweise günstigere Entwicklung ging auf die Ausfuhr er-
folgreicher Konsumgüterhersteller wie Thorn und Kenwood, noch mehr aber
auf die Exporte der in Großbritannien ansässigen Niederlassungen ausländischer Hersteller wie Electrolux und Hoover zurück.

Der Index des bundesdeutschen Weltmarktanteils bei Starkstrom stieg bis
1970 auf 138,8 (1955=100) und spiegelte die Exporterfolge von Siemens, AEG
und BBC wider. Der Anteil bei Schwachstrom fiel dagegen im gleichen Zeitraum auf 96,5, da die expandierende Ausfuhr anderer Länder verhinderte, daß
bundesdeutsche Firmen trotz eines beachtlichen Exportwachstums ihre Stellung auf internationalen Märkten ausbauen konnten. Bei der Ausfuhr elektrotechnischer Produkte zwischen 1955 und 1970 hatten Japan, Kanada und Itali-
en bei weitem die höchsten Wachstumsraten. Aufgegliedert nach Stark- und
Schwachstrom wird deutlich, daß der Anstieg Italiens maßgeblich auf letztere
zurückging, Indikator für die italienischen Exporterfolge bei Haushaltsgeräten.
Dagegen war bei Kanada die Zunahme im Sektor Starkstrom besonders ausgeprägt. Auch das Wachstum der japanischen Exporte zeigte eine leicht stärkere
Zunahme in dieser Warengruppe. Die allseits bekannten japanischer Exporterfolge bei Schwachstrom und hier besonders bei Konsumgütern fanden somit
ihre Entsprechung bei Produkten der Starkstromtechnik.

Trotz des enormen Anstiegs der bundesdeutschen Elektroausfuhr während
der 1950er und 1960er Jahre darf nicht übersehen werden, daß die Importe
noch weit stärker anwuchsen. Die Lieferungen ins Ausland nahmen zwischen
1950 und 1966 von 322,7 auf 7.449,2 Millionen DM, also um 2.308 Prozent zu,
die Einfuhren erhöhten sich von 54,8 auf 2.642,0 Millionen DM und damit um
4.821 Prozent. Der Anteil der Importe am Inlandsabsatz elektrotechnischer
Waren stieg deshalb in der Bundesrepublik zwischen 1950 und 1966 von 1,6 auf
9,6 Prozent, während dieser Wert zwischen der Mitte des neunzehnten Jahrhunderts bis zum Zweiten Weltkrieg stets bei rund zwei Prozent gelegen hatte.[57]

---

[57] Berechnet nach den Angaben in: ZVEI, Statistischer Bericht 1949/1950, DERS., Die westdeutsche
Elektroindustrie, Statistischer Bericht 1966, Tab. 22/23, S. 42f. S.a. BÖTTCHER, Internationale Zusammenhänge, S. 90.

E. Zusammenfassung

In den 1950er und 1960er Jahren mit ihren bis dahin nicht gekannten wirtschaftlichen Wachstumsraten gehörte die Elektrotechnische Industrie in der Bundesrepublik und in Großbritannien zu den am schnellsten expandierenden Branchen. Vor dem Hintergrund der sich im Laufe der beiden Dekaden tendenziell abschwächenden Expansion verzeichnete sie dann zwar eine geringere Dynamik, wuchs aber nach wie vor schneller als die Gesamtwirtschaft.

Wie aus dem Vergleich der Produktionsstruktur der deutschen Elektroindustrie zwischen 1936 und 1950 deutlich wurde, wuchs die Fertigung einiger Konsumgüter, insbesondere die von Kühlschränken, im Vergleich zur Vorkriegszeit am stärksten. Hiervon abgesehen gab es aber zwischen beiden Stichjahren keine weitreichenden Verschiebungen in der Produktionsstruktur. Vielmehr blieben die Anteile der einzelnen Warenklassen in Vor- und Nachkriegszeit weitgehend gleich. Zu tiefgreifenden strukturellen Veränderungen kam es erst im Laufe der beiden nachfolgenden Dekaden. Auffällig ist dabei besonders der Rückgang des Investitionsgüteranteils in den 1950er Jahren, der auf die Ausweitung des Konsumgüterausstoßes folgte. 1960 entfiel auf Investitionsgüter weniger als die Hälfte der Elektroproduktion, während der Anteil der Konsumgüter auf ein Drittel angestiegen war. In der Geschichte der Branche war dies ein nie dagewesener Wert.

Innerhalb der Investitionsgüter nahm der Anteil der Sparte Elektrizitätserzeugung und -umwandlung besonders stark ab, während der Sektor Meß- und Regeltechnik, dessen Produkte für Modernisierung und Ausbau industrieller und gewerblicher Anlagen wichtig waren, die stärkste Zunahme verzeichnete. Zwischen 1952 und 1970 stieg der Anteil der Meß- und Regeltechnik an der elektrotechnischen Investitionsgüterproduktion von 6,3 auf annähernd 15 Prozent. Innerhalb der Konsumgüter fällt die gleichbleibend hohe Bedeutung der Gruppe Rundfunk, Fernsehen, Phono in Höhe von 40 bis 50 Prozent auf. Bemerkenswert war die Veränderung bei Waschmaschinen, deren Anteil von knapp 15 Prozent 1952 kontinuierlich auf 25 bis 29 Prozent in den 1960er Jahren anwuchs.

Der vom ZVEI für die Jahre 1954 bis 1961 erstellte Vergleich der Fertigungsstruktur der deutschen und britischen Elektroindustrie zeigte, daß technisch wenig komplexe Warengruppen wie etwa Kabel und Drähte beziehungsweise Akkumulatoren in Großbritannien einen erheblich höheren Anteil an der Gesamtproduktion hatten. Zudem nahm er auch weniger stark als in der Bundesrepublik ab. Genau das Gegenteil traf auf technisch komplexe Warengruppen, wie etwa Meß- und Regeltechnik zu, deren Bedeutung in der deutschen Elektroindustrie traditionell größer war, worin sich die relativ geringere Nut-

zung von Elektrizität in der britischen Industrie widerspiegelte. Ausgehend von
einem bereits hohen Niveau zeigte der Anteil dieser und verwandter Warengruppen eine erheblich stärkere Zunahme als in Großbritannien. Dies deutet
darauf hin, daß sich die Struktur der deutschen Elektroproduktion schneller zu
den von einer höheren technischen Komplexität gekennzeichneten Erzeugnisgruppen verschob, als dies in Großbritannien der Fall war.

Im Gegensatz dazu behielten „traditionelle" Fertigungssektoren in der britischen Elektroindustrie ihre Wichtigkeit. Hier ist besonders auf Kabel und
Drähte zu verweisen, wo Unternehmen aus Großbritannien seit dem neunzehnten Jahrhundert eine starke Position hatten. Aus dieser im Vergleich zur
Bundesrepublik schwächeren Konzentration auf stark expandierende Warengruppen ergab sich für die britische Elektroindustrie ein insgesamt geringeres
Wachstumspotential. Sieht man diese langsamere Anpassung der Produktionsstruktur in Zusammenhang mit der historischen Entwicklung, war auch hier der
geringere Wettbewerbsdruck ein entscheidender Faktor.

Die Betriebsgrößenstruktur deckte sich in beiden Staaten weitgehend, nachdem die Konzerne, in denen knapp 60 Prozent der Branchenbeschäftigten tätig
waren, ihre Stellung in der Bundesrepublik während der 1950er Jahre wieder
konsolidiert hatten. Ein wesentlicher Unterschied bestand allerdings darin, daß
die wichtigsten bundesdeutschen Firmen erheblich größer als die in Großbritannien waren. So waren die sechs bedeutendsten britischen Unternehmen zusammen so groß wie die drei größten deutschen. Gerade in der Elektroindustrie, wo die wichtigsten Fertigungsbereiche hohe Aufwendungen sowohl für
Forschung und Entwicklung, als auch für Herstellung und Vertrieb notwendig
machten, war die Betriebsgröße aber von entscheidender Bedeutung und verschaffte deutschen Firmen einen Wettbewerbsvorteil. Ihre breite Produktpalette machte sie zudem weniger konjunkturempfindlich und verlieh ihnen in Zeiten konjunktureller Abschwächungsphasen höhere Stabilität.

Hinzu kam die Finanzpolitik deutscher Elektrokonzerne, die ihre Investitionen vordringlich durch Abschreibungen und die Reinvestition der im laufenden
Geschäft erzielten Gewinne finanzierten. Auf Bankkredite und den Kapitalmarkt griffen sie dagegen in weitaus geringerem Maß zu, als dies in Großbritannien der Fall war. Dies ist vor dem Hintergrund des in den Nachkriegsjahren
engen Kapitalmarkts, noch mehr aber in der Perspektive der traditionell „konservativen" Finanzpolitik führender deutscher Elektrounternehmen zu sehen,
wie sie bereits seit der Krise der Jahrhundertwende praktiziert wurde.

Dies erklärt die hohe Liquidität der Firmen und insbesondere von Siemens.
In Großbritannien finanzierte die Elektroindustrie dagegen ihre Investitionen,
deren enormer Umfang sich aus den optimistischen Erwartungen hinsichtlich
der künftigen Entwicklung des Absatzes erklärte, vordringlich über Bankkre-

dite und den Kapitalmarkt. Gerade in Zeiten nachlassender Konjunktur und steigender Zinsraten ergab sich daraus eine große finanzielle Belastung, die die unternehmerische Handlungsfreiheit entscheidend einengte. Zudem ermöglichte der starke Zufluß von Fremdkapital und die weitreichenden Absprachen zwischen Unternehmen das Überleben ineffizienter Firmen.

Die in diesem Zusammenhang gestellte Frage, ob britische Unternehmen hinsichtlich ihrer Geschäftsstrategie als *Profit Maximizer*, bundesdeutsche dagegen als *Output Maximizer* charakterisiert werden können, konnte zwar nicht mit einem eindeutigen, wohl aber einem tendenziellen „Ja" beantwortet werden. Indizien hierfür waren die bei bundesdeutschen Unternehmen relativ höheren Ausgaben für Forschung und Entwicklung sowie für den Aufbau von Vertriebs- und Serviceniederlassungen im Ausland.

Im internationalen Elektrohandel nahm der US-amerikanische und noch mehr der britische Marktanteil in den 1950er und 1960er Jahren kontinuierlich ab, während der bundesdeutsche wuchs. Dies war aber weniger Ergebnis überdurchschnittlicher deutscher Wachstumsraten, als vielmehr Folge der, gemessen an den Exporten anderer Staaten, unterdurchschnittlichen Zunahme der Ausfuhren Großbritanniens und der USA.

Gemeinhin erscheint das bundesdeutsche Wirtschaftswunder der 1950er und 1960er Jahre besonders als Exportwunder, ein angesichts der rapiden Expansion der Ausfuhr, deren Zuwachsraten signifikant über der des Binnenmarktes lagen, naheliegender Eindruck. So überrascht es umso mehr, daß die Steigerung der Auslandslieferungen der Elektroindustrie, im Hinblick auf die Produktionsentwicklung immerhin der am zweitschnellsten wachsende Industriesektor der deutschen Wirtschaft, lediglich knapp über der Zunahme der Ausfuhr der zwölf führenden Exportnationen lag. Von einem Wunder, zumindest im Vergleich mit Japan, Italien oder Kanada, kann damit nicht unbedingt gesprochen werden, wenn auch zu berücksichtigen ist, daß die Exportexpansion in diesen Ländern von einem niedrigeren Ausgangsniveau begann.

Bei der Analyse der Elektroausfuhr in den beiden Fertigungssektoren Stark- und Schwachstrom zeigte sich, daß der Rückgang des britischen Marktanteils unter den zwölf führenden Ländern bei Starkstrom besonders stark ausgeprägt war. Dies war bekanntermaßen der Sektor, in dem fast ausschließlich britische Konzerne tätig waren. 1970 hatte dieser lediglich ein Drittel des Wertes von 1955, während der britische Anteil bei Schwachstrom in der gleichen Zeit um die Hälfte gefallen war. Im Vergleich dazu war der bundesdeutsche Marktanteil bei Starkstrom zwischen 1955 und 1970 um knapp 40 Prozent gewachsen, wohingegen er bei Schwachstrom geringfügig abgenommen hatte, was das Vordringen ausländischer und insbesondere italienischer und japanischer Konsumgüter auf dem bundesdeutschen Markt widerspiegelte.

KAPITEL 9
ZUSAMMENFASSUNG UND SCHLUSSFOLGERUNGEN

A. ELEKTRIZITÄTSWIRTSCHAFT UND ELEKTROTECHNISCHE INDUSTRIE

Die im Vergleich zu Deutschland gut ausgebaute Gasversorgung und eine restriktive Gesetzgebung verzögerten die Nutzung der Elektrizität und damit auch das Wachstum der Elektrotechnischen Industrie in Großbritannien. Im Unterschied dazu konnten deutsche Unternehmen wie Siemens & Halske oder AEG in den 1890er Jahren durch die Elektrifizierung der Kommunen rasch expandieren. Dies ermöglichte ihnen beachtliche Forschungsaufwendungen, die Verbesserung bestehender und die Entwicklung neuer Produkte, den Ausbau und die Modernisierung der Fertigungsanlagen sowie den Aufbau von Niederlassungen im Ausland.

Die anfangs zögerliche Ausweitung der Nachfrage nach Anlagen zur Erzeugung, Umwandlung und Verteilung von Elektrizität schnellte in Großbritannien genau zu dem Zeitpunkt hoch, als in den USA und Deutschland die Binnenmärkte gesättigt waren und die dortigen Unternehmen im Ausland nach neuen Absatzmärkten suchten. Großbritannien bot sich hier als Abnehmer an, und neben der Forcierung der Exporte begannen dort insbesondere US-Unternehmen mit der Eröffnung von Fertigungsstätten, während Siemens die Kapazitäten der englischen Niederlassung erweiterte. Die britischen Elektrofirmen konnten den ausländischen Konzernen, die mit billiger und ausgereifter Technologie den Markt schnell dominierten, wenig entgegensetzen, so daß in der Dekade vor dem Ersten Weltkrieg lediglich ein Drittel der gesamten britischen Elektroproduktion auf einheimische Hersteller entfiel.

Nach dem Ersten Weltkrieg konnte die Elektroindustrie ihr Fertigungsvolumen angesichts des Ausbaus der britischen Elektrizitätswirtschaft stark ausweiten, nicht zuletzt deshalb, weil die Energieversorgungsunternehmen ihre Aufträge nahezu ausschließlich an heimische Hersteller vergaben. Auch wenn es ihnen so gelang, ihre Kapazitäten rasch auszubauen und zu modernisieren, waren die britischen Großunternehmen aber nach wie vor erheblich kleiner als ihre Konkurrenten in den USA und Deutschland.

Die Konsolidierung der Währung und ausländische Kredite versetzten die deutsche Elektrizitätswirtschaft in die Lage, ihre Kapazitäten von Mitte der 1920er Jahre an erheblich zu erweitern, wenngleich mit Zuwachsraten, die unter denen in Großbritannien lagen. Gleichzeitig wurden die überregionalen Verbindungen zwischen den Versorgungsunternehmen ausgebaut und Steinkohle als Primärenergiequelle durch Braunkohle ersetzt. Beides erhöhte die Effizienz der Stromerzeugung und führte zu einer Senkung der Produktionskosten. Gleichzeitig weiteten Kommunen, Länder und Reich ihre Aktivitäten in der Elektrizitätswirtschaft aus, wodurch sich die Besitzverhältnisse in der Stromversorgung zugunsten staatlicher Instanzen verschoben. Begleitet war dies von einer steigenden Bedeutung gemischtwirtschaftlicher Versorgungsunternehmen wie RWE.

Die beachtliche Nachfrage seitens Elektrizitätswirtschaft, Industrie und Gewerbe sowie die hohe Ausfuhr fanden in der Weltwirtschaftskrise ein abruptes Ende. Das elektrotechnische Produktionsvolumen mußte auf ein Niveau reduziert werden, das noch beträchtlich unter dem der gesamten deutschen Industrie lag. Die Großunternehmen wurden freilich weniger in Mitleidenschaft gezogen als die meisten übrigen Firmen, da ihnen ihr breites Warenspektrum erlaubte, Verluste in besonders stark von der Krise betroffenen Fertigungssektoren partiell auszugleichen. Hinzu kam ihre große Finanzkraft und die Möglichkeit, einen Teil des Umsatzeinbruchs auf dem Weltmarkt zu kompensieren, der von der Krise nicht im gleichen Maße wie der heimische Absatzmarkt betroffen war.

Völlig anders verlief dagegen die Entwicklung in Großbritannien. Mit dem Bau des *National Grid* zwischen 1927 und 1933 war ein beachtliches Auftragsvolumen entstanden, wodurch die Produktion während der Weltwirtschaftskrise sogar leicht anstieg. Die Elektroindustrie überstand so die Krisenjahre noch besser als die von der Depression ohnehin nur schwach betroffene britische Wirtschaft. Gleichwohl nahmen die Elektrounternehmen die Krisensituation zum Anlaß, ihre kartellartige Zusammenarbeit weiter zu intensivieren.

Die deutsche Elektrizitätswirtschaft hatte in der zweiten Hälfte der 1920er Jahre ihre Erzeugungskapazitäten so stark ausgebaut, daß der Anstieg des Strombedarfs nach der Weltwirtschaftskrise problemlos mit den vorhandenen Anlagen gedeckt werden konnte. Folglich gingen in den 1930er Jahren bei deutschen Anbietern nur geringe Bestellungen seitens der Stromerzeuger ein. Umfangreiche Aufträge kamen dagegen von den Branchen, die im Rahmen der nationalsozialistischen Autarkiepolitik ausgebaut wurden. Dies hatte eine beachtliche Steigerung des Produktionsvolumens der Elektrotechnischen Industrie in den 1930er Jahren zur Folge.

Das Wachstum der britischen Elektroindustrie beruhte dagegen in den 1930er Jahren auf dem weiteren Ausbau des *National Grid*. Wichtig war dabei der schnell ansteigende Stromverbrauch, der aus der kontinuierlichen Senkung der Strompreise resultierte. Letzteres war Ergebnis der gesteigerten Effizienz der britischen Stromversorgung nach Inbetriebnahme des *National Grid.* Die Versorgungsunternehmen konnten industriellen und gewerblichen Abnehmern günstige Mengentarife anbieten, so daß viele Industriebetriebe die Eigenerzeugung von Strom einstellten. Im Unterschied zu Deutschland sank damit die Bedeutung von Industrie und Gewerbe als Kunden von Kraftwerksanlagen, während die der Elektrizitätswirtschaft zunahm.

In Deutschland wurden die Erzeugungskapazitäten der Stromversorger, die bei Kriegsbeginn voll ausgelastet waren, während des Zweiten Weltkriegs weiter ausgebaut. Zusammen mit der Produktion für die Wehrmacht und dem anhaltenden Bedarf an Industrieausrüstung ermöglichte dies der Elektroindustrie starke Umsatzsteigerungen. Im Vergleich dazu wurde die britische Elektrizitätswirtschaft weniger stark ausgebaut, weshalb das Nachfragevolumen bei Kraftwerksanlagen in den Kriegsjahren beträchtlich unter dem der 1930er Jahre lag. Trotzdem konnten britische Firmen ihren Ausstoß während des Zweiten Weltkriegs durch eine Diversifizierung der Fertigungspalette und mit der Herstellung militärisch relevanter Güter erheblich ausweiten.

Auch wenn die deutsche Elektrizitätswirtschaft während des Zweiten Weltkriegs nur geringe Schäden erlitten hatte, scheiterte eine rasche Steigerung der Stromerzeugung nach Kriegsende an Kohleknappheit und an der unzureichenden Wartung der Anlagen. Hinzu kam der akute Kapitalmangel. Umso wichtiger waren deshalb die Kredite des *European Recovery Programme* und der Kreditanstalt für Wiederaufbau sowie die Mittel aus dem Investitionshilfegesetz. Die damit finanzierte Erweiterung der Stromversorgung brachte der Elektrotechnischen Industrie ein beträchtliches Auftragsvolumen, das ohne die nach wie vor bestehenden Restriktionen des Kapitalmarkts noch größer gewesen wäre.

In Großbritannien fielen die kriegsbedingten Schäden an der Elektrizitätsversorgung noch weniger ins Gewicht als in Deutschland. Allerdings zog die geringfügige Erweiterung der Anlagen und ihre ungenügende Wartung während der Kriegszeit einen akuten Strommangel in den ersten Nachkriegsjahren nach sich, zu dem die verstärkte Nutzung elektrischer Raumheizgeräte entscheidend beitrug. Von weitreichender Bedeutung war die Verstaatlichung der britischen Elektrizitätswirtschaft im Jahr 1948. Das damit betraute *Organizing Committee* kündigte ein Programm zum umfassenden Ausbau der Erzeugungskapazitäten an, worauf die Elektroindustrie ihre Fertigungskapazitäten beträchtlich ausbaute.

Durch die Verstaatlichung hatte sich die Struktur des Marktes für Kraftwerksanlagen grundlegend verändert. Da die meisten britischen Industrieunternehmen die Eigenerzeugung von Strom bereits aufgegeben hatten, oder dies im Laufe der Nachkriegsjahre taten, bestand die Abnehmerseite im Prinzip nur mehr aus einem Kunden. Dabei schrieb die staatliche Elektrizitätswirtschaft ihre Aufträge nicht aus, sondern vergab sie reihum unter den Herstellern, die ihrerseits ihre Preise in Kartellabsprachen festlegten. Elektrizitätswirtschaft und Elektrotechnische Industrie stimmten darin überein, daß ein Wettbewerb auf diesem Sektor britischen Interessen widersprach. *British Electricity Authority* beziehungsweise *Central Electricity Generating Board* unternahmen nahezu keinen Versuch, die heimischen Hersteller durch die Vergabe von Aufträgen in das Ausland zu einer Senkung ihrer Preise zu zwingen. Eine Praxis, die britischen Elektrounternehmen ein angenehmes und profitables Umfeld verschaffte.

Im Gegensatz dazu bestand die bundesdeutsche Elektrizitätswirtschaft nicht aus einem, sondern einer Vielzahl privater, gemischtwirtschaftlicher oder staatlicher Unternehmen, die die Stromversorgung in Form von Gebietsmonopolen abwickelten. Dabei schrieben sie ihre Aufträge im Wettbewerb aus und bestellten dann beim günstigsten inländischen Anbieter. Außerdem entfiel ein maßgeblicher Teil der Nachfrage nach Kraftwerksanlagen – gemessen an den Erzeugungskapazitäten zwischen einem Drittel und knapp der Hälfte – auf industrielle Energieerzeuger wie etwa Montankonzernen, die Preisabsprachen ihrer Lieferanten grundsätzlich ablehnten. Neben der restriktiveren bundesdeutschen Kartellgesetzgebung entstand den bundesdeutschen Herstellern von Kraftwerksanlagen so aufgrund von Marktstruktur und Beschaffungspolitik der Elektrizitätswirtschaft ein höherer Wettbewerbsdruck.

Nachdem die britischen Elektrokonzerne in den 1950er Jahren von umfangreichen Bestellungen der verstaatlichten Elektrizitätswirtschaft profitiert hatten, sank die Nachfrage, als das *Central Electricity Generating Board* das Bestellvolumen am Ende der Dekade reduzierte. Die aufgrund des ständigen Ausbaus der Fertigungsanlagen entstandenen Überkapazitäten nahmen noch zu, während die Nachfrage nach konventionellen Kraftwerksanlagen durch den Einstieg in die Atomenergie weiter zurückging. Von temporären Schwankungen abgesehen setzte sich diese Entwicklung in den 1960er Jahren fort. So verschärfte sich insbesondere das Problem der Überkapazitäten. Gleichzeitig litten die Firmen unter den hohen Zinslasten, Folge ihrer Expansionspolitik.

B. UNTERNEHMEN UND MÄRKTE

Die frühe Elektrotechnische Industrie, die ausschließlich auf der Anwendung von Schwachstrom beruhte, bestand lediglich aus zwei Fertigungsbereichen: Telegrafen und Kabel. Britische Hersteller konnte ihre herausragende Stellung bei Telegrafen und Kabeln, begünstigt durch die Errichtung eines weltumspannenden unterseeischen Telegrafennetzes und den Bau von Telegrafenlinien in den englischen Überseebesitzungen, bis weit über den Ersten Weltkrieg hinaus behalten. Mit dem Aufkommen der Starkstromtechnik entstanden dann neue Fertigungsbereiche: Beleuchtungstechnik, Elektromotoren und Elektrochemie. Ihnen schenkten die etablierten britischen Unternehmen im Gegensatz zu Deutschland wenig Beachtung. Dies ermöglichte zwar neuen Firmen den Eintritt in diesen Markt, trug aber zu einer Fragmentierung dieses Industriesektors bei, so daß die größten britischen Hersteller in einer weitaus schwächeren Position als ihre deutschen und US-amerikanischen Konkurrenten waren.

Das Tempo der Elektrifizierung in Deutschland führte freilich zu einer schnellen Sättigung des Marktes. Nach der Jahrhundertwende geriet die Elektrotechnische Industrie so in ihre erste Krise, in deren Verlauf eine große Zahl von Unternehmen infolge riskanten Geschäftsgebarens und hoher Verschuldung aufgeben mußte. Eine tiefgreifende Restrukturierung der Branche war die Folge. Von 1903 an gab es im wesentlichen nur mehr zwei Konzerngruppen, Siemens und AEG, neben denen sich aber nach wie vor eine Reihe mittlerer und kleiner Unternehmen zu behaupten vermochte. Aufgrund von Fusionen hatten sich beide Konzerne zu Universalunternehmen entwickelt, die nahezu die vollständige Produktpalette der Elektroindustrie herstellten und so in der Lage waren, konjunkturell schwierige Zeiten besser zu überstehen. Hinzu kam ihre solide Finanzpolitik und beträchtliche Rücklagen, die ihnen eine hohe Krisenfestigkeit verschafften.

Der Erste Weltkrieg erwies sich angesichts des desolaten Zustands der britischen Elektroindustrie als überaus nützlich: Sämtliche Niederlassungen deutscher Unternehmen wurden enteignet und an einheimische Firmen verkauft. Schon während des Krieges konnten die Umsätze beträchtlich gesteigert und das Fertigungsspektrums erweitert werden; dieser Trend setzte sich nach Ende des Krieges fort. Nachdem sich dann auch die US-Konzerne von ihren Töchtern in Großbritannien getrennt hatten, wurde der Aufbau einer größeren eigenständigen britischen Elektroindustrie möglich, die zudem durch staatliche Protektion gegen ausländische Konkurrenten geschützt war.

Weniger günstig waren dagegen die Auswirkungen des Weltkrieges auf die deutsche Elektrotechnische Industrie. Alle ausländischen Niederlassungen und Beteiligungen gingen verloren, und der Anteil von 46 Prozent am Weltelektrohandel (1913) konnte nie wieder erreicht werden. Problematisch war außerdem die weitverbreitete Rohstoffknappheit während des Krieges und danach. Die Großunternehmen reagierten darauf mit einer zunehmenden vertikalen Integration, wodurch ihre Bedeutung innerhalb der Branche wuchs.

Die prosperierende Nachfrage vom Binnenmarkt und der geringere Druck seitens ausländischer Konkurrenten erlaubten britischen Elektrofirmen während der 1920er Jahre weitreichende Preisabsprachen sowohl im heimischen als auch auf ausländischen Märkten. Bei Kunden stieß dies wiederholt auf Kritik, während die Hersteller und ihr Verband dieses Vorgehen verteidigten. Sie begründeten die Notwendigkeit einer engen Kooperation britischer Unternehmen mit dem zunehmenden Konkurrenz durch US-amerikanische und deutsche Anbieter auf internationalen Märkten.

Siemens und AEG setzten zur gleichen Zeit ihre Politik der vertikalen Expansion fort, die sich angesichts der schwierigen Rohstoffversorgung in der Kriegs- und Nachkriegszeit bewährt hatte. Gleichzeitig gründete man in ausgewählten Geschäftsbereichen gemeinsame Tochterfirmen. Auf die ungeordneten wirtschaftlichen und währungspolitischen Verhältnisse der Nachkriegsjahre reagierte man mit der Bildung von Kartellen. Somit bestand die deutsche Elektroindustrie in der Dekade nach dem Ersten Weltkrieg aus einem Nebeneinander vollständig kartellierter Märkte und Sektoren, die bedingt durch die Konkurrenz zwischen Siemens und AEG von einem starken Wettbewerbsdruck gekennzeichnet waren.

Wie in Großbritannien erwuchs den deutschen Elektrounternehmen aus dem Ausbau der Elektrizitätswirtschaft in den 1920er Jahren ein beträchtliches Auftragsvolumen, das eine Ausweitung ihrer Fertigungskapazitäten, aber auch umfangreiche Modernisierungs- und Rationalisierungsmaßnahmen gestattete. Auch die Elektroindustrie bediente sich dabei ausländischer Kredite, wobei die Wiederaufnahme der Beziehungen zwischen US-amerikanischen und deutschen Konzernen das Kreditgeschäft mit den USA erleichterte. Im Unterschied zu Großbritannien waren die deutschen Großunternehmen von Beginn an bei elektrotechnischen Haushaltsgeräten aktiv und stellten sich frühzeitig auf die sonst nur in den USA üblichen Massenfertigungsmethoden ein. Die britischen Konzerne überließen dieses Feld zwar nicht ganz, aber doch größtenteils kleinen Firmen, die aufgrund ihres geringen Produktionsvolumens keine fortgeschrittenen Fertigungsverfahren anwendeten und auch im internationalen Handel von geringer Bedeutung waren.

Nach dem vergleichsweise glimpflichen Verlauf der Weltwirtschaftskrise erhielt die britische Wirtschaft in den 1930er Jahren einen wesentlichen Wachstumsimpuls vom *Housing Boom*. Die Elektrotechnische Industrie, die die Krise aufgrund der Errichtung des *National Grid* nahezu unbeschadet überstanden hatte, profitierte von der hohen Nachfrage nach Anlagen und Geräten, die für den Anschluß der wachsenden Zahl von Haushalten und für die Ausweitung der Elektrizitätserzeugung nötig war. Hinzu kam das steigende Interesse an elektrischen Haushaltsgeräten. Am geringen Engagement der Großunternehmen in diesem Produktsektor änderte dies freilich nichts.

Im Gefolge der Weltwirtschaftskrise hatte die Bereitschaft der Unternehmen zu Zusammenarbeit und Kartellbildung weiter zugenommen. In Großbritannien bewirkten in den 1930er Jahren drei Faktoren eine Verstärkung dieses Trends. Bei der Ottawa-Konferenz von 1932 ging London zu einer protektionistischen Außenwirtschaftspolitik innerhalb des Empires über. Britische Unternehmen mußten damit noch weniger befürchten, von ausländischen Konkurrenten auf heimischen oder Empire-Märkten unterboten zu werden. Auch hatte sich die Haltung britischer Regierungen gegenüber der Formierung von Kartellen verändert: Nunmehr sah man in der Unterbindung von Konkurrenzkämpfen zwischen heimischen Unternehmen einen Weg zur Stärkung der Weltmarktstellung der britischen Industrie. Notwendig wurde diese Konzentration aber auch als Voraussetzung für die Beteiligung an internationalen Kartellen, deren Zahl und Bedeutung vor dem Hintergrund der Entliberalisierung des Welthandels schnell zunahm. Außerdem waren Kartelle während des Krieges an der Verteilung von Rohstoffen und Aufträgen beteiligt gewesen. Da man annahm, daß kriegswirtschaftliche Kontrollen auch in der Demobilisierungsphase weitgehend beibehalten werden mußten, konnten die Kartelle auch in der Nachkriegszeit ihre Stellung behaupten.

Nach Ende des Zweiten Weltkriegs war die deutsche Elektrotechnische Industrie in einer schwierigen Situation: Berlin als traditionelles Zentrum der Branche war eine der am stärksten vom alliierten Bombardement betroffenen Städte und die noch verbliebenen Anlagen der Elektroindustrie waren von der sowjetischen Besatzungsmacht fast vollständig demontiert worden. Hiervon waren besonders Siemens und AEG betroffen, denn ein Großteil ihrer Fertigung und fast alle zentralen Einrichtungen waren in Berlin konzentriert. Die Demontagen in der Bizone waren dagegen vergleichsweise unbedeutend. Weit schwerer fiel der Verlust aller Auslandsbesitzungen ins Gewicht. Hemmend wirkten sich auch die bis Mitte der 1950er Jahre geltenden alliierten Beschränkungen bei Forschung und Entwicklung aus.

Der Verlust der Berliner Fertigungsstätten wurde durch die Inbetriebnahme neuer Produktionsstätten in Westdeutschland sukzessive kompensiert, wobei die Großfirmen fast durchweg die gleiche Warenpalette produzierten, die sie vor dem Zweiten Krieg gefertigt hatten. Im Konsumgüterbereich waren Siemens, AEG und Bosch bald wieder die marktbeherrschenden Unternehmen. In Großbritannien reduzierten die Elektrokonzerne dagegen ihre ohnehin geringen Aktivitäten im Konsumgütersektor, der wenig profitabel erschien, während in dem ausländischen Wettbewerbern versperrten Kraftwerksmarkt hohe Gewinne erzielt wurden. Als hinderlich erwiesen sich zudem die staatlichen Einschränkungen bei Konsumgütern, mit denen auf die wiederholte Verschlechterung der Zahlungsbilanz reagiert worden war. Außerdem setzten Unternehmer wie Jules Thorn, der sich in den 1950er Jahren nicht an Kartellabsprachen beteiligte, die etablierten Hersteller durch niedrige Preise unter Druck. Die Elektrokonzerne führten zwar entsprechend ihres Mottos „everything electrical" ein nahezu vollständiges Sortiment von haushalts- und unterhaltungstechnischen Geräten, schenkten diesen aber innerhalb ihrer gesamten Geschäftstätigkeit nur geringe Beachtung.

Gerade das Engagement von Großunternehmen im Konsumgütersektor war infolge ihrer umfangreichen finanziellen Ressourcen von entscheidender Bedeutung. Dies galt besonders für Forschung und Entwicklung und den Aufbau von Verkaufs- und Servicenetzen im In- und Ausland. Die Überlegenheit der Konzerne zeigte sich in der Bundesrepublik exemplarisch daran, daß viele der kleinen und mittleren Unternehmen, die oft erst nach dem Krieg gegründeten worden waren, aufgeben mußten. Der mit der Konsolidierung einhergehende Wettbewerbsdruck verschärfte sich angesichts der mangelnden Fremdfinanzierungsmöglichkeiten. Bei den beträchtlichen Aufwendungen für die Entwicklung und Fertigung von Geräten konnten so nur die Firmen überleben, die im laufenden Geschäft genügend Gewinne für Reinvestitionen erwirtschafteten.

Ein vom ZVEI für die Jahre 1954 bis 1961 erstellter Vergleich der Fertigungsstruktur der deutschen und britischen Elektroindustrie zeigte, daß technisch weniger komplexe Warengruppen wie etwa Kabel und Drähte beziehungsweise Akkumulatoren in Großbritannien einen erheblich höheren Anteil an der Gesamtproduktion als in der Bundesrepublik hatten. In der britischen Elektroindustrie hielten sich „traditionelle" Fertigungssektoren dagegen viel länger. Genau das Gegenteil traf auf technisch komplexe Warengruppen, wie etwa Meß- und Regeltechnik zu, deren Anteil in der deutschen Elektroindustrie stets hoch war und deren Wachstumsraten in den 1950er und 1960er Jahren die aller anderen elektrotechnischen Investitionsgüter bei weitem überstiegen.

Schneller als in Großbritannien verschob sich die Struktur der bundesdeutschen Elektroproduktion zugunsten von Erzeugnisgruppen mit höherer technischer Komplexität. Ein geringeres Wachstum der britischen Fertigung war die notwendige Folge. Betrachtet man diese langsamere Anpassung der britischen Produktionsstrukur vor dem Hintergrund der dargestellten historischen Entwicklung, so bietet sich auch hier der geringere Wettbewerbsdruck als Erklärung an.

Hatten Geräte der Unterhaltungselektronik in der Bundesrepublik in den 1950er Jahren und besonders gegen Ende der Dekade innerhalb der Elektroindustrie noch überdurchschnittliche Wachstumsraten, so lag ihre Expansion von den frühen 1960er Jahren an unter dem Branchendurchschnitt. Dies ergab sich aus dem Rückgang der Inlandsnachfrage und dem gleichzeitigen Anstieg von Importen, besonders aus Italien und Japan. Die nachlassende Nachfrage nach Konsumgütern in den 1960er Jahren und das Vordringen ausländischer Konkurrenten erhöhten den Wettbewerbsdruck auf britische und deutsche Hersteller. Eine Reihe kleinerer Unternehmen und insbesondere die Produzenten von Billiggeräten wurden in beiden Staaten aus dem Markt gedrängt.

Dies löste einen Konzentrationsprozeß aus: Die Großunternehmen kauften zahlreiche, bis dahin noch unabhängige Konsumgüterproduzenten auf und stärkten dadurch die eigene Marktstellung – ein Vorgang, der in der Bundesrepublik schneller und umfassender als in Großbritannien verlief. Hinzu kam, daß deutsche Hersteller nach dem Aufkauf von Firmen oder nach Fusionen Fertigungsprogramm und -standorte schneller zusammenlegten. Ihre starke Stellung in den oberen Marktsegmenten und ihr Finanzpolster gab deutschen Konzernen außerdem mehr Zeit, um sich auf die veränderte Situation einzustellen, die das rapide Vordringen italienischer Haushaltsgeräteanbieter nach sich zog. Sie beeilten sich, die fortgeschrittenen fertigungstechnischen Methoden der italienischen Firmen zu kopieren, um selbst mit Billiggeräten auf den Markt zu kommen. Dadurch gelang es ihnen, der italienischen Konkurrenz weit besser zu begegnen, als dies britischen Unternehmen möglich war.

Diese Entwicklung im Konsumgütersektor verdeutlicht wiederum die Bedeutung, die der Größe eines Unternehmens, insbesondere im Hinblick auf Produktivität und Aktivitäten im internationalen Handel zukam. Wie Untersuchungen zeigten, nahmen mit wachsender Betriebsgröße sowohl die sich aus der Massenproduktion ergebenden Kostenvorteile als auch die Exportquote zu. In Verbindung mit einer breiteren Warenpalette erwuchs den deutschen Konzernen aus ihrer Größe eine erheblich höhere Stabilität bei konjunkturellen Schwächephasen oder sektoralen Nachfrageeinbrüchen.

Vordergründig erwiesen sich britische und bundesdeutsche Elektroindustrie hinsichtlich ihrer Betriebsgrößenstrukturen als sehr ähnlich: In beiden Ländern waren in den 1960er Jahren rund 60 Prozent aller Beschäftigten in Großbetrieben mit mehr als 1.000 Personen tätig. Ein wesentlicher Unterschied bestand allerdings darin, daß die führenden bundesdeutschen Firmen erheblich größer als ihre britischen Konkurrenten waren. So erwirtschafteten die drei größten deutschen Unternehmen so viel wie die sechs umsatzstärksten britischen.

Hinzuweisen ist aber auch auf die Finanzpolitik der bundesdeutschen Elektroindustrie, und hier vor allem der Konzerne, die hohe Abschreibungen vornahmen, die im laufenden Geschäft erzielten Gewinne in Kapazitätsausbau und Modernisierung investierten und nur in geringem Maß auf Bankkredite angewiesen waren. Dies geht auf den eingeschränkten Kapitalmarkt der Nachkriegsjahre, noch mehr aber auf das traditionell „konservative", von Siemens bereits vor der Krise der Jahrhundertwende praktizierte Finanzgebaren der führenden deutschen Hersteller zurück. In Großbritannien stand der Elektroindustrie dagegen ein ergiebiger Kapitalmarkt zur Verfügung. Angesichts üppiger Dividenden und einer allem Anschein nach weiterhin prosperierenden Entwicklung konnten die Unternehmen einen wesentlichen Teil ihrer Investitionen über Bankkredite und den Kapitalmarkt finanzieren. Gerade in Zeiten nachlassender Konjunktur und steigender Zinsraten ergab sich hieraus aber eine enorme finanzielle Belastung, die ihre Handlungsfreiheit entscheidend einengte.

Wie die Entwicklung der führenden britischen Elektrofirmen in den 1960er Jahren zeigt, deckte sich die optimistische Haltung von Banken und Investoren nicht mit den tatsächlichen Verhältnissen. Gleichzeitig aber hatte die leichte Verfügbarkeit von Kapital in Verbindung mit den Kartellabsprachen ineffizienten Unternehmen das Überleben erleichtert. Wären sie ausschließlich auf ihre eigenen finanziellen Ressourcen angewiesen gewesen, so hätten sie sich nicht solange auf dem Markt halten können. Somit erwies sich der in der Bundesrepublik anfangs nicht existierende und auf lange Zeit hin wenig ergiebige Kapitalmarkt wettbewerbsverschärfend, während das Gegenteil für Großbritannien der Fall war.

Als sich das britische Parlament nach einer anfangs zögerlichen Haltung in den späten 1950er Jahren zudem entschied, die Preisabsprachen in der Elektroindustrie zu unterbinden, gerieten die Unternehmen zunehmend unter den Druck der öffentlichen Meinung, konnten das Verbot dann aber durch Etablierung des als *Price Leadership* bezeichneten Verfahrens wirksam umgehen. Dabei legte der Marktführer den Preis fest, an den sich alle anderen Firmen der Branche hielten. Entscheidend war hierbei, daß er in einer Höhe festgelegt wurde, der auch ineffizienten Herstellern das Verbleiben auf dem Markt ermöglichte. Zwar beraubten sich die produktiveren Unternehmen so selbst ihres Wettbewerbsvorteiles, konnten aber auf diese Weise große Gewinnspannen erzielen.

C. STAATLICHE POLITIK UND ELEKTROTECHNISCHE INDUSTRIE

Die restriktive Haltung des britischen Gesetzgebers wirkte sich sehr schädlich auf die frühe Entwicklung der Elektrotechnischen Industrie aus. Bis zum Ersten Weltkrieg war diese Branche auf internationalen Märkten, aber auch in Großbritannien von nachgeordneter Bedeutung. Dies änderte sich in den Zwischenkriegsjahren, als britischen Herstellern aus dem staatlicherseits geförderten Ausbau der Elektrizitätswirtschaft umfangreiche Aufträge entstanden. Zugleich gewährleistete der Staat Schutz vor ausländischen Konkurrenten. Protektion und ein großes Nachfragevolumen im heimischen Markt verschafften den Firmen damit in der Periode vom Beginn des Ersten bis zum Ende des Zweiten Weltkriegs die günstigen Rahmenbedingungen, die ihnen vor 1914 gefehlt hatten.

In den ersten Jahren nach dem Zweiten Weltkrieg wurden zentrale Elemente dieser Politik, wie etwa die Haltung gegenüber Kartellen beibehalten, und erwiesen sich im Verein mit anderen staatlichen Maßnahmen als schädlich für die internationale Wettbewerbsfähigkeit britischer Anbieter. Da wäre als erstes die Politik des *Demand Management* zu nennen, die Produktion und Produktionsplanung der Unternehmen empfindlich störte und Investitionen zur Modernisierung und Rationalisierung der Fertigung behinderte. Dies verzögerte die Senkung von Kosten und Preisen, die Erhöhung des Produktionsvolumens sowie die Einführung neuer Fertigungsverfahren und Produkte.

Hinzu kamen die schädlichen Auswirkungen politischer Entscheidungen bei Radio und Fernsehen. Dazu gehörte die Beibehaltung des MW-Rundfunksystems und die verspätete Einführung von UKW. Infolgedessen wurde die britische Radioindustrie trotz ihrer technischen Errungenschaften im Kriege in dieser neuen Technologie erst spät aktiv und konnte diesen Rückstand angesichts zunehmender Importe nie wieder aufholen. Zu denken ist aber auch an das Festhalten am Fernsehstandard der Vorkriegszeit, was britische Hersteller vom internationalen Markt fernhielt. Inkompatible technische Standards erschwerten zwar das Exportgeschäft, bildeten aber gleichzeitig eine Barriere gegen Importe.

So gab es etwa für bundesdeutsche Hersteller von Fernsehapparaten, die ihre Produkte in weiten Teilen der Welt absetzten, wenig Anreize, unter großem Aufwand Geräte für Großbritannien zu entwickeln. Diese nicht-monetäre Handelsschranke erlaubte es britischen Herstellern von Fernsehempfängern, den Binnenmarkt weitgehend zu beherrschen, während sie auf internationalen Märkten bedeutungslos waren. Als in den 1960er Jahren der Zeilenstandard vor der Einführung des Farbfernsehens an den anderer Staaten angepaßt wurde, konnten britische Unternehmen den auf ihren Markt vordringenden ausländischen Konkurrenten wenig entgegensetzen, so daß die Importquoten innerhalb kurzer Zeit emporschnellten.

Aber auch die staatliche Akzeptanz von Kartellen war schädlich für britische Firmen, denn der Wettbewerbsdruck blieb so gering. Da dies den Selektionsmechanismus des Marktes weitgehend außer Kraft setzte, bestand kein unmittelbarer Zwang zur Erhöhung der Produktivität. Dagegen sicherten sich die Unternehmen durch ihre Preisabsprachen hohe Gewinnspannen, insbesondere bei Anlagen zur Erzeugung, Umwandlung und Verteilung von Elektrizität, wogegen die verstaatlichte Elektrizitätswirtschaft nichts unternahm. Die Ergebnisse parlamentarischer Untersuchungskommissionen und der *Monopolies*

Commission zeigten zwar deutlich, daß der Allgemeinheit hieraus Schaden entstand. Trotzdem wurden die Empfehlungen von Regierungsseite über lange Zeit entweder gar nicht oder nur halbherzig umgesetzt. Vor allem wurden die Unternehmen nicht daran gehindert, die staatlichen Maßnahmen zu unterlaufen. Zu einer weitreichenden Reorganisation der britischen Elektroindustrie kam es daher erst, als die verstaatlichte Elektrizitätswirtschaft gezwungen war, ihr Bestellvolumen stark zu reduzieren. Für AEI und English Electric bedeutete dies allerdings das Ende.

Anders gestalteten sich dagegen die Verhältnisse in der Bundesrepublik. Zwar versuchten Elektrotechnische Industrie und ZVEI zusammen mit dem BDI, eine restriktive Politik gegen Kartelle zu verhindern, um ihre bis dahin geübte Praxis der Zusammenarbeit in ausgewählten Geschäftsbereichen fortsetzen zu können. Die Bundesregierung ließ sich hierauf aber nicht ein. Freilich muß man sich darüber klar sein, daß der ursprünglich von Ludwig Erhard und anderen vorgelegte Entwurf des Gesetzes gegen Wettbewerbsbeschränkung bei der Verabschiedung stark abgeschwächt war, nachdem die Industrie mit allen Mitteln interveniert hatte. Gleichwohl war auch diese abgemilderte Form des Gesetzes noch weit restriktiver als die entsprechenden britischen Regelungen.[1]

Deutlich zeigten sich die Unterschiede in der staatlichen Wettbewerbspolitik Großbritanniens und der Bundesrepublik auch in der Frage der Preisbindung der zweiten Hand. Die wiederholten Interventionen des Bundeskartellamts und das vergleichsweise leichtere Umgehen der Preisbindung führten zu einer rascheren Anpassung von Angebot und Nachfrage. Der Selektionsmechanismus des Marktes funktionierte damit besser als in Großbritannien. Wenngleich dies zweifellos den kurzfristigen Interessen der Industrie widersprach, zwang das staatliche Eingreifen bundesdeutsche Hersteller zu einer Steigerung ihrer Produktivität und versetzte sie dadurch in die Lage, mit den Importeuren besser konkurrieren zu können.

Charakteristisch für die Verhältnisse in der britischen und bundesdeutschen Elektroindustrie und die Auswirkung staatlicher Interventionsmaßnahmen war die Nutzung der Atomenergie. In Großbritannien konzentrierte man sich wegen des Aufbaus eines Atomwaffenarsenals auf die eigenständige Entwicklung von Gasgekühlten Reaktoren und förderte hierzu die Gründung von fünf Konsortien, wovon jedes ein eigenes Kraftwerksdesign entwickelte. Die führenden bundesdeutschen Konzerne kooperierten dagegen mit ihren US-Partnern und übernahmen deren Leichtwasserreaktoren, die zu dieser Zeit das kostengünstigste und technisch ausgereifteste Kraftwerkskonzept im Nuklearsektor darstell-

---

[1] Dies war auch Ergebnis einer vergleichenden Studie zum Wettbewerbsdruck in mehreren europäischen Staaten: GÖRGENS, Wettbewerb, S. 136-40, 144-8, 156-9.

te. Im Laufe der Zeit gelang es den deutschen Unternehmen sich sukzessive von US-amerikanischer Technologie unabhängig zu machen und eigene Konstruktionen zu entwickeln, die auch erfolgreich exportiert wurden.

Britische Firmen mit ihren staatlicherseits favorisierten Gasgekühlten Reaktoren hatten dagegen nur geringe Exportchancen, da die Stromerzeugung mit diesen teurer als mit Leichtwasserreaktoren war. Gleichzeitig entstanden ihnen hohe Kosten für Forschung und Entwicklung, während man beim Einstieg in die Kernenergie ursprünglich davon ausgegangen war, daß sich diese ähnlich profitabel wie die konventioneller Kraftwerke entwickeln würde. Spätestens als sich herausstellte, daß der tatsächliche Bedarf an Atomkraftwerken nicht den Schätzungen der Industrie entsprach, deckten die Gewinne nicht länger die hohen Investitionen. Die dadurch verursachten finanziellen Belastungen erzwangen eine Reorganisation der in der Kernenergie tätigen Unternehmen. Mit der Übernahme US-amerikanischer Designs ersparte sich die deutsche Industrie dagegen ähnliche Probleme. Aber auch sie klagte über den geringen Bedarf an Kernkraftwerken, Folge der vom Staat energisch betriebenen Förderung des heimischen Bergbaus.

Im Unterschied zu Großbritannien wirkten sich staatliche Maßnahmen auf die Entwicklung der bundesdeutschen Elektroindustrie günstig aus. So klagte sie zwar berechtigterweise über die staatlichen Restriktionen im Kapitalmarkt, doch dank der nicht unbeträchtlichen Mittel, die die Elektrizitätswirtschaft aus dem *European Recovery Programme*, von der Kreditanstalt für Wiederaufbau und infolge des Investitionshilfegesetzes erhielt, konnte sie ihre Erzeugungskapazitäten rasch ausbauen. Die sich daraus ergebenden Aufträge trugen dann maßgeblich zum Wachstum der Elektroindustrie bei.

Während der Konsumgüterumsatz in Großbritannien immer wieder eingeschränkt wurde, förderte die Bundesrepublik die Hebung des Lebensstandards. Begünstigt wurde besonders der Umsatz von Radiogeräten durch die frühe Entscheidung für den Aufbau von UKW-Sendenetzen als Reaktion auf den Verlust von MW-Frequenzen bei der Kopenhagener Wellenkonferenz von 1948. Der bundesdeutschen Rundfunkwirtschaft kam dieser Schritt sehr zustatten, steigerte er doch den Verkauf von UKW-Rundfunkgeräten. Als später zahlreiche Länder UKW-Sendenetze installierten, verfügte man deshalb über einen Startvorteil beim Exportgeschäft.

D. WELTMARKT UND AUSSENHANDEL

Von den Anfängen bis in die späten 1960er Jahre war ein kontinuierlicher Rückgang des Marktanteils der USA, Großbritanniens und Deutschlands zu beobachten; neue Produzenten rückten nach, insbesondere aus den Niederlanden, Schweden, der Schweiz, Japan und Italien. War es der britischen Elektroindustrie in den 1920er und 1930er Jahren noch gelungen, ihre Position auf internationalen Märkten auszubauen, so litt sie nach dem Zweiten Weltkrieg am meisten unter der gestiegenen Wettbewerbskraft anderer Anbieter. Der sich im Laufe der 1950er und 1960er Jahre beschleunigende Verlust von Marktanteilen britischer Hersteller, sowohl auf dem heimischen als auch auf Exportmärkten, scheint die Vermutung zu bestätigen, daß die Elektroindustrie ihre anfangs starke Stellung den durch den Zweiten Weltkrieg hervorgebrachten Veränderungen und besonders den Forschungsanstrengungen der Kriegszeit verdankte.

Die rückläufigen Anteile Großbritanniens auf dem Weltmarkt lassen sich auf die Besonderheit der Exporteure wie auch der Abnehmer zurückführen. Der Großteil der britischen Ausfuhr wurde von den großen Spezialherstellern getätigt, wovon mehrere Töchter ausländischer Konzerne waren. Zu denken ist hier besonders an Hoover und Electrolux. Britische Konzerne wie GEC, English Electric und AEI entwickelten dagegen nur geringe Aktivitäten im Konsumgütersektor, während den kleineren britischen Herstellern, von wenigen Ausnahmen wie Kenwood abgesehen, hierzu die Ressourcen fehlten. Die internationale Wettbewerbsfähigkeit der britischen Elektroindustrie in diesem Warensektor mußte damit zwangsläufig Schaden nehmen.

Hinderlich für eine Ausweitung der britischen Exporte war aber auch die regionale Struktur der Abnehmerländer, wo, wie in anderen Industriesektoren auch, Commonwealth-Staaten und insbesondere Australien, Neuseeland, Kanada und Südafrika nach dem Zweiten Weltkrieg die wichtigsten Absatzmärkte darstellten. Da diese Länder aber umfassende Anstrengungen zum Aufbau eigenständiger Fertigungskapazitäten unternommen hatten und durch Importrestriktionen gegen ausländische Konkurrenz schützten, verschlechterten sich die Absatzmöglichkeiten für britische Unternehmen kontinuierlich.

Der schnell wachsende europäische Markt gewann damit an Bedeutung. Eine signifikante Steigerung der Ausfuhr in diese Länder scheiterte jedoch an der schwachen Ausgangsposition britischer Hersteller. Die dortigen Firmen hatten sich mit ihren Markennamen und durch den Aufbau von Verkaufs- und Kundendienstnetzen auf diesem Markt bereits fest etabliert. Und mit der Formierung der EWG wurde der Zugang zu diesen Märkten für britische Unternehmen zunehmend schwieriger. Ein nicht zu unterschätzendes Hindernis stellten aber auch die inkompatiblen technischen Standards zwischen Großbritannien und den anderen europäischen Staaten dar.

Ähnlich war die Situation bei Anlagen zur Erzeugung, Umwandlung und Verteilung von Elektrizität. Mit Europa wies dabei gerade der Markt die höchsten Wachstumsraten auf, in dem britische Unternehmen traditionell eine schwache Stellung hatten. Die Nachfrage im Commonwealth wuchs dagegen langsamer, ganz abgesehen vom Konkurrenzdruck durch Anbieter anderer Länder. Hinzu kamen wiederum unterschiedliche technische Standards und die von britischen Unternehmen auch in ausländischen Märkten praktizierten Preisabsprachen, die bei zahlreichen Kunden große Verärgerung hervorrief.

Die Analyse des Elektroexports zeigte, daß der britische Marktanteil unter den zwölf führenden Elektroexporteuren im Starkstromsektor 1970 lediglich bei einem Drittel des Wertes von 1955 lag, während dieser Anteil bei Schwachstromprodukten auf die Hälfte gefallen war. Besonders verschlechtert hatte sich damit die Position britischer Anbieter in dem Sektor, der von den Konzernen GEC, English Electric und AEI dominiert wurde. Im Vergleich dazu war der bundesdeutsche Marktanteil bei Starkstrom zwischen 1955 und 1970 um nahezu 40 Prozent gestiegen, während er bei Schwachstrom geringfügig abgenommen hatte.

Betrachtet man die deutsche Ausfuhr im internationalen Kontext, so lag die Zunahme in dem immerhin am zweitschnellsten expandierenden Industriesektor lediglich knapp über dem Durchschnitt. Gewiß, bei Staaten wie Japan, Italien oder Kanada begann das Wachstum von einem niedrigeren Ausgangsniveau. Insgesamt aber zeigt sich das bundesdeutsche Wirtschaftswunder der 1950er und 1960er Jahre, das im Bewußtsein der Zeitgenossen mit erstaunlichen Steigerungsraten bei Exporten verbunden war, im Vergleich zu den genannten Ländern doch in einem etwas moderateren Glanz.

Von diesen langfristigen Verschiebungen abgesehen stellte die Ausfuhr eine wichtige Konjunkturstütze für die bundesdeutsche Elektroindustrie dar, auch und gerade in Zeiten eines sich abschwächenden Binnenmarktes. Deutlich wurde dies nicht zuletzt 1966/67, in der ersten Rezession der deutschen Nachkriegsgeschichte, als der Rückgang des Inlandsgeschäfts durch eine kräftige Steigerung der Exporte zum Teil kompensiert werden konnte. Begünstigend wirkte dabei, daß die Bundesrepublik vordringlich in die am schnellsten wachsenden Volkswirtschaften der Welt, nämlich in andere europäische Staaten, lieferte. Der EWG-Anteil innerhalb der deutschen Elektroexporte nahm dabei von rund 50 Prozent in den 1950er Jahren innerhalb nur eines Jahrzehnts auf über 60 Prozent zu. Anders in Großbritannien. Hier hatte die stagnierende Nachfrage des Binnenmarktes unmittelbare Auswirkung auf das Produktionsvolumen und Exporte in EFTA-Länder vermochten keinen Ausgleich zu schaffen.

E. RESÜMEE

Die führenden britischen Elektrounternehmen verhielten sich, zumindest in kurz- und mittelfristiger Perspektive, durchaus rational. Da sie in einem gegen ausländische Konkurrenten weitgehend geschützten und durch Preisabsprachen gesicherten Markt agierten, konnten sie das oberste Ziel unternehmerischen Handelns, nämlich Gewinne zu erzielen, zumindest in den 1950er Jahren hervorragend erfüllen. Und zwar in einer „atmosphere of cosy inefficiency among the big companies" (Jones und Marriott).

Zudem hatten sie die 1920er und 1930er Jahre vor Augen – Jahrzehnte, in denen die britische Elektroindustrie im Vergleich zu den vorangegangenen Jahren eine prosperierende Entwicklung vorzuweisen hatte, bedingt durch die Protektion gegen ausländische Konkurrenten und die Kooperation heimischer Hersteller. Mit einer Fortsetzung dieser Praktiken schien man den historischen Erfahrungen Rechnung zu tragen. Übersehen wurde dabei allerdings, daß die Nachfrage vom heimischen Markt für Kraftwerksanlagen, auf den sich die Elektrokonzerne in so starkem Maße stützten, nicht grenzenlos wachsen konnte. Eine grundlegende Veränderung der Rahmenbedingungen auf diesem und anderen Gebieten, wie sie sich etwa aus dem Anstieg italienischer und japanischer Konsumgüterexporte ergab, mußte die Unternehmen zwangsläufig vor Herausforderungen stellen, denen sie nur schwer oder nicht gewachsen waren.

Lediglich einer der Konzerne zog aus der absehbar gewordenen Kontraktion der Nachfrage nach Kraftwerksanlagen rechtzeitig die Konsequenzen: GEC unter Arnold Weinstock, der im Gegensatz zu seinen Vorgängern, aber auch anders als die Manager von English Electric und AEI, keine persönlichen Bindungen zur Anlagenindustrie hatte. Durch die strukturelle Reorganisation und finanzielle Konsolidierung des Unternehmens blieb GEC nicht nur das Schicksal seiner Konkurrenten erspart, sondern es gelang GEC sogar, die Kontrolle über sie zu gewinnen: Nach der bis dahin größten Übernahmeschlacht der neueren britischen Industriegeschichte übernahm GEC zunächst AEI und dann auch English Electric. Dessen Management hatte die Aussichtslosigkeit der Situation erkannt und von sich aus den Weg der Fusion gewählt, um einer feindlichen Übernahme zuvorzukommen.

Zu dieser Reorganisation der britischen Elektroindustrie kam es aber erst, nachdem das stark rückläufige Nachfragevolumen keinen anderen Ausweg ließ. Eine frühere Bereinigung des Marktes und das Ausscheiden ineffizienter Unternehmen war dagegen durch die Kartellierung verhindert worden. Wie das System der *Price Leadership* und dessen öffentliche Akzeptanz illustrierte, war man sich weitgehend einig, die unangenehmen Auswirkungen des Wettbewerbs zu vermeiden. Als es beispielsweise nach dem Verbot des Kabelkartells zu einem, wenngleich kurzzeitigen Preiskrieg kam, schrieb der *Economist* unter dem Titel „Cables. Return to the Jungle": „Jungle warfare, in competitive price cutting, is no part of normal business life in Britain – more's the pity, consumers may say."[2]

Aber nicht nur für die Konsumenten waren diese Verhältnisse von Nachteil, sondern langfristig auch für die Unternehmen selbst, wie die Entwicklung der Elektrotechnischen Industrie illustrierte. Umsatzwachstum und Gewinne waren zwar garantiert, so lange die heimische Nachfrage kräftig wuchs und der Wettbewerbsdruck gering war. Eine Veränderung dieser Rahmenbedingungen stellte die Firmen aber sogleich vor schwerwiegende Probleme. Genau dazu kam es im Laufe der 1960er Jahre: Bei Kraftwerksanlagen war es die rückläufige Nachfrage der staatlichen Elektrizitätswirtschaft, bei Konsumgütern der zunehmende Wettbewerbsdruck seitens ausländischer Konkurrenten. Von Ausnahmen wie Thorn abgesehen scheint auf die britischen Elektroindustrie zuzutreffen, was John Hendry für die Computerbranche feststellte: „In place of bold entrepreneurship, the situation in Britain was characterised by careful and prolonged analysis and the search for safe options."[3]

Daß die bundesdeutschen Unternehmen ähnlichen Herausforderungen, etwa bei Haushaltsgeräten, wirksamer begegnen konnten, war Ergebnis mehrerer Faktoren, die vor allem auf den höheren Wettbewerbsdruck zurückzuführen waren: Firmengröße und Breite der Produktpalette, Aktivitäten im Außenhandel sowie bei Forschung und Entwicklung und eine solide Finanzpolitik. Bereits die Krise der Jahrhundertwende hatte die zentrale Bedeutung dieser Faktoren für den geschäftlichen Erfolg und das Überleben der Firmen in konjunkturellen Abschwungphasen demonstriert. Die Politik von Siemens kann hierfür als Beispiel gelten.

Abschließend sei noch einmal die zentrale Rolle des Wettbewerbs betont, ohne den die divergierende Entwicklung der britischen und bundesdeutschen Elektroindustrie nicht zu erklären ist. Eingangs wurde auf den Aufsatz „Economic Growth" von Nick Crafts verwiesen. Um das ungenügende Wachstum zu verstehen, argumentiert der Autor, sei die Frage unerläßlich, „why markets were bad at eradicating low-quality management."[4] Die vorliegende Studie läßt die Antwort zu, daß der Markt in Großbritannien diese Funktion nicht erfüllen konnte, weil der eigentliche Marktmechanismus aufgrund des geringen Wettbewerbsdrucks ausgeschaltet war. Inwieweit dies auch für den Niedergang

---

[2] Cables. Return to the Jungle, in: Economist 203 (1962), S. 582.
[3] HENDRY, Prolonged Negotiations, S. 305.
[4] CRAFTS, Economic Growth, S. 290. S.a. DERS., Assessment, S. v.

der britischen Wirtschaft im allgemeinen gilt, wäre Aufgabe entsprechender Branchenstudien. Die Berichte der *Monopolies and Restrictive Trade Practices Commission* zeigen, daß die Verhältnisse in anderen Wirtschaftssektoren denen in der Elektroindustrie in vielerlei Hinsicht entsprachen, so daß diese Schluß-folgerung durchaus naheliegt.

Briefwechsel zwischen Harry Railing, GEC-Vorstandsvorsitzender, und C. C. Garrard, Direktor der GEC Witton Works (1935):

Railing: „Are we making a profit?"
Garrard: „The unsatisfactory answer to this question (which you put to me) is that nobody knows."[5]

---

[5] NAEST, 44, 17: „Reports written by C. C. Garrard at Witton Works, 1915-1954": „‚Are We Ma-king A Profit?', Garrard an Railing, 26.09.1935".

TABELLENANHANG

Tab. 1.1 Deutsches Reich / Bundesrepublik Deutschland: Elektrotechnische Industrie, 1875-1970

Jahr	Zu jeweiligen Preisen			Veränderung in Prozent		
	Beschäftigte	Produktion in Mio. M/RM/DM	Prod. je Beschäft. in M/RM/DM	Beschäftigte	Produktion	Prod. je Beschäft.
1875	1.269	–	–	–	–	–
1882	1.690	–	–	33,2	–	–
1888	1.645	–	–	-2,7	–	–
1890	15.000	–	–	811,9	–	–
1895	26.321	–	–	75,5	–	–
1898	54.400	229	4.204	106,7	–	–
1900	66.000	–	–	21,3	–	–
1905	118.963	–	–	80,2	–	–
1907	142.171	–	–	19,5	–	–
1913	220.000	1.300	5.909	54,7	–	–
1925	266.000	2.100	7.895	20,9	61,5	33,6
1926	255.000	–	–	-4,1	–	–
1927	299.000	2.700	9.030	17,3	–	–
1928	320.000	2.900	9.063	7,0	7,4	0,4
1929	317.000	3.200	10.095	-0,9	10,3	11,4
1930	271.000	2.500	9.225	-14,5	-21,9	-8,6
1931	238.000	1.900	7.983	-12,2	-24,0	-13,5
1932	172.000	1.224	7.116	-27,7	-35,6	-10,9
1933	179.000	1.260	7.039	4,1	2,9	-1,1
1934	238.000	1.726	7.252	33,0	37,0	3,0
1935	269.000	2.046	7.606	13,0	18,5	4,9
1936	312.000	2.268	7.269	16,0	10,9	-4,4
1937	359.000	2.750	7.660	15,1	21,3	5,4
1938	407.000	3.200	7.862	13,4	16,4	2,6
1939	458.000	3.750	8.188	12,5	17,2	4,1
1940	475.000	4.050	8.526	3,7	8,0	4,1
1941	508.000	4.750	9.350	6,9	17,3	9,7
1942	526.000	5.000	9.506	3,5	5,3	1,7
1943	558.000	5.400	9.677	6,1	8,0	1,8
1944	588.000	6.000	10.204	5,4	11,1	5,4
1946	117.000	–	–	-80,1	–	–
1947	159.700	1.099	6.882	36,5	–	–
1948	207.967	2.138	10.278	30,2	94,5	49,3
1949	237.506	2.999	12.627	14,2	40,3	22,9
1950	252.415	3.592	14.229	6,3	19,8	12,7
1951	367.446	5.664	15.414	45,6	57,7	8,3
1952	379.989	6.096	16.043	3,4	7,6	4,1
1953	406.768	6.717	16.513	7,0	10,2	2,9
1954	462.732	8.331	18.004	13,8	24,0	9,0
1955	550.159	10.718	19.481	18,9	28,7	8,2

Jahr	Zu jeweiligen Preisen			Veränderung in Prozent		
	Beschäftigte	Produktion in Mio. M/RM/DM	Prod. je Beschäft. in M/RM/DM	Beschäftigte	Produktion	Prod. je Beschäft.
1956	610.845	12.227	20.017	11,0	14,1	2,7
1957	649.453	13.217	20.350	6,3	8,1	1,7
1958	696.718	14.847	21.309	7,3	12,3	4,7
1959	737.267	16.295	22.102	5,8	9,8	3,7
1960	818.714	19.545	23.873	11,0	19,9	8,0
1961	881.741	22.188	25.164	7,7	13,5	5,4
1962	898.082	22.959	25.564	1,9	3,5	1,6
1963	899.480	23.546	26.177	0,2	2,6	2,4
1964	916.970	26.203	28.576	1,9	11,3	9,2
1965	955.715	29.772	31.152	4,2	13,6	9,0
1966	946.314	30.171	31.883	-1,0	1,3	2,3
1967	874.610	28.641	32.747	-7,6	-5,1	2,7
1968	903.659	31.530	34.891	3,3	10,0	6,5
1969	997.861	38.659	38.742	10,4	22,6	11,0
1970	1.097.664	48.150	43.866	10,0	24,6	13,2

Die Angaben für 1875–1944 beziehen sich auf das jeweilige Reichsgebiet
1947: Vereinigtes Wirtschaftsgebiet und Berlin
1948: Vereinigtes Wirtschaftsgebiet, Französische Zone und Berlin
1949: Bundesgebiet und West-berlin

Zusammengestellt und berechnet nach den Angaben in:
FASOLT, Elektrizitätsgesellschaften, S. 39f; GUTENBERG, Aktiengesellschaften, S. 4; HOFMEIER, Wiederaufbau, S. 9;
Ders., Die deutsche elektrotechnische Produktion, S. 117f; HUPPERT, Elektroindustrie, S. 190; SPIES, Elektroindustrie,
S. 1564; TRUTE, Lage [1949], S. 306; WEINGART, Finanzierungsgesellschaften; PHILIP, Strukturwandel, S. 68; ZVEI,
Statistischer Bericht, 1948/1949 bis 1970; WIRTSCHAFTSGRUPPE ELEKTROINDUSTRIE, Statistischer Bericht, S. 78;
SCHULZ-HANßEN, Stellung, S. 31; Beschäftigung der deutschen Elektroindustrie von 1925 bis 1936, in: EZ 58 (1937),
S. 188; Aus den Entwicklungsjahren der deutschen Elektroindustrie, in: ZVEIM 18 (1965), Nr. 10, S. 8

Tab. 1.2 Großbritannien: Elektrotechnische Industrie, 1907-1970

Year	Unternehmen Anzahl	Gross Output Mio. Pfund	Beschäftigte Tsd.
1907	–	13,9	62,3
1924	–	74,5	163,2
1930	–	99,5	213,6
1935	–	116,2	272,4
1948	–	488,4	500,0
1949	–	517,1	491,3
1950	–	573,2	507,6
1951	–	735,3	547,7
1954	–	895,2	573,8
1958	2.804	1.275,2	652,6
1963	3.273	1.890,0	765,7
1968	4.017	2.770,9	753,7
1970	1.988	3.597,8	773,1

In: BUISINESS STATISTICS OFFICE, Historical Record, S. 32f.

Tab. 1.3 Großbritannien / Deutschland/Bundesrepublik Deutschland,
Bevölkerung und Elektrizitätserzeugung, 1895-1969

Jahr	Bevölkerung in Mio.		Elektrizitätserzeugung in Mio. kWh	
	GB	D/BRD	GB	D/BRD
1895		52,28		
1896			0,10	
1897			0,10	
1898			0,10	
1899			0,20	
1900		56,37	0,20	1,00
1901	37,00		0,40	1,30
1902			0,50	1,40
1903			0,60	1,60
1904			0,80	2,20
1905		60,64	1,00	2,60
1906			1,20	2,70
1907		61,90	1,43	3,20
1908			1,60	3,90
1909			1,70	4,80
1910		64,93	1,90	5,40
1911	40,83		2,10	6,00
1912			2,40	7,40
1913	41,20	65,20	2,50	8,00

Jahr	Bevölkerung in Mio.		Elektrizitätserzeugung in Mio. kWh	
	GB	D/BRD	GB	D/BRD
1914			3,00	8,80
1915			3,50	9,80
1916			4,10	11,00
1917			4,70	12,00
1918			4,90	13,00
1919			4,90	13,50
1920			5,40	15,00
1921	42,77		8,41	17,00
1922			9,27	17,00
1923			10,27	15,40
1924			11,26	17,30
1925	43,00	63,17	12,11	20,33
1926		63,63	12,74	21,22
1927		64,02	14,50	25,14
1928		64,39	15,63	27,87
1929	43,50	64,74	16,98	30,66
1930	44,00	65,08	17,69	29,10
1931	44,80	65,43	18,22	25,79
1932	45,00	65,72	19,46	23,46
1933	45,26	66,03	21,20	25,66
1934	45,40	66,41	23,42	30,66
1935	45,60	66,87	25,93	35,70
1936	45,81	67,35	28,87	42,49
1937	46,00	67,83	31,93	48,97
1938	46,21	68,56	33,77	55,33
1939	46,47	69,34	35,87	61,38
1940	46,93		28,35	62,96
1941	46,91		31,75	70,00
1942	47,07		34,88	71,50
1943	47,45		36,12	73,94
1944	47,66		37,41	
1945	47,82		36,40	
1946	47,87	46,19	49,50	22,00
1947	48,17	46,99	50,80	27,75
1948	48,65	48,25	54,80	34,08
1949	48,94	49,20	57,40	40,65
1950	49,19	50,17	63,30	46,10
1951	48,92	50,53	69,37	53,73
1952	49,06	50,86	71,48	58,67
1953	49,21	51,35	75,10	62,88
1954	49,38	51,88	81,88	70,46
1955	49,55	52,38	89,10	78,87
1956	49,79	53,01	95,77	87,82
1957	50,03	53,66	99,97	94,65
1958	50,25	54,29	107,34	98,24
1959	50,55	54,88	114,80	106,20
1960	50,95	55,43	129,85	116,42
1961	51,39	56,18	138,27	127,29
1962	51,91	56,94	151,55	138,36

Jahr	Bevölkerung in Mio.		Elektrizitätserzeugung in Mio. kWh	
	GB	D/BRD	GB	D/BRD
1963	52,23	57,59	163,45	150,39
1964	52,61	58,27	171,78	164,84
1965	52,97	59,01	183,61	172,34
1966	53,18	59,64	189,31	177,88
1967	53,49	59,87	195,09	184,68
1968	53,78	60,18	208,02	203,28
1969	54,02	60,85	221,78	226,50

Zusammengestellt und berechnet nach den Angaben in:
Für Bevölkerung:
Statistisches Bundesamt (Hrsg.), Bevölkerung und Wirtschaft, S. 90;
MITCHELL UND JONES, Second Abstract of British Historical Statistics, S. 5;
CENTRAL STATISTICAL OFFICE, Annual Abstract of Statistics, No. 85 (1937–1947),
S. 7; No. 108, 1971, London 1971, S. 6;
Für Elektrizitätserzeugung:
MITCHELL, European Historical Statistics, S. 479–83.

Tab. 1.4 Deutschland/Bundesrepublik Deutschland: Installierte Erzeugungs-kapazität in öffentlichen Kraftwerken und Industriellen Eigenanlagen (MW), 1900-1970

Jahr	Öffentliche Kraftwerke	Industrielle Eigenanlagen	Gesamt	Gesamt: Veränderung in Prozent
1900	146	–	–	–
1903	249	–	–	–
1906	385	–	–	–
1908	661	–	–	–
1911	984	–	–	–
1913	1.250	–	–	–
1919	2.529	–	–	–
1922	3.268	–	–	–
1925	4.458	–	–	–
1927	5.728	4.542	10.270	–
1929	7.495	4.921	12.416	–
1931	8.007	5.042	13.049	–
1933	8.016	4.859	12.875	–
1935	8.337	5.818	14.155	–
1937	9.201	6.978	16.179	–
1939	10.127	8.620	18.747	–
1941	11.227	9.837	21.064	–
1944	12.700	–	–	–
1945	13.300	–	–	–
1950	6.901	3.828	10.729	–
1951	7.822	4.253	12.075	12,5
1952	8.685	4.650	13.335	10,4

Jahr	Öffentliche Kraftwerke	Industrielle Eigenanlagen	Gesamt	Gesamt: Veränderung in Prozent
1953	9.094	4.954	14.048	5,3
1954	9.833	5.503	15.336	9,2
1955	11.529	6.047	17.576	14,6
1956	11.945	6.428	18.373	4,5
1957	13.384	7.220	20.604	12,1
1958	14.318	7.660	21.978	6,7
1959	15.775	8.201	23.976	9,1
1960	17.203	9.572	26.775	11,7
1961	17.799	10.406	28.205	5,3
1962	19.161	11.179	30.340	7,6
1963	21.071	11.986	33.057	9,0
1964	23.644	12.425	36.069	9,1
1965	26.638	12.789	39.427	9,3
1966	27.978	13.746	41.724	5,8
1967	29.915	14.371	44.286	6,1
1968	31.129	14.714	45.843	3,5
1969	32.359	15.114	47.473	3,6
1970	33.701	15.835	49.536	4,3

Zusammengestellt und berechnet nach den Angaben in:
1895–1912: PHILIP, Strukturwandel, S. 11;
1913–1925: Elektrizitätswirtschaft im Deutschen Reich, S. 7; KORFF, Stromerzeugung und
Stromverbrauch, S. 23;
1926–1927: Statistisches Jahrbuch für das Deutsche Reich 46 (1927);
1928–1932: WIRTSCHAFTSGRUPPE ELEKTROINDUSTRIE; Statistischer Bericht, S. 84;
1933–1935: Statistisches Jahrbuch für das Deutsche Reich, 52 (1933) – 54 (1935);
1936–1941: BIOS, German Wartime Electricity Supply, S. 4
LÄNDERRAT DES AMERIKANISCHEN BESATZUNGSGEBIETES (Hrsg.),
Statistisches Handbuch, S. 335
1950–1970: Statistisches Jahrbuch der Bundesrepublik Deutschland, 1950–1970.

Tab. 1.5 Großbritannien: Installierte Erzeugungskapazität der Elektrizitäts-wirtschaft (MW), 1892-1970

Jahr	Erzeugungskapazität	Veränderung in Prozent
1892	440	–
1893	540	22,7
1894	670	24,1
1895	790	17,9
1900	1.020	29,1
1907	1.220	19,6
1912	1.550	27,0
1922	2.160	39,4
1923	2.950	36,6
1924	3.724	26,2

Tabellenanhang

Jahr	Erzeugungskapazität	Veränderung in Prozent
1925	4.422	18,7
1926	4.682	5,9
1927	5.258	12,3
1928	5.802	10,3
1929	6.600	13,8
1930	6.946	5,2
1931	7.195	3,6
1932	7.366	2,4
1933	7.837	6,4
1934	7.785	-0,7
1935	8.100	4,0
1936	8.398	3,7
1937	8.913	6,1
1938	9.498	6,6
1939	9.930	4,5
1940	10.159	2,3
1941	10.842	6,7
1942	11.679	7,7
1943	11.972	2,5
1944	12.177	1,7
1945	12.320	1,2
1946	12.546	1,8
1947	12.951	3,2
1948	13.101	1,2
1949	13.819	5,5
1950	15.000	8,5
1951	16.249	8,3
1952	17.740	9,2
1953	19.173	8,1
1954	20.562	7,2
1955	22.489	9,4
1956	24.615	9,5
1957	26.635	8,2
1958	28.023	5,2
1959	30.015	7,1
1960	31.865	6,2
1961	33.922	6,5
1962	37.207	9,7
1963	39.298	5,6
1964	39.974	1,7
1965	43.941	9,9
1966	46.233	5,2
1967	50.031	8,2
1968	53.559	7,1
1969	55.110	2,9
1970	60.538	9,8

Zusammengestellt und berechnet nach den Angaben in:
1892-1923: HANNAH, Electricity before Nationalisation, S. 432f;
1924-1955: MINISTRY OF POWER, Statistical Digest 1956, S. 118;
1956-1970: DEPARTMENT OF TRADE AND INDUSTRY, Digest of Energy Statistics 1971, S.
115.

Tab. 1.6 *Großbritannien / Bundesrepublik Deutschland, Ausstattung der Haushalte mit langlebigen elektrotechnischen Konsumgütern (Prozent), 1946-70*

Jahr	Radiogerät		Fernsehgerät		Waschmaschine		Kühlschrank		Staubsauger	
	UK	BRD	UK	BRD	UK	BRD	UK	BRD	UK	BRD
1946			1		2					
1947										
1948										
1949										
1950										
1951										
1952			10				5			
1953					10		6			31
1954					12		8			34
1955		77		1	14	0,5	10	0,4		37
1956	80		40	2	16				51	43
1957					19					50
1958		79	53	9	22		13		60	54
1959					25					58
1960	94	90	60	17	29	6	21	6	71	62
1961			78		32					63
1962					40		30			65
1963	98	91	82	41	45		30		72	66
1964										
1965		87	88	49	58	28	46	26	80	
1966										
1967										
1968										
1969										
1970		92		69		54		56		

Zusammengestellt nach den Angaben in:
OHERLY et al., Long-term Forecasts of Demand for Cars, Selected Consumer Durables and Energy, in: National Institute Economic Review, 1967, No. 40, p. 49; SEWELL, Electric Household Durable Goods. Economic Aspects of their Manufacture in New Zealand, Wellington/New Zealand 1965, S. 20; SIDNEY, An Area Board's Approach to Selling Electrical Appliances, in: Domestics Electrical Equipment. Survey of Current Practice, Electrical Review 173 (1963), Supplement, S. 13; Elektro-Gebrauchsgüter in Großbritannien, Teil 2: Ein Vergleich mit Westdeutschland, in: ZVEIM 15 (1962), Nr. 3, S. 17; ZVEI, Zur Absatzentwicklung der elektrotechnischen Erzeugnisse, Berlin 1962, S. 95.

Tab. 1.7.1 Welt-Elektroausfuhr nach Ländern in Mio. RM/DM zu jeweiligen Preisen*, 1913-1970

Land	1913	1925	1929	1933
USA	112,4	354,6	607,4	165,0
D/BRD	330,6	366,5	638,6	248,9
Großbritannien	157,4	365,5	402,1	135,4
Niederlande	12,0	53,7	211,4	91,1
Belgien/Luxemburg	10,0	17,8	45,1	18,8
Frankreich	30,2	79,3	76,8	39,1
Italien	8,3	12,3	20,1	9,2
Schweiz	24,8	47,6	69,9	33,8
Österreich	10,4	34,8	51,3	15,2
Schweden	14,1	40,3	71,3	23,8
Kanada	0,3	14,5	24,2	8,9
Japan	1,6	11,1	23,9	17,3
Gesamt	712,1	1.398,0	2.242,1	806,5

*1913-1937 in Mio. RM, 1952-1970 in Mio. DM

Tab. 1.7.2 Welt-Elektroausfuhr: Länderanteile in Prozent, 1913-1970

Land	1913	1925	1929	1933
USA	15,8	25,4	27,1	20,5
D/BRD	46,4	26,2	28,5	30,9
Großbritannien	22,1	26,1	17,9	16,8
USA+D/BRD+GB	84,3	77,7	73,5	68,1
Niederlande	1,7	3,8	9,4	11,3
Belgien/Luxemburg	1,4	1,3	2,0	2,3
Frankreich	4,2	5,7	3,4	4,8
Italien	1,2	0,9	0,9	1,1
Schweiz	3,5	3,4	3,1	4,2
Österreich	1,5	2,5	2,3	1,9
Schweden	2,0	2,9	3,2	3,0
Kanada	0,0	1,0	1,1	1,1
Japan	0,2	0,8	1,1	2,1
Gesamt	100,0	100,0	100,0	100,0

Zusammengestellt und berechnet nach den Angaben in:
ZVEI, Die elektrotechnische Industrie und die Elektrisierung Deutschlands, in: EZ 51 (1930), S. 857;
WIRTSCHAFTSGRUPPE ELEKTROINDUSTRIE, Statistischer Bericht für die Elektroindustrie
Deutschlands, Berlin 1936, S. 4; Ders., Statistischer Bericht für Elektroindustrie. International Außenhandel,
1935, Berlin 1936; 1937, Berlin 1938: Weltelektroausfuhr, in: EZ 56 (1935), S. 416; 58 (1937), S. 1380; ZVEI,
Statistischer Bericht 1960, Frankfurt/Main (1961), S. 51; Ders., Statistischer Bericht 1966, Frankfurt/Main
1967, S. 45; Statistischer Bericht 1970, Frankfurt/Main 1971, S. 41.

1936	1937	1952	1955	1960	1965	1970
253,7	314,5	3.298,6	3.706,7	4.716,2	8.497	16.623
266,2	328,0	1.098,8	2.136,4	4.243,1	6.785	13.550
197,8	241,1	2.467,5	2.704,8	3.243,7	4.161	6.196
75,2	99,2	528,4	908,6	1.640,9	2.841	4.174
23,6	36,2	328,4	375,0	555,2	1.175	2.123
28,8	28,5	684,4	742,7	1.299,9	2.348	5.020
7,9	13,4	157,9	202,5	595,1	1.878	4.556
26,4	30,1	291,5	334,4	573,3	964	1.638
17,6	22,8	50,6	91,7	241,9	497	1.035
27,1	36,3	275,9	273,2	492,2	933	2.017
13,0	15,1	201,2	133,1	240,7	527	1.716
35,5	39,9	103,3	144,9	1.449,8	3.666	11.939
972,8	1.205,1	9.486,5	11.754,0	19.292,0	34.272	70.587

1936	1937	1952	1955	1960	1965	1970
26,1	26,1	34,8	31,5	24,4	24,8	23,5
27,4	27,2	11,6	18,2	22,0	19,8	19,2
20,3	20,0	26,0	23,0	16,8	12,1	8,8
73,8	73,3	72,4	72,7	63,3	56,7	51,5
7,7	8,2	5,6	7,7	8,5	8,3	5,9
2,4	3,0	3,5	3,2	2,9	3,4	3,0
3,0	2,4	7,2	6,3	6,7	6,9	7,1
0,8	1,1	1,7	1,7	3,1	5,5	6,5
2,7	2,5	3,1	2,8	3,0	2,8	2,3
1,8	1,9	0,5	0,8	1,3	1,5	1,5
2,8	3,0	2,9	2,3	2,6	2,7	2,9
1,3	1,3	2,1	1,1	1,2	1,5	2,4
3,6	3,3	1,1	1,2	7,5	10,7	16,9
100,0	100,0	100,0	100,0	100,0	100,0	100,0

ABKÜRZUNGEN

EW:	Elektrizitätswirtschaft
EZ:	Elektrotechnische Zeitschrift
FAZ:	Frankfurter Allgemeine Zeitung
FIAT:	Office of Military Government for Germany, Office of the Director of Intelligence, Field Information Agency, Technical
GCR:	Gasgekühlter Reaktor
GEC:	General Electric Company
GL:	Guildhall Library, Manuscript Collection, Chamber of Commerce, London
GWB:	Gesetz gegen Wettbewerbsbeschränkung
IHG:	Gesetz über die Investitionshilfe der gewerblichen Wirtschaft (Investitionshilfegesetz)
IRC:	Industrial Reorganization Corporation
ITV:	Independent Television
JB:	Jahresbericht
JEH:	Journal of Economic History
JEEH:	Journal of European Economic History
JIE:	Journal of Industrial Economics
k.S.:	keine Seitenzählung
kV:	Kilovolt
kVA:	Kilovoltampere
kW:	Kilowatt
kWh:	Kilowattstunde
LWR:	Leichtwasserreaktor
MRC:	Modern Records Centre, University of Warwick Library, Coventry
MRWI:	Mitteilungen des Rheinisch-Westfälischen Instituts für Wirtschaftsforschung
MW:	Megawatt
MSESS:	Manchester School of Economics and Social Studies
NEDC:	National Economic Development Council
NIER:	National Institute Economic Review
NTSC:	National Television Standards Committee (USA)
OBES:	Oxford Bulletin of Economics and Statistics
OREP:	Oxford Review of Economic Policy
PAL:	Phase Alternating Line
PRO:	Public Record Office
RPM:	Resale Price Maintenance
RWE:	Rheinisch-Westfälische Elektrizitätswerke
SECAM:	Secuentielle à mémoire
SSW:	Siemens-Schuckertwerke GmbH
SWR:	Schwerwasserreaktor
SZ:	Süddeutsche Zeitung
T&C:	Technology and Culture
TBR:	Three Banks Review

TWh:	Terawattstunden
USSBS:	United States Strategic Bombing Survey
VDEW:	Vereinigung Deutscher Elektrizitätswerke
VIK:	Vereinigung Industrielle Kraftwirtschaft
VSWG:	Vierteljahrsschrift für Sozial- und Wirtschaftsgeschichte
WV:	Wirtschaftsverwaltung
ZLV:	Zentrallastverteiler für Elektrizität
ZVEI:	Zentralverband der deutschen elektrotechnischen Industrie (heute: Zentralverband Elektrotechnik- und Elektronikindustrie)
ZVEIM:	ZVEI-Mitteilungen

QUELLEN- UND LITERATURVERZEICHNIS

1. UNGEDRUCKTE QUELLEN

1.1 Deutschland / Bundesrepublik Deutschland

Bayerisches Hauptstaatsarchiv, München (BHStA)

MWi Bayerisches Staatsministerium für Wirtschaft
13267 Elektrotechnische Industrie, 1949-55
13275 Arbeitstagungen der Länderreferenten für die Fachbereiche Elektrotechnik, Feinmechanik, Optik und Uhren, 1949-55
13276 Arbeitstagungen der Länderreferenten für die Fachbereiche Elektrotechnik, Feinmechanik, Optik und Uhren, 1956-61
14765 Siemens-Schuckertwerke, Erlangen, 1948
14781 Fertigung von elektrischen Geräten, 1945-47
14933/1 Elektrizitätsversorgung, 1945-47

MF Bayerisches Staatsministerium der Finanzen
71749 Industrieberichterstattung und Eilberichte, Bd. 3, 1949-52

StK Bayerische Staatskanzlei
114559 Bayerische Industrie, 1950-55

Bundesarchiv, Berlin (BA)

R 43 Reichskanzlei
I/2113 Sozialisierung der Elektrizitätswirtschaft, 1919-22

31.02 Statistisches Reichsamt
2653 AEG, 1929-1935
5778 Wirtschaftsgruppe Elektroindustrie, 1939-1944

Bundesarchiv, Koblenz (BA)

R 13 V Wirtschaftsgruppe Elektroindustrie
1 Fachabteilungen: Aufbau, Organisation und Tätigkeit, Bd. 1: Fachabteilung 1 „Elektrische Maschinen", 1934-1944
2 Fachabteilungen: Aufbau, Organisation und Tätigkeit, Bd. 2: Fachabteilung 2 „Transformatoren", 1934-1944
3 Fachabteilungen: Aufbau, Organisation und Tätigkeit, Bd. 4: Fachabteilung 4 „Rundfunk", 1935-1943
13 Fachabteilungen: Aufbau, Organisation und Tätigkeit, Bd. 17: Fachabteilung 17 „Elektrowärme und Haushaltsgeräte", 1935-1943
16 Fachabteilungen: Aufbau, Organisation und Tätigkeit, Bd. 25: Fachabteilung 25 „Elektrische Kühlschränke", 1936-1943

34 WEI-Aufbau, Gliederung und Zuständigkeitsabgrenzung, 1934-1942

55 Aufbau der WEI und ihrer Fachabteilungen, 1937-1944

120 Industrieberichterstattung – Statistische Erhebungen, Bd. 1: Beschäftigtenzahl, 1938-1944

121 Industrieberichterstattung – Statistische Erhebungen, Bd. 2: Absatz, Außenhandel, Beschäftigtenzahl, 1938-1945

123 Statistik: Die Elektrotechnische Industrie – Textbericht des Statistischen Reichsamtes nach der amtlichen Produktionsstatistik 1933, 1936

147 Rundschreiben der Geschäftsführung an die Mitgliedsfirmen betr. Mitgliedschaft und Organisation, Bd. 2: 1938-1943

185 Statistischer Bericht für die Elektroindustrie, Deutscher Elektro-Außenhandel, Hrsg. v. d. WEI, Bd. 1: Bericht für das Jahr 1939, 1940

237 Einführung der OGW (Organisation der gewerblichen Wirtschaft) im Sudetengau und Eingliederung der sudetendeutschen Elektroindustrie in die WEI

239 Industrieverschleppung, Allgemeines und Einzelfälle, 1943-1944

272 Bewirtschaftung, Verwendung und Einsparung von Rohstoffen, Korrespondenz mit Mitgliedsfirmen, Bd. 2: A, 1944

276 Abwicklung der Wirtschaftsgruppe Elektroindustrie, 1945-1946

279 Kartellverzeichnisse der Wirtschaftsgruppe Elektroindustrie, 1943

R 3101 Reichswirtschaftsministerium (vorm. R 7)

4401 Feststellung der Beteiligungsverhältnisse bei der deutschen Industrie im In- und Ausland sowie durch die Deveisenstellen, Bd. 1: A

4454 Feststellung der Beteiligungsverhältnisse bei der deutschen Industrie im In- und Ausland sowie durch die Devisenstellen, Bd. 51: S

R 4603 Reichsministerium für Rüstung und Kriegsproduktion (vorm. R 3)

246 Rüstungsamt. Der Beauftragte für die Verlagerung der Elektroindustrie, Sammlung von Rundschreiben betreffend Verlagerung der Elektroindustrie, Oktober 1943 – März 1944

269 Rüstungsamt. Der Beauftragte für die Verlagerung der Elektroindustrie, Geheime Akten betreffend Pläne für die Produktionssicherung einzelner Fertigungsgruppen in der Elektroindustrie, Mai / Juni 1944

272 Rüstungsamt. Der Beauftragte für die Verlagerung der Elektroindustrie, Akten betreffend Berichte von elektrotechnischen Firmen über Angelegenheiten der Verlagerung, Juli – September 1944

274 Rüstungsamt. Der Beauftragte für die Verlagerung der Elektroindustrie, Sammlung von geheimen Tagungsberichten betreffend Angelegenheiten der Organisation, des Personals und der Verlagerung der Elektroindustrie bei der VE-Stelle (VE = Dienststelle des Beauftragten für die Verlagerung der Elektroindustrie), September – November 1944

„Tagesbericht VE/8, 24.10.1944, unterzeichnet Dr. R."

278 Rüstungsamt. Der Beauftragte für die Verlagerung der Elektroindustrie, Sammlung von Unterlagen über Betriebe, die für die Verlagerung von Betrieben der Elektroindustrie geeignet sind, November / Dezember 1944

279 Rüstungsamt. Der Beauftragte für die Verlagerung der Elektroindustrie, Akten betreffend Durchführung der Verlagerung einzelner Firmen der Elektroindustrie, November 1944 – Januar 1945

1346 Rüstungsamt. Der Beauftragte für die Verlagerung der Elektroindustrie, Fertigungsverlagerung der Siemens-Schuckertwerke AG, 1944

R 4604 Generalinspektor für Wasser und Energie (vorm. R 4)

496 Bergbau und Elektrizitätswirtschaft, 1941-1943

512 Denkschrift über den Ausbau der deutschen Wasserkräfte, ausgearbeitet von der Wirtschaftsgruppe Elektrizitätsversorgung, Januar 1940

B 102 Bundesministerium für Wirtschaft

782 Arbeitsgemeinschaft Energiewirtschaft des US-Besatzungsgebietes, 1948

783 Arbeitsgemeinschaft der Landesverbände der Elektrizitätswerke bzw. Vereinigung deutscher Elektrizitätswerke, 1948-1954

784 Bericht der Zentrallastverteilung: Sitzungsprotokolle, 1947-1949

785 Vereinigung Industrielle Kraftwirtschaft, 1947-1954

786 Länderausschuß, auch Fachausschuß Elektrizität, Sitzungsprotokolle, 1948-1954

787 Deutsche Verbundgesellschaft e.V., 1950-1954

792 Strombewirtschaftung, vor allem Einschränkung, 1945-1951

880 Leistungsfähigkeit der Industrie-Kraftwerke: Umfrage, 1948/1949

1219 Elektrotechnische, Feinmechanische, Optische und Uhrenindustrie: Finanzierung von Forschungs- und Produktionsprogrammen, Rationalisierung, Normung, Gütezeichen, u. a., 1952

1247 Investitionsprogramme, insbesondere für die Elektrotechnische Industrie, 1951-1956

1248 Investitionsprogramme, insbesondere für die Elektrotechnische Industrie, 1947-1956

4493 Länder- und Fachausschuß Elektrizität – Sitzungsberichte, 1948-1951

4525 Materialversorgung in der Energiewirtschaft, 1951-1952

14561 Eisenwirtschaft, Metall, Maschinen-, Fahrzeug- und Schiffbau, Elektrotechnik, Feinmechanik und Optik, 1955

15628 Volkswirtschaftliche Fragen der Elektroindustrie, 1951-1961

17190 Kartellgesetz § 77: Energiewirtschaft, 1952-57

17294 Konkurs des Elektrogroßhändlers Lepkes, Bonn: Prüfung der kartellrechtlichen Seite, 1960

31954 Finanzierungssituation der öffentlichen Elektrizitätsversorgung, 1957-1958

31998 Verwendung von Heizöl, Mineralöl und Erdgas zur Elektrizitätsversorgung, 1950-1959

31999 Verwendung von Heizöl, Mineralöl und Erdgas zur Elektrizitätsversorgung, 1959-1960

32002 Allgemeine Stromversorgung und -zuteilung, 1948-1951

32171 Errichtung und Auflösung der Zentrallastverteilung für Elektrizität, Bad Homburg von der Höhe, 1946-1960

43090 Vertrieb von Elektrogeräten durch den Versandhandel auf Teilzahlungsbasis, 1950-1954

43563 Elektrotechnische Industrie – Technische und volkswirtschaftliche Fragen, 1961-1965

43567 Länderausschuß Elektrotechnik, Feinmechanik, Optik und Uhren – Tagesordnungen, Protokolle und Geschäftsführung, 1963

43590 Allgemeine Rechtsangelegenheiten der Elektrotechnischen, Optischen und Uhrenindustrie 1963-1964

59581 Preisbildung bei öffentlichen Aufträgen an Großunternehmen der Elektroindustrie, 1954-1960

80204 Festreden und Ansprachen, 1952-1971

192425 Preisabsprachen in der Elektroschalterindustrie, 1948-1952

192675 Boykottmaßnahmen gegen die Neckermann-Versand KG, 1955-56

192678 Unterbindung von Direktkäufen: Antrag der Rundfunk- und Fernsehindustrie auf Genehmigung einer Vereinbarung, 1956

Werner-von-Siemens-Institut, Archiv, München (Siemens-Archiv)

7019 Pressemitteilungen 1919-35

VVA H. Arnous, Deutscher Fernsehaufbau nach 1945, 1946

68.LI 137 Ringbuch von Herrn G. B. Knipfer vom März 1973

35.LT 255 Druckschrift 4-09-1859-1276. Chronik der Entwicklung elektrischer Haushaltsgeräte, 1976

15019 Artur Glaubig, Die Geschichte der Wechselstrom-Turbogeneratoren in der Konstruktion von 1904-1945, 1946

VVA Carl Brennecke und Herbert Weissheimer, Dampfturbinen und Turbogeneratoren, Referate gehalten anläßlich eines Besuches holländischer Ingenieure im Mülheimer Werk, Mai 1959

1.2 Großbritannien

British Electrical and Allied Manufacturers' Association, Archive, London (BEAMA Archive)

BEAMA Council Meetings
Minutes, 1936-38
Minutes, 1948-50
Minutes, 1950-52
Minutes, 1952-54

BEAMA, The Electrical Industry in 1913 and 1923. Manufacturing Conditions and Taxation [Confidential Survey of the BEAMA to the Board of Trade Committee on Industry and Trade], 1925

General Electric Company – Marconi Archive, Chelmsford, Essex (GEC-Marconi Archive)

Hugo Hirst Papers (=Nachlaß Hugo Hirst)
    A „GEC Ltd. Business, Financial and Legal Matters, Books, Catalogues, etc."
    C „Hugo Hirst, Letters and Speeches"
    D „Hugo Hirst, Various Articles"
    E „Miscellaneous"
    F „Hugo Hirst, Personal Matters"
    G „Hugo Hirst, Personal Correspondence"

General Electric Company
    Box 1944
    Box 1953 A
    Box 1955
    Box 1956
    Box 1957
    Box 1960
    Box 1962
    Box 1963
    Box 1969
    Box 1970

Guildhall Library, Manuscript Collection, Chamber of Commerce, London (GL)

MS 16,607 Electrical Importers' and Traders' Assocation

Modern Records Centre, University of Warwick Library, Coventry (MRC)

MSS 200 DEC Dollar Exports Council
    3/3/A 59 Astral Equipment Ltd.
    3/3/F 32 Foster Transformer and SwitcHrsgear

MSS.287 BEAMA
    1 Proceedings of the Annual General Meetings, 1951-59
    4 Fair Trading in Electrical Goods, 1930 to 1950s
    4 Overseas markets and marketing, 1939-46
    4 Monopolies and restrictive trade practices
    4 Memoranda Evidence to Official Enquiries, 1916-64

MSS 242 A. J. P. Young Papers
    BT 17 Report on BTH Rugby Works 1937
    BT 12/6 Reorganizing a Great Works (Rugby Works, JR)
    BT 25/2 Untitled Manuscript
    BT 26/1 Memorandum „Postwar Future of Electric Supply and Electrical Industries",
        13.02.1943, Rugby
    BT 27 War Achievements of the BTH Company, 1939-45
    X/BT 42 BTH Reminiscences. 60 Years of Progress. Compiled by H. A. Price-Hughes

MS.338: Rubery Owen Holdings Ltd.
 CA.7 Castra Electric Washing Machine Co., Ltd., General
 EA.1 Easiclene, General Correspondence
 EA.2/1 Easiclene, Refrigerators
 EA.2/2 Easiclene, Washing machines
 EA.3 Easiclene, Meetings

National Archive of Electrical Science and Technology (vormals Institution of Electrical Engineers Archive), London (NAEST)

44 General Electric Company, Ltd., Witton Works
45 NAEST, Printed Papers
46 NAEST, Small Deposits
52 J. A. Crabtree & Co., Ltd.
93 Electrical Association for Women

Public Record Office, Kew, London (PRO)

BT 213 Board of Trade, Commodity and General Division, 1949-1971
 16 The Economic Consequences of the Korean War, 1956-57
 111 History of Hire Purchase Control, 1952-54, 1955
 119 Hire Purchase Restrictions and Credit Squeeze", 1960-61

POWE 12 Ministry of Fuel and Power, Electricity Commission. Correspondence and Papers, 1919-1953
 875 Heavy Electrical Plant Committee: Reports of Meeting and General Correspondence, 1947-48

POWE 14: Ministry of Fuel and Power, Electricity Division. Correspondence and Papers, 1898-1914
 122 Heavy Electrical Plant Production Consultative Council: Minutes of Meeting, 1947-50
 927 Herbert Committee, Action on Recommendations: Recommendation 95, Plant Purchasing from Foreign Sources, 1956
 1109 CEGB: Contracts Tendering Practices, 1958-62
 1357 Select Committee on Nationalised Industries: Memoranda on Comparison with Electricity Industries Abroad, 1961-63

POWE 24 Committee of Inquiry into the Electricity Supply Industry (Herbert Committee), 1954-56
 2 Minutes of Meetings

Supreme Court of Judicature and Related Courts
 J 154 Restrictive Practices Court: Case Files, 1957-1979
 27 British Radio Valve Manufacturers' Association, 1957
 33 Associated Manufacturers of Domestic Electric Cookers, 1957
 84 British Radio Equipment Manufacturers' Association, 1959

Surrey Record Office, Kingston upon Thames (SRO)

British Vacuum Cleaner and Engineering Co. Ltd., Croydon, Surrey (=Goblin Ltd.)
3164 Records of the British Vacuum Cleaner and Engineering Co. Ltd., Ermwyn
    Way, Ashtead, 1902-61
3494 British Vacuum Cleaner and Engineering Co. Ltd., Leatherhead, Surrey, 1951
3202 Records of the British Vacuum Company (Goblin) Ltd., 1930-1981

2. GEDRUCKTE QUELLEN

2.1 Deutschland / Bundesrepublik Deutschland

AEG (Hrsg.), 50 Jahre AEG, o. O. (Berlin) (Als Manuskript gedruckt) 1956
DIESS. (Hrsg.), Unsere AEG. Dargestellt für Freunde und Angehörige unseres Unter-
    nehmens, Berlin / Frankfurt/Main 1953
BDI (Hrsg.), Die deutsche Industrie im Gemeinsamen Markt. Bericht über die bisherigen
    Auswirkungen der Europäischen Wirtschaftsgemeinschaft 1958 bis 1963, Bonn 1959
BUNDESKARTELLAMT, Bericht des Bundeskartellamts über seine Tätigkeit im Jahre 1958
    sowie über Lage und Entwicklung auf seinem Arbeitsgebiet, in: Berichte des Bundes-
    kartellamtes über seine Tätigkeit in den Jahren 1958/1959/1960 sowie über Lage und
    Entwicklung auf seinem Arbeitsgebiet, Düsseldorf 1961, S. 11-91
DITO, 1959, ebenda, S. 93-265
DITO, 1960, ebenda, S. 110-150, 267-507
DITO, 1961, in: Verhandlungen des Deutschen Bundestages, 4. Wahlperiode, Anlagen zu
    den stenographischen Berichten, Bd., Drucksache IV/378, Bonn 1962
DITO, 1962, ebenda, Bd. 84, Drucksache IV/1220, Bonn 1963
DITO, 1963, ebenda, Bd. 91, Drucksache IV/2370, Bonn 1964
DITO, 1964, ebenda, Bd. 100, Drucksache IV/3752, Bonn 1965
DITO, 1965, in: Verhandlungen des Deutschen Bundestages, 5. Wahlperiode, Anlagen zu
    den stenographischen Berichten, Bd. 104, Drucksache V/530, Bonn 1966
DITO, 1966, ebenda, Bd. 113, Drucksache V/2841, Bonn 1967
DITO, 1967, ebenda, Bd. 120, Drucksache V/2841, Bonn 1968
DITO, 1968, ebenda, Bd. 130, Drucksache V/2841, Bonn 1969
BUNDESMINISTERIUM FÜR ARBEIT UND SOZIALORDNUNG, Statistisches Taschenbuch
    1994, Bonn 1994
DEUTSCHE VERBUNDGESELLSCHAFT (Hrsg.), Der Verbundbetrieb in der deutschen
    Stromversorgung, Heidelberg 1953
STATISTISCHES BUNDESAMT, Bevölkerung und Wirtschaft 1872-1972, Stuttgart / Mainz
    1972
DASS., Statistisches Jahrbuch der Bundesrepublik Deutschland, Ausgaben 1950 bis 1970,
    Stuttgart 1951 bis 1971
DASS., Fachserie G: Außenhandel, Reihe 2: Spezialhandel nach Waren und Ländern,
    Ausgaben 1951 bis 1971, Stuttgart 1952 bis 1972

STATISTISCHES REICHSAMT, Statistisches Jahrbuch für das Deutsche Reich, 46 (1927) bis 54 (1935), Berlin 1928-1936

WIRTSCHAFTSGRUPPE ELEKTROINDUSTRIE, Statistischer Bericht für die Elektroindustrie Deutschlands, Ausgaben 1935 bis 1937, Berlin 1936-1938

ZVEI, Die elektrotechnische Industrie und die Elektrisierung Deutschlands, in. EZ 51 (1930), S. 857f

DERS., Mitgliederversammlung des ZVEI am 20. März 1951, Bericht des Vorsitzenden Dr.-Ing. Neuenhofer, Frankfurt/Main 1951, k.S.

DERS., Mitgliederversammlung des ZVEI am 15. April 1953, Bericht des Vorsitzenden Dr.-Ing. Neuenhofer, Frankfurt/Main 1953, k.S

DERS., Mitgliederversammlung des ZVEI am 9. April 1954, Vortrag des Vorsitzenden Dr.-Ing. Neuenhofer, Frankfurt/Main 1954

DERS., Mitgliederversammlung des ZVEI am 10. Mai 1955, Vortrag des Vorsitzers Dr.-Ing. Neuenhofer, Frankfurt/Main 1955

DERS., Mitgliederversammlung des ZVEI am 20. März 1956, Lagebericht und Vortrag des Vorsitzers Dr. Heinz Thörner, Frankfurt/Main 1956

DERS., Mitgliederversammlung des ZVEI am 9. April 1957, Bericht des Vorsitzers Dr. Heinz Thörner, Frankfurt/Main 1957

DERS., Mitgliederversammlung des ZVEI am 21. März 1958, Bericht des Vorsitzers Dr. Heinz Thörner über „Die Entwicklung der elektrotechnischen Industrie im Rahmen der allgemeinen Wirtschaftslage der Bundesrepublik Deutschland", Frankfurt/Main 1958

DERS., Mitgliederversammlung des ZVEI am 19. Mai 1960, Bericht des Vorsitzers Dr. Heinz Thörner „Die Elektroindustrie in der Hochkonjunktur. Wirtschaftliche und wirtschaftspolitische Probleme 1959/60", Frankfurt/Main 1960

DERS., Mitgliederversammlung des ZVEI am 21. April 1961, Bericht des Vorsitzers Dr. Heinz Thörner „Die Elektroindustrie im Zeichen der Entwicklungshilfe und der DM-Aufwertung", Frankfurt/Main 1961

DERS., Mitgliederversammlung des ZVEI am 29. März 1962, Bericht des Vorsitzers Dr. Heinz Thörner „Die Elektroindustrie zwischen Konjunkturdämpfung und Konkurrenzbehauptung", Frankfurt/Main 1962

DERS., Mitgliederversammlung des ZVEI am 14. April 1964, Jahresbericht des Vorsitzers Dr. Peter von Siemens, Frankfurt/Main 1964

DERS., Mitgliederversammlung des ZVEI am 21. April 1966, Jahresbericht des Vorsitzers Dr. Peter von Siemens, Frankfurt/Main 1966

DERS., Statistischer Bericht, Ausgaben 1948/1949 bis 1956, Frankfurt/Main 1950 bis 1957

DERS., Die westdeutsche Elektroindustrie. Statistischer Bericht, Ausgaben 1957 bis 1970, Frankfurt/Main 1958 bis 1971

DERS., Abtl. Volkswirtschaft und Statistik (Hrsg.), Zur Absatzentwicklung der elektrotechnischen Erzeugnisse. Tendenzen und Perspektiven, Berlin 1962

DERS., 75 Jahre Zentralverband Elektrotechnik- und Elektronikindustrie e. V., 1918-1993, Frankfurt/Main 1993

2.2 Großbritannien

BEAMA, Combines and Trusts in the Electrical Industry. The Position in Europe in 1927, London 1927

DIESS., The Electrical Industry in Germany. The Financial and Competitive Position, London 1926

DIESS., The Electrical Industry of Great Britain: Organization, Efficiency in Production and World Competitive Position, London 1929

DIESS., Foreign Plant in British Power Stations. The Case for Support of National Production, London 1928

DIESS., Monograph on the Electrical Industry. Addressed to Committee „B" of the Preparatory Committee for the International Economic Conference of the League of Nations, London 1927

DIESS., Twenty One Years. A Review of the Progress and Achievements of the BEAMA, London 1933

BIOS, Final Report No. 342: The German Wartime Electricity Supply. Conditions, Developments, Trends, London 1947

DASS., Surveys Report No. 11: Electric Power Engineering in Germany during the Period 1939-1945, London 1949

DASS., J.O.S. Final Report No. 22: Design Investigation in Selected German Consumer Goods Industries, London 1947

BOARD OF TRADE, Committee on Industry and Trade, The World Market for Electrical Goods. The Competitive Position of Britain, London 1925

DASS., Committee on Trade and Industry, Factors in Industrial and Commercial Efficiency. Being Part I of a Survey of Industries, London 1927

DASS., Committee on Trade and Industry, Further Factors in Industrial and Commercial Efficiency. Being Part II of a Survey of Industries, London 1928

DASS., Committee on Trade and Industry, Survey of Metal Industries. Being Part IV of a Survey of Industries, London 1928

DASS., Committee on Trade and Industry, Final Report by the Committee on Industry and Trade, London 1929

DASS., Report of the Departmental Committee Appointed by the Board of Trade to Consider the Position of the Electrical Trades after the War, London 1918

DASS., Merchandise Marks Act, 1926. Report of the Standing Committee Respecting Electrical Accessories (presented June 1933), British Parliamentary Papers, 1932-33, Vol. XIV, S. 851-8

DASS., Merchandise Marks Act, 1926. Report of the Standing Committee Respecting Radio Goods (presented September 1934) British Parliamentary Papers, 1933-34, Vol. XIV

DASS., Statistical Tables relating to British and Foreign Trade and Industry (1924-1930). Part II: Principal Industries, Production and Trade, London 1931

BRITISH ASSOCIATION, Research Committee of the Economic Science and Statistics Section, The Electrical Industry, in: Britain in Recovery, London 1938, S. 253-79

BUSINESS STATISTICS OFFICE, Historical Record of the Census of Production 1907 to 1970, London 1979

CENTRAL STATISTICAL OFFICE, Annual Abstract of Statistics, No. 1 bis No. 108, London 1942 bis 1972

DASS., Monthly Digest of Statistics, 1946 bis 1972, London, 1946 bis 1972

CHANCELLOR OF THE EXCHEQUER, Nationalised Industries. A Review of Economic and Financial Objectives, London 1967

CUSTOMS AND EXCISE, Annual Statement of the Trade of the United Kingdom, Ausgaben 1942 bis 1971, London 1946 bis 1972

DEPARTMENT OF TRADE AND INDUSTRY, Digest of Energy Statistics 1971, London 1971

ELECTRICITY COUNCIL, Electricity Supply in Great Britain. A Chronology – From the Beginnings of the Industry to 31 December 1976, London 1977

ENGINEERING INDUSTRY TRAINING BOARD UND ECONOMIST INTELLIGENT UNIT, Employment and Training in the Electrical Machinery Industry in Great Britain. Prepared for the Engineering Industry Training Board by the Economist Intelligence Unit, Watford 1978

HOUSE OF LORDS. Sessional Papers, 1882, Vol. III: Public Bills (4 Vols., Vol. 1: All-Exp), London

DASS., Sessional Papers, 1886, Vol. VII: Reports from Select Committees of the House of Lords and Evidence, London

MINISTRY OF FUEL AND POWER, Domestic Fuel Policy. Report of the Fuel and Power Advisory Council, London 1946

DASS., Report of the Committee of Inquiry into the Electricity Supply Industry, London 1956

MINISTRY OF LABOUR, Manpower Studies No. 5, London 1967

DASS., Fuel Policy, London 1965

DASS., Fuel Policy, London 1967

DASS., Statistical Digest, Ausgaben 1948 bis 1967, London 1949 bis 1968

DASS., Report of the Committee of Enquiry into Delays in Commissioning C.E.G.B. Power Stations, London 1969

MINISTRY OF TRANSPORT, Report of the Committee Appointed to Review the National Problem of the Supply of Electrical Energy, London 1927

MONOPOLIES AND RESTRICTIVE PRACTICES COMMISSION, Report on the Supply of Electric Lamps (=Monopolies Commission Report No. 3), London 1951

DIESS., Report on the Supply of Insulated Wires and Cables Price (=Monopolies Commission Report No. 4), London 1952

DIESS., Thorn Electrical Industries and Radio Rentals Ltd. A Report on the Proposed Merger (=Monopolies Commission Report No. 26), London 1968

DIESS., Report on the Supply and Export of Electrical and Allied Machinery and Plant, London 1957

DIESS., Report on Recommended Resale Price (=Monopolies Commission Report No. 47), London 1969

NEDC, Economic Development Committee for Electronics, Electronics Industry Statistics and their Sources, London 1968

DASS., Economic Development Council for Electrical Engineering, Change for the Better. How Eight Companies in the Electrical Engineering Industry took Steps to increase their Productivity, London o.J.

DASS., Electronics Industry Sector Group / McKinsey & Company, Performance and Competitive Success. Strengthening Competitiveness in UK Electronics, London 1988

DASS., Large Industrial Sites. Report of the Working Party on Large Industrial Construction Sites, London 1970

POLITICAL AND ECONOMIC PLANNING, The Market for Household Appliances, London 1945

SELECT COMMITTEE ON LIGHTING BY ELECTRICITY, Report from the Select Committee on Lighting by Electricity, London 1879

SELECT COMMITTEE ON THE ELECTRIC LIGHTING BILL, Report from the Select Committee on the Electric Lighting Bill, London 1882

SELECT COMMITTEE OF THE HOUSE OF LORDS, Report from the Select Committee of the House of Lords on the Electric Lighting Act (1882) Amendment No. 1, 2, 3 Bill (H.L.), London: Hansard 1886

SELECT COMMITTEE ON NATIONALISED INDUSTRIES, Report on the Electricity Supply Industry, London 1963

DASS., Report on the Electricity Supply Industry, 3 Vols., Vol. 2: Minutes of Evidence, London 1963

DASS., Second Report on Nationalised Industries. Gas, Electricity and Coal Industries, London 1966

SELECT COMMITTEE ON SCIENCE AND TECHNOLOGY, Fourth Report from the Select Committee on Science and Technology: United Kingdom Nuclear Power Industry, London 1969

DASS., Generating Plant Breakdowns: Winter 1969-70, London 1970

2.3 Andere

ECONOMIC COOPERATION ADMINISTRATION, Westdeutschland im europäischen Wiederaufbau, Frankfurt/Main 1949

EU, COMMISSION OF THE EUROPEAN COMMUNITIES, Directorate-General for Competition, A Study of the Evolution of Concentration in the Electrical Appliances Industry for the United Kingdom, Brussels / Luxembourg 1977

DIESS., A Study of Concentration in the Distribution of Household Appliances, Prices and Mark-ups for the United Kingdom and the Republic Ireland, Brussels / Luxemburg 1979

DIESS., Kommission der Europäischen Gemeinschaften. Generaldirektion Auswärtige Beziehungen, Der Außenhandel der EWG 1958-1966, Brüssel 1967

FIAT, Final Report No. 95: The Power Industry in Germany, o. O. 1945

LÄNDERRAT DES AMERIKANISCHEN BESATZUNGSGEBIETES (Hrsg.), Statistisches Handbuch von Deutschland, 1928-1944, München 1949

OECD, Electronic Components. Gaps in Technology, Paris 1968

DIESS., General Report. Gaps in Technology, Paris 1968

DIESS., Directorate for Scientific Affairs, International Statistical Year on Research and Development, Statistical Tables and Notes, DAS/SPR/66.14, Paris 1967

UN, Statistical Office. Department of Economic and Social Affairs, Statistical Yearbook, Ausgaben 1948/49 bis 1972, New York 1949 bis 1973

DIESS., Statistical Office. Department of Economic and Social Affairs, Commodity Trade Statistics (=Statistical Papers, Series D), Ausgaben 1955, 1960, 1965, 1970, New York 1956, 1961, 1966, 1971

DIESS., Statistical Office, World Trade Annual, Ausgaben 1960, 1965, 1970, New York 1961, 1965, 1971

DIESS., Statistical Office, Yearbook of International Trade Statistics, Ausgaben 1955, 1960, 1965, 1970, New York 1956, 1961, 1966, 1971

UNESCO, Statistics on Radio and Television, 1950-1960, Paris 1963

USA, DEPARTMENT OF COMMERCE, World Radio Markets in 1926 (=Trade Information Bulletin, No. 433), Washington D.C. 1926

DASS., The British Market for Domestic Electrical Appliances (=Trade Information Bulletin, No. 730), Washington D.C. 1930

USSBS, The Effects of Strategic Bombing on the German War Economy (=European Report No. 3), (=The United States Strategic Bombing Survey, 10 Vols., Vol. 1, Introduction by David MacIsaac), New York / London 1976

DIESS., German Electrical Utilities Industry Report (=European Report No. 205) (=The United States Strategic Bombing Survey, 10 Vols., Vol. 1, Introduction by David MacIsaac), New York / London 1976

DIESS., The Effects of Strategic Bombing on the German War Economy, (Washington D.C.) Overall Economic Effects Division, Oct. 31, 1945

DIESS., 1. Over-All Report (European War), 2. Summary Report (European War), Washington D.C. 1945

3. LITERATUR

Calendar of Economic Events, 1955-1959, in: NIER 8 (1960), S. 30-8

The Electric Household Appliances Industry in Italy, in: Review of Economic Conditions in Italy 25 (1971), Nr. 1, S. 45-61

Electrifying Experience. A Brief Account of the First Century of the ASEA Group of Sweden 1883-1983, Västerås 1983

Die Elektrizitätswirtschaft im Deutschen Reich, Berlin 1934

Electrolux, in: HAST, ADELE (Hrsg.), International Directory of Company Histories, 5 Vols., Chicago / London 1990, Vol. 3, S. 478-81

General Electric Company, plc, in: MIRABILE, LISA (Hrsg.), International Directory of Company Histories, 5 Vols., Chicago / London 1990, Vol. 2, S. 24ff

Siemens A.G., in: MIRABILE, LISA (Hrsg.), International Directory of Company Histories, 5 Vols., Vol. 2, Chicago / London 1990, S. 96-100

Thorn EMI, in: MIRABILE, LISA (Hrsg.), International Directory of Company Histories, 5 Vols., Vol. 2, Chicago / London 1990, S. 531f

Zeittafel zur Geschichte der deutschen Elektrizitätsversorgung, in: EW 83 (1984), S. 409-14

ABELSHAUSER, WERNER, Die Langen Fünfziger Jahre. Wirtschaft und Gesellschaft der Bundesrepublik Deutschland 1949-1966, Düsseldorf 1987

DERS., Wirtschaftsgeschichte der Bundesrepublik Deutschland 1945-1980, Frankfurt/Main 1983

DERS. / PETZINA, DIETMAR, Krise und Rekonstruktion. Zur Interpretation der gesamtwirtschaftlichen Entwicklung Deutschlands im 20. Jahrhundert, in: SCHRÖDER, WILHELM HEINZ UND REINHARD SPREE (Hrsg.), Historische Konjunkturforschung, Stuttgart 1980, S. 75-114

ABERLE, GERD, Wettbewerbstheorie und Wettbewerbspolitik, Stuttgart 1980

ABROMEIT, HEIDRUN, Government-Industry Relations in Germany, in: CHICK, MARTIN (Hrsg.), Governments, Industries and Markets: Aspects of the Government-Industry Relations in the UK, Japan, West Germany and the USA since 1945, Aldershot 1990, S. 61-83

AEG HAUSGERÄTE (Hrsg.), Alles elektrisch: 100 Jahre AEG-Hausgeräte, Nürnberg 1989

AHVENAINEN, JORMA, Telegraphs, Trade and Policy. The Role of the International Telegraphs in the Years 1870-1914, in: FISCHER, WOLFRAM (Hrsg.),The Emergence of the World Economy, 1500-1914, 2 Bde., Bd. 2: 1850-1914, Wiesbaden 1986, S. 505-18

AICHINGER, GERHARD, Eine Warnung aus Berlin. Gefährliche Auswirkungen der Konjunkturdämpfungsmaßnahmen auf die Inselstadt, in: EA 9 (1956), S. 60f

DERS., Grundsatzprobleme der Elektroindustrie, in: EA 7 (1954), S. 121ff

DERS., Interessante Strukturwandlungen in der westdeutschen Elektroindustrie [1960], in: EA 13 (1960), S. 275f

ALBACH, HORST, The Rate of Return in German Manufacturing Industry: Measurement and Policy Implications, in: HOLLAND, DANIEL M. (Hrsg.), Measuring Profitability and Capital Costs. An International Study, Lexington, MA 1984, S. 273-311

DERS., Unternehmen und Staat in der Bundesrepublik Deutschland nach dem Zweiten Weltkrieg, in: POHL, HANS UND WILHELM TREUE, (Hrsg.), Unternehmen und Staat nach dem Zweiten Weltkrieg. Ein deutsch-österreichischer Vergleich, Stuttgart 1986, S. 24-45

ALBU, AUSTEN, British Attitudes to Engineering Education: A Historical Perspective, in: PAVITT, KEITH (Hrsg.), Technical Innovation and British Economic Performance, London 1980, S. 67-87

DERS., Industry and the House. Cross-Currents on Price Maintenance, in: ER 174 (1964), S. 125f

DERS., Prices, Defence Contracts and Research, in: ER 174 (1964), S. 245f

ALDCROFT, DEREK H., The British Economy, Bd. 1: The Years of Turmoil 1920-1951, Brighton 1986

DERS., The Effectiveness of Direct Controls in the British Economy, 1946-1950, in: Scottish Journal of Political Economy 10 (1963), S. 226-42

DERS., The Inter-War Economy: Britain, 1919-1939, London 1970

ALLEN, G. C., The British Disease. A Short Essay on the Nature and Causes of the Nation's Lagging Wealth, 2. Aufl. London 1979

DERS., Industrial Prospects in the Early 1950s, in: DERS., British Industry and Economic Policy, London 1979, S. 115-26

DERS., Policy Towards Competition and Monopoly, ebd., S. 155-70

DERS., The Re-Conversion of Industry, in: Journal of the Institute of Bankers 66 (1945), S. 72-81

DERS., The Structure of the British Industry. A Study in Economic Change, 3. Aufl. London 1964

ALLIBONE, T. E., New Materials in Engineering, in: Nature 169 (1952), S. 517f

AMANN, RUDOLF, Reparatur- und Kundendienst durch das Elektrohandwerk, in: Volkswirt 9 (1955), Deutsche Wirtschaft im Querschnitt, 32. Folge: Elektroindustrie, S. 22

AMBROSIUS, GEROLD, Die Entwicklung des Wettbewerbs als wirtschaftspolitisch relevante Norm und Ordnungsprinzip in Deutschland seit dem Ende des 19. Jahrhunderts, in: Jahrbuch für Sozialwissenschaft 32 (1981), S. 154-201

DERS., Das Wirtschaftssystem, in: BENZ, WOLFGANG (Hrsg.), Die Geschichte der Bundesrepublik Deutschland, 4 Bde., Bd. 2: Wirtschaft, Frankfurt/Main 1989, S. 11-81

APPLEBY, COLIN UND JOHN BESSANT, Adapting to Decline: Organizational Structures and Government Policy in the UK and West German Foundry Sectors, in: WILKS, STEPHEN UND MAURICE WRIGHT, (Hrsg.), Comparative Government-Industry Relations. Western Europe, the United States, and Japan, Oxford 1987, S. 181-210

ARMSTRONG, H. W., Regional Problems and Policies, in: CRAFTS, N. F. R. UND N. W. C. WOODWARD (Hrsg.), The British Economy Since 1945, Oxford 1991, S. 291-334

ARNDT, HANS-JOACHIM, West Germany. Politics of Non-Planning, London 1966

ARNDT, H. W., The Economic Lessons of the Nineteen-Thirties, 3. Aufl. London 1972

ARNOLD, A. G., Die deutsche nationalsozialistische Elektrowirtschaft im Werden, in: Deutsche Technik. Technopolitische Zeitschrift 2 (1934), S. 706

ARNOLD, ERIK, Competition and Technological Change in the Television Industry. An Empirical Evaluation of Theories of the Firm, London 1985

ARTIS, M. J. (Hrsg.), Prest and Coppock's The UK Economy. A Manual of Applied Economics, 12. Aufl. London 1989

BACHMANN, A., Deutsche Fernsehempfänger 1955/56, in: EA 9 (1956), S. 338-42

DERS., Das neue Fernsehempfänger-Programm [1955], in: EA 8 (1955), S. 375-9

DERS., Rundfunkneuheiten des Baujahres 1956/57, in: EA 9 (1956), S. 277-81

BACON, ROBERT UND WALTER ELTIS, Britain's Economic Problem: Too Few Producers, London 1978

BÄHR, JOHANNES, Substanzverluste, Wiederaufbau und Strukturveränderungen in der deutschen Elektroindustrie 1945-1955, in: ders. (Hrsg.), Demontage, Enteignung, Wiederaufbau. Erster und zweiter Workshop am 4. und 5. Oktober 1995 im Hause AEG AG, Berlin und am 7. und 8. Oktober 1996 im Hause Siemens AG, Berlin 1997, S. 61-81

BAIER, RUDOLF, Die Elektroindustrie benötigt billige Exportkredite, in: EA 4 (1951), S. 475f

BAIN, ANDREW DAVID, The Growth of Television Ownership in the United Kingdom, in: International Economic Review 3 (1962), May, S. 145-67

BAKER, W. J., A History of the Marconi Company, London 1970

BAKER, W. R. G., Electrical Engineering in the Postwar World XII: Developments in Radio and Television, in: EE 64 (1945), S. 152-5

BALL, R. J. UND PAMELA DRAKE, The Impact of Credit Control on Consumer Durable Spending in the United Kingdom, 1957-1961, in: Review of Economic Studies 30 (1963), S. 181-94

BANGERT, ALBRECHT, Der Stil der 50er Jahre, 2 Bde., München 1983, Bd. 2

BATT, E. G., Absorption and Compressor Refrigerators, in: ER 153 (1953), S. 1112

BAUMGART, EGON R., Die Elektroindustrie der Bundesrepublik im europäischen Markt, in: Vierteljahrshefte zur Wirtschaftsforschung 32 (1962), S. 216-231

DERS., Die Finanzierung der industriellen Expansion in der Bundesrepublik Deutschland während der Jahre des Wiederaufbaus, Berlin 1960

BEAN, C., The External Constraint in the UK (=LSE, Centre for Economic Performance, Discussion Paper No. 10), London 1990

BEARD, H. J., Britain and Overseas Development [Paper presented to the British Electrical Power Convention, Brighton, June 1958, in: ER 162 (1958), S. 1162f

BECKER, G., Deutschlands Elektroaußenhandel im Rahmen des Welt-Elektroaußenhandels, in: EZ 51 (1930), S. 1303

DERS., Die deutsche Elektroindustrie, in: Wirtschaftsjahrbuch für Industrie und Handel des Deutschen Reiches 1928/1929, S. 554-83

BEEK, R. VAN UND W. W. BOELENS, Die Verwendung der gedruckten Schaltung im Rundfunkempfängerbau, in: EA 12 (1959), S. 472ff

BEHNKE, HANS, Ständig steigende Weltproduktion, in: Volkswirt 9 (1955), Deutsche Wirtschaft im Querschnitt, 32. Folge: Elektroindustrie, S. 30-3

BELL, WILLIAM E., The Maturing TV Industry, in: Journal of Marketing 30 (1966), No. 2, S. 12-5

BELLERS, JÜRGEN, Außenwirtschaftspolitik der Bundesrepublik Deutschland 1949-1989, Münster 1990

BENKER, GERTRUD, In alten Küchen: Einrichtungen, Geräte, Kochkunst, München 1987

BERGTOLD, F., Rundfunk- und Fernsehempfänger der Saison 58/59, in: EM 11 (1958), S. 978-81

BERNARD, J. I., Electricity in the Kitchen, Development [Paper presented to the British Electrical Power Convention, Brighton, June 1958, in: ER 162 (1958), S. 1164f

BEUTLER, WILHELM, Die deutsche Industrie und der Gemeinsame Markt, in: EA-GI 16 (1963), S. 15f

BIELING, FRIEDRICH UND PAUL SCHOLL, Elektrogeräte für den Haushalt. Ihre Entwicklung im Hause Siemens, Traunreut / München 1966

BILLING, D. C., Electric Refrigerators. The Choice of Systems, in: ER 164 (1959), S. 929-33

BIRD, W. J., Today and Tomorrow. A Manufacturer Looks at the Trends, in: ER 173 (1963), Supplement „Domestic Electrical Equipment. Survey of Current Practice", S. 3ff

BLACKABY, F., British Economic Policy, 1960-74: A General Appraisal, in: NIER 80 (1977), S. 38-57

BLAISDELL, THOMAS C. JR, Industrial Concentration in the War, in: AER. Supplement: Papers and Proceedings 33 (1943), S. 159ff

BLANK, STEPHEN, Britain: The Politics of Foreign Economic Policy, the Domestic Economy, and the Problem or Pluralistic Stagnation, in: KATZENSTEIN, PETER (Hrsg.), Between Power and Plenty, Madison, WI 1978, S. 89-137

BLIES, HANS LUDWIG, Wo steht der Waschmaschinen-Markt?, in: ET 41 (1959), S. 49ff

BÖTTCHER, BODO, Elektroaußenhandel der Bundesrepublik, in: Volkswirt 19 (1965), Beilage zu Nr. 40 „Expansive Elektroindustrie", S. 5f

DERS., Europäische Zusammenarbeit in der Elektroindustrie, in: EA-GI 14 (1961), S. 27f

DERS., Internationale Zusammenhänge, in: ZVEI (Hrsg.), Elektrotechnik im Wandel der Zeit. 50 Jahre ZVEI, Frankfurt am Main 1968, S. 89-104

DERS., Die westdeutsche Elektroindustrie fordert den großeuropäischen Wirtschaftsraum, in: EA 13 (1960), S. 44f

DERS., Die Struktur der deutschen Elektroindustrie, in: INSTITUT FÜR BILANZANALYSEN GMBH (Hrsg.), Die Elektroindustrie in der Bundesrepublik Deutschland (=Schriftenreihe Branchenanalysen, Nr. 26), Frankfurt/Main 1976, S. 4-7

BOHN, THOMAS UND HANS-PETER MARSCHALL, Die technische Entwicklung der Stromversorgung, in: FISCHER, WOLFRAM (Hrsg.), Die Geschichte der Stromversorgung, Frankfurt/Main 1992, S. 38-120

BOLL, GEORG, Nationale und internationale Verbundwirtschaft auf Hoch- und Höchstspannungsleitungen, in: VDEW (Hrsg.), Das Zeitalter der Elektrizität. 75 Jahre VDEW, Frankfurt/Main 1967, S. 77-89

BONENKAMP, W., Beleuchtungskörper und Elektrogeräte, in: Volkswirt 8 (1954), Deutsche Wirtschaft im Querschnitt, Beilage zu Nr. 42, S. 54

BORCHARDT, KNUT, Wirtschaftliches Wachstum und Wechsellagen 1914-1970, in: AUBIN, HERMANN UND WOLFGANG ZORN (Hrsg.), Handbuch der deutschen Wirtschafts- und Sozialgeschichte, 2 Bde., Bd. 2: Das 19. und 20. Jahrhundert, Stuttgart 1976, S. 685-739

DERS. UND CHRISTOPH BUCHHEIM, Die Wirkung der Marshallplan-Hilfe in Schlüsselbranchen der Deutschen Wirtschaft, in: SCHRÖDER, HANS-JÜRGEN (Hrsg.), Marshallplan und Westdeutscher Wiederaufstieg. Positionen – Kontroversen, Stuttgart 1990, S. 119-49

BOSS, ALFRED, Incentives und Wirtschaftswachstum – Zur Steuerpolitik in der frühen Nachkriegszeit, in: Institut für Weltwirtschaft Kiel, Working Paper, Nr. 295, Kiel 1987

BOWDEN, SUE, Credit Facilities and the Growth of Consumer Demand for Electric Appliances in the 1930s, in: BH 32 (1990), No. 1, S. 52-75

DIESS., Colston, Sir Charles Blampied, in: JEREMY, DAVID J. (Hrsg.), Dictionary of Business Biography. A Bibliographical Dictionary of Business Leaders Active in Britain in the Period 1860-1980, Vol. 1: A-C, London 1984, S. 755-9

BRANDSTETTER, ERICH, Finanzierungsmethoden in der deutschen elektrotechnischen Industrie, Gießen Diss. (masch.) 1930

BRANDT, FRITZ, Der energiewirtschaftliche Wettbewerb zwischen Gas und Elektrizität um die Wärmeversorgung des Haushalts, Heidelberg Diss. 1932

BRANDT, LEO, Auf neuen Wegen, in: Volkswirt 9 (1955), Deutsche Wirtschaft im Querschnitt, 32. Folge: Elektroindustrie, S. 38f

BRANDT, L. UND H. JANSEN, Kommerzielle Empfängerentwicklung der letzten 15 Jahre, in: EZ 70 (1949), S. 237ff

BRAUN, HANS-JOACHIM, The German Economy in the Twentieth Century, London / New York 1990

BRAUN, WALDEMAR, Die Elektroindustrie in der deutschen Wirtschaft, in: Deutscher Volkswirt 10 (1935), Sonderbeilage: „Die Wirtschaft im neuen Deutschland", 11. Folge: Elektroindustrie, S. 11-5

BREHMER, GÜNTER, Grundzüge der staatlichen Lenkung der Industrieproduktion in der deutschen Kriegswirtschaft von 1939 bis 1945 unter besonderer Berücksichtigung der Verhältnisse in der deutschen Elektroindustrie, Bonn Diss. (masch.) 1968

BREITENACHER, MICHAEL, Haushaltsgeräte. „Dienstmädchen" für jedermann, in: Volkswirt 19 (1965), S. 191ff

BREITENACHER, MICHAEL et al., Elektrotechnische Industrie (=Struktur und Wachstum, Reihe Industrie, Heft 21, hrsg. v. IFO-INSTITUT FÜR WIRTSCHAFTSFORSCHUNG), Berlin / München 1974

BREUER, BARBARA, Die Energiewirtschaft der Bundesrepublik Deutschland und der DDR im Vergleich (=Schriften des Energiewirtschaftlichen Instituts Köln, Bd. 33), München 1987

BRIGGS, ASA, The Golden Age of Wireless (=The History of Broadcasting in the United Kingdom, Vol. 2), London 1965

DERS., The War of Words (=The History of Broadcasting in the United Kingdom, Vol. 3), London 1970

BRIGHT, ARTHUR A. JR. UND JOHN EXTER, War, Radar, and the Radio Industry, in: Harvard Business Review 25 (1946/47), S. 255-72

BRINGMANN, AXEL, Kunststoffe in Kühltruhen, in: ET 48 (1966), S. 676ff

BRITISH-THOMSONS HOUSTON, War Achievements of the British-Thomson Houston Company, 1939-1945, (Rugby) (1946)

BRITTAN, SAMUEL, United Kingdom External Economic Policy, in: Kindleberger, CHARLES P. UND ANDREW SHONFIELD (Hrsg.), North American and Wester European Economic Policies, London 1971, S. 87-102

BROADBERRY, STEPHEN N., The Impact of the World Wars on the Long Run Performance of the British Economy, in: OREP 4 (1988), No. 1, S. 25-37

DERS. UND N. F. R. CRAFTS, Explaining Anglo-American Productivity Differences in the Mid-Twentieth Century, in: OBES 52 (1990), No. 4 (Special Issue: European Productivity in the Twentieth Century), S. 375-402

DIESS., The Impact of the Depression of the 1930s on the Productive Potential in the United Kingdom, in: European Economic Review 34 (1990), S. 599-607

BROCK, CATHERINE, The Control of Restrictive Practices from 1956. A Study of the Restrictive Practices Court, London 1966

BROCKE, WOLFGANG, Industrie erzeugt Strom, in: VERBAND BAYERISCHER ELEKTRIZITÄTSWERKE E.V. (Hrsg.), Elektrizität in Bayern 1919-1969, München 1969, S. 168-71

BRUCHE, GERT, Elektrizitätsversorgung und Staatsfunktion. Das Regulierungssystem der öffentlichen Elektrizitätsversorgung in der Bundesrepublik Deutschland, Frankfurt/Main 1977

BRUNNER-SCHWER, HERMANN UND PETER ZUDEICK, SABA. Bilanz einer Aufgabe. Vom Aufstieg und Niedergang eines Familienunternehmens, Baden-Baden 1990

BUCHANAN, R. A., The Diaspora of British Engineering, in: T&C 27 (1986), S. 501-24

BUCHHEIM, CHRISTOPH, Die Bundesrepublik in der Weltwirtschaft, in: BENZ, WOLF-GANG (Hrsg.), Die Geschichte der Bundesrepublik, 4 Bde., Bd. 2: Wirtschaft, Frankfurt/Main 1989, S. 169-209

DERS., Einige wirtschaftspolitische Maßnahmen Westdeutschlands von 1945 bis zur Gegenwart, in: POHL, HANS (Hrsg.), Wettbewerbsbeschränkungen auf internationalen Märkten (=Zeitschrift für Unternehmensgeschichte, Beiheft 46), Stuttgart 1988, S. 213-26

DERS., Die Währungsreform 1948 in Westdeutschland, in: Vierteljahrschrift für Zeitschichte 36 (1988), S. 189-231

DERS., Die Wiedereingliederung Westdeutschlands in die Weltwirtschaft 1945-1958 (=Quellen und Darstellungen zur Zeitgeschichte, Bd. 31, hrsg. v. INSTITUT FÜR ZEITGESCHICHTE), München 1990

BUCKLEY, PETER J., Government-Industry Relations in Exporting: Lessons from the United Kingdom, in: CZINKOTA, MICHAEL R. (Hrsg.), Export Promotion. The Public and Private Sector Interaction, New York 1983, S. 89-109

BUDD, ALAN, The Politics of Economic Planning, Manchester 1978

BURKARD, TERTULIN, Wie geht es weiter? Das Elektrohandwerk und die Währungsreform, in: EM 1 (1948), H. 6, S. 1ff

BURTON, F. N. UND F. H. SAELENS, Trade Barriers and Japanese Foreign Direct Investment in the Colour Television Industry, in: Managerial and Decision Economics 8 (1987), S. 285-93

BURWELL, CALVIN C. UND BLAIR G. SWEZEY, The Home: Evolving Technologies for Satisfying Human Wants, in: SCHURR, SAM H. et al., Electricity in the American Economy. Agent of Technological Progress (=Contributions in Economics and Economic History, No. 117), New York 1990, S. 249-70

BUSCH, JANE, Cooking Competition: Technology on the Domestic Market in the 1930s, in: T&C 24 (1983), S. 222-45

BYATT, I. C. R., The British Electrical Industry, 1875-1914. The Economic Returns to a New Technology, Oxford 1979

DERS., Electrical Products, in: ALDCROFT, DEREK H. (Hrsg.), The Development of British Industry and Foreign Competition 1875-1914. Studies in Industrial Enterprise, London 1968, S. 238-73

BYERS, ANTHONY, Centenary of Service. A History of Electricity in the Home, London 1981

CABJOLSKY, HELMUT, Die wirtschaftliche Entwicklung der Siemens & Halske A.-G., Aachen Diss. (TH) 1927

CABLE, J. R. et al., Federal Republic of Germany, 1962-1974, in: MUELLER, DENNIS C. (Hrsg.), The Determinants and Effects of Mergers. An International Comparison, Cambridge, MA 1980, S. 99-132

CAIRNCROSS, ALEC, Industrial Recovery from War: A Comparison of British and German Experience, in: BIRKE, ADOLF M. UND LOTHAR KETTENACKER (Hrsg.), Wettlauf in die Moderne. England und Deutschland seit der Industriellen Revolution, München 1988, S. 83-93

DERS., The Postwar Years 1945-77, in: FLOUD, RODERICK UND DONALD MCCLOSKEY (Hrsg.), The Economic History of Britain since 1700, 2 Vols., Vol. 2: 1860 to the 1970s, Cambridge 1981, S. 370-416

DERS., Reconversion, 1945-51, in: CRAFTS, N. F. R. UND NICHOLAS WOODWARD (Hrsg.), The British Economy since 1945, Oxford 1991, S. 25-51

CALLIESS, HEINRICH, Übergang zum Drehstrom – Beginn der Überlandversorgung, in: VDEW (Hrsg.), Das Zeitalter der Elektrizität. 75 Jahre VDEW, Frankfurt/Main 1967, S. 15-9

CAPIE, FORREST, Depression and Protectionism: Britain between the Wars, London 1983

CATRINA, WERNER, BBC. Glanz, Krise, Fusion 1891-1991. Von Brown Boveri zu ABB, Zürich / Karlsruhe 1991

CATTERALL, R. E., Electrical Engineering, in: BUSTON, N. K. UND D. H. ALDCROFT (Hrsg.), British Industry between the Wars, London 1979, S. 241-75

CAVES, RICHARD E., Market Organization, Performance, and Public Policy, in: DERS. (Hrsg.), Britain's Economic Prospects, London 1968, S. 279-323

CAWSON, ALAN et al., Governments, Markets, and Regulation in the West European Electronics Industry, in: HANCHER, LEIGH UND MICHAEL MORAN (Hrsg.), Capitalism, Culture, and Economic Regulation, Oxford 1989, S. 109-33

CHANDOS, AEI, Rising Costs [Requirements for Continued Expansion. Seven Manufacturers Assess Current Problems], in: ER 168 (1961), S. 1000

CHANDLER, ALFRED D. JR, Scale and Scope. The Dynamics of Industrial Capitalism, Cambridge, MA 1990

CHASSARD, Y. UND R. TISSEYRE, La Distribution des Appareils Électro-domestiques, in: Recherches Economiques et Sociales 9 (1984), S. 151-65

CHICK, MARTIN, Industrial Policy in Britain, 1945-1951: Economic Planning, Nationalisation and the Labour Governments, Cambridge 1998

CITRINE, WALTER, Two Careers, London 1967

CLARK, RICHARD, The Machinery for Economic Planning: V. The Public Sector, in: Public Administration 44 (1966), S. 61-72

CLARKE, PETER UND CLIVE TREBILCOCK (Hrsg.), Understanding Decline: Perceptions and Realities of British Economic Performance, Cambridge 1997

COHEN, C. D., British Economic Planning 1960-1969, London 1971

COLEMAN, D. C., Failings and Achievements: Some British Business, 1910-1980, in: DAVENPORT-HINES, R. P. T. UND GEOFFREY JONES (Hrsg.), Enterprise, Management and Innovation in British Business, 1914-1980 (=BH, Special Issue 29 (1987), No. 4), S. 1-17

COLEMAN, D. C. UND CHRISTINE MACLEOD, Attitudes to New Techniques: British Businessmen, 1800-1950, in: EcHR 39 (1986), S. 588-611

CONDLIFFE, J. B., The Reconstruction of World Trade. A Survey of International Economic Relations, New York 1940

CONNEL, JOSEPH O', The Fine-Tuning of a Golden Ear: High-End Audio and the Evolutionary Model of Technology, in: T&C 33 (1992), S. 1-37

CORDEN, W. M., The Control of Imports: A Case Study. The United Kingdom Import Restrictions of 1951-2, in: MSESS 26 (1958), S. 181-221

CORDES (Hrsg.), Cordes – 75 Jahre hundertprozentig, Lette 1977

CORLEY, T. A. B., Consumer Marketing in Britain 1914-1960, in: DAVENPORT-HINES, R. P. T. UND GEOFFREY JONES (Hrsg.), Enterprise, Management and Innovation in British Business, 1914-1980 (=BH, Special Issue 29 (1987), No. 4), S. 65-83

DERS., Domestic Electrical Appliances, London 1966

CRAFTS, N. F. R., The Assessment: British Economic Growth over the Long Run, in: OREP 4 (1988), No. 1, S. i-xxi

DERS., Economic Growth, in: CRAFTS, N. F. R. UND N. W. C. WOODWARD (Hrsg.), The British Economy Since 1945, Oxford 1991, S. 261-90

CUBE, HANS LUDWIG VON, Europas Kälteindustrie. Überkapazitäten in Kühlschränken, in: Volkswirt 17 (1963), S. 2023ff

DERS., Hundert Jahre Kältetechnik in Deutschland, in: ET 40 (1958), S. 253ff

DERS., Systematische Entwicklung in der Kältetechnik, in: Volkswirt 12 (1958), Beilage zu Nr. 37 „Kälte in Wirtschaft und Technik", S. 6f

CURRY, B. UND K. D. GEORGE, Industrial Concentration: A Survey, in: JIE 31 (1983), S. 203-55

CUTHBERTSON, KEITH, The Determination of Expenditure on Consumer Durables, in: NIER 94 (1980), S. 62-72

CZADA, PETER, Die Berliner Elektroindustrie in der Weimarer Zeit. Eine regionalstatistisch-wirtschaftshistorische Untersuchung, Berlin 1969

DALE, PAUL, Technical Change and Electricity Generation and Supply in Great Britain 1960-1980. With Special Reference to the Evaluation of Schemes for the Combined Production of Electricity and Heat, London Diss. (LSE) (masch.) 1986

DAVENPORT-HINES, R. P. T., Dudley Docker. The Life and Times of a Trade Warrior, Cambridge 1984

DAVID, PAUL A. UND JULIE ANN BUNN, Gateway Technologies and the Evolutionary Dynamics of Network Industries: Lessons from Electricity Supply History, in: HEERTJE, ARNOLD UND MARK PERLMAN (Hrsg.), Evolving Technology and Market Structure. Studies in Schumpeterian Economics, Ann Arbor, MI 1990, S. 121-63

DAVIDSON, THOMAS, Designing for the Housewife. The Manufacturer's Approach to a Many-Sided Business, in: ER 165 (1959), S. 467-70

DEAN, MAURICE, The Machinery for Economic Planning: IV. The Ministry of Technology, in: Public Administration 44 (1966), S. 43-60

DEARDEN, STEPHEN, EEC Membership and the United Kingdom's Trade in Manufactured Goods, in: National Westminster Bank Quarterly Review 1986, Feb., S. 15-25

DELIUS, FRIEDRICH CHRISTIAN, Unsere Siemens-Welt. Eine Festschrift zum 125jährigen Bestehen des Hauses Siemens, Berlin 1972

DEMISCH, E., Produktion und Absatz von Waschgeräten, in: EA 13 (1960), S. 407f

DETTMAR, G., Die Entwicklung der Starkstromtechnik in Deutschland, Teil 1: Die Anfänge bis etwa 1890, 2. Aufl. Berlin / Offenbach 1989

DERS. UND K. HUMBURG, Die Entwicklung der Starkstromtechnik in Deutschland, Teil 2: Von 1890 bis 1920, Berlin / Offenbach 1991

DEVINE, WARREN D. JR, From Shafts to Wires: Historical Perspective on Electrification, in: JEH 43 (1983), S. 347-72

DEVONS, E., Planning and Growth, in: Scottish Journal of Political Economy 12 (1965), S. 105-9

DIEFENBACH, WERNER W., Die deutschen Fernsehempfänger, in: EP 5 (1952), S. 434f

DERS., Fortschritte in neuen Rundfunkempfängern [1955], in: ET 37 (1955), S. 296-302

DIETZ, PETRA, Haushaltstechnik in der Hauswirtschaft, Bad Wörishofen 1991

DILLENBURG, WOLFGANG, Stand der Fernsehtechnik in Deutschland, in: EP 4 (1951), S. 296-300

DINTENFASS, MICHAEL, The Decline of Industrial Britain, London / New York 1992

DORMOIS, JEAN-PIERRE UND MICHAEL DINTENFASS (Hrsg.), The British Industrial Decline, London 1999

DOSI, GIOVANNI, Semiconductors: Europe's Precarious Survival in High Technology, in: SHEPHERD, GEOFFREY et al. (Hrsg.), Europe's Industries. Public and Private Strategies for Change, Ithaca, NY 1983, S. 209-35

DOW, J. C. R., The Management of the British Economy 1945-60, Cambridge 1965

DRUMMOND, G. M. D., Financing for Expansion, in: Manager 1960, S. 682-6

DUEBALL, LUTZ, Möglichkeiten und Grenzen der Intensivierung der deutsch-niederländischen Wirtschaftsbeziehungen für die Erzeugnisse des Maschinenbaus und der Elektrotechnik, Münster Diss. (masch.) 1950

DÜRR, ERNST, Die Verlangsamung des Wirtschaftswachstums in der Bundesrepublik Deutschland. Konsequenzen, Ursachen, wachstumspolitische Möglichkeiten, in: BÖHM, FRANZ, U. A. (Hrsg.), Ordo. Jahrbuch für die Ordnung von Wirtschaft und Gesellschaft 27 (1976), S. 109-33

DUMKE, ROLF H., Reassessing the Wirtschaftswunder: Reconstruction and Postwar Growth in West Germany in an International Context, in: OBES 52 (1990), No. 4 (Special Issue: European Productivity in the Twentieth Century), S. 451-91

DUNKERLEY, J. UND P. G. HARE, Nationalized Industries, in: CRAFTS, N. F. R. UND N. W. C. WOODWARD (Hrsg.), The British Economy Since 1945, Oxford 1991, S. 381-416

DUNNING, JOHN H., Manufacturing Industry in the New Towns, in: MSESS 28 (1960), S. 137-59

DERS., The Radio and Television Industry: A Post-War Survey, in: TBR 4 (1952), No. 14, S. 22-37

DYAS, GARETH P. UND HEINZ T. THANHEISSER, The Emerging European Enterprise. Strategy and Structure in French and German Industry, London 1976

EASTWOOD, E., Research in Industry: Radio, in: Discovery 1957, S. 243-8

EATWELL, JOHN, Whatever Happened to Britain? The Economics of Decline, Oxford 1982

EBACH, WILHELM, Moderne Fertigungsmethoden der deutschen Elektro-Industrie und ihre wirtschaftlichen Auswirkungen, Bottrop (Köln Diss.) 1935

ECCLES, JOSIAH, Electricity in the National Economy [Presidential Address at the British Electrical Power Convention, Eastbourne, June 1957], in: ER 160 (1957), S. 1147f

EDEN, RICHARD UND EVANS NIGEL, Electricity Supply in the UK, London 1986

EDGERTON, DAVID, Science, Technology and the British Industrial ‚Decline', 1870-1970, Cambridge 1996

EDWARDS, JEREMY UND KLAUS FISCHER, Banks, Finance and Investment in Germany, Cambridge 1994

EINZIG, PAUL, The Dynamics of Hire-Purchase Credit, in: EJ 66 (1956), S. 17-24

EIßFELDT, GOTTFRIED, Kartellierungsfähigkeit und Kartellierung der deutschen elektrotechnischen Industrie, Berlin (Halle/Wittenberg Diss.) 1928

ELLIOTT, D. C. UND J. DENNIS GRIBBIN,, The Abolition of Cartels and Structural Change in the United Kingdom, in: JACQUEMIN, A. P. UND H. W. DE JONG (Hrsg.), Welfare Aspects of Industrial Markets, Leiden 1977, S. 345-65

EMMETT, B. P., The Television Audience in the United Kingdom, in: Journal of the Royal Statistical Society 119 (1956), S. 284-311

ERHARD, LUDWIG, Investitionen und Rationalisierung in der Energiewirtschaft in Ausrichtung auf den Verbraucher, in: EW 54 (1955), S. 339

FALK, BALDHARD G., Von der Elektronik zur Molektronik, in: Volkswirt 14 (1960), S. 2041f

FASOLT, FRIEDRICH, Die sieben größten Elektrizitätsgesellschaften. Ihre Entwicklung und Unternehmertätigkeit, Leipzig (Heidelberg Diss.) 1904

FELDENKIRCHEN, WILFRIED, Die Finanzierung des Wiederaufbaus im Hause Siemens nach 1945, in: ders. (Hrsg.), Demontage, Enteignung, Wiederaufbau. Erster und zweiter Workshop am 4. und 5. Oktober 1995 im Hause AEG AG, Berlin und am 7. und 8. Oktober 1996 im Hause Siemens AG, Berlin 1997, S. 105-134

DERS., Der Wiederaufbau des Hauses Siemens nach dem Zweiten Weltkrieg (1945 bis zum Beginn der 50er Jahre), ebd., S. 177-209

DERS., Siemens 1918-1945, München / Zürich 1995

FERBER, ROBERT, Factors Influencing Durable Goods Purchases, in: CLARK, LINCOLN H. (Hrsg.), Consumer Behavior, 2 Vols., Vol. 2: The Life Cycle and Consumer Behavior, New York 1955, S. 75-112

FERRANTI, SEBASTIAN Z. DE, Ferranti Ltd., Monopoly Buyers [Requirements for Continued Expansion. Seven Manufacturers Assess Current Problems], in: ER 168 (1961), S. 1000f

FETTARAPPA, GIULIO SANDRI, Elektrotechnische Gebrauchsgüterindustrie in der EG, elektrische Haushaltsgeräte, in: Euro Cooperation. Beiträge zur europäischen Wirtschaft 1974, Nr. 8/9, S. 75-105

FISCHER, WOLFRAM, Die Elektrizitätswirtschaft in Gesellschaft und Politik, in: DERS. (Hrsg.), Die Geschichte der Stromversorgung, Frankfurt/Main 1992, S. 15-36

FLETCHER, KEITH UND ALAN NAPIER, Crisis Point in the TV Rental Industry, in: European Journal of Marketing 17 (1983), No. 2, S. 60-9

FOREMAN-PECK, JAMES, A History of the World Economy. International Economic Relations Since 1850, London 1983

DERS., Seedcorn or Chaff? New Firm Formation and the Performance of the Interwar Economy, in: EcHR 38 (1985), S. 402-22

DERS., Trade and the Balance of Payments, in: CRAFTS, N. F. R. UND NICHOLAS WOODWARD, (Hrsg.), The British Economy since 1945, Oxford 1991, S. 141-79

DERS. UND ROBERT MILLWARD, Public and Private Ownership of British Industry 1820-1990, Oxford 1994

FOX, ROBERT UND ANNA GUAGNINI, Life in the Slow Lane: Research and Electrical Engineering in Britain, France and Italy, ca. 1900, in: KROES, PETER UND MARTIJN BAKKER (Hrsg.), Technological Development and Science in the Industrial Age. New Perspectives on the Science-Technology Relationship, Dordrecht / London 1992, S. 133-53

FRÄNZ, KURT, Forschung und Entwicklung, in: Institut für Bilanzanalysen GmbH (Hrsg.), Die Elektroindustrie in der Bundesrepublik Deutschland (=Schriftenreihe Branchenanalysen, Nr. 26), Frankfurt/Main 1976, S. 16-22

FRANK, K., Die öffentliche Elektrizitätsversorgung im Gefüge der heutigen Wirtschaft [Rede des Vorsitzenden anläßlich der VDEW-Jahresversammlung 1959 in Berlin], in: EW 58 (1959), S. 577-82

FRANKS, JULIAN R. UND ROBERT S. HARRIS, The Role of Mergers and Monopolies Commission in Merger Policy: Costs and Alternatives, in: OREP 2 (1986), No. 4, S. 58-78

FREEMAN, C., British Trade Performance and Technical Innovation, in: Technical Innovation and National Economic Performance (= Industrial Development Research Series, Working Paper No. 12), Aalborg 1981, S. 1-25

DERS., Research and Development in Electronic Capital Goods, in: NIER 34 (1965), S. 40-91

FREIBERGER, H., Aktuelle Probleme der deutschen Elektrizitätswirtschaft [Rede des Vorsitzenden anläßlich der VDEW-Hauptversammlung 1951], in: EW 51 (1952), S. 392ff

DERS., Aktuelle Probleme der Elektrizitätswirtschaft [Rede des Vorsitzenden anläßlich der VDEW-Hauptversammlung 1953], in: EW 52 (1953), S. 423-7

FREYBERG, THOMAS VON UND TILLA SIEGEL, Industrielle Rationalisierung unter dem Nationalsozialismus, Frankfurt / New York 1991

FRIDAY, FRANK A., Some Thoughts on the Pricing of Television Receivers, in: JIE 3 (1954/55), S. 111-21

FRIEDEMANN, HELMUT, Anwachsen der Kapitalgesellschaften in der Elektrotechnik, in: EA-GI 18 (1965), S. 279

DERS., Bilanzen der Aktiengesellschaften als Wirtschaftsbarometer, in: EA-GI 17 (1964), Nr. 11, S. 40ff

DERS., Eine Gesamtbilanz der elektrotechnischen Produktionsbetriebe. Eine Auswertung von rund 4400 Bilanzen von Elektrofirmen aller Rechtsformen, in: EA-GI 14 (1961), S. 110ff

DERS., Kapital- und Vermögensentwicklung in der Elektroindustrie, in: EA-GI 20 (1967), Nr. 20, S. 34ff

DERS., Wachsen der Elektroindustrie im Spiegel von AG-Bilanzen, in: EA-GI, 18 (1965), Nr. 7, S. 68ff

FRIEDMAN, PHILIP, The Impact of Trade Destruction on National Incomes. A Study of Europe 1924-1938, Gainesville 1974

FRISCH, HERMANN, Kapazitäten und Investitionen im Kontrapunkt?, in: Volkswirt 9 (1955), Deutsche Wirtschaft im Querschnitt, 32. Folge: Elektroindustrie, S. 9f, 13

FUCHS, ERICH, Kühlschränke – eine volkswirtschaftliche Notwendigkeit, in: Volkswirt 8 (1954), Elekrische Wärme und Kälte, Beilage zu Nr. 16, S. 6f

FUNCK, HANNS, Was hat ein Doctor der Gottesgelehrsamkeit mit der Baumesse „Constructa" zu tun?, in: ET 48 (1966), S. 942ff

FUNK, NEVIN E., Electrical Engineering in the Postwar World I: Influence of Wartime Developments, in: EE 63 (1944), S. 161ff

GAMBLE, ANDREW M., Britain in Decline. Economic Policy, Political Strategy and the British State, 3. Aufl. London 1990

DERS., Stabilization Policy and Adversary Politics, in: GAMBLE, A. M. UND S. A. WALKLAND (Hrsg.), The British Party System and Economic Policy 1945-1983. Studies in Adversary Politics, Oxford 1984, S. 40-91

GAPINSKI, FELIX, Die Stellung der deutschen Elektro-Industrie innerhalb der internationalen Elektro-Wirtschaft in der Gegenwart, Berlin (Köln Diss.) 1931

GEBRÜDER VEIT & CO. (Hrsg.), Die deutsche Elektrizitäts-Industrie, Berlin 1929

GECK, GEORG, Die Elektrotechnische Industrie in Hamburg, Hamburg Diss. 1934

GEHRING, WERNER, Die Höchstspannungsnetze, in: VERBAND BAYERISCHER ELEKTRIZITÄTSWERKE E.V. (Hrsg.), Elektrizität in Bayern 1919-1969, München 1969, S. 94-113

GEIST, MANFRED, Elektronik. Briten führen in Europa, in: Volkswirt 18 (1964), S. 1909f

GEORGE, MARY, Home Appliances. Trends in Design and Construction, in: ER 161 (1957), S. 633ff

DIESS., What Does the Consumer Want, in: ER 173 (1963), Supplement „Domestic Electrical Equipment. Survey of Current Practice", S. 7-13

GEORGE, KENNETH D. UND T. S. WARD, The Structure of Industry in the EEC: An International Comparison (=University of Cambridge Department of Applied Economics, Occasional Paper No. 43), Cambridge 1975

GERMANN, FRIEDRICH, Die Stellung der Spezialfabriken, des Handwerks und des Großhandels in der Elektroindustrie, Borna / Leipzig 1940

GERSDORFF, BERNHARD VON, 100 Jahre öffentliche Elektrizitätsversorgung in Deutschland, in: EW 83 (1984), S. 402-9

GESE, A., Elektronik – wirtschaftliche Entwicklung und heutige Bedeutung, in: EA 11 (1958), S. 159f

GHANDHI, J. K. S., Estimates of Hire Purchase and Its Finance 1948-1957, in: OBES 28 (1966), S. 247-59

GIERSCH, HERBERT et al., The Fading Miracle. Four Decades of Market Economy in Germany, Cambridge 1992

GILBERT, R. S., Britain's Falling Share of Sterling Area Imports, in: NIER 14 (1961), S. 18-53

GLARDON, ANDRÉ R., Die deutsche Elektroindustrie und der Absatz ihrer Erzeugnisse in der Nachkriegszeit, Hamburg 1933

GLASTETTER, WERNER, Die wirtschaftliche Entwicklung der Bundesrepublik Deutschland im Zeitraum 1950 bis 1975. Befunde und Aspekte, Berlin 1977

GLISMANN, H. H. UND F. D. WEISS, On the Political Economy of Protection in Germany (=World Bank Staff Working Paper No. 427), Washington D.C. 1980

GLOß, FRANZ, EWG-Zollpolitik – Außenhandel – Elektroindustrie, Wien Diss. (masch.) 1967

GNEUSS, GERHARD, Die industrielle Eigenstromerzeugung, in: EA 13 (1960), S. 339-43

GÖRGENS, EGON, Wettbewerb und Wirtschaftswachstum, Freiburg i. Br. 1969

GOETZELER, HERBERT, Wilhelm von Siemens, in: DERS. UND LOTHAR SCHOEN, Wilhelm und Carl Friedrich von Siemens. Die zweite Unternehmergeneration, Wiesbaden 1986, S. 13-58

GOLDTHORPE, JOHN H., Problems of Political Economy after the Postwar Period, in: MAIER, CHARLES S. (Hrsg.), Changing Boundaries of the Political. Essays on the Evolving Balance Between the State and Society, Public and Private in Europe, Cambridge 1987, S. 363-407

GORDON, DUDLEY, Recent Developments in Refrigeration, in: Proceedings of the Institution of Mechanical Engineers 149 (1943), S. 49-62

GRAETZ, ERICH, Wo steht das deutsche Fernsehen?, in: EP 8 (1955), S. 179f

GRANT, WYN et al., Government and the Chemical Industry. A Comparative Study of Britain and West Germany, Oxford 1988

GRIBBIN, J. D., The Post-War Revival of Competition as Industrial Policy (=Government Economic Service Working Papers No. 19), London 1978

GRÖNER, HELMUT, Die Ordnung der deutschen Elektrizitätswirtschaft (=Wirtschaftsrecht und Wirtschaftspolitik, Hrsg. v. Kurt Biedenkopf et al., Bd. 41), Baden-Baden 1975

GROSS, HERBERT, Die Preisbindung im Handel. Neue Eindrücke aus Nordamerika und Westeuropa, Düsseldorf 1957

GROSSER, DIETER, Wettbewerbspolitik, in: DERS. (Hrsg.), Der Staat in der Wirtschaft der Bundesrepublik, Opladen 1985, S. 61-116

GROVE, J. W., Government and Industry in Britain, London 1962

GRÜNIG, FERDINAND UND ROLF KRENGEL, Die Expansion der westdeutschen Industrie 1948 bis 1954 (=Deutsches Institut für Wirtschaftsforschung, DIW-Sonderhefte, Neue Folge Heft 13), Berlin 1958

GRÜNSTEIN, FRITZ SALO, Beiträge zur Entwicklungsgeschichte der deutschen Elektrizitäts-Konzerne, Berlin (Erlangen Diss.) 1916

GRUHLER, WOLFRAM, Kartelle, Fusionen und multinationale Unternehmen in Großbritannien, Frankreich, Deutschland, den USA und einigen Staaten der übrigen Welt von 1945 bis zur Gegenwart, in: POHL, HANS (Hrsg.), Entstehung und Entwicklung der Sozialen Marktwirtschaft (=Zeitschrift für Unternehmensgeschichte, Beiheft 46), Stuttgart 1988, S. 271-81

GUTENBERG, HANS, Die Aktiengesellschaften der Elektrizitätsindustrie, Berlin Diss. 1912

HACKBARTH, WERNER, Elektrokonjunktur fördert die Zulieferer, in: Volkswirt 9 (1955), Deutsche Wirtschaft im Querschnitt, 32. Folge: Elektroindustrie, S. 23f, 27

HACKING, JOHN, Electricity Supply Position [Llewely B. Atkinson Memorial Lecture of BEA's deputy chairman to the Royal Society of Arts], in: ER 148 (1951), S. 834

HAGUE, D. C. UND J. H. DUNNING, Costs in Alternative Locations: The Radio Industry, in: Review of Economic Studies 22 (1954/55), S. 203-13

HALL, PETER UND PASCHAL PRESTON, The Carrier Wave. New Information Technology and the Geography of Innovation, 1864-2003, London 1988

HALL, PETER A., Governing the Economy. The Politics of State Intervention in Britain and France, Cambridge 1986

DERS., The State and Economic Decline, in: ELBAUM, BERNARD UND WILLIAM LAZONICK (Hrsg.), The Decline of the British Economy, Oxford 1986, S. 266-302

HALLER, RUDOLF, Der Aufstieg der deutschen Elektrotechnischen Industrie in den letzten 10 Jahren, in: EA-GI 15 (1962), S. 515f

HANNAH, LESLIE, Electricity before Nationalisation. A Study of the Development of the Electricity Supply Industry in Britain to 1948, London 1979

DERS., Engineers, Managers and Politicians. The First Fifteen Years of Nationalised Electricity Supply in Britain, London 1982

DERS., Mergers, Cartels and Concentration: Legal Factors in the U.S. and European Experience, in: HORN, NORBERT UND KOCKA JÜRGEN (Hrsg.), Recht und Entwicklung der Großunternehmen im 19. frühen und 20. Jahrhundert, Göttingen 1979, S. 306-16

DERS., Public Policy and the Advent of Large-Scale Technology: The Case of Electricity Supply in the U.S.A., Germany and Britain, in: HORN, NORBERT UND JÜRGEN KOCKA (Hrsg.), Recht und Entwicklung der Großunternehmen im 19. frühen und 20. Jahrhundert, Göttingen 1979, S. 577-89

HAPPOLD, F. H., Engineering and Reconversion, in: Banker 78 (1946), S. 23-7

HARDACH, GERD, The Marshall Plan in Germany, 1948-1952, in: JEEH 16 (1987), S. 433-485

HARDACH, KARL, Wirtschaftsgeschichte Deutschlands im 20. Jahrhundert, 2. Aufl. Göttingen 1979

HARDYMENT, CHRISTINA, From Mangle to Microwave, Cambridge 1988

HARLOW, CHRIS, Innovation and Productivity Under Nationalisation. The First 30 Years, London 1977

HARRIES, R. I., The Major White Appliances Industry: A Study in Market Structure and Conduct, in: Australian Economic Papers 4 (1965), S. 111-8

HARTSHORN, L., Plastics and Electrical Technology, in: Nature 153 (1944), S. 641ff

HARVEY, RICHARD, Sixteen Years of Appliance Testing, in: ER 173 (1963), Supplement „Domestic Electrical Equipment. Survey of Current Practice", S. 15-9

HASSELBACH, WOLFGANG, High-Fidelity-Technik, in: Volkswirt 19 (1965), Beilage zu Nr. 40 „Expansive Elektroindustrie", S. 24f

HATCH, J. H., Stop-Go and the Domestic Appliance Industry: A Case Study, OBES 34 (1972), S. 345-58

HATTON, T. J. UND K. ALEC CHRYSTAL, The Budget and Fiscal Policy, in: CRAFTS, N. F. R. UND NICHOLAS WOODWARD (Hrsg.), The British Economy since 1945, Oxford 1991, S. 52-88

HAUSMAN, WILLIAM J. UND JOHN L. NEUFELD, Engineers and Economists: Historical Perspectives on the Pricing of Electricity, in: T&C 30 (1989), S. 83-104

HAY, GEORGE A., Competition Policy, in: OREP 1 (1985), No. 3, S. 63-79

HEIKAUS, HANS K., Tendenzen auf dem deutschen Markt für Elektrokonsumgüter, in: EA-HI, 15 (1962), S. 56f

HEIMBERGER, FRANZ P., Die Investitionen der Elektroindustrie, in: INSTITUT FÜR BILANZANALYSEN GMBH (Hrsg.), Die Elektroindustrie in der Bundesrepublik Deutschland (=Schriftenreihe Branchenanalysen, Nr. 26), Frankfurt/Main 1976, S. 25ff

HELLIGE, HANS DIETER, Entstehungsbedingungen und energietechnische Langzeitwirkungen des Energiewirtschaftsgesetzes von 1935, in: Technikgeschichte, 53 (1986), S. 123-55

HELLMANN, ULLRICH, Künstliche Kälte. Die Geschichte der Kühlung im Haushalt, Gießen 1990

HENDERSON, HUBERT D., Cheap Money and the Budget, in: EJ 57 (1947), S. 265-71

HENDRY, JOHN, Prolonged Negotiations: The British Fast Computer Project and the Early History of the British Computer Industry, in: BH 26 (1984), S. 280-306

HENNEBERGER, JOHN E. UND HAZEN GALE, Productivity in the Major Household Appliance Industry, in: Monthly Labor Review 93 (1970), No. 9, S. 39-45

HENNINGS, KLAUS HINRICH, West Germany, in: BOLTHO, ANDREA (Hrsg.), The European Economy. Growth and Crisis, Oxford 1982, S. 472-501

HENSEL, WERNER Die Rundfunkindustrie holt auf, in: Volkswirt 5 (1951), Deutsche Wirtschaft im Querschnitt, 8. Folge: Die Elektroindustrie, S. 37

DERS., Westdeutsche Rundfunkindustrie, in: Volkswirt 4 (1950), Nr. 33, S. 11f

DERS., Wirtschaftliche Betrachtungen zum UKW-Rundfunk und Fernsehen, in: EP 4 (1951), S. 295f

HERBST, LUDOLF, Der totale Krieg und die Ordnung der Wirtschaft, Stuttgart 1982

DERS., Option für den Westen. Vom Marshallplan bis zum deutsch-französischen Vertrag, München 1989

HERDT, HANS K., Bosch: 1886-1986. Portrait eines Unternehmens, Stuttgart 1986

HERDZINA, KLAUS, Wettbewerbspolitik, 2. Aufl. Stuttgart 1984

HERRMANN, OTTO, Programmsteuerung von Haushaltgeräten, in: Volkswirt 19 (1965), Beilage zu Nr. 40 „Expansive Elektroindustrie", S. 44

HERRNKIND, O. P., Rundfunkempfänger 1960/61. Ausgereifte Technik – Höchster Bedienungskomfort, in: EA 13 (1960), S. 313-7

DERS., Fernsehempfänger-Neuheiten 1964/65, in: EA-HI 17 (1964), S. 128-32, 150ff

DERS., Aus dem neuen Kofferempfängerprogramm 1966, in: EA-HI 19 (1966), S.91ff, 125f

DERS., Neue Koffer- und Reiseempfänger in: EA-HI 15 (1962), S. 65-70

DERS., Neuheiten aus dem Fernsehempfänger-Angebot 1966/67, in: EA-HI 19 (1966), S. 142ff

HERTNER, PETER, Financial Strategies and Adaptation to Foreign Markets: The German Electrotechnical Industry and Its Multinational Activities: 1890s to 1939, in: TEICHOVA, ALICE et al. (Hrsg.), Multinational Enterprise in Historical Perspective, Cambridge 1986, S. 145-59

DERS., Vom Wandel einer Unternehmensstrategie. Die Deutsche Elektroindustrie vor dem Ersten Weltkrieg und in der Zwischenkriegszeit, in: SCHRÖTER, HARM G. UND CLEMENS A. WURM (Hrsg.), Politik, Wirtschaft und internationale Beziehungen: Studien zu ihrem Verhältnis in der Zeit zwischen den Weltkriegen, Mainz: Zabern 1991, S. 139-48

HERWALT, H., Westberliner Elektroindustrie 1945-1955, in: EA 8 (1955), S. 369f

HERZIG, THOMAS, Wirtschaftsgeschichtliche Aspekte der deutschen Elektrizitätsversorgung 1880 bis 1990, in: FISCHER, WOLFRAM (Hrsg.), Die Geschichte der Stromversorgung, Frankfurt/Main 1992, S. 122-166

HESSE, KURT, Elektroindustrie im Aufstieg, in: EA 5 (1952), S. 95f

HESSENBRUCH, ARNE, The Development of the British Electrical Industry, in: Siemens UK plc. (Hrsg.), Sir William Siemens. A Man of Vision, (London) 1993, S. 24-53

DERS., The History of Siemens in the UK, in: Siemens UK plc. (Hrsg.), Sir William Siemens. A Man of Vision, (London) 1993, S. 54-72

HEUECK, RUDOLF, Der Verbundbetrieb in der Elektrizitäts-Versorgung, in: INSTITUT FÜR BILANZANALYSEN GMBH (Hrsg.), Die Elektrizitäts-Wirtschaft in der Bundesrepublik Deutschland (=Schriftenreihe Branchenanalysen, Nr. 25), Frankfurt/Main 1975, S. 38-48

HEYNE, H., Die Rundfunktechnik der Nachkriegszeit, in: EP 4 (1951), S. 71f

HICKS, J. R., Devaluation and World Trade, in: TBR 1 (1949), No. 4, S. 3-23

HILLER, HEINRICH, Befriedigende Lage in der Elektroindustrie. Eine Bilanz- und Ertragsanalyse von 27 Kapitalgesellschaften, in: Volkswirt 11 (1957), S. 363-6

HIMMELMANN, W., Stand des Fernsehens in Deutschland, in: EP 6 (1953), S. 154f

DERS. UND H. SCHENK, Unsere Rundfunkwerbung, in: Telefunken-Zeitung 26 (1953), Nr. 100, S. 245-49

HINTON, CHRISTOPHER, The Development of Nuclear Energy for Electricity Supply in Great Britain, British Electrical Power Convention, Brighton, June 1958, Discussions on Five Papers, in: ER 162 (1958), S. 1215ff

HIRSH, RICHARD F., Technology and Transformation in the American Electric Utility Industry, Cambridge 1989

HOFFMANN, ERICH, Kostensenkung bei elektrotechnischen Massenerzeugnissen, in: ET 48 (1966), S. 975f

HOFMEIER, WALTER, Der Außenhandel der Elektroindustrie, in: EZ, 72 (1951), S. 312

DERS., Die deutsche elektrotechnische Produktion, in: EZ 71 (1950), S. 117f

DERS., Die deutsche elektrotechnische Produktion: Konsumartikel, in: EZ 71 (1950), S. 199f

DERS., Die deutsche Rundfunkwirtschaft, in: Volkswirt 4 (1950), Nr. 11, S. 16

DERS., Funkwirtschaft in Weltkonkurrenz, in: EP 3 (1950), S. 380f

DERS., Schutzbedürftige Rundfunkröhren, in: Volkswirt 4 (1950), Nr. 12, S. 18

DERS., Sorgen der Rundfunkwirtschaft, in: WV 2 (1949), S. 103ff

DERS., Wiederaufbau der Elektroindustrie, in: WV 1 (1948), H. 10, S. 8-14

HOLTSCHMIDT, DIETER, Fernsehen – Wie es begann. Geschichte und Technik der Fernsehempfänger, Hagen-Hohenlimburg 1984

DERS., Radios. Rundfunkgeschichte in Wort und Bild, Hagen-Hohenlimburg 1982

HOMBURG, HEIDRUN, Rationalisierung und Industriearbeit: Arbeitsmarkt, Management, Arbeiterschaft im Siemens-Konzern Berlin, 1900-1939 (=Schriften der Historischen Kommission, Bd. 1, Beiträge zu Inflation und Wiederaufbau in Deutschland und Europa 1914-1924, hrsg. v. FELDMAN, GERALD D. et al.), Berlin 1991

HOPP, R., Schwankungen des wirtschaftlichen Wachstums in Westdeutschland 1945-1967, Meisenheim 1967

HOPPMANN, ERICH, Vertikale Preisbildung im Handel, Berlin 1957

HOWSON, SUSAN, The Origins of Cheaper Money, 1945-7, in: EcHR 40 (1987), S. 433-52

DIESS., The Problem of Monetary Control in Britain, 1948-51, in: JEEH 20 (1991), S. 59-92

HUFFSCHMID, BERND, Energieverbrauch. In 15 Jahren verdoppelt, in: Volkswirt 18 (1964), S. 2327

HÜTTENBERGER, PETER, Wirtschaftsordnung und Interessenpolitik in der Kartellgesetzgebung der Bundesrepublik, in: Vierteljahrshefte für Zeitgeschichte 24 (1976), S. 287-307

HUGHES, ALAN UND AJIT SINGH, Mergers, Concentration, and Competition in Advanced Capitalist Economies: An International Perspective, in: MUELLER, DENNIS C. (Hrsg.), The Determinants and Effects of Mergers. An International Comparison, Cambridge, MA 1980, S. 1-25

HUGHES, THOMAS P., The Evolution of Large Technological Systems, in: BIJKER, WIEBE E. et al. (Hrsg.), The Social Construction of Technological Systems. New Directions in the Sociology and History of Technology, Cambridge, MA 1987, S. 51-82

DERS., Networks of Power. Electrification in Western Society 1880-1930, Baltimore / London 1991

HUPPERT, WALTER, Elektroindustrie, in: Handwörterbuch der Sozialwissenschaften, Stuttgart / Tübingen / Göttingen 1961, Bd. 3, S. 189-98

DERS., Elektroindustrie. In gedämpfter Expansion. Strukturverschiebungen werden ausgeprägter, in: Volkswirt 17 (1963), S. 2019f

DERS., Gespaltene Elektrokonjunktur, in: Volkswirt 16 (1962), Beilage zu Nr. 16 „Wirtschaft und Technik. Messe Hannover 1962 – Markt der Technik", S. 13ff

DERS., Grundlagen und Entwicklungen, in: ZVEI (Hrsg.), Elektrotechnik im Wandel der Zeit. 50 Jahre ZVEI, Frankfurt/Main 1968, S. 70-88

DERS., Die Preisbindung von Markenwaren im Gesetz gegen Wettbewerbsbeschränkungen, Berlin 1955

HUßLEIN, J., Arbeitserleichterung durch elektrische WascHrsgeräte, in: EM 8 (1955), S. 24-7

HUTCHINSON, TERENCE W., Economics and Economic Policy in Britain 1946-1966. Some Aspects of their Interrelations, London 1968

IFO-INSTITUT FÜR WIRTSCHAFTSFORSCHUNG (Hrsg.), Elektrotechnik, Feinmechanik, Optik, Uhren. Rückblick, Stand, Ausblick für Industrie, Großhandel, Einzelhandel (=Deutsches Branchenhandbuch für Industrie und Handel 1952, Lieferung 5), München 1952

DASS. (Hrsg.), Die Industrie Westdeutschlands (=Schriftenreihe des Instituts für Wirtschaftsforschung, Nr. 7), München 1950

INCE, MARTIN, Britain's Electricity Industry, London 1982

JACOB-WENDLER, GERHART, Deutsche Elektroindustrie in Lateinamerika. Siemens und AEG (1890-1914), Stuttgart 1982

JAEKEL, W., 50 Jahre Siemens-Schuckertwerke, in: EP 6 (1953), S. 125

DERS., Rundfunkgeräte vom laufenden Band, in: EP 3 (1950), S. 18

JAY, DOUGLAS, Government Control of the Economy: Defects in the Machinery, in: Political Quarterly 39 (1968), S. 134-44

JENNER, FAITH S. UND MALCOLM H. TREVOR, Personel Management in Four U.K. Electronics Plants, in: TAKAMIYA, SUSUMU UND KEITH THURLEY (Hrsg.), Japan's Emerging Multinationals. An International Comparison of Policies and Practices, Toyko 1985, S. 113-48

JEREMY, DAVID J., A Business History of Britain, 1900-1990s, Oxford 1998

JERVIS, F. R., The Supply of Capital to New Businesses, in: JIE 4 (1955/56), S. 151-60

JOHNSTON, BETTY JANE, Equipment Preferences of a Group of College Students, in: Journal of Home Economics 45 (1953), S. 720ff

JONES, GEOFFREY, Foreign Multinationals and British Industry before 1945, in: EcHR 41 (1988), S. 429-53

DERS., The Performance of British Multinational Enterprise, 1890-1945, in: HERTNER, PETER UND GEOFFREY JONES (Hrsg.), Multinationals: Theory and History, London 1986, S. 96-112

JONES, ROBERT UND OLIVER MARRIOTT, Anatomy of a Merger. A History of G.E.C., A.E.I. and English Electric, London 1970

JUNG, AUGUST, Die staatliche Elektrizitäts-Großversorgung Deutschlands, Jena: Fischer 1918

JUNG, HANS JÜRGEN, Die Exportförderung im wirtschaftlichen Wiederaufbau der Deutschen Bundesrepublik, Köln-Opladen 1957

KAAN, R. E., World Electrical Markets. Comparison of Principal Suppliers, in: ER 159 (1956), S. 486ff

KAMIEN, MORTON I. UND NANCY L. SCHWARTZ, Market Structure and Innovation, Cambridge 1982

KAPLAN, A. D. H. et al., Pricing in Electrical Appliances, in: JOSEPH, MYRON L. et al. (Hrsg.), Economic Analysis and Policy. Background Readings for Current Issues, Englewood Cliffs, NJ 1963, S. 99-111

KARLSCH, RAINER, Die Reparationsleistungen der Industrie der SBZ/DDR unter besonderer Berücksichtigung der Elektrotechnik, in: ders. (Hrsg.), Demontage, Enteignung, Wiederaufbau. Erster und zweiter Workshop am 4. und 5. Oktober 1995 im Hause AEG AG, Berlin und am 7. und 8. Oktober 1996 im Hause Siemens AG, Berlin 1997, S. 29-51

KARTTE, WOLFGANG UND RAINER HOLZSCHNEIDER, Konzeptionelle Ansätze und Anwendungsprinzipien im Gesetz gegen Wettbewerbsbeschränkung – Zur Geschichte des GWB, in: COX, HELMUT et al. (Hrsg.), Handbuch des Wettbewerbs. Wettbewerbstheorie, Wettbewerbspolitik, Wettbewerbsrecht, München 1981, S. 193-224

KEIM, GEORG C., Der deutsche Elektroexport holt auf, in: Volkswirt 9 (1955), Deutsche Wirtschaft im Querschnitt, 32. Folge: Elektroindustrie, S. 27ff

DERS., Die deutsche Elektroindustrie und der Gemeinsame Markt, in: ET 41 (1959), S. 281ff

KELCH, WALTER, Studien zum Begriff der wirtschaftlichen Entwicklung (Unter Zugrundelegung der Verhältnisse eines Großunternehmens der Elektroindustrie), Heidelberg Diss. (masch.) 1949

KELLER, TH. V., Die bayerische Elektrizitätswirtschaft 1919-1969, in: VERBAND BAYERISCHER ELEKTRIZITÄTSWERKE E.V. (Hrsg.), Elektrizität in Bayern 1919-1969, München 1969, S. 10-27

KELLER, WILHELM, Hundert Jahre Fernsehen 1883-1983, Berlin / Offenbach 1983

KELLING, INGEBORG, 1966 – Das Jahr der höchsten Waschautomaten-Produktion, in: ET 48 (1966), S. 874f

KEMPIN, E., Außenhandel mit Elektrogeräten in Progression [1967], in: EA-HI 20 (1967), S. 159f

DERS., Elektrische Haushaltgeräte im Außenhandel, in: EA-HI 16 (1963), S. 203f

DERS., Elektrogeräte im westdeutschen Außenhandel 1958, in: EA 12 (1959), S. 221

DERS., Lebhafter Außenhandel mit Elektrogeräte [1966], in: EA-HI 19 (1966), S. 270f

KENNEDY, PAUL, The Rise and Fall of the Great Powers. Economic Change and Military Conflict from 1500 to 2000, London 1989

KENNEDY, WILLIAM P., Capital Markets and Economic Development in Germany and Great Britain in the Late Nineteenth Century: Lessons for Today?, in: BIRKE, ADOLF M. UND LOTHAR KETTENACKER (Hrsg.), Wettlauf in die Moderne. England und Deutschland seit der Industriellen Revolution, München 1988, S. 113-34

KETTELHACK, BODO H., Aus dem Geschichtsbuch des Rundfunks. Vom Detektorempfänger zum Stereoklang, in: EA-HI 15 (1962), S. 143-8

KEY, HELEN, Refrigerators and Home Freezers. Selling the Idea to the Public, in: ER 163 (1958), S. 746f

KHAN, M. SIKANDER, A Study of Success and Failure in Exports. An Empirical Investigation of the Export Performance of 165 Market Ventures of 83 Firms in the Chemical and Electronics Manufacturing Industry, Stockholm Diss. 1978

KIEKHEBEN, E. O., Produktion der Elektro-Industrie über 7 Milliarden DM, in: EP 8 (1955), S. 7

KIEKHEBEN-SCHMIDT, ERWIN O., In der Elektroindustrie stockte die Expansion, in: EA 13 (1960), S. 1f

DERS., Funkausstellung repräsentiert 2 Mrd. DM Elektroproduktion, in: Volkswirt 11 (1957), S. 1729f

DERS., Kein Kurzschluß der Elektroindustrie, in: Volkswirt 9 (1955), Nr. 51, S. 104ff

DERS., Messen und Ausstellungen der Elektroindustrie, ebd., Deutsche Wirtschaft im Querschnitt, 32. Folge: Elektroindustrie, S. 33

KIERA, HANS-GEORG, Die außenwirtschaftliche Verflechtung der Bundesrepublik durch Direktinvestitionen, in: MRWI 25 (1974), S. 147-70

DERS., Die Wirkungen deutscher Direktinvestitionen auf den deutschen Außenhandel, in: MRWI 27 (1976), S. 195-216

KINDLEBERGER, CHARLES P., Europe's Postwar Growth. The Role of Labour Supply, Cambridge, MA 1967

DERS., The World in Depression 1929-1939, London 1987

KILPATRICK, ANDREW UND TONY LAWSON, On the Nature of Industrial Decline in the UK, in: Cambridge Journal of Economics 4 (1980), No. 1, S. 85-100

KING, M. A., Company Profits, Dividends and Retentions, in: BARKER, TERENCE S. (Hrsg.), Economic Structure and Policy with Applications to the British Economy, London 1976, S. 229-63

KING, MERVYN UND JACQUES MAIRESSE, Profitability in Britain and France 1956-1975: A Comparative Study, in: HOLLAND, DANIEL M. (Hrsg.), Measuring Profitability and Capital Costs. An International Study, Lexington, MA 1984, S. 221-71

KIRBY, M. W., The Decline of British Economic Power since 1870, London 1981

KIRCHHOFF, H., Unternehmungsform und Verkaufspolitik der Stromversorgung. Eine kritische Untersuchung des Organisations- und Preisproblems in der deutschen Elektrizitätswirtschaft, Berlin 1933

KIRKE, H. L., Recent Progress in Television, in: Journal of the Royal Society of Arts 87 (1939), S. 302-27

KIRPAL, ALFRED UND ANDREAS VOGEL, Die Entwicklung der Rundfunkgeräteindustrie im geteilten Deutschland bis Mite der fünfziger Jahre und die Einführung der UKW-Technik, in: ders. (Hrsg.), Demontage, Enteignung, Wiederaufbau. Erster und zweiter Workshop am 4. und 5. Oktober 1995 im Hause AEG AG, Berlin und am 7. und 8. Oktober 1996 im Hause Siemens AG, Berlin 1997, S. 83-103

KIRSCH, PAUL G., Die Küche als Wirtschaftsfaktor, in: Volkswirt 14 (1960), S. 2550f

KLEBS, FRIEDRICH, Elektroindustrie im Aufschwung, in: EA-GI 14 (1961), S. 447f

KLEIN, PAUL E., Elektronik volkswirtschaftlich, in: Volkswirt 9 (1955), Deutsche Wirtschaft im Querschnitt, 32. Folge: Elektroindustrie, S. 59

KLEIN, PHILIP A., Postwar Growth Cycles in the German Economy, in: SCHRÖDER, WILHELM HEINZ UND REINHARD SPREE (Hrsg.), Historische Konjunkturforschung, Stuttgart 1980, S. 115-40

KLEMM, BERND UND GÜNTER J. TRITTEL, Vor dem „Wirtschaftswunder": Durchbruch zum Wachstum oder Lähmungskrise? Eine Auseinandersetzung mit Werner Abelshausers Interpretation der Wirtschaftsentwicklung 1945-1948, in: SCHRÖDER, HANS-JÜRGEN (Hrsg.), Marshallplan und Westdeutscher Wiederaufstieg. Positionen – Kontroversen, Stuttgart 1990, S. 114-8

KLODT, HENNING, Kleine und große Unternehmen im Strukturwandel – Zur Entwicklung der sektoralen Unternehmenskonzentration, in: Weltwirtschaft 1980, S. 79-99

KLUMP, RAINER, Wirtschaftsgeschichte der Bundesrepublik Deutschland. Zur Kritik neuerer wirtschaftshistorischer Interpretationen aus ordnungspolitischer Sicht (=Beiträge zur Wirtschafts- und Sozialgeschichte, Bd. 29, Hrsg. v. KELLENBENZ, HERMANN et al.), Stuttgart 1985

KNAPP, JOHN UND KENNETH LOMAX, Britain's Growth Performance: The Enigma of the 1950s, in: ALDCROFT, DEREK H. UND PETER FEARON (Hrsg.), Economic Growth in Twentieth-Century Britain, London 1969, S. 101-24

KNAUER, EMIL, Haushaltkälte – wichtiges Schlußglied der Kühlkette, in: Volkswirt 12 (1958), Beilage zu Nr. 37 „Kälte in Wirtschaft und Technik", S. 8

KNOX, F., Some International Comparisons of Consumers' Durable Goods, in: Bulletin of the Oxford University Institute of Statistics 21 (1959), S. 31-8

KOCH, ULRICH, Der zentrale, koordinierende Einkauf – ein Instrument zur Kostensenkung im EVU, in: EW 83 (1984), S. 475f

KOCH, WALDEMAR, Die Konzentrationsbewegung in der deutschen Elektro-Industrie, München / Berlin 1907

KOEHN, OTTO, Rationalisierung erhöht die Leistung, in: Volkswirt 5 (1951), Deutsche Wirtschaft im Querschnitt, 8. Folge: Die Elektroindustrie, S. 25f

KÖNIG, WOLFGANG, Die technische und wirtschaftliche Stellung der deutschen und britischen Elektroindustrie zwischen 1880 und 1900, in: Technikgeschichte 53 (1987), S. 221-9

KÖRFER, KARL, Die Stromerzeugung der westdeutschen Industrie und die Bedeutung der Zechenwirtschaft, Berlin 1963

KÖRTING, JOHANNES, Geschichte der deutschen Gasindustrie, Essen 1963

KOLMAR, MICHAEL, Wachstumsschwäche im Konsumgüterhandwerk – Ergebnis veränderter Verbrauchsgewohnheiten oder abnehmender Wettbewerbsfähigkeit, in: MR-WI 33 (1982), S. 273-394

KONRAD, ERICH, Die kommunale und genossenschaftliche Elektrizitätsversorgung im rechtsrheinischen Bayern, München / Leipzig 1936

KORFF, A., Stromerzeugung und Stromverbrauch von 1900 bis 1950, in: EP 4 (1951), S. 22ff

KORTHAUS, EBERHARD, Die Ausfuhr der Bundesrepublik Deutschland nach acht Abnehmerregionen. Ökonometrische Erklärungen und Modellrechnungen, in: MRWI 26 (1975), S. 99-118

KRÄMER, HANS, Die Finanzpolitik westdeutscher Konzerne der Elektroindustrie, der chemischen Industrie und des Kohle-Eisen-Stahlbereichs von 1950-1959 (=Nürnberger Abhandlungen zu den Wirtschafts- und Sozialwissenschaften, hrsg. v. EICHLER, HERMANN et al., Heft 13), Berlin / München 1961

KRÄMER, JOHANNES, Fortschritte in gedruckten Schaltungen, in: Volkswirt 19 (1965), Beilage zu Nr. 40 „Expansive Elektroindustrie", S. 32f

KRAMER, ALAN, The West German Economy 1945-1955, Oxford 1991

KRAUSE, J., Fließfertigung rationalisiert Kühlschrankbau, in: Volkswirt 12 (1958), Beilage zu Nr. 37 „Kälte in Wirtschaft und Technik", S. 16f

KRECKE, CARL, Die Elektrizitätswirtschaft im Rahmen der nationalen Wirtschaft, in: Deutsche Technik. Technopolitische Zeitschrift, 3 (1935), S. 283

KREILE, MICHAEL, The Dynamics of Expansion, in: KATZENSTEIN, PETER J. (Hrsg.), Between Power and Plenty. Foreign Economic Policies of Advances Industrial States, Madison, WI 1978, S. 191-224

KRELLER, EMIL, Die Entwicklung der deutschen elektrotechnischen Industrie und ihre Aussichten auf dem Weltmarkt, Leipzig (Greifswald Diss.) 1903

KREUTZ, L., Fernsehen bei uns? in: Volkswirt 5 (1951), Nr. 46, S. 10f

KREYKENBOHM, Berlin – Wiege der Elektrotechnik – Heimat der Elektroindustrie, in: EP 3 (1950), Nr. 19, S. 27f

KRIEGER, KONRAD, Elektrofabrikate ins Ausland, in: EM 2 (1949), H. 3, S. 1

KRIEGER, WOLFGANG, Die britische Krise in historischer Perspektive, in: Historische Zeitschrift 247 (1988), S. 585-602

KRUSE, JULIUS, Energiewirtschaft (=Schriftenreihe „Struktur und Wachstum, Reihe Industrie", Heft 16, hrsg. v. IFO-INSTITUT FÜR WIRTSCHAFTSFORSCHUNG), Berlin / München 1972

KÜMMERLING, KURT, Von der Waschmaschine zum Waschautomaten, in: EP 7 (1954), S. 128ff

KÜNG, E., Die Preisbindung in volkswirtschaftlicher Sicht, in: Preisbindung und Boykott, Rüschlikon 1958

KUMMER, RICHARD, Investitionen und ihre Finanzierung, in: Volkswirt 19 (1965), Beilage zu Nr. 40 „Expansive Elektroindustrie", S. 10

DERS., Materialverbrauch in der Elektroindustrie 1958 bis 1961, in: EG-GI 15 (1962), S. 481

Kummer, Richard UND Fritz Ruppel, Abnehmer und Lieferanten – breit gestreut, in: Volkswirt 19 (1965), Beilage zu Nr. 40 „Expansive Elektroindustrie", S. 8

LACKMAN, CONWAY L., Fiscal and Monetary Policies in Postbellum German Recovery, in: JEEH 7 (1978), S. 379-406

LAMBRECHT, K., Ein neuer Waschautomat, in: EM 11 (1958), S. 927f

LAMFALUSSY, ALEXANDRE, The United Kingdom and the Six. An Essay on Economic Growth in Western Europe, London / New York 1963

LANDES, DAVID S., The Unbound Prometheus. Technological Change and Industrial Development in Western Europe from 1750 to the Present, Cambridge 1969 (Neudr. 1991)

LANGE, THOMAS, Staatliche Regulierung, in: GROSSER, DIETER (Hrsg.), Der Staat in der Wirtschaft der Bundesrepublik, Opladen 1985, S. 161-217

LANZKE, HERMANN, Werner von Siemens, Emil Rathenau und die Deutsche Edison-Gesellschaft, in: ET 49 (1967), S. 421

LATHAM, JOSEPH, Take-Over. The Facts and the Myths of the GEC/AEI Battle, London 1969

LENEL, HANS OTTO, Die deutsche elektrotechnische Industrie und ihre wettbewerbspolitischen Probleme, in: Ordo. Jahrbuch für die Ordnung von Wirtschaft und Gesellschaft 27 (1976), S. 242-65

DERS., Konzentration, in: ALBERS, WILLI et al. (Hrsg.), Handwörterbuch der Wirtschaftswissenschaft (HdWW), 10 Bde., Bd. 4, Stuttgart / New York 1978, S. 540-65

LEVACIC, ROSALIND, Do Mercantilist Industrial Policies Work? A Comparison of British and French TV Manufacturing, in: National Westerminster Bank Quarterly Review 1984, May, S. 47-58

DIESS., Government Policies towards the Consumer Electronics Industry and Their Effects: A Comparison of Britain and France, in: HALL, GRAHAM (Hrsg.), European Industrial Policy, New York 1986, S. 227-44

LEVY, ERNST-MORITZ, Studien über Struktur und Bedeutung der elektrotechnischen Spezialindustrie, Leipzig 1933

LEWCHUK, WAYNE A., The Role of the British Government in the Spread of Scientific Management and Fordism in the Interwar Years, in: JEH 44 (1984), S. 355-61

LEYHSON, A. M., Import Restrictions in Post-War Britain, in: Scottish Journal of Political Economy 4 (1957), S. 177-93

LIEBHABERG, BRUNO DANIEL, Multinational Enterprises and Industrial Relations. With Special Reference to the Electronics Industry in Belgium and in the United Kingdom, London Diss. (LSE) (masch.) 1982

LILIENFEIN, H., Die wirtschaftliche Entwicklung der Elektrizitätsversorgungsunternehmen im Spiegel der Bilanzen 1948 bis 1955, in: EW 56 (1957), S. 52-5

LIMANN, O., Die Entwicklung der deutschen Rundfunkempfänger von 1945 bis 1953, in: EZ, Ausg. B 5 (1953), S. 246-51

LINDLEY, ARNOLD, Development and Organisation of the General Electric Company Ltd., in: EDWARDS, RONALD S. UND HARRY TOWNSEND (Hrsg.), Business Growth, London / New York 1966, S. 330-52

DERS., Surplus Capacity [Requirements for Continued Expansion. Seven Manufacturers Assess Current Problems], in: ER 168 (1961), S. 1001f

DERS., A Key Industry [Requirements for Continued Expansion], in: ER 174 (1964), S. 937f

LINDNER, HELMUT, Strom. Erzeugung, Verteilung und Anwendung der Elektrizität, Reinbek 1985

LINDSEY, JOHN, Exporting Can Be Exciting And Profitable, in: ER 181 (1967), Supplement „The Appliance Industry Scene 1967", S. 966f

LINTNER, V. G. et al., Trade Unions and Technological Change in the U. K. Mechanical Engineering Industry, in: British Journal of Industrial Relations 25 (1987), S. 19-29

LOCHNER, HERBERT, Die weltwirtschaftliche Verflechtung der deutschen Elektro-Industrie, Innsbruck Diss. (masch.) 1937

LÖLHÖFFEL, ERICH V., Auge und Ohr zur Welt, in: Volkswirt 9 (1955), Deutsche Wirtschaft im Querschnitt, 32. Folge: Elektroindustrie, S. 64ff

LÖWER, WOLFGANG, Rechtshistorische Aspekte der deutschen Elektrizitätsversorgung von 1880 bis 1990, in: FISCHER, WOLFRAM (Hrsg.), Die Geschichte der Stromversorgung, Frankfurt/Main 1992, S. 168-215

LOHSE, REINHARD, Privathaushalte stützen Elektrokonjunktur, in: Volkswirt 15 (1961), S. 693ff

DERS., Rundfunk und Fernsehen – Konsumgüter mit Vorrang, in: Volkswirt 15 (1961), S. 1807ff

DERS., Vollbeschäftigte Elektroindustrie, in: Volkswirt 14 (1960), S. 317ff

LOWMAN, LAWRENCE W., Television – A Major Post-war Industry, in: Special Libraries 36 (1945), S. 272-9

LUCKIN, BILL, Questions of Power. Electricity and Environment in Inter-war Britain, Manchester 1990

LÜBECK, HEINZ, Die Entwicklung des deutschen Rundfunkmarktes, in: EP 3 (1950), S. 91

DERS., Die typen- und preismäßige Entwicklung der Rundfunkgeräte, in: EP 3 (1950), S. 343

LÜHRS, OTFRIED, High Fidelity erschließt neue Käuferschichten, in: Volkswirt 11 (1957), S. 1735

LÜSCHEN, F., Technische Gemeinschaftsarbeit in der Elektro-Industrie, in: Deutscher Volkswirt 12 (1937), S. 422ff

LYTTELTON, OLIVER, The Obstacles to Reconversion, in: Banker 78 (1946), S. 7ff

MACKEY, R. W. S., Mass Production Methods. Flow-Line Work in the Electrical Industry, in: ER 162 (1958), S. 333ff

MACLAREN, MALCOLM, The Rise of the Electrical Industry during the Nineteenth Century, Princeton, NJ 1943

MACROSTY, HENRY W., The Overseas Trade of the United Kingdom, 1930-39, in: Journal of the Royal Statistical Society 103 (1940), S. 451-90

MAHR, OTTO, Zeittafel zur Geschichte der Elektrotechnik, Technik-Geschichte 30 (1941), S. 46-56

MAITLAND, IAN, The Causes of Industrial Disorder. A Comparison of a British and a German Factory, London 1983

MAIZELS, ALFRED, Industrial Growth and World Trade. An Empirical Study of Trends in Production, Consumption and Trade in Manufactures from 1899-1959 with a Discussion of Probable Future Trends, Cambridge 1963

MAJUMDAR, BADIUL A., Technology Transfers and International Competitiveness: The Case of Electronic Calculators, in: Journal of International Business Studies 11 (1980), S. 103-11

MALTUSCH, C. A., Wie schnell wird sich das deutsche Fernsehen durchsetzen?, in: EP 7 (1954), S. 537f

MANKE, HARALD, Trotz Hitzewelle normales Kühlschrankgeschäft, in: Volkswirt 9 (1955), Nr. 29, S. 21ff

DERS., Zufriedene Phonoindustrie, in: Volkswirt 13 (1959), S. 2649

DERS., Zwei Millionen „Fernseher" vor dem Bildschirm, in: Volkswirt 10 (1956), Nr. 39, S. 21f

MANSFELD, GERD, Wirkungsweise und Aufbau von Absorber- und Kompressor-Kühlschränken, in: EA 11 (1958), S. 413f

MARGLIN, STEPHEN A. UND JULIET B. SCHOR (Hrsg.), The Golden Age of Capitalism. Reinterpreting the Postwar Experience, Oxford 1990

MARKUS, JOSEPH, Some Observations on the West German Trade Surplus, in: Oxford Economic Papers 17 (1965), S. 136-46

MARRINER, SHEILA, Company Financial Statements as Source Material for Business Historians, in: BH 22 (1980), S. 203-35

MASSEY, DOREEN B., Capital and Locational Change: The UK Electrical Engineering and Electronics Industries, in: Review of Radical Political Economics 10 (1978), S. 39-54

DIESS., The UK Electrical Engineering and Electronics Industry: The Implications of the Crisis for the Restructuring of Capital and Locational Change, in: DEAR, MICHAEL UND ALLEN J. SCOTT (Hrsg.), Urbanization and Urban Planning in Capitalist Society, London / New York 1981, S. 199-230

MATTHEWS, R. C. O. et al., British Economic Growth, 1856-1973, Oxford 1982

MATTICK, WOLFGANG, Probleme des Kraftwerkbaues, in: INSTITUT FÜR BILANZANALYSEN GMBH (Hrsg.), Die Elektroindustrie in der Bundesrepublik Deutschland (=Schriftenreihe Branchenanalysen, Nr. 26), Frankfurt/Main 1976, S. 32-35

MAYERS, J. B., Management and the British Domestic Electric Appliances Industry, in: JIE 12 (1963/64), S. 20-32

MCCALMAN, JAMES, The Electronics Industry in Britain. Coping with Change, London / New York 1988

MCLAUGHLIN, GLENN E., Wartime Expansion in Industrial Capacities, in: AER. Supplement: Papers and Proceedings 33 (1943), S. 108-18

MCLEAN, FRANCIS C., Colour Television, in: Economist 224 (1967), S. 280

MELLEROWICZ, KONRAD, Markenartikel. Die ökonomischen Gesetze ihrer Preisbildung und Preisbindung, München 1963

MERCER, HELEN J., The Evolution of British Government Policy Towards Competition in Private Industry, 1940-1956, London Diss. (LSE) (masch.) 1989

DIESS., Constructing a Competitive Order. The Hidden History of British Antitrust Policy, Cambridge 1995

MERKELBACH, LEOPOLD, Elektro-Außenhandel wieder im Aufbau, in: Volkswirt 5 (1951), Deutsche Wirtschaft im Querschnitt, 8. Folge: Die Elektroindustrie, S. 23ff

DERS., Exportgemeinschaften in der Elektroindustrie, in: EA 6 (1953), S. 414f

MERTENS, DIETER, Veränderungen in der industriellen Branchenstruktur 1950-1960, in: KÖNIG, HEINZ (Hrsg.), Wandlungen der Wirtschaftsstruktur in der Bundesrepublik

Deutschland (=Schriften des Vereins für Socialpolitik, NF Bd. 26), Berlin 1962, S. 439-68

MESEKE, W. A., Die westdeutsche Elektroindustrie erweitert ihre Auslandsmärkte, in: EA 6 (1953), S. 159f

METZ, G. L. E., The Post-War Electrical Engineering Industry: Problems of Production, Research and Export, in: Engineering 1955, S. 303

MEUSCHEL, HANS, DM-Eröffnungsbilanzen der Elektrizitätswerke, in: Volkswirt 4 (1950), Nr. 17, S. 35f

MEYER, KONRAD, 75 Jahre VDEW, in: EW 66 (1967), S. 258-66

DERS., Die deutsche Elektrizitätswirtschaft 1933 bis 1948, Teil 1: Stromerzeugung, Leistungsfähigkeit der Kraftwerke, Benutzungsdauer und Stromabgabe, 1933 bis 1943, in: EW 48 (1949), S. 34-40

MEYER-LARSEN, WERNER, Farbfernsehen. „Goldener Schuß" für die Industrie, in: Volkswirt 21 (1967), S. 1288f

MIDDLETON, ROGER, Government versus the Market: The Growth of the Public Sector, Economic Management and British Economic Performance, c. 1890-1979, Cheltenham 1996

MIELMANN, PETER, Deutsch-Chinesische Handelsbeziehungen am Beispiel der Elektroindustrie, 1870-1949, Frankfurt/Main (München Diss.) 1984

MIESNER ERICH W., Variantenreiche Isolierung, in: Volkswirt 9 (1955), Deutsche Wirtschaft im Querschnitt, 32. Folge: Elektroindustrie, S. 48f

MIKSCH, LEONHARD, Marktpreis und Verteilungsspannen. Zur Bindung der zweiten Hand, in: WV 2 (1949), H. 1, S. 10ff

MILLER W. E., Radio Progress. Review of the Birmingham Exhibition [1950], in: ER 147 (1950), S. 476

MILLSTEIN, JAMES E., Decline in an Expanding Industry: Japanese Competition in Color Television, in: ZYSMAN, JOHN UND LAURA TYSON (Hrsg.), American Industry in International Competition. Government Policies and Corporate Strategies, Ithaca NY 1983, S. 106-41

MILWARD, ALAN S., The Marshall Plan and German Foreign Trade, in: MAIER, CHARLES S. UND GÜNTER BISCHOF (Hrsg.), The Marshall Plan and Germany. West German Development within the Framework of the European Recovery Program, New York / Oxford 1991, S. 452-87

DERS., War, Economy and Society 1939-1945, London 1987

DERS., Was the Marshall Plan necessary?, in: Diplomatic History 13 (1989), S. 231-53

DERS. UND GEORGE BRENNAN, Britain's Place in the World: A Historical Enquiry into Import Controls, 1945-1960, London 1996

MINKES, A. L. UND D. G. TUCKER, J. A., Crabtree: A Pioneer of Business Management, in: BH 21 (1979), S. 198-212

MITCHELL, B. R., European Historical Statistics, London 1975

DERS. UND H. G. JONES, Second Abstract of British Historical Statistics, Cambridge 1971

MONTEITH, A. C., Trends in Electrical-Apparatus Development, in: EE 1940, June, S. 221

MÖLLER, HANS, Europäische Gemeinschaften, in: ALBERS, WILLI et al. (Hrsg.), Handwörterbuch der Wirtschaftswissenschaft (HdWW), 10 Bde., Bd. 2, Stuttgart / New York 1980, S. 472-503

MORGAN, A. D. UND D. MARTIN, Tariff Reductions and UK Imports of Manufactures: 1955-1971, in: NIER 72 (1975), S. 38-54

MORGAN, ANN D., British Imports of Consumer Goods. A Study of Import Penetration 1974-85, Cambridge 1988

MORGAN, KENNETH O., Labour in Power 1945-51, Oxford 1984

MORGAN, VICTOR E., Monopolies, Mergers and Restrictive Practices: UK Competition Policy 1948-87 (=David Hume Institute Papers No. 7), Edinburgh 1987

MUELLER, RUDOLF, Die Energiewirtschaft im Rahmen der allgemeinen Rechtsordnung, in: EW 51 (1952), S. 10-4

MULLENS, HAROLD, The Electrical Industry and Economic Growth [Presidential Address at the British Electrical Power Convention 1964], in: ER 174 (1964), S. 981

MURPHY, MARY E., Wartime Concentration of British Industry, in: Quarterly Journal of Economics 57 (1942/43), S. 129-41

NEAL, LARRY, The Economics and Finance of Bilateral Clearing Agreements: Germany, 1934-8, in: EcHR 32 (1979), S. 391-404

NEEBE, REINHARD, Technologietransfer und Außenhandel in den Anfangsjahren der Bundesrepublik Deutschland, in: VSWG 76 (1989), S. 49-75

NEEDLEMAN, L., The Demand for Domestic Appliances. The Prospects for Television Sets, Refrigerators, Washing-Machines and Vacuum Cleaners, in: NIER 12 (1960), S. 24-43

NEHRING, KARL, Siemens in Ungarn. Ein historischer Rückblick, in: Südosteuropa Mitteilungen 16 (1976), S. 56-61

NELSON, H. G., English Electric Co. Ltd., Joint Achievements and Responsibilities Capacity [Requirements for Continued Expansion. Seven Manufacturers Assess Current Problems], in: ER 168 (1961), S. 1003f

DERS., English Electric Co. Ltd., Shortage of Trained Manpower [Requirements for Continued Expansion], in: ER 174 (1964), S. 940f

NELSON, RICHARD R., The Link between Science and Invention: The Case of the Transistor, in: NATIONAL BUREAU OF ECONOMIC RESEARCH (Hrsg.), The Rate and Direction of Inventive Activity: Economic and Social Factors, Princeton 1962, S. 549-83

NESTEL, WERNER, Wirtschaftsfaktor Fernsehen, in: Volkswirt 8 (1954), Nr. 51, S. 41f

NETZ, HEINRICH, Elektrische Haushaltswaschmaschinen, in: EA 9 (1956), S. 70-5

DERS., Prinzipien und Ausführung elektrischer Haushaltswaschmaschinen, in: EA 11 (1958), S. 313ff

NEUENHOFER, KARL, Mitgliederversammlung des Zentralverbandes der Elektrotechnischen Industrie e.V. am 9.4.1954 in Frankfurt a. M. [Rede des Verbandsvorsitzenden], in: EP 7 (1954), S. 233

NEUMANN, MANFRED, Kapitalbildung, Wettbewerb und ökonomisches Wachstum, Berlin / Heidelberg 1968

NEUMANN, WOLFGANG UND HENRIK UTERWEDDE, Industriepolitik: Ein deutsch-französischer Vergleich, Opladen 1986

NEVEN, DAMIEN J., EEC Integration Towards 1992: Some Distributional Aspects, in: Economic Policy 10 (1990), S. 14-62

NEWTON SCOTT UND DILWYN PORTER, Modernization Frustrated. The Politics of Industrial Decline in Britain since 1900, London 1988

NICHOLLS, ANTHONY J., Freedom with Responsibility. The Social Market Economy in Germany, 1918-1963, Oxford 1994

NICHOLSON, R. J., Capital Stock, Employment and Output in British Industry 1948-1964, in: Yorkshire Bulletin of Economic and Social Research 18 (1966), S. 65-85

NIMSCH, GÜNTHER, Der gegenwärtige Stand des Wettbewerbs zwischen Elektrizität und Gas, Berlin Diss. (TH) 1935

NOETHER, ERICH, Vertrustung und Monopolfrage in der deutschen Elektrizitäts-Industrie, Mannheim / Leipzig (Heidelberg Diss. 1912) 1913

NORTHCOTT, JIM, Making Use of Microchips. How Britain Compares with Germany and France, in: Policy Studies 5 (1985), No. 3, S. 33-45

NOWAK, A., Zum Werdegang des Ultrakurzwellenfunks, in: EZ, Ausg. B 5 (1951), S. 255-8

NOWAG, WILHELM, Bedeutung der Gleichrichter, in: Volkswirt 9 (1955), Deutsche Wirtschaft im Querschnitt, 32. Folge: Elektroindustrie, S. 44f

NYSTRÖM, HARRY, Company Strategies for Designing and Marketing New Products in the Electrotechnical Industry, in: LANGDON, RICHARD UND ROY ROTHWELL (Hrsg.), Design and Innovation. Policy and Management, New York 1985, S. 18-26

OBERLACK, HANS WERNER, Die Finanzierung der elektrizitätswirtschaftlichen Entwicklung in Deutschland, in: EW 66 (1967), S. 329-33

OBERMEIT, WERNER, Der Elektrohandel – Mittler zwischen Erzeugung und Konsum, in: Volkswirt 9 (1955), Deutsche Wirtschaft im Querschnitt, 32. Folge: Elektroindustrie, S. 21f

OHERLIHY, C. ST. J. et al., Long-Term Forecasts of Demand for Cars, Selected Consumer Durables, and Energy, in: NIER 40 (1967), S. 34-67

OLNEY, MARTHA L., Buy Now. Pay Later. Advertising, Credit, and Consumer Durables in the 1920s, Chapel Hill 1991

DIESS., Credit as a Production-Smoothing Device: The Case of Automobiles, 1913-1938, in: JEH 49 (1989), S. 377-91

DIESS., Demand for Consumer Durable Goods in 20th Century America, in: Explorations in Economic History 27 (1990), S. 322-49

OPPENLÄNDER, KARLHEINZ, Der Markt ist noch nicht gesättigt, in: Volkswirt 18 (1964), S. 2580ff

ORLAND, BARBARA, Wäsche waschen. Technik- und Sozialgeschichte der häuslichen Wäschepflege, Reinbek 1991

ORLOVIUS, HEINZ, Materialien zur Westberliner Elektroindustrie, Berlin 1950

OSHIMA, HARRY T., The Growth of U.S. Factor Productivity: The Significance of New Technologies in the Early Decades of the Twentieth Century, in: JEH 44 (1984), S. 161-70

OTT, ALFRED E., Vertikale Preisbildung und Preisbindung. Eine theoretische Analyse, Göttingen 1966

OTTE, GERHARD, Europäische Zusammenarbeit macht gute Fortschritte, in: EA-HI 17 (1964), S. 38ff

DERS., Kostenstruktur der Handelsstufen. Lehrreiche Betriebsergebnisse im Rundfunk, Fernseh- und Phonoeinzelhandel, in: EA 9 (1956), S. 146

DERS., Produktions- und Umsatztrend in der Rundfunk- und Fernsehwirtschaft, in: EA-HI 18 (1965), S. 36f

DERS., Zur Automation in der Rundfunk- und Fernsehindustrie, in: EA 10 (1957), S. 293

OURSIN, THOMAS, Konjunkturelle und strukturelle Aspekte gewerblicher Investitionstätigkeit seit dem Jahre 1955, in: Wirtschaftskonjunktur 13 (1961), H. 2, S. 22-32

OVERY, RICHARD J., The Nazi Economic Recovery 1932-38, London 1984

OWEN, NICHOLAS, Economies of Scale, Competitiveness and Trade Patterns within the European Community, Oxford 1983

PACKER, L. C., Design Factors involved in the Design of Domestic Motored Appliances, in: Transactions of the American Institution of Electrical Engineers 60 (1942), Supplement, S. 500-7

PAGE, S. A. B., The Effect of Exchange Rates on Export Market Shares, in: NIER 74 (1975), S. 71-82

PAISH, F. W., Inflation and the Balance of Payments in the United Kingdom 1952-1967, in: FEINSTEIN, CHARLES (Hrsg.), The Managed Economy. Essays in British Economic Policy and Performance since 1929, Oxford 1983, S. 133-46

PALMER A. M. F., Industry and the House. Television Policy Discussed, in: ER 153 (1953), S. 135f

PANIC, M., Gross Fixed Capital Formation and Economic Growth in the United Kingdom and West Germany 1954-1964, in: OBES 29 (1967), S. 395-406

PARKINSON, STEPHEN T., New Product Development in Engineering. A Comparison of the British and West German Machine Tool Industries, Cambridge 1984

PASCHKE, JÖRG-VOLKER, Wettbewerb und Wirtschaftspolitik. Analyse der Bedeutung des Wettbewerbs in der Wirtschaftspolitik am Beispiel der sozialen Marktwirtschaft und der globalgesteuerten Marktwirtschaft Schillers, Frankfurt/Main 1977

PASSER, HAROLD C., Development of Large-Scale Organization. Electrical Manufacturing Around 1900, in: JEH 12 (1952), S. 378-96

DERS., The Electrical Manufacturers, 1875-1900. A Study in Competition, Entrepreneurship, Technical Change, and Economic Growth, Cambridge, MA 1953

PEDEN, G. C., British Economic and Social Policy. Lloyd George to Margret Thatcher, Oxford 1985

PEINER, WERNER, Krise der Preisbindung, in: Volkswirt 12 (1958), S. 1447f

PELKMANS, JACQUES UND BEUTER, RITA, Standardization and Competitiveness: Private and Public Strategies in the EC Color TV Industry, in: GABEL, H. LANDIS (Hrsg.), Product Standardization and Competitive Strategy, Amsterdam 1987, S. 171-215

PEREZ, CARLOTA, Structural Change and Assimilation of New Technologies in the Economic and Social Systems, in: Futures 15 (1983), S. 357-75

PESCHKE, HANS-PETER VON, Elektroindustrie und Staatsverwaltung am Beispiel Siemens 1847-1914, Frankfurt/Main 1981

PETERSON, A. W., The Machinery for Economic Planning: III. Regional Economic Planning Councils and Boards, in: Public Administration 44 (1966), S. 29-41

PHILIPP, ARTUR, Der Strukturwandel in der deutschen Elektroindustrie, Heidelberg Diss. (masch.) 1953

PHILLIPS, ALMARIN, An Econometric Study of Price Fixing, Market Structure and Performance in British Industry in the Early 1950s, in: COWLING, KEITH (Hrsg.), Market Structure and Corporate Behaviour: Theory and Empirical Analysis of the Firm, London 1972, S. 175-92

PIRRUNG, ADOLF, Erinnerungen eines Elektrowirtschaftlers, in: EW 51 (1952), S. 1-5

PLETTNER, BERNHARD, Abenteuer Elektrotechnik. Siemens und die Entwicklung der Elektrotechnik seit 1945, München / Zürich 1994

PLUM, G., Die Entwicklung der Elektrizitätswerke und der elektrotechnischen Industrie im Jahre 1931, in: EZ 53 (1932), S. 1145

POHL, GEORG, Die Gesamtbilanz der Aktiengesellschaften in der Elektro-Industrie, in: EA 5 (1952), S. 11ff

DERS., Kapitalveränderungen in der Elektroindustrie. Eine Untersuchung über das Elektro-Aktienkapital vor und nach dem Kriege, in: EA 4 (1951), S. 465ff

POHL, HANS, Commentary [zu Schröter, Harm, Siemens and Central and South-East Europe between the Two World Wars], in: TEICHOVA, ALICE UND S. L. COTTRELL (Hrsg.), International Business and Central Europe, 1918-1939, New York 1983, S. 203-6

POHL, MANFRED, Emil Rathenau und die AEG, Frankfurt/Main 1988

POLLARD, SIDNEY, The Development of the British Economy 1914-1980, 4. Aufl. London / New York 1992

DERS., More of the Same Medicine: Comments on Economic Policy in Britain, Past and Present, in: ROHE, KARL UND GUSTAV SCHMIDT (Hrsg.), Krise in Großbritannien? Studien zu Strukturproblemen der britischen Gesellschaft und Politik im 20. Jahrhundert, Bochum 1987, S. 134-56

DERS., The Wasting of the British Economy. British Economic Policy 1945 to the Present, New York 1982

PORTER, MICHAEL E., The Competitive Advantage of Nations, London 1990

POULTER, J. D., An Early History of Electricity Supply. The Story of Electric Light in Victorian Leeds, London 1986

PRATTEN, C. F., The Merger Boom in Manufacturing Industry, in: Lloyds Bank Review 90 (1968), Oct., S. 39-55

PREIN, ERNST, Elektroindustrie. Kunststoffe verbilligen die Produktion, in: Volkswirt 20 (1966), S. 1986f

PRIEST, C. W., CEGB, Generating Plant Design [Requirements for Continued Expansion. Seven Manufacturers Assess Current Problems], in: ER 168 (1961), S. 1005f

PROSS, HELGE, Der Geist der Unternehmer. 100 Jahre Vorwerk & Co., 2. Aufl. Düsseldorf 1983

PRYOR, FREDERIC L., An International Comparison of Concentration Ratios, in: Review of Economics and Statistics 54 (1972), S. 130-40

RACHEL, A., Die deutsche Elektro-Ausfuhr, in: EZ 61 (1940), S. 182

RADKAU, JOACHIM, Aufstieg und Krise der deutschen Atomwirtschaft 1945-1975. Verdrängte Alternativen in der Kerntechnik und der Ursprung der nuklearen Kontrovers, Reinbek 1983

DERS., Technik in Deutschland. Vom 18. Jahrhundert bis zur Gegenwart, Frankfurt/Main 1989

RAY, G. F., British Imports of Manufactured Goods, in: NIER 8 (1960), S. 12-29

DERS., The Diffusion of New Technology. A Study of Ten Processes in Nine Industries, in: NIER 48 (1969), S. 40-83

REES-MOGG, W., Problems and Prospects of British Export Trade, in: Manager 1960, S. 181-4

REICH, NORBERT, Preisempfehlung und Preisbindungsverbot, in: COX, HELMUT et al. (Hrsg.), Handbuch des Wettbewerbs. Wettbewerbstheorie, Wettbewerbspolitik, Wettbewerbsrecht, München 1981, S. 367-97

REICH, SIMON, The Fruits of Fascism. Postwar Prosperity in Historical Perspective (=Cornell Studies in Political Economy, Hrsg. v. PETER J. KATZENSTEIN), Ithaca / London 1990

RENARDY, ADOLF, Die Standorte der Elektrotechnischen Industrie Deutschlands, Köln Diss. 1933

RETTIG, RUDI, Produktionseffekte des Privaten Verbrauchs, in: MRWI 33 (1982), S. 223-38

REUTHER, HEINZ G., Was morgen geschieht, in: Volkswirt 9 (1955), Deutsche Wirtschaft im Querschnitt, 32. Folge: Elektroindustrie, S. 35f

RICHARDSON, G. B., The Pricing of Heavy Electrical Equipment: Competition or Agreement?, in: OBES 28 (1966), S. 73-92

DERS., The Theory of Restricive Trade Practices, in: Oxford Economic Papers 17 (1965), S. 432-49

RICHARDSON, HARVEY W., Economic Recovery in Britain, 1932-9, London 1967

RICHEBÄCHER, KURT, Germany's Fading Boom, in: Banker 113 (1963), S. 23-8

RICHTER, O. UND PH. SEINGEOR, Wachstumsindustrie Unterhaltungselektronik, in: Euro Cooperation. Beiträge zur europäischen Wirtschaft 1973, Nr. 5, S. 59-89

RIEMERSCHMID, ANTON, Wirtschaftsfaktor Elektrizitätsversorgung, in: VERBAND BAYERISCHER ELEKTRIZITÄTSWERKE E.V. (Hrsg.), Elektrizität in Bayern 1919-1969, München 1969, S. 186-9

RINGLEB, WALDEMAR, Gemeinsamer Markt – Chance der großen Serie, in: ET 45 (1963), S. 87ff

RITTER, GERHARD A., Der Sozialstaat – Entstehung und Entwicklung im internationalen Vergleich, München 1989

RITTERWERK (Hrsg.), 75 Jahre Ritterwerk: 1905-1980, München 1980

ROBERT, RÜDIGER, Konzentrationspolitik in der Bundesrepublik. Das Beispiel der Entstehung des Gesetzes gegen Wettbewerbsbeschränkungen, Berlin 1976

RÖDEL, F., Westdeutscher Außenhandel in der Sackgasse. Ein Diskussionsbeitrag, in: EA 10 (1957), S. 408f

ROESTI, ROBERT M., The American Semiconductor Industry in World Trade, in: Quarterly Review of Economics and Business 3 (1963), No. 4, S. 49-58

RÖTHLINGSHOFER, KARL CH., Kraftwerksindustrie. Entwicklung und Strukturwandel seit 1970 (=Struktur und Wachstum, Reihe Industrie, Heft 42, hrsg. v. IFO-INSTITUT FÜR WIRTSCHAFTSFORSCHUNG), Berlin / München 1985

ROGGENDORF, A., Ceterum censeo, in: EP 7 (1954), S. 172

DERS., Elektrizitätsversorgung und Elektro-Industrie gehören zusammen, in: Volkswirt 9 (1955), Deutsche Wirtschaft im Querschnitt, 32. Folge: Elektroindustrie, S. 13f

ROGOW, A. A., The Labour Government and British Industry 1945-51, Westport, CT 1955

ROHE, L. B. UND G. V. GÜNDELL, § 36 des Investitionshilfegesetzes und die Energieversorgung, in: EW 51 (1952), S. 414f

ROLL, ERIC, The Machinery for Economic Planning: I. The Department of Economic Affairs, in: Public Administration 44 (1966), S. 1-11

ROSENBLOOM, RICHARD S. UND WILLIAM J., ABERNATHY, The Climate for Innovation in Industry. The Role of Management Attitudes and Practices in Consumer Electronics, in: Research Policy 11 (1982), S. 209-25

ROSKAMP, KARL W., Capital Formation in West Germany, Detroit 1965

ROST, HERBERT, Die Devisenaktivität der elektrotechnischen Konsumerzeugnisse, in: EA 5 (1952), S. 349ff

DERS., Deutschland am Welt-Elektromarkt, in: EP 4 (1951), S. 187ff

DERS., Elektroexport morgen, in: EP 5 (1952), S. 325ff

DERS., Elektroindustrie im Konjunkturspiegel, in: Volkswirt 5 (1951), Deutsche Wirtschaft im Querschnitt, 8. Folge: Die Elektroindustrie, S. 26-9

DERS., Die Entwicklung der Elektroindustrie (=Politische Bildung. Schriftenreihe der Hochschule für Politische Wissenschaften München, Heft 23), München 1952, S. 31-40

DERS., Entwicklungslinien der Elektrowirtschaft. Unter besonderer Berücksichtigung der Struktur- und Konjunkturprobleme der Elektroindustrie, Mindelheim 1951

DERS., Strukturelle Preisverzerrungen in der Elektroindustrie, in: EA 4 (1951), S. 399f

DERS., Was sagen die Elektro-Bilanzen?, in: Volkswirt 6 (1952), Nr. 1, S. 27ff

DERS., Wer beherrscht die Elektromärkte der Welt?, in: Volkswirt 5 (1951), Nr. 46, S. 21f

ROSTAS, L., Comparative Productivity in British and American Industry, Cambridge 1948

ROTHE, H., Die Entwicklung von Schaltung und Röhren des UKW-Empfängers, in: EZ, Ausg. A 74 (1953), S. 161-5

ROWLEY, J. C. R., Fixed Capital Formation in the British Economy, 1956-1965, in: Economica 52 (1972) (= NS Vol. 38), S. 177-89

RÜHLE, HANS V., Im Dienste der zweiten Industrie-Revolution, in: Volkswirt 9 (1955), Deutsche Wirtschaft im Querschnitt, 32. Folge: Elektroindustrie, S. 7

RUKOP, H., H. Bredow zum 75. Geburtstag, in: Telefunken-Zeitung 26 (1953), Nr. 106, S. 195-203

RUPPEL, FRITZ, In der Expansion, in: Volkswirt 19 (1965), Beilage zu Nr. 40 „Expansive Elektroindustrie", S. 4f

SABINE, GRAHAM C. E., Tighter Control of Consumer Credit?, in: Banker 104 (1955), S. 320

SACHSE, CAROLA, Siemens, der Nationalsozialismus und die moderne Familie. Eine Untersuchung zur sozialen Rationalisierung in Deutschland im 20. Jahrhunderts, Hamburg 1990

SAKAMOTO, TAKUJI, Technology and Business in the British Electrical Industry 1880-1914, in: OKOCHI, AKIO UND HOSHIMI UCHIDA (Hrsg.), Development and Diffusion of Technology. Electrical and Chemical Industries. Proceedings of the Fuji Conference (=International Conference on Business History 6), Tokyo 1980, S. 49-72

SALTMARSH, J. A., Outlook for Domestic Appliances, in: ER 167 (1960), S. 700f

DERS., Planning Not Opportunism Needed for Profitable Future, in: ER 181 (1967), Supplement „The Appliance Industry Scene 1967", S. 961-4

SALZMANN, WALTER, Bilanz der Stromversorgung 1959/60, in: Volkswirt 14 (1960), S. 2687ff

DERS., Elektrizitätswirtschaft im stetigen Wachstum. Eine Bilanzanalyse des Jahres 1961, in: Volkswirt, 16 (1962), S. 2616ff

DERS., Das Geschäft mit Strom floriert. Bisher höchste Belastung im Winter 1962/63, in: Volkswirt 18 (1964), S. 115ff

DERS., Industrie mit hohem Wachstum. Eine Analyse der größten Stromerzeuger, in: Volkswirt 21 (1967), S. 2783ff

SANDGRUBER, ROMAN, Strom der Zeit. Das Jahrhundert der Elektrizität, Linz 1992

SANIO, ALFRED, Die Leistungen der deutschen Radio-Industrie. Rückblick und Ausblick, in: EA 7 (1954), S. 127f

DERS., Zur Jahreswende: 10 Millionen Bildschirme, in: Volkswirt 18 (1964), S. 2579

SARDEMANN, FR., Die deutsche Elektrizitätswirtschaft 1933 bis 1948, Teil 2: Organisation und Steuerung der Energiewirtschaft bis Kriegsende, in: EW 48 (1949), S. 107-12

DERS., Die deutsche Elektrizitätswirtschaft 1933 bis 1948, Teil 3: Kriegseinwirkungen auf die Elektrizitätsversorgung, in: EW 48 (1949), S. 212ff

SASSE, EUGEN, Die Entwicklung der Elektrotechnischen Industrie in Bayern seit dem Jahr 1945, in: FRITZ UND ERICH SCHÄFER (Hrsg.), Die Nürnberger Hochschule im fränkischen Raum, o.O. (Nürnberg) 1955, S. 185-199

SAUNDERS, CHRISTOPHER, From Free Trade to Integration in Western Europe?, London 1975

SAUNDERS, N. F. T., Italian Refrigerators or Rationalisation?, in: ER 181 (1967), Supplement „The Appliance Industry Scene 1967", S. 967f

SAWALL, EDMUND, Die Unternehmenskonzentration in der Elektroindustrie, Karlsruhe Diss. 1963

SCANLAN, M. J. B., Chain Home Radar – A Personal Reminiscence, in: GEC Review 8 (1993), No. 3, S. 171-83

SCHÄFF, KARL, Betrachtungen über die Elektrizitätswirtschaft Großbritanniens und Schlußfolgerungen für die Bundesrepublik, in: EW 64 (1965), S. 417-22

DERS., Verbund mit industriellen Kraftwerken, in: VDEW (Hrsg.), Das Zeitalter der Elektrizität. 75 Jahre VDEW, Frankfurt/Main 1967, S. 90-9

SCHALLER, HANS, Berlin – Wiege der deutschen Elektroindustrie, in: EA-GI 21 (1968), Sonderausgabe Nr. 2, S. 35ff

SCHAP, DAVID, Municipal Ownership in the Electric Utility Industry. A Centennial View, New York 1986

SCHEIDERER, LOTHAR, Das Netz für Mittel- und Niederspannung, in: VERBAND BAYERISCHER ELEKTRIZITÄTSWERKE E.V. (Hrsg.), Elektrizität in Bayern 1919-1969, München 1969, S. 114-27

SCHENK, HANS-OTTO, Vertikale Preisbindung als Form vertikaler Konzentration, Berlin 1971

SCHERER, FREDERICK M., Firm Size, Market Structure, Opportunity, and the Output of Patented Inventions, in: AER 55 (1965), S. 1097-1125

DERS. et al., The Economics of Multi-Plant Operation. An International Comparisons Study, Cambridge, MA 1975

SCHIRP, W., Arbeitsweise neuzeitlicher Haushaltswaschmaschinen, in: EA 9 (1956), S. 327-30

DERS., Der Haushaltskühlschrank mit Absorptions-Kühlaggregat, in: EP 5 (1952), S. 201ff

SCHLESINGER, HELMUT UND HORST BOCKELMANN, Monetary Policy in the Federal Republic of Germany, in: HOLBIK, KAREL (Hrsg.), Monetary Policy in Twelve Industrial Countries, Boston, MA 1973, S. 161-213

SCHMELCHER, ERNST, Die Stromkrise und ihre Überwindung, in: EA 4 (1951), S. 443f

DERS., Um die Zukunft der Elektrizitätswirtschaft, in: EA 6 (1953), S. 190

SCHMIDT, H., Das Waschen mit elektrischen WascHrsgeräten im Haushalt, in: ET 36 (1954), S. 1337-49

SCHMIDT, RAINER, Die Exporte der Bundesrepublik Deutschland – Eine ökonometrische Analyse auf der Grundlage von Vierteljahresdaten, in: Weltwirtschaft 1976, S. 47-59

SCHMIDT-AMELUNG, K., Frühere und zukünftige Kapitalquellen für den Investitionsbedarf der Elektrizitätswirtschaft im Bundesgebiet, in: EW 52 (1953), S. 624-7

DERS., Ausbau der öffentlichen Stromerzeugungsanlagen 1951 und die voraussichtliche Entwicklung bis zum Jahr 1956, EW 51 (1952), S. 521

SCHMITZ, HANS, Rohstoffprobleme aus dem Blickwinkel der deutschen Elektrotechnischen Industrie, in: EP 5 (1952), S. 85-91

SCHNEIDER, REINHARD, Die UKW-Story. Zur Entstehungsgeschichte des Ultrakurzwellen-Rundfunks, Berlin 1989

SCHOECK, HELMUT, Die Bedeutung der Elektrotechnik für den Menschen und seine Umwelt, in: ZVEI (Hrsg.), Elektrotechnik im Wandel der Zeit. 50 Jahre ZVEI, Frankfurt/Main 1968, S. 106-121

SCHOEN, LOTHAR, Carl Friedrich von Siemens, in: GOETZELER, HERBERT UND LOTHAR SCHOEN, Wilhelm und Carl Friedrich von Siemens. Die zweite Unternehmergeneration, Wiesbaden 1986, S. 61-131

SCHOLL, PAUL, Die Grundlagen der elektrischen Kälteerzeugung, in: ET 36 (1954), S. 245ff

SCHRADER, HANS-HERMANN, Die Kälteindustrie der EWG. Im Fieber des Wettbewerbs, in: Volkswirt 17 (1963), S. 2026f

DERS., Die wirtschaftliche Situation in der Kälteindustrie, in: Volkswirt 12 (1958), Beilage zu Nr. 37 „Kälte in Wirtschaft und Technik", S. 3-5

SCHRÖDER, GEORG, Elektrohandel im Wettbewerb, in: EA 13 (1960), S. 472f

DERS., Die Exportwirtschaft der deutschen Elektroindustrie, Berlin Diss. (TU) (masch.) 1952

SCHRÖTER, FRITZ, Aus der Fernseh-Entwicklung bei Telefunken: Rückblick und Ausblick, in: Telefunken-Zeitung 26 (1953), Nr. 100, S. 193f

DERS., Aus der juristischen Verbandsarbeit, in: ZVEIM 7 (1954), Nr. 5, S. 2f

SCHRÖTER, HARM, A Typical Factor of German International Marketing Strategy: Agreements between the U.S. and German Electrotechnical Industries up to 1939, in: TEICHOVA, ALICE et al. (Hrsg.), Multinational Enterprise in Historical Perspective, Cambridge 1986, S. 160-70

DERS., Siemens and Central and South-East Europe between the Two World Wars, in: TEICHOVA, ALICE UND P. L. COTTRELL (Hrsg.), International Business and Central Europe, 1918-1939, New York 1983, S. 173-206

SCHULTE, RICHARD, Tagesfragen der Elektrizitätswirtschaft [Rede des Vorsitzenden bei der VDEW-Jahrestagung Hannover 1967], in: EW 66 (1967), S. 373-8

DERS., Aktuelle Tagesfragen der Elektrizitätswirtschaft [Rede des Vorsitzenden bei der VDEW-Mitgliederversammlung 1970], in: EW 69 (1970), S. 337-40

SCHULTES, WILHELM, Fremdstrombezug oder Eigenkrafterzeugung, in: Energie 2 (1950), H. 1, S. 1f

SCHULZ-HANßEN, KLAUS, Die Stellung der Elektroindustrie im Industrialisierungsprozeß, Berlin 1970

SCHUSTER, HELMUT, Wettbewerbspolitik, München 1973

SCHWANSE, PETER, Beschäftigungsstruktur und Wirtschaftswachstum in der Bundesrepublik Deutschland 1950-1963, Berlin 1963

SCHWARTZ, ERICH, Über die Fernsehentwicklung seit 1939, in: EZ 70 (1949), S. 117

SCHWARTZ-COWAN, RUTH, How the Refrigerator got its Hum, in: MACKENZIE, DONALD UND JUDY WAJCMAN (Hrsg.), The Social Shaping of Technology, Milton Keynes / Philadelphia 1985, S. 202-19

DIESS., The „Industrial Revolution" in the Home: Household Technology and Social Change in the 20th Century, in: T&C 17 (1976), S. 1-23

SCIBERRAS, E., The UK Semiconductor Industry, in: PAVITT, KEITH (Hrsg.), Technical Innovation and British Economic Performance, London 1980, S. 282-96

SCOTT, J. D., Siemens Brothers 1858-1958. An Essay in the History of Industry, London 1958

SEHMER, Hoher Export der Elektromedizin, in: Volkswirt 5 (1951), Deutsche Wirtschaft im Querschnitt, 8. Folge: Die Elektroindustrie, S. 35f

SELBACH, ALFRED, Der deutsche Elektroexport und seine Stellung im internationalen Vergleich, in: INSTITUT FÜR BILANZANALYSEN GMBH (Hrsg.), Die Elektroindustrie in der Bundesrepublik Deutschland (=Schriftenreihe Branchenanalysen, Nr. 26), Frankfurt/Main 1976, S. 27-32

SEUME, FRANZ, Rundfunk im Export, in: Deutscher Volkswirt 14 (1940), S. 1792f

SEWELL, D. O., Electric Household Durable Goods: Economic Aspects of their Manufacture in New Zealand, (=New Zealand Institute of Economic Research, Research Paper No. 7), Wellington 1965

SHANKS, MICHAEL, Planning and Politics: The British Experience 1960-1976, London 1977

SHARPE, THOMAS, British Competition Policy in Perspective, in: OREP 1 (1985), No. 3, S. 80-94

SHEPHERD, GEOFFREY, Industrial Change in European Countries: The Experience of Six Sectors, in: JACQUEMIN, ALEXIS (Hrsg.), European Industry: Public Policy and Corporate Strategy, Oxford 1984, S. 191-214

SHIELDS, JON, Controlling Household Credit, in: NIER 125 (1988), S. 46-55

SHONE, ROBERT, The Machinery for Economic Planning: II. The National Economic Development Council, in: Public Administration 44 (1966), S. 13-27

SIDNEY, P., An Area Board's Approach to Selling Electrical Appliances, in: ER 173 (1963), Supplement „Domestic Electrical Equipment. Survey of Current Practice", S. 13ff

SIEGEL, G., Die Elektrizitätsgesetzgebung der Kulturländer der Erde, 2 Bde., Bd. 1: Deutschland, Bd. 2: Westeuropa, Berlin 1930

SIEGEL, OTTO, Elektrische Maschinen, Apparate und Geräte im westdeutschen Außenhandel [1955], in: EA 8 (1955), S. 233

SIEMENS UK PLC. (Hrsg.), Sir William Siemens. A Man of Vision, London 1993

SINGH, AJIT, Take-Overs, Economic Natural Selection, and the Theory of the Firm: Evidence from the Postwar United Kingdom Experience, in: EJ 85 (1975), S. 497-515

SKED, ALAN, Britain's Decline. Problems and Perspectives, Oxford 1987

SMITH, ERIC OWEN, The West German Economy, London 1983

SMITH, M. W., The Role of Science in the Electrical Industry (=Smithsonian Institution. Annual Report of the Board of Regents), Washington D.C. 1941

SMITH-ROSE, R. L., Progress in Colour Television, in: Nature 169 (1952), S. 563-6

SOBOTTA, Forschung – Kapital der Zukunft, in: Volkswirt 5 (1951), Deutsche Wirtschaft im Querschnitt, 8. Folge: Die Elektroindustrie, S. 29f

SÖLVELL, ÖRJAN, Entry Barriers and Foreign Penetration. Emerging Patterns of International Competition in Two Electrical Engineering Industries, Stockholm Diss. (masch.) 1987

SOETE, LUC UND GIOVANNI DOSI, Technology and Employment in the Electronics Industry, London 1983

SONENBLUM, SIDNEY, Electrification and Productivity Growth in Manufacturing, in: SCHURR, SAM H. et al. (Hrsg.), Electricity in the American Economy. Agent of Technological Progress (=Contributions in Economics and Economic History, No. 117), New York 1990, S. 277-323

SPENCER, U. M., Statistics Are Vital, in: ER 169 (1961), S. 582-5

DERS., Electrical Industry Statistics, ebd., 171 (1962), S. 309-13

SPENNEMANN, LUDWIG, Die Entwicklung der Dampfkraftwerke, in: VDEW (Hrsg.), Das Zeitalter der Elektrizität. 75 Jahre VDEW, Frankfurt/Main 1967, S. 20-8

SPENNRATH, FRIEDRICH, Westberliner Elektroindustrie stärkt Außenhandel, in: Volkswirt 7 (1953), Nr. 22, S. 14f

SPIES, HANS, Elektroindustrie, in: NICKLISCH, H. (Hrsg.), Handwörterbuch der Betriebswirtschaft, 2. Aufl. Stuttgart 1938, Bd. 1, S. 1554-66

SPREADBURY, E. A. W., Radio Show. Trends Illustrated by the Earls Court Exhibits, in: ER 165 (1959), S. 122-5

STACEY, NICHOLAS A. H., Electrical Manufacturing Performance, in: ER 170 (1962), S. 491-4

STAHL, A., Die Entwicklung der Erzeugerpreise und die Ursachen des Preisanstieges in der Elektroindustrie seit dem Jahre 1950, in: EP 5 (1952), S. 402f

STARBATTY, JOACHIM, Die Soziale Marktwirtschaft aus Historisch-Theoretischer Sicht, in: POHL, HANS (Hrsg.), Entstehung und Entwicklung der Sozialen Marktwirtschaft (=Zeitschrift für Unternehmensgeschichte, Beiheft 45), Stuttgart 1986, S. 7-26

STAUDACHER, E., Entwicklungstendenzen der elektrischen Waschmaschine, in: ET 41 (1959), S. 307-10

STEIN, ERWIN, Die wichtigsten Absatzgebiete für elektrotechnische Erzeugnisse, in: EZ 72 (1951), S. 377ff

STEIN, GUSTAV, Westdeutsche Industrie an der Jahreswende 1965/66, in: EA-GI 19 (1966), S. 15f

STERN, ROBERT H., Television in the Thirties: Emerging Patterns of Technical Development, Industrial Control and Governmental Concern, in: American Journal of Economics and Sociology 23 (1964), S. 285-301

STEWARD, STANLEY F., B.E.A.M.A. and the Future, in: ER 169 (1961), S. 650ff

DERS., Co-Operation in the Electrical Industry, in: ER 166 (1960), S. 1012ff

DERS., Electrical Manufacture – The Next Ten Years, in: ER 168 (1961), S. 1059f

STIGUM, MARCIA LEE, The Impact of the European Economic Community on the French Cotton and Electrical Engineering Industry, New York 1981

STOKES, RAYMOND G., German Energy in the U.S. Post-War Economic Order, 1945-1951, in: JEEH 17 (1988), S. 621-39

STOLPER, WOLFGANG F. UND KARL W. ROSKAMP, Planning a Free Economy, Germany 1945-1960 in: Zeitschrift für die gesamte Staatswissenschaft, 135 (1979), Nr. 3 (=Currency and Economic Reform in Germany after World War II – A Symposium), S. 374-404

STONE, RICHARD UND D. A. ROWE, The Market Demand for Durable Goods, Econometrica 25 (1957), S. 423-43

STOPFORD, JOHN M. UND CHARLES BADEN-FULLER, Regional-Level Competition in a Mature Industry: The Case of European Domestic Appliances, in: Journal of Common Market Studies 26 (1987), S. 173-92

STRAHRINGER, WILHELM, Tagesfragen der Elektrizitätswirtschaft [Rede des Vorsitzenden bei der VDEW-Jahresversammlung Bonn 1961], in: EW 60 (1961), S. 568ff

DERS., Tagesfragen der Elektrizitätswirtschaft [Rede des Vorsitzenden bei der VDEW-Jahrestagung Bremen 1963], in: EW 62 (1963), S. 436-40

DERS., Tagesfragen der Elektrizitätswirtschaft [Rede des Vorsitzenden bei der VDEW-Jahrestagung München 1964], in: EW 63 (1964), S. 481-5

DERS., Tagesfragen der Elektrizitätswirtschaft [Rede des Vorsitzenden bei der VDEW-Jahrestagung Wiesbaden 1965], in: EW 64 (1965), S. 335-9

DERS., Tagesprobleme der öffentlichen Elektrizitätswirtschaft [Rede des Vorsitzenden bei der VDEW-Jahresversammlung Stuttgart 1962], in: EW 61 (1962), S. 631-6

STRANGE, SUSAN, Sterling and British Policy. A Political Study of an International Currency in Decline, Oxford 1971

STRAßER, WERNER et al., Atomkraft in Bayern, in: VERBAND BAYERISCHER ELEKTRIZITÄTSWERKE E.V. (Hrsg.), Elektrizität in Bayern 1919-1969, München 1969, S. 87-93

STRAUSS, KARL, Überblick und Gegenüberstellung der in der Konsumelektronik verwendeten Arbeitsmethoden beim Bestücken von Leiterplatten, in: RICHTER, KARL et al. (Hrsg.), Einführung neuer Formen der Arbeitsorganisation in Industriebetrieben. Betriebswirtschaftliche Analyse und ökonomische Bewertung, Göttingen 1978, S. 29-41

STREECK, WOLFGANG, Organizational Consequences of Neo-Corporatist Co-operation in West German Labour Unions, in: LEHMBRUCH, GERHARD UND PHILIPPE C. SCHMITTER (Hrsg.), Patterns of Corporatist Policy-Making, Beverly Hills 1982, S. 29-82

STROHMEYER, JOSEF, Strukturwandel in der Fertigung. Übergang von der Elektromechanik zur Elektronik, in: INSTITUT FÜR BILANZANALYSEN GMBH (Hrsg.), Die Elektroindustrie in der Bundesrepublik Deutschland (=Schriftenreihe Branchenanalysen, Nr. 26), Frankfurt/Main 1976, S. 8-16

STRUNK, PETER, Demontage und Wiederaufbau bei der Allgemeinen Deutschen Elektricitätsgesellschaft (AEG) nach dem Zweiten Weltkrieg, in: ders. (Hrsg.), Demontage, Enteignung, Wiederaufbau. Erster und zweiter Workshop am 4. und 5. Oktober 1995 im Hause AEG AG, Berlin und am 7. und 8. Oktober 1996 im Hause Siemens AG, Berlin 1997, S. 53-59

STURMEY, S. G., The Economic Development of Radio, London 1958

SUHR, OTTO, Rundfunkwirtschaft im Umbau, in: Deutscher Volkswirt 10 (1936), S. 2592ff

SURREY, JOHN UND WILLIAM WALKER, Electrical Power Plant: Market Collapse and Structural Strains, in: SHEPHERD, GEOFFREY et al. (Hrsg.), Europe's Industries. Public and Private Strategies for Change, Ithaca, NY 1983, S. 139-66

SURREY, MICHAEL, Demand Management, in: BOLTHO, ANDREA (Hrsg.), The European Economy. Growth and Crisis, Oxford 1982, S. 528-53

SWAIN, A. H., The Economic Effects of Monopoly on British Power Stations, Leicester 1929

SWANN, DENNIS et al., Competition in British Industry. Restrictive Practices Legislation in Theory and Practice, London 1974

TEGETHOFF, WILM, 100 Jahre Elektrizitätswirtschaftliche Energiepolitik in Berlin, in: EW 83 (1984), S. 415-9

TETZNER KARL, Die Technik von morgen, in: Volkswirt 18 (1964), S. 2583f

TEW, BRIAN UND R. F. HENDERSON, Concluding Remarks, in: DIESS. (Hrsg.), Studies in Company Finance. A Symposium on the Economic Analysis and Interpretation of British Company Accounts, Cambridge 1959, S. 255-63

TEW, BRIAN, Self-Financing, in: TEW, BRIAN UND R. F. HENDERSON (Hrsg.), Studies in Company Finance. A Symposium on the Economic Analysis and Interpretation of British Company Accounts, Cambridge 1959, S. 42-53

THEILE, RICHARD, Farbfernsehen, in: EZ Ausg. A 85 (1964), S. 791-802

THIEDE, KLAUS, Investitionsplanung bei der Siemens AG (=Vorträge am Institut für Betriebswirtschaftslehre der Christian-Albrechts-Universtität Kiel, Nr. 6), Rendsburg 1978

THÖRNER, HEINZ, Die wirtschaftliche Entwicklung der deutschen Elektroindustrie nach dem Kriege, in: EZ Ausg. A 77 (1956), S. 427-30

THOBEN, CHRISTA, Auswahlkriterien einer sektoralen Strukturpolitik. Dargestellt am Beispiel der Elektrotechnik, in: MRWI 20 (1969), S. 131-46

THOMAS, W. A., The Finance of British Industry, London 1978

TIMEWELL, H. C., Developments and Trends in Appliance Design. New Ideas and New Materials, in: ER 167 (1960), S. 693-6

TODD, DANIEL, The World Electronics Industry, London / New York 1990

TOMLINSON, JIM, Democratic Socialism and Economic Policy: The Attlee Years, 1945-1951, Cambridge 1997

DERS., Inventing ,Decline': The Falling Behind of the British Economy in the Postwar Years, in: EcHR 49 (1996), S. 731-757

TREUE, WILHELM, Die Elektrizitätswirtschaft als Grundlage der Autarkiewirtschaft und die Frage der Sicherheit der Elektrizitätsversorgung in Westdeutschland, in: FORST-MEIER, F. UND H. E. VOLKMANN (Hrsg.), Wirtschaft und Rüstung am Vorabend des Zweiten Weltkrieges, Düsseldorf 1975, S. 136-57

TRUTE, HELLMUT, 50 Jahre deutsche Elektrowirtschaft, in: EP 4 (1951), S. 10f

DERS., 50 Jahre Wirtschaftsverband der Elektroindustrie, in: ZVEI (Hrsg.), Elektrotechnik im Wandel der Zeit. 50 Jahre ZVEI, Frankfurt/Main 1968, S. 43-68

DERS., Betrachungen zur Situation und Entwicklung der Elektroindustrie [1956], in: EA 9 (1956), S. 1f

DERS., Chancen der Elektroindustrie auch für 1954, in: EA 7 (1954), S. 1f

DERS., Die Deutsche Elektroindustrie. Ihre Entwicklungslinien und Zukunftsaussichten, in: EP 3 (1950), S. 109ff

DERS., Die deutsche Elektrowirtschaft, in: Volkswirt 5 (1951), Deutsche Wirtschaft im Querschnitt, 8. Folge: Die Elektroindustrie, S. 18ff

DERS., Die Elektroindustrie an der Jahreswende [1952/1953], in: EA 6 (1953), S. 1f

DERS., Die deutsche Elektroindustrie an der Jahreswende [1954/1955], in: EA 8 (1955), S. 1f

DERS., Die deutsche Elektroindustrie – Stellung, Aussichten und Trend, in: Volkswirt 9 (1955), Deutsche Wirtschaft im Querschnitt, 32. Folge: Elektroindustrie, S. 8f

DERS., Die Elektroindustrie im Jahre 1951, in: EA 4 (1951), S. 487ff

DERS., Entwicklung der deutschen Elektro-Industrie. Jahreshauptversammlung des Zentralverbandes der Elektrotechnischen Industrie [1950], in: EP 3 (1950), S. 69f

DERS., Entwicklungslinien der Elektroindustrie, in: EP 5 (1952), S. 129-37, 153ff

DERS., Der Gemeinsame Markt und seine Bedeutung für die Elektrotechnische Industrie, in: ZVEIM 10 (1957), Nr. 4, S. 2f

DERS., Die Lage der deutschen Elektroindustrie [1949], in: EZ 70 (1949), S. 305f

DERS., A New Market for the German Electrical Industry, in: Volkswirt 7 (1953), Südafrika – Deutschland, Beilage zu Nr. 43, S. 79f

DERS., Stand und Entwicklung der Elektroindustrie [1953], in: EP 6 (1953), S. 137ff

DERS., Stand und Entwicklung der Elektroindustrie [1954], in: ET 36 (1954), S. 467f

DERS., Stand und Entwicklung der deutschen Elektroindustrie [1955], in: EP 8 (1955), S. 166f

DERS., Der Weg der westdeutschen Elektroindustrie, in: Volkswirt 7 (1953), Nr. 22, S. 16

TURNER, MARK, Hire Purchase Today, in: Banker 118 (1968), S. 807-12

ULLMANN, HANS-PETER, Staatliche Exportförderung und private Exportinitiative. Probleme des Staatsinterventionismus im Deutschen Kaiserreich am Beispiel der staatlichen Außenhandelsförderung (1880-1919), in: VSWG 65 (1978), S. 157-216

UTTON, M. A., Large Firm Diversification in British Manufacturing Industry, in: EJ 87 (1977), S. 96-113

UTTON, MICHAEL, Developments in British Industrial and Competition Policies, in: HALL, GRAHAM (Hrsg.), European Industrial Policy, New York 1986, S. 59-83

VANEK, JOANN, Household Technology and Social Status: Rising Living Standards and Status and Residence Differences in Housework, in: T&C 19 (1978), S. 361-75

VARCHIM, JOCHIM UND JOACHIM RADKAU, Kraft, Energie und Arbeit. Energietechnik und Gesellschaft im Wechsel der Zeiten, München 1979

VIERFUß, HANS, Strom auf vielen Wegen, in: Volkswirt 9 (1955), Deutsche Wirtschaft im Querschnitt, 32. Folge: Elektroindustrie, S. 46ff

VOGEL, ANDREAS, Die Einführung des UKW-Rundfunks in Deutschland, in: ders. (Hrsg.), Demontage, Enteignung, Wiederaufbau. Erster und zweiter Workshop am 4. und 5. Oktober 1995 im Hause AEG AG, Berlin und am 7. und 8. Oktober 1996 im Hause Siemens AG, Berlin 1997, S. 257-277

VOGT, HANS, Die Elektrizitätsversorgung in Bayern 1919 und heute – Ein Zeitvergleich in Zahlen, in: VERBAND BAYERISCHER ELEKTRIZITÄTSWERKE E.V. (Hrsg.), Elektrizität in Bayern 1919-1969, München 1969, S. 28-41

DERS., Die Investitionen der öffentlichen Elektrizitätsversorgung der Bundesrepublik Deutschland von 1948 bis 1967, in: EW 68 (1969), S. 222

VOLK, OTTO KARL, Die Bestimmungsfaktoren für das Wachstum der deutschen Elektroindustrie nach dem Kriege, Köln Diss. (masch.) 1963

VOLKMANN, HANS-ERICH, Die NS-Wirtschaft in Vorbereitung des Krieges, in: DEIST, WILHELM et al. (Hrsg.), Ursachen und Voraussetzungen des Zweiten Weltkrieges, Frankfurt/Main 1989, S. 211-435

WAGENFÜHR, KURT, Entwicklungsmöglichkeiten des Fernsehens, in: Deutsche Rundschau 260 (1939), S. 184-91

DERS., Fernsehen, in: Deutsche Rundschau, 260 (1939), S. 101-9

WANGENHEIM, HANS ULRICH FREIHERR VON, Elektro-Energie in schwierigem Übergang zu normalen Verhältnissen, in: Volkswirt 8 (1954), Nr. 19, S. 19ff

WAGNER, FRANZ, Die Elektrizitätsversorgung in der Bundesrepublik Deutschland im Jahr 1950, in: EW 50 (1951), S. 355-82

WALLICH, HENRY C., Mainsprings of the German Revival, New Haven 1955

WALSHE, J. G., Industrial Organization and Competition Policy, in: CRAFTS, N. F. R. UND N. W. C. WOODWARD (Hrsg.), The British Economy Since 1945, Oxford 1991, S. 335-80

WALTHER, H., Wiederaufbau der West-Berliner Elektroindustrie, in: EP 8 (1955), S. 454f

WANNENMACHER, W., Kapitalexport nicht mehr so lebhaft, in: EA 10 (1957), S. 34

WASNER, FRITZ, Was hat das Jahr 1930 am deutschen Elektroaußenhandel geändert?, in: EZ 52 (1931), S. 505

WATRIN, CHRISTIAN, The Principles of the Social Market Economy – Its Origins and Early History, in: Zeitschrift für die gesamte Staatswissenschaft 135 (1979), Nr. 3 (=Currency and Economic Reform in Germany after World War II – A Symposium), S. 405-25

WEBBER, ISABELLE, The Automatic Washing Machine. Why Britain has Lagged Behind West Germany, in: ER 176 (1965), S. 638f

WEDMORE, E. B., Co-Operative Research in the Electrical Industry of Great Britain, in: Nature 157 (1946), S. 498f

Wee, Hermann van der, Foreign Trade Policy of the United States, the United Kingdom and Western Europe since the Second World War, in: POHL, HANS (Hrsg.), Wettbewerbsbeschränkungen auf internationalen Märkten (=Zeitschrift für Unternehmensgeschichte, Beiheft 46), Stuttgart 1988, S. 227-34

DERS., Prosperity and Upheaval: The World Economy 1945-1980, London 1986 (Neudr. 1991)

WEIHER, SIEGFRID VON, Die englischen Siemens-Werke und das Siemens-Überseegeschäft, Berlin 1990

DERS., The Rise and Development of Electrical Engineering and Industry in Germany in the Nineteenth Century: A Case Study – Siemens & Halske, in: OKOCHI, AKIO UND HOSHIMI UCHIDA (Hrsg.), Development and Diffusion of Technology. Electrical and Chemical Industries. Proceedings of the Fuji Conference (=International Conference on Business History 6), Tokyo 1980, S. 23-44

DERS., Werner von Siemens. Wegbereiter der deutschen Elektrotechnik, in: ET 49 (1967), S. 18ff

DERS. UND WERNER GOETZELER, Weg und Wirken der Siemens-Werke im Fortschritt der Elektrotechnik 1847-1980, 3. Aufl. Wiesbaden 1981

WEINGART, BRUNO, Die Finanzierungsgesellschaften der deutschen Elektrotechnischen Industrie. Eine entwicklungsgeschichtliche Untersuchung, Stuttgart Diss. (TH) 1937

WEISS, FRANK, Strukturwandel in der westdeutschen Elektroindustrie?, in: Weltwirtschaft 1975, S. 178-194

WEISS, FRANK DIETMAR, Electrical Engineering in West Germany. Adjusting to Imports from Less Developed Countries, Tübingen 1978

WELLS, S. J., British Export Performance: A Comparative Study, Cambridge 1964

WELZEL, FALK, Die Elektroindustrie in der Bundesrepublik Deutschland. Eine industriegeographische Monographie, Köln Diss. 1975

WENGENROTH, ULRICH, Unternehmensstrategien und technischer Fortschritt. Die deutsche und britische Stahlindustrie 1865-1895 (=Veröffentlichungen des Deutschen Historischen Instituts London, Band 17), Göttingen 1986

WERTHEIMER, ROBERT G., A Note on Incentive Taxation in West Germany, 1948-1955, in: Review of Economics and Statistics 40 (1958), S. 183ff

WESSEL, HORST A., Die Entwicklung des elektrischen Nachrichtenwesens in Deutschland und die rheinische Industrie. Von den Anfängen bis zum Ausbruch des Ersten Weltkriegs (=Zeitschrift für Unternehmensgeschichte, Beiheft 25), Wiesbaden 1983

WESTLAKE, CHARLES, Metal Industries Ltd., Specialist Suppliers a Source of Weakness [Requirements for Continued Expansion. Seven Manufacturers Assess Current Problems], in: ER 168 (1961), S. 1004

WHITEHEAD, S. UND D. V. ONSLOW, Electrical Research Association, in: Research 4 (1951), S. 172-6

WHITTLE, N. E., Motors of Sealed Refrigeration Units, in: ER 180 (1967), S. 206

WICHT, KURT, Elektrische Hausgeräte, 6. Aufl. Essen 1986

WIENER, MARTIN, English Culture and the Decline of the Industrial Spirit, Cambridge 1981

WILHELM, HERBERT, Preisbindung und Wettbewerbsordnung. Eine Auseinandersetzung mit den Thesen des Bundeskartellamtes, München 1962

WILLIAMS, DAVID, The Anatomy of a Crisis: Investment and Output in Britain 1958-62, in: Banca Nazionale Del Lavoro Quarterly Review 16 (1963), S. 108-20

WILLIAMS, L. J., Britain and the World Economy 1919-1970, London 1971

WILLIAMS, ROSS A., Growth in Ownership of Consumer Durables in the United Kingdom, in: Economica 52 (1972) (= NS Vol. 39), S. 60-9

WILLIAMS, TREVOR I., A History of the British Gas Industry, Oxford 1981

WILSON, J. F., Ferranti and the British Electrical Industry, 1864-1930, Manchester 1988

WILSON, THOMAS, Electrical Engineering and Electrical Goods, in: TEW, BRIAN UND R. F. HENDERSON (Hrsg.), Studies in Company Finance. A Symposium on the Economic Analysis and Interpretation of British Company Accounts, Cambridge 1959, S. 226-33

WINDETT, A. S., World Electrical Trade in 1931, in: World Power 18 (1932), S. 167

WINTERS, L. ALAN, An Econometric Model of the Export Sector: UK Visible Exports and their Prices 1955-1973, Cambridge 1981

WOOLF, ARTHUR G., Electricity, Productivity, and Labor Saving: American Manufacturing, 1900-1929, in: Explorations in Economic History 21 (1984), S. 176-91

WORSWICK, G. D. N., The Sources of Recovery in UK in the 1930s, in: NIER 110 (1984), S. 85-93

WRAY, MARGARET, Household Durables and the „Squeeze", in: Westminster Bank Review 1957, August, S. 5-9

WRONA, ERICH, Zur Geschichte des Elektro-Großhandels, in: EM 13 (1960), S. 1159-69

WURSTER GERHARD, Der Kundendienst für die Waschmaschine, in: ET 42 (1960), S. 453ff

DERS., Betrachtungen zum Entwicklungsgang der Haushalts-Waschmaschinen, in: ET 42 (1960), S. 75-8

YOUNGSON, A. J., Britain's Economic Growth 1920-1966, 2. Aufl. London 1968

ZÄNGL, WOLFGANG, Deutschlands Strom. Die Politik der Elektrifizierung von 1866 bis heute, Frankfurt/Main 1989

ZAVLARIS, DEMETRE, Die Subventionen in der BRD seit 1959, Berlin 1970

ZENTRALLASTVERTEILUNG FÜR ELEKTRIZITÄT, Die Elektrizitätsversorgung in der Bundesrepublik Deutschland 1946-1949, in: EW 49 (1950), S. 163-81

ZYSMAN, JOHN, French Electronics Policy: The Costs of Technological Independence, in: WARNECKE, STEVEN J. UND EZRA N. SULEIMAN (Hrsg.), Industrial Policies in Western Europe, New York 1975, S. 223-45

SACHREGISTER

(Produktbezeichnungen und die Namen von Unternehmen wurden nicht aufgenommen, da diese so häufig vorkommen)

PERSONENREGISTER

ABSTRACT

The study seeks to discover the factors determining Britain's industrial decline by examining one of the most successful sectors of British industry, electrical engineering, in two main product fields: power plant equipment and consumer goods. In the United Kingdom and West Germany, electrical engineering was one of the industrial sectors that expanded most rapidly. Despite this the UK's share in world trade with electrical products fell continuously between the end of World War II and the late 1960s while the contrary was true for the Federal Republic.

The outstanding difference between British and West German electrical engineering was, as will be shown, the widespread collusive behaviour of companies in the UK which created low competitive pressure in the power plant equipment market. The small number of companies and the lack of restrictive competition legislation made the formation of cartels easy which was supported by the purchasing policy of the most important customer, nationalized electricity supply. High demand and protection from foreign competitors promised long-term prosperity in the domestic market which allowed British large-scale electrical manufacturers to neglect export markets and the development and production of consumer goods.

By contrast, the large number of regional supply enterprises in West Germany relied in their purchasing policy on competitive tendering. Power plant equipment was also purchased by various other industrial sectors because German industry traditionally generated a large share of the electricity required on its premises while British industry mainly purchased from public supply. These differences contributed to higher market pressure on West German manufacturers which forced them to rely on exports and on various other product markets including electric consumer durables.

Political decisions by British governments had important effects on general business conditions in the electrical engineering industry. This was firstly the purchasing policy of nationalized electricity supply and governments' competition policy which did not succeed in abolishing restrictive trade practices. In the consumer goods market business conditions deteriorated due to governments' policy of demand restriction. Political decisions in the immediate post-war years on radio and television standards isolated British manufacturers from international trends and provided the latter with protection from foreign competition.

The study concludes that the restriction of competition and the elimination of market forces brought about by the activities of cartels in the UK has to be regarded as the main factor explaining the diverging development of British and German electrical engineering in the decades after World War II.